Geld, Gesellschaft und Gewalt

EUGEN DREWERMANN

Geld, Gesellschaft und Gewalt Kapital und Christentum

1. Band:
Faire Preise
Faire Löhne
Fairer Handel

Patmos Verlag

VERLAGSGRUPPE PATMOS

PATMOS
ESCHBACH
GRÜNEWALD
THORBECKE
SCHWABEN

Die Verlagsgruppe
mit Sinn für das Leben

Umschlaggestaltung: Finken & Bumiller, Stuttgart
Umschlagabbildung: Marinus C. van Reymerswaele:
Ein Notar, 1542, Eichenholz, 103,7 x 120 cm, Alte Pinakothek, München
Sachzeichnungen: Maria Ackmann, Hagen
Druck: CPI books GmbH, Leck
Hergestellt in Deutschland
ISBN 978-3-8436-0817-6 (Print)
ISBN 978-3-8436-0836-7 (eBook)

Inhalt

Anhang

... beispielshalber der Bericht über THALES VON MILET:

Als man ihn wegen seiner Armut schmähte,
weil eben die Philosophie zu nichts nutze sei,
heißt es,
er habe unter Zuhilfenahme der Gestirnskunde vorausgesehen,
daß es eine reiche Olivenernte geben werde,
und habe, als es noch Winter war,
ausgestattet mit ein wenig Geld
ein Handgeld auf alle Ölpressen in Milet und Chios geleistet
                    und sie um einen geringen Betrag gemietet,
weil niemand noch höher ging.
Als aber die Erntezeit gekommen war
und viele Ölpressen zugleich und plötzlich gesucht wurden,
habe er sie vermietet, so hoch er nur wollte,
viel Geld eingeheimst
und so gezeigt,
daß es leicht ist für die Philosophen,
reich zu werden, wenn sie nur wollten,
daß es aber eben nicht das ist,
womit sie sich ernstlich beschäftigen.

ARISTOTELES: Politik 1259 a 10, S. 100

VORWORT ODER:
VOM WAHN DES WACHSTUMS

Wie soll man damit leben?

Mit Händen zu greifen ist die Umwandlung der Welt, in der wir leben, in ein Warenhaus. Alles ist käuflich, jede Landschaft, jeder Gegenstand, jede Dienstleistung. Es ist so viel wert, wie es kostet, ein Zahlenspiel zwischen vorgeschossenem und eingenommenem Kapital. Auf die Rendite kommt es an, denn deren Maximierung ist der offenbare Endzweck aller marktkonformen Aktivitäten. Was sich nicht auszahlt, lohnt sich nicht. Wir zerstören die Natur? Wer sie retten will, kann ja ein Stück von ihr käuflich erwerben; mit dem, was er besitzt, kann er dann machen, was er will, – bis daß ein größerer Anbieter mehr als er noch investiert; dann geht ein Strandabschnitt in Griechenland, eine noch unbewohnte Insel der Ägäis, eine noch intakte Zone tropischen Regenwaldes in Bauland für eine Hotelkette, in einen Yachthafen für erholungsbedürftige Manager oder in eine Palmölplantage für die Herstellung von Cremes und Luxusseifen über. Die Pflanzen, die Tiere, die Fische, die Korallen – sie haben keine Rechte. Recht hat, wer genug besitzt, sich sein Eigentumsrecht zu erkaufen. An jenem Strand, jener Insel, jenem Stück Urwald ist dem neuen Besitzer nicht wirklich gelegen. Der Gewinn aus den Geschäften, den Pachtverträgen, den Umsätzen interessiert ihn. Nichts weiter.

Und wer kein Geld hat? Der muß halt sehen, wo er es herkriegt. Sonst geht er unter. Die Angst wächst auf, daß ein immer größerer Teil der Gesellschaft bereits in der Lebensmitte zum Untergang verurteilt ist. Altersarmut – eine dunkle Gewißheit für Millionen, sogar bei uns, in der BRD. »Sie hätten eigenverantwortlich eine entsprechende Vorsorge treffen sollen, statt alles auszugeben.« Wie aber, wenn das, was sie ausgeben mußten, all das aufzehrte, was sie besaßen? Was machen Menschen, denen der Strom abgedreht wird, weil sie die Rechnung bei ihrem Energielieferanten nicht zahlen können? Oder nicht ihre Miete? Oder nicht die Nahrung für ihre Kinder bis zum Monatsende? Die Schulden wachsen, und mit ihnen die Zinsen für den Dispokredit, je länger, desto unbezahlbarer. Bis zur Insolvenz. Bis zur Pfändung. Bis zum endgültigen Ausverkauf des Privatlebens. Die Straßenschluchten zwischen den Bankhochhäusern liegen in ewigem Schatten; die Sonne scheint nur in die Fenster derer dort droben. Und die Fallhöhe wächst immer weiter zwischen ganz Oben und ganz Unten. Nur wenige kommen empor, und die abstürzen, fallen ins Nichts. Denn das Sein ist das Geld, und das Nichts ist Geldmangel. Auch Menschen scheinen nur das noch wert, was sich im Austausch von Geld und Ware mit ihnen verdienen läßt. Die totale Ökonomisierung der Gesellschaft – schon ist sie Gegenwart; »alternativlos« gibt sie sich als künftiges Schicksal. Die »Gesetze« der Mikro- und der Makroökonomie, so lernen es schon die Studenten, sind wie die Naturgesetze, wie die Physik: die Massenanziehung, das Fallgesetz... »Wer schon hat, dem wird gegeben werden«, sagt doch selbst die Bibel (Mk 4,25). Sie meint es anders? Dann wissen wir's besser. War wirklich einstmals Gott die herrschende Vernunft? Heute heißt sie Marktrationalität. Der Preis einer Ware ist bestimmt durch das Wechselspiel von Angebot und Nachfrage. Anbieten kann, wer Gelder besitzt oder Waren, sonst muß er sich selbst, seine Arbeitskraft, zu Markte tragen als »Anbieter« und froh sein, wenn nach ihm gefragt wird. 50 % Arbeitslose unter der Jugend in Spanien? 20 % Arbeitslose in der Gesamtbevölkerung Griechenlands? Da kann man nichts machen. Als erstes müssen die Schulden der Banken zurückgezahlt werden, – mit immer noch höheren Schulden, mit immer noch höheren Laufzeiten. »*Merkel* rettet die Griechen – mit unserem Geld.« So stellt sich's dar in der veröffentlichten Meinung der Massenpresse. Sie schafft neue Dogmen und neue erfahrungsresistente Gewißheiten. »Der Markt wird es richten.« Was richtet er? Seit 1991 hat sich das Volksvermögen in der BRD verdreifacht – in den Händen von 10 %, denen mehr als 60 % von allem gehört. Das Kapital akkumuliert und schafft sich selbst sein Prekariat. »Eigentum ist Diebstahl.«[1] Ganz falsch ist das nicht. Denn alle-

1 | PIERRE-JOSEPH PROUDHON: Was ist Eigentum? gab 1840 die berühmte Definition: »Eigentum ist Diebstahl.« In seiner Schrift: Theorie des Eigentums, 12, erklärte er, daß jemand »Eigentümer nur unter einer Bedingung« ist: »nämlich, daß er über die Sache souverän verfügt, daß ausschließlich er Herr, *dominus*, über sie ist.« Daraus ergab sich für ihn der »Gegensatz zum Besitz« (S. 74); Eigentum kann, »wenn der Eigentümer es will, geteilt, verpfändet, verkauft, übertragen und auf immer veräußert werden«, wie es »der absolutistischen Definition des Eigentums« entspricht. Demgegenüber schließt Besitz »jede mißbräuchliche Verfügung aus«; Besitz ist ein Recht, zu nutzen, aber nicht zu mißbrauchen. (S. 69) – Der französische Ökonom folgte in seiner Theoriebildung ganz und gar der Jurispru-

mal gilt: »Konkurrenz« bedeutet, daß nur die Stärksten: die Größten, die Schnellsten, die Raffiniertesten im Wettkampf gewinnen. Und dann heißt es in amerikanischer Coolness: »The winner takes it all.« Wer auf dem zweiten Platz landet, ist nichts als ein Loser. Die Gesetze des Wettbewerbs halten den ganzen Globus im Griff. Schon unsere Kinder können wir nicht früh genug medienkompetent und leistungsorientiert heranziehen, um sie fit zu machen für die Sicherung des Industriestandortes Deutschland im internationalen Wirtschaftswettbewerb. Wenn wir durch Abbau von Sozialabgaben und Steuervergünstigungen die Unternehmen erleichtern und die Marktkräfte entfesseln, wachsen die Chancen, im globalen Vergleich als Gewinner hervorzugehen. Und mit den Gewinnen steigt der Wohlstand für alle, heißt es, – wie wenn die Flut aufläuft und gleichmäßig alle Boote mit anhebt. Solcherart lautet das unerschütterliche Credo neoliberaler Gesellschaftslehre. Doch so wußte schon HUGO VON HOFMANNSTHAL:

Manche freilich müssen drunten sterben,
Wo die schweren Ruder der Schiffe streifen,
Andere wohnen bei dem Steuer droben,
Kennen Vogelflug und die Länder der Sterne.

Manche liegen immer mit schweren Gliedern
Bei den Wurzeln des verworrenen Lebens ...[2]

So ist's, nur sind's nicht »manche«, sondern allzu viele. Die Wenigen da droben, die von den Wellen nicht verschlungen werden, verwandeln die gesamte Welt in ihr Casino. Sie lagern Arbeitsplätze dahin aus, wo sich die Lohnkosten am niedrigsten halten lassen; sie drohen mit der Schließung ganzer Werke am einheimischen Standort, wenn die Belegschaft nicht dem Lohndumping der Unternehmer zustimmt.

denz des Alten Rom; diese »befreite zum ersten Mal das private Besitztum von allen äußeren Voraussetzungen oder Einschränkungen, indem es eine neue Unterscheidung zwischen bloßem ›Besitzen‹ (der faktischen Kontrolle von Gütern) und ›Eigentum‹ (dem vollen Rechtstitel auf sie) entwickelte. Das römische Eigentumsrecht, wovon ... ein ... wichtiger Abschnitt sich mit dem Besitz von Sklaven befaßt, stellte das ehrwürdige, begriffliche Destillat von kommerzialisierter Produktion und Warenaustausch, die der republikanische Imperialismus ermöglicht hatte, innerhalb eines vergrößerten Staatssystems dar.« PERRY ANDERSON: Von der Antike zum Feudalismus, 77–78.
2 | HUGO VON HOFMANNSTHAL: Gedichte und lyrische Dramen, 19.

Aus der einstigen Idee einer Internationale der Arbeiterschaft ist der globale Konkurrenzkampf um die billigsten, das heißt in Unternehmersicht: die kostengünstigsten Arbeitskräfte geworden. Und nicht nur Arbeit läßt sich kaufen, auch Bodenschätze, Schürfrechte und Ackerland. Sind erst einmal die Schulden eines Lands der Dritten Welt nur hoch genug, beginnt der Zwang zum Ausverkauf. Statt für die eigene Ernährung, müssen die Bauern jetzt für den Export ins Ausland produzieren, die Böden kauft man ihnen unter den Füßen weg, und zur Sanierung des maroden Staatshaushalts müssen die Subventionen für Nahrungsmittel gekürzt, am besten ganz gestrichen werden; die Wasserversorgung, das Transportwesen, der Sicherheitsdienst, sogar die Gefängnisse müssen privatisiert werden, um damit Geschäfte zu machen.

»Aber irgendwo muß das Geld doch hin!« Richtig, die Flut steigt auf den nächsten Pegelstand: Wenn erst einmal der Geld- und Warenkreislauf gesättigt ist, ist es am besten, gleich mit viel Geld noch mehr Geld zu »machen«. Ganze Firmen, Handelsketten, Produktionsstätten lassen sich in den Ruin treiben; dann investiert ein »Retter«, – ein Hedgefonds kommt und kauft das »Objekt« auf, nicht zum Erhalt von Güterherstellung und Arbeitsplätzen, sondern zum baldigen Weiterverkauf mit mehr Gewinn. Oder noch einfacher: man leiht sich bei den Banken Geld, kauft auf, verkauft und ist plötzlich ein reicher Mann. Am allereinfachsten: die Banken selber gehen zum Investmentbanking über. Sie kaufen Schulden auf und schließen Wetten auf die Neuverschuldung ganzer Staaten ab; sie spekulieren auf die Ernteausfälle durch Unwetter und Dürre und machen Höchstgewinne mit dem Preisaufschlag beim Handel an der Nahrungsmittelbörse in Chicago. Da gibt es keine Not und keine Katastrophe, mit der nicht, gerade da, noch ein Surplus zu scheffeln wäre. Ein Tsunami verwüstet die Fischerdörfer an der Küste einer malaiischen Insel; wohl uns: ab sofort steht das Gebiet zum Ausverkauf, und was läßt sich alles machen mit einem Küstenstreifen in der Südsee[3]!

3 | NAOMI KLEIN: Die Schock-Strategie, Kap. 19: Freigeräumte Strände. Der »zweite Tsunami«, S. 539–569, schildert die Enteignung der Fischer an den Küsten von Sri Lanka nach dem Tsunami vom 26. Dez. 2004, der an den Küsten des Indischen Ozeans 250 000 Menschen das Leben kostete und 2,5 Millionen obdachlos machte. – Doch nicht nur eine Natur-, auch eine Wirtschaftskatastrophe bewirkt ähnliches. Der Pleite-Staat Griechenland muß etwa 50 Mrd Euro Schulden durch Verkauf von Staatseigentum »zurück«zahlen. Also hat im Juli 2015 *Warren Buffett*, im Besitz von 62,7 Mrd US-Dollar, sich für ganze 15 Mio Euro zusammen mit dem Immobilienunternehmer *Alessandro Proto* die Insel Agios Thomas ge-

So geht das nur. Sind erst einmal die Banken groß genug, so daß sie systemrelevant für den Erhalt dieser Wirtschaftsform der rigorosen Selbstbereicherung geworden sind, aus der sie selbst hervorgegangen, darf man sie nicht mehr fallen lassen; das Volk muß sie mit Steuermitteln retten. Es gibt kein Bail-out, um der Bevölkerung eines *failed state*, eines überschuldeten Staates, durch Schuldenschnitt die Chance zu einem Neuanfang zu ermöglichen, aber die Rettung der Banken ist das oberste wirtschaftspolitische Gebot der Staatengemeinschaft. Eine Aufsicht des Kapitaltransfers und der Spekulationsgeschäfte der Banken – daran ist schwer zu denken; eher schickt man Sozialspione auf die Straße, um nachzusehen, ob nicht ein Hartz-IV-Empfänger durch illegale Bettlertätigkeit über unerklärte Nebeneinkünfte verfügt. Anders die Besitzenden. Wer geschickt genug ist, gründet Scheinfirmen auf den Kanalinseln, den Cayman-Islands oder in der Schweiz, er nutzt den Niedrigsteuer-Wettlauf in Luxembourg, in Liechtenstein, in Holland, – es gibt so viele schöne Steuersparmodelle bei denen, die genügend Geld besitzen, um sich ein cleveres Beratungsbüro leisten zu können. Ehrlichkeit – das war einmal. Die entfesselten Marktkräfte lassen durch moralische Skrupel sich nicht länger hemmen.

Tatsächlich gibt es kein dynamischeres, will sagen: aggressiveres und zerstörerisches Wirtschaftssystem als den derzeit wütenden neoliberalen Kapitalismus. Er kann sich nur erhalten durch ständiges Wachstum, – wie ein Krebsgeschwür. Er zerstört die Natur, die er ausbeutet, er zerstört die Menschen, die er versklavt, er kriegt niemals genug. Die Konkurrenz treibt ihn vorwärts. Wenn nur der Größte überlebt, muß man in jedem Falle so groß sein, daß man verhindern kann, daß andere ebenso groß oder noch größer werden. Und der Schuldenfaktor! Nicht nur die da unten, auch die da oben müssen ihren Krediten und Kreditzinsen hinterherlaufen. Das setzt

kauft. Die Preise für griechische Inseln sind drastisch gesunken, – manche Angebote liegen bei 1,6 Mio Euro, das ist weniger als eine mittlere Eigentumswohnung in Hamburg, Berlin und München. In den Kreisen der High Society »gehört es zur Grundausstattung, mindestens eine Insel in der Karibik, in der Südsee und im Mittelmeer zu haben.« Vgl. *Warren Buffett*, in: junge Welt, Nr. 165, 20. Juli 2015, S. 8. Der Sender N 24 berichtete am 7.11.2015, daß *Buffets* Investmentgesellschaft durch einen Sondererlös aus der Fusion der Lebensmittelriesen Kraft Foods und Heinz Ketchup einen Rekordgewinn erzielt hat: »Im 3. Quartal verdoppelte sich der Überschuß von Berkshire Hathaway verglichen mit dem Vorjahreswert auf 9,4 Mrd Dollar (= 8,7 Mrd €). Buffett hatte zusammen mit der brasilianischen Beteiligungsgesellschaft 3 G die im März angekündigte und im Juli vollzogene Übernahme von Kraft durch Heinz eingefädelt.«

sie unter Druck. Das macht sie flott. Das schafft eine kreative Zerstö-rung[4], indem stets Neues an die Stelle des gerade Hervorgebrachten treten muß, – leistungsstärker, kostengünstiger, konsumfreudiger. In den Worten von BERTOLT BRECHT:

Immer noch wachsen die Märkte. Da wälzen Dampf und
                                                    Maschine
Neuerdings alles um und den Manufakturherrn verdrängt der
Große Industrielle, Arbeitgebieter und Geldmann
Unser moderner Bourgeois. Ausführlich zeigen die Lehrer
Wie das mechanisierte große Gewerbe den Weltmarkt
Schuf und der Weltmarkt wieder das große Gewerbe
                                                    beschwingte
Bis die große Gewerbetreibende mächtig hervortrat
Und die Bourgeoisie im Staat erkämpfte den Vorrang.
Unsere Staatsgewalt ist nur ein williger Ausschuß
Der die verzweigten Geschäfte der Bourgeoisie verwaltet.

Und sie erwies sich als harte und sehr ungeduldige Herrin.
Eisernen Trittes zerstampfte die Bourgeoisie all die alten
Patriarchalischen stillen Idylle, zerriß die feudalen
Buntscheckig ewigen Bande, geknüpft zwischen Schützling
                                                    und Schutzherrn
Duldend kein anderes Band zwischen Menschen und
                                                    Schutzherrn als nacktes Int'resse

4 | JOSEPH SCHUMPETER: Kapitalismus, Sozialismus und Demokratie, II 7, S. 134–142. – Wie die »schöpferische Zerstörung« in der Gegenwart aussieht, beschreibt DAVID HARVEY: Schöpferische Zerstörung, in: junge Welt, Nr. 55, 6. März 2015, S. 12–13, indem er die »Widersprüche zwischen Kapital und Arbeit, Konkurrenz und Monopol, Privateigentum und Staat, Zentralisierung und Dezentralisierung, Beständigkeit und Bewegung, Dynamik und Trägheit, Armut und Reichtum und zwischen verschiedenen Größenordnungen« thematisiert. »Da das Kapital immer irgendwo floriert, wird die Illusion geweckt, daß es überall gut laufen wird, wenn man das Kapital so organisiert wie in Japan und Westdeutschland (achtziger Jahre), in den USA (neunziger Jahre), oder China (ab 2000). Statt sich mit seinen systemischen Schwächen auseinanderzusetzen, bewegt sich das Kapital einfach weiter.« Wanderheuschrecken machen's nicht anders. Schon Ende der 50er-Jahre warnte JOHN K. GALBRAITH: Gesellschaft im Überfluß, 90–91, davor, eine ständig sich ausdehnende Wirtschaft für allumfassend wohltätig zu halten; er meinte: »Eine wachsende Gesamtproduktion läßt an der Basis der Einkommenspyramide einen Rest von Armut zurück, der sich ständig erneuert.« Nicht »immer mehr« also, sondern endlich: ein gutes Stück gerechter! Vgl. S. 80–82 – zur Ungleichheit der Vermögensverteilung.

Und die gefühllose Barzahlung. Ritterlichkeit eines Herrn und
Treues Gesinde und Liebe zum Boden und ehrliches Handwerk
Dienst an der Sache und innre Berufung bespritzte sie mit dem
Eisigen Strahl der Berechnung. Persönliche Würde verramscht sie
Grob in den Tauschwert und setzt an die Stelle der vielen
                                                    verbrieften
Wohlerworbenen Freiheiten nur die Freiheit des Handels.
...
Fürchtend nichts als den Rost und das Moos, vergewaltigt
                                                    sie täglich
Jede Gewalt der Verhältnisse, alle gefestigte Sitte.
Alles Ständische fällt sie und alles Geweihte entweiht sie.
Und es stehen die Menschen entsichert auf rollendem Boden
Endlich gezwungen, mit nüchternen Augen ihr Dasein zu
                                                    sichten.

Aber dies alles geschieht nicht in einem Land oder zweien
Denn der unstillbare Drang nach dem Absatz der schwellenden
                                                    Waren
Jagt unsre Bourgeoise ohne Unterlaß über die ganze
Erdkugel hin wie im Taumel. Überall muß sie sich anbaun
Überall einnisten, überall knüpfen die klebrigen Fäden.
Kosmopolitisch so macht sie Verbrauch und Herstellung
                                                    der Güter.
Einheimisch alte Gewerbe zerstört sie und holt sich den Rohstoff
Aus den entlegensten Ländern und ihre Fabriken bedienen
Nöte und Launen, erzeugt durch die Klimate andrer Regionen.
...
Allseits abhängig werden die Völker
...
Maschinerie und Besitz und Bevölkerung, vordem zersplittert
Schließen zu großen Gebilden sich: pausenlos häuft sich
                                                    das Werkzeug
Sammelt das Eigentum sich in einigen wenigen Händen
Ballt die Bevölkerung sich zu großen erzeugenden Zentren.
Neue politische Felder entstehen: die losen Provinzen
Eigens regiert, mit eigenem Recht und mit eigenen Zöllen
Werden zusammengedrängt nun in eine Nation, mit dem einen
Nationalen Belang, einem Recht und einer Regierung.

15

Niemals zuvor ward entfesselt ein solcher Rausch der Erzeugung
Wie ihn die Bourgeoisie in der Zeit ihrer Herrschaft entfacht hat
Die die Natur unterwarf, die elektrische schuf und die
Dampf-Kraft[5].

All diese Entwicklungen, Erfindungen, Modernisierungen dienen nicht den Menschen, sie basieren auf der Verwandlung der Menschen in Humankapital nebst dessen profitabelster Ausbeutung. Die gleiche Gewalt, mit welcher die Natur dem Wirtschaftskreislauf unterworfen wird, reduziert das menschliche Leben auf Geldverdienen und Geldausgeben, auf Produktion und Konsum, auf die Funktion eines Rädchens im Getriebe der Kapitalvermehrung in einem stetigen wechselseitigen Vernichtungswettbewerb. »Die große Industrie«, schrieb im 19. Jh. schon KARL MARX, »universalisierte ... die Konkurrenz..., stellte die Kommunikationsmittel und den modernen Weltmarkt her, unterwarf sich den Handel, verwandelte alles Kapital in industrielles Kapital und erzeugte damit die rasche Zirkulation (die Ausbildung des Geldwesens) und Zentralisation der Kapitalien. Sie zwang durch die universelle Konkurrenz alle Individuen zur äußersten Anspannung ihrer Energie. Sie vernichtete möglichst die Ideologie, Religion, Moral etc., und wo sie dies nicht konnte, machte sie sie zur handgreiflichen Lüge. Sie erzeugte insoweit erst die Weltgeschichte, als sie jede zivilisierte Nation und jedes Individuum darin in der Befriedigung seiner Bedürfnisse von der ganzen Welt abhängig machte und die bisherige naturwüchsige Ausschließlichkeit einzelner Nationen vernichtete. Sie subsumierte die Naturwissenschaft unter das Kapital und nahm der Teilung der Arbeit den letzten Schein der Naturwüchsigkeit. Sie vernichtete überhaupt die Naturwüchsigkeit, soweit dies innerhalb der Arbeit möglich ist, und löste alle naturwüchsigen Verhältnisse in Geldverhältnisse auf.«[6] So entstanden die Städte, so entstand das Finanzkapital, so entstand der Krieg nicht eigentlich mehr zwischen Staaten und Nationen, sondern zwischen den Besitzern der Produktionsmittel gegeneinander um den Zugriff auf Billiglohnkräfte, Rohstoffe, Handelsrouten und Absatzmärkte.

Was also wäre, die enormen Möglichkeiten der Industrialisierung zur Erzeugung von Gütern würden genutzt, um der Bedarfsdeckung der Menschen zu dienen! Es gäbe weder Hunger noch Elend, weder

5 | BERTOLT BRECHT: Das Manifest, in: Die Gedichte in einem Band, 914–917.
6 | KARL MARX – FRIEDRICH ENGELS: Deutsche Ideologie. I. Feuerbach, in: Werke, III 60.

Unversorgtheit bei Krankheit noch Bettelarmut im Alter, weder Mangel an Tagesstätten für Kinder noch zu wenig Lehrpersonal an Schulen. Statt dessen nehmen die Kriege kein Ende und die Kriegskosten steigen und steigen. Zwei Prozent ihres Bruttoinlandsproduktes (BIP) sollen die Nato-Staaten ausgeben allein für ihren Militärhaushalt, – das Fünffache dessen, was die BRD jemals seit 1963 für Entwicklungshilfe aufgebracht hat. Die USA allein verpulvern Jahr für Jahr sagenhafte 600 000 000 000 Dollar für die Aufrüstung der größten und aggressivsten Armee, welche die Welt je gesehen hat. Auf den Schlachtfeldern der Erde, ohne Zweifel, können die Amerikaner alles: sie bombardieren mit Napalmbomben und mit Clusterbomben, mit abgereichertem Uran und mit bunkerbrechenden Megasprengsätzen, sie können es tun mit Tarnkappenbombern und mit zielsuchenden Raketen, überall auf der Welt sind sie imstande, mit ihren Drohnen auf bloßen Verdacht hin jeden zu töten, der ihnen im Weg steht, – militärisch sind sie wirklich am Ende der Zeit, die man im Gleichgewicht des Schreckens den Kalten Krieg zwischen dem Ost- und dem Westblock nannte, die einzig verbliebene Großmacht. Doch was soll das? Für jeden getöteten »Terroristen« entstehen zehn neue Terroristen. Wenn Al Qaida vor 15 Jahren etwa 1000 Mann umfaßte, so addieren die militanten antiwestlichen Gruppen sich heute auf über 100 000 Kämpfer[7]. Seit 2001 haben die USA sieben islamische Länder angegriffen und komplett destabilisiert[8].

---

7 | JÜRGEN TODENHÖFER: Inside IS – 10 Tage im »Islamischen Staat«, 27: »Zu Zeiten *Bin Ladens* gab es allenfalls 1000 internationale Terroristen, heute dürften es 100 000 sein.« S. 262: »Al Qaida tötete im gesamten Westen, in Amerika und Europa, in den letzten 14 Jahren über 3300 Menschen, Bush jr. jedoch allein durch den Afghanistan- und Irakkrieg mindestens 600 000 Menschen.«
8 | MICHAEL LÜDERS: Wer den Wind sät, 10: »Die USA haben seit 2001 in sieben mehrheitlich muslimischen Ländern militärisch interveniert oder mit Drohnen angegriffen: Afghanistan, Irak, Somalia, den Jemen, Pakistan, Libyen, Syrien … Gibt es eine einzige militärische Intervention des Westens, die nicht Chaos, Diktatur, neue Gewalt zur Folge gehabt hätte?« – Die Ursachen des Flüchtlingselends sind freilich verschieden: Armut, Krieg und Korruption bzw. Unterdrückung durch die Politikerkaste spielen die Hauptrolle. In *Eritrea* herrscht seit 1993 *Isais Afwerki*, der Oppositionelle hinrichten läßt; im *Irak* sind 3,7 Mio Menschen auf der Flucht, die Hälfte im eigenen Land; in *Mali*, wo 2012 im Nachhall zu der Bombardierung Libyens Islamisten den Norden erobert hatten, die dann von französischem Militär (und deutschen »Beratern«) gestoppt wurden, sind 16 Mio Einwohner auf der Flucht; in *Nigeria* fliehen 1,5 Mio vor Boko Haram; im *Kosovo* (einem Nato-besetzten Staat) herrscht Armut und Korruption, in *Serbien*, wo 220 000 Kriegsvertriebene zu versorgen sind, wissen die Roma nicht wohin, in *Afghanistan* floriert am besten der Drogenhandel und sind die Taliban auf dem Vormarsch.

Rechnet man noch den Nato-Krieg auf dem Balkan hinzu, ist das Ergebnis von erschreckender Wucht: Millionen Menschen versuchen aus dem Kosovo, aus dem Irak, aus Afghanistan, aus Syrien, aus Libyen, aus Somalia, aus dem Sudan, aus all den Gebieten, die man durch Regime-Change zur Demokratie bomben wollte, die vermeintliche Friedensinsel Europa zu erreichen. Das aber schottet sich an seinen Außengrenzen mit paramilitärischen Einsätzen von Frontex (Frontières Extérieures) hermetisch ab, – es hat für vieles Geld, doch nicht für Menschen, die mit ihren Kindern vor der Aussichtslosigkeit eines Lebens fliehen, an welchem wir selber, in Treue zu unseren militärischen Verbündeten, eine erhebliche Mitschuld tragen. Seit Jahren ist das Mittelmeer zu einem Massengrab für Tausende von Hoffnungslosen und Verzweifelten geworden, und unser wichtigstes Wort, darauf zu reagieren, lautete all die Zeit: abschieben.

Wie man damit leben kann? Überhaupt nicht. Man darf es nicht. Vor allem, weil jeder begreift, daß all der Einsatz von Krieg und Gewalt in keiner Weise das Ziel verfolgt, Freiheit und Gerechtigkeit, Frieden und Sicherheit zu bringen; es geht um die Besetzung geostrategischer Positionen in Zentralasien (zwischen den kommenden Großmächten Indien und China), es geht um die Eindämmung von Moskau und Peking, es geht vor allem um die Erdölquellen im Nahen Osten. Es sind Wirtschaftskriege, die da geführt werden, asymmetrisch, im Status absoluter militärischer Überlegenheit der Waffensysteme, doch menschlich in einer Arroganz und in einem Zynismus, der als zutiefst verabscheuenswürdig empfunden wird.

Die Sache ist an sich nicht neu – selbst der Krieg vor Troja war wohl ein Wirtschaftskrieg[9] –, aber die Dimension hat sich ins Ungeheuerliche, ins Globale, ins Mehr-geht-nicht aufgewälzt. Im Grundsätzlichen freilich sahen schon um 1570 PIETER BRUEGEL DER ÄLTERE und PIETER VAN DER HEYDEN auf einem Kupferstich unter dem Titel »Kampf ums Geld« vollkommen klar (Abb. 1)[10]: Da erblickt man Menschen in der Rüstung von Schatztruhen, metallenen Geldsäcken und Münzfässern mit Spießen und Hellebarden, mit Schwertern und gehirnzertrümmernden Schwingkeulen, auf einander einstechen und -schlagen; Rauchwolken am Himmel verraten den Einsatz

9 | JOACHIM LATACZ: Der große Nachbar im Westen: Die Griechen, in: Troia – Traum und Wirklichkeit, 54–57, sieht im Hintergrund der Geschichte vom Troianischen Krieg mykenische Raubzüge, »deren Ziel die Beschaffung von Arbeitskräften (sc. besonders von Frauen, d. V.) war.« (S. 57)

10 | ANDREA WANDSCHNEIDER (Hg.) Die Brueghel-Familie, S. 129, Kat. Nr. 42.

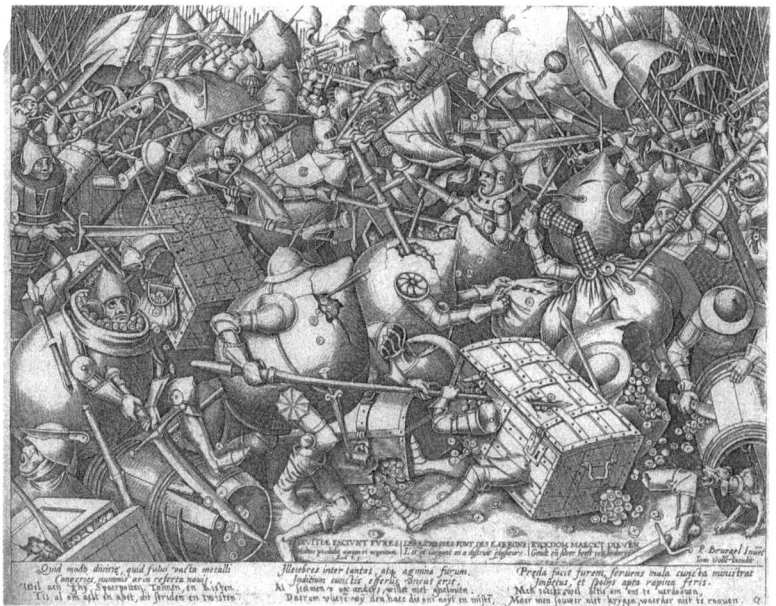

Abb. 1: PIETER BRUEGEL DER ÄLTERE: *Kampf ums Geld*

auch von Kanonen, – das Gewaltpotential läßt sich immer noch steigern. Man sieht unter den Helmen zwar noch vereinzelt menschliche
Gesichter, doch die Mechanisierung, die Anonymisierung, die Inhu-
manisierung der Austragungsform des »Kampfs ums Geld« wird im
Verlauf der Jahrhunderte immer weiter zunehmen. »Divitiae faciunt
fures« – Reichtümer machen (Menschen zu) Schurken, steht auf Lateinisch unter dem Bild und, damit es jeder versteht, auch auf Fran-
zösisch und Flämisch, erinnernd an ein Wort der Bibel: »Wer habgie-
rig ist, jagt nach Reichtum und weiß nicht, daß Mangel über ihn
kommen wird.« (Spr. 28,27) Es ist ein apokalyptisches Bild, doch
wer wollte es leugnen: Es ist unsere gegenwärtige Wirklichkeit. – Die
bloßen Zahlen sind erdrückend; sie zeigen, daß, entgegen den wohl-
klingenden Erklärungen der Herrschenden und der veröffentlichten
Meinung in den Medien, für Milliarden Menschen dieser Erde das
Elend in rasantem Tempo wächst – bis hin zum Unerträglichen, bis
hin zum Hunger, bis hin zum Verhungern.

»Nach den *Weltentwicklungsindikatoren 2013* der Weltbank verfügen 16 Prozent der Weltbevölkerung über 83 Prozent der Vermö-

19

genswerte auf dem Planeten. Im Jahr 2001 gab es in den westlichen Ländern 497 Dollar-Milliardäre, die zusammen 1500 Milliarden Dollar besaßen. Zehn Jahre später, 2010, war ihre Zahl auf 1210 gestiegen, und ihr Vermögen summierte sich auf 4500 Milliarden Dollar. Das Vermögen dieser 1210 Milliardäre zusammen übersteigt das Bruttoinlandsprodukt eines wirtschaftlich so starken Landes wie Deutschland. – Der Zusammenbruch der Finanzmärkte 2007/2008, der durch die Börsenspekulationen der Beutejäger ausgelöst wurde, hat die Existenz von Millionen Familien in Europa, Nordamerika, Japan und anderen Regionen zerstört. Nach Angaben der Weltbank wuchs die Zahl der hungernden Menschen infolge der Finanzkrise um 69 Millionen. In den Ländern des Südens wurden überall neue Massengräber ausgehoben. Doch wenig später, 2013, lag das Vermögen der sehr Reichen um das Eineinhalbfache über dem Stand vor der Krise. – Der Anteil der 42 ärmsten Länder am Welthandel betrug 1970 1,7 Prozent. 2014 waren es nur noch 0,4 Prozent. – Die neuen kapitalistischen Feudalherrschaften wachsen und gedeihen. Die Eigenkapitalrendite der 500 größten multinationalen Konzerne der Welt lag seit 2001 im Durchschnitt bei 15 Prozent pro Jahr in den Vereinigten Staaten und bei 12 Prozent in Frankreich. – ... Die 374 größten multinationalen Konzerne ... haben heute Finanzreserven von zusammen 655 Milliarden Dollar. Die Summe hat sich seit 1999 verdoppelt. Das größte Unternehmen der Welt, Microsoft, hat 60 Milliarden Dollar auf der hohen Kante ... – Die Weltbank schätzt die Zahl der Menschen, die in ›extremer Armut‹ leben, das heißt, weniger als 1,25 Dollar pro Tag zur Verfügung haben, auf 1 Milliarde ... – Heute stirbt alle fünf Sekunden ein Kind unter zehn Jahren an Hunger oder einer durch Unterernährung verursachten Krankheit. Im Jahr 2014 starben mehr Menschen durch Hunger als in sämtlichen Kriegen, die in diesem Jahr geführt wurden. – ... Im Jahr 2001 starb (sc. noch, d. V.) alle sieben Sekunden ein Kind unter zehn Jahren an Hunger. Im selben Jahr wurden 826 Millionen Menschen durch die Folgen von schwerer, chronischer Unterernährung zu Invaliden. Heute sind es 841 Millionen. – ... Weltweit sterben jedes Jahr rund 74 Millionen Menschen, 1 Prozent der Weltbevölkerung, an den verschiedensten Todesursachen. 2013 starben 14 Millionen an Hunger oder seinen unmittelbaren Folgen. – Damit ist der Hunger die Hauptursache (sc. des Todes, d. V.) auf unserem Planeten.«[11]

11 | JEAN ZIEGLER: Ändere die Welt, 49–53. – Für 2015 rechnet man damit, daß 6

Was wäre, wenn wir wüßten, daß gleich vor dem Nachbarhaus ein Kind dabei ist zu verhungern, – wir sähen es jeden Tag auf der Straße, aber wir gingen einfach vorbei? Würde uns dann nicht zu Recht der Vorwurf unterlassener Hilfeleistung und schließlich sogar der fahrlässigen Tötung gemacht werden müssen? Wenn sich der Vorgang aber in 5000 oder 15 000 km Entfernung, in Afrika, Südamerika oder in Südostasien, ereignet, ändert sich dann etwa durch die räumliche Distanz auch nur ein Deut an der Berechtigung solch einer Anklage? Es ist ja nicht, daß »wir«, die reichen Industrienationen, den Hunger nicht von der Erde bannen könnten – die Landwirtschaft vermöchte beim Stand heutiger Produktivität etwa 12 Milliarden Menschen, etwa doppelt so viel als derzeit leben, zu ernähren, und die UN verkünden gerade, im August 2015, sie wollten bis 2030 den Hunger in der Welt beseitigen[12]; doch die Wirklichkeit

Mio Kinder unter fünf Jahren an Mangelernährung sterben, das sind 16 000 Kinder pro Tag; freilich hat sich die Kindersterblichkeit unter 5 Jahren damit seit 1990 halbiert. – RAINER RUPP: Die Welt im Würgegriff, in: junge Welt, Nr. 247, 24./25. Okt. 2015, S. 9, verweist darauf, daß die Geschwindigkeit der »Konzentration (sc. des Kapitals, d. V.) während der globalen Wirtschafts- und Finanzkrise (sc. 2007/08, d. V.) zugenommen hat ... ›ein Prozent‹ der Bevölkerung (besitzt) inzwischen bereits 50 Prozent des gesamten Reichtums ... auf Kosten der großen ausgebeuteten Mehrheit.«
12 | Vorformuliert wurde dieses Anliegen schon von Kanzlerin *Merkel* in Elmau beim Gipfeltreffen der G7 am 7. – 8.6.2015. Für dieses Treffen wurde unter dem Titel »Wer hat die Macht?« eine Studie des Fair Trade Advocacy Office Brüssel vorgelegt, die zeigt, daß schon 1980 eine Konzentration in den Agrochemikalien stattgefunden hatte: 90 % des gesamten Umsatzes wurden damals von 20 Unternehmen beherrscht; 15 Jahre später waren es nur noch sieben. Beim Getreide beherrschen vier Firmen 90 % des Welthandels; drei Konzerne halten die Hälfte der Kakaoverarbeitung – alle aus den G7-Ländern und der Schweiz. 2,5 Mrd Menschen tragen die Agrarproduktion, aber 3,5 Mrd Menschen, die in Städten leben, müssen Lebensmittel kaufen; dazwischen agieren die Händler, die Aktionäre der Agrarindustrie und die Besitzer der Supermarktketten – in der BRD werden 50 % der Lebensmittel dort gekauft. PETER CLAUSING: Viel Macht für wenige, in: junge Welt, Nr. 117, 22. Mai 2015, S. 5. – Zudem: schon vor 23 Jahren, in 1992, ging in Rom die erste Welternährungskonferenz zu Ende, mit der Anklage, daß 780 Mio Menschen weltweit unterernährt seien. 2014 kam man wieder zusammen und stellte fest, daß derzeit nach den Zahlen der FAO 842 Mio Menschen hungern müßten, – allerdings, 2011 waren es noch 26 Mio mehr. Als Hungernder gilt, wer weniger als 1800 Kalorien pro Tag zur Verfügung hat; ein extrem niedriger Ansatz. Nach Germanwatch, einer der Entwicklungsorganisationen, liegt die Zahl weltweit bei 1,3 Mrd, nach anderen sogar bei 2 Mrd. WOLFGANG JAMANN, der Generalsekretär der Welthungerhilfe, fürchtet, daß »erneut nur unverbindliche Erklärungen abgegeben würden. 2016 sollte zum »Jahr der Ernährung« werden, aber überprüfbare Ziele fehlen (noch). M. BAUCHMÜLLER – D. KUHR: Drei Tage gegen Hunger, in: SZ, Nr. 267, 20. Nov. 14, S. 8. – JEAN ZIEGLER: Wir lassen sie

sieht anders aus: »Mächtige Industriestaaten haben damit begonnen, Hunderte Millionen Tonnen Mais und Weizen zu verbrennen, um Biotreibstoffe herzustellen (Bioethanol und Biodiesel). Nach dem Börsenkrach 2007/2008 haben die großen Spekulanten – die Hedgefonds, die internationalen Investmentbanken und andere – sich den Warenbörsen zugewandt, auf denen landwirtschaftliche Rohstoffe gehandelt werden. Dort haben sie gigantische Gewinne gemacht, indem sie weltweit die Preise von Grundnahrungsmitteln explodieren ließen. Daher ist Ackerland, vor allem in Afrika, Südasien und Mittelamerika, selbst zum heiß begehrten Spekulationsobjekt geworden. 2013 erwarben multinationale Finanzoligarchien 221 Millionen Hektar Ackerland in den Ländern der südlichen Hemisphäre. Und die Folge? – Auf den Flächen, die so in ihren Besitz gelangt sind – durch unbefristete Pachtverträge, durch ›Kauf‹ zu lächerlichen Preisen, durch Korruption –, produzieren die ausländischen Investoren Rosen, Gemüse, Kartoffeln und vieles mehr, was für die Märkte in den nördlichen Ländern mit ihrer hohen Kaufkraft bestimmt ist. Sie importieren unterbezahlte Wanderarbeiter aus Sri Lanka, Pakistan und Nepal und vertreiben die einheimischen Bauernfamilien. Wohin? In die Slums der Megastädte, wo Massenarbeitslosigkeit, Kinderprostitution und die Ratten herrschen.«[13]

So viel kann man sicher sagen: unter den gegenwärtigen Bedingungen von Produktion, Handel und Konsumtion, von Investition, Spekulation, Akkumulation von immer mehr Kapital in den Händen von immer weniger Leuten bedeutet allein schon *das stetige Anwachsen der Bevölkerungszahlen* eine Katastrophe in Raten. Je nachdem, wie hoch man die Zahl der Kinder ansetzt, die eine Frau im weltweiten Durchschnitt statistisch bekommt, und die Sterblichkeitsrate hinzusetzt, schwanken die Schätzungen bis zum Jahr 2050 erheblich, doch ist damit zu rechnen, daß schon in 35 Jahren etwa 9 Milliarden Menschen auf diesem Globus leben werden[14]. Um 1950 betrug die Größe der Weltbevölkerung noch etwa 2,5 Milliarden Menschen;

verhungern, 232 stellt dem Irrsinn der Produktion von Biotreibstoffen das Hungerproblem gegenüber: »Der Tank eines mit Bioethanol betriebenen Mittelklassewagens fasst 50 Liter. Zur Herstellung von 50 Litern Bioethanol müssen 358 Kilogramm Mais vernichtet werden. – In Mexiko und in Sambia ist Mais das Grundnahrungsmittel. Von 358 Kilogramm Mais kann ein sambisches oder mexikanisches Kind ein Jahr lang leben.« Das heißt: »Volle Tanks und leere Bäuche.«
13 | JEAN ZIEGLER: Ändere die Welt, 52–53.
14 | Vgl. JOEL E. COHEN: Leben mit neun Milliarden Menschen, in: Menschheit am Scheideweg. Spektrum der Wissenschaft, Dossier 6/2006, 10. – Zu Recht ver-

jetzt genügen ganze 35 Jahre, um die Anzahl der Menschen um eben diesen Betrag ansteigen zu lassen. Zwar hat das Tempo des Bevölkerungswachstums seit 1970 nachgelassen, doch immer noch nimmt die Anzahl der Menschen um etwa 75 Millionen pro Jahr zu, – zum Vergleich: die Gesamtbevölkerung Deutschlands liegt bei 82 Millionen. All diese Menschen wollen nicht nur essen; sie brauchen Kleidung, Wohnung, Bildung, Arbeit, Verkehrsmittel, Straßen, Krankenhäuser… Heute bereits leben etwa 3 Milliarden Menschen in Städten, und man muß damit rechnen, daß deren Zahl sich bis 2050 verdoppeln wird. 6 Milliarden Stadtbewohnern steht dann eine Landbevölkerung von immer noch 3 Milliarden Menschen gegenüber, welche bei einer erheblichen Verringerung der zu bewirtschaftenden Böden die nötigen Nahrungsmittel produzieren; Überdüngung der Böden, Wasserverschmutzung, die Folgen von Monokulturen sowie tiefgreifende gentechnische Veränderungen einer Vielzahl von nutzbaren Tier- und Pflanzenarten nebst all den zu erwartenden Schäden an Natur und Umwelt sind ebenso absehbar wie unvermeidbar.

Die Wahrheit ist, daß außer in China und Malaysia wirksame Versuche einer Geburtenkontrollpolitik kaum ergriffen wurden; die Sexualmoral des Vatikan etwa, maßgeblich in den katholischen Ländern Europas, in Mittel- und Lateinamerika, auf den Philippinen und in manchen schwarzafrikanischen Gebieten, wie etwa bei 50 % der Bevölkerung in dem volksreichsten Land: in Nigeria, erklärt noch heute jede künstliche Methode der Empfängnisverhütung für Sünde; zudem wird das Denken der politischen Klasse der westlichen Welt von einer geradezu hypnotisch-magischen Formel beherrscht, nach der die anstehenden Probleme und Konflikte zu lösen seien: durch wirtschaftliches Wachstum. Statt die vorhandenen Güter gerechter zu verteilen, müssen wir immer noch mehr produzieren und konsumieren, und das können wir tatsächlich nur mit immer mehr Menschen.

Dabei ist, rein auf die Zukunft der Menschheit bezogen, nicht allein das Wachstum der Bevölkerung an sich schon höchst bedenklich, ärger noch wirkt sich die *rapide Vergrößerung der Ungleichheit* »zwischen den armen Ländern und ihrem starken Bevölkerungswachstum und den Industrieländern mit ihrer alternden Bevölkerung aus.«[15] »Gegenwärtig leben in den entwickelten Ländern (… Eu-

weisen CHRISTINE AX – FRIEDRICH HINTERBERGER: Wachstumswahn, 148–161, darauf, daß mehr Wachstum allemal bedeutet: höherer Ressourcenabbau.
15 | Viel mehr Menschen, viel mehr Ungerechtigkeit, in: Le monde diplomatique.

ropa, Nordamerika, Australien, Neuseeland, Japan) 1,2 Milliarden Menschen, in den weniger entwickelten 5,3 Milliarden. Für 2050 bleibt die Zahl für sämtliche reiche Länder zusammen etwa gleich. Die armen Staaten wachsen bis dahin auf 7,9 Milliarden Menschen an.«[16] Erst ab 2035 ist damit zu rechnen, daß die Fruchtbarkeitsrate in den Entwicklungsländern auf etwa 2,1 Kinder pro Frau sinkt. »Aber manche dieser Länder werden länger über diesem ›Ersatzniveau‹ bleiben (bei dem die Geburten die Todesfälle ausgleichen).«[17] Insbesondere wird gerade Afrika in den nächsten 20 Jahren gewaltige Steigerungsraten der Bevölkerung erleben, – um ein paar Beispiele zu geben: Während in der Russischen Föderation die Bevölkerung von 143 auf 112 Millionen (um 22 %) zurückgehen wird, in Osteuropa von 297 auf 224 Millionen (um 25 %) und in Westeuropa von 185,9 auf 185,5 Millionen (um 0,2 %), wird sie in Nordafrika von 191 auf 312 Millionen (um 63 %) ansteigen, in Westafrika von 264 auf 587 Millionen (um 122 %), in Mittelamerika von 110 auf 303 Millionen (um 175 %) und in Ostafrika von 288 auf 679 Millionen (um 136 %). Westasien wird von 214 auf 383 Millionen Einwohner (um 79 %) zunehmen, Süd- und Zentralasien von 1611 auf 2495 (um 55 %) und Südostasien von 556 auf 757 (um 36 %); Ozeanien (mit Australien) wird von 33 auf 48 Millionen (um 45 %) Einwohner wachsen; allein Ostasien (China) wird lediglich von 1524 auf 1587 Millionen (um 4 %) wachsen; eine Ausnahme bildet Japan, das von 128 auf 112 Millionen (um 13 %) Einwohner schrumpfen wird; dafür werden die USA von 298 auf 395 Millionen (um 33 %) wachsen, Kanada von 32 auf 43 Millionen (um 34 %), Mittelamerika von 147 auf 210 Millionen (um 43 %) und Südamerika von 375 auf 527 Millionen (um 41 %)[18].

Ein Hauptgrund für diese divergierenden Zahlen liegt zweifellos in den Unterschieden der sozialen Situation, die jene an sich nicht unberechtigte Hoffnung auf ein Abflachen des Bevölkerungswachstums durch fortschreitende industrielle Entwicklung als illusionär erscheinen lassen. »Denn die Menschen in den Entwicklungsländern werden feststellen, daß nur zwei Nachkommen in einem Staat ohne Arbeitslosen-, Kranken- und Altersversorgung die ökonomischen

Atlas der Globalisierung. spezial: Das 20. Jahrhundert, 74.
16 | JOEL E. COHEN: Leben mit neun Milliarden Menschen, in: Spektrum der Wissenschaft, Dossier 6/2006, 14–15.
17 | A. a. O., 15.
18 | A. a. O., 14–15.

und sozialen Existenzrisiken der Eltern nicht ausreichend abzusichern vermögen – zumal die familiären und kommunalen Hilfssysteme infolge des gesellschaftlichen Wandels und der Modernisierung der Wirtschaft zerfallen… Somit ist es möglich, eher sogar wahrscheinlich, daß die Menschheit schließlich … auf 14 Milliarden anwächst.«[19]

Natürlich besteht unter diesen Umständen keinerlei Aussicht, die ungeheuerliche Verwüstung auch nur um ein weniges abzumildern, die wir derzeit wie mutwillig der uns umgebenden Natur auferlegen. Es sollte vernünftigerweise das Ziel jeder Kultur sein, die Grundlagen ihrer Existenz nicht selbst zu zerstören, doch genau das geschieht. Nicht umsonst hat die UNO schon das Jahr 2006 zum »Jahr der *Wüsten und Wüstenbildung*« ausgerufen. »Insgesamt verliert die Erde jedes Jahr die unvorstellbare Menge von 24 Milliarden Tonnen fruchtbaren Boden auf einer Fläche von der Größe Irlands – weggewaschen vom Regen oder vom Winde verweht. Eine Entwicklung, die Gesundheit und Lebensunterhalt von immer mehr Menschen akut bedroht. Laut UN-Schätzungen sind weltweit 1,2 Milliarden Menschen in mehr als 110 Ländern von den Folgen der Desertifikation bedroht… Sollte das Fortschreiten der Wüsten nicht aufgehalten werden können, rechnet die UNO in den nächsten fünf Jahren mit 50 Millionen Umweltflüchtlingen.«[20] Diese Prognose, aufgestellt vor 9 Jahren, hat sich inzwischen nicht nur bestätigt, sondern auf verheerende Weise übererfüllt. »Besonders bedrohlich ist die Lage in Afrika, wo bereits zwei Drittel der landwirtschaftlichen Nutzflächen verdorrt sind. Wenn die Wüstenbildung in der südlich der Sahara gelegenen Sahelzone nicht aufgehalten werden kann, müssen in den nächsten 20 Jahren (sc. von 2006 an gerechnet, d. V.) mehr als 60 Millionen von dort abgesiedelt werden. – Katastrophal ist die Lage auch in den Weiten Zentralasiens: Auf riesigen Flächen, die vor wenigen Jahren noch vom Aralsee überflutet waren, findet man heute nur noch Staub und Salz. Durch blind betriebenen Raubbau – vor allem den wasserschluckenden Baumwollanbau in Usbekistan – verlor das ehemals viertgrößte Binnenmehr der Erde in nur vier Jahrzehnten 80 % seiner Wassermenge und 60 Prozent seiner Wasserfläche. Eine neue Wüste, etwa so groß wie Österreich, ist entstanden.«[21]

19 | HERWIG BIRG: Die Eigendynamik des Weltbevölkerungswachstums, in: Spektrum der Wissenschaft. Dossier: Dritte Welt, 41–42.
20 | ANDREAS LINHART: Vormarsch der Wüste, in: News 21/06, S. 89.
21 | A. a. O., 89. – Ein anderes eigentlich noch schlimmeres Beispiel bietet der *Bai-*

Jeder begreift, daß es so nicht weitergehen kann. Doch alle Warnungen müssen verhallen: *Eine ständig expandierende Menschheit* erzeugt ein *Massensterben der Arten*: sie drückt auf die Wände einer immer kleiner werdenden Welt, – sie braucht immer mehr, sie verbraucht immer mehr, und sie vernichtet dabei notgedrungen die unersetzlichen Ressourcen ihres eigenen Überlebens. Laut dem »Living Planet Report 2014« des WWF (World Wildlife Fund) hat sich von 1970 bis 2010, also in rund 40 Jahren, die Anzahl der Wildtiere halbiert – und die Anzahl der Menschen verdoppelt. Um immer mehr konsumieren zu können, werden die Urwälder gerodet, die Meere überfischt, die Korallenriffe zerstört, die Flüsse verseucht, die Luft vergiftet… Vornean im Ressourcenverbrauch stehen – natürlich – die USA: sie verbrauchen das Vierfache dessen, was die Natur zur Verfügung stellt; in der BRD stehen wir bei immerhin dem 2,6fachen. Soeben halten wir bei 7,2 Milliarden Menschen; und wenn die Dinge so weiter laufen wie bisher, »brauchten wir (sc. schon, d. V.) bis 2030 eine zweite Erde, um dauerhaft genug Nahrung, Energie und Wasser für die Weltbevölkerung zu haben.«[22] Bereits im Jahre 1995 titelte der *Spiegel*: »Bulldozer im Paradies« und schrieb: »Überall auf der Erde holzen Bulldozer Regenwälder ab, zertrampeln Rinderherden die Savanne, ersticken Seen unter der Nährstoffflut der Landwirte, schleppen Menschen Räuber ein, die alteingesessenen Pflanzen und Tieren den Garaus machen. – So vollzieht sich derzeit ein Massensterben von Arten, wie es in den vergangenen 50 Millionen Jahren ohne Beispiel ist: Stündlich sterben drei Arten aus… – über 70 Arten am Tag, 27 000 im Jahr, jede ein unwiederbringliches, in Jahrhunderttausenden gereiftes Unikat des Lebens.«[23]

Vor allem Lateinamerika, das noch vor Südostasien über die höchste Artenvielfalt der Welt verfügt, ist von der *Zerstörung der tropischen Regenwälder* betroffen: Kolumbien zum Beispiel verfügt über etwa 27 000 verschiedene Pflanzenarten, – die USA nur über

kalsee, der mit 31 500 km² Größe ein Fünftel des irdischen Süßwassers enthält und durch Industrienutzung und -verschmutzung aufs äußerste gefährdet ist. Vgl. EDWARD O. WILSON: Bedrohung des Artenreichtums, in: Spektrum der Wissenschaft, 11/1989, 92.
22 | Der Erde droht ein Burn-out, in: Bild – Bundesausgabe, 1. Okt. 2014, S. 7. Vgl. Raubbau an der Natur, in: Westfalen-Blatt, 1. Okt. 14: »Während die Bestände der erfaßten Arten in den gemäßigten Klimazonen um mehr als ein Drittel zurückgingen, traf es tropische Regionen noch härter: Dort lag der Wert bei 56 %.«
23 | Bulldozer im Paradies, in: Der Spiegel 48/1995, 186.

17 000. Doch die Verringerung der Artenvielfalt hat System: Fast 50 % der gesamten genetischen Information der Erde ist in die tropischen Regenwälder gebunden; setzt man dagegen die Landwirtschaft, so sind deren Ernteerträge zwischen 1930 und 1975 um mehr als 100 % gestiegen; davon geht die Hälfte auf genetische Verbesserungen und Kreuzungszüchtungen zurück, doch mit dem Ergebnis, daß 75 % des Nahrungsbedarfs der Menschheit von nur acht Anbaupflanzen erzeugt wird[24]. Vor allem die USA versuchen derzeit in einem beispiellosen Akt der Genpiraterie in ihren Laboren Samenbanken anzulegen, um nach Ausrottung der lateinamerikanischen Regenwälder die enorme Vielfalt an Lebensformen, von denen wir die allermeisten kaum kennen, weiter auf ihre ernährungsphysiologischen und pharmazeutischen Wirkungen hin erforschen zu können; die einzigartige Vernetzung des Ökosystems eines Regenwaldes indessen ist, wenn zerstört, niemals mehr wiederherzustellen.

Die Ursachen dieser Zerstörung sind allerdings vielfältig: Da ist der *Wanderfeldbau*, der in der Praxis nichts anderes bedeutet als »Umhauen und Verbrennen«[25]; nach einer kurzen Zeit der Nährstoffanreicherung der gerodeten Flächen durch die verbrannten Pflanzen und Bäume werden die Böden durch die Sonne ausgedörrt und Gewitterregen schwemmen die Krume fort. »Riesige Gestrüppflächen und unproduktives Grasland – 30 000 bis 40 000 Quadratkilometer allein in Papua-Neuguinea – zeugen von den gescheiterten Versuchen. In Laos fallen nach aktuellen Schätzungen dem Heer von Wanderbauern pro Jahr 2000 bis 3000 Quadratkilometer Wald zum Opfer. Falls diese Entwicklung ungehindert anhält, werden bis zum Jahr 2030 alle 110 000 Quadratkilometer des laotischen Regenwaldes verschwunden sein.«[26]

Andere Formen der Zerstörung gehen von der *industriellen Nutzung der Wasserkraft und der Ausbeutung der Bodenschätze* aus. In der Tat schätzt man die elektrische Energie, die man allein aus dem Amazonas gewinnen könnte, auf rund 100 000 Megawatt ...! Allein für den Tucuruí-Damm, dem ersten Bauprojekt dieser Art in Amazonien, versanken 17 500 km² Regenwald im Wasser; geplant aber sind 136 weitere Wasserkraftwerke, wobei vor allem das Problem der Verschlammung nach Abholzung des Umlandes kaum zu lösen ist und die Schäden des ökologischen Gleichgewichts einer Katastrophe

24 | MARK COLLINS (Hg.): Die letzten Regenwälder, 32.
25 | A. a. O., 95.
26 | A. a. O., 40.

gleichkommen[27]. Auf der Suche nach Eisen werden in Brasilien, im Grande Carajás, mit Investitionen von rund 70 Milliarden Dollar auf einem Gebiet so groß wie Frankreich die riesigen Erzlager abgebaut. Von den 18 Schmelzanlagen hat die erste 1988 bei Marabá im Staat Pará die Produktion aufgenommen. Die Befeuerung aller Hochöfen mit Holzkohle, die dem Urwald »entnommen« wird, vernichtet allein 2300 km² intakten Regenwaldes[28]. Neben Eisenerz bietet der Boden zudem auch noch andere hochbegehrte Bodenschätze wie Kupfer, Gold, Bauxit und Mangan, und überall gilt: es gibt keine Verträglichkeit von Wald und Montanindustrie.

Aber es kann immer noch ärger kommen. Unter dem Druck der nordamerikanischen und europäischen Märkte gingen die Regierungen von Mittelamerika und Brasilien dazu über, zu Gunsten der *Fast-Food-Ketten* den Kahlschlag enormer Waldgebiete zur Schaffung von *Rinderfarmen* mit Steuervorteilen und mit Mitteln der Weltbank zu subventionieren. Auf diese Weise wurde der Viehbestand von Nicaragua, Honduras, Guatemala und Costa Rica zwischen 1960 bis 1980 auf 9,5 Millionen Rinder verdoppelt, – 25 % der gesamten Waldfläche wurden dafür gerodet; die Böden wurden festgetrampelt und durch Erosion abgetragen. Jedes Kilo exportiertes Rindfleisch führt etwa in Costa Rica (das im übrigen mit seinen natürlichen Ressourcen vergleichbar schonend umgeht) zum Verlust von zweieinhalb Tonnen Erdreich[29].

Speziell für Brasilien ist die Gesamtbilanz der Rodungspolitik in den Bundesstaaten Rondonia, Mato Grosso und Pará erschreckend: »Seit den sechziger Jahren wurden im Amazonasgebiet etwa 700 000 Quadratkilometer Bäume gefällt, das entspricht der doppelten Fläche Deutschlands.«[30] Der Grund: Mitte der siebziger Jahre ließ Staatspräsident *Emilio Medici* mit weltweiter Billigung und Unterstützung die Transamazônica als Teil der »Operation Amazonien« bauen, um armen, landlosen Bauern ein Siedlungsgebiet zu erschließen, und das wiederum erschien als unerläßlich, weil 43 % der besten Böden sich in der Hand von nur 1 % der Bevölkerung

27 | A.a.O., 44.
28 | A.a.O., 44.
29 | A.a.O., 42. – »Der volle Wert eines Hamburgers, dessen Fleischeinlage von Weideland stammt, für das Regenwald gerodet wurde, liegt … bei 200 US-Dollar.« ALAIN THEIN DURNING: Ein Klops-Fleisch für 200 Dollar, in: Spiegel Special: Öko-Bilanz '95, S. 45–46.
30 | PETER BURGHARDT: Der wehrlose Gigant, SZ, 14.5.2008, S. 3.

befinden[31]. Naturzerstörung statt Sozialreformen – das erklärt manches an dem Desaster, das wir den Tieren und Pflanzen in den tropischen Regenwäldern überall, wo es sie noch gibt, zumuten, – in Indien[32], Sri Lanka[33], Bangladesch[34], Birma[35], Thailand[36], Kambodscha[37], Laos[38] oder in Vietnam[39]; doch dahinter steht durchgängig der ständig wachsende *Bevölkerungsdruck*.

Nehmen wir als Beispiel *Westafrika*, wo die Bevölkerungszahl sich alle 20 Jahre verdoppelt, an der Spitze *Nigeria*, dessen Einwohner 20 % der afrikanischen Gesamtbevölkerung ausmachen (eben dort hielt Papst *Johannes Paul II.* es für richtig, vor einem übertriebenen Pessimismus angesichts der drohenden Überbevölkerung zu warnen,

31 | MARK COLLINS: (Hg.): Die letzten Regenwälder, 112.
32 | A.a.O., 151: »Die Abholzung der Wälder ist ... rapide fortgeschritten: bis zu 1500 Quadratkilometer Waldland fallen jährlich der Axt zum Opfer. Über 50 000 Quadratkilometer haben Siedler und Ackerbau treibende Nomaden schon (sc. im Jahre 1990, d. V.) in Besitz genommen.« »Indien zählt 45 000 Pflanzenarten, von denen nicht weniger als 4500 vom Aussterben bedroht sind.«
33 | A.a.O., 154: »Aufgrund der hohen Bevölkerungsdichte (sc. 260 Menschen pro km^2 um 1990, etwa 500 Menschen pro km^2 vermutlich in 2025, d. V.) ... lastet auf den Regenwäldern ein enormer Druck. Den größten Teil der Tieflandgebiete hat man bereits in Reisfelder und Kokosplantagen umgewandelt, während im Hügelland bevorzugt Tee und Teakholzbäume gedeihen.«
34 | A.a.O., 154: »Nicht einmal fünf Prozent der ursprünglichen Regen- und Monsunwalddecke haben überlebt ... der Bevölkerungsdruck ist mit 800 Menschen pro Quadratkilometer enorm.« Und in den nächsten 100 Jahren könnte sich die Bevölkerungszahl sogar noch verdoppeln ...
35 | A.a.O., 158: »1989 erteilte man entlang der Grenze zu Thailand zwanzig Fällkonzessionen, weitere zwanzig werden ... folgen. Die ersten Konzessionäre dürfen über 200 000 Tonnen Stammholz an die Sägewerke Thailands liefern ..., was Birma jährlich 112 Millionen US-Dollar einbringt.«
36 | A.a.O., 158: »Heute sind etwa 15 % der Landfläche Regen-, weitere sechs Prozent Monsunwald – das ist weniger als die Hälfte der ursprünglichen Ausdehnung.« Immerhin versucht die Regierung mit der Einrichtung von Wildreservaten und Naturschutzgebieten sowie mit einem totalen Abholzungsverbot den Restbestand zu schützen.
37 | A.a.O., 158: »Im Osten litten die Bergwälder unter der extensiven Entlaubung und Bombardierung durch die Amerikaner während des Vietnamkriegs ... Seitdem sind sie durch die Aktivitäten von Wanderbauern weiter geschädigt.«
38 | A.a.O., 158: »Die größte Gefahr für die laotischen Wälder geht vom Wanderfeldbau aus«, sowie von dem Ausbau des Straßennetzes.
39 | A.a.O., 158: »Fast 90 Prozent der Fläche Vietnams waren einst von Regen- und Monsunwald bestanden. Bis 1943 hatte sich die Gesamtfläche auf etwa 43 Prozent reduziert. Heute sind nicht einmal mehr 19 % des Landes bewaldet; über 40 Prozent sind als Ödland klassifiziert.« S. 159: »Überraschenderweise ist seit 1975 (sc. dem Ende des Krieges, d. V.) mehr Wald verloren gegangen als während des Krieges.«

zugunsten der Vermehrung des katholischen Bevölkerungsanteils). Das Ergebnis: nicht einmal mehr 50000 km² Regenwald haben sich dort erhalten[40].

Besonders tragisch – und besonders instruktiv – mutet der Fall *Madagaskars* an, der viertgrößten Insel der Welt mit einer Länge von 1600 km und einer Breite von maximal 450 km; die meisten Tier- und Pflanzenarten, die sich in den letzten 40–50 Millionen Jahren in Isolation vom afrikanischen Festland entwickelt haben, existieren nur hier: etwa 80 % der 10000 Pflanzenarten Madagaskars finden sich nirgendwo sonst. »Alle 30 seiner Primatenarten sind Lemuren; keine ist außerhalb Madagaskars oder der benachbarten Komoren- inseln zu finden. Zwei Drittel aller Chamäleonarten der Welt – von Fingernagelgröße bis 60 Zentimeter Länge – sind hier heimisch. Zu- sammen sind über 90 Prozent der Reptilien und Amphibien auf Ma- dagaskar endemisch.«[41] Um so verstörender muß es wirken, daß be- reits 1985 der verbliebene Regenwald auf nur noch 38000 km² geschätzt wurde – die Hälfte des Bestandes noch von 1950; dafür betrug die Bevölkerung damals schon 11,2 Millionen Einwohner, – mehr als doppelt so viele wie 1960, und man rechnet damit, daß bis 2025 die Zahl auf 28 Millionen ansteigen wird. Doch daß es weniger Menschen geben sollte, damit Zwergmakis, Indris und Fingertiere eine Überlebenschance behielten, ist in unserer christlichen Ethik so wenig vorgesehen wie in unserem kapitalistischen Wirtschaftssy- stem[42].

Erwähnt seien nicht zuletzt noch die Regenwälder auf *Sumatra*, *Borneo* und *Neuguinea*. Schneller als sonst in Indonesien schwindet die Fauna und Flora auf der zweitgrößten Insel des Archipels, auf Sumatra. Denn: »Mit 3,3 Prozent pro Jahr hat Sumatra ... mit das höchste Bevölkerungswachstum Indonesiens zu verzeichnen.«[43] Ins- besondere die Holzindustrie profitiert von dem Kahlschlag der Wäl- der; dabei gehört Sumatras Tierwelt zu der reichsten ganz Indonesi- ens, und seine Flora ist so reich wie nur noch auf Borneo. Auch dort

40 | A. a. O., 137.
41 | A. a. O., 147.
42 | Vgl. E. DREWERMANN: Der tödliche Fortschritt, 67–110: Die christliche An- thropozentrik und die Zerstörung der Natur. PAPST FRANZISKUS: Laudato si', Nr. 65–69, S. 53–57, hält es nur für eine Interpretation, daß »aus ... dem Auftrag, die Erde zu beherrschen, eine absolute Herrschaft über die anderen Geschöpfe gefol- gert wird.« (Nr. 67, S. 55) Doch zu dem verhängnisvollen »wachset und mehret euch« in Gen 1,28 sagt er bezeichnenderweise kein Wort.
43 | MARK COLLINS (Hg.): Die letzten Regenwälder, 160.

aber sind durch massive Umsiedlungsprogramme zwischen 1950–1986 und eine exzessive Holzexport-Politik große Teile des Waldes im südlichen Teil (in Kalimantan) systematisch vernichtet worden; allein zwischen September 1982 und Juli 1983 wurden über 40 000 km^2 durch Feuer und Axt zerstört[44]. Das Schicksal der letzten Orang-Utans, unserer Vettern, biologisch gesprochen, scheint damit besiegelt: es soll sie außerhalb der Gefangenschaft in zoologischen Gärten anscheinend nicht länger mehr geben, ebenso wenig wie die Berggorillas im Virunga-Nationalpark in Zaire, Ruanda und Uganda[45] oder die Schimpansen am Gombe[46].

Was *Neuguinea* angeht, so sind seine Regenwälder mit 700 000 km^2 die ausgedehntesten Südostasiens, von denen 80 % noch unberührt sind; sie zu schützen, und damit auch die »nur« vier Millionen Einwohner, die tausend verschiedene Sprachen und Dialekte sprechen[47], bildet eine dringende Aufgabe des globalen Schutzes der Natur. Niemand, der sieht, wie die Wälder Borneos oder Mittelamerikas in Flammen stehen, wie die Flüsse mit Baumstämmen verstopft sind, die für die Papier- oder Möbelindustrie bestimmt sind,

---

44 | A.a.O., 168. – THOMAS BERGER: Mogeln beim Palmöl, in: junge Welt, Nr. 266, 17.Nov.2015, S. 9, stellt fest: »Die Waldbrände auf Sumatra und im indonesischen Teil von Borneo in diesem Jahr (sc. 2015, d. V.) gelten als die verheerendsten seit 1997. Gerade auch in den Nachbarländern Indonesien, Malaysia und Singapur sorgen die gigantischen Rauchwolken, die in erster Linie durch Brandrodungen für neue Ölpalmenplantagen entstanden sind, seit September für massive Schäden und Gesundheitsprobleme.«

45 | Vgl. DIAN FOSSEY: Gorillas im Nebel, 315: »Jahr für Jahr benötigen weitere 23 000 ruandische Familien zusätzlich Ackerland. Selbst wenn das gesamte Parkgebiet für landwirtschaftliche Zwecke freigegeben würde, würde damit nur einem Viertel des jährlichen Bevölkerungszuwachses in Ruanda geholfen. Das würde natürlich die völlige Ausrottung der Berggorillas und aller anderen Wildarten in diesem Gebiet bedeuten... Die Auswirkungen dieser Zerstörung sind ebenso beängstigend wie die jährliche Vernichtung von etwa 180 000 Hektar Regenwald weltweit, pro Minute also fast 20 Hektar.«

46 | Vgl. JANE LAWICK-GOODALL: Wilde Schimpansen, 209–212: Von der Unmenschlichkeit des Menschen. – Ökonomisch haben PAUL A. SAMUELSON – WILLIAM D NORDHAUS: Volkswirtschaftslehre, 420, natürlich recht, wenn sie fragen: »Wie ... sollten wir den Nutzen durch das Weiterbestehen der gefleckten Waldeule berechnen... Welchen Wert messen wir dem Leben eines Seeotters bei?« Umgekehrt läßt sich der wirtschaftliche Schaden gut taxieren, der die Einstellung der Rodungsarbeiten im Nordwesten der USA kosten würde, – die Holzpreise stiegen an und viele verlören ihren Job. Wie aber, wenn es gar nicht um wirtschaftlichen »Nutzen« ginge und wenn es »Werte« gäbe, die sich nicht in Geld verrechnen ließen?

47 | MARK COLLINS (Hg.): Die letzten Regenwälder, 172–173.

wird in Ordnung finden, was da seit Jahrzehnten, routiniert und wie selbstverständlich geschieht. Doch selbst diejenigen, denen das Schicksal von Pflanzen und Tieren egal ist, können nicht ignorieren, daß die Menschheit klimatisch von dem Bestand der Regenwälder abhängig ist, und zumindest das Selbsterhaltungsinteresse aller sollte dem Gewinnstreben einiger eine Grenze setzen.

Denn: »Weltweit sind über eine Milliarde Menschen zum Trinken und zur Landbewässerung auf Wasser aus Tropenwäldern angewiesen.«[48] Mit ihrem dichten Laub und ihrem Wurzelsystem regulieren sie wie riesige Schwämme den *Wasserhaushalt*. Zudem beeinflussen sie auf Tausende Kilometer hin das Klima, indem sie enorme Mengen des gespeicherten Wassers wieder in die Atmosphäre abgeben. Vor allem erhöht das Verbrennen der tropischen Regenwälder gleich doppelt den Anstieg von Kohlendioxid (CO_2) in der Atmosphäre, indem ihre Organismen das gespeicherte CO_2 freisetzen und hernach nicht mehr zu dessen Bindung zur Verfügung stehen. – Es ist mehr als absurd: Im August 2015 verheißt *Barack Obama*, den Kohlendioxid-Ausstoß der Kohlekraftwerke in den USA auf die Hälfte zu drosseln, und ein ähnliches hat auch die BRD sich vorgenommen, um die *Erwärmung der Erdatmosphäre* in diesem Jahrhundert auf »nur« zwei Grad Celsius zu begrenzen, doch gleichzeitig heizt man durch die Zerstörung der tropischen Regenwälder das Klima weiter auf. »Die einzige kurzfristige Möglichkeit zur Senkung des CO_2-Gehalts der Luft besteht darin, mehr Bäume zu pflanzen. Solange ein Baum wächst, absorbiert er CO_2 und lagert den Kohlenstoff in seinen Zellen ein ... Großangelegte Abholzaktionen in den Tropen beschwören... Veränderungen der globalen Klimasysteme herauf, da sie auf die Mechanismen einwirken, durch die Wärme in die gemäßigten Breiten gelangt.«[49]

In der Tat, wir müßten »das Klima« nicht »retten«, wohl aber müßten wir es vor den Schäden bewahren, die eine ständig wachsende Menschheit im Industriezeitalter in die Natur einträgt; indessen, trotz aller Lippenbekenntnisse, geschieht eigentlich das Gegen-

48 | A.a.O., 34.
49 | A.a.O., 35. – HARALD SCHUMANN – CHRISTIANE GREFE: Der globale Countdown, 239, erinnern daran, daß nach der Klima-Konferenz von 16 Staaten 1992 in Rio de Janeiro 15 kostbare Jahre verloren gingen allein deshalb, weil die Forschungsergebnisse der Klimawissenschaft »die Geschäfte der weltweiten und insbesondere der amerikanischen Öl-, Kohle- und Automobilindustrie« bedrohten; also setzten diese all ihre Macht ein, jede vorsorgende Politik zur Minderung des Rohstoffverbrauchs zu sabotieren.

teil. Zwar hat die BRD es wirklich geschafft, in allen wesentlichen Bereichen der deutschen Wirtschaft den Ausstoß von CO_2 deutlich zu senken, im Energiesektor durch Umstellung auf erneuerbare Energien (Windkraft und Solarzellen) um 24 Prozent, doch beim Straßenverkehr hat sich der Emissionswert erhöht, – um 0,6 %, weil immer mehr Güter auf der Straße transportiert werden und der Trend hin zu immer schwereren Fahrzeugen geht Im Jahr 2015 sind in der BRD 44 Millionen Autos und 2,6 Millionen Laster zugelassen – ein neuer Rekord. Der Güterverkehr auf der Straße ist zwischen 2000 und 2013 um 31 % gestiegen. 18 % des CO_2-Ausstoßes gehen auf den Verkehr zurück. In Deutschland selbst könnte diese Entwicklung vielleicht noch relativ unbedenklich scheinen, wenn nicht gerade die Autoindustrie einen Hauptbeitrag zu der vorteilhaften Exportbilanz der deutschen Wirtschaft leisten würde. Millionen Autos aus Deutschland sorgen inzwischen auf Chinas Straßen für eine Luftverschmutzung, die hierzulande einen ständigen Smogalarm auslösen würde. Bereits 2004 nahm auch in der BRD selbst die Verkehrsinfrastruktur insgesamt 17446 km² ein, mit einem Wert von 772 Milliarden Euro, – rund 20 Milliarden Euro gibt der Bund pro Jahr für Erhalt und Ausbau von Straßen aus. Aber selbst das reicht natürlich nicht aus. Zwischen 1998 bis 2006 stieg die Zahl der Pkws um 12 % auf 46,6 Millionen. Im Jahre 2005 bereits besaßen 77 % der privaten Haushalte mindestens *ein* Auto; bei Paaren mit zwei (und mehr) Kindern sind es 97 %. Im Jahr 2002 wurden fast 90 % der gefahrenen Kilometer im Auto zurückgelegt.[50] Seither steigen die Zahlen immer weiter, und zwar unvermeidlich, ist doch bei dem »Mobilitätsdruck« der Wirtschaft der Besitz eines Autos oft genug die selbstverständliche Voraussetzung, um überhaupt einen Arbeitsplatz zu erhalten. Hinzu kommt der Zuwachs im Flugverkehr: 2005 wurden 146 Millionen Fluggäste auf deutschen Häfen abgefertigt; von 1997–2007 ist der innerdeutsche Verkehr um 26 %, die Zahl der Passagiere ins Ausland um 62 % gestiegen. Der Ausstoß von Treibhausgasen aus Autos betrug weltweit schon 2004 sage und schreibe 5090 Millionen

<hr/>

50 | Wer im Treibhaus sitzt, in: Süddeutsche Zeitung, 5. Aug. 2015, S. 5. Vgl. Autos bleiben Klimakiller, in: Neue Westfälische, Nr. 179/32, 5. Aug. 2015, S. 1. – Am ärgsten ist die Luftverschmutzung in Neu Delhi, das die 1600 Großstädte mit der höchsten Luftverschmutzung weltweit anführt und das den WHO-Grenzwert für gesundheitsschädliche Belastung um das Zehnfache überschreitet. Anfang des Jahres 2016 wurde per Anordnung in Indiens Hauptstadt der Autoverkehr deutlich reduziert, – die Maßnahme betrifft 1,9 Mio Privatautos. THOMAS BERGER: Fahrverbote in Delhi, in: junge Welt, Nr. 3, 5. Jan. 2016, S. 9.

Tonnen CO_2-Äquivalente, – das sind 21 % der weltweiten CO_2-Emissionen; von daher kann man die Bedeutung der Tatsache ermessen, daß die Verkehrsemissionen ausgerechnet in Deutschland zwischen 1990 bis 2003 um 5 % zugenommen haben[51].

Feststeht, daß die CO_2-Emissionen sich durch Energieeffizienz allein nicht absenken lassen. Obwohl »seit 1970 ... der Energieverbrauch pro Produktionseinheit weltweit um 33 Prozent zurückgegangen ist,« hat »der CO_2-Ausstoß in derselben Zeit um 80 Prozent, seit dem Kyoto-Grundlagejahr 1990 um 40 Prozent zugenommen«, und er wächst seit 2000 jährlich um drei Prozent, nicht zuletzt inzwischen auch durch das *Fracking*[52]. Der Konflikt: Mensch oder Natur, verschärft sich demnach eher als daß er sich mildert.

Zeigen läßt sich das, neben dem dramatischen Rückgang der tropischen Regenwälder, ebenso an der *Gefährdung der Flüsse und Meere*, die durch den Eintrag von Schadstoffen und durch rücksichtslose Überfischung dabei sind, sich in Kloaken und Wüsten zu verwandeln. Noch machen Wälder in Deutschland mit 72 000 km² ein Drittel der Gesamtfläche aus[53] – beneidenswert vor allem für die Anrainerstaaten des Mittelmeerraumes –, doch auch dieser Bestand ist bedroht, nicht nur durch Bau- und Infrastrukturmaßnahmen, die bedenkenlos noch intakte (oder renaturierte) Ökosysteme zerschneiden, sondern durch schwefelhaltige Rauchgase (SO_2) und durch die Wirkung von Stickstoffverbindungen aus den Abgasen von immer

51 | ANNE RIALHE: Der Preis der Mobilität, in: Le monde diplomatique. Atlas der Globalisierung, spezial: Klima 20–21.
52 | ASIT DATTA: Armuts Zeugnis, 174. – Für THOMAS SPANG: Fracking-Boom mit bösen Folgen, in: Westfalen-Blatt, Nr. 3, 5.1.2015, bringt die Fracking-Technologie in den USA »mehr Rodungen, mehr Zerstörung von Wäldern und Feldern, tausende Meilen an Pipelines, unzählige Kompressor-Stationen, die enorme Mengen an Diesel verbrennen und Kohlenwasserstoffe in die Atmosphäre freisetzen,« mit sich. Das Fracking trägt heute schon mehr zum Treibhauseffekt bei als Kohle, – neben den Gefahren für das Trinkwasser. Allein von Januar bis Oktober 2014 wurden in North Dakota Umweltschäden durch Fracking gemeldet, »bei denen zusammen 2,8 Millionen Gallonen giftiger Substanzen freigesetzt wurden – so viel wie 2011 und 2012 zusammen.« Die Fracking-Technik wird seit 2008 praktiziert und hat die USA zum größten Energie-Produzenten der Welt gemacht. Das erklärt, warum der Wettlauf um Rechte für die Erschließung neuer Öl- und Gas-Quellen von North Dakota bis Texas zu einem Markenzeichen des Booms geworden ist. Um der Regulierung durch staatliche Behörden zuvor zu kommen, schuf die Industrie im Eilverfahren Fakten. In 36 US-Bundesstaaten gibt es nach Angaben der Umweltschutzorganisation Climate Central heute 1,1 Millionen durch Fracking erschlossene Bohrlöcher.
53 | RUDOLF R. SCHREIBER (Hg.): Rettet die Wildtiere, 66.

mehr Autos sowie vor allem aus dem Düngestickstoff der Landwirtschaft (2,4 Mio t jährlich)[54]. Viele Wildtiere verlieren mit dem Vordringen der Agrarindustrie ihren Lebensraum; zugleich verschwinden mit dem Rückgang der Wälder die wichtigsten Filter gegen Gifte aller Art in Luft und Boden. Mit rund 900 000 t Stickstoff belastet die Landwirtschaft in der BRD die Oberflächengewässer, die gleiche Menge in Form von Ammoniak gelangt durch die Massentierhaltung in die Luft[55]. Die Folge: »Im Einzugsgebiet der Nordsee werden jährlich rund 190 000 Tonnen landwirtschaftlicher und Zehntausende Tonnen nicht-agrarischer Pestizide freigesetzt. Ein beträchtlicher, kaum bezifferbarer Teil davon landet im Meer«[56], also in der Nord- und Ostsee. Wohl wurde zwischen 1985 und 1990 das Wattenmeer zum Nationalpark erklärt, doch die Erdgasleitung »Europipe« läuft mitten durch eben den Nationalpark, der Ausbau der Häfen an Elbe, Ems und Weser und vor allem das Verklappen von Industriemüll auf See setzen dem Ökosystem Meer weiter empfindlich zu. Hinzu kommt der *Fischfang.* Die neuen Hochseeschleppnetze, die stärkeren Motoren der Fangschiffe und deren verbesserte Navigationsgeräte ermöglichen es, Fischschwärme aus Tiefen bis zu 2000 m einzuholen. Die Artenanzahl in der Tiefsee wird auf 10 Millionen geschätzt[57] – eine Zahl ähnlich der Artenvielfalt in den tropischen Regenwäl-

---

54 | JOCHEN BÖLSCHE: Ein Schritt vor, einer zurück, in: Spiegel Special: Öko-Bilanz '95, S. 91. BEATE LAKOTTA: Kein Platz für Tiere, in: A. a. O., 113, verweist darauf, daß noch immer »Tag für Tag durch Bebauung, Betonierung und Beackerung 90 Hektar freier Landschaft zerstört werden.«
55 | STEPHAN LUTTER – RALF RÖCHERL – HOLGER WESEMÜLLER: Silbernes Jubiläum mit Flecken, in: Spiegel Special; Öko-Bilanz '95, S. 126.
56 | A. a. O., 126.
57 | REINI PARMENTIER: Hochseefischerei zerstört die Lebensräume der Tiefsee, in: Le monde diplomatique. Atlas der Globalisierung, spezial: Klima, 52. – Seit langem kritisiert die Verbraucherorganisation Foodwatch die mangelnde Einhaltung der EU-Grenzwerte für Quecksilber im Fisch. »Besonders große Raubfische am Ende der Nahrungskette – Schwert-, Hai- und Thunfische – sind oft deutlich höher mit Quecksilber belastet, als es die aktuell geltenden Grenzwerte erlauben ... Die Hälfte aller heute gefangenen Fische dürfte erst gar nicht verkauft werden, weil sie mehr als ein Milligramm Quecksilber pro Kilo enthalten. Kontrolliert wird allerdings völlig intransparent, nach statistischen Vorgaben und mit einzelnen Proben.« MATTHIAS WOLFSCHMIDT: »Die Hälfte aller Fänge dürfte gar nicht verkauft werden«, in: junge Welt, Nr. 220, 22. Sept. 15, S. 8. Tatsächlich aber plant die EU die Grenzwerte zu lockern, so daß nur noch 14,5 % des Fangs auf Grund der Belastung als unverkäuflich eingestuft würden. Gewinn geht also vor Gesundheit.

dern –, doch selbst dieser natürliche Reichtum ist aufs äußerste gefährdet.

Das Resümee ist vernichtend. Insgesamt hat es in den 700 Millionen Jahren der Geschichte des Lebens auf dieser Erde schon fünf große Katastrophen gegeben, – die letzte vor 65 Millionen Jahren beendete das Mesozoikum und führte zum Untergang der Dinosaurier; doch was wir derzeit erleben, ist ein Massensterben, das allein vom Menschen verursacht wird und das, anders als früher, nicht neue Lebensformen an die Stelle der alten aufwachsen läßt, sondern das dem Leben der Natur den endgültigen Garaus bereitet.»83 % der Erdoberfläche werden inzwischen auf die eine oder andere Art vom Menschen genutzt. Dadurch hat sich die Aussterberate im Vergleich zu ruhigeren erdgeschichtlichen Zeiten um das 100- bis 1000fache erhöht. – Die Zahl aller erfaßten Arten liegt heute bei etwa 3,6 Millionen... Man schätzt, daß mehr als ein Viertel dieser Arten – etwa eine Million – bis 2050 ausgerottet sein werden.« Und um es noch einmal zu betonen:»Bedroht sind vor allem die 34 biologischen ›Hotspots‹ der Erde, also die artenreichen Regenwälder. Hier leben auf 2,3 Prozent der Erdoberfläche die Hälfte aller bekannten höheren Pflanzen und 42 Prozent der Wirbeltiere. – Seit der Mensch die Erde intensiv nutzt, ist das historische Verbreitungsgebiet der 173 wichtigsten Säugetierarten auf allen Kontinenten um die Hälfte geschrumpft. Ein Drittel der Wälder der Welt wurde seit der Zeit der ersten Ackerbauern abgeholzt. Der Jagd nach so genanntem Buschfleisch, dem Fleisch von Wildtieren, fallen jedes Jahr mehrere zehn Millionen Tiere zum Opfer; diese Tiervernichtung findet vor allem am Amazonas und im Kongobecken statt – ... allein durch den Klimawandel (sind) 20 bis 30 Prozent der heute bekannten Arten vom Aussterben bedroht..., wenn sich die Erwärmung im derzeitigen Ausmaß fortsetzt. Der Grund ist simpel: Die Ökosysteme verändern sich, die Arten werden verdrängt, finden keine neuen Lebensräume – und sterben aus. Die Experten gehen davon aus, daß der Artenschwund schon bei einem ›moderaten‹ Anstieg der Durchschnittstemperatur um 1,25 bis 2,5 Grad Celsius eintritt. Dieser gilt inzwischen als nicht mehr vermeidbar.«[58]

58 | ALAIN ZECCHINI: Das sechste Massensterben der Erdgeschichte, in: Le monde diplomatique. Atlas der Globalisierung, spezial: Klima, 47. – MARTIN KOTYNEK: Tod der Säugetiere, in: SZ, 7.10.08, resümierte vor sieben Jahren schon: »1140 Säugetierarten in aller Welt sind bedroht. Die Zahl der tatsächlich bedrohten Spezies könnte sogar noch höher sein, da über 840 weitere Säugetierarten nicht genü-

Die Situation ist in der Tat verfahren. Es fehlt nicht an Versuchen, den Ausstoß von Stickoxiden, schwefligen Rauchgasen und von CO_2 zu drosseln, um *die drohende Klimakatastrophe* zu verhindern; doch von 10 Bäumen, die weltweit von Menschen gefällt werden, wird nur einer neu gepflanzt; mit dem Sterben der Bäume aber benimmt man sich, wie gesagt, des wirksamsten Mittels überhaupt, den Klimawandel abzubremsen.

Inzwischen treibt der Klimawandel den Klimawandel selbst voran[59]. Die Biosphäre kann etwa 3–4 Milliarden t Kohlendioxid jährlich aufnehmen; das also müßte die Obergrenze dessen sein, was Menschen allein an CO_2 freisetzen dürften. Aber diese ausgleichende Wirkung der Biosphäre sinkt eben durch die Abholzung der Wälder und die Nutzung der Böden, und die absorbierbare Menge fällt zudem noch weiter, wenn der Temperaturanstieg den Kohlenstoffkreislauf durcheinanderbringt. Es ist nicht anders möglich: »Um die Aufnahmefähigkeit der Biosphäre nicht zu überlasten, müssen die Treibhausgasemissionen innerhalb der nächsten fünfzig Jahre weltweit um drei Viertel zurückgefahren werden.«[60] Die Gefahr, die ent-

gend Informationen vorliegen... – 188 Spezies werden in der Roten Liste unter der Kategorie der am stärksten bedrohten Arten geführt... In Deutschland gelten vier der etwa 100 vorkommenden Säugetierarten als bedroht: der Finnwal, der Atlantische Nordkaper, der Europäische Nerz und der Europäische Ziesel. Die Bayrische Kurzohrmaus ist bereits ausgestorben.« Hauptgrund der Bedrohung ist »der Verlust des Lebensraums, unter dem 40 Prozent aller Säugetiere leiden. Wälder werden gerodet, freie Flächen in Ackerland umgewandelt, Städte breiten sich aus, Straßen zerschneiden Lebensräume.« Für Südostasien gilt: Knapp 80 % der Menschenaffen in Vietnam, Kambodscha und Laos sind bereits dezimiert worden. – Was die Pflanzen angeht, so erklärte das Bundesamt für Naturschutz bereits 1996, daß speziell in der BRD von 13 907 untersuchten Pflanzenarten 5436 in die Rote Liste aufgenommen wurden. »29,8 Prozent aller Pflanzenarten wurden als ›gefährdet‹, ›vom Aussterben bedroht‹ oder ›ausgestorben‹ eingestuft.« Das gilt für 61 % der Flechten (von 1691 untersuchten Arten), 49 % der Farnpflanzen (von 77 Arten), 46 % der Moose (von 1121 Arten), 44 % der Algen (von 2643 Arten), 31 % der Blütenpflanzen (von 2924 Arten) und 7 % der Pilze (von 5441 Arten). Vgl.: Jede dritte Pflanzenart gefährdet, in: Neue Westfälische, 16. Okt. 1996. – Tatsächlich setzen wir derzeit einen »Siegeszug« der Spezies Homo sapiens fort, der mit dem Ausbruch aus Afrika vor frühestens 70 000 Jahren begann; nicht nur der Neandertaler verschwand. »Nordafrika verlor (sc. schon durch das Auftreten des Menschen im Jungpaläolithikum, d. V.) 72 Prozent, Australien 88 Prozent der großen Landsäuger... Rund 90 Säugetiergattungen mit mehr als 44 Kilogramm Gewicht verschwanden.« MATTHIAS SCHULZ: Morden in XXL, in: Der Spiegel 39/2015, S. 112.
59 | SABINE RABOURDIN: Der Klimawandel treibt den Klimawandel voran, in: Le monde diplomatique. Atlas der Globalisierung, spezial: Klima, 30–31.
60 | A.a.O., 30.

steht, wenn das nicht geschieht, ist immens: Seit 1950 haben sich die Niederschlagsmengen in Afrika südlich der Sahara um 20 % verringert, in Indien blieb die Niederschlagsmenge zwar durchschnittlich gleich, schwankte jedoch um 20 % zwischen Überschwemmungen und Dürren mit erheblichen Ernteausfällen als Folge. All das ist auf Störungen des Monsunsystems zurückzuführen, die sich zwischen Westafrika und Pazifik abspielen, wohl auf Grund der Temperaturschwankungen der Meere. »Auch der Zustand der Böden auf den Kontinenten spielt eine erhebliche Rolle: Während die fortschreitende Wüstenbildung und die Waldrodungen in Westafrika den afrikanischen Monsun abschwächen, führt die dickere Schneeschicht auf den Gebirgsketten Tibets zu einer Verringerung des indischen Monsuns.«[61]

Manche Gebiete der Erde werden durch die Klimaerwärmung infolge von »Versteppung, Anstieg der Meeresspiegel, Eisschmelze und Erdrutsche« unbewohnbar; 46 Länder mit 2,7 Milliarden Menschen könnten wirtschaftlich, sozial und politisch davon betroffen sein. Zum Beispiel: »In Indien ist durch den Rückgang des Gangespegels die Trinkwasserversorgung von 400 Millionen Menschen gefährdet. In Peru sind die Andengletscher in den vergangenen dreißig Jahren bereits um ein Viertel abgeschmolzen. Bis 2050 könnten die meisten Gletscher Perus verschwunden sein und mit ihnen die wichtigste Wasserquelle des Landes.«[62] In Bangladesch werden Millionen Menschen durch das Abschmelzen der Himalaya-Gletscher zur Flucht gezwungen werden. Weltweit könnte es bis 2050 womöglich 200 Millionen Klimaflüchtlinge geben. Was das bedeutet, davon fängt man in Europa wohl gerade erst an, sich eine Vorstellung zu machen...

Insgesamt gilt es, einen folgenschweren Irrtum sich endlich einzugestehen und so schnell wie möglich zu korrigieren. Unter der Ära von *Helmut Kohl* galt das Mantra, nur eine starke Ökonomie ermögliche die Wahrung ökologischer Ziele; derselbe meinte auch, daß man die abgeholzten Regenwälder wieder aufforsten könnte... Inzwischen ist klar, daß zwar die Wirtschaft »gestärkt« wurde, doch der Schutz der Umwelt dahinter immer mehr zurückgetreten ist. Im Gegenteil, nach innen wie nach außen ist der Druck auf die Tiere

---

61 | SERGE JANICOT: Der Einfluß des Klimawandels auf den Monsun, in: Le monde diplomatique. Atlas der Globalisierung, spezial: Klima, 38.
62 | DONATIAN GARNIER: Auf der Flucht vor dem Klima, in: Le monde diplomatique. Atlas der Globalisierung, spezial: Klima, 42.

und Pflanzen massiv angestiegen. Selbst in der relativ sogar umwelt-
bewußt zu nennenden BRD sind wir zum Beispiel von dem Jahrzehnte alten Ziel einer *artgerechten Tierhaltung* nach wie vor himmelweit entfernt. *Industrialisierte Landwirtschaft* bedeutet eine
rigorose Ausbeutung und Quälerei von Millionen Nutztieren für ein
möglichst rentables Aufkommen auf dem Schlachtviehmarkt in der
fast zum Standard, ja, zu einem Exportschlager entwickelten *Massentierhaltung.* Seit dem 1. Jan. 2013 gilt in der BRD zum Beispiel –
nach einer zehnjährigen Übergangsfrist – die EU-*Schweinehaltungs-
verordnung* von 2003, doch gerade da zeigt sich, daß ausgerechnet
die deutschen Schweinezüchter nicht einmal drei Viertel der neuen
Richtlinien umgesetzt haben, – europaweit stehen sie im Ranking an
drittletzter Stelle; der Grund: die Furcht vor noch billigerem Fleisch-
import aus dem Ausland. Die Zustände in den Stallungen von 6000
Tieren (und mehr) sind für jeden, der seine Gefühle sich noch erhalten hat, eine unerträgliche Pein, an der im übrigen auch die neuen
Verordnungen kaum etwas ändern: Da wird ein Mastschwein (bis
110 kg) in eine Betonbucht von höchstens ¾ m² gesperrt, für ein Fer-
kel bis zu 10 kg muß sogar eine Fläche von nur 0,15 m² genügen,
eine trächtige Sau wird vier Monate lang in Käfigvorrichtungen gehalten, die kaum größer sind als die Tiere selbst und in denen sie nur
liegen oder stehen, nicht einmal sich umdrehen können. Die Haltung
auf den Spaltenböden verursacht Gelenkverformungen und Verlet-
zungen der Klauen...[63]. Es ist klar: diese Tiere sollen nicht »artge-

---

63 | BRITTA GORSLER: Von tiergerechter Haltung himmelweit entfernt, in: Westfa-
len-Blatt, 13.1.2014. – FRANZ KOTTEDER: Billig kommt uns teuer zu stehen, 41,
hebt hervor: »98 Prozent des Fleisches, das in Deutschland an den Endverbraucher
verkauft wird, wurde in Massentierhaltung hergestellt. In den USA sind es 99 Prozent... Wo die Züchter am einzelnen Tier kaum noch etwas verdienen, weil es im
Supermarkt möglichst billig sein muss, ist die Massentierhaltung ... geradezu
zwingend.« Wie auf *Wiesenhof* unter *Paul-Heinz Wesjohann* und *Erich Wesjohann* Hühner gezüchtet werden, vgl. S. 53–55. – SILVIA LIEBRICH: In der Sackgasse, in: SZ, Nr. 124, 1.6.2015, S. 17, verweist auf ein Hauptproblem in der
Haltung von Nutztieren: ihre *Züchtung* zu immer ertragreicheren Arten. Skanda-
lös ist es, daß in der BRD 40 Mio männliche Küken als Abfall entsorgt werden;
aber was ist mit den Legehennen? Rund 200 Hühnerrassen umfaßt die Liste der
Geflügelzüchter, die bis zu 220 Eier pro Jahr legen können. Vier große Zucht-
unternehmer beherrschen den Markt, darunter der deutsche Lohmann-Konzern,
die Hybridhühnerrassen mit einer Legeleistung von 300 Eiern entwickelt haben,
nur: die Turbohühner lassen sich nicht vermehren, der Nachwuchs muß immer neu
bestellt werden. Jedoch: Agrarminister *Christian Schmidt* favorisiert weiter die
Gentest-Technologie. – Bei der Zucht von Schweinen und Rindern besteht das
gleiche Problem. – Als gefährlich, weil am Ende auch den Verbraucher betreffend,

wird der Einsatz von *Antibiotika* in der Massentierhaltung empfunden, – er könnte zu Antibiotika-Resistenz bei Menschen führen. Doch Agrarminister *Christian Schmidt* verweigert die nötige Transparenz, obwohl der Bundesrat im Sommer 2013 nach jahrelangem Tauziehen eine Novellierung des Arzneimittelgesetzes beschlossen hat. *Peter Sauer* von der Initiative »Ärzte gegen Massentierhaltung« fordert, die Mängel der eingerichteten Datenbank – etwa beim Einsatz von Reserveantibiotika – endlich zu beseitigen. SILVIA LIEBRICH – ARNE MEYER – KERSTEN MÜGGE: Transparenz unerwünscht, in: SZ, Nr. 194, 25. Aug. 15, S. 16. – SILVIA LIEBRICH: Die Qual der Puten, in: SZ, Nr. 272, 26. Nov. 2014, S. 19, verweist darauf, daß »nicht nur in Hühnerställen, sondern auch in der Putenmast… Antibiotika in großem Stil eingesetzt« werden. 20 % der eingesetzten Mittel gehören zur Gruppe der Reserve-Antibiotika, die als Notfallmittel bei der Behandlung von Menschen wichtig sind, – in Dänemark oder in den Niederlanden ist deren Verwendung verboten, nicht aber in der BRD. Die Antibiotika *müssen* eingesetzt werden der quälenden Haltungsbedingungen wegen. Die Tiere werden »auf engstem Raum zusammengepfercht und in 110 bis 150 Tagen auf Schlachtgewicht gemästet. Das senkt die Produktionskosten. Verbraucher schätzen Putenfleisch nicht nur wegen seines geringen Fettanteils, sondern auch weil es relativ günstig ist. Gesetzliche Vorschriften, wie viel Platz einem Tier im Stall zusteht, wie in der Hähnchenmast, fehlen bei der Putenhaltung. Freiwillige Vereinbarungen der Geflügelindustrie empfehlen bis zu sechs Puten auf einem Quadratmeter.« – Ein damit zusammenhängendes Thema stellt die *Züchtung von Tieren ihrer Felle wegen* dar. HAGEN STRAUSS: Pelztierhaltung geht es an den Kragen, in: Westfalen-Blatt, Nr. 281, 2. Dez. 2015, berichtet, daß Bundeslandwirtschaftsminister *Christian Schmidt* daran denkt, »die Haltung von Nerz, Iltis, Rotfuchs, Chinchilla und Sumpfbiber ›zur Gewinnung von Erzeugnissen‹ wie Pelzen oder Öl zu untersagen. Von Bußgeldern bis zu 30000 Euro ist die Rede. Doch um Klagen vorzubeugen, haben die Pelztierfarmen erst einmal 10 Jahre Zeit als Übergangsfrist, um so weiterzumachen wie bisher. – Ein weiterer Punkt ist die *Schlachtung trächtiger Kühe* – etwa 180000 nach Schätzung der Bundestierärztekammer: »die ungeborenen Kälber ersticken langsam, während ihre Mütter am Schlachthaken verbluten.« – Die Leidtragenden sind nicht zuletzt *die Bauern selber.* JANA FRIELINGHAUS: Milchbauern sauer, in: junge Welt, Nr. 203, 2. Sept. 2015, S. 1, berichtet von dem Protest von 3000 Landwirten in München gegen die Dumpingpreise, die ihnen die Luft abschnüren; der Bundesverband Deutscher Milchviehhalter (BDM) hatte im August 2015 mit einer Staffelfahrt in Schleswig-Holstein quer durch die BRD begonnen. Im Juli und August 2015 haben die Landwirte 26–28 Cent pro Liter Milch bekommen, – 2014 lag der Preis noch bei 37,5 Cent; um kostendeckend zu arbeiten, würden 40 Cent gebraucht. – Selbst völlig überzüchtete Kühe mit einer »Milchleistung« von über 20 l täglich lösen nicht das Marktproblem. Für das Überangebot hat vor allem gesorgt, daß am 1. Apr. 2015 in Brüssel die Milchquote abgeschafft wurde, und so stehen viele der 80000 Milchbauern in der BRD vor dem Aus. Die Profiteure sind die Handelsketten, die die Billigspanne nutzen, um Kunden in ihre Supermärkte zu locken. In Frankreich und Belgien, wo es die gleichen Probleme gibt, wehren sich manche Bauern inzwischen mit einem eigenen »Supermarkt« mit eigenen Preisen; in einem solchen Laden bei Lille, in dem 13 Bauern sich zusammengeschlossen haben, werden sehr erfolgreich 90000 € pro Woche umgesetzt, und es gibt mittlerweile 250 solcher Läden in Frankreich – mit fairen Preisen aus der Sicht der Erzeuger. Belgische Bauern haben

recht« gehalten werden, – sie sind nichts als zu mästendes Schlacht-fleisch. Und ein ähnliches läßt sich sagen von der Rinderzucht, von der Milchproduktion, von den Masthähnchen, von den Geflügel-farmen: »industriell« beschreibt eine Ressourcenverwertung so unge-rührt, als hätte man es nicht mit fühlenden Lebewesen, sondern mit dem Abbau von fossilen Lagerstätten ehemaligen Lebens in Form von Kohle oder Kreide zu tun. Am Ende werden bei der europawei-ten Konkurrenz der Nutztierhalter vor allem die Kleinbauern selber in den Ruín getrieben, – eine Tortur erst für die Tiere, dann für die Menschen.

Angewidert und entsetzt beschließen derzeit immer mehr Verbrau-cher in Deutschland, vegetarisch zu leben, und das nicht allein aus diätetischen, sondern wirklich aus tierethischen Gründen. Gleich-wohl liegt der jährliche *Fleischverbrauch* in der BRD trotz eines leichten Rückgangs um 2,5 kg bei derzeit 60 kg pro Kopf. Mit 735 Millionen Tieren, die jährlich in Deutschland geschlachtet werden, hält die BRD europaweit den Rekord; insbesondere mit 58 Millionen geschlachteten Schweinen rangiert sie auf Platz eins, und mit 3,2 Mil-lionen Rindern befindet sie sich dicht hinter Frankreich. Der durch-schnittliche Weltfleischverzehr liegt bei 42,9 kg pro Kopf, davon 33,7 kg in den Entwicklungsländern und 76,1 kg in den Industrie-ländern.

Wem das immer noch Schlimmere wie ein Trost für das bereits

einen eigenen Internet-Vertrieb eingerichtet. – Gleichwohl geht der Drang zur Massenproduktion weiter: Nahe Eisenhüttenstadt errichtet *Werner Reincke* ge-rade eine Stallung für 2500 Kühe und 400 Kälber mit einer Tagesleistung von 70000 Liter Milch. Vgl. JANA FRIELINGHAUS: 70000 Liter Milch pro Tag, in: junge Welt, Nr. 207, 7. Sept. 2015, S. 5. THILO BODE: Die Freihandelslüge, 174, verweist darauf, daß der gigantische Ausstoß der deutschen Milchindustrie heute »aus nur noch gut 140 Molkereien (kommt), vor achtzig Jahren waren es noch fast 5000 Betriebe, 1988 immerhin noch fast 600.« – Zur Ausbeutung der Tiere kommt die Ausbeutung der Arbeiter hinzu. So wird Konzernchef *Clemens Tön-nies* vorgeworfen, in seinen Schlachtfabriken vor allem osteuropäische Arbeiter über Subunternehmen in ein nicht strafbares, aber moralisch verwerfliches System von unterbezahlten Löhnen gezwungen zu haben. Vgl. OLIVER HORST: Tönnies wehrt sich gegen Vorwürfe, in: Westfalenblatt, Nr. 260, 7./8. Nov. 2015. ANDREA FRÜHAUF: Tönnies wird weltweit die Nummer vier, in: Neue Westfälische, 23. Dez. 2015, berichtet, daß *Tönnies*, mit 17,2 Millionen Schweineschlachtungen in 2014 weltweit die Nr. 5 im Ranking, mit dem Übernahme-Kauf der dänischen Ticom A/S auf Nr. 4 aufsteigen wird. »Ticom verarbeitet in Dänemark, Großbri-tannien und Polen rund zwei Millionen Schweine im Jahr und erzielte im Ge-schäftsjahr 2013/2014 rund 740 Millionen Euro Umsatz.« *Tönnies* lag 2014 mit 10000 Mitarbeitern bei einem Umsatz von 5,6 Mrd Euro.

Schlimme anmutet, der mag zur Kenntnis nehmen, daß laut dem »Fleischatlas 2014« weltweit der Fleischkonsum immer noch rapide ansteigt – bis 2050, so die Schätzung, auf 470 Millionen Tonnen Fleisch; das sind ca. 150 Millionen Tonnen mehr als heute schon. Um eine solche Menge produzieren zu können, werden derzeit bereits schon 70 % aller Agrarflächen der Erde zum Anbau von Viehfutter genutzt, – eine Boden- und Energievergeudung unerhörten Ausmaßes, bei der wiederum die Tiere ebenso wie die Menschen die Leidtragenden sind[64].

Natürlich, man kann an jeder Stelle mit technischen Mitteln versuchen, den durch Raubbau verursachten Schaden an der Natur zu minimieren. Dreiwegekatalysatoren und Filter für die Reinerhaltung der Luft, Umstellung von den fossilen Energieträgern (Kohle, Öl und Gas) auf Wind, Wasser und Sonne zum Schutz des Klimas, Abkehr von der Atomenergie zur Vermeidung der Langzeitschäden durch radioaktiven Fallout, bessere Überwachung von Natur-Schutzzonen durch Satelliten, bessere Anbauerträge durch effizientere Bewirtschaftung ... alles das ist sinnvoll und absolut notwendig; doch unübersehbar bleibt, daß in jede so geschaffene Entlastungsnische sogleich immer mehr Menschen mit einem immer höheren Anspruch an »Lebensqualität« nach dem Vorbild von Nordamerikanern und Westeuropäern hineindrängen. Es gibt kein »Weiter so«.

Mittlerweile freilich hat der Irrsinn gerade des Weiter-so Absicht und Methode: Man will programmatisch und noch vermehrt, daß alles bleibt, wie es ist. Das neue Mantra, nicht allein im Munde von Kanzlerin *Merkel*, sondern in den allermeisten »Denkfabriken« der

---

64 | Die Welt ißt immer mehr Fleisch, dpa, in: Westfalen-Blatt, 10.1.14. JANA FRIELINGHAUS: Ungerecht verteilte Ressource, in: junge Welt, Nr. 7, 9. Jan. 2015, S. 5, resümiert anhand des Berichtes von *Klaus Töpfer*, dem Direktor des 2009 gegründeten IASS (Institute for Advanced Sustainability Studies), daß allein in Deutschland pro Tag 70 ha Land zubetoniert werden, vor allem im Straßenbau. Weltweit am schädlichsten aber ist »die zunehmende Nutzung verfügbarer – insbesondere durch die Vernichtung von Regenwäldern – neu gewonnener Flächen für den Anbau von Futterpflanzen infolge des weltweit zunehmenden Fleischkonsums und von Kulturen wie Mais und Palmöl zur Produktion von Agrartreibstoffen. – Allein in die Bundesrepublik werden... Agrar- und Verbrauchsgüter importiert, deren Produktion mit 80 Millionen Hektar mehr als das Doppelte der hiesigen Landfläche in Anspruch nimmt. Der Konsum in der EU benötigt ... eine Fläche von 640 Millionen Hektar Ackerland jenseits der Grenzen. Damit befinden sich rund 60 Prozent der für den europäischen Konsum genutzten Flächen außerhalb der EU.« Die Verknappung des Bodens treibt natürlich die Preise für Ackerland hoch. Vor allem in Rumänien hat die Jagd von Großinvestoren nach Ackerland begonnen, – seit 2004 erhöhten sich die Preise dort um 1800 %.

westlichen Staaten lautet: *Wachstum.* Es ist die Zauberformel zur Lösung sämtlicher Probleme. Mit Wachstum wird man Arbeitsplätze generieren; mit Wachstum wird man den Hunger besiegen; indem man Griechenland auf den »Wachstumspfad« zurücklockt, wird man das vollkommen überschuldete Land vor dem Austritt aus der Eurozone bewahren, und das muß man, denn: »Scheitert der Euro, so scheitert Europa.« Wir werden auf die Fehlkonstruktionen des »Euro« und auf die Fehler in der Griechenlandkrise noch eigens zu sprechen kommen; hier genügt es, auf den Kardinalirrtum des Wachstumsdenkens selber hinzuweisen: Es ist ein Aberglaube zu meinen, das Problem der Armut lasse sich mit der Produktion von immer noch mehr Gütern lösen, die Ungleichheit zwischen Arm und Reich werde durch wachsenden Wohlstand von selbst aufgehoben, die Überbevölkerung verschwinde durch höhere Konsumraten, und sogar die Umweltzerstörung werde nach einem maximalen Sättigungsgrad automatisch zurückgehen. Längst sind wir dabei, »mehr natürliches Kapital – Fische, Mineralien oder fossile Brennstoffe – zu opfern, als wir an selbst geschaffenem Kapital – Straßen, Fabriken und Geräten – gewinnen… Wir produzieren mehr ›Ungüter‹ als Güter und werden ärmer statt reicher… Haben wir erst einmal die optimale Größenordnung überschritten, wird Wachstum auf kurze Sicht dumm und auf lange Sicht unmöglich.« »Dabei sind die Tatsachen offensichtlich: Die Biosphäre ist endlich und wächst nicht, sie bildet ein geschlossenes System – bis auf die konstante Zufuhr solarer Energie – und unterliegt den Gesetzen der Thermodynamik. Jedes Subsystem muss irgendwann aufhören zu wachsen und ein dynamisches Gleichgewicht erreichen. Geburtenraten müssen Sterberaten entsprechen und die Produktionsraten von Gütern ihrem Verschleiß.«[65]

Die Voraussetzung für diese Sichtweise besteht freilich darin, die Natur überhaupt als ein grenzbildendes eigenwertiges System zu betrachten. Mikroökonomisch, aus Sicht eines Unternehmers, ist eine Grenze automatisch erreicht, wenn die Kosten so hoch werden wie der (erhoffte) Ertrag[66]; aber in der Makroökonomie, in der Sicht der nationalen oder gar der globalen Volkswirtschaft, tut man so, als wenn ein Grenzkostenproblem gar nicht existieren würde; in gewissem Sinne überträgt man die Sicht der Betriebswirtschaft damit

65 | HERMAN E. DALY: Wirtschaft in einer begrenzten Welt, in: Spektrum der Wissenschaft. Dossier: Menschheit am Scheideweg, 67.
66 | A. a. O., 68.

ins Grenzenlose, indem man die Kostenfrage letztlich von den Unternehmen weg der Natur aufhalst. Eine unbegrenzt wachsende Wirtschaft aber ist biologisch und physikalisch in dem begrenzten Biotop Erde definitiv unmöglich.

Die Alternative zum »Wachstum« ist demgegenüber »*Nachhaltigkeit*«. Das schließt die politisch gern vertretene Idee von vornherein aus, Nachhaltigkeit als die konstante Wachstumsrate des Bruttoinlandsproduktes (BIP) zu definieren: etwa 2 % Wachstum jedes Jahr – und der Wohlstand aller gilt als gesichert! Genau diese Verstetigung der Wachstumsrate über längere Zeiträume bedeutet den unaufhörlichen Parasitismus der Wirtschaft im Umgang mit der Natur. Es ist nicht einmal möglich, Nachhaltigkeit erzielen zu wollen, indem man das BIP selbst auf einem bestimmten Sockel festschreibt; denn das »Bruttoinlandsprodukt« kann sich *qualitativ* durchaus weiterentwickeln (und muß es sogar, zum Beispiel um den Ressourcenverbrauch durch eine effizientere Technik zu verringern), aber es darf *quantitativ* nicht länger mehr wachsen; die Aufgabe eines nachhaltigen Wirtschaftens besteht deshalb eben darin, von einem nicht-nachhaltigen Wachstum zu einer nachhaltigen Entwicklung zu gelangen.

Ein gutes Maß dafür, in welchem Umfang das gelingt, ist der *Durchsatz* – die Rate der Nutzung natürlicher Ressourcen, bei der die Güterproduktion entropiearme Quellen dem Ökosystem entnimmt, sie in nutzbringende Erzeugnisse umwandelt und am Ende als entropiereichen Abfall in die Umwelt zurückkippt. »Nachhaltigkeit läßt sich als Durchsatz definieren, wobei die Kapazität der Umwelt ermittelt wird, bestimmte Rohstoffe zu liefern und den am Ende anfallenden Müll zu absorbieren.«[67]

Ein entscheidendes Problem dieser Betrachtungsweise ergibt sich daraus, daß die derzeit herrschende Wirtschaftslehre in aller Regel so nicht denkt. Allein die Idee schon, daß man den Begriff »Kapital« unterteilen sollte in ein natürliches und in ein von Menschen produziertes Kapital, stößt auf den heftigsten Widerstand sowohl im kapitalistischen wie im marxistischen Wirtschaftsmodell. Danach geht der Wert eines Gegenstandes allein aus der Wertschöpfung durch menschliche Arbeit hervor, – niedrigere Löhne etwa verringern die Kosten bei der Produktion und damit auch den Preis der hergestellten Ware; daher ist es nach marxistischer Lehre das natürliche Interesse

67 | A. a. O., 69.

des Kapitalisten, immer mehr Waren zu immer niedrigeren Kosten zu produzieren, da seine Gewinnspanne sich auf diese Weise vergrößert; allerdings: je mehr Arbeiter er – zum Beispiel durch Einsatz elektronisch gesteuerter Maschinen – wegrationalisiert, fällt auch seine Rendite, die er aus dem »Mehrwert«, also aus der Differenz zwischen gezahltem Lohn und dem Erlös aus der verkauften Ware, erzielt. Ohne menschliche Arbeit kein Wert, so die marxistische Doktrin. Die kapitalistische Betrachtungsweise ist demgegenüber nicht so sehr produktions-, als vielmehr angebotsorientiert: der Wert einer Ware, gemessen in seiner Geldform, ist der Preis, für den man ein Objekt verkaufen kann, und dieser Betrag wird durch das Verhältnis von Angebot und Nachfrage bestimmt. Beide Auffassungen, so unterschiedlich, ja, antinomisch sie auch sind, stimmen darin überein, daß es für sie ein natürliches Kapital nicht gibt, und es wird eine ganz zentrale Frage sein, wie man dem bestehenden (neoliberalen) Wirtschaftssystem so etwas wie Schutz der Umwelt und Rücksicht auf die Menschen einpflanzen könnte. Denn selbstverständlich: unter den Bedingungen globaler Konkurrenz sind alle Wirtschaftssysteme hoffnungslos im Hintertreffen, die zugunsten einer wirklichen Nachhaltigkeit die Kosten für die Umwelt (und damit für die Zukunft) in ihre Preisbildung einkalkulieren, – eine Beschränkung, die zumindest tendenziell, wenn nicht prinzipiell in einem rein wachstumsbestimmten Wirtschaftssystem wie dem gegenwärtigen händereibend ob der steigenden Gewinne und Aktienkurse allem Anschein nach vernachlässigt werden kann. Es ist, als wollte ein Schaf sich gegenüber einem Wolf behaupten. Im Raubtierkapitalismus rechnet sich Rücksicht auf irgend etwas, das nicht Profit ist, ganz einfach nicht, und wer das anders sieht, gilt in aller Regel als ein Phantast.

Das Ziel dieses Buches indessen besteht unter anderem gerade in dem Nachweis, daß eine nachhaltige, das heißt eine in quantitativem Maßstab nicht länger wachstumsbestimmte Wirtschaftsform die einzig realistische und ökonomisch tragfähige ist. Ein solches Vorhaben stellt nicht mehr und nicht weniger dar als das Gegenteil der erklärten Wirtschaftspolitik nicht allein der BRD, der EU und der USA, sondern ausnahmslos aller von ihr abhängigen oder mit ihr konkurrierenden ökonomischen Systeme. Doch die Evidenz ist unabweisbar: die derzeit herrschende Wachstumsdoktrin ist nicht nur schädlich, sie ist ruinös. Es muß Schluß damit sein, immer mehr Produkte für immer mehr Menschen auf den Markt zu werfen und damit das vom Menschen geschaffene Kapital immer weiter zu Lasten des natürlichen

Kapitals auszudehnen; es muß darum gehen, beide Kapitalformen in ein sich ergänzendes, verträgliches Gleichgewicht zu bringen.

Diese Zielsetzung, wohlgemerkt, wird hier wirtschaftlich begründet, denn anders als mit ökonomischen Argumenten kann sie nicht erreicht werden. Es gibt so viele Menschen, die zum Beispiel unter der Quälerei der Massentierhaltung leiden und die mit Entsetzen die Bilder im Fernsehen verfolgen, in denen die rapide fortschreitende Zerstörung der Natur dokumentiert wird. Doch all ihre Proteste und selbst ihr geändertes Konsumverhalten an den Ladentheken der Kaufhausketten ändert so gut wie nichts an den bestehenden Verhältnissen. Desgleichen sind die allermeisten empört, wenn sie die Zustände in den Favelas in Rio oder in den Straßen von Kalkutta mitansehen müssen, sie sind entsetzt über das Leid der Wirtschaftsflüchtlinge, die unter unvorstellbaren Strapazen es bis in ein EU-Land geschafft haben, nur um dort zu erfahren, daß sie kein Asylrecht besitzen und schnellstmöglich »abgeschoben« werden sollen (ein Begriff aus dem Wörterbuch des Unmenschen, aber geboren im deutschen Bundestag und inzwischen im deutschen Wortschatz fest »implementiert«). Nicht wenige wenden sich auch gegen die fortschreitende Militarisierung der deutschen Außenpolitik, doch werden sie etwas ausrichten gegen das Richtungsziel der *Merkel*-Regierung, die Bundeswehr »in der Mitte der Gesellschaft ankommen« zu lassen? Wohl kaum. NICLAS LUHMANN hat recht: Man kann ein System (wie den neoliberalen Kapitalismus) nur ändern entlang den Meßfühlern, die ihm immanent sind. Es gibt im Kapitalismus aber erkennbar keine Meßfühler, die auf Mitleid oder Menschlichkeit oder moralische Verantwortung reagieren würden; deshalb kann man mit moralischen Appellen und Invektiven den Kapitalismus nicht ändern, so oft und so richtig man seine Grausamkeit, seine Inhumanität und seine fundamentale Amoralität auch herausstellt. Selbst wenn *Papst* FRANZISKUS das kapitalistische Wirtschaftssystem als eine Wirtschaft des Todes bezeichnet[68], womit er ohne Zweifel den Nagel auf den Kopf trifft, sind die Wirkungen solcher Vorhaltungen minimal. Der Grund dafür ist klar: Womit man es zu tun hat, sind nicht Personen, die man mit moralischen oder religiösen Argumenten erreichen könnte; man hat es zu tun mit einem System, das nach eigenen Regeln funktioniert, und nur wenn man diese Regeln begreift und im Rahmen ihrer Betriebslogik ändert, besteht eine gewisse Aussicht, etwas zu erreichen.

68 | Papst FRANZISKUS: Evangelii Gaudium, Nr. 52–60, S. 44–50.

An dieser Tatsache scheitern in gewissem Sinne auch alle psychologischen oder psychoanalytischen Kritiken und Reformvorschläge. Die Bauern, die dem Rat ihres Verbandes folgen und sich zur Schweinemast entschließen, handeln nicht aus den Motiven einer sadistischen Triebpathologie heraus, sie tun, was sie müssen, um ihren Hof zu erhalten; die Ingenieure, die den Bau der Transamazônica vorantreiben, haben nichts gegen Mangroven, Kapuzineräffchen, Begonien und Indios, sie tragen zu deren Ausrottung lediglich bei, um die immense Staatsverschuldung Brasiliens durch profitable Infrastrukturmaßnahmen zu verringern. Nicht einmal die Bankenkrise von 2007/2008 läßt sich auf die »Gewinngier« bestimmter Manager zurückführen. Zweifellos gibt es eine »anale Fixierung« in der Psychologie des Geldes, auf die wir ausführlich noch werden zu sprechen kommen, jedoch nicht am Anfang, sondern am Ende dieses Buches. Einzelne spielen eine Rolle, doch eher als Opfer denn als Täter.

Bezogen auf das kapitalistische Wirtschaftsmodell kommt es deshalb einer bloßen Ablenkung von den systemimmanenten Problemen gleich, wenn in den »Qualitätsmedien« und Talk-Shows mit einer Serie von »Enthüllungs«geschichten immer mal wieder »den Ackermännern« die Schuld an der bestehenden Misere gegeben wird. Systemkonflikte lassen sich nicht personalisieren. Psychologische Betrachtungen sind unerläßlich im Umgang mit Personen und Gruppen, der Kapitalismus aber, obwohl er nahezu alle Personen und menschlichen Gruppierungen der Erde versklavt, ist selber keine Person und keine menschliche Gruppierung. Ihm ist nicht mit psychologischen Mitteln beizukommen. Die Betriebspsychologie eines Konzerns mag unnötige Reibungen aufweisen und sich mit psychologischen Mitteln verbessern lassen, doch das ist etwas anderes als die Frage, mit welchen Tricks Krauss-Maffei Wegmann (KMW) oder Thyssen-Krupp ihre Rüstungsgeschäfte durchsetzen und welche Folgen diese Geschäfte für die Empfängerländer und deren Nachbarn haben werden[69]. Erst wenn wir das System einigermaßen begriffen haben, ist

---

69 | Vgl. BERND MÜLLER: Geschmierte Geschäfte, in: junge Welt, 11. Aug. 2015, S. 9. »Ein Beispiel: Die Konzerntochter (sc. von Thyssen-Krupp, d. V.) Marine Force International (MFI) konnte 2009 sechs U-Boote vom Typ 214 an die Türkei verkaufen. Für den Kauf zahlte die türkische Regierung rund 2,06 Milliarden Euro. Fünf Prozent ›Provisionen‹ sind dabei in der Branche üblich..., und in diesem Falle lägen sie damit bei 100 Millionen Euro... Auf gleiche Weise sicherte sich Thyssen-Krupp Aufträge in Griechenland und Südkorea.« Bei einem geplanten U-Boot-Deal mit Australien intervenierten sogar die Kanzlerin *Merkel* und ihr Wirtschaftsminister *Sigmar Gabriel* »als Fürsprecher des Angebots von Thyssen

die Frage sinnvoll, was wir als Menschen tun können, uns dagegen zur Wehr zu setzen.

Die Frage selbst ist absolut dringlich. Wer von den Älteren kennt nicht noch den Tierschützer HORST STERN aus der TV-Serie »Sterns Stunde«[70]? 1993, nach 16 Jahren Engagement, erklärte er resigniert: »Wenn ich mir so meine Arbeit angucke – ich habe kein einziges Huhn aus dem Käfig gebracht. Ich hab kein Kalb aus der Dunkelbox gebracht. Ich habe keinen Mastbullen vom Spaltenboden runtergebracht. Das ist heute noch alles so, wie es war. – Tierschutz ist, meine ich jedenfalls, überhaupt nur über den Preis zu erzielen. Dieses

Krupp Marine Systems (TKMS).« Die Bestechung von Politikern gilt als ein Delikt, doch wenn höchste Regierungskreise zugunsten von Rüstungskonzernen Einfluß nehmen, was ist das dann anderes als die Protektion von Bestechung, wie sie zu allen Rüstungsgeschäften seit der Kaiserzeit gehört? – Insgesamt steigen die deutschen Rüstungsexporte deutlich an. Vgl. Waffen für die Welt, in: Der Spiegel 33/2015, 18: »Die Bundesregierung hat zwischen Januar und Ende 2015 deutlich mehr Rüstungsexporte genehmigt als im Vorjahreszeitraum. Das geht aus einer parlamentarischen Anfrage des Linken-Abgeordneten *Jan van Aken* hervor. Demnach ist der Wert der sogenannten Einzelgenehmigungen um rund 50 % auf um 3,31 Milliarden Euro gestiegen. Rechnet man die Sammelausfuhrgenehmigungen hinzu, zumeist Kooperationen mit Nato-Partnern, ergibt sich ein Gesamtwert von insgesamt 6,35 Milliarden Euro... Bewilligt wurden unter anderem die Lieferung von 12 Spürpanzern ›Fuchs‹ nach Kuwait, vier Tankflugzeugen an Großbritannien und einem U-Boot der ›Dolphin‹-Klasse an Israel. Besonders drastisch fiel der Anstieg der Exporte in die arabischen Staaten und nach Nordafrika aus. Hier hat sich die Summe von 219 auf 587 Millionen Euro mehr als verdoppelt.« STEFAN BRAUN: Panzer ja, Krieg nein, in: SZ, Nr. 245, 24./25. Okt. 2015, S. 8, schildert die Lieferung von 62 Kampfpanzern des Typs »Leopard 2« und 24 Panzerhaubitzen im Wert von ca. 2 Mrd Euro an Katar. Vgl.: Wieder mehr Rüstungsexporte, in: Neue Westfälische, 21. Okt. 2015.
70 | HORST STERN – GERHARD THIELCKE – FREDERIC VESTER – RUDOLF SCHREIBER: Rettet die Vögel ... wir brauchen sie, 9, zählten 1978 von den 238 in der BRD brütenden Vogelarten bereits 19 Arten als ausgestorben, weitere 86 galten als bedroht. Im Jahre 2008, 30 Jahre später, stellte der Statusbericht »Vögel in Deutschland« fest, daß jede dritte häufige Vogelart zwischen 1990 und 2006 in der BRD deutlich abgenommen habe, selbst Kiebitz, Bluthänfling und Star seien klar rückläufig. »Insgesamt gelten von 260 heimischen Brutvögeln 110 Arten als gefährdet – das sind 46 Prozent.« Der Hauptgrund ist die Agrarpolitik mit zu geringen Brachflächen und einer schädlichen Monokultur sowie der ständige Rückgang von Feuchtgebieten; auch das Wattenmeer ist immer mehr bedroht. Vgl. »Alle Vögel sind schon weg.« Der Bestand von Kiebitzen, Wachteln und Rebhühnern nimmt ab, dpa, 20.11.08. – FREDERIC VESTER: Das Überlebensprogramm, 213–226, stellte bereits 1972 einander gegenüber: Wachstum um jeden Preis + endliche Erde = Selbstmord; Wachtumsregulation + endliche Erde = Überleben. Es gibt zu diesem Thema seit rund 45 Jahren kein neues Wort zu sagen, außer daß die Mißachtung aller Warnungen die Zerstörung der Natur Tag für Tag vermehrt.

ganze Gerede und diese Petitionen – das ist alles für die Katz. – Sie
können das Tierelend in diesen Nutzfabriken nur über den Preis mil-
dern. Wenn das Publikum bereit ist, für ein Ei so viel zu zahlen, daß
es sich für einen Bauern lohnt, Hühner frei laufen zu lassen und,
worauf sie selbst nach dem Tierschutzgesetz ein Recht haben, artge-
recht leben zu lassen – dann geht das nur bei einem höheren Preis…
Tschernobyl hat mich nicht überrascht… Das mußte irgendwann
kommen… Ich glaube nicht, daß von oben, von der hohen Ebene
herab, diese Dinge grundlegend geändert werden. Die Politiker he-
cheln pausenlos dem öffentlichen Bewußtsein hinterdrein. Sie haben
längst ihre Führungsrolle eingebüßt. – Wenn überhaupt etwas
kommt, dann nur durch eine Vielzahl von … fast flächendeckenden
Kleinkatastrophen.«[71]

Das ist vollkommen wahr: selbst die »Energiewende« kam in der
BRD erst nach der Katastrophe von Fukushima, nachdem Kanzlerin
Merkel kurz zuvor noch auf der Fortführung der Atompolitik be-
standen hatte; die Fakten hatten sich nicht geändert, wohl aber – vor
der Wahl in Baden-Württemberg – die Stimmung im Volke. Aber
sollten wir immer erst lernfähig werden, wenn es zu spät ist? Richtig:
die Wende im Umgang der Wirtschaft mit Mensch und Tier, mit den
natürlichen Ressourcen ebenso wie mit dem Faktor Arbeit, wird nur
über den Preis erfolgen. Der aber kann und darf nicht allein abhän-
gen vom Kaufverhalten der Kunden, so als sei Naturschutz ein
Luxusphänomen der wohlhabenderen Oberschicht. Die Preisgestaltung ist das Herzstück des gesamten kapitalistischen Wirtschaftssystems; es ist der Glaube an die selbstregulierende Kraft des »freien«
Marktes, der dem Preisdiktat sozialistischer Planwirtschaft am meisten entgegensteht. Dann aber muß es für die Preisgestaltung eine
ebenso vernünftige wie praktische Lösung geben: Kein Preis ist realistisch kalkuliert, in den nicht die Kosten für die Natur mit hinein-
gerechnet werden. Nachhaltigkeit im Sinne von quantitativer Wachs-
tumsbegrenzung ergibt sich dann von alleine. Diese zwei Faktoren:
Preis und Wachstum, bilden in jedem Falle die Brennpunkte für eine
Ökonomie, die sich im Gleichgewicht mit dem ökologischen System
der Erde befindet oder eben nicht. Hier also ist anzusetzen.

71 | HORST STERN: Wozu die Unke? Horst Sterns bedrückendes Resümee, in: Spie-
gel, spezial: Öko-Bilanz ’95, S. 28.

I) Das ökonomische System oder:
Wider die Ausbeutung von Natur und Mensch

Es ist nicht nur der subjektive Eindruck vieler, es ist eine immer mehr sich totalisierende Wirklichkeit, daß alle Lebensvorgänge zunehmend innerhalb des kapitalistischen Wirtschaftssystems unter dem einen und einzigen Ziel der Rentabilität und der Rendite betrachtet werden. Wer auch immer in der BRD aus selbständiger Arbeit seinen Unterhalt verdient, steht alle Jahre wieder vor der schier unlösbaren Aufgabe der Steuererklärung; der Wust von Gesetzen und Abänderungserlassen überfordert jeden Nicht-Fachmann, – er braucht mindestens das ein- bis zweifache seines Monatseinkommens für die Beratung durch ein eigenes Steuerbüro, um wenigstens die Eintrittskarte in die bürgerliche Existenz zu erwerben. Der Staat selber sorgt dafür, die Bürger unter Druck zu setzen. Die Hartz-IV-Sätze sind mit Absicht so niedrig[1], daß, wer keine Arbeit hat, ein »Motiv« behält, die

1 | Im September 2015, nach langem Drängen, kündigte die CDU-SPD-Regierung an, ab 2016 den Hartz-IV-Satz tatsächlich um 5 Euro anzuheben. Ein Alleinstehender soll dann 404 Euro plus Miete erhalten, also 1,25 % mehr als bisher. Einen »schlechten Witz« nennt das MARTIN KÜNKLER und verweist auf die Stromkosten, die seit 2008 um 38 % gestiegen sind; ein 13jähriges Kind bekommt 3,53 Euro für Essen und Trinken, – 500 Euro als Mindestsatz fordert SAHRA WAGENKNECHT von der Linkspartei. Vgl. GITTA DÜPERTHAL: Ein Gespräch mit MARTIN KÜNKLER, in: junge Welt, Nr. 212, 12./13. Sept. 2015, S. 2. SUSAN BONATH: Alles Auslegungssache?, in: A.a.O., S. 5, schildert die Sanktionen der Jobcenter: Laut der Statistik der Bundesanstalt für Arbeit (BA) wurden allein im Mai 2015 76 566 neue Strafkürzungen gegen Leistungsberechtigte erlassen. »Unter 25jährigen wurden drei Monate durchschnittlich 126 Euro, Älteren 108 Euro abgezogen. In 76 Prozent aller Fälle war der Grund ein verpaßter Termin.« – STEFAN SELKE: Schamland, 181–182 meint dazu: »Ein Teil der bundesdeutschen Armutsrisikogruppe erhält Arbeitslosengeld II, das sogenannte Hartz IV. 2012 (Dezember) lag der Anteil bei rund 5,4 Prozent der Bevölkerung (4,4 Millionen Personen). Insgesamt gab es 6,1 Millionen Leistungsempfänger nach SGB II (7,5 Prozent der Bevölkerung). Hartz IV ist ein Sammelbecken für völlig unterschiedliche Personengruppen… Laut einer Umfrage meinen 61 Prozent der Deutschen, dass gegenwärtig zu viele schwache Gruppen ›mitversorgt‹ werden müssten… Die Mitversorgten sind der Ballast, den man gerne abwerfen würde.« Entscheidend geändert hat sich die (a)soziale Wirklichkeit nicht. SIMON ZEISE: Jeder sechste ist arm, in: junge Welt, Nr. 99, 29. Apr. 2015, S. 5, zitiert das Jahresgutachten des Paritätischen Gesamtverbandes: »Zwar habe es noch nie so viele Erwerbstätige wie heute gegeben, jedoch auch noch nie so viele atypische Beschäftigungsverhältnisse. 7,8 Millionen Menschen lebten von Mini-Jobs, Teilzeit- und befristeter Arbeit. Ein Anstieg von über 70 Prozent innerhalb der letzten 20 Jahre. Nach wie vor seien mehr als eine Million Menschen länger als ein Jahr erwerbslos. Über ein Fünftel – rund 1,3 Mil-

»Hängematte« zu verlassen. Unter dem Slogan: »Arbeit muß sich wieder lohnen«, wollte man vermeiden, daß die Sozialhilfe womöglich höher liegen könnte als das Gehalt eines Billiglohn-Arbeiters; seit 2015 hat man sich – gegen erhebliche Widerstände aus der Wirt-

lionen Menschen – der Hartz-IV-Bezieher verblieben bereits seit über zehn Jahren im Leistungsbezug. In Armut lebten 15,5 Prozent der Gesellschaft, also jeder sechste Deutsche. Als arm gilt hierzulande ein Singleeinkommen von 892 Euro bzw. 1873 Euro bei einer vierköpfigen Familie. Diese Zahlen machen 60 Prozent des mittleren Einkommens in Deutschland aus… Über 40 % der Alleinerziehenden und fast 60 Prozent der Erwerbslosen lägen unter der Armutsgrenze – und zwar mit einer seit 2006 steigenden Tendenz. 15,4 Prozent der unter 15jährigen Kinder und Jugendlichen lebe von Hartz IV ›und damit in bitterer Armut‹… Die Armutsquote unter Rentnern sei seit 2006 viermal so stark angestiegen wie in der Gesamtbevölkerung. Unterm Strich sei die BRD das Land mit der höchsten Vermögensungleichheit innerhalb der Euro-Zone. Auf der Habenseite stünden 7 Billionen Euro Privatvermögen. Im Soll sei jeder zehnte Erwachsene überschuldet – durchschnittlich mit 32 600 Euro. Das reichste Zehntel verfüge im Durchschnitt über ein Vermögen von 1,15 Millionen Euro.« Vgl. JANA FRIELINGSHAUS: Asoziale Republik Deutschland, in: junge Welt Nr. 43, 20. Febr. 2015, S. 5: »Neuer Rekord bei Armut trotz sinkender Erwerbslosigkeit und exorbitant wachsenden Reichtums.« – Auf die *psychische* Seite des Armutsproblems verweisen FRANZISKA REIF – TOBIAS PRÜWER: A wie asozial, 195: »Bereits 2007 wurden Hartz-IV-Empfänger befragt, welche Aspekte ihrer Erwerbslosigkeit sie als besonders negativ empfinden. 84 Prozent gaben an, dass ihnen vor allem die Geldnot zu schaffen mache. Darum gebeten darzulegen, wofür genau ihnen Geld fehle, haben viele nur betont, ›dass es an allem fehle‹. Andere nannten konkrete Entbehrungen, darunter am häufigsten fehlende Ausflüge, Urlaub oder Erholung und am zweithäufigsten eine gesunde Ernährung. Dicht darauf folgten Kultur, soziale Kontakte, Mobilität, Bedürfnisse der Kinder, Hobby und Gesundheit beziehungsweise Körperpflege.« S. 116: »Im März 2003 erklärte der damalige Kanzler *Gerhard Schröder*: ›Niemandem aber wird künftig gestattet sein, sich zulasten der Gesellschaft zurückzulehnen. Wer zumutbare Arbeit ablehnt – wir werden die Zumutbarkeitskriterien verändern –, der wird mit Sanktionen rechnen müssen‹.« Dabei sind schon die »Mühlen der Bürokratie« (S. 27–40) bewußt von solch abschreckender Art, daß im Mai 2013 nach Simulationsrechnungen »zwischen 3,1 und 4,9 Millionen Menschen in verdeckter Armut« lebten; sie »beantragten also trotz eines bestehenden Anspruchs kein Hartz-IV. Demnach verzichten zwischen 34 und 44 Prozent der Berechtigten auf staatliche Unterstützung.« Sie sind buchstäblich Ausgeschlossene. – SABINE ZIMMERMANN: Rekord um jeden Preis? Beschäftigungszahlen, in: junge Welt Nr. 191, 19. Aug. 2015, 8, moniert zudem die Billiglohnstrategie bei den »Aufstockern«: »In den Medien … wird von den besten Arbeitsmarktchancen seit Anfang der 1990er Jahre berichtet, doch bei den Erwerbslosen kommt davon wenig an. Noch immer 1,1 Millionen abhängig Beschäftigte beziehen ergänzende Hartz-IV-Leistungen. 2,45 Millionen gehen einem Zweitjob nach… Die Zahl der Langzeitarbeitslosen stagniert bei über eine Million. Darunter befinden sich viele Ältere, Menschen mit Behinderungen und Migrantinnen und Migranten… Der Anteil der Erwerbslosen, die mit erheblichen materiellen Entbehrungen leben müssen, ist von 18,2 Prozent im Jahr 2005 auf 33,7 Prozent 2013 gestiegen.«

schaft – endlich auf einen Mindestlohn von 8,50 Euro pro Stunde geeinigt[2]; doch keinesfalls führt das dahin, die viel zu niedrigen

2 | MATTHIAS BARTSCH u. a.: Ausbeutung ist Alltag, in: Der Spiegel 48/2014, 74–80, resümieren: »Ausbeutung ist Alltag auf dem deutschen Arbeitsmarkt. Ob im Gartenbau, auf Großmärkten, in der Fleischindustrie oder auf dem Bau – überall arbeiten Menschen für Hungerlöhne von weniger als fünf Euro pro Stunde. 1,7 Millionen … sind in diesem untersten Lohnsegment beschäftigt. Seit 2008 hat sich die Zahl drastisch erhöht. In kaum einem anderen Euroland ist der Niedriglohnsektor so groß wie in Deutschland. Nur in der Slowakei und Irland ist der Anteil der Billiglöhne noch höher. – 19,2 Prozent aller Beschäftigten in Betrieben arbeiten für weniger als 8,50 Euro die Stunde. Eine Entwicklung, die offenbar gewollt war. Schon 2005 lobte der damalige Bundeskanzler *Gerhard Schröder* (SPD) sich und seine rot-grüne Regierung auf dem Weltwirtschaftsforum in Davos: ›Wir haben einen funktionierenden Niedriglohnsektor aufgebaut.‹ – Dabei ist die Schattenwirtschaft, etwa all jene Menschen, die unangemeldet in Haushalten putzen oder Senioren pflegen, noch gar nicht mitgerechnet … Selbständige mit Gewerbeschein unterliegen keinem Tarifvertrag und sind – zynisch gesagt – so frei, dass sie ihre Arbeit auch für Stundenlöhne unter fünf Euro anbieten können. Daran wird auch der von der Großen Koalition mit gewaltigem Brimborium beschlossene Mindestlohn von 8,50 Euro pro Stunde nicht viel ändern. Denn in 16 Branchen, darunter Bau- und Reinigungsgewerbe, gibt es schon seit geraumer Zeit Mindestlöhne und tausend Tricks, sie zu unterlaufen.« »Kein Zweifel, das zweite Wirtschaftswunder, um das die Welt Deutschland beneidet, wird auch von Lohnsklaven erarbeitet, die im schmutzigen Keller dieser Wirtschaft für Minimalbeträge schuften. Weil sie für Hungerlöhne arbeiten, ist nicht nur das Hackfleisch hierzulande billig, sondern auch andere Nahrungsmittel, Dienstleistungen und Produkte des täglichen Bedarfs. Die Ausbeutung hilft, unsere Lebenshaltungskosten niedrig zu halten.« »Vergleichbar gleichgültig reagiert die Bundesregierung auf Kritik europäischer Nachbarn. Belgiens Regierung hat im März 2013 Beschwerde bei der EU-Kommission gegen Deutschland eingereicht – wegen mutmaßlichen Sozialdumpings in der Fleischindustrie, aber auch in der Landwirtschaft und im Gartenbau.« »Auf 13,4 bis 14,6 Prozent des Bruttoinlandsprodukts schätzt die Bundesregierung den Umfang der Schattenwirtschaft … Dies entspricht, für den Berichtszeitraum der Jahre 2009 bis 2012, einer Summe zwischen 343 und 352 Milliarden Euro … Die im selben Zeitraum verhängten ›Geldstrafen aus Urteilen und Strafbefehlen‹ betrugen 121 Millionen Euro.« – Als am 1.1.2015 der gesetzliche Mindestlohn von 8,50 € brutto pro Stunde eingeführt wurde, blieben davon ausgenommen Langzeitarbeitslose in den ersten sechs Monaten einer neuen Beschäftigung (danach kann man sie wieder »freisetzen«…!), Auszubildende und Jugendliche unter 18 Jahren ohne Berufsabschluß, Praktikanten (generell bei Pflichtpraktika, bei freiwilligen Praktika bis zu drei Monaten); rund 3,7 Millionen Menschen werden in 2015 voraussichtlich den Mindestlohn erhalten. Besonders bemängelt wird von der Handwerkskammer der erhöhte Arbeitsaufwand bei den Stundennachweisen, sie spricht von einem »Bürokratiemonster«. EDGAR FELS: Mindestlohn verunsichert Firmen, in: Westfalen Blatt, Nr. 10, 13. Jan. 2015. – Die fünf »Wirtschaftsweisen« erklärten schon vorweg, die Unternehmen würden die Belastungen durch den Mindestlohn natürlich einplanen und »auch schon jetzt bereits beschlossene Investitionspläne nochmals überdenken.« Vor allem für Geringqualifizierte werde es dann schwieriger, einen Arbeitsplatz zu finden. GUIDO

Hilfsgelder von rund 400 € entsprechend aufzustocken[3]. Etwa fünf Millionen Menschen in einem der reichsten Länder der Welt sind damit vom kulturellen Leben komplett ausgeschlossen: Ein Kinobesuch kostet 8 €, ein Gang ins Restaurant 12 €, ein Zoo-Besuch 20 €, ein Theater- oder Konzertbesuch steht offen ab 50 €, eine Tageszeitung ist ohnedies verzichtbar, eine Dampferfahrt auf dem Rhein undenkbar... Wie fühlt man sich, wenn jeder Einkauf von der Frage begleitet wird, ob man sich diese Brotsorte oder dieses Fertiggericht noch leisten kann? Und wenn man zugleich weiß, daß dieser notvolle Zustand sich niemals mehr ändern wird? Ja, wenn man sogar als heute noch Berufstätiger bereits als sicher absehen kann, wie die Altersarmut heraufzieht? Man hat in diesem Wirtschaftssystem keinen Platz, »die wollen mich nicht«; »für die gäbe es mich am besten gar nicht.« So ist das Empfinden der Betroffenen, so lautet auch das Urteil derer, die das Sagen haben. »Jeder, der will, kann bei uns arbei-

BOHSEN: Schuld und Unschuld. Die Sachverständigen ... geißeln die Beschlüsse zum Mindestlohn, in: SZ, Nr. 261, 13. Nov. 2014, S. 20. – JANA FRIELINGHAUS: »Schmutzkonferenz« weg?, in: junge Welt, Nr. 215, 16. Sept. 2015, S. 5, verweist darauf, daß *Hans Werner Sinn*, der Chef des Münchner Ifo-Instituts, prophezeit hatte, durch den Mindestlohn würden 900 000 Jobs verloren gehen, – ein Beispiel, wie Unternehmensinteressen Volkswirtschaftler in die Irre führen. Immerhin konnte Bundesarbeitsministerin *Andrea Nahles* verkünden, »gerade in jenen Branchen, für die besonders heftige Einbrüche prognostiziert worden waren, habe es Zuwachs gegeben. Insgesamt sei die Zahl der sozialversicherungspflichtigen Beschäftigungsverhältnisse im Vergleich zum Vorjahr um eine halbe Million gestiegen. Zurückgegangen sei allein die Zahl der Minijobs.« Menschenwürdig zu leben setzt allerdings eine Anhebung des Mindestlohns auf 10 bis 12 Euro voraus.
3 I STEFAN SELKE: Schamland, 37, zitiert die Nationale Armutskonferenz (NAK, 2010) mit den Worten: »Das unterste soziale Netz ist nicht armutsfest und bedarfsdeckend. Grundsicherung ist staatlich verordnete Unterversorgung... Die bestehenden Grundsicherungsleistungen gewährleisten allenfalls das nackte Überleben unterhalb des soziokulturellen Existenzminimums. Das staatliche Existenzminimum fixiert... Armut, statt sie zu überwinden.« – Soll es da ein Trost sein, daß es im Vorbildland des Kapitalismus, in den USA, noch ärger steht? VOLKER HERMSDORF: Armut trotz Arbeit, in: junge Welt, Nr. 266, 17. Nov. 2014, S. 6, zitiert die Non Profit-Organisation »United Way« mit der Feststellung, daß in Florida für 3,2 Millionen Haushalte (45 Prozent) die Versorgung mit Wohnraum, Nahrung, Gesundheitsleistungen, Kinderbetreuung und Transport nicht gesichert ist. »Während die Kosten dafür von 2007 bis 2012 im Schnitt um 13 Prozent gestiegen seien, sei die Zahl der Arbeitsplätze sowie die durchschnittliche Bezahlung der Beschäftigten im gleichen Zeitraum gesunken... Während die am geringsten bezahlten 20 % der Werktätigen in Florida heute lediglich drei Prozent der Gesamteinkünfte erhalten, teilt das oberste Fünftel mehr als 52 Prozent der Arbeitseinkommen unter sich.« Im Ergebnis: »Das politische System der USA hat sich von einer Demokratie in eine Oligarchie verwandelt.«

ten«, erklären sie; doch so ist es nicht[4]. Längst nicht alle, die möchten, können auch arbeiten; psychische Gründe, die als solche noch niemals im Bundestag gewürdigt wurden, hindern sie, oder die Arbeitsmarktlage ist gerade nicht so günstig[5]. Fantastisch mutet die

4 | Den üblichen Standpunkt vertritt Arbeitsagentur-Chef *Frank Weise*, indem er erklärt: »Hartz IV ist das beste Programm, das wir je hatten.« Vgl. F. ESSER: Bild-Interview mit Arbeitsagentur-Chef Weise, in: Bild, 20. Nov. 2014, S. 2: »Vor knapp zehn Jahren hatten wir zeitweise 5,3 Millionen Arbeitslose, heute weniger als drei Millionen. Ohne die Agenda 2010 wären es 800 000 mehr … Drei von vier Menschen, die länger als ein Jahr ohne Job sind, haben keinen Schulabschluß, keinen Berufsschulabschluß oder sind über 50 Jahre alt.« SUSAN BONATH: Hartz 4.0, in: junge Welt, Nr. 197, 26. Aug. 2015, S. 5, stellt fest: »Leiharbeit, Teilzeitjobs, Lohndumping: Der zu Beginn dieses Jahres in der Bundesrepublik eingeführte Mindestlohn von 8,50 Euro pro Stunde hat die Zahl der Hartz-IV-Aufstocker kaum verringert.« Nach Angaben der Bundesagentur für Arbeit (BA) »arbeiteten im März (sc. 2015, d. V.) rund 1,23 Millionen Beschäftigte für so geringe Löhne, dass sie ergänzend Arbeitslosengeld II benötigen. Das sind rund 27 Prozent der rund 4.43 Millionen Hartz-IV-Bezieher. Im März 2014 hatte die BA mit 1,29 Millionen Aufstockern nur marginal mehr gemeldet.« Aber: »In der Arbeitslosenstatistik, die zuletzt im Juli 2.773 Millionen Betroffene meldete, tauchen diese nicht auf. Für Bundesarbeitsministerin *Andrea Nahles* (SPD) sind nicht sie, sondern die ›Langzeitarbeitslosen‹ das Problem: Man kann sie nicht einfach aus dem Zahlenwerk verschwinden lassen, wie man es mit Aufstockern, über 58jährigen und Minijobbern macht. In der Gruppe werden Hartz-IV-Bezieher zusammengefaßt, die ein Jahr oder länger ohne jede Erwerbstätigkeit auskommen müssen. Gut eine Million Leistungsberechtigte, rund 24 Prozent, sind es derzeit nach Angaben der BA.« REINHARD CRUSIUS: Rettet Europa, nicht nur die Banken, 447–449, sieht zu Recht die Gefahr, »als ganz Europa eine Hartz-IV-Zone zu machen, statt zu überlegen, wie wir ein demokratisches und soziales Europa werden, also die ›Wettbewerbsfähigkeit‹ so organisieren, wie wir sie angesichts der nicht zu gewinnenden Billigkonkurrenz von außerhalb der EU sowieso organisieren müssen.«

5 | JOHNNY NORDEN: Impressionen aus der Froschperspektive, in: junge Welt, Nr. 2, 3./4. Jan. 2015, S. 4–5, schildert die Erfahrungen der Sozialberatung in Berlin nach 10 Jahren Hartz-IV mit den Worten: »In die Beratung kommen nicht diejenigen, die schon am Boden liegen und sich aufgegeben haben oder in die Kriminalität abgerutscht sind. Zu uns kommen mehrheitlich Menschen, die von Arbeitslosengeld II leben oder ›Aufstocker‹ sind … Sie haben Probleme mit Jobcentern, Sozialämtern, Gerichten, Vermietern, Stromanbietern, Banken, Polizei, Versicherungen, Inkassofirmen.« »Jobcenter kürzen beim geringsten Anlaß Leistungen. Die Sanktionsregeln sind vor drei Jahren erheblich verschärft worden: Wen das Jobcenter einer ›Pflichtverletzung‹ beschuldigt, der erhält per Bescheid einen um 30 Prozent gekürzten Eckregelsatz, also 117,30 Euro weniger, und das drei Monate lang. Noch härter trifft es seit 2011 die jungen Arbeitslosen. Unter den 25jährigen werden zum Beispiel bei einer ›Arbeitsverweigerung‹ sofort sämtliche Geldleistungen für drei Monate gestrichen.« Das bedeutet: kein Geld für Strom, Bahnfahrt, Miete, also: Stromabschaltung, Schwarzfahren mit Strafzahlungen, Wohnungskündigung …

Strafverfolgung bei sozialem Mißbrauch« an; die Habenichtse kontrolliert und schikaniert man mit allen möglichen bürokratischen Mitteln[6], während die Aufsicht bei den Superreichen eher leger ausfällt oder geradezu hilflos anmutet.

Gerühmt wird als wirtschaftlicher Durchbruch in der BRD die »Agenda 2010«, die von der Rot-Grünen *Schröder*-Regierung vor jetzt 11 Jahren gegen den wochenlangen Protest 100 000er jeden Montag durchgepaukt wurde[7]. Sie entlastete die Unternehmer wirk-

6 | Vgl. STEFAN SELKE: Schamland, 43–44: »Im Kontext der neuen Sozialpolitik – ›Fördern und Fordern‹ – erfüllen Scham und Beschämung eine zentrale Funktion. Seit der Agenda 2010 und den damit verbundenen Arbeitsmarktreformen (Zunahme der Leiharbeit sowie atypischer und befristeter Beschäftigungsverhältnisse, Vergrößerung des Niedriglohnsektors) sowie den Hartz-IV-Gesetzen konnten systematische Beschämungsverhältnisse etabliert werden… Dieser Zusammenhang drückt sich schon in Gesetzestexten aus, in denen Begriffe wie ›Bedürftigkeitsprüfung‹, ›Zumutbarkeitskriterien‹ oder ›Mitwirkungspflicht‹ deutlich zeigen, wie die Machtverhältnisse beschaffen sind.« HANS VON DER HAGEN – BENJAMIN ROMBERG: Immer den Staat im Nacken, Süddeutsche.de/Wirtschaft/2.220/zehn-Jahre-hartz-IV, 13.01.2015, S. 2, zitieren den Bielefelder Sozialforscher *Wilhelm Heitmeyer* mit den Worten, nach zehn Jahren Hartz IV habe in »alle Lebensbereiche sich eine autoritäre Form des Kapitalismus hineingefressen, selbst in jene Areale, die eigentlich nicht ökonomisch organisiert seien, etwa die Familie. Der Kapitalismus interessiere sich nicht für Integration, sondern für Konkurrenz. Die Folge: Menschen werden nach Effizienz und Nützlichkeit beurteilt, nicht aber in ihrer Gleichwertigkeit. Hartz IV in der jetzigen Form signalisiere: Hier ist jemand nicht mehr brauchbar. Darum beginne mit dieser Form der Sozialhilfe die Zone der Verachtung.« Wenn jemand in die Hartz-IV-Förderung abstürzt, erhält er nicht mehr das höhere Arbeitslosengeld I, sondern nur noch das Existenzminimum; zuständig für ihn ist nicht mehr die Arbeitsagentur, sondern bekanntlich das Jobcenter.

7 | Zur Einführung der Hartz-IV-Gesetze vgl. CHRISTOPH BUTTERWEGGE: Armut in einem reichen Land, 170–181: Hartz IV – Armut per Gesetz oder trotz Gesetz? – Die zahlreichen Montagsdemonstrationen im Herbst 2004 verhallten ungehört. Zu Grabe getragen wurde mit den Hartz-IV-Gesetzen deshalb nicht nur die soziale Gerechtigkeit, sondern auch das Vertrauen in die Demokratie, ja, selbst in den Rechtsstaat. Am 9.2.2010 legte das Bundesverfassungsgericht in Karlsruhe zwar das »Grundrecht auf Gewährleistung eines menschenwürdigen Existenzminimums inklusive gesellschaftlicher, kultureller und politischer Teilhabe« als zivilisatorisches Minimum fest, STEFAN SELKE: Schamland, 25; THOMAS WIECZOREK: Abgewirtschaftet, 204–205, spricht allerdings von »Gummiformulierung« bei Begriffen wie »Menschenwürde« und »Existenzminimum« und meint: »Zwar weisen sie (sc. die Regierungsparteien aller Couleur, d. V.) zu Recht darauf hin, dass selbst Billigstlöhne nicht unter den Hartz-IV-Almosen liegen dürften, weil sich dann die Geringverdiener wie Deppen vorkommen müssten. Aber anstatt die notwendige Differenz durch Erhöhung der Löhne anzustreben, setzt man auf eine größtmögliche Senkung der Arbeitsloseneinkommen.« – Besonders ärgerlich ist das Herumgefeilsche selbst um winzigste Beträge, die nur den Anschein von sozialer Verbes-

sam von den »Lohnnebenkosten«, sie »flexibilisierte« den Faktor
Arbeit, und sie machte Deutschland zu einem europäischen Billig-
lohnland, um es auf dem internationalen Markt wettbewerbsfähig zu

serung erwecken wollen. GITTA DÜPERTHAL: »Die große Koalition macht
grundsätzlich, was sie will«, in: junge Welt, Nr. 73, 27. März 2015, S. 8, stellt im
Gespräch mit MARTIN BEHRING heraus, daß tatsächlich das Bundeskabinett am
25. 3. 2015 beschlossen hat, das Kindergeld um 4 € monatlich zu erhöhen, ab 2016
noch einmal um 2 €; aber: das Kindergeld, das hiermit von 184 auf 188 € erhöht
wird, kommt gerade bei den am meisten Bedürftigen nicht an, »weder bei den Eltern noch bei den Kindern. Langzeitarbeitslose und Sozialbezieher (sc. also Hartz-
IV-Empfänger, d. V.) bekommen das Geld zwar auf ihr Konto überwiesen, vom
Jobcenter aber wieder abgezogen.« Die Arbeiterwohlfahrt nennt diese Kindergeld-
erhöhung eine »Provokation«. SUSAN BONATH: 2,6 Millionen arme Kinder, in:
junge Welt, Nr. 110, 13./14. Mai 2015, S. 5, zitiert eine aktuelle Studie der Bertelsmann-Stiftung, nach der »rund 2,6 Millionen unter 15jährige in Deutschland …
unterhalb, an oder knapp über der Armutsschwelle leben … Das ist fast ein Viertel
aller Kinder … Als armutsgefährdet gilt, wer weniger als 60 Prozent des durchschnittlichen Nettoeinkommens zur Verfügung hat. Für eine vierköpfige Familie
sind das derzeit 1.848 Euro pro Monat. In der BRD wachsen 2,1 Millionen Kinder
unter 15 Jahren, rund ein Fünftel, in Haushalten auf, die mit weniger auskommen
müssen. Knapp eine Million von ihnen bekommt Transferleistungen nach Hartz-
IV … Die Eltern von weiteren 1,15 Millionen Kindern schlagen sich mit schlecht
bezahlten Jobs durch. Dazu kommt noch knapp eine halbe Million der unter
15jährigen, deren Eltern durch Arbeit und ›Aufstocken‹ mit Hartz-IV knapp über
die Armutsgrenze kommen.« Das Leben dieser Kinder ist bestimmt von chronischer Geldnot und beengten Wohnverhältnissen. – JANA FRIELINGHAUS: Politik
ignoriert Armut, in: junge Welt, Nr. 241, 17./18. Okt. 2015, S. 4, berichtet, daß
40 % aller Alleinerziehenden von Hartz VI leben. 2014 waren in der BRD 335 000
Menschen ohne Wohnung – 18 % mehr als zwei Jahre zuvor. Ursache ist der Verkauf von Sozialwohnungen an Investoren. – SUSAN BONATH: »Bürgerfreundlich-
repressiv, in: junge Welt, Nr. 251, 29. Okt. 2015, S. 4, berichtet, daß Umzüge für
Hartz-IV-Bezieher »fast unmöglich« werden; Rentenbeiträge werden schon seit
2011 nicht mehr gezahlt; Kindergeld und -zuschläge sollen komplett angerechnet
werden. – DIES.: Sonderrechte für Arme, in: junge Welt, Nr. 272, 24. Nov. 2015,
S. 5, zitiert die Kritik des DGB an der geplanten Hartz-IV-Reform für 2016, daß
weiterhin Hartz-IV-Betroffene mit 63 Jahren zwangsweise in Rente geschickt werden. Zu fordern ist eine Erhöhung von Hartz IV auf 500 €. Heute haben ein Drittel aller Erwerbslosen nur alle zwei Tage ein warmes Essen. DIES: Kapital macht
Politik, in: junge Welt, Nr. 278, 1. Dez. 2015, S. 5, zeigt einen der Gründe, warum
das so ist: »Seit 2013 haben 1111 Interessenvertreter von 470 Konzernen und Organisationen durch die Fraktionen Zugang zum Bundestag erhalten. Mit 756
Hausausweisen bewilligte die CDU/CSU mehr als doppelt so viele wie die mitre-
gierende SPD (257), die Grünen (61) und die Linke (28) zusammen … Gut vertreten im Bundestag ist die Rüstungsindustrie. Allein die Konzerne Airbus und EADS
verfügen über zwölf Ausweise.« Ähnlich die Fracking-, Öl- und Gaslobby. »Mitre-
dende Medien- und Meinungsmogule sind unter anderem der Axel-Springer-Ver-
lag und die Bertelsmann-Stiftung.«

halten[8]. Das Gebot, jede Arbeit anzunehmen, wurde zu einem selbstverständlichen Ethos der Arbeitnehmer: – es ist egal, was man tut, wenn es nur etwas zu tun gibt. Die Reduktion der Arbeit zu einer sinnentleerten, absolut entfremdenden und fremdbestimmten »Maloche« mit dem Zweck des bloßen Gelderwerbs zeigt mit Nachdruck jedem Einzelnen, wozu er da ist: Er ist brauchbar allein als Lohnsklave des Kapitals, von Freiheit und Selbstbestimmung keine Rede.

Das hindert nicht, daß der Staat immer größere Bereiche des öffentlichen Lebens an die »freie« Gestaltung Einzelner abgibt. Auf der einen Seite wird das Privatleben immer mehr eingeschränkt, dafür wird auf der anderen Seite das Wirtschaftsleben immer stärker privatisiert. Ab den siebziger Jahren des vergangenen Jahrhunderts wurden vor allem die Frauen in den Arbeitsprozeß integriert; man tat das, um durch das damit fast verdoppelte Arbeitsangebot die Löhne senken zu können, doch gefeiert wurde die Berufstätigkeit der Frauen als ein Schritt zur Emanzipation und als Abkehr vom patriarchalen Familienmodell mit dem Mann als Ernährer und der Frau als mütterlicher Erzieherin[9]. Tatsächlich ist bei Ehe-Scheidungsraten von der-

8 | CHRISTINE BÖHRINGER u. a.: Das globale Job-Roulette, in: Spiegel spezial: Die Neue Welt, 7/2005, 8–18, zeigten schon vor 10 Jahren, daß die deutschen Arbeitnehmer die Verlierer, die großen Konzerne die Gewinner der Globalisierung sind: »Die Arbeitnehmer fühlen sich bedroht, sie sind erpressbar geworden, ihre Arbeitskraft wird von anderen viel billiger angeboten: Sie konkurrieren mit Millionen Menschen, für die selbst deutsche Dumpinglöhne Spitzengagen bedeuten. Sie sind auf dem globalen Arbeitsmarkt nicht mehr wettbewerbsfähig. Sie sind die Verlierer der Globalisierung. – Gewinner gibt es natürlich auch: hochqualifizierte Arbeitnehmer, die schwer zu ersetzen sind, Manager, die ihre Unternehmen auf Profit trimmen und dafür Millionengehälter erhalten. Und natürlich die Konzerne selbst: Sie können sich den besten Standort aussuchen und dort produzieren, wo Löhne und Steuern besonders niedrig sind. Ihre Stammbelegschaften zu Hause schrumpfen, ihre Arbeitnehmer müssen für weniger oder fürs gleiche Geld länger arbeiten. Kein Wunder, dass die Renditen steigen. – Es ist diese Gleichzeitigkeit von Rekordarbeitslosigkeit (sc. sie lag 2005 in der BRD bei 4,7 Mio, d. V.) und Rekordgewinnen, von Niedriglöhnen und Millionengehältern für Manager, die viele Menschen wütend macht und das Vertrauen in das Wirtschaftssystem unterspült – ebenso wie das Vertrauen in die Politiker, die sich in den Augen vieler Wähler den Zwängen der Ökonomie unterwerfen.« »Über 70 Prozent der Deutschen ... möchten, dass der Staat ... den entfesselten Kapitalismus bändigt, die Verlagerung von Jobs ins Ausland verhindert und allzu gierigen Finanzinvestoren das Handwerk legt.« (S. 9)

9 | CHRISTOPH BUTTERWEGGE: Armut in einem reichen Land, 80–82: Die Auflösung der Normalfamilie, sieht in dem »Turbokapitalismus« den »Totengräber der Traditionsfamilie«. »Gefragt ist der ›flexible Mensch‹, welcher durch Kinder an einer Berufstätigkeit, wie man sie ihm heute anbietet und abverlangt, jedoch eher gehindert wird.«

zeit mehr als 30 % jedem Mädchen und jeder Frau nur anzuraten, einen Beruf zu erlernen und auszuüben; aber was wird aus den Kindern? Die kommen möglichst früh, spätestens am Ende des Schwangerschaftsurlaubs, in die Krippe, später in die Kita. Seit Februar 2015 indessen kämpften die Kita-Angestellten monatelang um höhere Löhne, und sie leiden statistisch mehr als andere Berufstätige unter psychischen Problemen; doch die ohnehin hochverschuldeten Kommunen können die von der Bundesregierung gegebene Kita-Garantie beim besten Willen nicht einlösen[10]; sie müssen sparen, und

10 | Vgl. Experten raten zu Reform bei Kita-Finanzierung, in: Neue Westfälische, 25. Aug. 2015, S. 2: Nach einer Studie der Bertelsmann Stiftung haben 41 % der Fachkräfte unter 25 Jahren nur befristete Verträge, bei »Spezialisten für Inklusion«, also der gemeinsamen Erziehung von behinderten und nichtbehinderten Kindern, »ist es ein Drittel«. Dabei ist gerade die Konstanz der Bindung pädagogisch entscheidend. RAINER BÖHM: Nein, das schadet den Kindern, in: Publik-Forum, 14/2014, 8, wehrt sich als Facharzt für Kinder- und Jugendmedizin gegen den neuen Plan von Bundesfamilienministerin *Manuela Schwesig*, die Betreuungsangebote für die Abend- und Nachtstunden in Kitas zu erweitern und mit 100 Mio € die 24-Stunden-Betreuung der Kinder zu fördern; er meint: »Schon die massive Ausweitung der Betreuung von Kindern unter drei Jahren in den vergangenen Jahren stellte eine Grenzverletzung dar. Sie hat zu einer Verschlechterung der Gesundheit und des Wohlbefindens von Kindern geführt. Es liegen umfangreiche wissenschaftliche Ergebnisse vor, die zeigen, dass der zunehmende zeitliche Umfang außerfamiliärer Gruppenbetreuung in den ersten Lebensjahren mit Mangel an sicherer Bindung, stark erhöhter Stressbelastung, Verhaltensauffälligkeiten und schlechterer Gesundheit für Kleinkinder verbunden ist... Mit der jetzt geplanten Ausweitung der Betreuungszeiten, bis hin zum Extrem der 24-Stunden-Kita, pressen wir Kleinkinder immer stärker in das Korsett der Erwachsenen-Arbeitswelt. Der schon jetzt für viele Kinder schwerwiegende Mangel an sicherer Bindung im Kita-Alltag wird durch noch häufigeren Personalwechsel im Zuge eines Schichtbetriebs noch mal verstärkt. – Es ist wahrhaft trostlos, dass kleine Kinder kaum eine Lobby finden, wenn es um den Erhalt einer kindgerechten Umwelt geht. Anstatt das Wegorganisieren von Kleinkindern immer weiter zu perfektionieren, müssen wir ihnen ihren dringend benötigten frühen familiären Schutzraum erhalten. – Das bedeutet, dass, insbesondere während der ersten Lebensjahre jedes Kindes, sichergestellt werden muß, dass mindestens ein Elternteil von Schicht- und Erwerbsarbeit freigestellt bleibt, ohne dass dies die materielle Existenzgrundlage der Familie bedroht.« – Was die Betreuung der Kinder angeht, empfiehlt die Bertelsmann Stiftung, es solle eine Erzieherin für »höchstens drei unter Dreijährige zuständig sein oder für 7,5 Kinder ab drei Jahren.« Aber: »In Mecklenburg-Vorpommern betreut eine Fachkraft im Schnitt 14,4 Kinder, in Sachsen-Anhalt zwölf, in Baden-Württemberg 7,7« in den Gruppen von Kindern über drei Jahren. CONSTANZE VON BULLION: Kitas im Westen haben deutlich mehr Personal, in: Süddeutsche Zeitung, Nr. 194, 25. Aug. 2015, S. 5. – Wie die Entwicklung weitergehen könnte, zeigt das kleine sauerländische Schmallenberg, wo man 2011 für 9 der 17 Kitas (Kinderbetreuungsstätten) eine automatische Zeiterfassung über einen Computerchip eingeführt hat, den die Kinder beim Ankommen und Verlassen der Kita an ein Lese-

das tun sie am einfachsten am Personal, denn das verursacht, anders als Gebäude, Monat um Monat neue Kosten. Es ist unter solchen Umständen unvermeidlich, daß Menschen als zu teuer für diesen Staat empfunden werden. Die Kostenfrage erdrückt die Menschlichkeit, – das ist der Eindruck, das ist die Wirklichkeit.

Ein ähnliches Bild bieten die Schulen. Auch hier herrscht ein chronischer Lehrermangel, weil die Länder zwar die Kulturhoheit besitzen, sie aber aus Geldgründen nur restriktiv wahrnehmen können. Inzwischen unterliegen auch die Schulen dem Gesetz des Wettbewerbs: Sie müssen auf der lokalen Ebene um die nötigen Schülerzahlen konkurrieren; der Schuldirektor ist weitgehend nicht mehr Lehrer, sondern Teammanager und Verwaltungsbeamter. Der Leistungsdruck zur Erzeugung des nötigen Humankapitals führt zu einem überdimensionierten Kontrollbürokratismus. Die Grundschullehrer bereits müssen dokumentieren, welche Lehrmittel sie eingesetzt haben, welche Optimierungsmaßnahmen zur Förderung des Lernverhaltens sie individuell bei jedem Kind in Anwendung gebracht haben, und sie müssen ihre getroffenen Maßnahmen *en detail* begründen und evaluieren. Zum Zwecke des Leistungsvergleichs zwischen den Schulen wird der Lernstoff bis ins Einzelne zentral vorgeschrieben (in Deutsch z.B.: welche Werke von welchen Autoren durchzusprechen sind), – die Lehrer selber werden zu Vollzugsbeamten administerieller Vorgaben, Lust- und Freudlosigkeit sind die Folge. Ein wirkliches Motiv zu lernen ergäbe sich aus dem lebendigen Interesse an den Themen und Zielen der Bildung; was indessen politisch angestrebt wird, ist die bloße Berufschancenwahrung, – letztlich erneut: um das nötige Geld zu bekommen.

Soll noch die Rede sein von der medizinischen Versorgung? Die Bevölkerung altert in überraschendem Umfang. Lag die Durchschnittslebenserwartung vor 50 Jahren noch bei ca. 62 Jahren, so kann man sie heute auf etwa 82 Jahre ansetzen[11]. Natürlich wachsen

gerät halten, ebenso die Erzieherinnen, die über ein Jahresarbeitszeitkonto verfügen; auf diese Weise soll die Betreuung flexibilisiert werden. Vgl. Stechuhr im Kindergarten, in: Westfalen-Blatt, Nr. 26, 31.1./1.2.15. – Ausgerechnet in dem »Bildungsland« BRD, wird am 1. Sept. 2015 bekannt, fehlen in den *Schulen* 30 000 Lehrer bundesweit, insbesondere in Mathematik und Physik.

11 | CHRISTOPH BUTTERWEGGE: Armut in einem reichen Land, 94, sieht die Gefahr, daß die »Privatisierung sozialer Risiken« weiter vorangetrieben wird, indem man »die Demographie als Mittel der Demagogie« einsetzt: da es »zu viele« Alte gibt, müssen ihre Renten gekürzt werden, um bezahlbar zu bleiben. Was bevorsteht, ist »eine Seniorisierung der Armut« in Gestalt einer »Ausdifferenzierung

damit altersbedingte Krankheiten und viele Formen der Pflegebe-
dürftigkeit. Früher war es weitgehend die Familie, in der die Jün-
geren für die Älteren sorgten; doch solche Familien sterben aus. Das
Privateste: die Beziehung zwischen Kindern und Eltern, wird im
Alter genau so entprivatisiert wie in der Jugend bereits. Dafür wird
die Altenpflege zu einer nach oben offenen Einnahmequelle in den
Händen privater Versorger und Dienstleister[12]. Kälte und Einsamkeit
wachsen sowie die Gewißheit, nach dem Maßstab der Rentabilität
durch sein bloßes Dasein unrentabel zu sein. Was aber hat dann noch
Wert, wenn das menschliche Leben selbst nur noch gerade so viel
wert ist, als es an Wert, realisierbar in seiner Geldform, durch Arbeit
erzeugt? Man kann die Wahrheit der blanken Sinnlosigkeit betäu-
ben, indem man das Schwungrad des Zyklus von Produktion und
Konsumtion sich immer schneller und immer umfänglicher drehen
läßt. Der Markt ist verstopft. Also braucht es künstlicher Anreize,
die zum Kauf verlocken. Wer heute seinen Fernsehapparat einschal-
tet, findet außerhalb der öffentlich-rechtlichen Programme auf den
privaten Kanälen schier endlose Werbeblöcke, die ihn per Knopf-
druck zum Online-Shopping animieren. Vier Prozent des Bruttoinlandsprodukts werden in der BRD seit Jahrzehnten für Werbung
ausgegeben, – das Doppelte von den geforderten Militärausgaben
nach Nato-Maßstab und das Zehnfache der vor einem halben Jahrhundert zugesagten Entwicklungshilfen[13].

und Polarisierung der modernen Erwerbsarbeitsgesellschaft.« STEFAN SELKE:
Schamland, 186–194: Alles gegeben, nichts gewonnen – Altersarmut, stellt fest:
»Insgesamt bezogen im Jahr 2011 rund 436 000 Personen in Deutschland (2,6
Prozent der über 65-Jährigen) die sogenannte ›Grundsicherung im Alter‹.« Der
Regelsatz liegt bei 374 € pro Einzelperson – es reicht in keiner Weise aus (S. 187).
Und: »Seit 2000 ist die Anzahl der sogenannten Mini-Jobber unter den Rentnern
um rund 60 Prozent gestiegen (auf rund 760 000 Personen, darunter rund 120 000
über 75 Jahren).« (S. 192)
12 | Wie sich die *Riester-* und *Rürup*-Renten zum Geschäftsmachen eignen, be-
wies unnachahmlich *Carsten Maschmeyer*, der Chef des Allgemeinen Wirtschafts-
dienstes (AWD), den er am 1. Apr. 1989 gründete und der ihm, mit guten Kontak-
ten zu *Gerhard Schröder, Christian Wulff* und *Ursula von der Leyen*, zu
Milliarden Umsätzen verhalf; 2011 schied *Maschmeyer* aus dem AWD aus, gerade
rechtzeitig, um den Sammelklagen von 600 Einzelklagen in Wien, die Juni 2009
eingereicht worden waren und 2013 vom Obersten Gerichtshof endlich zugelassen
wurden, persönlich auszuweichen. Vgl. WIGBERT LÖER – OLIVER SCHRÖM: Geld,
Macht, Politik, 242–260: Die Opfer schlagen zurück.
13 | Man höre ANGELA MERKEL: Globalisierung gestalten! in: Global Marshall
Plan Initiative (Hg.): Impulse für eine Welt in Balance, 51: »Viele Entwicklungsländer benötigen ... direkte Förderung durch die industrialisierten Staaten ... Die

Abb. 2: A. PAUL WEBER: *Der Konsumfurz*

Schon 1972 zeichnete A. PAUL WEBER diese absolut unnormale Normalität als Karikatur des Lebens auf sich selbst: da fliegt ein finsterer Geldsack wie eine Heimsuchung über den Horizont, versteckt hinter einer dümmlich grinsenden Bikini-Schönheit mit riesigen Engelsflügeln und High-Heels, und bläst die Blähungen seiner übervollen Verdauung als einen analen Produktregen zur Weltbeglückung vom Himmel herab (Abb. 2)[14]. Sex sells more – Sexualität zieht immer; auch sie muß künstlich hochgehalten und vermarktet werden. Wieder wird das Private entprivatisiert und dafür in seiner entfremdeten Warenform zu einem eigenen Produktionszweig; die Warenform ist jetzt freilich der menschliche Körper selbst, entprivatisiert als Produkt in den Händen gewisser privater Anbieter. Nie hätte das Internet bei den Usern eine so rasche Akzeptanz und Verbreitung

CDU hält an der von den EU-Staaten im Jahre 2002 in Monterrey/Mexiko eingegangenen Verpflichtung fest, bis 2006 0,33 % des Bruttosozialeinkommens für die Entwicklungszusammenarbeit zur Verfügung zu stellen.« Tatsächlich wurden die Entwicklungshilfsgelder bereits unter *Dirk Niebel* stark mit exportorientierten Geschäften und militärischen Interessen verknüpft. Vgl. ASIT DATTA: Armuts Zeugnis, 140–142.
14 | KLAUS J. DORSCH – HELMUT SCHUMACHER: A. Paul Weber Bilder-Buch, 64: Der Konsumfurz, 8.7.1972

gefunden ohne diesen Trick. Am Ende kauft man eine Liebe ein, die
es nicht mehr gibt. Der Fetischismus der Waren ersetzt die menschliche Beziehung, das Produkt die Person, der Käufer selbst wird zum
Verkäuflichen. Psychologisch läßt sich von einem materiellen Mißver-
ständnis als Ursache einer eigenen Suchtform sprechen: die Intensität
menschlicher Erfahrung wird ersetzt durch ein maximales Quantum
an konsumierbaren Produkten. Je mehr desto besser, je mehr desto
glücklicher, je mehr – desto unzufriedener! Es ist genau dieser Teufelskreis, in dem der Wachstumswahn unserer Wirtschaftsweisen
sich internalisiert und als ein künstliches Bedürfnis des Unersätt-
lichen wachgehalten wird. Wohlgemerkt, es ist nicht die maßlose
Gier der Einzelnen, welche die kapitalistische Wirtschaftsform er-
schafft, es ist umgekehrt diese Wirtschaftsform, die sich in der Gier
der Einzelnen niederschlägt und ihrer zum Selbsterhalt bedarf.

Was also sind die objektiven Gründe für eine Wirtschaft, die nur
am Leben bleiben kann, wenn sie wächst? Zu unterscheiden ist das
ökonomische System von dem monetären System, die Ebene der Produktion der Waren von der Ebene des Geldes, das investiert und
eingenommen wird; beide Systeme hängen zusammen, sie enthalten
aber jedes für sich einen eigenen Faktor, der zu ständigem Wachstum
zwingt; ökonomisch geht es um die Gestaltung des *Preises*, monetär
um die Bedienung der *Zinsen* auf gezogene Kredite. Beide Faktoren
sind ihrerseits eingebettet in ein eigenes Geflecht: der Preis einer
Ware steht neben dem Zugriff auf die Rohstoffe in Zusammenhang
mit den Lohnkosten bei ihrer Erzeugung sowie mit dem Absatz (dem
Handel) auf dem Markt; der Zins ergibt sich aus dem Begriff der
Schuld, dem das Geld selber seine Existenz verdankt, und macht nur
Sinn durch die zu erwartenden Gewinne der Kreditgeber, – das sind
seit dem 13. Jh. wesentlich die Banken[15]. – Doch alles der Reihe
nach; zu fragen ist von Punkt zu Punkt danach, wie sich die Un-
gereimtheiten und Widersprüche auflösen, die mit den jeweiligen Begriffen und ihrer Darstellung in der Wirklichkeit gegeben sind.

---

15 | Vgl. OLIVER FISCHER: Die Pioniere der neuen Ordnung, in: Geo Epoche Nr.
69: Der Kapitalismus, 23: »In Florenz und anderen Städten Mittel- und Norditali-
ens wagen sich im 14. Jahrhundert manche Kaufleute an immer komplexere Transaktionen, operieren mit Wechseln und Zahlungsanweisungen, gründen Banken
und verwenden eine einfache Form der doppelten Buchführung. Alles mit dem
Ziel, möglichst hohe Profite zu erwirtschaften. Diese Händler sind die Vorboten
einer neuen Zeit: Es sind die ersten Kapitalisten.«

A) Faire Preise

1) Preisbildung nach der Volkswirtschaftslehre

Nichts scheint in der Mikroökonomie einfacher, als zu bestimmen, was der Preis für eine Ware oder Dienstleistung ist[1]: Der Preis einer Sache ist das, was man im Tausch dafür bekommt. Nun kann man im Tausch natürlich alles Mögliche für eine bestimmte Ware bekommen; für gewöhnlich aber kann man den Preis eines zu veräußernden

---

1 | Die folgende Darstellung referiert, um übersichtlich zu bleiben, die Darlegungen bei JOSEPH E. STIGLITZ – CARL E. WALSH: Mikroökonomie, 63–202: Kap. 3–6; die daraus übernommenen Graphiken sind auf das Wesentliche reduziert. Vgl. auch PAUL A. SAMUELSON – WILLIAM D. NORDHAUS: Volkswirtschaftslehre, Kap. 3: Die Grundelemente von Angebot und Nachfrage, S. 85–108; Kap. 4: Angebot und Nachfrage: Elastizität und Anwendungsmöglichkeiten, S. 111–136; Kap. 5: Nachfrage und Konsumverhalten, S. 137–169. Desgleichen PAUL KRUGMAN – ROBIN WELLS: Volkswirtschaftslehre, Kap. 3: Angebot und Nachfrage, S. 69–101; Kap. 5: Elastizität, S. 137–167. Vgl. auch ARNOLD HEERTJE – HEINZ-DIETER WENZEL: Grundlagen der Volkswirtschaftslehre, Kap. 5: Das Marktgleichgewicht bei Mengenanpassung, 131–179. – Die neoklassische Lehre von der Tendenz jeder Marktwirtschaft, sich zum Gleichgewicht zu entwickeln und dadurch eine optimale Güterversorgung zu gewährleisten, stammt von LÉON WALRAS (1834–1910): Mathematische Theorie der Preisbestimmung der wirtschaftlichen Güter, 1874/1877. Zentral war das Prinzip des *Grenznutzens*, nach dem der Wert eines Gutes gleich dem Nutzen für den Konsumenten ist; dieser Nutzzuwachs, der Grenznutzen, wird immer kleiner und tendiert gegen Null. Vgl. VERA LINSS: Die wichtigsten Wirtschaftsdenker, 44–52: Léon Walras. – HERMANN HEINRICH GOSSEN (1810–1858): Entwicklung der Gesetze menschlichen Verkehrs und der daraus fließenden Regeln für menschliches Handeln, 1854, hatte bereits 20 Jahre zuvor ein mathematisches Modell des Grenznutzens vorgelegt, wonach der Tauschwert einer Ware (als eines Mittels zur Bedürfnisbefriedigung) nicht von den Herstellungskosten (wie in der klassischen Theorie), sondern vom subjektiven Nutzen abgeleitet wird, der mit zunehmender Sättigung abnimmt; der Grenznutzen ist der Nutzen der letzten Gütereinheit. Dazu vgl. bes. ALFRED MARSHALL: Handbuch der Volkswirtschaftslehre, 1. Bd., 3. Buch, 3. Kap.: Die verschiedenen Grade der Nachfrage, S. 138–145, dort das »Gesetz ... von der abnehmenden Nützlichkeit«; 4. Kap.: Die Elastizität der Bedürfnisse, 146–156; 6. Kap.: Wert und Nützlichkeit, 165–176. Zum *Preis* als Gleichgewicht von Angebot und Nachfrage vgl. 5. Buch, 14. Kap.: Zusammenfassung der allgemeinen Theorie vom Gleichgewicht zwischen Angebot und Nachfrage, 471–477. – MARK BLAUG: Systematische Theoriegeschichte der Ökonomie, III 135–180, bietet eine gute Übersicht zu MARSHALLS Theorien.

Gutes oder einer Dienstleistung auf dem Markt in einer Geldmenge angeben: Der Preis einer Sache ist dann das, was in der Geldform dafür bezahlt wird; umgekehrt zeigt sich der Wert einer Ware an der Geldmenge, die dafür erzielt wird. Beides muß allerdings nicht von vornherein feststehen. Auf einem arabischen Basar wird ein Tuch- oder Schmuckhändler erst einmal einen ziemlich überhöhten Preis für seine Ware nennen, je nachdem, wie er das Interesse und die Zahlungsfähigkeit seines potentiellen Kunden einschätzt, und dieser wiederum wird eine gewisse niedrigere Summe vorschlagen, für die er das Objekt zu erstehen gewillt wäre. In der anschließenden Verhandlung bewegen sich das Verkaufs- und das Ankaufsangebot für gewöhnlich auf einander zu, bis es ungefähr in der Mitte zur Festlegung des tatsächlichen Kaufpreises kommt. Anders verhält es sich eine Straße weiter in dem Suk für die Obstverkäufer. Was die Weintrauben, Feigen oder Oliven kosten, wird nicht *ver*handelt, der zu zahlende Geldbetrag, angegeben pro Einheit auf einem Preisschild, steht fest; mit ihm wird *ge*handelt. Dieser feste Preis ist der Durchschnittwert, der sich bei einer gewissen Menge des Angebots bei einer gewissen Menge von möglichen Käufern ergibt. In westlichen Kaufhäusern sind die Preise der Waren von vornherein fest vorgegeben; der Kunde handelt nicht um den Preis, er kann sich lediglich fragen, ob er bereit ist, den angezeigten Geldbetrag dafür zu bezahlen oder nicht. In jede Preisbildung geht selbstredend die bisherige Erfahrung des Verkäufers mit seinen Kunden ein. Je höher der Preis eines Gutes angesetzt wird, desto weniger wird davon abgesetzt werden. Auf diese Weise ergibt sich eine *Marktnachfragekurve*, die die Gesamtnachfrage der Interessenten an einem bestimmten Produkt entlang der Preisskala anzeigt. Graphisch läßt sich die Nachfragekurve in ein Koordinatensystem eintragen, bei dem der Preis (P) auf der Senkrechten (der Abszisse) und die abgesetzte beziehungsweise nachgefragte Menge des Produktes (Q, für Quantum) auf der Waagerechten (der Ordinate) eingetragen werden kann.

Egal, wie die Skalenwerte für P und Q aussehen, es wird die Nachfragekurve sich immer von links oben nach rechts unten bewegen (vgl. Gr. 1; Q als Schokoriegel): je teurer eine Ware ist, desto weniger Kunden werden sie erwerben wollen, während eine Preissenkung (beim Winterschlußverkauf zum Beispiel) auch noch Kunden kaufwillig macht, die das Produkt eigentlich nicht benötigen, aber als Opportunisten doch noch ein Schnäppchen machen möchten.

Freilich gibt es eine Reihe kultureller Faktoren, welche die Nach-

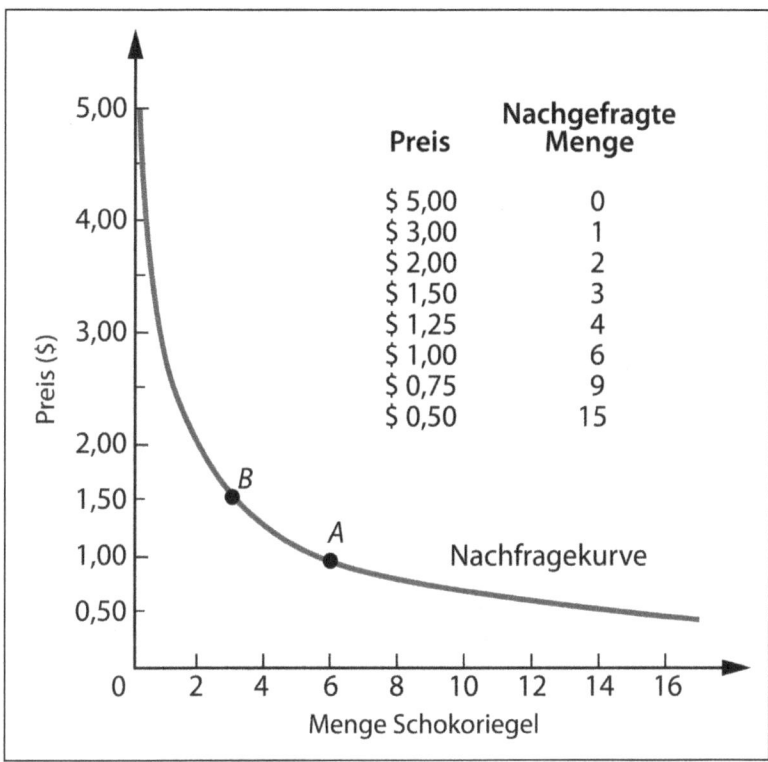

Preis	Nachgefragte Menge
$ 5,00	0
$ 3,00	1
$ 2,00	2
$ 1,50	3
$ 1,25	4
$ 1,00	6
$ 0,75	9
$ 0,50	15

Graphik 1: Individuelle Nachfragekurve

fragekurve zu den gegebenen Preisen *nach rechts* verschieben (vgl. Gr. 2). Was »man« gerade trägt, welch ein Auto man fährt, welch ein Fernsehgerät als besonders günstig beworben wird, kann das Kaufverhalten verändern, – die Nachfragekurve verschiebt sich dann *nach rechts*: Zu einem gleichen Preis wird in solchem Falle eine größere Warenmenge nachgefragt. Derartige »modische« Veränderungen können sich durch Werbestrategien, aber auch zum Beispiel durch Bevölkerungsverschiebungen (etwa durch den demographischen Faktor: das Durchschnittsalter nimmt zu) oder durch Migration ergeben.

Nach links wird die Nachfragekurve verschoben, wenn etwa das Durchschnittseinkommen der Bevölkerung fällt; es werden weniger Autos gekauft, wenn der Benzinpreis sehr hoch liegt und der Nahverkehr einen leicht erreichbaren Ersatz (ein *Substitut*) bietet; Häuser werden weniger erworben werden, wenn die Kreditzinsen steigen usw. Kurz: das Gefüge von Preis und Nachfrage hängt von einer

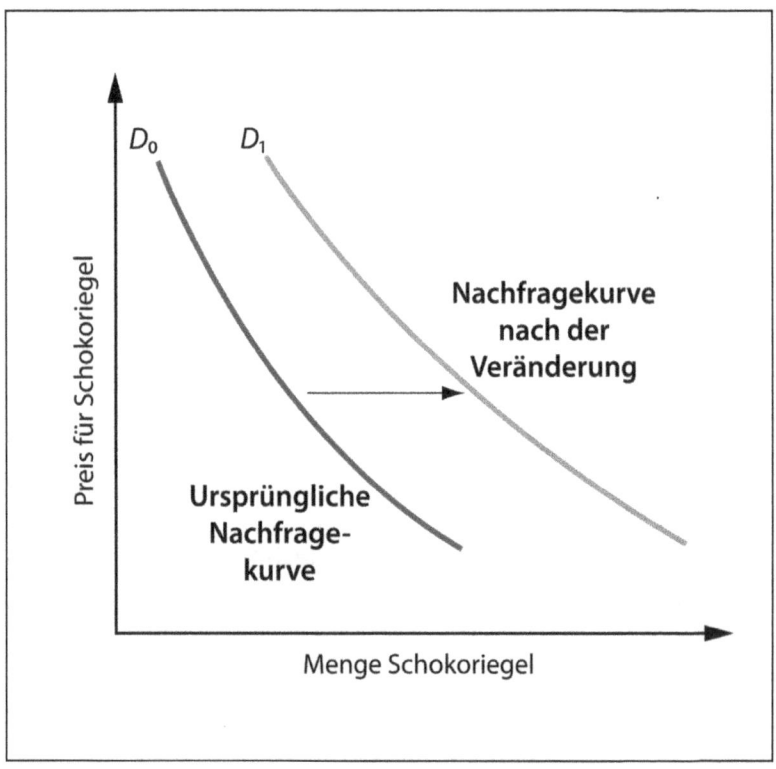

Graphik 2: Verschiebung der Nachfragekurve (D = engl.: demand)

Reihe von Umständen ab, die nicht marktimmanent sind, aber den Markt beeinflussen[2].

Der Nachfragekurve gegenüber steht die *Angebotskurve* (Gr. 3). In ihr drückt sich die Waren- oder Dienstleistungsmenge aus, die ein Unternehmen oder Haushalt zu einem bestimmten Preis verkaufen möchte. Es gibt Angebotspreise, die so niedrig liegen, daß sie keinen Profit mehr abwerfen, sondern Verluste einfahren, – die Ware wird dann verramscht werden und gelangt nicht mehr auf den Markt. Bei steigenden Preisen hingegen lohnt es sich, mehr zu produzieren, und es werden auch immer mehr Unternehmen auf die Idee kommen, mit einem besonders gewinnträchtigen Produkt ebenfalls Geschäfte zu machen. Deshalb verläuft die Marktangebotskurve in aller Regel von links unten nach rechts oben ansteigend.

2 | Vgl. JOSEPH E. STIGLITZ – CARL E. WALSH: Mikroökonomie, 123–132.

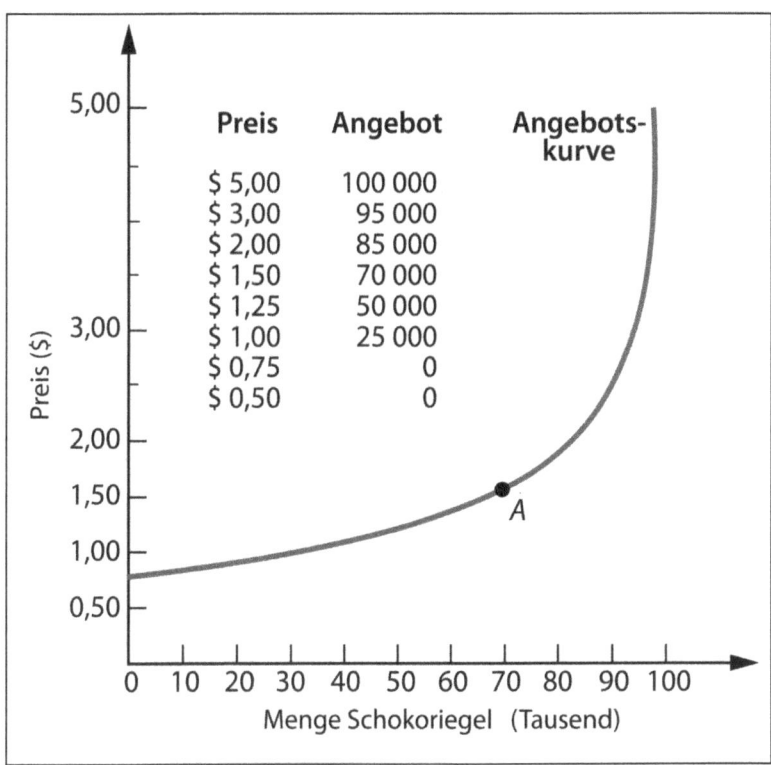

Preis	Angebot
$ 5,00	100 000
$ 3,00	95 000
$ 2,00	85 000
$ 1,50	70 000
$ 1,25	50 000
$ 1,00	25 000
$ 0,75	0
$ 0,50	0

Graphik 3: Die Angebotskurve eines Unternehmens

Von einem bestimmten Preis an werden indessen keine weiteren Mengen an Ware mehr angeboten, weil sich keine Käufer mehr finden. – Auch *die Angebotskurve* kann verschoben werden: *nach rechts*, wenn zum Beispiel die Preise bei der Produktion sinken oder technische Innovationen die Herstellung verbilligen, – es können dann mehr Güter zu demselben Preis hergestellt werden (Gr. 4); *nach links* wird die Angebotskurve sich im umgekehrten Fall verschieben, wenn etwa die Energiepreise steigen oder die Zinsen für die eingegangenen Kredite sich erhöhen. Es kann aber auch *der Preis* einer Ware steigen, und dann wird von dem Produkt mehr hergestellt werden; in diesem Falle verschiebt sich nicht die Angebotskurve, es kommt lediglich zu einer Bewegung entlang dieser Kurve (Gr. 5).

Was ist nun der Preis, der auf dem Markt vom Käufer bezahlt und vom Verkäufer erzielt wird? Das ist die entscheidende Frage, und die

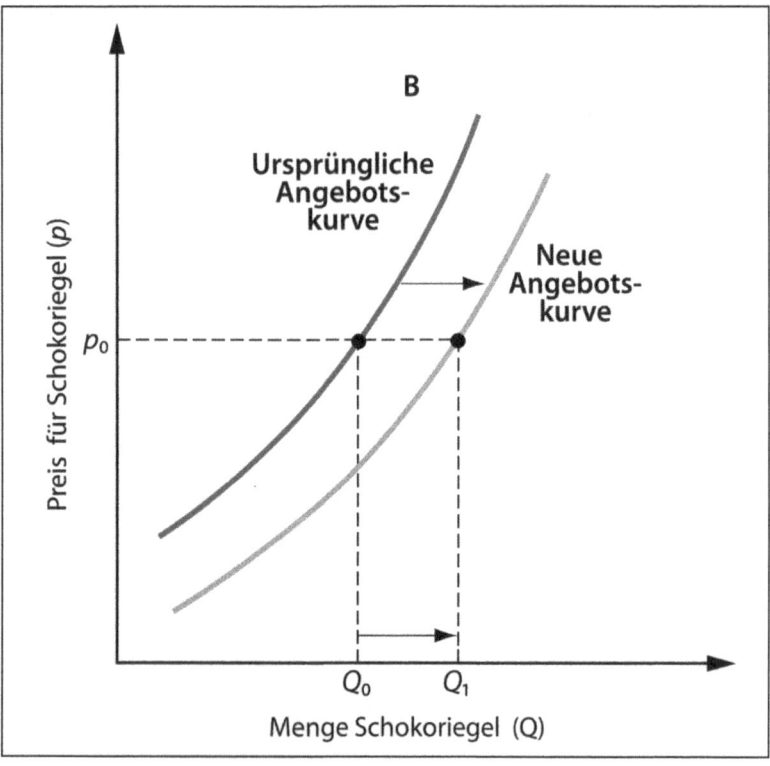

Graphik 4: Verschiebung der Angebotskurve

Antwort ist nicht schwer: Er liegt genau auf dem Schnittpunkt der Angebots- und der Nachfragekurve (in E = Equilibrium). (Vgl. Gr. 6)

E_0 ist der Punkt, an dem der *Gleichgewichtspreis* und die *Gleichgewichtsmenge* übereinstimmen. Steigt der Preis über E_0, wird der Verkäufer auf einem Teil der angebotenen Menge sitzen bleiben, die angebotene Menge übersteigt in diesem Falle die nachgefragte Menge, – es kommt zu einem *Angebotsüberschuß*. Umgekehrt: sinkt der Preis unter E_0, wird die nachgefragte Menge die angebotene Menge übersteigen, – es kommt zu einem *Nachfrageüberschuß*.

Entscheidend in der Mikroökonomie ist die Überzeugung, daß in einem Wettbewerbsmarkt (einem »freien« Markt) die Preise von allein zu Gleichgewichtspreisen tendieren. Es ist das »Gesetz« von Angebot und Nachfrage, das von ganz allein die Preisbildung bestimmt. Dieses Gesetz von Angebot und Nachfrage hat Geltung in allen Wettbewerbsmärkten, nicht nur auf dem Waren- und Dienstlei-

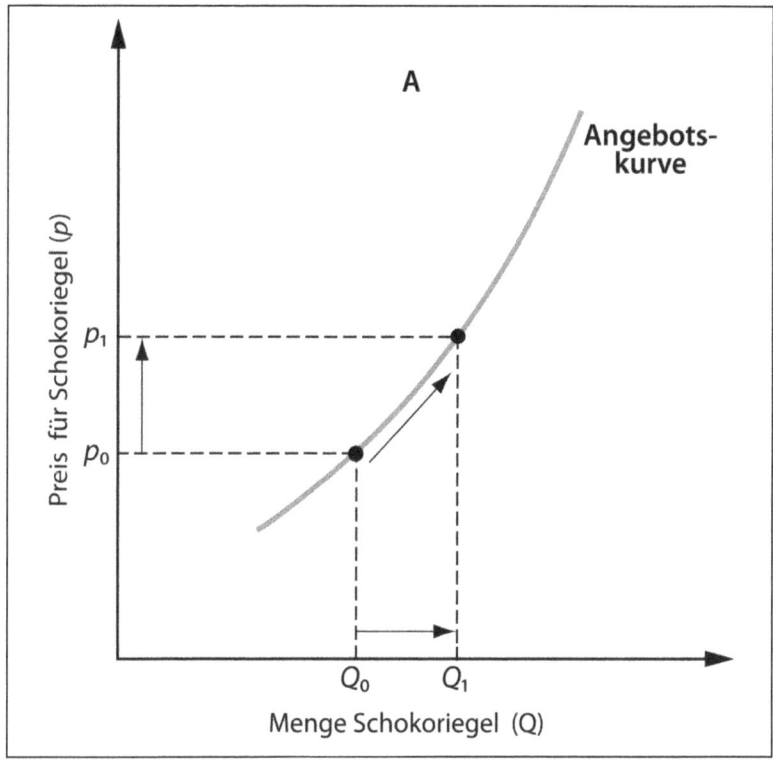

Graphik 5: Bewegungen entlang der Angebotskurve

stungsmarkt, sondern – vorgreifend gesagt – ebenso auf dem Arbeits-
und auf dem Kapitalmarkt.

Gegeben ist mit dieser Definition des Preises allerdings nur der
Tauschwert von etwas, nicht sein *Gebrauchswert*. Von daher kommt
es zu einem phantastisch anmutenden Paradox, auf das bereits ADAM
SMITH aufmerksam gemacht hat: »Man sollte ... bedenken«, schrieb
er, »daß das Wort *Wert* zwei von einander abweichende Bedeutungen
hat. Es drückt manchmal die Nützlichkeit einer Sache aus, manchmal die Fähigkeit, mit Hilfe eines solchen Gegenstandes andere
Güter im Tausch zu erwerben, eine Fähigkeit, die der Besitz verleiht.
Den einen kann man ›Gebrauchswert‹, den anderen ›Tauschwert‹
nennen. Dinge mit dem größten Gebrauchswert haben vielfach nur
einen geringen oder keinen Tauschwert, umgekehrt haben solche mit
dem größten Tauschwert häufig weniger oder keinerlei Gebrauchswert. Nichts ist nützlicher als Wasser, und doch läßt sich damit kaum

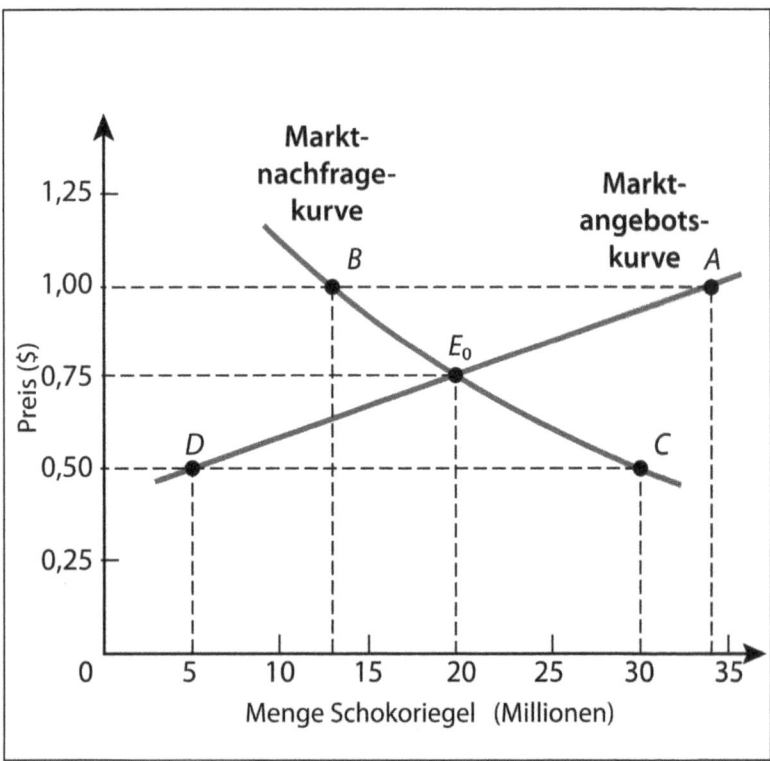

Graphik 6: Angebot- und Nachfragegleichgewicht

etwas kaufen oder eintauschen. Dagegen besitzt ein Diamant kaum einen Gebrauchswert, doch kann man oft im Tausch dafür eine Menge anderer Güter bekommen.«[3]

Dieses »Paradox«, daß etwas überaus Kostbares in seinem Gebrauchswert (Wasser) auf dem Markt einen geringen Tauschwert besitzt, während ein Gegenstand von geringem Gebrauchswert auf dem Markt (als Luxusgut!) einen extrem hohen Tauschwert annimmt (ein Diamant), erklärt sich nach dem Gesagten durch eben jenes »Gesetz« von Angebot und Nachfrage (Gr. 7): Wasser ist so gut wie überall vorhanden, wo Menschen wohnen; und sie sind bereit, für das lebensnotwendige Wasser sogar hohe Preise zu bezahlen (Punkt A); steht aber genügend Wasser zur Verfügung, werden sie für zusätzliches Wasser keine höheren Preise mehr entrichten; die Nachfrage-

3 | ADAM SMITH: Der Wohlstand der Nationen, 1. Buch, 4. Kap., S. 27.

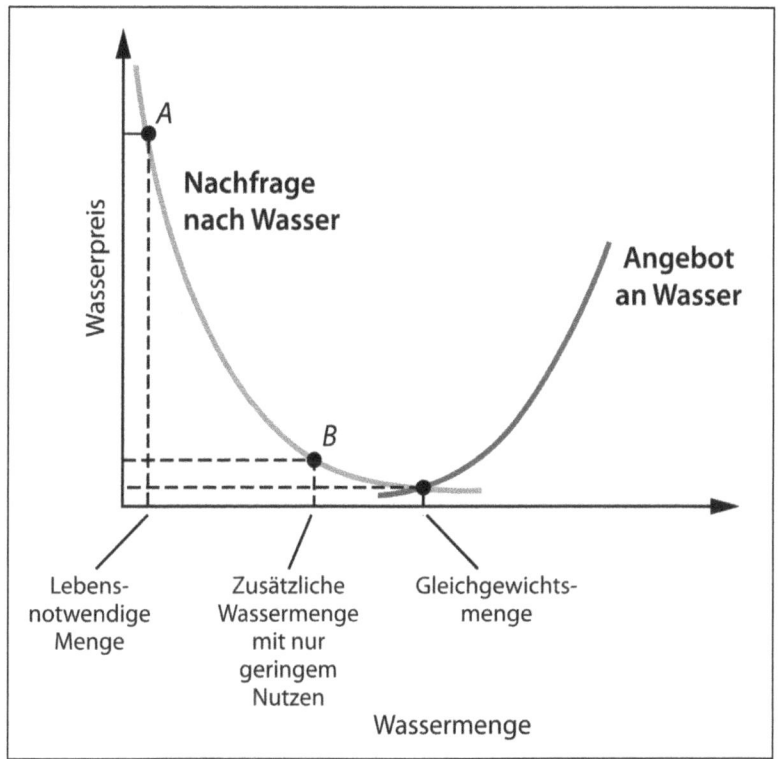

Graphik 7: Angebot und Nachfrage nach Wasser

kurve fällt auf Punkt B. Normalerweise wird reichlich Wasser zu vernünftigen Preisen angeboten; die Angebotskurve für Wasser schneidet die Nachfragekurve, und an diesem Schnittpunkt (rechts von B) liegt der tatsächliche Wasserpreis, der in der Regel extrem niedrig ist. (Wir werden freilich gleich noch – S. 111 – sehen, wie sich gerade mit Wasserpreisen Geschäfte machen lassen.)

Im Fall der Diamanten erklärt sich umgekehrt der außerordentlich hohe Preis aus der Seltenheit der Edelsteine (geringes Angebot) bei gleichzeitig starker Nachfrage.

Genauer gesagt bezeichnet der Preis den *Grenzwert* eines Gutes[4], das heißt, der Preis gibt den Wert an, den eine zusätzliche Einheit des

4 | Weitergeführt wurde der Gedanke des Grenzwertes von CARL MENGER (1840–1921): Grundsätze der Volkswirtschaftslehre, 1867, wonach der Wert einer Sache nicht die objektive Qualität einer Ware wiedergibt, sondern von dem Nutzen abhängt, den es für den Verbraucher stiftet.

Gutes einbringt; er bezeichnet die Stelle, von der an eine Ware keinen Käufer mehr findet, der bereit wäre, noch mehr für sie zu bezahlen; so auf seiten des Kunden. Auf seiten des Anbieters (des Verkäufers) kommen an dieser Stelle die *Grenzkosten* bei Herstellung und Vertrieb ins Spiel: sie bestimmen den Preis, zu dem der Unternehmer noch bereit ist, das Produkt anzubieten. Im Wettbewerb entspricht der *Gleichgewichtspreis* für gewöhnlich den Grenzkosten der Produktion. In jedem Falle aber bleibt deutlich zwischen dem *Preis* und dem *Wert* einer Ware zu unterscheiden.

Aus dieser einfachen Feststellung indessen folgt hier bereits etwas ganz Entscheidendes: Die Gesetze des Marktes sind nicht und dürfen niemals werden die Gesetze des Lebens! Genau das aber geschieht durch die Ökonomisierung der Gesellschaft, und der Grund dafür liegt in der Wachstumsdynamik, die, wie wir jetzt sehen werden, in dem Wettbewerbsprinzip des freien Marktes selber angelegt ist.

Um das zu verdeutlichen, gehen wir einfacherweise von der Situation eines konkurrierenden Unternehmers aus. Im Unterschied zu einem Monopolisten, der in seiner Branche selbst den Preis diktieren kann[5], findet ein konkurrierender Unternehmer den Preis auf dem Markt vor, – das »Gesetz« von Angebot und Nachfrage, das den Preis bestimmt, gilt für Volkswirtschaftler als so unumstößlich wie

---

5 | Vgl. JOSEPH E. STIGLITZ – CARL E. WALSH: Mikroökonomie, 306: »Um die Gewinne zu maximieren, wird das monopolistische Unternehmen die Grenzerlöse den Grenzkosten gleichsetzen.« »Ein Monopolist erfreut sich eines zusätzlichen Ertrags, weil er in der Lage ist, seinen Output zu reduzieren und seinen Preis von dem Niveau aus zu erhöhen, das bei Wettbewerb geherrscht hätte. Diese Gewinne werden *reine Gewinne* genannt. Weil diese Zahlungen keinen größeren Produktionsaufwand vonseiten des Monopolisten erfordern – tatsächlich resultieren sie aus der Reduzierung des Outputs, den er unter Konkurrenz gehabt hätte – werden sie auch Monopolrenten genannt.« – In einem *oligopolistischen* Markt besteht die Tendenz zu Absprachen und *Kartellbildungen*, die mit der *Spieltheorie* (nach JOHN NASH, 1928–2015) modelliert werden kann; vgl. a. a. O., 319–322. Ein geeignetes Spiel zur Verdeutlichung ist das *Gefangenendilemma*: Zwei Personen werden eines gemeinsamen Verbrechens beschuldigt; wenn A gesteht und B schweigt, erhält B fünf Jahre Gefängnis und A kommt nach 3 Monaten frei; gestehen A und B, erhalten beide drei Jahre; schweigen A und B, ergibt sich für jeden ein Jahr Gefängnis; schweigt A und gesteht B, wird B in drei Monaten frei kommen, während A fünf Jahre ins Gefängnis kommt. Objektiv wäre es damit für beide Gefangenen am besten, zu schweigen, doch der persönliche Vorteil drängt zum Geständnis: von A her gesehen ist ein Geständnis etwas besser, wenn B auch gesteht, und es ist sehr viel besser, wenn B schweigt. Ähnlich ist es für Oligopolisten objektiv am besten, zu kooperieren (also ihren Output zu beschränken und die Preise hochzuhalten), aber ihr individueller Anreiz liegt darin, nicht zu kooperieren (und den Output nicht zu beschränken).

das Gesetz der Gravitation in EINSTEINS Allgemeiner Relativitätstheorie, die beschreibt, wie das gleichbleibende Gesetz der Schwerkraft die Struktur von Raum und Zeit in Anwesenheit von Massen- und Energiekonzentrationen verändert[6]. Die Veränderungen, die das »Gesetz« der *Preisbestimmung* durch das Wechselspiel von Angebot und Nachfrage für den Unternehmer ermöglicht und erfordert, liegen im Bereich der *Kosten*. Ein Unternehmer will im Wettbewerb seine Gewinne maximieren; der Gewinn (R = Rendite) aber ist das, was ihm von den Einnahmen bleibt, wenn er die vorgeschossenen Kosten *abrechnet*; die Einnahmen selber sind einfacherweise identisch mit dem Preis, multipliziert mit der verkauften Menge der Ware:

$$\text{Einnahme} = P \times Q.$$

Davon abzuziehen also sind die Kosten, will man den Gewinn R ermitteln.

Es gibt ersichtlich nur einen Weg, bei vorgegebenem Preis und auf einem bestimmten Niveau der Produktionsmenge (einem bestimmten Outputlevel) den Gewinn zu maximieren: es müssen die *Produktionskosten* minimiert werden. Die Beziehung zwischen der eingesetzten Inputmenge (Arbeit z. B.) und dem Outputniveau läßt sich als Produktionsfunktion darstellen. Es zeigt sich für gewöhnlich, daß mit steigendem Input (bei mehr an Arbeit z. B.) der Output (die Menge der produzierten Waren) steigt, doch nicht gradlinig, sondern abnehmend: mit jeder weiteren Steigerung des Arbeitseinsatzes wird die Steigerung des Outputs geringer; die Kurve, die die Steigung des Grenzproduktes darstellt, flacht bei steigender Arbeit also ab. Das ist stets dann der Fall, wenn die anderen Inputs gleichbleiben: das Ackerland z. B., auf dem ein Bauer Weizen anbaut, kann bis zu einem gewissen Grad bei höherem Arbeitseinsatz einen höheren Ertrag abwerfen, doch irgendwann macht es keinen Sinn mehr, noch weitere Arbeitskräfte zu beschäftigen, – es bringt keine weitere Ertragssteigerung mehr; oder: in einer Autofirma laufen mehr Autos vom Band, wenn die Arbeiter rund um die Uhr beschäftigt werden, doch mehr als bei voller Auslastung der Bänder ist zu produzieren nicht möglich. Die Produktionsfunktion mit abnehmenden Grenzerträgen zeigt daher den Verlauf von Gr. 8 (am Beispiel von y-Scheffel Weizen).

Seltener ist dem gegenüber der Fall, daß bei höherem Arbeitsein-

---

6 | Zur Allgemeinen Relativitätstheorie vgl. RÜDIGER VAAS: Sackgassen, Irrtümer und der Durchbruch, in: bild der wissenschaft 9/2015, 44–52.

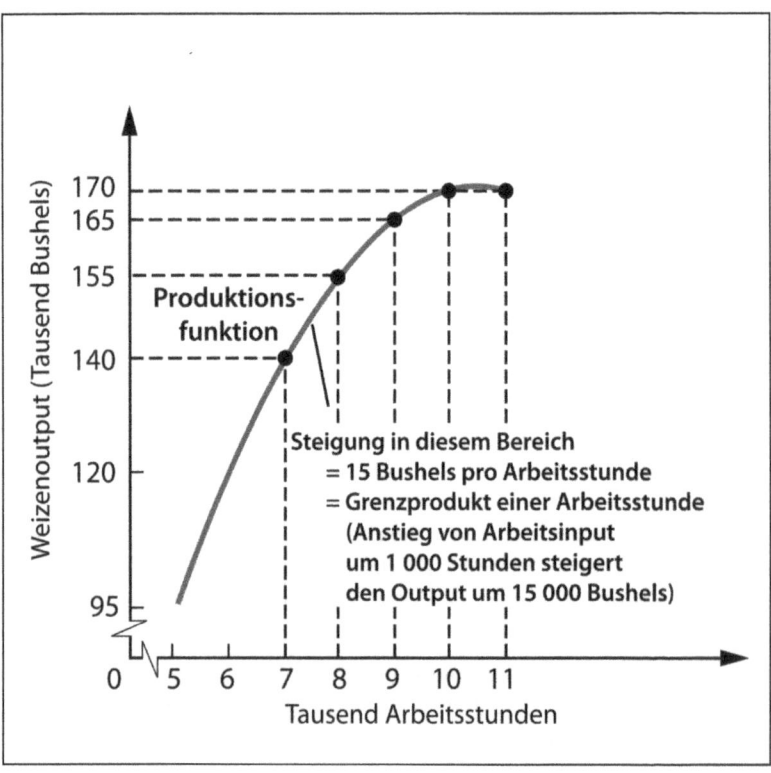

Die Beschriftung im Diagramm:

Weizenoutput (Tausend Bushels)

170
165
155

Produktions-funktion

140

Steigung in diesem Bereich
= 15 Bushels pro Arbeitsstunde
= Grenzprodukt einer Arbeitsstunde
(Anstieg von Arbeitsinput
um 1 000 Stunden steigert
den Output um 15 000 Bushels)

120

95

0 5 6 7 8 9 10 11

Tausend Arbeitsstunden

Graphik 8: Produktionsfunktion mit abnehmenden Grenzerträgen

satz (bei Inputsteigerung) der Output (der Ertrag) überproportional ansteigt, wie es sich in der Produktionsfunktion von Gr. 9 darstellt.

Daß so etwas vorkommt, ist nicht schwer verständlich, wenn nur ein einziger Input die Produktionsmenge bestimmt, – man denke etwa an die Dienstleistungsbranche: eine private Paketversandfirma, ein Pizza-Taxi, eine Reinigungsfirma kann die Erträge (den Output) mit immer mehr Arbeitsstunden (Input) immer mehr steigern, vorausgesetzt freilich, es finden sich genügend Kunden für die erweiterten Produktionsangebote. Allerdings: auch hier wachsen die Bäume nicht in den Himmel. Es ist z.B. möglich, einen Ernteertrag durch eine Verdoppelung des Einsatzes von Kunstdünger (nahezu) zu verdoppeln; doch nach einer Phase konstanter Ertragssteigerungen nimmt die Ernte auf der gleichen Bodenfläche nicht weiter zu; die Produktionsfunktionskurve flacht ab.

Zusammenhänge wie diese sind für jeden Unternehmer elementar,

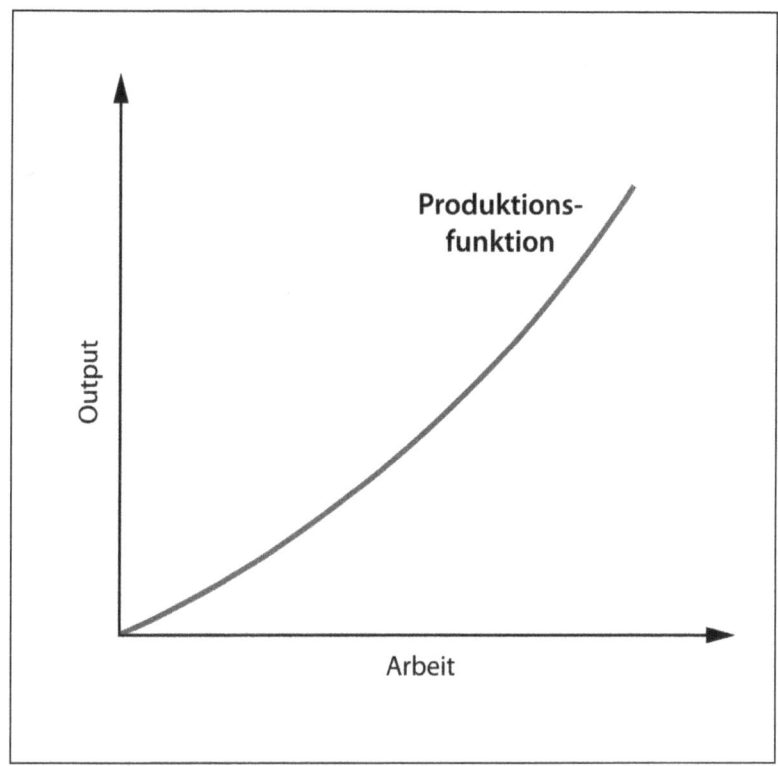

Graphik 9: Produktionsfunktion mit steigenden Grenzerträgen

weil die Produktionskosten wesentlich von den notwendigen Inputs bestimmt werden; die Kosten aber entscheiden über den möglichen Gewinn des Unternehmers, und davon hängt ab, wieviel überhaupt produziert wird. Die zentrale Frage lautet daher immer wieder: wie lassen sich die Kosten senken?

Manche Kosten ändern sich nicht (die *Fixkosten*), andere hingegen sind variabel[7]. Mit *Fixkosten* sind die Kosten gemeint, die konstant bleiben, auch wenn die Produktionsmenge sich erhöht oder gesenkt

7 | KARL MARX: Das Kapital, Bd. 1, 13. Kap.: Maschinerie und große Industrie, MEW 23, S. 408, sah in der Wertabgabe der Maschinerie an das Produkt wie beim gesamten konstanten Kapital keinen eigenen Wertzuwachs: »Sie (sc. die Maschine, d.V.) setzt (sc. dem Produkt, d.V.) nie mehr Wert zu, als sie im Durchschnitt durch ihre Abnutzung verliert.« Kap. 21: Einfache Reproduktion, S. 593, definierte MARX das variable Kapital als »nur eine besondere historische Erscheinungsform des Fonds von Lebensmitteln oder des Arbeitsfonds, den der Arbeiter zu seiner Selbsterhaltung und Reproduktion bedarf, und den er in allen Systemen

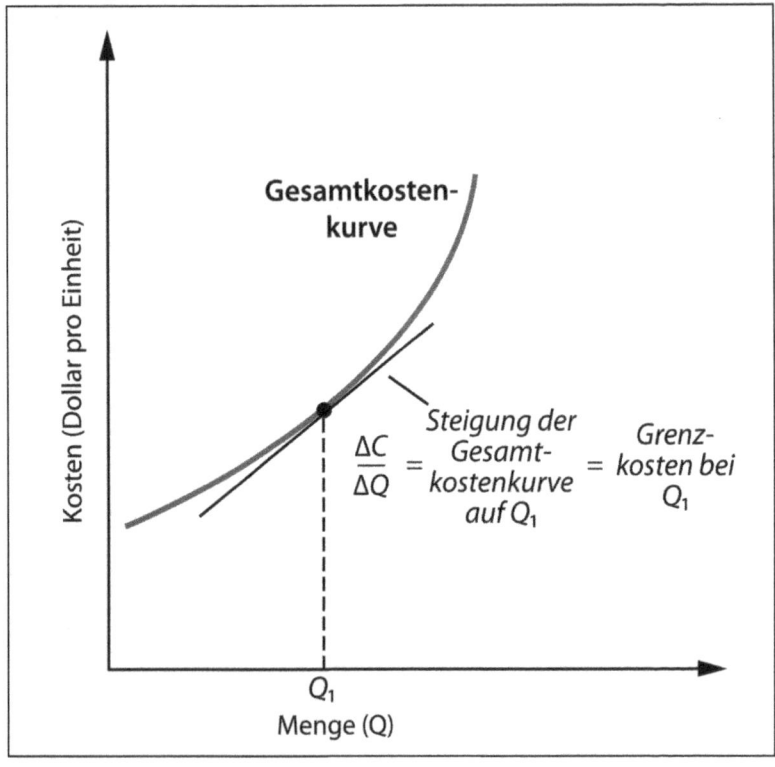

**Gesamtkosten-
kurve**

Kosten (Dollar pro Einheit)

$\dfrac{\Delta C}{\Delta Q}$ = *Steigung der Gesamtkostenkurve
auf Q_1* = Grenz-
kosten bei
Q_1

Q_1
Menge (Q)

Graphik 10: Gesamtkostenkurve

wird; die Fixkosten hängen nicht vom Output ab. Zum Beispiel braucht ein Unternehmer einen Verwalter, einen Rechtsberater, einen Steuerberater, und die muß er bezahlen, egal, wie viel er produziert. Die *variablen Kosten* ergeben sich aus den Inputs selbst: die Materialkosten ebenso wie die Lohnkosten steigen mit der Menge der Arbeit; hier gilt: soll der Output steigen, so steigen auch die variablen Kosten. Aus beidem aber: aus den Fixkosten plus den variablen Kosten, entstehen die *Gesamtkosten*. Die Gesamtkosten, die bei einer Erhöhung des Outputs um eine Einheit entstehen, sind die *Grenzkosten*. Man kann auch sagen: die Grenzkosten sind die Steigung der Gesamtkostenkurve in jedem gegebenen Punkt $\Delta C/\Delta Q$, zum Beispiel bei Q_1. (Vgl. Gr. 10)

der gesellschaftlichen Produktion stets selbst produzieren und reproduzieren muß.«

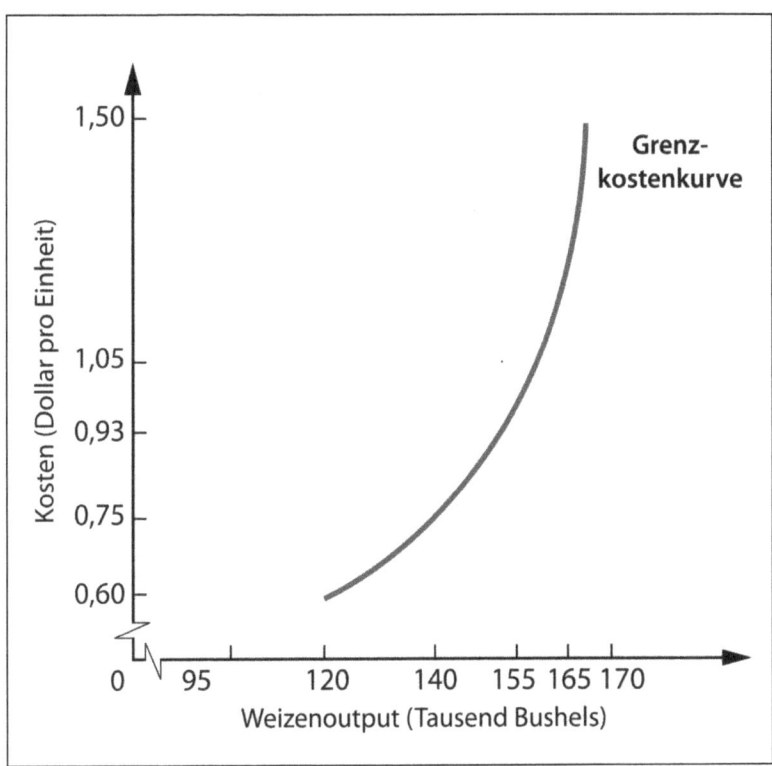

Graphik 11: Grenzkostenkurve

So wie die Gesamtkostenkurve ansteigend ist, steigt auch die
Grenzkostenkurve an, und sie beschreibt dabei abnehmende Grenz-
erträge. (Vgl. Gr. 11)

Dividiert man die Gesamtkosten (TC) durch den Output (Q), so
erhält man die *Durchschnittskosten* (= TC/Q). Die Durchschnittskostenkurve verläuft typischerweise U-förmig: die Durchschnittskosten
fallen zunächst mit dem steigenden Output, da sich die fixen Kosten
über einen längeren Zeitraum verteilen; dann aber, wenn die Erträge
durch die variablen Inputs abnehmen, beginnen die Durchschnittskosten anzusteigen. Die Grenzkostenkurve schneidet die U-förmige
Durchschnittskostenkurve auf ihrem Minimum. (Vgl. Gr. 12)

Auch die durchschnittlichen variablen Kosten lassen sich bestimmen als die gesamten variablen Kosten (vTC), dividiert durch den
Output (Q). – Obwohl die Durchschnittskostenkurve U-förmig verläuft, kann der Output auf dem Minimum der Kurve höher liegen als

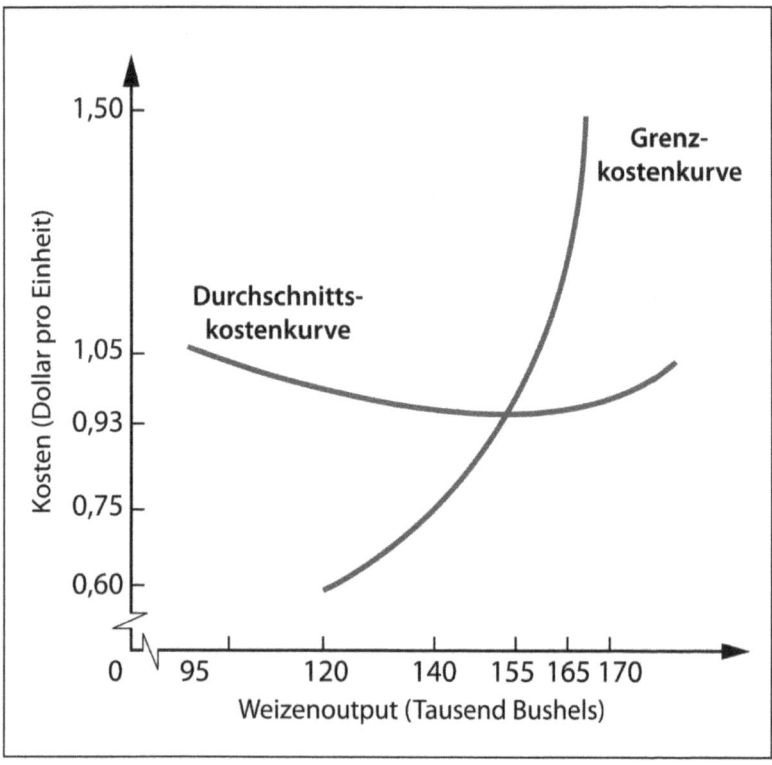

Graphik 12: Grenzkosten und Durchschnittskostenkurve

die Nachfrage; der Unternehmer wird dann unterhalb des Output-niveaus produzieren, an dem die Durchschnittskosten am niedrigsten sind, also links von dem Kreuzungspunkt der Grenzkostenkurve mit der Durchschnittskostenkurve. Von diesem Punkt an, wo die Grenz-kostenkurve über die Durchschnittskostenkurve ansteigt, können die Durchschnittskosten selbst nur wachsen; darüber hinaus also lohnt ohnedies keine weitere Produktionssteigerung. Entscheidend ist dabei, daß sich die Gesamt-, Durchschnitts- und Grenzkostenkurve nach oben verschiebt, wenn der Preis eines variablen Produktionsfak-tors wie Arbeit oder Material ansteigt; demgegenüber verschiebt sich bei der Preiserhöhung eines fixen Produktionsfaktors nur die Ge-samt- und Durchschnittskostenkurve nach oben; da die Fixkosten sich nicht mit dem Output verändern, hat eine Veränderung der Fix-kosten keinen Einfluß auf die Grenzkostenkurve.

Natürlich spielt bei all dem *der Faktor Zeit* eine bedeutende Rolle.

Obwohl bestimmte Kosten für einen gewissen Zeitraum fix sein können, variieren sie unter Umständen doch je nach der Produktionsmenge. Kurzfristig zeigen Durchschnittskostenkurven für ein festgelegtes Produktionsniveau, wie gesagt, einen U-förmigen Verlauf; gleichwohl können langfristige Durchschnittskostenkurven recht verschieden ausfallen. Bei zunehmender Produktion kann es zum Beispiel lohnend sein, eine oder mehrere neue Fabriken zu bauen; umgekehrt gesagt: es wird teurer, in nur einer Fabrik zu produzieren. Jeder Unternehmer ist bestrebt, die Gesamtkosten der Produktion auf jedem Outputniveau so niedrig wie möglich zu halten; dementsprechend wird er bei einer günstigen Absatzlage die mögliche Anzahl seiner Fabrikneubauten kalkulieren. Aber es gibt vielleicht auch andere Möglichkeiten der Kostensenkung: eventuell erlaubt die bestehende Fabrikhalle die Installation eines neuen Fließbandes oder es empfiehlt sich, eine ganz neue Maschine anzuschaffen. In jedem Falle werden die langfristigen Kosten beständig fallen, wenn der Output steigt, – im Wettbewerb machen sich daher *Größenvorteile* bemerkbar: je größer die Umsätze einer Firma, desto kostengünstiger kann sie produzieren. Doch gilt das natürlich nur bei konstanten oder ansteigenden Erträgen; bei fallenden Erträgen – wenn die Verdoppelung aller Inputs zu weniger als dem doppelten Output führt – steigt die langfristige Gesamtdurchschnittskostenkurve an; in diesem Falle gerät die Größe eines Unternehmens zum Nachteil.

Problemlos ist im übrigen weder die Vergrößerung noch die Verkleinerung einer Firma: Bei einer *Erweiterung* können verwaltungstechnische und juristische Schwierigkeiten entstehen, die Finanzierung der Erweiterungsinvestitionen muß gesichert sein, die nötigen Entscheidungs- und Planungsprozesse brauchen Zeit (und realisieren sich selten wie vorgesehen); umgekehrt ist die *Verkleinerung* eines Unternehmens mit dem Verkauf der Anlagen und den betriebsbedingten Kündigungen von Angestellten und Arbeitern verbunden. Doch was auch immer ein Unternehmer tut, – wenn er »rational« kalkuliert, ist die Kostenminimierung (und damit die Gewinnmaximierung) Grund und Ziel all seiner Überlegungen und Maßnahmen.

Was das bedeutet, ist leicht vorhersehbar und in seiner Bedeutung schwer zu überschätzen. *Längerfristig* nämlich wird es sich für einen Fabrikanten allemal rentieren, menschliche Arbeit durch Mechanisierung und Automatisierung des Produktionsprozesses zu ersetzen. Vor allem wenn der Kostenfaktor Arbeit – durch höhere Lohnkosten oder durch eine höhere Zahl von Arbeitern – steigt, wird er die menschliche Arbeit durch Maschinenarbeit zu *substituieren* suchen. Er tut das wiederum nicht, weil er ein gieriger und menschenverachtender Patron wäre, er *muß* so tun, weil er Unternehmer in einem Wettbewerbsmarkt, weil er *Kapitalist* ist.

Sehen wir noch genauer hin: Zu dem Kostenfaktor Arbeit, das heißt zu den Löhnen, kommen wir gleich im nächsten Abschnitt (S. 165–262); doch schon an dieser Stelle bleibt festzuhalten, daß jede Preissteigerung eines Inputfaktors die Kostenkurve nach oben verschiebt und deshalb Anlaß gibt, nach einem Ersatz (einem *Substitut*) zu suchen. – 1973 zum Beispiel setzten die Araber den Ölpreis als Waffe ein, – sie erhöhten ihn um das Vierfache (1979 wurde der Ölpreis noch einmal verdoppelt)[8]; viele Unternehmen stellten daher auf Erdgas oder auf Kohle als Energieträger um, energiesparendere Autos wurden gebaut, indem die Karosserie durch den Einbau von Aluminium und Plastik leichter konstruiert wurden. Derlei Umstellungen gingen natürlich nicht von heut auf morgen vor sich; gleichwohl folgten sie einem einzigen Ziel: die Kosten für den höheren Ölpreis zu minimieren.

Dabei wird allerdings ein Unterschied bemerkbar. *Kurzfristig* sind Unternehmen nicht in der Lage, die Produktion anzupassen, und sie werden deshalb die höheren Produktionskosten an die Preise weitergeben; sie riskieren damit freilich Einschränkungen bei der Nachfrage; eventuell müssen sie die Produktion sogar drosseln. *Langfristig* sieht die Sache anders aus: Es lassen sich andere oder mehr Maschinen zum Einsatz bringen, es lassen sich Arbeiter einstellen oder »freisetzen«, man hat genügend Zeit für die nötigen Umstellungen. Über allem aber, was geschieht, steht jenes »Gesetz«, auf einem Outputniveau zu produzieren, bei dem der Preis gleich den Grenzkosten ist. Dieses Gesetz gilt für jeden Unternehmer; lediglich die Bestimmung dessen, was »kurzfristig« oder was »langfristig« jeweils bedeutet, kann in verschiedenen Branchen recht unterschiedlich ausfallen, – in der Autoindustrie zum Beispiel sind Umstellungen rascher möglich als im Flugzeugbau. Die Elektronikindustrie, die sich selber derzeit äußerst lebhaft entwickelt, erleichtert in vielen Bereichen heute die Anpassung und erlaubt ganz allgemein raschere Reaktionen auf Veränderungen im Marktgeschehen. In Industriezweigen, in denen es möglich ist, bei günstiger Absatzlage *kurzfristig* den Faktor Arbeit auszudehnen (längere Laufzeiten der Maschinen, Nachtschichten,

8 | Vgl. JOSEPH STIGLITZ – CARL WALSH: Mikroökonomie, 98–99.

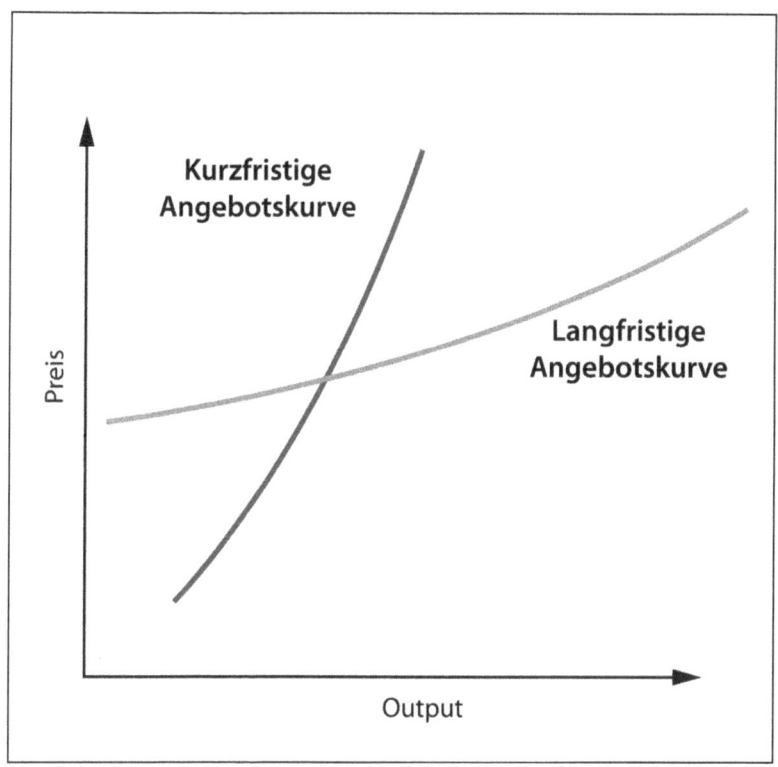

Graphik 13: *Elastizität der kurzfristigen und langfristigen Ange-
botskurven*

neue Einstellungen), wird durch entsprechende Maßnahmen das Angebot rasch erhöht; im Koordinatensystem von Preis und Output verläuft die kurzfristige Angebotskurve in diesem Falle daher relativ
steil. *Langfristig* können in einem Industriezweig mit hoher Nachfrage neue Firmen gegründet oder schon bestehende erweitert werden;
das aber braucht allemal mehr Zeit, so daß die Angebotskurve relativ
flach verläuft; auf lange Sicht sind für die Unternehmen bessere
Preisanpassungen möglich. Die *Preiselastizität* der Angebotskurve ist
daher langfristig größer als kurzfristig. (Vgl. Gr. 13)

In all dem haben wir »*Gewinne*« definiert als »Einnahmen minus
Kosten«. Doch ganz so einfach ist es nicht, – es stimmt nur beim
bloßen Bilanzieren der Gewinnspanne, rein *buchhalterisch* also; die
Buchhaltung aber beschreibt nicht die Wirklichkeit einer Ökonomie
im Wettbewerb. – Nehmen wir an, ein Unternehmer habe tatsächlich

bei der Herstellung und dem Verkauf seiner Waren einen Gewinn von 3 % eingefahren; er konkurriert aber mit einem Unternehmer der gleichen Branche, der sein Geld nicht in die Produktion gesteckt hat, sondern der klug genug war, es auf die Bank zu bringen, um gleich mit Geld Geld zu machen. Nehmen wir ferner an, dieser Schlaumeier von Unternehmer erzielt 5 % Gewinn; unter solchen Umständen wäre es opportun gewesen, das Geld ebenfalls auf ein Bankkonto zu tragen, statt, gemessen an dieser *Opportunität*, 2 % Verlust einzufahren. Diese zwei Prozent Verlust rechnen sich volkswirtschaftlich als *Opportunitätskosten* – als die Gewinne, die möglich gewesen wären, aber einem entgangen sind, weil man nicht die maximale Verwertungschance des Kapitals genutzt hat. Die Opportunitätskosten lassen sich freilich nicht auf früher getätigte Ausgaben verrechnen; man kann mit ihnen nur kalkulieren, was jetzt geschehen könnte. – Nehmen wir zur Verdeutlichung an, ein Unternehmer habe für viel Geld ein Baugelände für eine Fabrik erworben, es stellt sich aber heraus, daß dieser Ankauf ungünstig war, – das Gelände ist viel zu groß. An den ausgegebenen Geldbeträgen ist nichts mehr zu ändern; es fragt sich aber, ob das Bauland wieder verkauft werden soll, um die geplante Fabrik woanders zu errichten, oder aber auf dem Gelände zu bleiben. – Derartige Überlegungen kalkulieren die Opportunitätskosten; sie zeigen gleich zweierlei: Zum einen, wie schwierig und, je nach Informationslage, auch unsicher es ist, die Opportunitätskosten »richtig« einzuschätzen; dann aber auch, wie total alle unternehmerischen Erwägungen in einem Wettbewerbsmarkt auf die Maximierung des Gewinns durch Kosteneinsparung abzielen *müssen*: nicht nur das, was man tut, sollte Gewinn schaffen, sondern darüber hinaus droht stets die Gefahr, daß der erreichte Gewinn geschmälert wird durch das, was man nicht getan hat, – man hat möglicherweise nicht die optimale Entscheidung getroffen.

Noch ein weiterer Begriff wirkt sich auf die Berechnung des Gewinns im volkswirtschaftlichen Sinn aus, – das ist die *ökonomische Rente*. Der Begriff stammt aus der Zeit, da leibeigene Bauern an ihren Grundherrn eine Pacht für die Nutzung des Landes zu zahlen hatten[9]; damit gegeben aber ist ökonomisch eine einfache Tatsache: der bewirtschaftete Boden bleibt, wie er ist, er vergrößert sich nicht, auch wenn eine höhere Pacht eingefordert wird; mit anderen Worten: das Angebot der auf dem gepachteten Boden erzeugten Güter bleibt

9 | A.a.O., 195–196.

unelastisch. Und eben diese Eigenschaft der *Unelastizität* besitzen viele Produktionsfaktoren. – Ein Fabrikant zum Beispiel muß für die Nutzung eines Gebäudes eine Mietgebühr entrichten; diese hängt nicht von den Erträgen seiner Produktion ab, sie ist ein starrer Posten seiner Kostenrechnung, – eine *ökonomische Rente*, eine Zahlung, die zu leisten ist, ohne daß dafür ein Mehr an Leistung erstellt werden kann oder muß. In diesem Sinne läßt sich der Begriff der ökonomischen Rente aber auch erweitern: alle Bezahlungen, die nicht auf Leistung zurückgehen, sondern allein von der Nachfrage bestimmt werden – wie etwa die Gagen von Schauspielern oder Fußballstars –, sind als ökonomische Renten zu interpretieren; sie sind in jedem Falle so hoch, wie die Differenz zu einer Alternativmöglichkeit ausfällt: Was wäre mit dem früher einmal erlernten Beruf (Lehrer, Kfz-Mechaniker) zu verdienen gewesen, bevor die Schauspielerkarriere oder der Aufstieg zum Fußballchampion begann?

Unternehmen erhalten eine ökonomische Rente in dem Maße, wie sie effizienter als andere sind, das heißt, wenn ihre Produktionskosten unter der Durchschnittskostenkurve liegen, die den Marktpreis bestimmt; solche Unternehmen erzielen »Renten« im Sinne von Erträgen für ihre bessere Leistungsfähigkeit.

Von daher ergibt sich *volkswirtschaftlich* die folgende *Definition des Gewinns*: Einnahmen minus Renten minus Kosten (inklusive die Opportunitätskosten).

Insgesamt bleibt also festzuhalten: In einem Wettbewerbsmarkt drückt die Konkurrenz die zu erzielenden Gewinne auf null, indem der Preis der hergestellten Waren tendenziell mit den Grenzkosten der Produktion identisch ist. Selbst bei Ausdehnung der Produktion lassen sich keine höheren Gewinne mehr erzielen; vielmehr wird gerade das Outputniveau gewählt, das dem Ziel der Gewinnmaximierung entspricht, bei dem der Preis gleich den Grenzkosten ist. Ziehen die Preise an, werden alle Unternehmen *mehr* produzieren; bis dahin aber wird nur derjenige mehr produzieren, der billiger zu produzieren vermag als der Durchschnitt der Unternehmer, deren Kosten den Marktpreis bestimmen.

2) Unstimmigkeiten oder: Ein notwendiges Umdenken. Drei Beispiele

Auf diese Weise wird aus dem »Spiel« von Angebot und Nachfrage zur Preisbildung auf dem »freien« Markt die Bedingung der Produktion für jeden Unternehmer als Marktteilnehmer: Er muß die Herstellungskosten seiner Produkte so niedrig halten, daß zu gegebenem Preis ein Gewinn zu erzielen ist. Dieses System, das wir jetzt immerhin in einem zentralen Punkt: der Preisbildung, in etwa zu begreifen beginnen, wird in der herrschenden Volkswirtschaftslehre unisono als »alternativlos« gepriesen ob seiner Durchsetzungsfähigkeit; und das, in der Tat, muß man ihm lassen: Schon an dieser Stelle läßt sich erkennen, *warum* das kapitalistische Wirtschaftssystem derart effizient ist. Das Prinzip der Konkurrenz aller gegen alle erzeugt einen ständigen Wettbewerb, bei dem nur überlebt, wer die meisten Waren zu den niedrigsten Kosten produziert. Kein anderes System, heißt es, schon gar nicht die kommunistische Planwirtschaft, die bis 1989 in einem Drittel der Welt als Alternative zum westlichen Kapitalismus betrachtet wurde, weist auch nur annähernd eine solche Dynamik auf: Immer neue Waren und immer mehr Waren werden zu erschwinglichen Preisen auf den Markt geworfen; kein anderes System deckt die verschiedenartigen Bedürfnisse der Konsumenten deshalb scheinbar so zuverlässig ab, wie die »freie Marktwirtschaft«; kein anderes ist zudem so innovativ und kreativ, – selbst wenn es das jeweils Bestehende zerstört, setzt es doch eine reichere, schönere, »begütertere« Welt in wörtlichem Sinne an die Stelle des alten[10].

All diese Errungenschaften also regelt und bewirkt der freie Markt. Darum kann offenbar nur davon abgeraten werden, das freie Spiel der Kräfte durch staatliche Eingriffe und gesetzliche Maßnahmen zu stören oder außer Kraft zu setzen. Vor allem FRIEDRICH AU-

---

10 | Besonders KARL MARX: Das Kapital, Bd. 1, 13. Kap., 5. Kampf zwischen Arbeiter und Maschine, MEW 23, S. 451–452, verwies auf die enorme Umwälzung der Industrialisierung schon im 18. Jh. und notierte: »Der Kampf zwischen Kapitalist und Lohnarbeiter beginnt mit dem Kapitalverhältnis selbst. Er tobt fort während der ganzen Manufakturperiode. Aber erst seit der Einführung der Maschinerie bekämpft der Arbeiter das Arbeitsmittel selbst, die materielle Existenzweise des Kapitals... Es bedarf Zeit und Erfahrung, bevor der Arbeiter die Maschinerie von ihrer kapitalistischen Anwendung unterscheiden und daher seine Angriffe vom materiellen Produktionsmittel selbst auf dessen gesellschaftliche Exploitationsform übertragen lernt.«

GUST VON HAYEK[11] (1899–1992) und sein »Schüler« MILTON FRIED-
MAN (1912–2006) vertraten diese heute als »Neoliberalismus«
bekannte Auffassung[12] – im Gegensatz zu dem Ansatz von JOHN
MAYNARD KEYNES (1883–1946), der angesichts der Weltwirtschaftskrise der 30er Jahre des vergangenen Jahrhunderts und der mit ihr
verbundenen Massenarbeitslosigkeit staatliche Interventionsmaß-
nahmen zur Belebung der Wirtschaft favorisierte[13]. Doch was ist
wirklich dran an den »Segnungen« des Kapitalismus? An drei Beispielen, die sich aus den Grundbedürfnissen der Menschen ergeben:
an der Erstellung und dem Erhalt von Wohnung, Wasser und Lebensraum, sei dieser Frage nachgegangen.

11 | Vgl. FRIEDRICH AUGUST VON HAYEK: Recht, Gesetzgebung und Freiheit, Bd.
2, 151–154: Eine freie Gesellschaft ist eine pluralistische Gesellschaft ohne eine
gemeinsame Hierarchie bestimmter Ziele: »Der entscheidende Schritt, der eine
derartige friedliche Zusammenarbeit ohne konkrete gemeinsame Zwecke möglich
machte, war die Einführung des Tauschhandels oder Tausches.« Danach soll sich
die Freiheit aus den wechselseitigen Vorteilen des Tauschs ergeben. Den Zustand,
der sich auf diese Weise bildet, bezeichnete HAYEK mit dem Kunstwort *Katallaxie*
(von griech. *kat-allássō*: austauschen, sich versöhnen, für sich die Feindschaft mit
jemandem beilegen) als »Ordnung, die von der gegenseitigen Anpassung vieler in-
dividueller Wirtschaften auf einem Markt zustandegebracht wird.« In Bd. 3,
138–139, warnt HAYEK vor politischem Eingreifen als einer »Schacher«demokratie,
in welcher die »großen liberalen Prinzipien ... zweitrangig« würden zugunsten
»einheitlich, auf alle gleichermaßen anwendbaren Regeln«; damit die Gesellschaft
nicht zum »Spielball von Gruppeninteressen« werde, sei es nötig, »die Macht
demokratischer Regierung zu beschränken«.
12 | Vgl. MILTON FRIEDMAN: Kapitalismus und Freiheit, 47: »Die weit verbreitete
Wirksamkeit des Marktes verringert die Belastung der sozialen Struktur, indem er
Konformität im Hinblick auf alle damit im Zusammenhang stehenden Aktivitäten
überflüssig macht. Je mehr Aktivitäten durch den Markt erfasst werden, umso geringer ist die Zahl der Probleme, die eine eindeutige politische Entscheidung und
Einigung erfordern. Je weniger Streitfragen also eine Zustimmung notwendig machen, umso größer ist die Wahrscheinlichkeit einer Einigung bei Aufrechterhal-
tung einer freien Gesellschaft.« DERS: Es gibt nichts umsonst, 100: »Der wahre
Grund (sc. für den rapiden Anstieg der Staatsausgaben, d.V.) ist, daß die Regierungen jetzt eine Summe ausgeben, die fast die Hälfte unseres Volkseinkommens
ausmacht, ... weil sich in den letzten 40 Jahren (seit den 30er Jahren des *New
Deal*, d.V.) eine Wende vollzogen hat, in der Rolle, die wir Bürger der Regierung
zuschreiben ... Heute machen wir sie verantwortlich für die Behandlung aller sozialen und persönlichen Krankheiten, sie ist heute für uns die Quelle, aus der alle
Segnungen fließen.«
13 | Vgl. JOHN MAYNARD KEYNES: Allgemeine Theorie der Beschäftigung, des
Zinses und des Geldes, 318, wo er Zinssenkungen zur Erreichung der Vollbeschäftigung empfiehlt sowie eine höhere Besteuerung der großen Einkommen und Erb-
schaften.

a) Was kostet die Wohnung?

Es ist in der Tat nicht schwer, die Zwiespältigkeit staatlicher Steuermaßnahmen bei der Preisbildung zu erkennen. Ein großes Problem zum Beispiel ist die Verknappung des Wohnraums in den Großstädten, mithin der für immer mehr Menschen unerschwinglich hohe Mietpreis[14]. Für eine Regierung mit sozialer Verantwortung scheint es daher ratsam, dem Mietwucher der Immobilienbesitzer Zügel an-

---

14 | CHRISTIAN KREISS: Profitwahn, 148, konstatiert: »Der sogenannte ›sonstige Immobilienbesitz‹ in Deutschland befindet sich in Händen von 10,4 % der Bevölkerung. Das sind diejenigen Immobilien, die man nicht selbst bewohnt, sondern die zum Beispiel vermietet oder verpachtet werden. Mit anderen Worten: Sämtliche Miet- und Pachteinnahmen in Deutschland fließen auf die Konten von etwa 10 % aller deutschen Haushalte. 90 % – neun Zehntel aller Mitbürger – bekommen keine Miet- oder Pachteinnahmen, sondern zahlen diese entweder in direkter Form (Mietwohnung) oder indirekter Form (Miete oder Pacht, die z. B. der Bäcker zahlt, wird auf den Brot- oder Semmelpreis umgelegt, verteuert also Brot oder Semmel). – Diese Miet- und Pachtzahlungen, für die die Bezieher nicht zu arbeiten brauchen, sind ... nicht nur ungerecht (sie fließen auf die Konten der wohlhabendsten 10 % aller Haushalte), unsozial (die ›unteren‹ 90 % der Bevölkerung, also fast alle, zahlen an die Wohlhabendsten), sondern auch gefährlich, da sie zu steigender Ungleichverteilung und damit mittelfristig zu einer Wirtschaftskrise führen.« Also könnte man Grund und Boden, inklusive der darauf befindlichen Immobilien, die sich im Eigentum von Privatpersonen befinden und die *nicht selbst bewohnt oder bebaut werden*, mit beispielsweise *3 % auf den Verkehrswert besteuern*. – Ab 1. Juni 2015 haben in der BRD die Bundesländer die Möglichkeit zu einer Mietpreisbremse, je nach Bevölkerungswachstum, Leerstandsquote, Mietentwicklung und Mietbelastung. In Nordrhein-Westfalen machten im Juli 2015 22 Städte von der Mietpreisbremse Gebrauch; danach darf in bestimmten Gebieten die Miete eines neuen Vertrags nicht mehr als 10 % über der ortsüblichen Vergleichsmiete liegen. – Gegenwärtig bleibt festzustellen, daß in 2015 (also ganz unabhängig von dem Flüchtlingsproblem) bereits 335 000 Wohnungslose in der BRD gezählt wurden, – ein Anstieg um 18 % seit 2012. Bis 2018 rechnet die Bundesarbeitsgemeinschaft Wohnungslosenhilfe (BAGW) mit einem Zuwachs um 200 000 Wohnungslose auf dann rund 535 000, – eine Steigerung um 60 %. Aktuell fehlen mindestens 2,7 Mio Kleinwohnungen. Bei der zu erwartenden Einwanderung von 2,2 Mio Menschen bis 2018 sieht die BAGW allein dadurch eine Nachfrage von ca. 500 000 Wohnungen. »Dramatischer Anstieg der Obdachlosigkeit erwartet«, in: Neue Westfälische, 6.10.15. – Das Beispiel *Berlin* zeigt aktuell, wie wenig Mietpreisbremsen bewirken. Am 1. Juni 2015 setzte der Senat fest, Mietverträge dürften ab sofort 10 % der ortsüblichen Miete nicht überschreiten, ausgenommen Neubauten und sanierte Wohnungen. Daraufhin sanken die Angebotsmieten von 8,80 Euro im Mai auf 8,50 im Juni pro Quadratmeter (Kaltmiete); im Oktober aber lagen die Mieten schon wieder bei 8,73 Euro. In Kreuzberg lagen die Mietangebote zwischen Juni und Oktober sogar bei 10,62 Euro – also um 41,2 % über dem Mittelwert des Mietspiegels. ERICH PAUL: Mietpreisbremse wirkt nur begrenzt, in: Berliner Zeitung, Nr. 287, 9. Dez. 2015, S. 14.

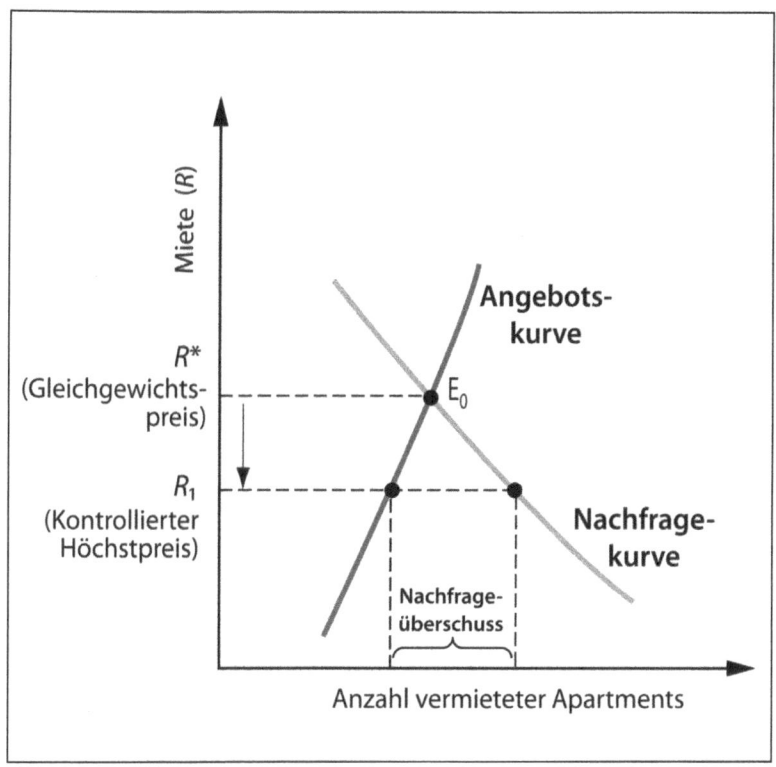

Graphik 14: Eine Mietpreisbindung unter dem Gleichgewichtspreis führt zu Nachfrageüberschuß

zulegen, also eine *Mietpreisbremse* zu beschließen, das heißt, eine Preisobergrenze festzulegen, zu der ein Eigentümer eine Einzimmerwohnung vermieten kann. Damit aber greift der Staat erkennbar in die Markt»ordnung« ein, er tut genau das, wovor die Theoretiker des freien Marktes dringend warnen, – mit welcher Folge? Auch auf dem Wohnungsmarkt pendelt der Mietpreis sich auf dem Schnittpunkt der Angebots- und der Nachfragekurve ein, – so das Gesetz vom Gleichgewichtspreis. Werden nun die Mietpreise künstlich unter diesem Gleichgewichtspreis (E_0) gesenkt, entsteht daraus ein Nachfrageüberschuß, wie ihn die Graphik 14 wiedergibt.

Doch dieser kurzfristige Nachfrageüberschuß geht nicht einher mit einer Vermehrung an vermietbaren Wohneinheiten; im Gegenteil: langfristig erweist sich das Mietangebot als *elastisch*, – die Eigentümer werden zu den niedrigen Preisen ihre Gebäude nicht mehr ver-

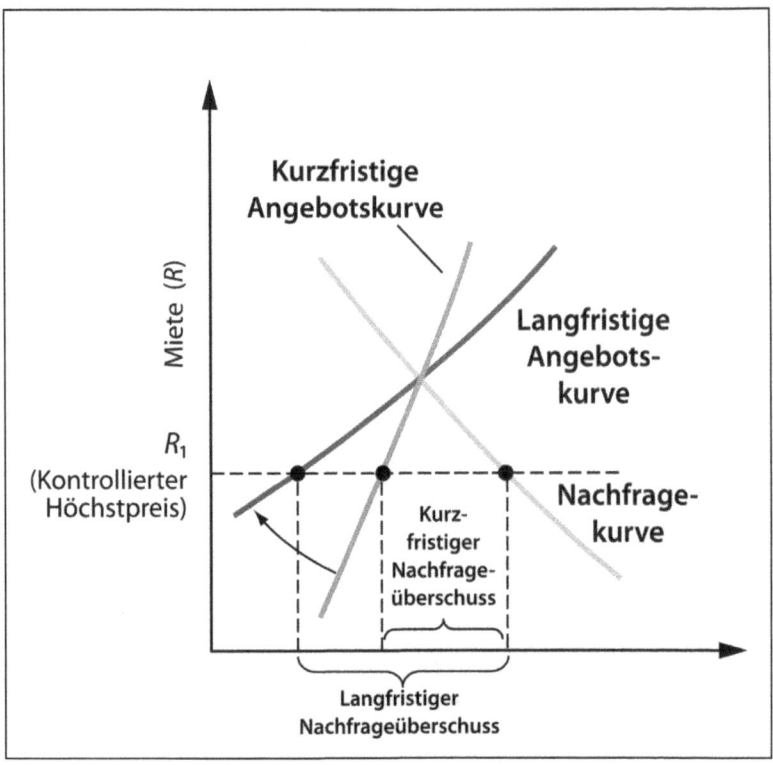

Graphik 15: Die langfristige Angebotskurve flacht ab, die angebotene Menge sinkt noch weiter unter die nachgefragte Menge

mieten, sondern als Eigentumswohnungen verkaufen; neue Wohnungen werden nicht gebaut, – insgesamt wird die langfristige Angebotskurve also flacher verlaufen, mit dem Ergebnis, daß die angebotene Menge der Wohnungen noch weiter unter die nachgefragte Menge sinken wird, wie die Graphik 15 zeigt.

Die paradoxe Wirkung der Mietpreisbremse zeigt sich mithin auf der Stelle: sie hilft denjenigen, die schon eine Mietwohnung haben, und kurzfristig auch denen, die eine Wohnung suchen; langfristig aber wird die Zahl der Mietwohnungen zurückgehen, – zum Schaden vor allem der Armen[15]. Daß dies nicht nur eine theoretische Ableitung darstellt, sondern bittere Erfahrungen wiedergibt, zeigen etwa die Beispiele von New York, San Francisco und anderen Städ-

15 | JOSEPH E. STIGLITZ – CARL E. WALSH: Mikroökonomie, 106–109.

ten, in denen man eine Mietpreisobergrenze festgelegt hat: es ist sehr schwer geworden, in diesen Städten eine Wohnung zu finden, denn es stehen nur wenige und recht teure Appartements zur Verfügung[16]. Was aber lernt man daraus? Eigentlich nur, was man soll: daß der Staat den »freien Markt« in Ruhe lassen und in keinem Falle in die »Gesetze« der Preisbildung intervenieren sollte. Wenn sich aber zeigt, daß »der Markt« keinesfalls imstande ist, die Bedürfnisse aller zu befriedigen, – daß er »marktgerecht« im Gegenteil nur die Bedürfnisse der Besitzenden nach Maximierung der Gewinne bei ihren Kapitalanlagen bedient? Soll dann der Staat der neoliberalen Überzeugung folgen und resigniert die Dinge treiben lassen? Soll er eventuell, wie vor Jahren im Schanzenviertel in Hamburg, die Polizei rufen, wenn Wohnungssuchende leerstehende Wohnungen besetzen, die nicht vermietet werden, weil mit ihrem Abriß mehr Geld zu verdienen ist[17]? Was die Standardtheorien der Mikroökonomie allein schon zum Thema Preisbildung zeigen, ist die Tatsache, daß es realistischerweise nicht möglich ist, »halbe Sachen« zu machen (wie es für gewöhnlich geschieht), also so zu tun, als lasse der »freie Markt« mit

16 | A.a.O., 109. – MICHAEL REMKE: »Fotos, die Menschen zu Müll machen«, in: Die Welt kompakt, 3. Dez. 2015, S. 32, meint, daß in der Musterstadt New York City, dem Non-plus-Ultra amerikanischer Selbstbestätigung, 59 000 bis 87 000 »homeless people«, manche schätzen: über 100 000, schlafend auf den Wartesitzen der Bahnhöfe oder bettelnd in den Zügen die Nächte verbringen müssen, »Menschen ohne festes Zuhause, ohne Job und ohne regelmäßige Einkünfte, ohne Familie ... und ohne Zukunft.«
17 | Auch eine Steuer von etwa 3 % auf Besitz von selber nicht genutztem Grund und Boden, wie CHRISTIAN KREISS: Profitwahn, 148, vorschlägt, könnte rasch dazu führen, daß die 10 % der Besitzenden ihre Besitztümer noch gewinnträchtiger anlegen als in Gewinnen aus Mieteinnahmen. – Die Hausbesetzungen in Hamburg fanden seit Anfang der 70er Jahre in unterschiedlicher Form bis in die 90er Jahre statt und richteten sich gegen den Mietwucher der Hausbesitzer. Vgl. MICHAEL HERMANN u.a.: Hafenstraße. Chronik und Analyse eines Konfliktes, Hamburg 1987. Gegen die Hausbesetzer, die entsprechend kriminalisiert wurden, verhängte man Freiheitsstrafen von 12–16 Monaten. – Gelöst ist das Problem keinesfalls. GITTA DÜPERTHAL. Ein Gespräch mit THOMAS SCHMIDT: »Das geplante Programm ist ein billiger Trick«, in: junge Welt, Nr. 205, 4. Sept. 2015, S. 2, berichtet, wie die Hamburger Finanzbehörde Containerunterkünfte auf dem Gelände einer ehemaligen Schule im Münzviertel plant, sich beim Abriß des Gebäudes aber zugleich gegen das benachbarte Kollektive Zentrum richtet, das im Wochenturnus von etwa 300 Leuten genutzt wird. – MICHAEL MERZ: Knüppeln statt helfen, in: junge Welt, Nr. 211, 11. Sept. 2015, S. 1, schildert die Hausbesetzung eines ehemaligen TU- (Technische Universität)-Gebäudes am Spreeufer in Berlin; verhandelt werden sollte mit dem Besitzer des 70er-Jahre-Baus über eine Zwischennutzung als Notunterkunft für Flüchtlinge; der Besitzer lehnte ab, eine Hundertschaft von Polizisten stürmte schließlich das Gebäude.

ein paar Einzelmaßnahmen sich vermenschlichen. Das ist erkennbar unmöglich, – man schmiert damit gewissermaßen nur sein Getriebe. Dennoch wurde oft genug versucht, mit staatlichen Mitteln gegenzusteuern, und ganz umsonst waren diese Versuche nicht, zumindest bleiben sie in mancher Hinsicht lehrreich.

1945 glichen die deutschen Städte, wie die heute 75jährigen sich noch erinnern werden, einer Krater- und Trümmerlandschaft. Mit Absicht hatten die Alliierten gegen Ende des Kriegs nicht nur die gegnerische Rüstungsindustrie ausschalten, sondern bewußt die Zivilbevölkerung treffen wollen: Wer mit Feuerlöschen und Reparaturarbeiten beschäftigt ist, kann keine Waffen produzieren; zudem erhoffte man sich ein Aufbegehren gegen »Den Führer«, und als das nicht erfolgte, war man nicht abgeneigt, die Art des Bombenkriegs als Kollektivstrafe zu verstehen[18]. »Nur« etwa 500000 Tote hatte das Bombardement – zum Erstaunen der Amerikaner und Briten – am Ende gefordert, aber Millionen Menschen hatte es obdachlos gemacht. Hinzu kamen 14 Millionen Flüchtlinge, die administrativ verteilt und untergebracht werden mußten. Die ersten Maßnahmen der Siegermächte mußten daher der Einrichtung von Notunterkünften gelten. Die Nissenhütten entstanden[19]; später, nach Gründung

18 | Vgl. JÖRG FRIEDRICH: Der Brand, 100: »Das ›moral bombing‹ übertrieb ja nicht das Zielen auf Rüstungskomplexe. Eine Stadt ist kein Ziel gemäß der Casablanca-Konferenz (sc. des Treffens von *Roosevelt* und *Churchill* vom 14.–21.1.1943, das die zu zerstörenden Industrien des Luftkrieges festlegte, aber auch die »Unterminierung der Moral des deutschen Volkes« zum Zweck der Bombenabwürfe erklärte, d. V.). Sie ist ein Raum, in dem gewohnt, gearbeitet und gelebt wird. Und der Raum sollte so zugerichtet werden, daß sowenig wie möglich davon fortwährte.«
19 | MARTIN LITZINGER: Region im Wandel, 47–48: »Unvorstellbar groß war nach dem Krieg die Wohnungsnot. Nachdem bereits in den letzten Kriegsjahren viele ausgebombte Familien aus den Ruhrgebietsstädten in den einzelnen Gemeinden Aufnahme gefunden hatten, kamen insbesondere 1945–1946 zahllose Flüchtlinge und Ostvertriebene auf der Suche nach einer neuen Heimat in die hiesigen Orte… Erste leichte Entspannungen traten bei der Wohnraumbeschaffung ein, als die Zechengesellschaften und die Besatzungsbehörden gemeinsam Material für den Bau neuer Notunterkünfte bereitstellten. So entstanden … regelrechte kleine Siedlungen aus barackenartigen Gebäuden und sogenannten ›Nissenhütten‹, die zum Teil erst rund 20 Jahre später wieder aus dem Erscheinungsbild der Gemeinden verschwanden.« – Der Name »Nissenhütten« geht auf den kanadischen Offizier und Ingenieur *Peter Norman Nissen* zurück, der 1916 eine Wellblechhütte in Fertigbauweise entwickelte, – ganze vier Stunden benötigten sechs Soldaten, um diese Hütte (11,5 m mal 5 m) mit halbrundem Blech-Dach zu errichten. Im 1. Weltkrieg dienten die Nissenhütten der britischen Armee zur Unterkunft; in Deutschland wurden die Nissenhütten vornehmlich im britischen Verwaltungssek-

der BRD-West, in den 50er Jahren, verfiel man auf die Idee des sozialen Wohnungsbaus[20]: mit Kreditvergünstigungen und Subventionen entstanden Wohneinheiten, in denen bevorzugt Familien Unterkunft finden sollten, die sich hohe Mietgebühren nicht leisten konnten. In gewissem Sinne trat hier der Staat selbst als Investor auf dem Immobilienmarkt auf, – die Not der Bevölkerung stand dem unternehme-

tor nach dem 2. Weltkrieg als Notunterkünfte für bis zu 10 Personen eingesetzt. Im Winter konnten die Innentemperaturen minus 10 Grad Celsius betragen, während es im Sommer unter dem doppelten Wellblech unerträglich heiß wurde.
20 | »Sozialer Wohnungsbau« war verbunden mit *Karl Arnold* (1901–1958), der als Mitbegründer der CDU (1945) gewerkschaftliche Interessen berücksichtigte; er war von 1947–1956 Ministerpräsident von Nordrhein-Westfalen. Die Grundidee des sozialen Wohnungsbaus hat sich in gewissem Sinne als Ausgleichsmaßnahme bewährt: 97 Mio Euro jährlich erhält zum Beispiel Nordrhein-Westfalen für eben diesen Zweck; gedacht ist auch an eine »Bestrafung« (an eine finanzielle Kostenbeteiligung) von Immobilienbesitzern leerstehender Wohnungen; so *Michael Groschek* (SPD) in der Aktuellen Stunde auf WDR III am 14. Sept. 2015. SIMON ZEISE: Der Markt kann es nicht richten, in: junge Welt, Nr. 215, 16. Sept. 2015, S. 5, stellt fest: »In Deutschland fehlen zwei Millionen Wohnungen. Zu dem Schluss kommt eine Studie des Eduard-Pestel-Instituts für Systemforschung im Auftrag des Verbändebündnisses sozialer Wohnungsbau ... Das Bündnis setzt sich zusammen aus verschiedenen Handwerks-, Industrie- und Baustoffverbänden, der Gewerkschaft IG BAU und dem deutschen Mieterbund.« Bis 2020 müßten daher jährlich rund 140 000 Mietwohnungen mehr als in diesem Jahr, 2015, gebaut werden, insgesamt 400 000 pro Jahr. »Davon müssten 80 000 Sozialwohnungen mit einer Preisbindung von sechs Euro pro Quadratmeter sowie 60 000 Einheiten im ›bezahlbaren Wohnungsbau‹ (7,50 Euro pro Quadratmeter) erstellt werden. Zwischen 2009 und 2015 sind rund 770 000 Wohnungen zu wenig gebaut worden. Allein um die Sozialwohnungen zu finanzieren, müsste der Staat 6,4 Milliarden Euro investieren. – Hat es vor 20, 30 Jahren hierzulande noch 3,5 Millionen Sozialwohnungen gegeben, existieren heute nur noch 1,5 Millionen. Jährlich stellt der Bund 518 Mio Euro für den Wohnungsbau zur Verfügung, ein großer Teil davon aber wird von den Ländern zweckentfremdet. Emissions- und Schallschutzverordnungen verzögern die Baumaßnahmen. »Durch solche Verordnungen seien die Baukosten bis zu 7,5 Prozent über die allgemeine Preisentwicklung gestiegen.« – Am 9. Nov . 2015 meldete die dpa, daß derzeit nur fünf von 16 Bundesländern im Jahr 2013 die Bundesmittel für Wohnungsraumförderung ausgeschöpft hätten, so daß nur 9874 Sozialwohnungen entstanden seien. Ab 2016 sollen in den nächsten vier Jahren den Ländern 500 Mio Euro jedes Jahr zusätzlich gegeben werden, – das würde den Neubau von 60 000 Wohnungen pro Jahr ermöglichen. »Allein 70 000 neue Wohnungen pro Jahr würden auf Grund des Flüchtlingsstroms benötigt.« (Neue Westfälische, 9. Nov. 2015) – JANA FRIELINGHAUS: Mehr bezahlbare Wohnungen? in: junge Welt, Nr. 277, 30. Nov. 2015, S. 5, berichtet, daß Bundesbauministerin *Barbara Hendricks* in den nächsten Jahren mindestens 35 000 neue Wohnungen für nötig hält, »um neben Flüchtlingen auch Familien, Alleinerziehende und Studierende angemessen unterzubringen.« Der Deutsche Mieterbund plädiert dafür, die Grundsteuer durch eine »Bodensteuer« zu ersetzen, um zu verhindern, daß Eigentümer Baugrundstücke und alte Gebäude ungenutzt lassen.

rischen Gewinnstreben entgegen und nötigte die Politik dazu, mehr zu sein als die Verwaltung eines »Nachtwächterstaates«, der für Ruhe und Ordnung sorgt, auf daß die hablichen Leute ungestört ihren Geschäften nachgehen könnten[21]. – Eine vergleichbare Aufgabe wird sich übrigens gerade jetzt, seit dem Jahr 2015, für längere Zeit unvermeidbar stellen: 800000 Flüchtlinge und mehr strömten im Jahr 2015 nach Deutschland, um den Verwüstungen durch Krieg und Verelendung in ihren Heimatländern zu entkommen[22]. All diese Leute – mindestens ein Drittel von ihnen, die selbst bei restriktivsten Verfahren ein Bleiberecht zuerkannt bekommen müssen – lassen sich nicht auf Dauer in Containern, Zeltdörfern und Turnhallen unterbringen; sie lassen sich aber auch nicht auf dem öffentlichen Wohnungsmarkt einpreisen.

Was sich hier zeigt, ist von grundsätzlicher Bedeutung. Eine Bleibe zu haben ist ein Menschenrecht, jeder hat darauf Anspruch. Das Ver-

21 | So beklagt es FRIEDRICH AUGUST VON HAYEK: Recht, Gesetzgebung und Freiheit, Bd. 1, 188: »Wenn im Laufe der letzten hundert Jahre der Grundsatz aufgegeben wurde, daß in einer freien Gesellschaft Zwang nur zulässig ist, um den universalen Regeln des gerechten Verhaltens Gehorsam zu sichern, so geschah das hauptsächlich im Dienste der sogenannten ›sozialen‹ Ziele.« Sozialistische Denktraditionen und eine gewisse Hoheits- und Herrschaftsmystik des Staates, meinte HAYEK, begünstigten die Unterordnung des Privatrechts unter das öffentliche Recht.

22 | Richtig schrieb STEFAN BRAUN: Wenn Worte nichts mehr wert sind, in: SZ, Nr. 92, schon am 22. Apr. 2015: »Es gibt den Satz der Bundeskanzlerin, dass das Flüchtlingsdrama im Mittelmeer eines Europa, das sich der Humanität verpflichtet fühle, nicht würdig sei. Es gibt den Satz des Außenministers, man könne dieses Problems nur Herr werden, wenn man die Fluchtgründe endlich an der Wurzel bekämpfe. Und dann ist da auch noch der Satz des Bundesinnenministers..., dass Migration schon schwer genug sei, sie dürfe nicht eine Angelegenheit von Leben und Tod sein.« Aber: als Anfang 2015 das Seenotrettungsprogramm Mare Nostrum der Italiener aus finanziellen Gründen eingestellt wurde, wurde ein 10-Punkte-Programm der EU-Kommission erlassen, das im wesentlichen die Schleuserbekämpfung zum Ziel hat und weitere Geldmittel für die Grenzschutzorganisation Frontex freigibt. »Das ist nicht human... Flüchtlingsabschreckungsaktionen sind keine Flüchtlingsrettungsaktionen.« Doch mit dem Schengener Abkommen vom 19. Juni 1990 ist die Flüchtlingsabwehr und die Abriegelung der Südgrenzen Europas ein politisches Hauptziel, und die Fluchtursachen, die man zu bekämpfen vorgibt, liegen wesentlich in den Kriegen der USA und ihrer Verbündeten (Saudi-Arabien, Katar) in Afghanistan, Irak, Syrien, Libyen, Somalia, Jemen... – SIMON ZEISE: Wirtschaftsexzesse, in: junge Welt, Nr. 262, 12. Nov. 2015, S. 9, berichtet, daß in dem Jahresgutachten des Sachverständigenrates im Nov. 2015 als Reaktion auf die kalkulierte Nettozuwanderung von einer Millionen Flüchtlingen die Aussetzung des Mindestlohns und die Abschaffung der Mietpreisbremse gefordert wird.

sprechen der liberalen Volkswirtschaftslehre aber erfüllt sich durchaus nicht: – Wohlstand für alle zu schaffen. Ganz im Gegenteil müßte es das Mandat des Politischen sein, zumindest die dringlichsten Bedürfnisse der Bevölkerung gegen die normale Gewinnstrategie der »freien« Marktwirtschaft zu verteidigen (statt umgekehrt das Credo des Neoliberalismus von der Deregulierung und Privatisierung der Wirtschaft zum Parteiprogramm zu erheben). Das allerdings geschieht nicht nur unzureichend, sondern im Grunde gar nicht, wenn den Sozialhilfeempfängern mit bloßen Mietbeihilfen unter die Arme gegriffen wird. Nichts dagegen, daß der Staat Menschen nicht auf der Straße stehen läßt; doch mit einer halbherzigen Unterstützung Bedürftiger stützt er wesentlich die Immobilienbranche, deren Denk- und Handlungsweise er unverändert als »alternativlos« hinnimmt. Dabei hat sich faktisch schon ein anderes gezeigt: Indem der Staat Steuermittel in die Hand nimmt, um sonst nicht aufzufangende Mietprobleme zu lösen, anerkennt er immerhin, daß die Einhaltung eines allgemeinen Menschenrechts eine Angelegenheit der Allgemeinheit sein muß und nicht zum Spekulationsobjekt einiger Weniger mißraten darf.

Wie es auf dem Wohnungsmarkt nach kapitalistischen Vorstellungen zugeht, zeigt sich wohl nirgends deutlicher als heutigentags im Ruhrgebiet. Ein großer Teil der Bausubstanz stammt aus sogenannten Zechenwohnungen. Es war den Kohlebaronen, nach deren Namen die Schachtanlagen benannt wurden: *Friedrich Grillo* (1825–1888)[23] oder *Heinrich Grimberg* (1833–1907)[24], bei ihrem Vormarsch in das ehedem rein agrarisch-dörfliche Gebiet zwischen Rhein, Lippe und Ruhr durchaus plausibel, daß die Anwerbung einer Vielzahl von Bergarbeitern aus Polen, Ostpreußen, Oberschlesien, Tschechien, Italien, woher auch immer, irgendwann einhergehen mußte mit einer auf Dauer menschenwürdigen Unterbringung, – die »Schlafburschen«-Praxis der Pionierzeit war ein unhaltbares Provi-

23 | *Friedrich Grillo* verkörperte als Essener Unternehmer die Gründerjahre des Ruhrgebiets. »Beispielhaft ist seine Tätigkeit in Gelsenkirchen: Angefangen bei Zechengründungen (Consolidation, Graf Bismarck) über Eisenhütten bis zum chemischen Betrieb und zur Glasmanufaktur.« Vgl. ANDREAS SCHLIEPER: Die industrielle Gründungsphase, in: Chronik Ruhrgebiet, 107–108; 158.
24 | *Heinrich Grimberg* (1833–1907) »entstammte einer alten Bochumer Bürger- und Bauernfamilie und war zu seinen Lebzeiten einer der bekanntesten Bergbauunternehmer des Ruhrgebiets.« MARTIN LITZINGER: Region im Wandel, 10. Im Jahre 1890 wurde der Schacht Grimberg in Bergkamen abgeteuft. *Chronik Ruhrgebiet*, 201.

sorium. Doch charakteristisch jetzt für das »volkswirtschaftliche« Denken von Großunternehmern: Man überließ den nötigen Wohnungsbau seinerzeit keinesfalls dem »freien« Markt, man nahm ihn mono- oder oligopolistisch selbst in die Hand[25]. Überall, errichtet mit den Ziegeln der eigenen Ziegelei, entstanden in standardisierter Vereinheitlichung Werkssiedlungen für die angelegten Bergleute und ihre Familien. Dabei läßt sich nicht leugnen: Die Bergarbeiterwohnungen aus dem ersten Drittel des 20. Jhs. bildeten eine wirkliche soziale Errungenschaft; sie besaßen mit Kohle beheizbare Öfen, sie waren an das Elektrizitäts- und Wassernetz angeschlossen, und sie erlaubten es, in einem kleinen Garten Gemüse zu ziehen und ein paar Hühner (oder Tauben) zu halten. Die Zechenleitung tat sogar noch mehr: In den Konsumläden sorgte sie auch für die Nahrung und Kleidung ihrer Belegschaft. Das galt für großzügig und weitsichtig, doch erfüllte es maximal die Unternehmerinteressen: In Form von Miete und Lebensunterhalt wanderten die Löhne der Arbeiter komplett wieder zurück in die Hände der Arbeitgeber, und denen gehörte buchstäblich alles: Die Waldungen mit ihrem Baumbestand, – sie wurden aufgekauft, um den gigantischen Holzbedarf beim Ausbau der Strebs unter Tage zu decken; das Baugelände, – die Ortsverwalter waren froh, es für die Erschließungsvorhaben zahlungskräftiger Unternehmer zur Verfügung stellen zu können. Es ist schwer, sich eine Wirtschaftsform vorzustellen, die besser der Kapitalismus-Kritik des Marxismus entsprochen hätte als der Steinkohlenbergbau im Ruhrgebiet (sowie in Oberschlesien und im Saarland)[26]. Aber den Leuten

---

25 | Von einer *monopolistischen Konkurrenz* spricht man, wenn »ausreichend viele Unternehmen … am Markt beteiligt (sind), sodass jedes glauben kann, die Mitbewerber können den Preis nicht ändern, wenn es selbst den Preis ändert. Der Wettbewerb ist stark genug, dass Gewinne auf null gehen können.« In einem *Oligopol* sind »ausreichend wenige Unternehmer« auf dem Markt, »sodass jedes darauf achten muss, wie seine Mitbewerber auf seine eigenen Handlungen reagieren.« JOSEPH E. STIGLITZ – CARL E. WALSH: Mikroökonomie, 282. – Entscheidend war, daß die Kohlebarone selbst als Bauherren auftraten; der (unvollkommene) Wettbewerb fand nicht in der Baubranche statt, sondern zwischen ihnen.
26 | FRIEDRICH ENGELS: Die Lage der arbeitenden Klasse in England, in: MEW 2, S. 489: »Da habt ihr's. Die englische Bourgeoisie ist wohltätig aus Interesse, sie schenkt nichts weg, sie betrachtet ihre Gaben als einen Handel, sie macht mit den Armen ein *Geschäft* und sagt: Wenn ich soviel an wohltätige Zwecke verwende, *so erkaufe ich mir dadurch das Recht*, weiter nicht behelligt zu werden. so verpflichtet ihr euch dafür, in euren dunklen Höhlen zu bleiben und nicht durch die offne Darlegung eures Elends meine zarten Nerven anzugreifen.«

ging es vergleichbar nicht schlecht! Das ist wahr. Unter dem Druck
der Gewerkschaften wurde sogar ein relativ großzügiges Kranken-
kassen- und Rentensystem entwickelt, in das auch die Versorgung
der Familienangehörigen einbezogen war[27]. Und dennoch erwuchsen
all diese Sozialleistungen wie Pilze auf einem modrigen feucht-war-
men Untergrund. Solange das System prosperierte, gab es sich men-
schenfreundlich, doch sobald es in Bedrängnis geriet, zeigte es sein
wahres Gesicht.

In den Kriegsjahren 1939–1945 bildeten Kohle und Stahl die
Schlüsselindustrien in Deutschland; in den Hydrierwerken wurde aus
Kohle Benzin gewonnen[28], – für die hochmechanisierte Kriegsfüh-
rung der Nazis eine unerläßliche Planungsvoraussetzung; und vor
allem in der Nachkriegs- und Gründerzeit der BRD erlebte der industrielle Steinkohlenbergbau ganz im Sinne auch der Besatzungs-
mächte mit den ihnen eigenen Reparationsvorstellungen eine letzte
große Glanzzeit in seiner rund 100jährigen Geschichte in Westdeutschland. Dann aber, um 1956, brachen im Gefolge der Öl-
schwemme die Absätze ein, vor den Zechen türmten sich die Kohle-
halden[29]; um aus der Krise zu kommen, mußte man billiger
produzieren. Die erreichte Grubensicherheit aufzugeben und Kohle
aus den Knochen der Kumpels zu machen, wie im 19. Jh. üblich, verbot sich von selber; aber man mußte nicht Arbeitszeit und damit

27 | Es war am 21. Mai 1860, daß das »Gesetz über die Aufsicht von Bergbehör-
den über den Bergbau und das Verhältnis der Berg- und Hüttenarbeiter betreffend« erlassen wurde, dessen Möglichkeiten zur Entlassung und Lohnkürzung
»aus dem sozial abgesicherten Knappen« einen freien »Lohnarbeiter« machten,
»über dessen Arbeitskraft der Unternehmer verfügt.« ANDREAS SCHLIEPER: Die
industrielle Gründungsphase, 107–108, in: Chronik Ruhrgebiet, 130.
28 | Die Gewinnung von Benzin aus Kohle wurde 1913 von *Friedrich Bergius*
(1884–1949) entwickelt, der dafür 1931 den Chemie-Nobelpreis erhielt. Vgl. KLAUS
TENEFELDE: Chronik, 305. Das erste Hydrierwerk nach dem *Bergius*-Verfahren
ging am 22.7.35 in Gelsenkirchen in Betrieb. Vgl. MICHAEL ZIMMERMANN: Das
Ruhrgebiet im Nationalsozialismus 1933–1945, in: Chronik Ruhrgebiet, 416.
29 | Vgl. ANDREAS SCHLIEPER: Bergbaukrise im Revier, in: Chronik Ruhrgebiet,
545–546: »Bereits Anfang der 50er Jahre lagen die Wachstumsraten der Ruhrwirt-
schaft im Vergleich zwischen den Bundesländern unter dem Durchschnitt... Die
Verschiebung in der Energieversorgung – hin zur Importkohle und zum billigen
Erdöl – waren schließlich weniger die Ursache als vielmehr der Auslöser der Koh-
lekrise im Ruhrgebiet. – Was bis Mitte der 60er Jahre folgte, traf die wirtschaftliche Struktur des Ruhrgebiets härter als die Demontage: Zwischen 1958 und 1964
wurden 35 Zechen mit einer Jahresproduktion von 11,6 Mio t und 53000 Arbeitsplätzen stillgelegt: 1966 arbeiteten nur noch halb so viele Beschäftigte im Ruhrgebiet wie 1950.«

Lohnkosten einsetzen, um die ausgeraubten Flöze mit Waschbergen zu verfüllen, – man ging zum Bruchversatz über; die Strebs stürzten irgendwann ein, über Tage traten an den Wohnungen und an den Straßen erhebliche Bergschäden auf, – doch kein Problem: All das gehörte ohnedies der Zeche, und sie regulierte die Schäden in jedem Falle billiger, als vergleichbar die Kosten der Kohleproduktion ohne derartige Einsparungen ausgefallen wären. Um die Lohnkosten mit ungelernten Arbeitern weiter zu senken oder zumindest stabil zu halten, warb man etwa 1,5 Millionen vor allem türkische, aber auch spanische und griechische Gastarbeiter an, – vorübergehend, wie man dachte, auf Dauer, wie sich bald zeigte. Für diese Arbeiter und ihre allmählich nachgeholten Angehörigen erschienen die bereitgestellten Wohnungen geradezu komfortabel, gemessen an den Einrichtungen ihrer Herkunftsländer. Doch dann begann Mitte der 60er der unaufhaltsame Niedergang des Steinkohlebergbaus. Trotz der enormen Subventionen durch den Staat[30] kam es zu Stilllegungen und Entlassungen. Die Wohnungen ihrer Belegschaft stießen die Zechen ab, – wer sie haben wollte, konnte sie erwerben, mit einem Vorzugskaufrecht für die ursprünglichen Mieter; doch welch ein einfacher Bergmann konnte sich einen Hauskauf mit den entsprechenden Hypothekenzinsen leisten? Es wurde eine Hausse für Immobilienhaie wie den Tycoon *Günter Kaussen*[31]: Er kaufte sich, vorfinanziert mit

30 | A.a.O., 546: »Die Reaktion von Wirtschaft und Politik im Ruhrgebiet auf die Kohlekrise und ihre Folgen war zunächst und über lange Zeit defensiv: Man versuchte mit allen Mitteln, das Überleben der alten Strukturen zu retten. Die Unternehmen sprachen von ›verfälschten Wettbewerbsbedingungen‹ und forderten eine Rücknahme der ›überhöhten Sozialleistungen‹. Man wollte sich nicht den neuen Marktbedingungen anpassen, sondern forderte von der Politik nichts weniger als die Rückkehr zu den guten alten Zeiten, als man die Kohle nicht mühsam verkaufen mußte, sondern sie fast nach Belieben den Kunden zuteilen konnte. Man wollte die Sicherung der Märkte durch Verträge mit der heimischen Elektrizitätswirtschaft und die Einschränkung der Öl- und Kohleimporte durch Zölle und Quoten. Ansonsten hoffte man auf kalte Winter…«
31 | *Chronik Ruhrgebiet*, 570: Vom Mieter zum Eigentümer in der Kolonie. 1. September 1975: »1200 Bewohner der Zechenkolonien in Kamen und Bergkamen erhalten die Chance, Eigentümer der von ihnen gemieteten Häuser zu werden. Für 33 Mio DM verkauft die Klöckner Werke AG die um die Jahrhundertwende entstandenen Häuser an das von der Neuen Heimat in Essen eingerichtete Institut für Bodenordnung, das Sanierung und Privatisierung der Häuser übernimmt. Die monatliche Belastung der Mieter, die Eigentümer ihrer Häuser werden wollen, ist nach Auskunft des Essener Instituts geringer als vergleichbare Mieten im sozialen Wohnungsbau. 90 % der Bewohner begrüßen die Erhaltung und Modernisierung der Siedlungen.« – *Günter Kaussen* hatte (Spiegel 41/1981, 5. 10. 81) ein Immobilienimperium zwischen Kamen und San Francisco aus Altbauwohnungen zusam-

eigenen Schulden, ganze Siedlungen und Ortschaften auf, und die Bewohner atmeten erleichtert durch: sie konnten wohnen bleiben, ohne mit höheren Mieten rechnen zu müssen. Aber was anfangs als mengekauft, indem er zum Beispiel im Ruhrgebiet nach Schließung zweier Zechen 4000 Werkswohnungen für 35,5 Mio DM übernahm; 15000 Wohnungen von mehreren Zechengesellschaften standen damals in Gefahr. Als der Altbau-Spekulant 1985 mit 53 Jahren hochverschuldet aus dem Leben ging, wurde der Wert seines Immobilienbesitzes in den USA (etwa 80–100000 Wohnungen) auf 2,5 Mrd DM veranschlagt (Der Spiegel, 17/1985, 22.4.85). Zu *Kaussens* Geschäftsgebaren gehörte es, die Mieten hochzutreiben, aber keine Mark in die Renovation der Gebäude zu stecken. – Der Aufkauf von Immobilien und Böden im ganz großen Stil ereignete sich mit der Einrichtung der *Treuhandanstalt* 1990, deren Aufgabe die Privatisierung, Sanierung bzw. Stilllegung der volkseigenen Betriebe der DDR war; als Ende 1994 die THA ihre Aktivitäten einstellte, hatte sie den Ausverkauf eines ganzen Staatsgebietes an westliche Unternehmer: Westdeutsche, Franzosen, Briten, Amerikaner, eingeleitet: Ein Viertel aller Grundstücke in Halle z.B. gehören heute Westdeutschen, 38000 Wohnungen in Dresden wurden 2006 für 1,75 Mrd Euro von der Gagfah, der zweitgrößten Immobilienfirma Deutschlands, die ihrerseits dem US-Finanzinvestor Fortress gehört, aufgekauft. Die Mieter klagten über hohe Mieten, Schimmelbefall usw., aber die Gagfah nahm sich davon nichts an. 2012 dann verklagte die Stadt Dresden die Firma auf 1 Mrd Euro wegen mangelnder Rücksicht auf die Mieterinteressen. Bei einem Vergleich einigte man sich auf 40 Mio Euro. Überhaupt hatte das Unternehmen 2011 etwa 18 Mio Euro Verlust gemacht, und es hatte Kredite in Milliardenhöhe abzulösen; Ende März 2012 mußte der Konzernchef *William Brennan* den Konzern verlassen, zwei Monate später suchte die Gagfah die Wohnungen, die bei ihr mit 1,8 Mrd Euro zu Buche standen, wieder abzustoßen. – Und wie in Dresden geht es vielerorts nach dem *Kaussen*-Modell. Chemnitz, Magdeburg, Leipzig verfügen nur noch über ein Drittel ihrer Wohnungen. Internationale Fonds kaufen derzeit alles, was an »Platten«bauten da ist; sie setzen heute nicht mehr auf schnelle Gewinne durch lukrativen Weiterverkauf, sondern auf stetiges Investment, indem sie sich die allfälligen Renovierungen durch drastische Mieterhöhungen gewinnträchtig bezahlen lassen. Die Bürger sitzen in der Falle, und die Städte schauen zu. Vgl. Wem gehört der Osten? Arte 22. Sept. 15. – UTA KNAPP: Milliardendeal im Wohnungsmarkt, in: Neue Westfälische, 15. Okt. 2015, berichtet, daß nach der Gagfah jetzt Vonovia-Chef *Rolf Buch* die Deutsche Wohnen kaufen will. *Rolf Buch*, »der frühere Chef der Bertelsmann-Tochter Arvato, will aus dem Marktführer und der Deutschen Wohnen als der Nummer zwei auf dem deutschen Wohnungsmarkt einen Giganten mit mehr als 510000 Wohnungen schmieden. Vonovia verfügt ... selbst bereits über 370000 Wohnungen, hinzu könnten rund 142000 von der Deutschen Wohnen kommen. Weit abgeschlagen würde die LEG mit 110000 Wohnungen folgen.« Für 9 Mrd Euro mindestens soll der Übernahme-Deal erfolgen, doch (bisher) lehnt die Deutsche Wohnen ab. Am 30. Nov. 2015 meldete dpa, daß die Deutsche Wohnen sich für rund 1,2 Mrd Euro mehr als 10000 Wohnungen einverleibt, um eine Übernahme durch Vonovia abzuwehren. »Laut einer Vereinbarung kauft die Deutsche Wohnen vom Augsburger Konkurrenten Patrizia 13600 Wohnungen... Frühere Käufe eingerechnet, wechselten damit 15200 Wohnungen im zweiten Halbjahr (sc. 2015, d.V.) von Patrizia an die Deutsche Wohnen.« Vgl.: Deutsche Wohnen wehrt sich gegen Übernahme, in: Neue Westfälische, 30. Nov. 2015.

Segen erschien, entpuppte sich rasch als Falle: Die veralteten Wasserrohre wurden undicht, – für die Reparatur der Wasserschäden blieb der Vermieter in Übersee unerreichbar; der Mörtel fiel von den Wänden, – da mußte man schon selber sehen. Das damals größte Schrott-Immobilien-Imperium ging schließlich in Konkurs, sein Inhaber nahm sich das Leben, aber was sollte am Ort geschehen?

Die Kommunen, hochverschuldet durch die Steuerausfälle geschlossener oder zusammengelegter Zechen in dieser ausschließlich vom Bergbau geprägten Kulturregion, mußten sich noch höher verschulden, um die Wohnungen zu übernehmen und aufwendig zu sanieren; andere, womöglich wichtigere Baumaßnahmen mußten dahinter zurückstehen. Am Ende also blieb nach den Gesetzen des freien Marktes die Allgemeinheit auf der Hinterlassenschaft derer sitzen, die sie über all die Zeit hin so intensiv wie nur möglich ausgepreßt hatten. – Kein Zweifel: die Industrialisierung ist für Deutschland ein riesiger Sprung nach vorn gewesen, und sie hat vielen vielerlei Güter beschert; nur eins war ihr Motor – die freie Marktwirtschaft – sicher nicht: sozial. Vielmehr zeigt sich an dieser Stelle schon hinreichend klar: Um die Grundbedürfnisse der Menschen zu schützen, zum Beispiel die Notwendigkeit, ein Dach über dem Kopf zu haben, kann man gerade nicht den »Gesetzen« des Marktes vertrauen; es gibt diese »Gesetze« vielmehr nur so lange, als man dem unternehmerischen Streben nach Gewinnmaximierung nichts entgegenzusetzen hat oder entgegensetzen muß; gerade in den Momenten aber, da die verheißenen Segnungen des freien Marktes am nötigsten wären, verwandeln sie sich unter der Hand in einen Fluch. Dann hat die Gemeinschaft die Folgen zu tragen, und dies erweist sich denn als das eigentliche Hauptgesetz des Kapitalismus: Sämtliche Gewinne wandern in die Taschen der Unternehmer, sie privatisieren sich, sämtliche Schäden und Folgekosten aber werden der Allgemeinheit aufgehalst, sie sozialisieren sich; für die Folgeschäden und Verluste unternehmerischen Handelns müssen die Ausgebeuteten mit Regelmäßigkeit selber aufkommen. Scheinbar macht das kapitalistische Wirtschaftssystem alles billiger und reicher, in Wirklichkeit aber macht es alles teurer und ärmer. Es basiert vor allem auf einem Preistrick, dem wir gerade dabei sind, auf die Spur zu kommen; wir werden noch sehen!

Aber wie soll es denn sonst gehen?, mag man sich zwischendurch fragen. Soll denn die ganze Immobilienbranche am besten verstaatlicht werden, wie es im Sozialismus propagiert und praktiziert wurde? Seien wir konsequent: Warum eigentlich nicht! Allemal scheint es sinnvoller, wenn der Staat, statt als Reparaturwerkstatt der Unfallschäden des »freien« Unternehmertums aufzutreten, selber eine Ordnung einführt, die diese Schäden minimiert oder, am besten, ganz vermeidet. Gewiß, auf der Stelle wird man jetzt als Schreckgespenst auf die Plattenbauten nicht nur in der DDR, sondern im gesamten Sowjetimperium hinweisen: eine entsetzliche Monotonie, Wohnsilos ohne jeden Anspruch auf so etwas wie Schönheit und Eleganz, eine bewußt gewollte Egalité der Wohnverhältnisse zum Zwecke der Erziehung der Bewohner zur Unterschiedslosigkeit aller in der klassenlosen Gesellschaft...! Auf den ersten Blick hat dieses Argument tatsächlich etwas Überzeugendes, doch in Wahrheit interpretiert es fälschlich gewisse historische Bedingtheiten als Offenbarung eines prinzipiell falschen Denkens.

Zur Erinnerung: Als die DDR ihr staatliches Wohnungsbauprogramm auflegte, hatte sie sich selbst das ehrgeizige Ziel gesetzt, alle Grundbedürfnisse: Wohnung, Arbeit, Nahrung, Ausbildung, Alterssicherung und Gesundheitsfürsorge in zentraler Verwaltung jedem Einzelnen zu garantieren, und tatsächlich gelang es ihr, dieses Versprechen in etwa einzuhalten; allerdings mußte auch sie bei ihren Planungen »volkswirtschaftlich« den Preis der erstellten Wohneinheiten entlang der Grenzkostenkurve der Produktion kalkulieren[32], und da der Preis möglichst niedrig anzusetzen war, erschien

---

32 | SÖNKE HUNDT: Das Kapitaltabu, in: junge Welt, Nr. 132, 11. Juni 2015, S. 12–13, betont: »*Lenin* setzte während des NPO« (sc. Neuen Ökonomischen Systems, d.V.) neben der von *F. W. Taylor* begründeten amerikanischen Managementlehre ganz entschieden auf die deutsche Betriebswirtschaftslehre.« Nach dem Zweiten Weltkrieg wurde in der Sowjetischen Besatzungszone die Systemneutralität der BWL allerdings als »Apologie des Monopolkapitalismus« zurückgewiesen. Aber: »Die strikte Ablehnung durch die DDR-Ökonomen wich während der Reformen der 60er Jahre einer Renaissance der Betriebswirtschaftslehre.« 1967 auf dem VII. Parteitag der SED wurde eine »sozialistische Betriebswirtschaftslehre« in Auftrag gegeben, in der, als sie 1973 erschien, alle Grundbegriffe der »bürgerlichen« BWL vorkamen: »Produktivität, ... Selbstkosten, Grenzkosten, ... fixe und variable Kosten...« Oberstes Ziel dabei ist nicht der Gewinn, sondern die Rentabilität (r), also der Gewinn (G) in Relation zum eingesetzten Kapital: r = G/K. Diese Gleichung wird erweitert durch den Umsatz (U); Rentabilität ist jetzt das Produkt von Umsatzrentabilität (G/U) und Kapitalumschlag (U/K). Die wichtige Folge ist, daß die Rentabilität nicht nur durch mehr Gewinn (also durch Kostensenkung, Preiserhöhung und Umsatzsteigerung), sondern auch durch Einsparung am Kapital (also durch Beschleunigung der Produktionsprozesse, Verkürzung der Transportzeiten und durch Reduktion der Lagerhaltung) erreicht werden kann – entsprechend den Lehren von ERICH GUTENBERG, der in den 50er und 60er Jahren einer

die billigste und schnellste Lösung als das Gebot der Stunde: die
Fertigbauweise mit Gebäudeteilen aus Paßstücken, die am Ort nur
noch zusammenmontiert werden mußten, eingefügt in ein zuvor aus-
gelegtes Energie- und Wasserversorgungssystem; insbesondere die
Fernwärmetechnik zeugte von einem hohen planerischen und industriellen Niveau. In all den Überlegungen bestand allerdings nur ein
ganz geringer Spielraum für so etwas wie Luxus, – die Plattenbauten
wurden eine auf Dauer gestellte Noteinrichtung, denn einmal entstanden, gab es natürlich keinen Grund mehr, sie wieder abzureißen,
solange sie funktionierten, und das taten sie. Aber geht aus solch
zeitbedingten Engpässen auch schon hervor, daß Schmucklosigkeit
und Unansehnlichkeit Wesenseigenschaften sozialistischer Woh-
nungsplanungen sind und sein müssen? Durchaus nicht! Die arbeitende Bevölkerung verdient das Geld, mit dem der Staat Wohnungen
bauen kann, und warum sollte diese arbeitende Bevölkerung nicht
auch »schöne« Wohnungen verdienen? Warum sollten nur Fürsten
wie *August der Starke* (Kurfürst von Sachsen von 1694–1733) in
Dresden oder Könige wie *Ludwig II.* (König von Bayern von 1864
bis 1886) am Chiemsee in »Kunst« zu investieren vermögen, wie
auch immer die dann ausfällt? Die im Zuckerbäckerstil errichtete
Stalinallee in Ostberlin oder die »sechs Schwestern« in Kiew oder der
wuchtige Turm im russischen Teil von Riga verraten vielmehr auch
im Staatssozialismus unverändert die schon in der Antike hervorste-
chende Tendenz der Mächtigen, Architektur (Grabstätten, Tempel,

der einflußreichsten BWL-Theoretiker der BRD war. – Wie im Bausektor die neoliberale Stadtumstrukturierung immer neue Megabauten wie das Stuttgarter
Bahnhofsprojekt »S 21«, die Hamburger Elbphilharmonie und den Flughafen in
Berlin-Brandenburg BER hervortreibt, zeigt IDA SCHILLEN: Finanzarchitektur, in:
junge Welt, Nr. 170, 25. Juli 2013, S. 10–11. Zu »Stuttgart 21« vgl. JOSEF-OTTO
FREUDENREICH: Die Zukunft ist unterirdisch, in: Die Taschenspieler, 15–45. An
der Spitze des Unterstützerkreises Stuttgart 21 stand, als »der am besten verdrah-
tete Politiker im Musterland«, *Günther Oettinger* (S. 32) sowie Stuttgarts Ober-
bürgermeister *Wolfgang Schuster* (S. 37). – OTTO KÖHLER: Hoffnungswert DDR,
in: junge Welt, Nr. 51, 2. März 2015, S. 12–13, schildert die Totalenteignung des
Volksvermögens der DDR unter der Treuhandanstalt, deren Präsidentin im April
1991 *Birgit Breuel* wurde, die seit 1978 unter *Ernst Albrecht*, dem Vater der jetzi-
gen Verteitigungsministerin *Ursula von der Leyen*, niedersächsische Ministerin
für Wirtschaft war und in dieser Stellung sich nachhaltig für Privatisierungen und
Projekte der niedersächsischen Rüstungsindustrie einsetzte. Sie war auch die Kom-
mentaristin von »Schröder, Münchmeyer, Hengst und Co.« (SMH) und die Tochter des Bankiers *Alwin Münchmeyer*; neben der SMH-Bank »rettete« *Breuel* noch
20 andere Banken, an der Spitze die Deutsche Bank, – diese bekam später zwei
Drittel der DDR-Staatsbankfilialen.

Schlösser, Burgen, Stadtanlagen) zur Präsentation ihrer Größe ehrfurchtgebietend dem Volk vor Augen zu stellen; nur: Im Sozialismus sollte es keine »Mächtigen« geben; hier sollten die Verhältnisse simpel umgekehrt sich darstellen: Dem Volke würde dann seine eigene Größe bewußt in der Schönheit der Bauten und Gebäude, in denen es leben darf. Freilich, von zwei Motiven zugleich müßte eine solche neu ausgerichtete Planung sich trennen: es dürfte nicht wieder nur um den bloßen Propagandaprotz des eigenen Herrschaftssystems gehen, und es dürfte andererseits nicht die gesamte Bauplanung auf reine Funktionalität und Zweckrationalität verengt werden; vielmehr die Pflege und der Ausbau gerade des Kleinen, des Individuellen, des Bunten und Vielfältigen sollte gefördert werden. Menschen müssen wohnen und essen, doch wenn sie geschlafen und gegessen haben, rührt sich in ihnen ein dringliches Bedürfnis auch und gerade nach persönlich gestalteter Schönheit.

»Aber wenn man das Privateigentum an den Wohnungen aufhebt, hat niemand mehr ein Interesse am Erhalt der Bausubstanz«, – auch dieses Argument wird immer wieder gegen die Idee eines staatlichen Wohnungsbaus geltend gemacht; doch es verfängt nicht. Schon Spechte und Hamster sind bestrebt, ihr Nest, ihren Bau sauber zu halten. Menschen von Natur aus nicht minder, – die psychisch bedingten Schwierigkeiten von »Messies« und »Mietnomaden« mal ausgenommen. Die wirkliche Schwierigkeit bereitet nicht das vermeintlich egoistische und habgierige Wesen »des« Menschen, der aktiv nur würde zum eigenen Vorteil; so denkt zwar die »liberale« Volkswirtschaftslehre von ihren Marktteilnehmern, doch Menschen gehen nicht darin auf, am Markt teilzunehmen, – im letzten Teil dieses Buches (IV) werden wir auf diesen wichtigen Punkt ausführlich noch zurückkommen; die wirkliche Schwierigkeit liegt in dem Übergang von dem privatwirtschaftlichen zum gemeinwirtschaftlichen System, konkret in der Bestimmung dessen, was etwas wirklich wert ist. So schön übersichtlich sich Angebot und Nachfrage, Produktionskosten und Preise auch in Tabellen und Verlaufskurven in mathematisierter Form darstellen lassen, – sie verschleiern das Wichtigste: den chronischen Betrug, welcher der Allgemeinheit wird, indem einige Wenige sich an ihr bereichern. Diese Wenigen unterliegen aufs Haar den »Gesetzen« des »freien« Marktes, doch dieser versklavt gerade auch diejenigen, die als seine Protagonisten auftreten; der Schritt zum Übergang sollte deshalb insbesondere ihnen als ein Akt ihrer Selbstbefreiung beziehungsweise als Rückgewinnung ihrer eigenen Menschlichkeit nahegebracht werden; er sollte nicht erfolgen als ein Akt äußerer Gewalt und neuerlicher Vergewaltigung; vielmehr, sie dürfen aus dem Teufelskreis wechselseitiger Vernichtungskonkurrenz heraustreten, ohne den persönlichen Untergang fürchten zu müssen!

JOSEPH ROTH in seinem Roman »Die Flucht ohne Ende« hat die geheime Qual all der »erfolgreichen« Unternehmer und Fabrikanten schon vor über 90 Jahren gültig beschrieben. Der spät aus dem Krieg heimgekehrte Oberstleutnant *Franz Tunda* erzählt im Kreis der längst wieder arrivierten Oberschicht Wiens von dem Wind, der abends am Kaspischen Meer in Baku hereinfällt, als ihn ein Textilfabrikant beiseite nimmt, um ihm sein Leiden an den Zwangsgesetzen der bürgerlich eingerichteten »Ordnung« zu klagen, die jede freie Atemluft erstickt: »Ich habe ganz genau verstanden, was Sie ... gemeint haben... (Aber:) Jeder lebt hier nach ewigen Gesetzen und gegen seinen Willen... Als ich hierherkam, hatte ich viel zu tun, ich mußte Geld beschaffen, eine Fabrik einrichten ... ich hatte keine Zeit für Theater, Kunst, Musik, Kunstgewerbe, religiöse Gegenstände, israelitische Kultusgemeinde, katholische Dome... Ich wurde sozusagen ein Grobian oder ein Mann der Tat, man bewunderte meine Energie. Das Gesetz bemächtigte sich meiner, befahl mir Grobheit, unbekümmertes Handeln... Das Gesetz! Glauben Sie, der Wind in Baku interessiert mich nicht mehr als das Petroleum? Aber darf ich Sie nach Winden fragen? Bin ich Meteorologe? Was wird das Gesetz dazu sagen? – So wie ich, lügen alle Menschen. Jeder sagt das, was ihm das Gesetz vorschreibt... Sie können, wenn Sie in ein Zimmer treten und die Menschen ansehen, sofort wissen, was jeder sagen wird. Jeder hat seine Rolle. So ist es in unserer Stadt. Die Haut, in der jeder steckt, ist nicht seine eigene. Und wie in unserer Stadt, ist es in allen.«[33]

Es ist diese innere Unfreiheit, in welcher das System der »freien« Marktwirtschaft sich als gesellschaftlich-moralische Vorschrift vornehmlich auf die Seele derer legt, die sein Getriebe zur Entfremdung und Versklavung aller unter unsäglichen Opfern selber in Gang halten. In gewisser Weise sind sie betrogene Betrüger, die subjektiv womöglich an die wohltätige Wirkung des »freien« Marktes tatsächlich glauben und alle anderen daran glauben lassen, während die Wirklichkeit doch vollkommen anders geartet ist: Wer im Kapitalismus Gewinn macht, hat einem anderen etwas weggenommen[34], anders ist

33 | JOSEPH ROTH: Die Flucht ohne Ende, 78–79.
34 | Natürlich hat PAPST FRANZISKUS: Laudatio si', Nr. 158, S. 123, recht: »In der gegenwärtigen Situation der globalen Gesellschaft, in der es so viel soziale

es in einer Wirtschafts»ordnung« der lateralen und frontalen Konkurrenz nicht möglich.

Jetzt aber gilt es: Selbst wer bereit wäre, diese »Ordnung« als natur- oder gottgegeben hinzunehmen, kann es nicht länger für »rational«, geschweige denn für recht und billig finden, daß im Fall des Scheiterns eines ganzen Industriezweiges wie in der Steinkohlenkrise sämtliche Folgekosten »sozialisiert« werden: von den Bergschäden (Einbrüche des Hangenden, Wassereinbrüche, Gebäude- und Straßenschäden) über Massenentlassungen, leerstehende Wohnungen, wirtschaftliche und soziale Belastungen der Kommunen bis hin zu den langfristigen ökologischen Schäden (CO_2-Ausstoß, Waldzerstörung, mit Schadstoffen belastete Industriebrachen). Gilt nicht allerorten sonst das *Haftungsprinzip*[35]? Wer ohne jede Absicht einen

Ungerechtigkeit gibt und immer mehr Menschen ausgeschlossen und ihrer grundlegenden Menschenrechte beraubt werden, verwandelt sich das Prinzip des Gemeinwohls als logische und unvermeidbare Konsequenz unmittelbar in einen Appell zur Solidarität und in eine vorrangige Option für die Ärmsten.« Doch damit es nicht beim »Appell« bleibt, müßte die gesamte kapitalistische Wirtschaftsordnung in ihr Gegenteil verwandelt werden: Gemeinwohl statt antagonistischer Wettbewerbsgewinne.

35 | Vgl. AGNÈS SINAÏ: Höchste Zeit für das Verursacherprinzip, in: Le monde diplomatique. Atlas der Globalisierung, spezial: Klima, 12–13: »Beim Tankerunglück der ›Amoco Cadiz‹ in 1978 war von dem Konzern, der das Öl transportieren ließ (sc. Shell, d.V.) kaum die Rede... Gut zwanzig Jahre später, am 12. Dezember 1999, bricht bei schwerer See der rostige Tanker ›Erika‹ vor der Bretagne auseinander. 20 000 Tonnen Heizöl fließen ins Meer, die Strände von Brest bis zur Loiremündung werden verschmutzt, 300 000 Vögel verenden, und die Wirtschaft an der Küste bricht ein.« Jetzt ist vom Ölkonzern »Total« durchaus die Rede, doch das ändert nicht wesentlich die Gesetze. 2002 beim UN-Gipfel für Nachhaltige Entwicklung in Johannesburg stand die Verantwortlichkeit der Unternehmen zur Debatte, aber eine Internationale Konvention für das Verursacherprinzip bei Umweltschäden kam nicht zustande. »Wie schon zehn Jahre zuvor beim Rio-Gipfel beherrschten die transnationalen Unternehmen mit ihrem ›World Business Council for Sustainable Development‹ die Bühne. Diesem Gremium gehören die größten Umweltverschmutzer der Welt an: Die deutschen Chemiegiganten BASF und Bayer, der französische Hersteller von Kernbrennstäben Areva, die Holzfäller im indonesischen Regenwald von der Asia Pacific Resources International Holdings Limited (April), die Ölmultis BP und Repsol, der multinationale Bergbaukonzern Rio Tinto – sie alle führen sich nun als die großen Freunde der nachhaltigen Entwicklung auf.« – Ein erster wirklicher Fortschritt war die europäische Chemikalien-Verordnung Reach (Registration, Evaluation and Authorisation of Chemicals), die 2007 in Kraft trat und die Beweislast umkehrte: die Hersteller müssen die Unschädlichkeit ihrer Produkte nachweisen. Aber warum dann nicht auch die Autoindustrie verklagen wegen Umweltschäden? Zudem: Nicht erst im Schadensfalle per Klage, sondern in der vorlaufenden Kostenrechnung müßten die Folgeschäden zu Buche schlagen.

Autounfall verursacht, muß für die Regulierung des angerichteten Schadens aufkommen; ein Arzt, der einen Patienten falsch behandelt, kann zu erheblichen Erstattungskosten herangezogen werden, – eben deswegen besteht für jeden Autofahrer und für jeden praktizierenden Arzt eine gesetzliche Pflicht, sich gegen derlei Fälle versichern zu lassen; Unternehmer, die bei ihrem Streben nach Gewinnmaximierung Schäden in solchem Umfang verursachen, daß sie realistischerweise dafür gar nicht mehr zur Schadensregulierung herangezogen werden können, verlassen sich im Vorlauf ihrer Planungen wie selbstverständlich darauf, daß im Fall der Fälle die Gesellschaft schon einspringen wird, – und richtig: Was soll sie auch tun? Sie muß mit den eingetretenen Schäden leben. Doch der Fehler liegt erkennbar in der *falschen Kalkulation der Preise*: Sie werden, wie gezeigt, von den unternehmerischen Grenzkosten der Produktion her festgelegt, und das ist ersichtlich nicht fair, weil die Folgekosten des unternehmerischen Handelns für Mensch und Natur dabei bewußt ausgeklammert bleiben, – sie sind erst gar nicht des Nachdenkens wert!

Dabei ist das, was mit dem absolut einseitig (aus unternehmerischer Sicht) definierten Preissystem in der sozialen und ökologischen Wirklichkeit angerichtet wird, nicht selten von vornherein unbezahlbar teuer. Ja, man muß sagen: die Preise auf dem Markt können von den Unternehmern überhaupt nur so billig gehalten werden, weil sie die Kosten in der Belastung von Mensch und Natur als *quantité négligeable* ausgeben, wissend, daß sie gerade mit diesem Rechentrick die wahren Kosten rechnerisch verschleiern und in der Realität enorm verteuern.

Womit wir es hier zu tun haben, ist wohlgemerkt eine Dialektik nicht schon zwischen Unternehmern und Arbeitern, sondern ein Widerspruch allein erst zwischen den betriebswirtschaftlich berechneten Kosten und den volkswirtschaftlich entstehenden Gesamtkosten unternehmerischen Verhaltens: Je niedriger die einen, desto höher die anderen. Die sonderbare »Arbeitsteilung« zwischen den privatisierten Unternehmergewinnen und der sozialisierten Schuldenübernahme ergibt sich nicht erst von Krisenfall zu Krisenfall, sie ist strukturimmanent in den »Gesetzen« der solcherweise rechnenden Volkswirtschaftslehre selbst enthalten.

Und vor allem: Unter den Bedingungen der Konkurrenzwirtschaft kann nach dieser (Un)Logik das kapitalistische Wirtschaftssystem nur immer weiter wachsen – und mit ihm all die gesteigerten Belastungen der Gesellschaft. Ein Unternehmer, der an nichts anderes denken *darf* als an die Maximierung seiner Gewinne, ist niemandem verantwortlich, nicht einmal gegenüber seinen eigenen Angestellten und Mitarbeitern, allenfalls gegenüber den Aktionären, – wenn *die* ihm von der Fahne gehen, ist er geliefert. All seinen Planungen, weil Rücksichtnahmen außerhalb der Kostenminimierung im Produktionsprozeß in dem begrenzten Bild der Volkswirtschaftslehre nicht vorgesehen sind, stehen keinerlei hemmende Faktoren entgegen. Allein schon deshalb ist der Kapitalismus vergleichbar einem Auto mit Raketenantrieb, ohne eingebaute Bremssysteme: Es verfügt über eine enorme Beschleunigungsdynamik, doch es ist gemeingefährlich, es gehört nicht auf die Straße, es dürfte niemals zugelassen werden.

Nehmen wir, um diesen Grundfehler in der Preisbildung der liberalen Wirtschaftslehre zu verdeutlichen, noch ein anderes Beispiel. Vielleicht war es im 19. Jh. nicht entfernt auch nur abzusehen, welche Schäden die Montanindustrie mit sich bringen würde; sie lieferte den notwendigen Energieträger für die Produktion von Stahl, Dampf und Elektrizität sowie für die Fortbewegung von Schiffen und Eisenbahnen; und solange der Schornstein rauchte und die Bilanzen stimmten, schien alles in Ordnung. Ganz sicher vorhersehbar aber waren demgegenüber die Folgen des eigenen Handelns, als man in den 50er Jahren begann, die *Atomkraft* zur Energiegewinnung zu nutzen. Daß der atomare Müll auf Jahrtausende strahlen wird, daß niemand aber die Verantwortung für eine Welt in Jahrtausenden übernehmen kann, war den AKW-Betreibern damals nicht weniger bewußt als jedem Schulkind. Sie taten es trotzdem. Mit endlosen Tricks und regierungspolitischen Vergünstigungen lagerten sie die Frage der Endlagerung des Atommülls einfach aus[36], – die Politik

---

36 | Das ist so bis heute. Vgl. REIMAR PAUL: Vermeintlich keine Alternative, in: junge Welt, Nr. 195, 24. Aug. 2015, S. 5: Bis zum Ende der Kernkraftnutzung fallen neben 2000 Castorbehältern mit einem Volumen von 30 000 m³ mit abgebrannten Reaktorbrennstäben und hochradioaktivem Schrott aus der Wiederaufbereitung insgesamt rund 600 000 m³ schwach- und mittelradioaktiven Atommülls in der BRD zur »Entsorgung« an. Die Hälfte davon liegt in dem Bergwerk Asse in einem Volumen von rund 200 000 m³. »Sie fielen in der Vergangenheit durch alle Raster und wurden nirgends aufgelistet. Hinzu kommen 100 000 Kubikmeter Uranmüll aus der Aufbereitungsanlage im westfälischen Gronau.« Als 2013 das Nationale Entsorgungsprogramm (NaPro) neu eröffnet wurde, kam man auf die Idee, die schwach- und mittelradioaktiven Abfälle im Schacht Konrad in Salzgitter einzulagern. Weil man mit »nur« 300 000 m³ Atommüll rechnete, erweiterte man die Genehmigung auf 303 000 m³, doch die »zusätzlich in der Bilanz aufgetauchten 300 000 Kubikmeter« sollen jetzt, statt in Salzgitter, nunmehr mit in dem noch zu suchenden Endlager für hochradioaktiven Müll untergebracht

selbst bot ihnen den Spielraum. Weil *Helmut Kohl* es so wollte, mußte zum Beispiel die Physikerin *Angela Merkel* als damalige Umweltministerin trotz aller Bürgerproteste die Asse als Zwischen- oder Versuchslager zulassen[37]; längst kennt man die Folgen: Die eingelagerten Fässer sind in einem Zustand, daß sie schon heute kaum mehr umzubetten sind. Wohl, inzwischen will man tatsächlich die Kern-

werden. Sollte das dann doch der erweiterte Schacht Konrad sein? – So viel ist klar: Man hat die Atomindustrie vorangetrieben ohne jede Verantwortung für die Entsorgungsfrage, – und man macht so weiter. MARKUS BERNHARDT. Ein Gespräch mit UWE HIKSCH:»Weltweiter Wiedereinstieg in die Atomenergie«, in: junge Welt, Nr. 203, 2. Sept. 2015, S. 8, berichtet, daß in Großbritannien der Bau von bis zu zehn Reaktoren beschlossen wurde; in Hinkley Point soll für 30 Mrd Euro ein neues AKW gebaut werden. Weltweit sind derzeit 67 Reaktorblöcke mit einer Gesamtleistung von 51 Gigawatt im Bau, davon 25 in China, 9 in Rußland und 6 in Indien. Die Vereinigten Arabischen Emirate bauen mit der Korea Electric Power Corporation in Barakah vier Druckwasserreaktoren; das russische Staatsunternehmen Rosatom hat mit Ägypten einen Vertrag für den Bau von 4 AKW-Blöcken in Dabaa beschlossen und ist auch in Ghana im Geschäft. Bulgarien hat mit dem Westinghouse-Konzern einen neuen Reaktor in Kosloduj beschlossen mit einer Leistung von 1000 Megawatt für 60 Jahre.
37 | Vgl. MAINRAD HECK: Asse im Ärmel, in: Josef-Otto Freudenreich (Hg.): Die Taschenspieler, 126–127: In dem ehemaligen Salzbergwerk Asse im Landkreise Wolfenbüttel wurden zwischen 1965 und 1976 127000 Fässer mittel- und schwachaktiver Abfälle vor allem aus dem früheren Kernforschungszentrum Karlsruhe eingelagert, insgesamt mehr als 28 kg Plutonium mit einer Halbwertzeit von 24110 Jahren. Durchgesetzt wurde die Einlagerung unter Umgehung und Täuschung der Öffentlichkeit. »Betreiber von Kernkraftwerken haben allenfalls zweistellige Millionensummen an Einlagerungsgebühr bezahlt, die Sanierung der maroden Atommüllkippe wird deutlich über drei Milliarden Euro kosten... Das Geld wird nicht von den Energiekonzernen kommen, sondern vom Steuerzahler.« Doch die Zeit drängt – S. 135: »Nach 200 Störfällen wurde schon in den 90er Jahren mit radioaktivem Cäsium 137 kontaminierte Lauge nachgewiesen... Fast 80000 Liter dieser radioaktiv belasteten Lauge waren in der Asse in 975 Meter Tiefe in einen mit Salzguss verfüllten Stollen eingeleitet worden. Der Fall war (sc. als er Juni 2008 bekannt wurde, d.V.) mehr als zehn Jahre geheim gehalten worden.« Zudem ist in der Asse das Mineral Carnallit nachgewiesen worden, das sich im Wasser vollständig auflöst, so daß unbeherrschbare Wassereinbrüche zu befürchten stehen. S. 137: »Seit 2008 war das Münchner Helmholz-Zentrum neue Betreiberin der Asse. Diese Gesellschaft untersteht (sc. in 2008, d.V.) dem Bundesforschungsministerium von *Annette Schavan*«, die der Gesellschaft »erstklassige Kompetenz« im Zusammenhang mit der geplanten Schließung der Asse bescheinigte – man wollte das Bergwerk fluten und mit einer Betonmischung verfüllen. Anfang 2009 wurde die Leitung des Bergwerks der Helmholtz-Gesellschaft entzogen und auf die Bundesanstalt für Strahlenforschung übertragen. »Seitdem wird die Asse nicht mehr unter dem laschen Bergrecht, sondern dem strengen Atomrecht betrieben.« Seit Febr. 2010 will man die 127000 Fässer mit Atommüll aus dem Bergwerk wieder herausholen, doch das könnte 20 Jahre dauern...

industrie an den Kosten ihres Tuns beteiligen, dabei herauskommen aber kann im Bestfall nicht einmal ein Bruchteil der eingestrichenen Gewinne an der angeblich so sauberen und billigen Nutzung der Atomkraft.

Der entscheidende Punkt ist: Es müßten die Preise einer produzierten Ware *fairer*, das heißt weniger unaufrichtig bestimmt werden. *Der faire Preis* einer Ware setzt sich zusammen aus den Produktionskosten *und den Folgekosten*. Nur wenn die Folgekosten in den Preis eingerechnet würden, könnte der Kapitalismus funktionieren; es würden ihm dann von allein die notwendigen Bremsen auferlegt, und er müßte lernen, nicht mehr für die Gewinne einer begrenzten Anzahl von Unternehmern zu produzieren, er stünde unter der Pflicht und der Aufsicht einer Gesellschaft, die es ihm ermöglicht zu produzieren und die dafür bereit ist, seine Produkte zu kaufen. Unter der Auflage, die Folgekosten unternehmerischen Handelns selber zu tragen, wäre der Einsatz von Atomkraft zur Wärme- und Stromerzeugung, realistisch betrachtet, von vornherein so unbezahlbar teuer erschienen, daß er sich prinzipiell nicht gerechnet hätte, also gar nicht erst auf den Markt gekommen wäre.

Speziell im Wohnungsbau zeigt sich übrigens gerade in unseren Tagen, wie die Politik aus gesundheits- und klimapolitischen Gründen durchaus in die Spielregeln des Immobilienmarktes zum Wohle aller einzugreifen vermag. Gegen Brandgefahr wurde noch bis vor ein paar Jahrzehnten Asbest verbaut; inzwischen steht fest, daß Asbest krebserregend ist, – es muß, teuer genug, aus allen öffentlichen Gebäuden (Schulen, Ämtern, Kinos usw.), aber auch aus den privaten Mietwohnungen entfernt werden; also nahm man die Vermieter in die Pflicht, genau das zu tun. Zudem, um die Aufheizung des Klimas zu verringern – und auch um einen neuen »Wachstumsschub« durch staatliche Investitionsmaßnahmen auszulösen –, verordnete die Regierung *Merkel*, eine entsprechende Wärmedämmung an den Wänden der Häuser anzubringen[38]. Auch das war mit enormem finanziellem Aufwand verbunden, es mußte aber verhindert werden, daß die Vermieter die neu entstandenen Kosten eins zu eins in Form von Mietpreiserhöhungen an die Mieter weitergaben. Also mußten die

---

38 | HARALD SCHUMANN – CHRISTIANE GREFE: Der globale Countdown, 251, rechnen damit, daß die BRD trotz Ausstiegs aus der Atomkraft über den Stromsektor den Ausstoß von 110 Mio t CO_2 einsparen könnte, wenn sie u.a. »im großen Umfang in die Wärmedämmung bei Altbauten investiert..., knapp die Hälfte dessen, was ... *Merkel* und ... *Gabriel* bis 2020 erreichen wollen.«

Maßnahmen durch steuerfinanzierte Subventionen flankiert werden. Wieder mußte die Allgemeinheit dafür herhalten, ein Problem zu lösen, das im Rahmen einer einseitig profitorientierten Wirtschaft von den Urhebern selbst nicht zu lösen war und ist.

Warum aber sollen immer wieder die kleinen Leute (diejenigen mit einem Einkommen von etwa 1000 € pro Monat) die Zeche unrentabel gewordener Zechen, gefährlich strahlenden Atommülls, sanierungsbedürftiger Wohnungen und am Ende sogar die Marktverluste bezahlen, die mit der Festlegung einer Mietpreisbremse einhergehen? Wäre es auf dem Wege zu einem wirklich sozialen, also sozialisierten Wohnungsbau nicht vertretbar, den Bewohnern der Villen und Luxusappartements (in Kampen auf Sylt, in München-Grünwald, wo auch immer) eine Art von *Gerechtigkeitssteuer* (eine Wohnungs- und Solidaritätssteuer) aufzuerlegen? Die Baulöwen würden dann die Preise fairer kalkulieren, und die Luxusimmobilien-Besitzer würden sich entsprechend ihren Möglichkeiten an den Kosten, die letztlich alle zu tragen haben, beteiligen. Man müßte nicht mit Zwangsenteignungen und Gewaltmaßnahmen beginnen, man realisierte lediglich die Wahrheit eines Satzes von JEAN JACQUES ROUSSEAU, der lautet: »Die Erde gehört keinem, doch ihre Früchte allen.«[39] Diese Feststellung gilt für Kapitalisten nicht anders als für Sozialisten. Die Aufhebung der Widersprüche im kapitalistischen Preissystem setzt als erstes voraus, daß sie bewußt gemacht werden und ihre Unhaltbarkeit zu Tage tritt. Wenn nach G. W. F. HEGEL Freiheit sich ergibt aus der Einsicht in die Notwendigkeit[40], dann ist sie im Rahmen eines demokratischen Gemeinwesens das Ergebnis einer gemeinsamen geistigen Besinnung und einer entsprechenden gesellschaftlichen Praxis.

---

39 | JEAN JACQUES ROUSSEAU: Diskurs über die Ungleichheit, 173: »Der erste, der ein Stück Land eingezäunt hatte und es sich einfallen ließ zu sagen: dies ist mein Land, und der Leute fand, die einfältig genug waren, ihm zu glauben, war der wahre Gründer der bürgerlichen Gesellschaft. Wie viele Verbrechen, Kriege, Morde, wie viel Not und Elend und wie viele Schrecken hätte derjenige dem Menschengeschlecht erspart, der die Pfähle herausgerissen oder den Graben zugeschüttet und seinen Mitmenschen zugerufen hätte: ,Hütet euch, auf diesen Betrüger zu hören; ihr seid verloren, wenn ihr vergeßt, daß die Früchte allen gehören und die Erde niemandem.«

40 | G. W. F. HEGEL: Phänomenologie des Geistes, 563: »Das Wissen kennt nicht nur sich, sondern auch das Negative seiner selbst, oder seine Grenze. Seine Grenze wissen, heißt sich aufzuopfern wissen. Diese Aufopferung ist die Entäußerung, in welcher der Geist sein Werden zum Geiste ... darstellt... Dieses sein... Werden, *die Natur*, ist sein lebendiges unmittelbares Werden.«

b) Was kostet das Wasser?

Das, was wir bisher gelernt haben, ist nicht schon viel, aber von
großem Wert, um die Anfangsgründe des kapitalistischen Wirtschaftssystems zu verstehen. Als erstes: Wir haben es mit einer Wirtschaftsform zu tun, die sich allein erhält durch Wachstum. Ein
Hauptgrund dafür ist das Konkurrenzprinzip des »freien« Marktes:
nur die immer Größeren können im Wettkampf überleben. Den Preis
auf dem Markt findet ein nicht-monopolistischer Unternehmer als
gegeben vor, aber er kann seine Rendite steigern, wenn er die Menge
des Outputs erhöht. Also wird er genau das tun, wo immer sich die
Gelegenheit bietet. Erhöht sich das Angebot, sinken am Ende auch
die Preise – zur Freude (vermeintlich) der Konsumenten. Doch der
immer höhere Ressourcenverbrauch richtet enorme Schäden in der
Natur an, die in die Preisgestaltung nicht einbezogen werden. Der
Kapitalismus kennt kein anderes Ziel als Gewinnmaximierung buchstäblich um jeden Preis. Er kennt keine Verantwortung, kein schlech-
tes Gewissen; die Folgen seiner Art, zu produzieren und Handel zu
treiben, sind global, doch seine Kostenberechnung folgt ganz und gar
den Regeln der Betriebswirtschaftslehre; da ist jeder Unternehmer
sich selbst der Nächste. An die Wiedergutmachung angerichteter
weltweiter Schäden ist kein Gedanke; dafür sollen diejenigen sorgen,
die ihm soeben noch voller Glück die scheinbar so billig gewordenen
Produkte abgekauft haben, – die Steuerzahler. Das oft beklagte Paradox, daß die Gewinne privatisiert, die Verluste aber sozialisiert werden, ist nicht eine bedauernswerte Fehlsteuerung des Kapitalismus,
es ist sein Wesen.

Und zum zweiten: Es kann natürlich zur Entfesselung der Kräfte
des freien Marktes, wie neoliberale Theoretiker sie propagieren, der
Ruf nach *Privatisierung* nicht laut genug erschallen. Was es aber bedeutet, wenn die Deckung der Grundbedürfnisse von Menschen in
die Hände privater Unternehmerinteressen gerät, zeigte sich vorhin
am Beispiel des Wohnungsbaus: Welch ein Gewinn läßt sich mit
Schrott-Immobilien erzielen! Das »Spiel« war und ist verlockend, wo
immer eine Industriebrache sich bildet, wie beim Niedergang des
Steinkohlebergbaus, oder wo ein politisches System kollabiert, wie
am Ende der DDR, – da wurden die bis dato so unattraktiven Plattenbauten für die Geschäfte der »Treuhand« mit Mal sehr attraktiv:
Man versprach einfachen Kleinsparern wundersame Mieteinnahmen
zu ihrer Alterssicherung, bis daß schließlich die Hypo(theken)Bank,

als Hypo-Real-Estate (HRE) selber hoch verschuldet, mit ihren Sirenenklängen Tausende von Käufern und am Ende auch sich selbst in den Ruin trieb[41].

Man mag bei solchen Praktiken in wörtlichem Sinn von einem »Kapital-Verbrechen« reden, doch, wie gesagt, das Kapital hat keine Moral und gehorcht keinem Rechtsgefühl; was an dem Beispiel vielmehr offenbar wird, ist die unwiderstehliche Logik, mit welcher das kapitalistische System die Wohnungsnot vieler als Chance begreift, um sich privat zu bereichern.

41 | BEAT BALZLI u. a.: Der Bankraub, in: Der Spiegel 47/2008, 17.11.08, 44–80, schildern, wie am 29. Sept. 2003 die Hypo Vereinsbank ihr gewerbliches Immobilienfinanzierungs-Geschäft abspaltete und die neue Bank als Hypo Real Estate Group (HRE) deklarierte, im Verein mit der HRE International in Dublin und der Württembergischen Hypothekenbank; diese neue HRE war mit den Fehlfinanzierungen von Einkaufszentren und Bürogebäuden belastet. (S. 58) Am 29.3.04 legte *Georg Funke*, der Vorstandschef, 156 Mio Euro als Gewinnbilanz vor, weit mehr als die erwarteten 100 Mio. Der »Kreditverbriefungsmarkt eröffnete ganz neue Wachstumsmöglichkeiten, und die HRE stieg nach amerikanischem Vorbild in dieses vielversprechende Geschäftsmodell ein.« »Problemkredite« im Wert von 3,6 Milliarden Euro wurden an den US-Investor Lone Star verkauft, – es war die bis dahin größte Transaktion dieser Art. 4200 Kredite von 1700 Kunden wechselten den Besitzer, und die HRE verkürzte das Volumen ihrer fragwürdigen Kredite in der BRD um ¾. (S. 60) Im März 2007 erreichte die Krise auf dem US-Immobilienmarkt Europa: Der Schweizer UBS drohte ein Ausfall von 1,5 Mrd Dollar des US-Immobilienfinanzierers New Century, der Credit Suisse ein Ausfall von 900 Mio; die HRE war mit einem Finanzierungsvolumen von 6,6 Mrd Euro in den USA engagiert, zur Hälfte davon in Immobilienprojekten. (S. 68) Und jetzt: »Am 15. Jan. 2008 gibt die Hypo Real Estate bekannt, 390 Millionen Euro abgeschrieben zu haben, die sie in strukturierte Finanzprodukte investiert hatte. Der Markt reagiert entsetzt... Die Aktie der Bank verliert im Tagesverlauf zeitweise rund 35 Prozent... Die Welt erlebt schwarze Börsentage von New York bis Shanghai, die größten Einbrüche seit dem 11. Sept. 2001 (sc. dem Anschlag auf die Twin Towers und das Pentagon, d. V.).« (S. 71) Am 25. Sept. stellen HRE-Manager auf einer Investorenkonferenz die Lage als stabil dar und verweisen auf Liquiditätspuffer von 33 Mrd Euro; doch einen Tag später meldet *Funke* sich bei der BaFin (der 2002 gegründeten Bundesanstalt für Finanzdienstleistungsaufsicht mit Sitz in Bonn und Frankfurt) und berichtet ihrem Chef *Jochen Sanio*, es drohe Zahlungsunfähigkeit auf Grund der Verschlechterung der Refinanzierungsmöglichkeit der HRE International Dublin; der ganzen HRE stehe die Pleite bevor. (S. 74) Im Oktober 2008 fordert *Sanio* die HRE auf, die Probleme beim Risikomanagement abzustellen. Aber: Die BaFin überwacht mit 1700 Mitarbeitern mehr als 2000 Banken, 600 Versicherungen, rund 700 Dienstleister und 600 Fonds, – sie ist überfordert. (S. 78) Das Ausmaß der Krise befiel 2008 die ganze Welt und belief sich auf 1,8 Billionen Dollar. Das war die *eine* Blase – die Ramsch-Hypotheken; daneben aber gab es noch 57 Billionen Dollar an Credit Default Swaps (CDS), verpackt in Collaterialized Debt Obligations (CDOs), mit denen die Banken und die Hedgefonds ihre Deals abschlossen und sich gegen Risiken versicherten. (S. 79)

Und eben an diesem Punkt zeigt sich einer der Gründe nicht nur der Unmenschlichkeit, sondern auch der wirtschaftlichen Unhaltbarkeit dieser Art von Wirtschaft: Die Befriedigung der Grundbedürfnisse von Menschen, wie der Notwendigkeit, ein Dach über dem Kopf zu haben, kann nicht dem privaten Unternehmertum als Beute überlassen werden. Der »freie« Markt, von dem es lobend heißt, er decke wie mit Zauberhand im Spiel des Kräftegleichgewichts von Angebot und Nachfrage sämtliche Bedürfnisse mit zweckdienlichen Produkten in genügender Menge zu immer günstigeren Preisen ab, erzeugt, wenn man ihn läßt, genau das Gegenteil: Die Wohnungen sind knapp? Dann steigen augenblicklich die Mieten in die Höhe. Der Wohnungsmarkt wird lukrativ? Dann lohnt es, in die Bauwirtschaft zu investieren. Doch Häuser bauen können nur die Reichen; die Armen müssen sie mit ihren Mieten aushalten. Wohl, in einem gewissen mittleren Bereich scheint für eine Weile tatsächlich ein gewisses Gleichgewicht von Raumerstellung und Raumbedarf sich einzupendeln. Die Unerträglichkeit der ganzen Wirtschaftsanlage jedoch zeigt sich in den Bereichen – nicht des Grenznutzens, sondern: – des *Grenzschadens*, den das Prinzip der maximalen Kapitalverwertung wie von selbst erzeugt: Im Drang nach Wachstum der Rendite kann es Notlagen von Menschen nur zum Geschäftemachen auszunutzen trachten. Je mehr Bedürftigkeit, desto höher der Gewinn! Eben deswegen darf die Versorgung der Grundbedürfnisse *nicht* privatisiert werden, wie es von der (neo)liberalen Marktdoktrin gefordert wird. Eine Politik, die wirklich »demokratisch«, wie das Wort besagt, dem Willen des »Volkes« »Kraft« verleihen möchte, steht in der Pflicht, durch ein Regelwerk von Gesetzen das Raubtier Kapitalismus zu bändigen. (Das Verhältnis Geld und Macht wird uns im 3. Teil im 2. Bd. ausführlich noch beschäftigen.)

Geradewegs dramatisch wird dieses Postulat in der Gegenwart an der immer schwierigeren Versorgung mit *Wasser* deutlich. »Die Wasserversorgung und die Abwasserbeseitigung sind weltweit auch heute noch zu 95 Prozent in öffentlicher Hand. Aber die Größen der Branche versuchen, sich überall dort, wo eine Privatisierung ansteht, möglichst große Teile des Wassermarktes zu sichern. Von den vier weltgrößten Wasserversorgern kommen mit Veolia, Ondeo und Saur allein drei Konzerne aus Frankreich; der vierte ist die deutsche RWE… – Frankreich spielte beim Einstieg von Privatunternehmen in die Wasserversorgung jahrzehntelang eine Vorreiterrolle. Inzwischen wurde es allerdings von Chile, England und Wales überholt, die ihre

Wasserversorgung vollständig privatisiert haben. Acht von zehn Franzosen beziehen ihr Wasser von einem privaten Anbieter, in den städtischen Ballungsgebieten sind es sogar neun von zehn.«[42] Doch inwieweit ist das Modell international anwendbar?

Schon in Frankreich selbst sind die Auswirkungen dieses Systems zweifelhaft. »Seit den 1950er Jahren zahlten die Unternehmen den Gemeinden bei Vertragsabschluss häufig eine Art Eintrittsgebühr, die – in heutiger Währung – zwischen einer und mehreren Millionen Euro betragen konnte. Diese Praxis wurde erst 1995 gesetzlich untersagt. Dieses ›Eintrittsgeld‹ wurde jedoch nicht in die Wasserversorgung und die Abwasserbeseitigung gesteckt, sondern diente den Gemeinden dazu, ihre Haushaltslöcher zu stopfen... Die Verbraucher mußten die Zeche also über die Wasserrechnung bezahlen – und finanzierten, ohne es zu wissen, auch das Antrittsgeschenk des Wasserunternehmens an die Gemeinde. Im Grunde wird die Wasserrechnung damit zum Ersatz für die Gemeindesteuer.«[43] Die Folge war ein hohes Maß an Korruption, die systematische Bereicherung der Firmen und deren Vordringen in fast alle anderen Bereiche der öffentlichen Grundversorgung: Energie, Fernheizung, Abfallentsorgung, Gesundheitsfürsorge, Kantinenverpflegung, Bestattungswesen, Parkplatzbewirtschaftung... Und nachdem erst einmal »der französische Markt gesättigt war, zog es die drei Schwestern in die große, weite Welt hinaus. Zu Beginn der 1990er Jahre knüpfte Suez-Präsident (sc. der Mutterfirma von Ondeo, d. V.) *Jérôme Monod*, der später Berater von Präsident *Chirac* wurde, Kontakte zum damaligen Weltbankpräsidenten *James Wolfensohn*. Innerhalb weniger Jahre entstand ein gewaltiges internationales Netz von Leuten, die sich für die Förderung einer Wasserwirtschaft à la française einsetzten. Das Zauberwort hieß öffentlich-private Partnerschaft (*public private*

42 | MARC LAIMÉ: Rückschläge für das französische Modell, in: Edition Le monde diplomatique, 6/2009: Ausverkauft, 41. – Vgl. FRANZ KOTTEDER: Billig kommt uns teuer zu stehen, 211: »Noch in den Siebzigerjahren des vergangenen Jahrhunderts war Flaschenwasser kein berauschendes Geschäft für die Multis. Damals wurde weltweit eine Milliarde Liter Wasser in Flaschen verkauft... Dann aber erkannten die großen Nahrungsmittelkonzerne das enorme Potential von Wasser... Vorneweg Nestlé.« S. 214: »Seit es die Erde gibt, ist die Menge an Wasser gleich geblieben: rund 1,4 Milliarden Kubikkilometer... Nur 2,6 Prozent davon sind Süßwasser, und davon wiederum etwa ein knappes Drittel Regenwasser... Diese 34000 Kubikkilometer Wasser sind es, mit der die Menschheit rechnen kann... Das Wasser wird nicht mehr, die Menschheit schon.«
43 | MARC LAIMÉ: Rückschläge für das französische Modell, in: Edition Le monde diplomatique, 6/2009: Ausverkauft, 41.

partnership). Viele Einrichtungen, voran der Weltwasserrat, begannen, die internationalen Finanzinstitutionen in diesem Sinne zu missionieren. Mit Erfolg, denn heute gilt allenthalben das Dogma: Nur die öffentlich-private Partnerschaft kann unseren Planeten retten!«[44] Die Wahrheit sieht natürlich anders aus.

Um mit dem uns nächsten zu beginnen: das Beispiel Berlin. Im Jahre 1999 wurden »von der auch damals regierenden Großen Koalition die Berliner Wasserbetriebe zu 49,9 % an ein Konsortium der privaten Konzerne RWE und Vivendi (heute Veolia) veräußert… Seit dieser Teilprivatisierung stiegen die Berliner Wasserpreise um rund 30 Prozent.«[45] Eine »Rekommunalisierung«, wie sie 2013 gefordert wurde, kostete nach mehrjährigen Verhandlungen zwischen Senat und RWE schließlich 654 Millionen Euro, und um diese Summe aufbringen zu können, mußten die Wasserpreise noch einmal erhöht werden. Die Konsumenten können sich nicht wehren. Wasser trinken muß jeder.

Doch eben daraus ergibt sich die entscheidende Frage: »Ist Wasser ein öffentliches Gut, ein Menschenrecht, oder letztlich eben doch Handelsware, Konsumgut, Geldanlage?«[46]

Daß und warum Wasser nicht zu einer Handelsware werden darf, demonstriert der inzwischen legendäre »Wasserkrieg« von Cochabamba in Bolivien, einem der höchstverschuldeten und ärmsten Länder Lateinamerikas: 1999 vergab Militärdiktator *Hugo Banzer* die Wasserversorgung von Cochabamba an die private Firma Aguas del Tunari für eine Laufzeit von 40 Jahren und eine garantierte Rendite zwischen 15–17 % pro Jahr. Nun muß man wissen, daß Aguas del Tunari eine eigens dafür gegründete Tochter von International Water ist, die ihrerseits dem italienischen Energieversorger Edison und dem kalifornischen Bau- und Infrastrukturkonzern Bechtel gehört, – Bechtel allein hat rund 50 000 Mitarbeiter und wies 2008 einen Umsatz von 31 Mrd US-Dollar aus. Die erste Maßnahme der Tochterfirma nun war eine Erhöhung der Wasserpreise, laut Bechtel um 35 %, aber in Wahrheit wohl um das 2–3fache. Das bedeutete bei einem Pro-Kopf-Einkommen von 1000 US-Dollar im Jahr, daß viele Einwohner bis zu 25 % ihres Einkommens nur für die Wasserrechnung hätten zahlen müssen. Sie gingen auf die Straße. Aus lauter Not

---

44 | A. a. O., 43.
45 | BENEDICT UGARTE CHACÓN: Geschenke für Veolia?, in: junge Welt, Nr. 148, 29./30. Juni 2013, S. 5.
46 | NICOLA ABÉ u. a.: Bis zum letzten Tropfen, in: Der Spiegel, 33/2015, 9.

dachten sie wie JEAN JACQUES ROUSSEAU: El agua es nuestra – Das Wasser gehört uns. Und sie legten 2000 die ganze Stadt lahm. Bei Auseinandersetzungen mit Polizei und Militär kamen sechs Menschen ums Leben und 170 Menschen wurden verletzt. Die Regierung verhängte den Ausnahmezustand, erklärte sich dann aber bereit, den Vertrag mit Aguas del Tunari aufzulösen. Daraufhin verklagte Bechtel den bolivianischen Staat beim Schiedsgericht für Investitionsangelegenheit der Weltbank (ICSID) auf 25 Mio US-Dollar Schadensersatz, – so hoch wurde der entgangene Gewinn veranschlagt, während man nicht einmal 1 Mio Dollar in die Wasserversorgung investiert hatte. Erst 2006 zog Bechtel die Klage zurück. Das Beispiel aber machte Schule: Als *Gonzalo Sánchez de Lozada* 2003 mit US-Ölkonzernen ein Abkommen über den Verkauf von Erdgas traf, brachten die Massenproteste *Evo Morales* an die Macht, der die Erdöl- und Erdgasindustrie sowie die Bergwerke verstaatlichte[47].

47 | Der Wasserkrieg in Cochabamba, in: Edition Le monde diplomatique, 6/2009: Ausverkauft, 28. – JEAN ZIEGLER: Der Hass auf den Westen, 203–209: »Im Namen des bolivianischen Volkes...«, schildert, wie es *Evo Morales* mit Hilfe norwegischer Anwälte und Berater sowie algerischer Ingenieure bereits ein Jahr nach seiner Wahl zum Präsidenten 2005 gelang, die energiewirtschaftliche Souveränität Boliviens wiederherzustellen, indem er die ausländischen Unternehmen (Petrobras, Total, BP, Repsol, Exxon) in einheimische Dienstleister umwandelte. »Seit 2006 haben die neuen Verträge erhebliche Steuereinnahmen gebracht. Sie sind 2006 auf 1,3 Milliarden Dollar und 2007 auf 1,5 Milliarden Dollar geklettert. Zum Vergleich: 2003 erhielt der bolivianische Staat von Öl- und Gaskonzernen lediglich 220 Millionen Dollar.« (208) Desgleichen wurden die Bergwerke (Gold, Silber, Zinn, Zink) den westlichen Betreibern entzogen. »2006 stiegen die Bergbauexporte um 126 Prozent. Ihr Wert erreichte eine Milliarde Dollar, die Einkünfte aus dem Bergbau machten 14,7 Prozent des BIP desselben Jahres aus. Anschließend wurden Eisenverhüttung und Elektrizitätswirtschaft, bis dahin mehrheitlich in den Händen nordamerikanischer Privatkonzerne, dem öffentlichen Sektor nach den gleichen Modalitäten eingegliedert.« (209) Als *Evo Morales* am 4. Nov. 2015 Berlin besuchte, erklärte er an der Technischen Universität, »wie es in den fast zehn Jahren seiner Amtszeit gelungen sei, die extreme Armut in dem südamerikanischen Land von 38 auf 15 Prozent der Bevölkerung zu senken. ›Nach 500 Jahren haben wir eine Volksbewegung der Indigenas gebildet und uns erhoben, um politische Rechte einzufordern und die Macht auf demokratische und friedliche Weise zu erobern.‹ – Als er im Januar 2006 sein Amt antrat, hätten in Cochabamba uniformierte Söldner aus den USA in Uniform patrouilliert und mehr Macht gehabt als die Polizei, berichtete er. Die Wirtschaftspolitik Boliviens sei vom jeweiligen Botschafter der USA bestimmt worden, und auch die Besetzung der Ministerposten, sowie hoher Ämter in Armee und Polizei hätte von Washington autorisiert werden müssen ... Die Bewegung der Indigenas habe bewiesen, dass sie das Land besser regieren kann als der Liberalismus ... Zuvor seien die Einnahmen aus der Förderung von Erdöl und Erdgas zu 82 Prozent den Konzernen zugute

Und auch anderenorts erlitten die Wasserkonzerne Rückschläge: 1997 hatte Vivendi/Veolia das Elektrizitätsnetz auf den Komoren (der bis 1975 französischen Inselgruppe zwischen Madagaskar und Mosambik) übernommen, – internationale Kreditgeber hatten 12 Mio € als Anfangsfinanzierung dafür bereitgestellt; doch die Stromversorgung wurde immer schlechter, so daß der Konzern sich schleunigst zurückziehen mußte. Ähnlich erging es Suez: Anfang 1999 hatte die Verwaltung in Atlanta mit der Konzerntochter United Water einen Konzessionsvertrag für 20 Jahre geschlossen, den sie 2003 schon wieder kündigte. Fast gleichzeitig mußte Suez-Ondeo sich aus Manila zurückziehen, da die Stadt eine Tariferhöhung verweigerte. Dabei hatte man 1997 eine Konzession für die Wasserversorgung von 6 Mio Menschen mit einer Laufzeit von 25 Jahren abgeschlossen, mit Hilfe (natürlich!) der Weltbank und des IWF (Internationalen Währungsfonds); aber: in »nur fünf Jahren schnellte der Wasserpreis um 500 Prozent in die Höhe. 2003 mussten die Familien ein Zehntel ihres gesamten Haushaltseinkommens für die Wasserversorgung ausgeben. Die Zahl der Haushalte, die an das Wassernetz angeschlossen wurden, nahm nicht wie erwartet zu. Und im November 2003 brach im Stadtteil Tondo ... eine Choleraepidemie aus. Sieben Menschen starben, 700 erkrankten schwer.«[48] – 2005 mußte sich Suez auch aus Buenos Aires zurückziehen, nachdem die Tochterfirma Aguas Argentinas jahrelang vergeblich mit *Néstor Kirchner* über Tariferhöhungen verhandelt hatte, – 2006 wurde die Wasserversorgung auch dort verstaatlicht. – Und schließlich: Südafrika. Im Auftrag der Stadtverwaltung von Johannesburg hatte Suez Wassergebühren in Soweto durchsetzen wollen und 2003 schon mal die nötigen Wasserzähler installiert; doch die Bevölkerung protestierte, zu Recht, schließlich hatte die südafrikanische Regierung eine gesicherte Wasserversorgung in ihre Verfassung aufgenommen – und sie bekam Recht: 50 l Wasser täglich als kostenlose Basisversorgung wurden jedem Einwohner zugesprochen[49].

Eigentlich sollten solche Erfahrungen zeigen, daß es nicht angeht, die Erfüllung der Grundrechte von Menschen: des Rechts auf Woh-

---

gekommen, nur 18 Prozent flossen in die Staatskassen. Heute sei es umgekehrt.« CARMELA NEGRETE: Geschichtsstunde mit Evo, in: junge Welt, Nr. 257, 6. Nov. 15, S. 1.

48 | MARC LAIMÉ: Rückschläge für das französische Modell, in: Edition Le monde diplomatique, 6/2009: Ausverkauft, 43–44.

49 | A.a.O., 44.

nung, des Rechts auf Wasser, zu einer Angelegenheit von privaten Kapitalinteressen zu erklären. Es gibt Grenzen des Geschäftemachens. Bezeichnenderweise funktioniert das Wassergeschäft denn auch – bisher – nur auf dem relativ luxuriösen *Mineralwassermarkt,* dort allerdings mit zweistelligen Wachstumsraten, indem die großen Lebensmittelkonzerne wie Nestlé (mit 77 Marken von Vittel bis San Pellegrino) oder Danone (Evian, Volvic) die Szene beherrschen; doch sie werden bereits umkämpft von US-Konzernen wie Coca-Cola und Pepsi[50]. So ist freier Markt, doch die Firmen-Erfolge lösen in keiner Weise das weltweite Wasserproblem, im Gegenteil, sie verschärfen es.

Denn: »Überall auf dem Planeten wird das Trinkwasser knapp. Jeder dritte Mensch ist gezwungen, verschmutztes Wasser zu trinken. 9000 Kinder unter zehn Jahren sterben tagtäglich an der Einnahme von Wasser, das nicht für den Konsum geeignet ist. – Von den 4 Milliarden alljährlich in der Welt verzeichneten Durchfallerkrankungen sind 2,2 Millionen tödlich. Vor allem die Kinder und die Säuglinge sind betroffen. Die Diarrhö ... das Trachom (sc. Augenerkrankung bis zur Blindheit, d. V.), die Bilharziose (sc. Wurmerkrankung in Darm und Leber, d. V.), Cholera, Typhus, Ruhr, Hepatitis und das Sumpffieber ... (sind die Folgen). Ungefähr 285 Millionen Personen leben in Afrika südlich der Sahara, ohne regelmäßig Zugang zu unbedenklichem Wasser zu haben, 248 Millionen in Südasien sind in der gleichen Lage, 398 Millionen in Ostasien, 180 Millionen in Südostasien und im Pazifik, 92 Millionen in Lateinamerika und in der Karibik und 6,7 Millionen in den arabischen Ländern.« Dabei wirkt die Spaltung in Arm und Reich sich besonders kraß aus. »Der Zugang zu sauberem Trinkwasser ist im Inneren der Länder sehr ungleich. Im Jahr 2003 verbrauchten zum Beispiel in Südafrika 60 000 weiße Farmen zu Bewässerungszwecken 60 % der Wasserreserven des Landes, während 15 Millionen Schwarze über keinen direkten Zugang zu Trinkwasser verfügten. Die ärmsten Haushalte in Indien wenden bis zu 25 % ihrer Einkommen für die Wasserversorgung auf. In Peru kaufen die benachteiligten Schichten von Lima, die nicht vom städtischen Wassernetz versorgt werden, bei privaten Lieferanten Eimer mit häufig verseuchtem Wasser und bezahlen bis zu drei Dollar pro Kubikmeter. In den bürgerlichen Vierteln von Lima geben die Wohlhabenden hingegen nur 30 Cent pro Kubikmeter aus für Was-

50 | A. a. O., 44.

ser, das vom städtischen Netz gereinigt und geliefert wird.«[51] Die Armut macht die Armut nur noch ärmer.

Was aber macht in dieser Situation Nestlé? Das »Modell, das von Nestlé (sc. in der Nahrungsmittelproduktion, d. V.) forciert wird, bedeutet das Todesurteil für die kleinen und mittleren landwirtschaftlichen Familienbetriebe – und damit für die unabhängige Ernährung des Landes. Ganz zu schweigen davon, dass die extensive, exportorientierte Landwirtschaft die Umwelt zerstört.«[52] Es werden aber weltweit gerade »in der Landwirtschaft 70 % des Wassers ›verbraucht‹.«[53] Und dieser »Rohstoff« – man kann es nicht oft genug sagen – wird immer knapper. Nach einer aktuellen Studie des Welt-Ressourcen-Instituts (WRI) wird jedes fünfte Land der Welt unter extremem Wassermangel leiden. Der Grund dafür ist neben dem Bevölkerungswachstum insbesondere der Klimawandel. »33 % der 167 untersuchten Länder werden im Jahr 2040 ein extrem hohes Risiko für Wasserknappheit aufweisen. Vor allem Länder aus dem Mittleren Osten seien betroffen.«[54]

Ein Hauptproblem der Wasserverknappung ergibt sich infolge der Klimaerwärmung aus dem Abschmelzen der Gletscher. »Laut einer Studie der Weltbank gefährdet das Schwinden des ›ewigen Eises‹ in der Region (sc. in den Anden Lateinamerikas, d. V.) die Versorgung von rund 80 Millionen Menschen. So gewinnt die ecuadorianische Hauptstadt Quito ihr Trinkwasser zu 85 Prozent aus Gletschereis. Auch die Region um die kolumbianische Hauptstadt Bogotá wird fast ausschließlich über die Eisvorräte in den hohen Gebirgslagen versorgt.«[55]

Verstärkt werden die Schwierigkeiten der Wasserversorgung natürlich in den *Großstädten*. Gewußt hat man das bereits in der Antike und dafür geniale Lösungen im Bau von Wasserleitungen gefunden, zumeist als drucklose Gefälleleitungen, – im antiken Samos zum Beispiel in einem Gefälle von 0,4 %. Zwischen 144–140 v. Chr. wurde zur zentralen Versorgung Roms als bereits dritte Leitung die Aqua Marcia gebaut, die aus den Sabiner Bergen Wasser zu einem Verteiler auf dem Viminalis führte. Unter Kaiser *Nerva* (96–98)

51 | JEAN ZIEGLER: Das Imperium der Schande, 256–257.
52 | A.a.O., 263. Die Machenschaften des Konzerns zeigen sich vor allem in der systematischen Zerschlagung der Gewerkschaften.
53 | BERND MÜLLER: Wasser wird knapper, in: junge Welt, Nr. 201, 31. Aug. 2015, S. 9.
54 | A.a.O.,
55 | A.a.O.,

schließlich strömten durch neun Aquädukte täglich mehr als 700 000 m³ Wasser in die Stadt. »Das in Verteilertürmen gereinigte Wasser strömte dementsprechend durch verschieden hoch angebrachte Druckröhren zu den Verbrauchsstellen, wobei der zuoberst liegende Anschluß für die Privatabnehmer bei Wassermangel zuerst ausfiel, während der unten liegende für die Trinkwasserbrunnen ständig versorgt blieb.«[56]

Die Wasserversorgung funktionierte für die Großstädte vor 2000 Jahren offensichtlich deshalb so gut, weil sie als eine öffentliche, nicht private Aufgabe betrachtet wurde, die nur durch zentrale Planung und Ausführung zu meistern war.

---

56 | ALMUT VON GLADISS: Wasserleitungen, in: Der Kleine Pauly, V 1349–1350. – JOHANNES SCHNEIDER: Wasser für Rom, in: Geo Epoche Nr. 50: Rom. Die Geschichte der Republik, 40–52, schildert nicht nur die Technik, sondern vor allem das Ergebnis der römischen Wasserleitungen: Allein der Bau der Aqua Marcia, der dritten Fernwasserleitung Roms, belastete die Staatskasse mit 180 Millionen Sesterzen, – der Jahressold einer Legion lag damals bei etwa 2,4 Millionen Sesterzen (S. 50); der Kampf um die Wasserversorgung Roms war offenbar noch weit wichtiger als die Unterhaltung der Militärmaschinerie. Und vor allem: »Roms Einwohner dürfen kostenlos Wasser zum Trinken und Kochen aus dem Brunnen schöpfen, sich in Badehäusern – für die sie Eintritt zahlen – waschen..., während die Kanäle unter den Toilettensitzen pausenlos durchgespült werden. Doch nur Roms Oberschicht kann all die Annehmlichkeiten, die das Wasser bringt, auch im eigenen Wohnhaus genießen. – Die Höhe des Wassergeldes, das Wohlhabende für diesen Luxus zu entrichten haben, richtet sich nach dem Durchmesser der Zuleitung. 25 verschiedene Normgrößen verwendet die Wasserbehörde, die im 1. Jahrhundert n. Chr. zeitweise 250 000 Sesterzen von den Hausbesitzern kassiert.« (S. 51–52) »Wie kein anderes Bauwerk der Antike entsprechen Roms Wasserleitungen den grundlegenden Bedürfnissen der Bevölkerung... Es sind die Triumphe auf dem Schlachtfeld, die Roms Aufstieg vorantreiben; aber erst die Fernwasserleitungen ermöglichen es der Stadt, über Jahrhunderte groß zu bleiben... Und so wurde, was der Zensor (sc. einer der zwei für fünf Jahre gewählten Steuerfestleger und Initiatoren der öffentlichen Bau- und Militärausgaben, d. V.) *Appius Claudius* (sc. der Erbauer auch der berühmten Via Appia, d. V.) im Jahre 312 (sc. v. Chr., d. V.) mit seiner nur wenige Kilometer langen Leitung begann, zum vielleicht wichtigsten Faktor von Roms einzigartigem Erfolg.« (S. 52) – Ursprünglich durften die frühen Herrschaftssysteme im Alten China, Ägypten, Mesopotamien und Indien allesamt als »Bewässerungskulturen« entstanden sein; vgl. MARVIN HARRIS: Kannibalen und Könige, Kap. 13: Die »Wasser«-Falle, 197–209: »Ich bin der Meinung, daß präindustrielle wasserwirtschaftliche Agrikultur häufig zur Entwicklung von extrem despotischen Bürokratien geführt hat, weil die Expansion und Intensivierung solcher Landwirtschaft – selber eine Konsequenz von reproduktiven Zwängen – allein abhängig war von massiven Bauprojekten ... eines ausgedehnten Netzes von Verteiler- und Spender-Kanälen, Gräben und Schleusentoren... Dämmen, Uferbefestigungen und Entwässerungsgräben«, um genügend Wasser verfügbar zu haben und Wasserschäden zu minimieren. (S. 201)

Mit um so größerem Entsetzen muß man heutigentags mitansehen, wie eine Megacity wie Mexiko-Stadt, ursprünglich in einem See errichtet, sämtliche Wasserprobleme moderner Ballungsgebiete förmlich in sich vereinigt: »zu viele Menschen, ... kaputte Leitungen und Pumpen, ... schlechte Qualität des Wassers. In den Armenvierteln fällt die Trinkwasserversorgung manchmal für mehrere Tage aus, die Versorgung muss dann provisorisch mit Tankwagen abgesichert werden. Diese bringen täglich bis zu 3,5 Millionen Liter an die ›Kunden‹. Von den rund 22 Millionen Einwohnern leben 13 Millionen ohne Zugang zu fließendem Wasser. Dennoch liegt der durchschnittliche Verbrauch in Mexiko-Stadt pro Tag bei knapp 300 Litern, was die Verschwendung der wohlhabenden Bevölkerungsteile deutlich macht. Die Not wird zudem zum Geschäft für Konzerne. So liefern beispielsweise Coca-Cola und Nestlé Wasser in Trinkflaschen und machen damit erhebliche Gewinne: Kostet die Herstellung von 1000 Litern Wasser unter einem Euro, bringt der Verkauf dieser Menge in Flaschen über 1000 Euro.«[57] Gewinne von mehr als 1000 % sind immer lukrativ, der »freie« Markt explodiert, doch die Menschen werden unter seinen Trümmern begraben.

Freilich, schon auf dem Weg zum Geschäft, bei der Produktion und Vermarktung von Nahrungsmitteln, wird der Wasserhaushalt dramatisch belastet. Man macht sich die Relationen von Verbrauch und Nutzen selten wirklich klar: Zur Herstellung von einem Glas Wein werden 109 Liter Wasser benötigt, für 1 l Milch 1020 l Wasser, für 1 kg Hühnerfleisch 4325 l, für 1 kg Käse 5060 l und für 1 kg Rindfleisch 15 500 Liter Wasser[58]. Freilich, wer möchte schon gern auf Wein, Milch, Käse und Fleisch verzichten, – man kann nicht nur nach Pflanzenart allein von Wasser und von Luft leben. Das Problem aber ist nun erneut der unfaire Preis. »70 Prozent des Wassers, das weltweit verbraucht wird, fließen in die Landwirtschaft. Weil auch die Agrarindustrie den Gesetzen eines Systems unterliegt, das globalen Handel und große Konzerne fördert, werden gewaltige Mengen virtuellen (sc. des in der Produktion und im Produkt konzentrierten, d. V.) Wassers um die Welt geleitet.«[59] Doch in die Preise für die jeweiligen Produkte geht das Wasser quasi zum Nulltarif ein, – was es

---

57 | BERND MÜLLER: Wasser wird knapper, in: junge Welt, Nr. 201, 31. Aug. 2015, S. 9.
58 | NICOLA ABÉ u. a.: Bis zum letzten Tropfen, in: Der Spiegel 33/2015, 8. 8. 2015, S. 13.
59 | A. a. O., S. 12.

kostet, ergibt sich aus dem Aufwand seiner Zuführung (dem Bau von Stauseen, Brunnen, Pumpen, Leitungen), es selbst aber steht als eine vermeintlich unerschöpfliche Gabe der Natur gratis zur Verfügung, und wenn es nicht mehr einfach zur Verfügung steht, läßt sich gerade aus seiner Knappheit erst recht Profit machen.

Welche Blüten die Verführung der Gewinnrate auf Grund unfairer Wasser-Preise treiben kann, demonstriert in Europa wie kein anderes Land *Spanien*. Als das Land 1986 der Europäischen Gemeinschaft beitrat, begann rauschhaft – parallel zu dem Bauboom mit Betonsilos als Hotels entlang der Küste – in dem sonnenreichen Land rund um die Stadt Huelva die Errichtung von Erdbeerplantagen, bestimmt für den Export. Pro Jahr verbrauchen diese Felder 20 Mio m^3 Wasser, rund 2000 Hektar Wald fielen der Rodung der Flächen zum Opfer, von denen 63 % nicht gepachtet, sondern – bei der Armut der Bevölkerung verständlich – illegal bepflanzt wurden. »Zwei Drittel der Fincas werden aus illegalen Quellen bewässert. – So hat das Rocina-Flüsschen (sc. der Arroyo de la Rocina, d. V.) in den vergangenen Jahren die Hälfte seines Wassers verloren. Dabei ist es einer der wichtigsten Zuflüsse für den Naturpark Doñana, Reservat für seltene Vögel und Wildtiere... – In ganz Spanien, so schätzt das Landwirtschaftsministerium, werden aus einer halben Millionen illegaler Brunnen Hunderttausende Hektar Land widerrechtlich bewässert. Das verschlingt jährlich eine Grundwassermenge, die den Bedarf von 60 Millionen Menschen decken könnte.«[60] Doch statt den Irrsinn zu stoppen, versprechen die Politiker in dem schuldengeplagten Land den Bauern noch mehr Wasser: Aus dem Guadalquivir soll durch eine Umleitung das nötige Wasser herbeigeschafft werden. Das Ergebnis ist vorhersehbar: Bis Mitte dieses Jahrhunderts wird, wenn man so fortfährt, der Süden Spaniens in eine Wüste verwandelt sein. Dann wird das so billige Wasser, das bei Preisfestsetzung wasserabhängiger Produkte scheinbar keine Rolle spielen muß, schier unbezahlbar sein.

Wie es bei Beibehaltung dieser Praxis kommen wird, läßt sich derzeit schon in *Kalifornien* beobachten. Unter *George W. Bush* wurde die Warnung vor den Folgen der Klimaerwärmung als ein Versuch linker Kreise betrachtet, die Weltmachtstellung der USA in ihrer Wirtschaftskraft zu schwächen, – im übrigen baute man noch mehr Atomkraftwerke: »zum Klimaschutz«; auch *Barack Obama*, der sich

60 | A. a. O., S. 11–12.

ab August 2015 erstmals bemüht, gegen Ende seiner achtjährigen Regierungszeit als erster amerikanischer Klimaschützer im Amt eines Präsidenten in die Geschichte einzugehen[61], leistete sich das Versprechen einer CO_2-Reduktion erst nach der Eröffnung der Öl- und Gasförderung durch die Fracking-Methode, ohne auf den dafür notwendigen Wasserverbrauch sowie auf die Gefahren für das Grundwasser irgendeine erkennbare Rücksicht zu nehmen. Dabei könnte gerade die Tragödie im kalifornischen Central Valley der Grundeinstellung der Bewohner von God's own country eine bittere Lektion erteilen, als die berufenen Herren der Welt vermöchten sie sich leichthin auch als die Herren über die Natur aufzuspielen. Die Fehler jedenfalls geraten allein von der Größe her in der Tat nach US-amerikanischem Format: Nirgendwo sonst hat man zur Bewässerung des Südwestens Kaliforniens so rigoros Feuchtgebiete trockengelegt; über ein 1500 km langes Aquädukt wird Wasser nach Los Angeles und ins Central Valley geführt. 2 % trägt die Landwirtschaft zur Wirtschaftsleistung Kaliforniens bei, doch bei 80 % liegt ihr Wasserverbrauch. Daher kann man sich selbst in Deutschland fragen: Muß man wirklich kalifornische Weine in hiesigen Supermärkten angeboten bekommen? Aber: »Der Bundesstaat (sc. Kalifornien, d.V.) produziert rund die Hälfte des Gemüses, der Früchte und der Nüsse, die in den USA erzeugt werden, außerdem große Mengen Milch und Fleisch. Wurden vor zehn Jahren 16 Prozent dieser Agrarprodukte ins Ausland exportiert, sind es heute 25 Prozent.«[62] Inzwischen ist der Teufelskreis geschlossen: die Durchschnittstemperaturen steigen sogar noch schneller als im globalen Durchschnitt, die Verdunstung nimmt zu, die Böden trocknen aus, und alljährlich suchen großflächige Feuersbrünste Kalifornien heim. Und vor allem: Der Grundwasserspiegel sinkt immer tiefer. Farmer, die reich genug sind, können sich zur »Rettung« aufwendige Tiefbrunnenbohrungen leisten, doch damit fällt der Wasserspiegel unaufhaltsam weiter, und die Schwächeren sitzen buchstäblich auf dem Trockenen. Der Wachstumsdrang und der »freie« Wettbewerb erzeigen – auch hier – ihr wahres Gesicht.

61 | Was nur wäre geworden, wenn ein Mann wie *Al Gore* 1988 bei seiner Bewerbung um die Präsidentschaftskandidatur der Demokratischen Partei sich gegen den 1989–1993 amtierenden *George Bush* sen. hätte durchsetzen können? Sein Buch: *Wege zum Gleichgewicht*, erschien 1992 und hätte, verbunden mit der entsprechenden Macht, die Welt verändern können.
62 | NICOLA ABÉ u. a.: Bis zum letzten Tropfen, in: Der Spiegel 33/2015, 8.8.2015, S. 13.

Doch eben: nicht schlecht für das freie Unternehmertum! *Willem Buiter*, Chef der Citibank, hat schon 2011 in einem Strategiepapier gezeigt, wie echte Moneymaker denken: »Wasser«, schrieb er, »wird in meinen Augen als Anlageklasse Öl, Kupfer, landwirtschaftliche Produkte und Edelmetalle in den Schatten stellen.« [63] Wie wahr! Kann man nicht Wasser fördern und transportieren wie Erdöl? Und damit vergleichbare Geschäfte machen? Oder noch viel bessere! Menschen können leben ohne Erdöl, ohne Wasser nicht. An *Wassersparmodellen* läßt sich heute schon verdienen: In Mexiko nahm Nestlé 2014 eine Milchpulverfabrik in Betrieb, die kein zusätzliches Wasser benötigt, sondern der Milch selbst durch Trocknung das Wasser entzieht[64]. *Peter Brabeck-Letmathe*, der Verwaltungsratspräsident von Nestlé, brachte die Sache bereits im Jahr 2012 auf den Begriff, als er gegenüber dem »Wall Street Journal« die Devise ausgab: »Gebt 1,5 Prozent des Wassers umsonst ab, erklärt sie zum Menschenrecht. Aber überlasst die restlichen 98,5 Prozent dem Markt. Dessen Kräfte werden die bestmögliche Ordnung schaffen.«[65] Die Gewinnerwartungen, die in diesem Programm stecken, kann man ersehen, wenn man die Schätzung der Organisation für wirtschaftliche Zusammenarbeit und Entwicklung beim Wort nimmt, es müssten zum Aufbau der notwendigen Infrastruktur für die Wasser-

63 | A. a. O., S. 13. – Überall sind die Bodenschätze in den Ländern der Dritten Welt ein Anreiz zum Landraub durch die Konzerne der Industrieländer. Auf den *Philippinen* z. B. werden die Bodenschätze, neben Gold und Silber vor allem Kupfer, Zink und Nickel, auf 800 Mrd Euro an Wert geschätzt, lagernd unter 30 Mio ha Land. »Seit 1995 dürfen auch ausländische Firmen diese Ressourcen ausbeuten. Menschenrechtsorganisationen sprechen von Landraub: Mulitnationale Konzerne würden viele Philippiner aus rohstoffreichen Regionen vertreiben«, – gegen den lokalen Widerstand der Bevölkerung. TOBIAS MATERN: Schwester Stella kämpft, in: SZ, Nr. 1, 2. 3. Jan. 2016, S. 7.
64 | NICOLA ABÉ u. a.: Bis zum letzten Tropfen, in: Der Spiegel 33/2015, 8. 8. 2015, S. 13.
65 | A. a. O., S. 14. – JEAN ZIEGLER: Das Imperium der Schande, 266–270: Die fetten Kühe sind unsterblich, meint dazu: »*Brabeck* ist ein erfahrener Kämpfer im Dschungel der Weltmarktpreise für landwirtschaftliche Rohstoffe. Er weiß, wie man Druck auf die Weltkurse ausübt, um seine Selbstkostenpreise zu senken, ohne diese Senkungen über die Preise an die Konsumenten weiterzugeben. Ein Beispiel: In Äthiopien mussten die Kaffeebauern mit ansehen, wie der Verkaufspreis der Bohnen innerhalb von fünf Jahren um zwei Drittel eingebrochen ist. In der gleichen Zeitspanne hat sich der Preis für eine Tasse Kaffee in einem Genfer Bistro verdoppelt.« (S. 267) Oder: *Pakistan!* 1999 behauptete Nestlé in einer großen Kampagne, das Trinkwasser in den Netzen der Großstädte sei unsauber, und trotz eines beruhigenden Gutachtens der WHO war die Panik so groß, daß Nestlé mit Riesenprofiten Wasser in Flaschen auf den Markt warf (S. 269).

versorgung etwa 1,3 Billionen US-Dollar pro Jahr investiert werden[66], – ein gigantischer Markt, eine nie endende Einnahmequelle!

Doch eben darum darf der neoliberale Traum der Privatisierung der Wasserwirtschaft nicht aufgehen. Auf dem freien Markt mag man konkurrieren um die günstigsten *Wasseraufbereitungsverfahren* und vor allem anderen: um die effizientesten Verfahren zur *Meerwasserentsalzung*; doch sind diese erst einmal installiert, muß das Geschäftemachen ein Ende haben. Der »Rohstoff« Wasser, auch und gerade als ein industrielles Produkt, muß nach wie vor allen gehören; denn ein fairer Preis, der wiedergibt, was das immer knapper werdende Wasser wirklich kostet, ist, auf dem freien Markt gehandelt, für die absolute Mehrheit der Bevölkerung unerschwinglich; sie wäre zum Verdursten verurteilt. Es ist nicht zu viel gesagt: In bälde wird schon rein physisch das kapitalistische Wirtschaftssystem erweisen, was es wirklich bedeutet: – das Überleben einzig der oberen 10 %; alle anderen verurteilt es zu einem langsamen Sterben, es sei denn, die 90 % der Menschheit bereiteten ein Ende denen, die in der weltweiten Not aller anderen nach den Gesetzen des Marktes einen unwiderstehlichen Geschäftsanreiz sehen.

Rein technisch zu lernen ist im Umgang mit Wasser von *Israel*. Für den zielgerecht expandierenden Staat in Nahost ist die Wasserversorgung so überlebenswichtig wie kaum sonst wo auf Erden. Im Jahre 2005 waren während einer Dürre die Wasservorräte aus dem See Gennesaret und dem Jordan zugunsten der wasserhungrigen Landwirtschaft absolut überbeansprucht; da geschah endlich energisch, was seit Jahrzehnten vielerorts hätte geschehen müssen: *Meerwasserentsalzung* in industriellem Stil. Die Verfahren dazu sind allbekannt, – auf Helgoland probiert seit Jahrzehnten eine kleine Versuchsanlage mit dem Verfahren der Umkehrosmose dem Meerwasser das Salz zu entziehen, indem man es durch tausende von Kunststoffmembranen preßt. In Israel errichtete *Avraham Tenne* eine solche Anlage, die inzwischen 26 Mio l Wasser pro Stunde produziert, – »genug, um den Großraum Tel Aviv zu versorgen.«[67] Und auch im Wasserrecycling liegt das kleine Israel beim Wasserverbrauch seiner Landwirtschaft ganz vorn. Zum Vergleich: während die Recyclingquote in Israel bei 86 % liegt, rangiert sie in Spanien bei 17 %, in den

---

66 | NICOLA ABÉ u. a.: Bis zum letzten Tropfen, in: Der Spiegel 33/2015, 8. 8. 2015, S. 14.
67 | A. a. O., S. 15.

USA bei gerade mal 1 %[68]. Da ist nach oben hin enorm viel Platz für günstigere Lösungen.

Gleichwohl wäre es fatal, die Antwort auf das Wasserproblem allein oder hauptsächlich von solchen – freilich dringend benötigten – technischen Fortschritten erwarten zu wollen. Ändern muß sich die Politik, ändern muß sich die Wirtschaft, ändern muß sich die Auffassung von der Stellung des Menschen inmitten der Welt. Denn gerade am Beispiel Israel sind zugleich auch die verheerenden Schäden zu erkennen, die eine Beibehaltung alter nationalistischer Interessenwahrung im Umgang mit dem Wassermangel zur Folge hat. Nichts in der Natur, weder die Sonne, noch der Wind, noch der Regen, weder der Boden, noch die Bodenschätze, noch die Ressourcen zum Leben, enden just an der Grenze des eigenen Landes, so gern die Ideologen des Chauvinismus, des Imperialismus oder, in diesem Falle, des Zionismus es auch hätten. Aber: 1995, in dem Jahr, in dem der friedensbereite *Rabin* von einem jüdischen Ultra ermordet wurde, schanzte sich Israel im sogenannten Oslo II-Abkommen das Anrecht auf 80 % des Wassers im okkupierten Westjordanland zu, ganze 20 % sollten den Palästinensern verbleiben. Angeblich stellte dieser Vertrag eine Übergangsregelung dar; doch wurde daraus unter *Ariel Scharon* ein Daueranspruch auf das Wasser eines Landes, das, rechtverstanden, Gott der Schöpfer, von alters her nur »seinem« Volk gegeben hatte[69]. In Gaza, das von Israel als Sitz der Hamas in ein gigantisches Freiluftgefängnis für über 1 Mio Menschen verwandelt worden ist[70],

68 | A. a. O., S. 15.
69 | Daß es auch anders möglich ist, »Zionismus« zu interpretieren, zeigte MARTIN BUBER: Eine binationale Auffassung des Zionismus, 1947, in: Politische Schriften, 164–172, wo er den »Bann der traditionellen Kolonialpolitik« in der jüdischen Siedlungsarbeit beklagte (S. 165).
70 | NORMAN G. FINKELSTEIN: Antisemitismus als politische Waffe, 269–284: Häuserzerstörungen als Sicherheitsmaßnahmen, zeigt die Zustände dort noch während der Besatzungszeit: Mehr als 2500 palästinensische Häuser wurden allein 2004 bei Beginn der zweiten Intifada im Gaza-Streifen zerstört (S. 275). Der Pro-Kopf-Wasserverbrauch der jüdischen Siedler im Gazastreifen lag seinerzeit pro Jahr bei rund 2240 Kubikmetern, »während der Verbrauch der dort lebenden Palästinenser nur bei 140 Kubikmetern lag – ein Verhältnis von 16 zu 1.« (S. 287) »Außerdem beschlagnahmte Israel illegal mehr als die Hälfte des Landes im Gazastreifen und teilte 25 Prozent des Landes jüdischen Siedlern zu, deren Zahl laut dem Israelischen Zentralamt für Statistik zuletzt 7500 betrug. Damit stellten die Siedler 0,5 Prozent der Gesamtbevölkerung im Gazastreifen (1,3 Millionen)... In einem der am dichtesten bevölkerten Landstriche der Welt wurde jedem jüdischen Siedler 85 mal mehr Land zugesprochen als einem Palästinenser.« (287–288) Was den Wasserverbrauch angeht, so betrug der jährliche Pro-Kopf-Verbrauch für

gelten 96 % aller Wasserquellen als verschmutzt mit Salz- und Abwasser. – Woher der Terrorismus kommt? Unter anderem aus Wassermangel! Und aus der Ungleichheit, daß ein gewalttätig eingerichteter, von der UNO mehrfach verurteilter Schutzzaun quer durch enteignetes Land Menschen einteilt in solche, die in Wasser baden und mit Wasser ihre Autos waschen, und in solche, die kaum genug zum Trinken haben.

Und so wie zwischen Israelis und Palästinensern schon heute, droht in nächster Zeit der Konflikt um das Wasser global zu eskalieren. Die Kriege der Zukunft werden dem Zugriff auf trinkbares Wasser gelten. Sie werden »asymmetrisch« geführt werden, indem diejenigen, denen schon jetzt fast alles gehört, die 10 Prozent ihrer Besitz»rechte« auch mit militärischen Mitteln gegen diejenigen verteidigen werden, die mit bloßen Händen um ihr Überleben kämpfen. Längst schon ist dieser Krieg im Gange: Im Schatten des Drogenkrieges legen die USA ihre Hände bereits prophylaktisch auf die wasserreichen Gebiete *Kolumbiens;* – wer zumindest Teile der Quellströme des Amazonas kontrolliert, sichert seinen Anspruch auf Weltherrschaft besser ab als durch den Besitz modernisierter Atombomben. Umgekehrt läßt sich die Wasserknappheit durch extensive Nutzung gerade des Amazonas zum Zwecke der Energiegewinnung weiter steigern: Der Südosten *Brasiliens*, nicht zuletzt auch die Riesenstadt São Paulo, leidet unter Dürre, doch die Regierung unter *Dilma Rousseff* setzt weiter auf den Ausbau der Wasserkraft in Amazonien. »Bis 2018 will sie 42 Milliarden Real (rund zwölf Milliarden Euro) in neue Energieprojekte zur Stromerzeugung stecken.

---

den häuslichen, städtischen und industriellen Bedarf in Israel 128 Kubikmeter, für die im Westjordanland lebenden Palästinenser 26 Kubikmeter, ein Verhältnis von 5:1 (S. 288). Es ist betrüblich und empörend zu sehen, daß im Prinzip sich die Verhältnisse im Umgang mit der arabischen Bevölkerung in Palästina bis heute nicht geändert haben, – trotz Abzug aus dem Gazastreifen und zwei darauf folgenden Kriegen mit unglaublichen Verwüstungen *nicht.* NOAM CHOMSKY: »Weil wir es so sagen«, 69–77: Gaza: Das größte Freiluftgefängnis der Welt, verweist darauf, daß in den Abkommen von Oslo 1993 zwei Entsalzungsanlagen vorgesehen waren. »Eine davon, eine moderne Anlage, wurde errichtet: in Israel. Die andere steht in Khan Yunis, im Süden des Gazastreifens. Der technische Leiter der Anlage erklärte, dass diese Anlage so entworfen wurde, dass sie kein Meerwasser entsalzen kann, sondern nur Grundwasser. Das ist eine billigere Technik, die aber den an sich schon spärlichen Wasserträger weiter belastet… Das Hilfswerk der Vereinten Nationen für Palästina-Flüchtlinge im Nahen Osten (UNRWA) … warnt, dass … der Gazastreifen … im Jahr 2020 kein bewohnbarer Ort mehr sein wird.« (73–74) Will Israel das? Offenbar!

Der Großteil davon, zehn Milliarden Euro, wird in die beiden Megastaudämme São Luíz und Jatobá am Rio Tapajós fließen. – Beim Projekt São Luíz werden 729 Quadratkilometer Regenwald unter Wasser gesetzt, um laut Plan jährlich 8040 Megawatt Strom zu erzeugen. Der Stausee des Jatobá-Vorhabens am selben Fluß wird eine Fläche von 646 Quadratkilometer überschwemmen und soll 2338 Megawatt erzeugen. Opfer der beiden, seit Jahren von Wissenschaftlern und Umweltschützern kritisierten, Großvorhaben am Rio Tapajós sind nicht nur artenreiche Regenwaldflächen. Auch Tausende von Flußanwohnern (Ribeirinhos) und Ureinwohner, deren Häuser, Land und Jagd- bzw. Sammelgebiete in den Stauseen verschwinden werden.«[71] Besonders betroffen sind die Munduruku-Indios, deren Territorium bei dem Projekt zu einem Großteil überflutet werden wird. Doch was soll das Lebensrecht »rückständiger« Kulturen, wenn es um Wirtschaftswachstum – schon zur Rückzahlung von Auslandsschulden – geht? Auch zahlreichen wandernden Fischarten wird mit den Staudämmen das Überleben unmöglich gemacht; doch was soll wichtiger sein: der Erhalt von nur hier vorkommenden Fischen oder die Versorgung von Millionen Menschen mit Elektrizität? Aber wieder: Wie teuer müßte ein fairer Preis für Strom kalkuliert werden, wenn die angerichteten Schäden an Natur und Mensch in die Kostenrechnung Eingang fänden? Er wäre unbezahlbar, und eine solche Art von »Wachstum« fände erst gar nicht statt. – Oder noch ein Beispiel: die *Türkei*. Mit dem Bau des Euphrat-Staudamms gefährdet sie nicht nur die Wasserversorgung des Irak, sie hat auch die Überflutung unwiederbringlicher archäologischer Kulturstätten in Kauf genommen[72]; zudem wird Syrien ein Teil seiner Wasserreser-

71 | NORBERT SUCHANEK: Wasserkraft hat Vorrang, in: junge Welt, Nr. 192, 20. Aug. 2015, S. 9. – DERS: Tod am Rio Doce, in: junge Welt, Nr. 268, 19. Nov. 2015, S. 9, berichtet von dem Bruch zweier Staudämme, die Becken voller Abraum und Abwässer der Erzmine Samarco begrenzt hatten, aus denen nun die Ausflüsse den Rio Doce auf über 660 km ökologisch zerstören. »Am 5. November (sc. 2015, d.V.) führte dies zu der bislang größten Bergbaukatastrophe in der Geschichte Brasiliens.« Die Schlammflut vernichtet alles Leben im und am Fluß. Die endemischen Tierarten des Rio Doce (des »süßen Flusses«) müssen als ausgerottet gelten.
72 | Die Rettungsgrabungen im oberen Euphrattal anläßlich der Errichtung des Staubeckens haben jungsteinzeitliche und präurbane Kulturen aus der protosyrischen Periode (3000–2000) zu Tage gefördert mit Ansätzen einer reifen Stadtkultur, insbesondere in Habuba Kebira, das von der Überflutung vernichtet wird. Vgl. STEFANIA MAZZONI: Syrien, in: Leone Fasani (Hg.): Die illustrierte Weltgeschichte der Archäologie, 401. – Die räuberische Wasserpolitik der Türkei geht auf *Süleyman Demirel* zurück, der 1993 mit dem Argument, daß die Quellen von Euphrat

ven entzogen – die Böden versalzen. Und wie zum Hohn obendrein noch versorgte die Türkei die Syrer eine Zeitlang mittels Tanklastzügen mit Wasser, damit die Bevölkerung dort gewissermaßen sich das gestohlene Wasser teuer zurückkaufen konnte. Das alles geschah längst vor 2001, dem Einmarsch der USA in den Irak, und vor 2011, dem Ausbruch des CIA-entfachten Bürgerkriegs in Syrien; beide Staaten sind heute bis zur Wehrlosigkeit zerfallen, doch schimmern hinter den geostrategischen und erdölorientierten Interessen auch hier bereits die Verteilungskämpfe um Trinkwasser durch.

Dieses vor Augen, kann man den *Spiegel*-Autoren nur zustimmen, die im August 2015 schrieben: »Es geht ... um die Frage, wie sich Wasserkriege und Hungersnöte verhindern lassen... Mit dem Klimawandel rückt auch die Wasserkrise näher, sie erreicht nach dem weit entfernten Kalifornien auch die südlichen Länder Europas.«[73] Was kann man tun? Die zu ergreifenden praktischen Maßnahmen liegen gleich zweifach auf der Hand:

1) die Verunreinigung und Vergeudung der Wasserreserven müßte gestoppt werden, und auch da bestünde das wirksamste Mittel erneut in der Bildung fairer Preise. Wieso dürfen die »Billig«tankerflotten von ein paar Ölkonzernen jenseits aller Sicherheitsauflagen die Weltmeere verschmutzen und, wie die »Exxon Valdez« im Prince-William-Sund bei Alaska[74], wenn ein berauscht in der Koje liegender Kapitän sein Schiff auf Grund setzt, selbst bei der auf Jahre hin empfindlichen Störung eines einzigartigen Biotops ohne resolute Wiedergutmachungsauflagen davon kommen? Würde der Erdöltransport auf den Meeren, würde die Schadstoffeinleitung in die Flüsse durch die Landwirtschaft[75] all das kosten, was an Geldmitteln für die Rei-

---

und Tigris auf türkischem Boden liegen, das Anspruchsrecht auf das Wasser erhob und die Türkei zum Wassermonopolisten in der Region erhob. Das Südanatolien-Projekt (Güneydoğu Anadolu Projesi, GAP) ist das größte Wasserprojekt im Mittleren und Nahen Osten. WILFRIED BOMMERT: Bodenrausch, 199.
73 | NICOLA ABÉ u. a.: Bis zum letzten Tropfen, in: Der Spiegel 33/2015, 8. 8. 2015, S. 16.
74 | Vgl. AL GORE: Wege zum Gleichgewicht, 119.
75 | Warnend erklärt J. W. MAURITS LA RIVIÈRE: Bedrohung des Wasserhaushalts, in: Spektrum der Wissenschaft, 11/1989, S. 84: »Eine Verschmutzung des Grundwassers ist ... nicht mehr rückgängig zu machen... In Europa und den USA ... weisen zwischen 5 und 10 Prozent aller untersuchten Brunnen Nitratwerte auf, die den empfohlenen Höchstwert von 45 Milligramm pro Liter übersteigen.« Gefahr droht insbesondere den Küstenregionen der Meere, in deren Nähe der größte Teil der marinen Fauna und Flora konzentriert ist, durch den Eintrag von Schadstoffen. Zudem: »Jährlich gelangt etwa ein Tausendstel der weltweit geförderten

nigung der Gewässer aufgebracht werden muß, und würden diese Kosten in den Preisen der Endprodukte verrechnet werden, – es würde das Immer-Mehr und das Immer-weiter-so schlagartig stoppen; es wäre ein unerläßlicher Schritt zum Erhalt einer Ressource, die allen gehört, schon weil alle davon leben: des Wassers.

2) Ein zweiter wichtiger Schritt besteht im Kampf gegen den Klimawandel. Die Begrenzung des CO_2-Ausstoßes durch Einsatz erneuerbarer Energien ist unerläßlich; doch mindestens genauso wichtig, wenn nicht noch wichtiger, ist ein Ende der Zerstörung der tropischen Regenwälder und des Waldbestands in den gemäßigten Breiten. »Wälder sind Kohlenstoffsenker, weil sie der Atmosphäre Kohlendioxyd entziehen und als Biomasse in Blättern und Holz jahrzehntelang speichern können.« Das wirkt dem Klimawandel entgegen, während umgekehrt das Abholzen der Wälder genau diesen wichtigen Mechanismus reduziert. Neuere Schätzungen ergeben, daß weltweit 3,04 Billionen Bäume existieren, das sind mehr als früher angenommen; aber eine Forschergruppe um *Thomas Crowther* von der Yale Universität fand bei ihrer Untersuchung auch, daß jährlich 15 Milliarden Bäume verschwinden, und so hebt sie hervor: »als der entscheidende Faktor für die Zahl der Bäume in allen Klimazonen und Waldtypen entpuppte sich der ›negative Einfluss des Menschen‹.«[76] Noch kostet die Zerstörung der Wälder scheinbar nur gerade so viel wie an Lohnkosten, Materialaufwand und Transport von Holz investiert werden muß, doch der Klimawandel macht unübersehbar deutlich, was auch sonst schon zu wissen war: Es gibt die »Rohstoffe« der Natur nicht umsonst; sie selbst ist ein lebender Organismus, und wer sie als »Ressource« nutzen will, muß sie am Leben erhalten, – Gleichgewicht also zwischen Wirtschaft und Natur, statt Preisbildung als Gleichgewicht von Angebot und Nachfrage auf dem Markt. Man kann, wie vorgeschlagen, Wiederaufforstungsprogramme starten mit dem Ziel, eine Billion Bäume nachzupflanzen; doch selbst wenn das geschähe, – die Vielzahl der Arten und die Komplexität ihres Zusammenlebens ist, wenn zerstört, nie mehr regenerierbar. Um zu verhindern, daß die Zerstörung voranschreitet, muß das quantitative Wachstum der Wirtschaft – und damit das Wachstum der Naturzerstörung – durch die Bildung fairer

Erdölmenge ins Meer – dies entspricht ungefähr 5 Millionen Tonnen oder mehr als einem Gramm pro 100 Quadratmeter Meeresoberfläche.« (S. 85)
76 | SASCHA KARBERG: Drei Billionen Bäume, in: Tagesspiegel, 3. Sept. 2015, S. 26.

Preise begrenzt oder gar umgekehrt werden: Gemessen am Bestand der Natur, leben wir längst über unseren Verhältnissen; ein wirklicher die Zukunft sichernder Fortschritt ist Weniger, nicht Mehr, und der wichtigste Beitrag dazu ist ein Umdenken in der Preisbildung: Was kostet die Herstellung eines Produkts, wenn nicht nur die betriebswirtschaftlichen Produktionskosten dabei berechnet werden, sondern auch die Kosten für die Restitution der Schäden an der Natur zu Buche schlagen? Wenn die Waren kosten, was sie an zerstörten Werten bei ihrer Herstellung in sich aufgenommen haben, dann, aber dann auch erst, mögen sie auf einem »freien« Markt gehandelt werden. Und manche »Waren« werden dort erst gar nicht erscheinen, weil sie keine Handelswaren sind, sondern die Fundamente menschlichen Lebens darstellen: ein Dach über dem Kopf und Wasser zum Trinken zählen dazu; doch das ist noch nicht alles.

c) Was kostet die Welt?

Mittlerweile zeichnet sich ein recht klares Bild ab von einer zentralen Ursache der scheinbar so verschiedenen Probleme: *ökologisch* der Zerstörung der tropischen Regenwälder, des Ausstoßes von Schadstoffen, der Klimaerwärmung oder der Wasserknappheit, *sozial* der Ungleichheit von Arm und Reich, von Überfluß und Hunger, von Immobilienbesitz und Wohnungsnot. Hinter all den Konflikten wird ein und dasselbe Bestreben des kapitalistischen Wirtschaftssystems erkennbar: als Unternehmer auf dem »freien« Markt in wechselseitiger Konkurrenz bei vorgefundenem Preis die Rendite zu maximieren. Zu diesem Zweck *muß* man die Produktionskosten im Vergleich zu anderen Mitanbietern verbilligen; das aber geht nur auf zwei Wegen: durch Lohneinsparung (wozu wir im nächsten Abschnitt kommen werden) und durch Verbilligung der Rohstoffe; das eine bedeutet eine immer effizientere Ausbeutung der menschlichen Arbeitskraft, das andere einen immer rücksichtsloseren Zugriff auf die Böden und die Bodenschätze vor allem in Afrika, Asien und Lateinamerika. Für die Unternehmen, Firmen, Finanzjongleure und Konzerne soll alles möglichst billig und gewinnträchtig zu haben sein – buchstäblich um jeden Preis.

Die einfachste Rechnung dabei lautet: Menschen müssen nicht nur trinken, sie brauchen auch etwas zu essen, – nur wer die Nahrungsmittelproduktion beherrscht, beherrscht die Welt; an dieser Stelle brauchen wir das bisher Gehörte nur zusammenzutragen und können blind vorhersagen, was derzeit geschieht. – Allein die *Bevölkerungsvermehrung*! Setzen wir, wie angegeben, die Weltbevölkerung um 1950 noch auf 2,5 Mrd Menschen an, so stand damals rein rechnerisch pro Kopf noch eine Ackerfläche von 5600 m^2 zur Verfügung; um das Jahr 2000 betrug die Zahl der Menschen bereits 6,1 Mrd, – pro Kopf reduzierte sich die Ackerfläche damit auf 2300 m^2; im Jahre 2050 werden vermutlich 9,1 Mrd Menschen die Erde bevölkern, also daß jedem nur noch 1500 m^2 Fläche zukommt. In den nächsten 20 Jahren schon dürfte mithin der Nahrungsmittelbedarf weltweit um 50 % steigen, die Nahrungsmittelproduktion aber kann nur auf immer geringere Anbauflächen zurückgreifen[77]. Das sieht aus wie eine Katastrophe und ist es auch, doch nicht für alle, – die Geschäftemacher jubeln: Da wird ein lebenswichtiger Vorrat unaufhaltsam knapper, also wird sein Preis sich verteuern, also muß man jetzt zulangen; die Zeit selber wird für die Boden*besitzer* arbeiten. Es lohnt sich von daher über die Maßen, in Land zu investieren. Der drohende Hunger der einen ist der maximale Gewinn der anderen. – Die wohl übelste Tatsache dabei ist die Rolle, welche die *Weltbank* spielt.

Gegründet wurde sie 1944 in Bretton Woods als Schwester des Internationalen Währungsfonds (IWF), auf dessen Machenschaften wir (S. 331–338) noch zu sprechen kommen werden. Ihr Zweck sollte es sein, verschuldeten Ländern Kredite zu geben, denen die privaten Banken infolge fehlender Sicherheiten kein Geld mehr verleihen. Das klingt gut, entwickelte sich aber zu einem der wichtigsten Instrumente zur Durchsetzung US-amerikanischer Wirtschaftsinteressen, erkennbar schon an der Stimmenverteilung entsprechend des Anteilseigentums der Mitgliedsländer; danach nämlich haben die USA als Besitzer des größten Bankvermögens einen Stimmenanteil von 16,4 %, gefolgt von Japan mit 7,8 % und der BRD mit 4,5 %. Die Gewichtung der US-Stimmen allein also reicht aus, um eine Sperrminorität zu bilden, gegen die nicht anzukommen ist, – die 44 afrikanischen Länder zusammen verfügen über einen Stimmenanteil von nur 6 %[78]. Und vor allem jetzt: Die Geisteshaltung, in der die Weltbank die Kreditvergabe an gewisse Bedingungen knüpft, verrät ganz und gar die Einstellung des neoliberalen Kapitalismus. 1990, kaum

77 | HORAND KNAUPT – JULIANE VON MITTELSTAEDT: Die große Jagd nach Land, in: Der Spiegel, 31/2009, 86.
78 | WILFRIED BOMMERT: Bodenrausch, 157–158.

war der »Kalte Krieg« und damit die erzwungene Rücksichtnahme auf die »Gefahr« des »Kommunismus« in den Ländern der Dritten Welt vorüber, formulierte die Weltbank im Verein mit dem IWF den *Washington Consensus*; danach werden Kredite nur an Länder vergeben, die ihre Schulden durch Sparprogramme abbauen, sich dem »freien« Handel öffnen, Staatsbetriebe und öffentliche Güter privatisieren (und damit ausländischen Investoren den Zugriff auf sämtliche Verkehrsmittel und Versorgungseinrichtungen gestatten!), ihre Geschäftsbedingungen deregulieren und überhaupt das private Eigentum durch Steuererleichterungen fördern.

Man sollte denken, daß jeder Vernünftige hätte wissen können, ja, wissen *müssen*, wie ein solches Erpressungsdiktat in den betroffenen Ländern wirken würde, doch man wollte es nicht wissen, – die neoliberalen Sichtblenden funktionierten perfekt, bis heute! Dabei nur ein paar kleine Beispiele, wie die »Öffnung für den Weltmarkt« in den Dritte Weltländern wirkt.

»In Kenia bildete die Baumwolle das finanzielle Rückgrat vieler Kleinbauern. Mit der Öffnung der Märkte Mitte der 1980er Jahre fiel die Produktion von 70 000 auf weniger als 20 000 Ballen. In Ghana brach die Hühnerhaltung zusammen, die vor allem ländlichen Haushalten ein Zubrot verschafft hatte, bevor die Importschranken für billige Hühnerteile aus Europa und den USA auf Druck der Bank wegfielen. Dadurch wurden vor allem Kleinbäuerinnen, die das Geschäft mit den Hühnern betrieben, vom Markt verdrängt. Der Selbstversorgungsgrad mit Geflügel in Ghana sank daraufhin von 95 auf 5 Prozent. Das Gleiche ereignete sich im Nachbarstaat Kamerun. Hier stiegen die Importe von 48 000 (1996) auf 200 000 Tonnen im Jahr 2004. Ein großer Teil davon kam zu Dumpingpreisen von 0,75 Euro pro Kilo ins Land und zerstörte die heimische Hühnerhaltung, deren Preise von 1,50 Euro pro Kilo Geflügelfleisch nicht mehr zu halten waren. – Allein in Afrika südlich der Sahara führte diese Politik der offenen Märkte zwischen 1985 und 2005 in der heimischen Landwirtschaft durch Billigimporte zu Einkommensverlusten von 272 Milliarden US-Dollar«[79], – das war ungefähr so viel, wie an Entwicklungshilfe an diese Länder in dem genannten Zeitraum gezahlt worden war.

Doch selbst diese Bilanzrechnung verdeckt die Wirklichkeit. Im Mai 2008 stellte der Weltbank-Präsident *Robert Zoellick* (nach dem

---

79 | A.a.O., 162.

Rücktritt von *Paul Wolfowitz*, dem ehemaligen Konstrukteur der Regime-Change-Strategie im gesamten Nahen und Mittleren Osten unter *George W. Bush*) fest, daß seit der Finanzkrise 2007 »mindestens 33 Länder von Instabilität bedroht seien infolge der explodierenden Preise.«[80] Er dachte dabei an Länder wie Ägypten, Indonesien und Pakistan, aber auch an den Jemen, Irak, den Sudan, – Länder, die durch US-gesteuerte Kriege bis in die Gegenwart hinein verwüstet sind und in denen der Hunger die Massen »islamistisch« radikalisiert. Wie leben in einer Welt, in der 850 Millionen Menschen hungern, während und weil in ihr 200 Personen so viel Geld in Händen halten, wie 40 % der Weltbevölkerung? Tatsächlich hätte die Weltbank die Chance gehabt, »den Hunger durch Hilfen für die Kleinbauern und die ländliche Bevölkerung zu bekämpfen«[81], aber sie setzte unverändert auf die »produktiveren« Bauern, – sie trieb die Industrialisierung voran und diktierte zugleich weiter die Privatisierung der Böden.

Die Weltbank hat etliche »Töchter«, die ihre Aufträge abwickeln, darunter die Internationale Bank für Wiederaufbau und Entwicklung (IBRD – R = rebuilding, D = development), die sich der Geldgeschäfte mit den Wohlhabenderen annimmt, die Internationale Entwicklungsorganisation (IDA, A = Agency), die zinsfreie Kredite an die Mittellosen bewilligt, sowie die Internationale Finanz-Corporation (IFC), die sich um die politisch-ökonomischen Rahmenbedingungen kümmert; deren »Schwester« wiederum ist der Foreign Investment Advisory Service (FIAS), der für ein freundliches Investitionsklima sorgen soll, – für die »business-enabling environments«, wie es so (un)schön heißt. Und jetzt muß man nur der Spur des Geldes folgen, um zu sehen, was da getrieben und beabsichtigt wird: »Seit 2008 quellen ihre (sc. die zur FIAS und IFC gehörigen, d. V.) Auftragsbücher über. Ihr Umsatz stieg allein in Afrika südlich der Sahara von 170 Millionen auf 1,8 Milliarden US-Dollar im Jahr. Die IFC musste zusätzlich insgesamt 1,3 Milliarden Dollar heranschaffen, um die doppelte Zahl an Projekten zu fördern... Im Jahr 2008 investierte die IFC 2 Milliarden US-Dollar in die industrielle Landwirtschaft und dort vor allem in Agrosprit-Unternehmungen. Der größte Scheck über 625 Millionen US-Dollar ging« direkt an

---

80 | RÜDIGER FALKSOHN u. a.: Die Wut der Armen, in: Der Spiegel, 16/2008, 114–115.
81 | WILFRIED BOMMERT: Der Bodenrausch, 164.

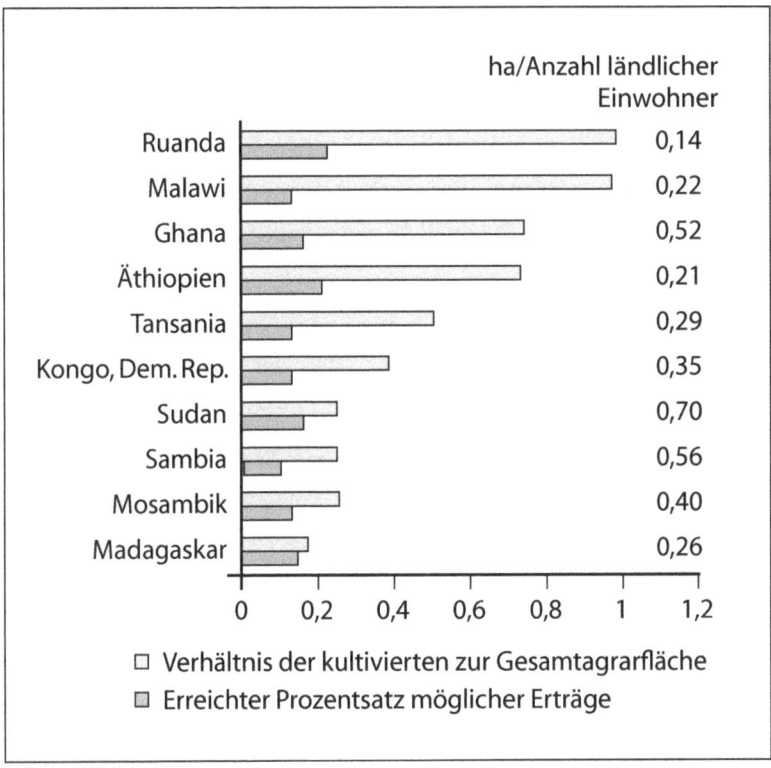

	ha/Anzahl ländlicher Einwohner
Ruanda	0,14
Malawi	0,22
Ghana	0,52
Äthiopien	0,21
Tansania	0,29
Kongo, Dem. Rep.	0,35
Sudan	0,70
Sambia	0,56
Mosambik	0,40
Madagaskar	0,26

□ Verhältnis der kultivierten zur Gesamtagrarfläche
■ Erreichter Prozentsatz möglicher Erträge

Graphik 16: Ertragslücke, Verfügbarkeit von unkultiviertem und kultiviertem Land pro ländlichem Einwohner in ausgewählten Staaten südlich der Sahara sowie in Lateinamerika

»first Exxon Mobil of the farming sector«, »an den größten Ölkonzern der Agrarwirtschaft.«[82]
   Um dieses Kapital richtig ans Laufen zu bringen, braucht es natürlich Ländereien, und wo die liegen, läßt sich ausfindig machen: Sie sollten ungenutzt (»underutilized«) sein, nach Möglichkeit waldfrei und nicht gerade in einem Naturschutzgebiet gelegen, und sie sollten eine Bevölkerungsdichte von weniger als 25 Personen pro km² aufweisen. Zehn Staaten vor allem hat die Weltbank sich unter diesen Bedingungen als Zielobjekte ausgesucht, fünf davon in Afrika; 445 Mio ha Land – das entspricht einem Drittel des gesamten kultivierbaren Landes der Erde (= 1,5 Mrd ha) – gelten im Sinne der Welt-

82 | A.a.O., 165.

bank als »ungenutzt«, weisen also »Ertragslücken« auf, wie die Tabelle (Graphik 16) ausgewählter Staaten südlich der Sahara aufzeigt[83].

Daneben ist natürlich auch in Südamerika, wie die Tabelle gleichermaßen zeigt, was zu machen: Uruguay, Brasilien, Argentinien und Kolumbien erscheinen der Weltbank als besonders günstig für ihre Rieseninvestitionen, aber auch in Südostasien werden immer mehr Länder von dem Boom in Bodenkäufen erfaßt. Was dabei freilich als erstes ausgeräumt werden muß, sind die traditionellen Landrechte. »Im Gegensatz zu den Industriestaaten herrscht in Entwicklungsländern der Gemeinschaftsbesitz an Grund und Boden vor. Dörfer, Stämme oder der Staat erlauben meist kein privates Bodeneigentum.«[84] Eine Art Ur-Kommunismus, dessen Hauptziel die Bewahrung der Gemeinschaft im Gleichgewicht ist, trifft in Gestalt der Weltbank also auf den hemmungslosen Ausbeutungswillen kapitalistischer Eigentumsbildung; es ist, als wenn eine Katze über ein Vogelnest herfällt.

Vor allem »übersehen« die Analysten der Weltbank die wichtigste Tatsache: Das »ungenutzte« Land *ist* nicht ungenutzt. Es wird lediglich nicht großflächig den »intensiven« Anbaumethoden industrialisierter Landwirtschaft unterworfen; dafür führen dort Hirten ihr Vieh auf die Weide und betreiben Bauern ihre Wechselfeldwirtschaft, »zu der es gehört, dass der Boden zwischendurch brachliegt, um sich für die nächste Ernte zu erholen.«[85] Um diese Flächen »effizienter« zu bewirtschaften, muß man also zuvörderst die angestammten, doch nie verschriftlichten Rechtsansprüche ihrer bisherigen Nutzer aushebeln, indem man die eigenen juristischen Vorstellungen von rechtmäßigem Besitz an Boden verkaufsfertig ausformuliert und hernach von den nur allzu willig gemachten lokalen Herrschern und Behörden absegnen läßt. – Wie zum Beispiel im Falle *Äthiopien*: 3 Mio ha Land wurden von der Regierung FIAS-passend deklariert und ausländischen Investoren angeboten. Oder wie in *Tansania*: In ihren »Country Reports« erklärt die Weltbank, das Land verfüge über 88 Mio ha fruchtbares Land, von dem 60 Mio ha für die Viehwirtschaft geeignet seien, nur 5,5 % aber würden davon genutzt; das Land verfüge über einen Überfluß an fruchtbarem Boden, auf dem sich Gartenbaubetriebe ansiedeln könnten. »Ungesagt ... bleibt, dass 37 der 88 Millionen Hektar in tansanischen Nationalparks liegen

83 | A.a.O., 169.
84 | A.a.O., 169.
85 | A.a.O., 166.

und auf der anderen Hälfte Hirtenvölker wie die Massai ihre Rinder weiden. Sie besitzen keine Bodenrechte. Ihr Land gehört zur Kategorie ›brachliegend oder unproduktiv‹ und steht damit dem Bodenmarkt zur Verfügung, so wie die Weltbank ihn definiert.«[86].

Und so geht das quer durch ganz Afrika, Südostasien und Südamerika. »Das Ergebnis ist in allen Fällen gleich: Alteingesessene Bauern, Hirten oder Sammler werden vertrieben, ihre Kultur wird als rückständig und minderwertig (sc. eben: als ineffizient, d. V.) abgetan. Die neuen Landlords nehmen sich das Recht, die bestehende Agrarkultur zu verdrängen und/oder auszulöschen. Der Kulturbruch, der mit der neuen Kapitalisierung der Landwirtschaft einhergeht, wird nirgendwo deutlicher als in Asien und Afrika. – Die Landsucher haben es auf ›failed states‹ abgesehen, gescheiterte Staaten. Dort gedeiht der Bodenraub besonders gut. Ob Kauf oder Erbpacht, die Verträge, die abgeschlossen werden, gehen fast immer zu Lasten der einheimischen Bevölkerung. – Selbst wo sie generationenlang ihr Vieh geweidet oder ihre Felder bestellt haben, besitzen die Bauern kein Bleiberecht. Wer keine eingetragenen Besitztitel auf sein Land vorweisen kann, und in fast ganz Afrika und Asien kennt man solche Rechte nicht, dessen Schicksal ist besiegelt. Die Familien werden zu Flüchtlingen auf der eigenen Scholle. Vor allem Frauen und Kinder gehören zu den Leidtragenden, sie stranden in den Slums der Städte, ohne Arbeit, ohne Einkommen und ohne Brot.«[87]

In Südostasien sind es vor allem *Myanmar*, *Laos* und *Kambodscha*, über welche die Landräuber sich hermachen, aber auch *Pakistan* steht auf ihrer Liste: Dort haben IFC und FIAS im Jahre 2008 den ersten Vertrag mit den Vereinigten Emiraten über 200 000 ha abgeschlossen, auf denen Reis und Weizen für den Export produziert werden soll, – 25 000 Bauernfamilien verlieren damit ihre Existenzgrundlage[88]. In *Kambodscha*, wo unter dem Schutz des Militärs Zuckerrohrplantagen eingerichtet werden, schätzt man die Zahl der Opfer von Vertreibungen seit 2003 auf mehr als 250 000[89]; in *Laos* wurden bereits 2–3 Mio ha an ausländische Investoren verscherbelt[90]. – In *Brasilien*, wo die Militärregierung zwischen 1971 bis 1973 die Transamazônica BR 163 gebaut hat, die von Cuiabá im

86 | A.a.O., 166.
87 | A.a.O., 108–109.
88 | A.a.O., 171.
89 | A.a.O., 113.
90 | A.a.O., 114.

Bundesstaat Mato Grosso nach Santarem im Bundesstaat Pará zum Amazonas führt, breitet sich die Soja-Produktion aus: Von 800 000 t in 1977 wuchs sie bis 2009 auf 18 Mio t an; in Santarem hat der größte Agrarhändler der Welt, der Agrarkonzern Cargill, einen Soja-Verladehafen eingerichtet, von dem aus die Fracht ihren Weg nach Europa, Asien und in die USA findet, – das alles in Abstimmung mit dem größten einheimischen Sojaproduzenten des Landes, Blairo Maggi[91]. – »In *Argentinien* hat der Agrarriese Cresud ein kleines Imperium von 20 Farmen mit über 340 000 Hektar Acker und Weideland zusammengekauft. Platz genug für Sojabohnen, Sonnenblumen, Mais, Weizen und 95 000 Rinder.«[92]

Ein *Hauptabnehmer* der solcherweise produzierten Futtermittel ist Europa mit seinen Rinderherden, Schweinefabriken, Hähnchenmastanlagen und Eierkonzernen. »Die Futterflächen Europas in Südamerika betragen heute umgerechnet 35 Millionen Hektar, das entspricht fast dem Dreifachen der deutschen Ackerfläche.«[93]

Darüber hinaus treibt das absurde Verlangen nach *Biosprit* den Anbau von *Zuckerrohr* voran, für den die Weltbank bis 2017 die Fläche seiner Plantagen verdoppeln will[94]. 200 000 km^2 wurden in Rondonia und in Mato Grosso allein zwischen 2002 und 2012 in *Brasilien* zu diesem Zweck gerodet. In *Paraguay* »entwurzelte die Agrartreibstoffpolitik bereits mehr als 200 000 Familien, 90 000 verließen ihre Höfe und Felder.«[95] – In *Kolumbien* zählen inzwischen 4 Mio Flüchtlinge zu den Opfern des globalen Bodenrausches. »Auf 3 bis 7 Millionen Hektar beläuft sich die Landmasse, die ... illegal und unter Zwang den Besitzer gewechselt haben soll. Das Geschäft zu Lasten der Kleinbauern war umso leichter, weil 85 Prozent von ihnen nicht über einen Eintrag im Grundbuch verfügten.«[96] »Im März 2011 meldete die UN Refugee Agency UNHCR für Kolumbien einen traurigen Rekord. Kolumbien ist das Land, in dessen Grenzen die

---

91 | A. a. O., 104. – Die Transamazônica sollte in den 60er und 70er Jahren das gesamte Amazonasbecken erschließen. »Selbst völlig unbekannte Indianerstämme, die wie die *Krenakroré* jeden Kontakt zu den Weißen gemieden hatten, gerieten nun unter Druck. Für die Generäle (sc. der Militärdiktatur, 1964–1985, d. V.) waren die isoliert im Dschungel lebenden Indios kaum mehr als ein ›Hindernis‹.« RICHARD HOUSE: 500 Jahre Entdeckung und Unterdrückung, in: Brasilien, 68.
92 | WILFRIED BOMMERT: Bodenrausch, 102.
93 | A. a. O., 103.
94 | A. a. O., 106.
95 | A. a. O., 107.
96 | A. a. O., 107.

größte Zahl an gewaltsam vertriebenen Menschen auf der Welt leben. Die zählen zu den furchtbaren Kollateralschäden eines internen Landraubs, den der wachsende Hunger nach Bioenergie und Viehfutter zunehmend von außen anheizt.«[97]

Die Verfahren der Enteignung sind immer noch die gleichen, die bereits in den übelsten Praktiken der Kolonialzeit jahrhundertlang üblich waren, als man für Glasperlen und Taschenmesser den Häuptlingen der »rechtlosen Wilden« »abkaufte«, was immer an Ländereien man haben wollte; wenn die »Eingeborenen« schließlich merkten, was da gespielt wurde, und sie sich zur Wehr setzten, mußte man ihre terroristischen Aktionen natürlich militärisch niederschlagen und zur Sicherheit die gewaltsam Vertriebenen in Reservaten gettoisieren. – Der Kapitalismus hat sich nie geändert, er hat nur die Dimensionen seiner Verbrechen, die er als legitime Interessenwahrung hinstellt, vom Regionalen ins Globale ausgedehnt[98].

Dazu gehört, daß es inzwischen nicht mehr nur private Unternehmer, sondern vornehmlich staatliche Regierungen und die von ihnen geförderten Fonds und Firmenkonglomerate sind, die auf den »Markt« drängen: »1,5 Millionen bestes Farmland hat die sudanesische Regierung für 99 Jahre den Golfstaaten, Ägypten und Südkorea überlassen. Das Paradoxe daran: Der Sudan ist der größte Hilfsempfänger der Welt, 5,6 Millionen Menschen hängen von Nahrungslieferungen ab. Kuwait hat 130 000 Hektar Reisfelder in Kambodscha gepachtet. Ägypten will auf 840 000 Hektar in Uganda Weizen und Mais anbauen. Zehn Millionen Hektar hat der Präsident der Demokratischen Republik Kongo den Südafrikanern zur Pacht

97 | A.a.O., 108.
98 | Vgl. HANS SEE: Wirtschaft zwischen Demokratie und Verbrechen, 329: »Der Kolonialismus ist seiner Herkunft nach eine Erscheinung vorkapitalistischer Produktionsverhältnisse ... Er wurde durch den Siegeszug des von ihm selbst entscheidend beförderten modernen Kapitalismus, durch die ... Gründung der Vereinigten Staaten von Amerika, dem ersten wahrhaft kapitalistischen Staat der Welt, ... zum Auslaufmodell ... Es begann der Kampf der am weitesten fortgeschrittenen Staaten um längst besiedelte Territorien ... Diesen Kampf ... nenne ich ... nationalkapitalistischen Imperialismus. In ihm entwickelten sich die Privatbanken zu strategischen Waffen.« S. 333: »Inzwischen hat sich die nationale Wirtschaft zu einer international verflochtenen Wirtschaft weiterentwickelt ... (und) von der Politik einzelner imperialistischer Nationalstaaten gelöst ... Jetzt betteln ... die Staaten ... um die Gnade des internationalen Kapitals.« GERD SCHUMANN: Kolonialismus, Neokolonialismus, Rekolonisierung, Köln 2016, stimmt dem Urteil des bolivianischen Präsidenten *Evo Morales* zu, der den Kolonialismus als politischen und ideologischen Zwilling des Imperialismus betrachtet. Vgl. GERD SCHUMANN: Renaissance der Völkerausbeute, in: junge Welt, Nr. 2, 4. Jan. 2016, S. 12–13.

angeboten. Pakistan will den Golfstaaten eine Million Hektar Ackerland zur Verfügung stellen, die Philippinen locken mit über 1,2 Million. – Saudi-Arabien ist einer der größten und offensivsten Land-
aufkäufer. Im Frühjahr (sc. 2009, d. V.) hat der König die erste
Export-Reisernte feierlich entgegengenommen, im hungergeplagten
Äthiopien eigens für das Königreich produziert. Mit 800 Millionen
Dollar fördert es Firmen, die im Ausland ›strategische Feldfrüchte‹
wie Reis, Weizen, Gerste oder Mais anpflanzen und in die Heimat
exportieren – dabei war Saudi-Arabien noch in den neunziger Jahren
der sechstgrößte Weizenexporteur der Welt. Doch Wasser ist knapp,
der Wüstenstaat will seine Reserven schonen. Wer Nahrungsmittel
exportiert, exportiert vor allem Wasser.«[99]

Was sich in diesem »Land Grabbing« darstellt, ist generell ein
»Zur-Ware-Werden« der Welternährung, »verbunden mit der vorge-
schalteten privaten Aneignung des Produktionsmittels Boden.«[100]
Die aktuellen Gründe, die das kapitalistische Profitstreben insbesondere nach der Finanzkrise von 2007/2008 in gerade diese Richtung
lenkt, liegen einmal in der Verdoppelung und Verdreifachung der
Weltmarktpreise für Reis, Weizen und Mais, – ein Umstand, der fi-
nanzstarke Länder wie China, Südkorea, Saudi-Arabien, die Vereini-

99 | HORAND KNAUP – JULIANE VON MITTELSTAEDT: Die große Jagd nach Land,
in: Der Spiegel, 31/2009, 88–89. – Wie die Oligarchen des Kapitalismus, vornean
die global agierenden Konzerne, an der Ausbeutung der Ressourcen verdienen,
zeigt sich an einem Beispiel: »111 000 Pensionäre im US-Staat Missouri werden
zum Teil zu ›Verbrauchern‹ in Afrika … Der Rentenfonds für die Staatsangestellten
von Missouri ›MOSERS‹, ausgestattet mit 9,3 Milliarden US-Dollar, hat Gelder
bei diversen Private-Equity-Fonds angelegt. Gemanagt werden diese von Actis
Capital und Development Partners International (DPI) … Die Heuschrecke DPI
(sc. mit Sitz in London, d. V.) … umfasst eine ganze Reihe dortiger (sc. afrikani-
scher, d. V.) Großunternehmen mit überdurchschnittlichen Gewinnmargen.«
»Neben den Renditejägern aus Missouri sind … der New York State Common
Retierement Fund (Volumen: 180 Milliarden Dollar) oder der Washington State
Investment Board mit Einlagen von über 107 Milliarden Dollar in das Geschäft
eingestiegen. Außerbörslich wurden im ersten Quartal dieses Jahres 3,1 Milliarden Dollar angelegt. Dabei schichten die Portfoliomanager gerade angesichts der
stagnierenden Konjunktur in vielen Teilen der Welt um.« GEORGES HALLERMAYER:
Profite aus Afrika, in: junge Welt, Nr. 260, 10. Nov. 2015, S. 9. – Am 10.11.2015
grübelte gerade der EU-Afrika-Gipfel auf Malta mit Vertretern von 35 nördlich
des Äquators gelegenen Staaten über das Flüchtlingsproblem nach. Es heißt, man
werde die Entwicklungshilfe (um ca. 3 Mrd) erhöhen, – will sagen, man will offenbar gerade für die Kosten zur Internierung derjenigen aufkommen, die keinen Ort
mehr zum Leben haben; wenn man sie gleich am Ort einsperrt, kommt's billiger.
100 | PETER CLAUSING: Hunger nach Land, Teil 1, in: junge Welt, Nr. 73,
28.3.2011, 10.

gten Emirate dahin drängt, nach Formen der Eigenversorgung und damit der Unabhängigkeit vom Weltmarkt zu suchen; hinzu kommt der Boom mit Agrotreibstoffen, der in Konkurrenz zu der Bewirtschaftung landwirtschaftlicher Flächen zur Nahrungsmittelgewinnung tritt; vor allem aber nötigt die globale Finanzkrise dazu, nach renditeträchtigen Investitionen Ausschau zu halten. »So lockt die zur Deutschen Bank gehörende DWS (sc. die Fondsgesellschaft der DB, d. V.) auf der Webseite ihres Fonds Invest Global Agrobusiness ... mit der Formulierung: ›Die rasant wachsende Weltbevölkerung, ... Land- und Wasserknappheit – all das sind Punkte, die für überdurchschnittlich gute Perspektiven der Agrarwirtschaft sprechen‹.«[101] Unmißverständlicher und unverschämter kann man den Willen, mit der Not von Millionen Menschen Geschäfte zu machen, nicht ausdrücken. Produziert werden soll erklärtermaßen nicht, um den Hunger aus der Welt zu schaffen, sondern um mit dem Hunger die Rendite hochzutreiben. Zweifellos ist es dieses Denken und diese Praxis des neoliberalen Paradigmas, das immer neue Probleme schafft und schaffen muß, auf daß eine kleine Zahl von Kapitaleignern sich daran gütlich tut – auf Kosten aller anderen.

Und so geschieht es: Die landwirtschaftliche Produktion wird »outgesourced« in Drittländer, um dort »Alpha-Rendite« in »Alphaländern« zu erzielen, – im Branchenjargon steht »Alpha« für Investitionen, deren Ertrag das Risiko übersteigen, die also todsicher für die Anleger (und oft genug tödlich für die Betroffenen) sind. Unbekümmert investiert die Deutsche Bank »über ihre Investmentgesellschaft DWS mindestens in drei Landfonds des brasilianischen Zucker- und Ethanolunternehmens Cosan... Von den gigantischen Landkäufen abgesehen – der Konzern kontrolliert mittlerweile mindestens 700 000 Hektar – steht Cosan seit Anfang 2010 auf der schwarzen Liste des brasilianischen Arbeitsministeriums,«[102] weil die Angestell-

---

101 | A. a. O., 10. – Einen Hauptgrund, weswegen die Armen vom Wachstum der Produktivkräfte ausgeschlossen sind, hat HENRY GEORGE (1839–1897) in seinem Buch »Fortschritt und Armut« dargestellt: Arbeit und Kapital können ihre Produktivität steigern, die Menge des Bodens aber bleibt an Qualität und Umfang konstant. »Demzufolge wächst die Bodenrente unverhältnismäßig schnell und macht die Grundbesitzer zu unberechtigten Nutznießern des wirtschaftlichen Fortschritts.« JOHN K. GALBRAITH: Gesellschaft im Überfluß, 50.
102 | PETER CLAUSING: Hunger nach Land, Teil 1, in: junge Welt, Nr. 73, 28. 3. 11, S. 11. – Zu dem Zuckergiganten Cosan vgl. WILFRIED BOMMERT: Bodenrausch, 41–42; danach verfügt der Konzern über Zuckerrohrfelder von 700 000 ha Größe, die 23 konzerneigene Fabriken versorgen; weitere 350 000 ha stehen auf der Einkaufsliste des Managements. »Am 6. Juni 2011 gab Royal Dutch Shell ein ›Multi-

ten unter sklavenähnlichen Bedingungen arbeiten müssen. Doch wir wissen inzwischen, daß beides zusammengehört: Die angestrebte Kostensenkung zur Gewinnmaximierung läßt sich nur auf diese doppelte Weise erzielen: durch einen möglichst billigen Zugriff auf die Produktionsmittel (Böden und Rohstoffe) sowie durch maximale Ausbeutung der menschlichen Arbeitskraft. Daß dabei mit der Abholzung der Wälder, der Überdüngung der Anbauflächen und der Versieglung der Böden im Zuge von Infrastruktur- und Städtebaumaßnahmen die Umwelt immer weiter zerstört, die Flüsse und Küsten mit Schadstoffen belastet und die Klimaerwärmung weiter angeheizt wird, fällt offenbar nicht weiter ins Gewicht. – Dabei sollte agrarwirtschaftlich zumindest die rapide *Degradation* (Verschlechterung) *der Böden* im Gefolge des industrialisierten Ackerbaus nachdenklich stimmen.

Bereits 1994 wies der Wissenschaftliche Beirat der Bundesregierung Globale Umweltveränderungen (WGBU) darauf hin, daß mit der Degradation der Böden auch der Kreislauf von Kohlenstoff und Stickstoff gestört und damit das Klima noch weiter belastet wird. Die »Kohlenstoff-Speicherkapazität des Bodens (übertrifft) mit 2300 Gigatonnen jene der globalen Vegetationsdecke um das Drei- bis Vierfache... Der Boden ist ... nicht nur eine wichtige Grundlage für unsere Ernährung, sondern auch ein maßgeblicher Klimafaktor.«[103] Insbesondere die Erosion der kahlgeschlagenen und aufgerissenen Böden durch Wind und Wasser führt jedoch zu enormen Flächenverlusten. 75 Mrd t Boden werden jährlich weggeweht und weggeschwemmt, – das sind 85 % des gesamten Flächenverlustes, der vom WGBU auf 16,4 Mio km² geschätzt wird. Einer solchen Erosionsrate steht die Tatsache gegenüber, daß die Natur zur Bildung von 20 cm landwirtschaftlich nutzbaren Bodens rund 4000 Jahre benötigt. Nach menschlichen Zeit-Maßstäben ist deshalb eine Erosionsrate von durchschnittlich 30–40 t pro Hektar, wie es in vielen Ländern Afrikas, Asiens und Südamerikas mittlerweile der Fall ist,

Billion-Dollar‹-Joint-Venture bekannt. Der Partner hieß Cosan. Von 12 Milliarden Dollar ist die Rede... Zum Geschäftsgebaren gehört die skrupellose Vertreibung der Ureinwohner. In diesem Falle der Guaraní-Kaiowá, deren Land von der brasilianischen Indigenenbehörde FUNAI (sc. Fundação Nacional aos Indios, d. V.) zuvor zu einem Schutzgebiet erklärt worden war. Aber... Wer nicht weichen wollte, bekam die Macheten und Gewehre sogenannter Sicherheitsdienste zu spüren.«
103 | PETER CLAUSING: Deutliches Gefahrenpotential, in: junge Welt, Nr. 74, 29.3.2011, 10.

geradewegs desaströs. Hinzu kommt noch die *chemische* Degradation durch Nährstoffverlust, Versalzung und Versauerung. »In Zahlen ausgedrückt, leiden 1,35 Millionen Quadratkilometer bzw. sieben Prozent aller degradierten Flächen an Nährstoffverlust«[104], der direkt auf die anorganische Düngung im Rahmen der industriellen Anbaumethoden zurückzuführen ist, – die organische Düngung erfordert halt mehr Arbeit, ist also kostenintensiver.

Alles spräche unter diesen Umständen zugunsten einer Rückkehr zur kleinbäuerlichen Produktionsweise und vor allem zugunsten einer genügend egalitären Verteilung des Bodenbesitzes; gerade das aber steht dem neoliberalen Dogma entgegen. »Wenn Initiativen wie die ›Allianz für eine Grüne Revolution in Afrika‹ oder die im Juni 2012 … gegründete ›German Food Partnership‹ von Investitionen reden, stehen diese unter dem Zeichen der Schaffung von Märkten. Genauer gesagt, geht es um den Absatz von agrochemischen Produkten und Saatgut von Konzernen und um die Aneignung von Land als Spekulationsobjekt und Profitquelle für die Finanzindustrie.«[105] – Wie man sieht, entstammt das weltweite Problem des Hungers primär nicht einem Mangel an Nahrungsmitteln, sondern der Armut weiter Teile der Bevölkerung und der damit einhergehenden Ungerechtigkeit in der Verteilung der Mittel, sich selbst zu ernähren. An das gesamte derzeit herrschende Wirtschaftssystem stellt sich daher die Frage: Wozu soll produziert werden – zum Wohle von Menschen oder zur Gewinnmaximierung bestimmter Konzerne und Banken? Wie das kapitalistische Denken diese Frage beantwortet, ist eindeutig, doch eben deshalb wird dieses Denken notwendig an den Katastrophen scheitern, die es selbst erzeugt.

Ein Problem dabei ist heute schon die *Armutsmigration.* Wie sagen doch gerade die Zuständigen im Kabinett *Merkel:* »Wirtschaftsflüchtlinge haben bei uns kein Bleiberecht.« Dieses Credo inzwischen der gesamten EU-Politik übersieht die Tatsache, daß wir angesichts der Millionen von Menschen, die über das Mittelmeer oder über die Türkei und Griechenland nach Europa drängen, die bisherige Abschottungspolitik nicht länger fortsetzen können: Zäune, elektronische Überwachung, militärische Abwehr, juristische Defensivregularien… Was wir derzeit erleben, dürfte der Anfang einer Völkerwanderung sein, vergleichbar mit der, die 375 n. Chr. durch

104 | A. a. O., 11.
105 | PETER CLAUSING: Landhunger, in: junge Welt, Nr. 34, 10. Febr. 2015, 12.

den Einbruch der Hunnen in Gang gesetzt wurde und die damals den in Jahrhunderten errichteten Limes an den Außengrenzen des römischen Imperiums hinwegspülte. Die »Hunnen« heute, welche immer größere Menschenscharen vor sich hertreiben, sind eben solche Institutionen wie die gerade genannten: die Weltbank und das internationale Finanzkapital, die, auf der Suche nach sicheren Kapitalanlagen und Alpha-Investitionen, die Armut von Menschen dazu verwenden, ihnen buchstäblich den Boden unter den Füßen wegzuziehen. Wo aber sollen die Betroffenen dann hin?

Wie es im Weltmaßstab zu solchen Tragödien kommt, läßt sich in kleinerem Format nachzeichnen an dem, was in der BRD die in der Landwirtschaft Beschäftigten ihrerseits zwischen 1949 und 1989 erlebt haben; in dieser Zeit sank ihre Zahl infolge des Höfesterbens von über 6,5 Mio auf rund 600 000. Gewiß, in Deutschland konnten sie in andere Tätigkeiten wechseln, sie konnten vom Land in die Stadt ziehen, verbunden zumeist sogar mit einem höheren Komfort an »Lebensqualität«. In weiten Gebieten Afrikas aber ist der Wechsel in die Stadt keine Lösung: »Die Ärmsten der Armen müssen in den Städten rund 50 Prozent ihres Einkommens für den Kauf von Lebensmitteln ausgeben.«[106] Also fliehen die landlosen Bauern vom Land in die Stadt und von der Stadt wieder zurück aufs Land, – diese zirkulierende Migration ist generell ein zentrales Symptom der Folgen neoliberalen Wirtschaftens.

Und die Folge solcher Ausweglosigkeit? Sie besteht in eben dem, was bei uns »Wirtschaftsmigration« genannt wird. Schon 2013 belief sich »laut UN-Statistik die Zahl derer, die ... aus dem subsaharischen Afrika in die Europäische Union migrierten, auf rund 3,5 Millionen Menschen (davon kamen zirka 150 000 nach Deutschland). Doch das sind nur die offiziellen Zahlen«[107], – im Mittelmeer ertrunken sind vermutlich viel mehr Menschen als »statistisch erfaßt« wurden. Was aber ist das für ein Wirtschaftssystem, das in solchem Umfang Leid und Elend über die Menschen bringt?

Dabei stellt der Aufkauf der Böden zugunsten der Agrarkonzerne nur die *eine* Seite des Bodenbooms dar; auf der anderen Seite steht die Sichtung und Sicherung der Bodenschätze für die Industrienationen, vornean im Zugriff auf die *Erdölreserven*. Auch wie das aussieht, läßt sich schildern.

106 | A. a. O., 13.
107 | A. a. O., 12.

Allein in Nigeria fördert die Royal Dutch Shell täglich 1 Mio Barrel, in Gesamt-Afrika werden 8 Mio Barrel pro Tag gefördert. In den vergangenen 30 Jahren (bis 2005) brachte das dem nigerianischen Staat 280 Mrd Petrodollar ein, doch das Geld versickerte in den Taschen der Politikerkaste in Abuja, deren Unterstützung von Ölmultis dringend gebraucht wird, um die Produktionsstätten vor der sogenannten »Niger Delta Peoples Volunteer Force« zu schützen, die bis zu 50 000 Barrel täglich aus den Pipelines zu stehlen versteht[108]. Für das unterdrückte und zum Sterben verurteilte Volk der Ogoni erhob der Schriftsteller KEN SARO WIWA sein Wort und wurde dafür zum Tode verurteilt[109], – das ganze System basiert auf Korruption, Unter-

---

108 | THILO THIELKE: Der verscherbelte Kontinent, in: Der Spiegel, 7/2005, 99.
109 | Vgl. JEAN ZIEGLER: Der Hass auf den Westen, 150–159: Blutspur im Delta: »Shell ist ein Konglomerat aus mehr als tausendsiebenhundert verschiedenen, auf allen Kontinenten tätigen Unternehmen. 60 Prozent gehören der niederländischen Royal Dutch Shell; 40 Prozent der britischen Shell Transport and Trading Company.« (S. 150) »In Nigeria verwertet Shell seine Rechte über vier verschiedene Unternehmen: Die Shell Petroleum Development Company kontrolliert ein Gebiet von mehr als 30 000 Quadratkilometern des Deltas, 6000 Kilometer Pipelines, 90 Erdölfelder, 73 Pumpstationen und, auf der Insel Bonny und in Forcados, die beiden größten Ausfuhrterminals ... Die Shell Nigeria Exploration and Production Company ist auf die Erforschung und Nutzung von Offshore-Vorkommen spezialisiert. Dank der von ihr entwickelten modernsten Technik beutet diese Gesellschaft seit 1999 vor allem Öl- und Gasfelder aus, die mehr als 120 Kilometer vor der Küste liegen, unter 1000 bis 1100 Meter tiefem Meeresgrund. Allein das Bonga-Feld erstreckt sich über 60 Quadratkilometer und lieferte (2008) 225 000 Barrel Öl und 150 Millionen SFC (*Standard Cubic Feet*) Gas pro Tag. – Die Shell Nigeria Gas Limited vertreibt Gas an industrielle Abnehmer. – Die Shell Nigeria Oil Products Limited befasst sich mit der Herstellung und dem Vertrieb einer Vielzahl von Mineralöl- und petrochemischen Produkten, vom Diesel bis zum Flugbenzin.« (S. 151) Mit im Geschäft sind: Total, ENI, Agip, Chevron, Sun Oil, Exxon Mobil, British Petroleum und British Gas. (S. 152) – Das Gas, das an den Bohrlöchern austritt, wird auf langen Schornsteinen verbrannt, statt gefiltert zu werden. Die Öl-Leckagen belasten die 27 Mio Bewohner im Delta schwer. Als 1989 die *Exxon Valdez* vor Alaska auf Riff lief und zerbrach, erlebten die USA ihre (bisher) größte Umweltkatastrophe; aber: »Im gleichen Jahr traten bei den Leckagen in Nigeria viermal so große Ölmengen aus ... 2005 wurden einundfünfzig Leckagen verzeichnet; 2006 achtunddreißig, 2007 sechsunddreißig ... Die Landwirtschaft siecht dahin, die Ölpalmen ersticken ... In der Bucht von Bonny und im River-State ist die Küstenfischerei nur noch eine ferne Erinnerung. – So haben die Beutejäger der transkontinentalen Ölkonzerne mit ihrer hemmungslosen Profitgier die Existenz von Millionen nigerianischen Fischern, Landwirten, Viehzüchtern und Gemüsebauern zerstört. – In den ölverseuchten Mangrovenwäldern verenden die Affen. Die Korrosion, verursacht von den schwappenden Ölteppichen in den Buchten, zerfrißt die Fischerboote. Der Himmel ist schwarz.« (152–153) – KEN SARO WIWA wurde am 13. Nov. 1995 in Port Harcourt hingerichtet – unter

---

145

drückung und Gewalt. Doch die Sache kommt derzeit überhaupt erst richtig in Gang: Für die USA ist Nigeria der fünftgrößte Rohöllieferant, 15 % ihrer Importe beziehen sie aus Zentral- und Westafrika, und die Zahlen sollen sich verdoppeln. »Überall am Golf von Guinea, in Gabun und der Republik Kongo, in Äquatorialguinea und in São Tomé und Principe werden die Einnahmen drastisch steigen.«[110] Schon heute pumpen riesige Pipelines Öl aus dem Tschad an die Westküste Afrikas, um mit Tankern nach Texas verschifft zu werden, – ein Weg, nur halb so lang als vom persischen Golf aus. Die größten Kapazitäten vermutet man jedoch nicht einmal in Westafrika, vor dessen Küsten man in bälde immerhin 7 Mrd Barrel offshore zu fördern gedenkt, sondern in Ostafrika. Daß *George Bush sen.* 1992 in den Bürgerkrieg in Somalia militärisch eingriff, um den »Clanchef« *Aidid* zu jagen, war – wie der Golfkrieg 1991 – vor allem dem Interesse der amerikanischen Erdölfirmen geschuldet. »Von Port Sudan bis Port Harcourt erstreckt sich ein gigantisches panafrikanisches Ölfeld. Was es zusätzlich attraktiv macht: Außer Nigeria ist keiner der afrikanischen Staaten Mitglied der Opec«[111], und so läßt sich der Preispolitik der arabisch dominierten »Organisation der Erdöl produzierenden Länder« mit der Ausbeutung der afrikanischen Erdöl- und Erdgas-Quellen Paroli bieten.

vorgeblichem Protest der westlichen Regierungen, – schon ein Jahr danach wurde Staatschef *Sani Abacha* wieder als respektabler Gesprächspartner eingeladen; er starb im Juni 1998 wohl an einer Überdosis Kokain und hinterließ auf einem Schweizer Konto 1,8 Mrd Dollar. Wie sagte doch KEN SARO WIWA: »Je reicher ihr seid, desto höher erhebt ihr euch über das Gesetz... Die Ölförderung hat mein Land in ein unermessliches Ödland verwandelt; die Atmosphäre ist vergiftet, belastet mit den Dämpfen von Methan, Kohlenstoffoxiden, von Ruß, ausgespien von den Fackeln, die seit dreiunddreißig Jahren vierundzwanzig Stunden am Tag ihre Gase in unmittelbarer Nachbarschaft der Wohngebiete verbrennen. Das Ogoni-Land ist von sauren Niederschlägen sowie von Öl- und Gasausbrüchen verwüstet worden. Das Netz der Hochdruckleitungen, das die bebauten Flächen und Dörfer der Ogoni überzieht, stellt eine tödliche Gefahr dar... *No matter death, we shall win* (›Was gilt uns der Tod, wir werden siegen.‹).« (S. 157). – Anders stellt sich die Lage dar bei Schäden, die die USA betreffen. Der britische Energiekonzern BP zum Beispiel muß wegen der Ölpest im Golf von Mexiko nach der Explosion der Förderplattform Deepwater Horizon 20,8 Mrd Dollar (18,6 Mrd Euro) an die USA zahlen: fünf US-Bundesstaaten und hunderte Kommunen. Diese Summe liegt deutlich über den 18,7 Mrd Dollar, auf die sich die US-Behörden und der Konzern verständigt hatten. Vgl. Ölpest: BP zahlt 20,8 Milliarden US-Dollar, in: Neue Westfälische, 6.10.15.
110 | THILO THIELKE: Der verscherbelte Kontinent, in: Der Spiegel, 7/2005, 99–100.
111 | A.a.O., 100.

Allerdings hat inzwischen auch *China* Afrika als Rohstoffquelle entdeckt, – von den Ölfeldern im Süden des Sudan verlegte es eine 1400 km lange Pipeline bis Port Sudan; als »Zahlung« an *Umar al Baschir* lieferte es Waffen im Kampf gegen die Aufständischen in Darfur, die 2012 als eigener Staat anerkannt wurden. »Von 40 bilateralen Investitionsabkommen, die Peking zwischen 1995 und 2003 unterzeichnete, wurden allein 18 mit Staaten Afrikas abgeschlossen. Im Jahr 2004 tummelten sich auf den afrikanischen Märkten bereits 700 chinesische Firmen, ihre Direktinvestitionen auf dem Schwarzen Erdteil betrugen 1,5 Milliarden US-Dollar. Gekauft wird alles, was die gefräßige chinesische Industrie verschlingt: Holz aus dem Kongo, Kupfer aus Sambia und Mangan aus Gabun, das für die Produktion von Stahl verwendet wird.«[112] Als Gegenleistung werden Kleidung, Transistorradios oder Kalaschnikows made in China geliefert. Vor allem die Potentaten oder Kleptokraten der höchst verschuldeten Länder pilgern zum Geschäftemachen nach Peking, wo sie von den dortigen Staatskapitalisten zwar weniger arrogant, doch nicht gerade fairer behandelt werden, – zu Lasten der einheimischen Bevölkerung. Der Reichtum Afrikas ist sein Fluch. Doch muß das so bleiben?

112 | A. a. O., 100–101. – PAUL SAMUELSON – WILLIAM D. NORDHAUS: Volkswirtschaftslehre, Kap. 14: Boden, natürliche Ressourcen und Umwelt, 409–432, S. 416, sehen es zu Recht als ihre Aufgabe an, »die wirtschaftlichen Kräfte zu verstehen, die der Umweltzerstörung zugrunde liegen.« Doch es ist wahr: »die etablierten Ökonomen liegen im Allgemeinen mit ihren Ansichten zwischen den beiden Extremen der Umweltschützer auf der einen und der bedingungslosen Fortschrittsgläubigen auf der anderen Seite.« (S. 410) Zustimmen muß man NAOMIE KLEIN: Die Entscheidung, 233–280, wenn sie konstatiert, das Übel (der Klimaerwärmung) werde nicht an der Wurzel gepackt, und vor einer Fusion von Big Business und Umweltschutz warnt; nicht einzelne Korrekturen innerhalb des Kapitalismus, sondern nur die Überwindung des Kapitalismus selbst vermag die Zukunft zu »retten«.

3) Fair ist ein Preis, der ökologisch die Externa einbezieht

Es ist vergebens, den kapitalistischen Praktiken das Elend vor Augen zu halten, das sie bewirken; nötig sind klare politische Maßnahmen, und je länger diese hinausgezögert werden, desto größer gerät der Schaden für Mensch und Umwelt, den das neoliberale Wirtschaftssystem anrichtet. Statt unablässig das Wachstums-Mantra der Regierenden zu repetieren, gilt es, die expansive Dynamik des »freien« Marktes auszubremsen und auf ein Gleichgewicht zwischen Mensch und Natur (ökologisch) sowie zwischen Arm und Reich (sozial) hinzuarbeiten. Also: »Großflächige Land- und Börsengeschäfte, die darauf abzielen, mit Nahrungsmittelrohstoffen oder Land Spekulationsgewinne zu erzielen, müssen gestoppt werden«[113], was natürlich einen internationalen Vertrag mit entsprechenden Sanktionsmaßnahmen voraussetzt. Desgleichen muß die Rodung der tropischen Regenwälder eingestellt werden. »Die Politik der Weltbank muß sich radikal ändern! Ihre Kreditmaschinerie übernimmt heute noch die Rolle des Brandbeschleunigers beim globalen Bodenrausch. Großprojekte, durch die Nahrungsmittel außer Landes gebracht werden, während Teile der Bevölkerung hungern, ... verdienen Ächtung, aber keine öffentliche Förderung... Auch die europäische Agrarsubventionspolitik gehört auf den Prüfstand. Insgesamt wurden 2011 mehr als 50 Milliarden Euro in die europäische Landwirtschaft gesteckt, davon 717 Millionen Euro als Exportsubventionen, für die Biospritpläne 3,7 Milliarden und als Flächenprämie insgesamt 40 Milliarden Euro. Das entspricht mehr als 300 Euro pro Hektar. Und dies jedes Jahr aufs Neue – ... für eine Bodennutzung, die den Böden schadet, das Klima belastet, die Wasserreserven verschmutzt, die Artenvielfalt beschränkt, den Tierschutz ignoriert und in Übersee Futterflächen beansprucht, die auf Kosten von Nahrungsflächen und Urwäldern ausgedehnt werden.«[114]

Wie solche dringend erforderlichen Verträge zur Eindämmung der kapitalistischen Selbstbereicherungspraxis zu erreichen sind? Nicht allzu schwer, wenn man es will. Statt daß die transnationalen Konzerne und die sie unterstützenden Banken sich an den Interessen einer kleinen Oberschicht und der von ihr getragenen politischen

---

113 | WILFRIED BOMMERT: Bodenrausch, 341.
114 | A.a.O., 342–343.

Klasse orientieren, um möglichst lukrative Deals abzuschließen, sollten sie genötigt werden, die Zustimmung der ortsansässigen Bevölkerung der jeweiligen Länder einzuholen; das bedeutete keine Einmischung in die inneren Angelegenheiten fremder Staaten, es nähme lediglich das Wort »Freiheit« in den Theorien vom »freien« Markt beim Wort, – es wäre ein wichtiger Beitrag zur Demokratisierung der Weltbevölkerung, und es legte die Unternehmer und Kapitaleigner auf die Einhaltung der gesetzlichen Rahmenbedingungen fest, die in ihren eigenen Herkunftsländern in Gültigkeit stehen. Vor allem: Der nötige Wandel ginge ohne jede Gewalt vor sich, es setzte allerdings eine Vielzahl von Mechanismen außer Kraft, die zu sozialen Verwerfungen, Massenelend, Migration und weiterer Zerstörung der natürlichen Lebensgrundlagen führen; vorweg freilich müßte den konzerneigenen Juristen und Propagandisten das Handwerk gelegt werden, die mit immer neuen Tricks und falschen Versprechungen die jeweiligen Vertragsabschlüsse als ganz legal und als wechselseitige Vorteilsnahme in einer ausgesprochenen *win-win-situation* darzustellen suchen, wo es in Wahrheit um die krasseste Form kolonialer Ausbeutung geht.

Die alles entscheidende Voraussetzung zu einer Kurskorrektur jedoch besteht – in diesem Zusammenhang – erkennbar in einem Umdenken bezüglich der *Preisbildung*. So viel ist klar: Die Produkte müssen kosten, was ihre Produktion an Kosten verursacht; und für diese Kosten muß der Produzent aufkommen, in vollem Umfang. Und hier liegt das Problem: Keine der herrschenden Wirtschaftstheorien, weder die kommunistische noch die kapitalistische, hat die Schäden an der Natur als eine Kostenfrage betrachtet. Böden und Bäume, Erze und Erdöl, Pflanzen und Tiere, – alles gilt als gratis; da es nicht von Menschenhand erzeugt ist, besitzt es keinen eigenen Wert; dafür gehört es dem, der es in Besitz nimmt und der über die Macht verfügt, diesen seinen Besitz wirksam zu verteidigen. Tatsächlich mochte eine solche Auffassung durchgehen, solange der Raubbau an der Natur nicht kostenträchtig auf die Menschen, die ihn verursachten, selber zurückwirkte. Wohl, philosophisch oder religiös konnte man durchaus die Meinung vertreten, daß ein Weltbild verkehrt sein müsse, in welchem einzig der Mensch als Träger von schätzens- und schützenswerten Rechten erscheine, so daß alle anderen Lebewesen ihm gegenüber als rechtlose Subjekte, als »Sachen«, mithin als ausbeutbare »Rohstoffe« oder als nutzbare »Biomasse« zu betrachten seien; jedoch es können Ansichten dieser Art so richtig sein, als sie wollen, sie sind und waren halt »nur« ethischer oder religiöser Natur. Demgegenüber erlaubte man sich ein Wirtschaftsdenken, in dem ethische oder religiöse Gedankengänge methodisch ausgeklammert bleiben sollten. Ein Unternehmer will und muß kein »guter« Mensch sein, er will und muß in wirtschaftlichem Sinn erfolgreich agieren. »Wie soll ich gut sein, wo alles so teuer ist?« fragt in BERTOLT BRECHTs Parabel »Der gute Mensch von Sezuan« die gutmütige Dirne *Shen Te*. »Da können wir leider nichts tun«, geben ihr die Götter zur Antwort. »In das Wirtschaftliche können wir uns nicht mischen.«[115]

Es ist diese Spaltung im Begriff des Wertes, die das wirtschaftlich Verwertbare und deshalb Wertvolle im Unterschied, notfalls im Gegensatz zum sittlich Werthaften, zum zweckfrei in sich Gründenden erklärt.

So betrachtet, hat ROBERT REICH recht: »Wer gesellschaftlichen Schaden anrichtet, trägt nicht unbedingt einen finanziellen Schaden davon.«[116] Und: »Unternehmen, die gute Löhne und Sozialleistungen zahlen, um qualifizierte Mitarbeiter zu gewinnen und zu halten, handeln nicht etwa ›sozial verantwortlich‹, sondern praktizieren lediglich gutes Management.«[117] Sein Beispiel: »Wal-Mart verwendet (sc. mittlerweile, d. V.) ›grüne‹ Verpackungen für Obst und Gemüse (Klarsichtfolien aus Maisethanol), da diese billiger sind als Folien auf Rohölbasis. Starbucks versichert seine Teilzeitkräfte, um sie an das Unternehmen zu binden und so der Bilanz zu nutzen… Jeder dieser Schritte ist sicher sinnvoll, doch keiner wird aus dem Gefühl sozialer Verantwortung heraus unternommen. Es geht in erster Linie um Kosteneinsparungen.«[118] Diese Sicht des Arbeitsministers unter *Bill Clinton* zwischen 1993 bis 1997 gibt die Logik unternehmerischen Handelns gewiß korrekt wieder, – Moral ist darin kein vertretbares Motiv. Doch eben, wenn es um Kostenersparnisse geht, ist die Frage vordringlich: Darf man die entstehenden Kosten inmitten einer globalisierten Welt rein betriebswirtschaftlich betrachten, indem die eigene Firma, der eigene Konzern Kosten spart und Gewinne dadurch einfährt, daß er das Maß der Ausbeutung im Raum von Natur und Gesellschaft als nicht zum eigenen Produktionsprozeß gehörig außen vor läßt und folglich nicht in die Bilanzen für die Preisbildung seiner Produkte einbezieht?

115 | BERTOLT BRECHT: Der gute Mensch von Sezuan, Vorspiel, S. 18.
116 | ROBERT REICH: Superkapitalismus, 228.
117 | A. a. O., 225.
118 | A. a. O., 223.

Überdeutlich zeigt sich die Irrealität (moralisch: die Unaufrichtig-
keit) des tradierten Vorgehens mittlerweile an den *Unbezahlbar-
keiten*, mit denen die angerichteten Schäden in der Natur sich in den
Raum der Wirtschaft zurückmelden. Generell muß man sagen: Es
war und ist ein schwerer Fehler, eine Wirtschaftstheorie zu erstellen,
in der zur Preisbildung lediglich die internen betriebswirtschaftlichen
Produktionskosten Beachtung finden. Die Natur gibt es für niemanden zum Null-Tarif. Die Klimaerwärmung etwa – nach langer
Zeit der Verleugnung heute in aller Munde – stellt wohl nur das erste
Leitsymptom einer Krankheit dar, die immer weiter um sich greift
und die, je länger sie währt, um so kostenträchtiger wird. Die Zerstörung der Wälder, die Degradation der Böden, die Versiegelung der
Landschaft unter Asphalt und Beton – das alles wirkt sich *auch* aus
in der Aufheizung der Atmosphäre, doch ein jeder dieser Faktoren
weist zudem noch eine Vielzahl eigener Folgen auf, deren Kosten alle
möglichen Lebewesen, aber so, wie es steht, paradoxerweise bestimmt nicht ihre Verursacher zu tragen haben. Eine solche Preisbildung ist klar erkennbar nicht fair; sie ist gerade unter wirtschaftlichem Aspekt unredlich und bereits in der Theoriebildung
inkonsequent. Bezeichnenderweise ist es insbesondere die Effizienz
der kapitalistischen Wirtschaftsordnung selbst, deren Wachstumsdynamik inzwischen an den Wänden einer immer engeren Welt auf sich
selbst zurückbricht und es zu einem unerläßlichen praktischen Erfor-
dernis macht, die angerichteten Schäden an der Natur in die Aufstellung der Kostenberechnung mit aufzunehmen.

Vor allem: Man sage nicht, erst heute sei die Einbettung menschlichen Wirtschaftens in den Umraum der Natur voll und ganz sichtbar
geworden; wie falsch es ist, ökologische Bedenken und Rücksichtnahmen gewissermaßen als den Luxus einer prosperierenden Ökonomie aufzufassen, konnte man lange schon wissen. Bereits der britische Ökonom ARTHUR CECIL PIGOU (1877–1959), dessen Denken
durchaus als »neoklassisch« bezeichnet werden kann, sah ein zentrales Marktversagen ganz richtig darin, daß der Grenzertrag eines
Unternehmens keineswegs identisch sein muß mit dem volkswirtschaftlichen Grenzertrag; zu berücksichtigen nämlich seien die »Externen Effekte«, – die Auswirkungen also, die das unternehmerische
Handeln »kollateral«, wie es heute heißt, auf Dritte hat[119]. Mit dieser

---

119 | Vgl. VERA LINSS: Die wichtigsten Wirtschaftsdenker, 61. – In seinem Buch
»Economics of Welfare« aus dem Jahre 1912 (Neuauflage 1920) bereits hatte PI-
GOU den Begriff des »Nutzens« als eine Größe bestimmt, die an sich nicht gemes-

Einstellung treten unweigerlich all die Fragen auf, die mittelbar bereits die ganze Zeit über eine Hauptrolle gespielt haben.

Nehmen wir an, eine Kokerei, ein Stahlwerk, eine Erdölraffinerie wird eröffnet, – welche Auswirkungen für die Luftverschmutzung und für die Gewässerbelastung wird das haben und wie wirken die vorhersehbaren Schäden sich auf die Gesundheit der Bevölkerung sowie auf die Tier- und Pflanzenwelt aus? Das ist die Frage. Es kann nicht länger richtig sein, die Betriebskosten lediglich aus der Materialbeschaffung, den Fabrikgebäuden, den Lohnkosten und den Transport- und Werbegebühren zu errechnen; vielmehr entsteht das Problem, wie hoch die Ausgaben zu beziffern sind, um die vorhersehbaren schädlichen Auswirkungen beim Einsatz bestimmter Technologien für die Umwelt und die Menschen zu minimieren und, wenn bereits eingetreten, wieder gutzumachen. – Oder nehmen wir die Einführung der *industrialisierten Landwirtschaft* mit all ihren Konsequenzen: da ist die Massentierhaltung, verbunden mit dem Einsatz von Pharmaka, die bei Fleischverzehr auch den Konsumenten erreichen; da ist die ungefilterte Gülle»entsorgung« in Flüsse und Meere; da ist die Züchtung genetisch veränderter Hybridformen von Pflanzen und Tieren, deren gesundheitliche und ökologische Verträglichkeit äußerst fraglich bleibt; da ist das Aufreißen der Erdkrume mit

sen werden kann, es sei denn, man setzt den Nutzen in Beziehung zu der Menge Geld, die jemand zu zahlen bereit ist, um zu vermeiden, daß ihm ein angestrebtes Gut entgeht. Je höher aber die Einkommen, desto geringer wird der Grenznutzen ausfallen: Der Reiche bedarf keiner neuen Güter mehr, um sich »besser« zu fühlen –, also daß es im Interesse des *gesellschaftlichen* Nutzens liegt, Eigentum umzuverteilen, etwa durch eine Reichensteuer. Wir werden im 2. Bd. dieser Arbeit noch darauf zurückkommen. – JOSEPH STIGLITZ: Im freien Fall, 246, folgt diesen Spuren, wenn er schreibt: »Die größte ökologische Herausforderung ist natürlich der Klimawandel. Knappe Umweltressourcen werden so behandelt, als ob sie kostenlos zur Verfügung stünden. Infolgedessen sind sämtliche Preise verzerrt ... dies hatte zur Folge, dass Schlüsselressourcen in einer nicht nachhaltigen Weise genutzt wurden; eine Korrektur ist zwingend erforderlich, und je länger sie aufgeschoben wird, um so kostspieliger dürfte sie werden.« – CHRISTINE AX – FRIEDRICH HINTERBERGER: Wachstumswahn, 115–117, verweisen zu Recht auf die ansteigenden Grenzkosten vieler Dinge, so am Beispiel des ebenso gigantischen wie überflüssigen Imports von Schuhen in die BRD. – Am konsequentesten findet sich die Berücksichtigung der Umweltbelastungen bei PAUL KRUGMAN – ROBIN WELLS: Volkswirtschaftslehre, Teil 9, Kap. 19: Externalitäten, S. 595–620, die (S. 609) eine PIGOU-Steuer vorschlagen, die »gleich den gesellschaftlichen Grenzkosten der Umweltbelastung beim gesellschaftlich optimalen Belastungsniveau« zu erheben wäre. Denn (S. 617): »Eine optimale PIGOU-Subvention für die Produzenten, die gleich dem externen Grenznutzen ist, bewegt den Markt in Richtung der gesellschaftlich optimalen Produktionsmenge.«

schwerem Gerät bis hin zur Desertifikation; da ist der Kunstdünger-eintrag bis zur Degradation der Böden; da ist die Belastung der An-bauflächen mit Herbiziden, Fungiziden und Insektiziden; da sind in aller Regel im Vorlauf bereits enorme Waldrodungen, und da ist in all dem während der gesamten Produktionsdauer der gewaltige An-stieg des Wasserverbrauchs. All diese Fakten und Faktoren lassen sich in Einzelposten in die Kostenrechnung einführen, doch keiner dieser Einzelposten steht isoliert für sich; ein jeder weist zusätzlich auf Folgewirkungen hin, die, unter sich vernetzt, lokal wie global katastrophenträchtig sind, – die eintretenden Schäden *müssen* im In-teresse der Gemeinschaft minimiert werden, also, daß die Gemein-schaft ein berechtigtes Interesse hat, durch entsprechende Auflagen das Gefahrenrisiko auf ein beherrschbares Maß zu reduzieren. – Oder nehmen wir als abschließendes Extrembeispiel noch einmal die *Atomwirtschaft*: Von vornherein konnte und kann man in ihrem Falle wissen, daß eine eventuell eintretende Katastrophe Dimensi-onen erreichen wird, die außerhalb jeder Schadensregulierung liegen (Tschernobyl, Fukushima), und selbst ein unfallfreier Betrieb wirft durch die Endlagerfrage des »Atommülls« Probleme auf, die schon durch die zeitliche Dauer ihrer möglichen Folgeschäden (in Zehntau-senden von Jahren) von keinem Menschen zu verantworten sind, – ein bloßer Vergleich der möglichen Schäden mit den Möglichkeiten einer Schadensregulierung demonstriert die Überheblichkeit des ganzen Projekts. – In der BRD verlautete übrigens im September 2015, die AKW-Betreiber müßten sich darauf vorbereiten, ihre Rück-stellungen für den Rückbau der Atommeiler sowie für die Lagerung des Atommülls in der bisherigen Höhe von 39 Mrd Euro erheblich aufzustocken, – verhandelt wird über die Zinssätze (zwischen 4–4,7 %): Je höher der Zinssatz, desto niedriger können die Rück-stellungsbeträge liegen[120]; doch so verständlich solche Debatten aus Unternehmersicht auch sein mögen, – selbst die zur Diskussion ste-henden Beträge scheinen Lichtjahre weit entfernt von den wirklichen Kosten einer Industrie, die in Anbetracht ihres Schadenspotentials erst gar nicht hätte in Angriff genommen werden dürfen. »Markt-wirtschaftlich« rechnete sich der Atomstrom von Anfang an nur bei einer rein betriebswirtschaftlichen Kalkulation, die sich gesellschaft-lich und ökologisch schon im Ansatz als dramatisch falsch erweist.

---

120 | Atomkonzerne müssen Rückstellungen aufstocken, in: Neue Westfälische, 12./13. September 2015 (AFP).

Die so gewonnene Einsicht über die notwendige Einbeziehung der »Externa« in die Preisbildung gilt grundlegend, und sie verändert das wirtschaftliche Denken insgesamt. Der tropische Regenwald etwa läßt sich zwar in wenigen Jahrzehnten mit Kettensägen, Bulldozern und Brandrodungen zerstören, doch die damit vernichtete Artenvielfalt ist nie mehr wiederherzustellen; keinerlei Nutzenrechnung also vermag die Schadensbilanz auszugleichen; und die Folgerung daraus kann nur lauten, daß schon rein rechnerisch die Urwälder als Wirtschaftszonen ausfallen. Und ein gleiches gilt in der Arktis, unter deren abschmelzenden Gletschern Erdöl und Erzlager in großer Menge vermutet werden, es gilt in der Antarktis, es gilt in den Korallenbänken des Großen Barrier Riffs, deren Zerstörung gewaltige Flutschäden an den Küsten des australischen Hinterlandes befürchten läßt, es gilt in den mühsam eingerichteten Naturschutzgebieten (wie dem Wattenmeer und den Hochalpen in der BRD), es gilt in den Nationalparks (wie der Serengeti in Afrika), – es gilt in all den Zonen, deren lebendige Vielfalt an eigenem Wert für alle jeden Nutzen für jedes einzelne Unternehmen bei weitem übersteigt.

Noch einmal gesagt: Es gibt in einer globalisierten Form der Wirtschaft den Globus nicht länger kostenlos, und der Erfolg des Kapitalismus selber stößt an dieser Tatsache an seine Grenze. Es gibt jetzt aber nur zwei denkbare Möglichkeiten, darauf zu reagieren: Entweder der Staat, die Gesellschaft, erzwingt von Fall zu Fall durch gesetzliche Eingriffe in das Marktgeschehen eine Abbremsung und Kursänderung der unternehmerischen Aktivitäten (Filter zur Rauchgasentschwefelung bei Kohlekraftwerken, Katalysatoren bei Autos, Wärmedämmung an Gebäuden, empfindliche Strafen gegenüber den »Billigflaggen«-Reedereien und den Ölkonzernen beim Transport ihres Billigrohstoffs durch die Weltmeere, Entschädigung der Agrarkonzerne für landlos gewordene Bauern usw.) *oder* das Beharren auf die »Gesetze« des »freien« Marktes führt zunehmend eine Situation herbei, in welcher die Wirtschaft unvermeidbar zu spüren bekommt, daß die scheinbar kostenlosen Rohstoffe und Böden unbezahlbar teuer werden.

Den ersten Weg – der staatlichen Regulierung – hat am konsequentesten JOHN KENNETH GALBRAITH (1908–2006) beschritten, der als »linker« KEYNESianer einen entscheidenden Widerpart zur derzeit herrschenden neoliberalen Ideologie bildete. GALBRAITH, der von 1960 an *John F. Kennedy* in Wirtschaftsfragen beriet und erst 1965 angesichts von *Lyndon B. Johnsons* Vietnam-Politik von seinem Posten zurücktrat, plädierte schon 1958 in seinem Buch »The Affluent Society« vehement gegen die Tendenz der Industriegesellschaft, neben der Befriedigung echter Bedürfnisse mit exzessiven Werbestrategien stets neue Bedürfnisse künstlich zu schaffen, nur um die Rendite der Unternehmen auszuweiten; eine immer größere Zahl möglicher Konsumenten werde bei dieser Art von quantitativem Wirtschaftswachstum zahlungsunfähig und rutsche in Armut ab, ohne von dringlich erforderten Sozialsystemen aufgefangen zu werden, für deren Einrichtung der Gesellschaft vermeintlich immer wieder das Geld fehle[121]. Auch 60 Jahre später hat GALBRAITH erkennbar recht: Der Grenznutzen einer ungebremsten Form kapitalistischer Wachstums-Wirtschaft ist längst überschritten und zu einem nach oben hin unbegrenzten Schaden geworden. Statt daß die Wirtschaft die Politik diktiert, muß folglich der Staat die Richtlinienkompetenz gegenüber der Wirtschaft zurückgewinnen. Endgültig geht es nicht mehr darum, in den Worten von Kanzlerin *Merkel*, »die Demokratie marktgerecht aufzustellen,« es geht umgekehrt darum, den Markt an die wirklichen ökonomischen, sozialen und ökologischen Bedürfnisse der Gesellschaft anzupassen, also gegen die faktische Plutokratie (oder Kleptokratie) wieder eine echte Demokratie zu erstellen[122]. Das frei-

121 | JOHN K. GALBRAITH: Gesellschaft im Überfluß, 33–34, zog aus dem Erbe von ADAM SMITH, DAVID RICARDO und THOMAS R. MALTHUS die antithetische Konsequenz: »Alle drei hatten entschieden ... mit der ... merkantilistischen Gesellschaftsanschauung gebrochen... – In einer Welt, die so lange Zeit in Armut gelebt hatte, war nichts wichtiger, als den Reichtum zu mehren – die Menschen von den ... Gängelbändern der feudalen und merkantilistischen Gesellschaft zu befreien... – war richtig... In dieser Welt freilich gab es keine Barmherzigkeit und keine Nächstenliebe. Unter der harten und unberechenbaren Herrschaft von Konkurrenzkampf und freiem Markt hatten viele zu leiden und viele mußten zugrunde gehen. Aber schon immer waren Menschen ... zugrunde gegangen. Jetzt aber gab es welche, die es gut hatten, und nur darauf kam es an... Gegen die Ungleichheit, gegen die Klassenunterschiede konnte man ohnedies nichts machen, da sie nicht auf wandelbaren sozialen Einrichtungen, sondern auf biologischen Fakten beruhten. Das war ein wahres Glück; der Staat nämlich hatte sich verpflichtet, die Freiheit der Unternehmer in keiner Weise anzutasten.« Vgl. VERA LINSS: Die wichtigsten Wirtschaftsdenker, 178–182.
122 | Vgl. ROBERT REICH: Superkapitalismus, 219–271: Politik auf Abwegen: »Demokratie und Kapitalismus stehen auf dem Kopf. Der Kapitalismus hat die Demokratie erobert. Gesetze werden im Namen des Gemeinwohls verabschiedet, doch dahinter stehen die Sonderinteressen der Unternehmen und deren Lobbyisten... Die breite Öffentlichkeit ist nicht beteiligt.« (S. 270) – Der oft zitierte Ausspruch von Kanzlerin *Merkel* aus dem Jahr 2011 lautete: »Wir leben ja in einer Demokratie und sind auch froh darüber. Das ist eine parlamentarische Demokratie. Deshalb ist das Budgetrecht ein Kernrecht des Parlaments. Insofern werden

lich setzt das genaue Gegenteil dessen voraus, was die neoliberale Theorie der Chicagoer Schule aus der Feder von FRIEDRICH AUGUST VON HAYEK und MILTON FRIEDMAN vorschreibt[123]: statt die »unsichtbare Hand« der »freien« Marktwirtschaft die dringenden Probleme »richten« zu lassen, muß der Staat mit ständigen Eingriffen die Richtung vorgeben, in welche sich die Wirtschaft entwickeln soll. Das Ziel kann nicht länger mehr ein ständiges Wachstum sein, es muß sein ein stabiles Gleichgewicht von Ökonomie und Ökologie, von Mensch und Natur.

Der zweite Weg – ein Crash-Kurs zur Selbsterneuerung – wird unvermeidbar, wenn man die kapitalistische Wirtschaft ungebremst so weiterfahren läßt. Gerade ihre Effizienz und Wachstumsdynamik wird wie von selbst die Grenzen menschlicher Expansionsgelüste inmitten einer endlichen Welt aufzeigen. Die kapitalistische Wirtschaft wird, ob sie will oder nicht, als global agierende auch globale Verantwortung für ihre Aktionen übernehmen müssen, das heißt, sie wird ein für allemal die »Externa« in die Kalkulation der Kosten ihrer Produkte integrieren müssen. Damit aber ist sie – als eine Wirtschaftsform zur Maximierung von Unternehmergewinnen – selber am Ende; von einer Ausbeutungswirtschaft muß sie sich entsprechend der ihr immanenten Logik auf Grund der anfallenden Kosten in der Beschaffung von Böden und Rohstoffen sowie in der Haftung und Regulierung der Folgeschäden ihrer Eingriffe in die Natur zu einer Erhaltungswirtschaft wandeln. Daß es so kommen wird, ist unausweichlich; die Frage ist nur, ob der »freie« Markt diese Wandlung in Freiheit, also von innen heraus, oder – weit wahrscheinlicher – nur unter schwerem politischem Druck von außen vollziehen wird. In jedem Falle, so oder so, muß eine nachhaltige Fairneß der Preise gewährleistet werden. Die Dinge müssen kosten, was sie *allen* wert sind.

wir Wege finden, die parlamentarische Mitbestimmung so zu gestalten, dass sie trotzdem auch marktkonform ist, also dass sich auf den Märkten die entsprechenden Signale ergeben.« GEORG FÜLBERTH: Noch kein Nachruf, in: junge Welt, Nr. 270, 21./22. Nov. 2015, S. 13.
123 | Vgl. dazu REINHARD CRUSIUS: Rettet Europa, nicht nur die Banken, 367–374: Der ideologische und ökonomische Prozess: Alles für den Profit. Am deutlichsten sprach der Ökonomie-Nobelpreisträger GARY S. BECKER als ein führender Kopf der Neoliberalen von einem »›ökonomischen Imperialismus‹, der alle Bereiche der Gesellschaft dem Diktat der Ökonomie, der Konkurrenz, des Wettbewerbs, der ›Effektivität‹ unterordnen sollte.« (S. 368) Vgl. auch S. 336–351: »Euro-Rettung«: Notopfer Demokratie – 16 Sünden wider das »demokratische Modell Europa«.

Und wie ist dieser Wert konkret zu kalkulieren? Eigentlich sehr einfach: Es gibt für niemanden, auch nicht für Unternehmer, auf dieser Erde irgendwas umsonst. Eine Flasche Wasser kann derzeit kosten 19 Cent, 45 Cent, oder auch 143 Cent, je nach Discounter, Qualität und Herkunft; völlig umsonst aber ist sie in keinem Falle. Doch warum? Eine Quelle, die sprudelt, ein Fluß, der dahin strömt, wartet nicht darauf, daß ein Tier oder ein Mensch kommt, um darin zu schwimmen oder daraus zu trinken, nichts in der Natur hängt von der Wertschätzung bestimmter Menschen innerhalb eines bestimmten Wirtschafts- und Preissystems ab; insofern ist alles in der Natur, bevor es sich in einen »Rohstoff« für menschlichen Gebrauch verwandelt, buchstäblich »unschätzbar«. Nach Vorstellung der Volkswirtschaftslehre erlangt nun aber der »Rohstoff« seinen Wert allein durch die menschliche Arbeit: das Schöpfen, Klären, Weiterleiten, Anliefern, Lagern und Verkaufen von Wasser zum Beispiel addiert sich, weil durch menschliche Tätigkeit vermittelt, entsprechend den zu zahlenden Löhnen schließlich zu einer bestimmten Gesamtkosten-Summe, und *die* bildet (plus dem Gewinnaufschlag) den Preis. Genauso verhält es sich bei der Kohle, dem Eisenerz, dem Erdöl oder was sonst aus der Erde gefördert wird. Diese Rechnungsweise kann solange Bestand haben, als die menschliche Tätigkeit der Natur keine Schäden zufügt, die selber als Kosten zu Buche schlagen; wenn sich aber diese Kosten nicht länger unterschlagen lassen? Dann lassen die neu entstehenden (oder besser: diese irgendwann unübersehbaren) Schäden sich recht einfach taxieren: sie kosten gerade so viel, wie zu ihrer Verhinderung oder Beseitigung zu zahlen ist.

Ein simples Beispiel: Seit langem ist klar, daß der *Plastikmüll* die Meeresfauna erheblich belastet. Bereits in den 90er Jahren entdeckte der Ozeanologe CHARLES J. MOORE im Nordpazifik einen riesigen Strudel so groß wie ganz Mitteleuropa mit treibendem Plastikmüll. Ähnliche schwimmende Plastikmüll-Deponien fanden sich auch im Atlantik, im Südpazifik und im Indischen Ozean. Nach neueren Schätzungen enthält vor unserer eigenen Küste die Nordsee 700 000 m³ Plastikabfall. Insgesamt treiben derzeit 580 000 Plastikteilchen pro km² durch die Ozeane, indem pro Jahr sage und schreibe 13 Mio t Kunststoff in die Meere gelangen, – 1,3 bis 3,5 Mio t jährlich kommen allein aus China in den Pazifik, Hauptverursacher danach sind Indonesien, die Philippinen, Vietnam und Sri Lanka. Wohlgemerkt baut der Plastikmüll sich nur sehr langsam ab, – 20 Jahre lang treibt eine Einkaufstüte im Meer, ein Styroporbecher braucht 50 Jahre, eine gewöhnliche Plastik-Wasserflasche zerfällt erst in 450 Jahren, eine Angelschnur erst in 600 Jahren. Die Schäden für Seevögel, Fische und Meeressäuger, aber auch schon für die Mikroorganismen, von denen viele in die Nahrungskette eingehen, sind gewaltig: Es genügt, daß ein Eissturmvogel solche Kunststoffpartikel verschlingt, und es wird sein Magen-Darm-Trakt blockiert, – er wird elend verhungern; Gifte wie DDT (Dichlordiphenyltrichloräthan) lagern sich an Mikroplaste (winzige Plastikfäden) aus Kunststofffasern, zum Beispiel aus Hosen und T-Shirts, an und gelangen in den Organismus der Tiere, – heute schon weisen zwei Drittel der Seevögel Plastikrückstände in Magen und Darm auf, bis 2050 werden es so gut wie alle Tiere sein[124]. Der entstehende Schaden ist vorhersehbar und in seiner Größenordnung gewaltig, ihn zu verhindern indessen kommt eigentlich relativ billig zu stehen: Die Kettenmoleküle des Plastikmaterials könnten so zusammengefügt werden, daß sie unter Sonneneinstrahlung an Sollbruchstellen zerfallen oder, besser noch,

---

124 | BERND MÜLLER: Ozeane voller Kunststoff, in: junge Welt, Nr. 207, 7. Sept. 2015, S. 9. – ANDRÉ TAUBER: Weg mit dem Müll, in: Die Welt kompakt, 3. Dez. 2015, S. 19, beschreibt den »neuen Anlauf« der Europäischen Kommission »gegen die Müllberge« *auf dem Festland*: mit einer effizienteren Kreislaufwirtschaft will man das Wegwerfen und Stapeln von Müll auf immer größeren Halden eindämmen; deutlich ist, daß der »derzeitige ›Wegwerfansatz‹« (so das Deutsch der Bürokraten) »die ganze Erde in Gefahr« bringt. Eine neue Kreislaufwirtschaft soll »nicht bloß das Recycling von Abfällen erhöhen. Vielmehr gehe es darum, den gesamten Lebenszyklus eines Produkts zu optimieren.« So soll ein klügerer Aufbau elektronischer Geräte, etwa bei Mobiltelefonen, erreicht werden, um eine bessere Reparaturfähigkeit zu erzielen. »2012 wurde im EU-Schnitt 42 Prozent des Abfalls recycelt oder kompostiert. Deutschland führte die Liste mit 62 Prozent an, Rumänien war Schlusslicht mit fünf Prozent.« Doch die neuen ehrgeizigen Ziele werden schon wieder herabgestuft. »Demnach sollte die Europäische Union bis 2030 beim Verpackungsmüll nur noch eine Recyclingquote von 75 Prozent erreichen statt 80 Prozent wie zuletzt vorgesehen. Bis 2030 sollen 65 Prozent der sogenannten Siedlungsabfälle, dazu zählen auch Haushaltsabfälle, wiederverwertet werden, statt der zuletzt geplanten 70 Prozent. Auf Mülldeponien sollen maximal zehn Prozent der Abfälle landen.« – Ein vorbildliches Verfahren der Müllbeseitigung entsteht – endlich – in Kairo, wo die *Zabaleen* (die »Müllmenschen«) rund die Hälfte der etwa 6000 t Müll im Großraum Kairo einsammeln und in eines der sechs Müllviertel transportieren, wo sie geschreddert und gepreßt und als Rohstoffe wieder verkauft werden. 90 % der Bewohner in den sechs Müllvierteln Kairos sind koptische Christen. »Dank der Zabaleen kann Ägyptens Hauptstadt eine Recyclingquote von 85 Prozent vorweisen... Selbst die Recyclingindustrie der Schweiz, die als die weltweit modernste und effektivste gilt, kommt nur auf eine Quote von 50 Prozent.« Die Bettler von einst sind heute Teil der organisierten Stadtreinigung – zum Vorteil beider. SOFIAN PHILIP NACEUR: Die Müllsammler von Kairo, in: junge Welt, Nr. 271, 22./23. Nov. 2014, Reportage, S. 4–5.

als Verpackungsmaterial würde Plastik ganz aus dem Verkehr gezogen, – schließlich konnte man Bücher zum Beispiel auch schon mal nichtverschweißt verkaufen. Wenn das aber nicht geschieht? Dann fallen gewaltige Kosten der Müllbeseitigung in den Meeren an, und zu erbringen hätten sie die Hersteller und Verteiler von Verpackungsplastik je nach ihrem Produktionsvolumen und Handelsanteil; selbst für die Unternehmer und Händler könnte heute schon in diesem Punkte alles billiger werden, als es derzeit ist. So fortzufahren wie bisher »rechnet« sich einfach nicht.

Andere Auflagen sind zugegebenermaßen schwieriger zu kalkulieren. Zur Eröffnung einer neuen Startbahn für den Flugverkehr zum Beispiel soll ein angrenzendes Waldgebiet gerodet werden; die Kosten dafür betragen »klassisch« gerade so viel, wie an Einsatz von Maschinen und an zu zahlenden Löhnen für die Waldarbeiter (minus dem Erlös des Holzverkaufs an die holzverarbeitende Industrie) aufzubringen ist; jetzt aber stellt sich die Restitutionsfrage: Wieviel kostet die Aufforstung eines entsprechenden Waldgebietes, – erst der Eintrag dieser externen Kosten ergibt den fairen Preis für die Schaffung der Freifläche zum Bau einer weiteren Startbahn eines Flughafens.

Oder: Die Bahn lastet ihr Streckennetz entlang den beiden Rheintrassen für den Gütertransport erheblich aus; Nacht für Nacht donnern jetzt die Züge durch die einst beschaulichen Kurorte und Weinanbaugebiete. Die Anwohner können nicht schlafen, viele sehen sich zum Umzug gezwungen, die Gäste bleiben aus, viele Lokale, Hotels und Dienstleistungsbetriebe müssen schließen, – wer kommt für all diese (wieder: vorhersehbaren) Schäden auf? Natürlich müßte das sein der Verursacher: die Bahn. Die vermeintlich so billigen, also gewinnträchtigen Transporte sind in Wahrheit sehr teuer. Das gilt auch für etwaige Alternativlösungen: Es werden die Bremsen und die Federungen der Räder der Waggons so konstruiert, daß sich die Lärmbelastung in den angrenzenden Ortschaften auf ein erträgliches Maß verringert, oder es werden andere Trassen erstellt oder es werden große Teile der Bevölkerung umgesiedelt und für ihren Verdienstausfall und ihre Neuansiedlung gebührend entschädigt oder der Bahnbetrieb in der bisherigen Form wird wieder auf einen passablen Umfang beschränkt..., – egal, welche Maßnahmen die Bahn AG ergreift, sie kommt nicht daran vorbei, die »externen« Kosten, die Kollateralschäden ihrer Verkehrsausdehnung, mit in die Berechnung der wahren Kosten ihrer neuen Streckenbelegung aufzunehmen.

Das Ergebnis solcher Überlegungen ist überaus wünschenswert: in allen Bereichen der Wirtschaft würde das quantitative »Wachstum« schlagartig gebremst; doch dafür bekäme die Wirtschaft eine ehrliche Chance, umwelt- und gesundheitsverträglich zu agieren. Und vor allem: Es würde endlich wieder produziert zur Deckung der wirklichen Bedürfnisse der Menschen und nicht – an den Menschen vorbei – zugunsten der Gewinnmaximierung der Unternehmen auf einem Markt, der nur deshalb »frei« heißt, weil keine Gesellschaft ihn politisch kontrolliert. Das Prinzip des Recyclings, auf dem der gesamte Stoffwechselhaushalt der Natur basiert, fände endlich Eingang auch in das betriebswirtschaftliche Denken bezüglich der Preisbildung.

Wie da zu rechnen wäre, läßt sich in zwei Näherungswerten beschreiben: einem inzwischen üblichen und einem »privatwirtschaftlichen«. Der inzwischen übliche Wert *zerstörter* Natur kommt derzeit in der Konstruktion des sogenannten *Emissionshandels* zum Tragen. In der Logik des »wirtschaftlichen« Denkens liegt es, in der Privatisierung die Lösung auch der Umweltprobleme zu sehen: Wenn da ein See voller Fische ist, die jeder fangen kann, weil der See niemandem gehört, wird es darin bald keine Fische mehr geben, weil niemand auf den Gesamtbestand der Fische Rücksicht nimmt; wenn aber der See zu dem Besitz eines Baron von und zu Hinterwalden gehört oder von einem Energieanbieter aufgekauft worden ist, wird der alte oder neue Eigentümer ein Interesse daran haben, den Fischbestand auf einem passablen Niveau zu halten. Und entsprechend jetzt: Wenn die *Atemluft* allen gehört, wird niemand sich für ihre Reinerhaltung verantwortlich fühlen; also muß die Reinerhaltung der Atemluft in die Hände privater Versorger gelegt werden; wie viel also kostet die Luft?

Man muß, neoliberal gedacht, die Luft in eine Handelsware verwandeln, um ihren Tauschwert zu bestimmen. Nun hat sich gerade gezeigt, wohin es führt, wenn der Reichtum der Natur (Flüsse, Wälder, Böden, Meere, Luft) auf dem Markt feilgeboten wird; wie aber, wenn man die Schäden an der Natur in Form von *Negativwerten* zum Kauf anbietet? Das Problem ist einfach: kein Mensch wird Negativwerte kaufen wollen! Ein solcher Negativwert ist zum Beispiel der CO_2-Ausstoß von Autos und Fabriken, die mit fossilen Brennstoffen arbeiten. Der Tauschwert solcher Schadstoffe müßte durch einen negativen Preis gekennzeichnet werden, – wer CO_2-Emissionen kauft, sollte dafür nicht bezahlen müssen, sondern dafür belohnt werden; das aber kann nur durch staatliche Interventionen zustande kommen, die den negativen Wert der Emissionen in einen positiven Wert umwandeln: Der Staat gesteht jedem Produzenten (und insgesamt im internationalen Vergleich sich selbst) das Recht zu, eine gewisse Menge (X Tonnen) CO_2 (oder Methangas oder Stickoxide) in die Atmosphäre abzugeben; nun gibt es sicher andere Produzenten (oder Staaten), deren Schadstoffausstoß über der angegebenen Menge liegt; wenn man denen das Recht auf den eigenen Schadstoffausstoß verkauft, so entsteht tatsächlich ein Markt für negative Tauschwerte. Im Emissionshandel können Firmen (oder Staaten) anderen die von diesen nicht benötigten Emissionsmengen abkaufen, mit dem Ergebnis, daß sich der Preis für die eigenen höheren Ausstoßmengen verteuert. Die umweltschädlichen Gase kosten etwas.

An sich mutet diese Idee grotesk an; doch eben deshalb ist sie in gewisser Weise lehrreich, denn sie zeigt, daß gerade das privatwirtschaftliche Denken am Ende zu vergesellschafteten Problemlösungen führt: Da niemand freiwillig Negativwerte kaufen wird, muß ein Gesetz her, das genau das festschreibt: Wer mehr an CO_2 ausstößt, als es der vorgesehene Wert zuläßt, muß demjenigen, der die Luft weniger belastet, einen entsprechenden Ausgleich zahlen. Die »Privatisierung« des Umweltschutzes erzeigt damit eine eigentümliche Dialektik: Güter, die allen »gehören«, weil alle davon leben, können auch nur von allen geschützt werden[125].

---

125 | Vgl. YANIS VAROUFAKIS: Time for Change, 139–141: Märkte von Negativgütern. – Zum *Emissionshandel* vgl. HARALD SCHUMANN – CHRISTIANE GREFE: Der globale Countdown, 263: »Ein wirksamer Hebel könnte … das europäische Emissionshandelsgesetz sein. Im Jahr 2003 eingeführt, hätte es den Klimaschutz in Europa eigentlich längst zu einem Selbstläufer machen sollen. Die Idee dahinter, die der kanadische Ökonom *John Dales* bereits vor 40 Jahren formulierte, ist ebenso einfach wie gesund. Anstatt jedem einzelnen Betrieb vorzuschreiben, wie viel Abgas er ausstoßen darf, legen die Staaten lediglich eine jährliche Gesamtmenge an Emissionen für Industrieanlagen fest und teilen diese auf die betriebenen Werke auf… Die zugeteilte Menge richtet sich in der Regel nach den Emissionen der jeweiligen Anlagen in der Vergangenheit, abzüglich der von der Politik gewollten Kürzung. Anschließend haben die Unternehmen zwei Möglichkeiten: Entweder sie investieren in neue Technik, die weniger Abgas produziert. Dann kommen sie mit ihren zugeteilten Lizenzen aus oder können sogar überschüssige verkaufen und einen zusätzlichen Gewinn erzielen. Oder aber sie müssen Zertifikate hinzukaufen, weil neue Anlagen sich noch nicht lohnen. Im Ergebnis findet der Klimaschutz dort statt, wo er zu den geringsten Kosten zu haben ist.« Entscheidend ist, daß die Verantwortung für die Bildung eines ökologisch fairen Preises nicht dem Verbraucher aufgebürdet wird (also über die Marktmechanismen von Angebot und Nachfrage erfolgt), sondern im politischen Handeln verbleibt. – MICHAEL

Dabei bleibt natürlich der festgesetzte Grenzwert der zulässigen Schadstoffemission recht willkürlich, – er bemißt sich an der Höhe des gefürchteten Beitrags zur Klimaerwärmung, deren Kosten sich jeder vernünftigen Berechnung entziehen. – Als Beispiel: Im Okt. 2015 ging durch die Medien die Nachricht von den gigantischen Waldbränden auf Sumatra und Borneo, deren Rauchfahnen bis nach Thailand hin die Nachbarländer belasten, – allein von 2001 bis 2014 wurden nach Schätzung von Global Forest Watch auf den indonesischen Inseln 18,5 Mio ha Urwald verbrannt, um Anbauflächen für Palmölplantagen zu gewinnen. Der »Gewinn« aus dem Palmöl läßt

BAUCHMÜLLER: Raus aus der Klimafalle, in: SZ, Nr. 279, 3. Dez. 2015, S. 17, kommt deshalb auf einen Vorschlag zurück, der auf dem Klimagipfel in Paris im Dezember 2015 eine Rolle spielen mußte: »Sollen nicht länger Milliarden in Bauwerke (sc. neue Kohlekraftwerke, d.V.) fließen, die ihren Dienst (sc. wegen des CO_2-Ausstoßes, d.V.) eigentlich nicht tun dürfen, wird es einen Preis auf Kohlendioxid geben müssen – einen Preis, der höher ist als im verkorksten Emissionshandel der EU. Kohle würde so künstlich verteuert. Das ist die Sprache, die Investoren verstehen.« Das ist wahr: »Jedes neue fossile Kraftwerk ist eine neue Hypothek, abzuzahlen von den Leidtragenden des Klimawandels.« Solange die Klimaschäden im Preis der Kohle und der anderen fossilen Rohstoffe nicht auftauchen, werden die Kraftwerksbetreiber so fortfahren wie bisher. Und das tun sie, wo irgend sie können. Weltweit werden zur Zeit 2000 neue Kohlekraftwerke geplant, vorneweg in Indien, aber auch in Vietnam, Nigeria, der Türkei. »Wenn nur ein Bruchteil davon fertig wird, brächte das die Welt dem Klimachaos einen großen Schritt näher: Gebaut ist gebaut. Wenn die Kraftwerke einmal stehen, müssen sie auch Geld verdienen.« Insbesondere *Indien* als der (nach den USA und China) drittgrößte Kohlenstoff-Emittent wehrt sich für seine rund 1 Mrd Menschen gegen jede Begrenzung aus Sorge, das Wirtschaftswachstum könnte sich verringern; zumindest verlangt es einen Kostenausgleich für den Verzicht auf fossile Energie und den Umstieg auf Sonne und Wind (und Kernkraft!). Und hier liegt der Hase im Pfeffer: Die Industrieländer als die Hauptverursacher des CO_2-Ausstoßes hatten für einen Klima-Hilfsfonds zugunsten der Entwicklungsländer schon auf der Klimakonferenz 2009 in Kopenhagen 100 Mrd Dollar an Hilfe zugesagt; aber nur ein Bruchteil davon ist wirklich bezahlt worden; vor allem die USA verweigern (bisher) jede Hilfe. Und: Ist Indien ein Entwicklungs- oder ein Schwellenland? Da kann man feilschen. WOLFGANG POMREHN: Die Zeit wird knapp, in: junge Welt, Nr. 292, 17. Dez. 2015, S. 12 –13, schildert den als »historisch« gefeierten Klima-Pakt von Paris, mit dem Beschluß, die Erderwärmung auf 1,5 Grad zu begrenzen, mit Recht als »Agreement« (Abkommen), das nicht notwendigerweise durch die Parlamente (etwa den US-Kongreß) ratifiziert werden muß. Aber: Indien will die Treibhausgasemissionen proportional zur Einwohnerzahl berechnet wissen; in der Verursacherhaftung sowie in den Finanzfragen gab es keine Fortschritte – gegen den Willen der Entwicklungsländer. Eine Zwei-Drittel-Chance, wenigstens nicht über 2 Grad Celsius das Klima aufzuheizen, besteht jedoch nur, wenn global nur noch etwa 560 Mrd t CO_2 in die Luft geblasen werden. »Derzeit sind es weltweit 37 Milliarden Tonnen pro Jahr, eine knappe Milliarde davon in Deutschland.« Bleiben also ganze 15 Jahre, um das Schlimmste zu verhindern.

sich taxieren. Aber: Soll man jetzt sagen: Gerade so viel kostet der verbrannte Wald? Eine solche Rechnung kann nicht stimmen, denn was mit den tropischen Regenwäldern verbrannt wird, ist unschätzbar viel mehr wert, als sich in CO_2-Kosten und Palmölerträgen berechnen läßt: Wieviel kostet das Aussterben der Orang Utans?

Nur: wenn es darauf schon keine Antworten gibt, könnte man das privatwirtschaftliche Denken mit den eigenen Waffen schlagen, wie es der Gründer von Esprit, DOUGLAS TOMPKINS, versuchte. Der Multimillionär kaufte jahrelang Land in Südamerika auf, um dort Nationalparks zu schaffen – 10 000 km^2 sind es bereits vor allem in Patagonien. Zwar fürchten die Wirtschaftstheoretiker, daß damit der ökonomische Fortschritt der Region verhindert wird; doch genau das war der Zweck der Aktion. TOMPKINS hielt Handys für »schlecht für die Gesellschaft. Ihre Funktion ist, die Wirtschaft zu beschleunigen. Dieser Prozess sorgt dafür, dass Ozeane versanden, Wälder abgeholzt, Tier- und Pflanzenarten ausgerottet werden und das Klima ruiniert wird. Handys, Internet, Satelliten: Vereinfacht gesagt, zerstören diese Dinge unsere Welt.«[126] So sagte er.

Es gilt in jedem Falle, die Ideologie des ökonomischen Wachstums umzukehren, und das müßte geschehen durch Bewahrung der Natur vor ihrer restlosen Ausbeutung. Was ihre Zerstörung in jedem Teilstück ihrer Nutzung an Gewinn verspricht, wäre dann der handelbare Preis ihrer Rettung. Dafür sorgt aber letztlich nicht der Einzelne, sondern nur die Gemeinschaft. Staaten, die ihre Bevölkerung vertreten, und die Staatengemeinschaft als Vertreterin der Menschheit müßten seit langem einen Positivhandel mit Naturgütern, auf deren Nutzen man *verzichtet*, um sie leben zu lassen, einleiten und mit entsprechenden globalen Investitionen und Subventionen vorantreiben.

---

126 | HANNA GRABBE – CLAUS HECKING: »Ich bin doch nicht der Messias«, in: Die Zeit, Nr. 44, 29. Okt. 2015, S. 30. – DOUGLAS TOMPKINS verstarb im November 2015 bei einer Kahnfahrt in Patagonien.

B) FAIRE LÖHNE

In einer Wirtschaftsform wie der kapitalistischen, deren erklärter Zweck in der Gewinnmaximierung liegt, muß es das Hauptinteresse eines jeden Unternehmers bilden, zu dem gegebenen Marktpreis eines Produktes die Herstellungskosten zu senken, und dazu gibt es nur zwei Wege: 1) ein möglichst billiger Zugriff auf die Materialien, die zur Herstellung einer Ware nötig sind: – Die systematische Ausplünderung der Länder der Dritten Welt sowie die im Stil des Neokolonialismus betriebene, oft genug mit militärischen Mitteln und imperialem Machtanspruch durchgesetzte Aneignung und Ausplünderung der Böden und Bodenschätze in den Ländern der südlichen Hemisphäre, wesentlich zur Senkung der Materialkosten im Konkurrenzvergleich mit anderen Herstellern der gleichen Branche, haben wir im Zusammenhang mit den enormen Schäden des Raubbaus an der Natur soeben kennengelernt; das daraus abzuleitende Ergebnis war einfach: Diese Art des Wirtschaftens mag die Kosten des jeweiligen Unternehmens betriebswirtschaftlich verringern, doch nur um den Preis einer untragbaren und unerträglichen Belastung von Umwelt und Gesellschaft.

Daneben existiert 2) eine noch unmittelbarere Form der Kostensenkung im Produktionsprozeß: in Gestalt der Ausbeutung menschlicher Arbeitskraft, – in ihrem reinsten Auftreten als Sklaverei, wie sie von der Antike her bekannt ist, als Leibeigenschaft im Feudalismus und als Lohnknechtschaft auf der Produktionsstufe des Industriekapitalismus. Auf all diesen Stufen der gesellschaftlichen Entwicklung ändert die Ausbeutung von Menschen durch Menschen wohl ihr Erscheinungsbild, niemals aber ihr Wesen: Die Arbeit des einen dient einzig und allein der Mehrung von Einkommen und Eigentum auf seiten des anderen. Es war vor allem KARL MARX, der im Zeitalter des Industriekapitals das Verhältnis von Arbeitgeber und Arbeitnehmer als »Expropriation« des Arbeiters durch den Eigner der Produktionsmittel beschrieben hat und damit den Grundstein zu einer revolutionären Hoffnung auf Umwandlung von Unfreiheit und Entfremdung in Freiheit und Selbstbestimmung gelegt hat. Denn in der Tat: Der Kapitalismus wäre am Ende, wenn zu den fairen Preisen zugleich faire Löhne treten würden, und wir werden sogleich sehen, wie sich das eine notwendig aus dem anderen ergibt und welche Konsequenzen aus dieser Tatsache zu ziehen sind.[1]

1 | Die nachstehende Darstellung der Lohnfestlegung in der Volkswirtschaftslehre folgt im wesentlichen JOSEPH E. STIGLITZ – CARL E. WALSH: Mikroökonomie, 203–221: Arbeitsmärkte; 409–429: Unvollkommenheit auf dem Arbeitsmarkt; dort auch die abgebildeten Graphiken. Vgl. auch PAUL A. SAMUELSON – WILLIAM D. NORDHAUS: Volkswirtschaftslehre. Kap. 13: Der Arbeitsmarkt (S. 379–407). Zudem PAUL KRUGMANN – ROBIN WELLS: Volkswirtschaftslehre, Teil 14, Kap. 32: Arbeitsmärkte, Arbeitslosigkeit und Inflation, S. 1019–1049; ARNOLD HEERTJE – HEINZ-DIETER WENZEL: Grundlagen der Volkswirtschaftslehre, Kap. 10: Der Arbeitsmarkt: Theorie und Evidenz, S. 270–284. – ALFRED MARSHALL: Handbuch der Volkswirtschaftslehre, VI. Buch, 5. Kap., S. 561–567, betont – neben der Bedeutung der Ausbildung – vor allem den Zeitfaktor: der Preis wird kurzfristig durch die Nachfrage bestimmt, längerfristig aber (nachdem das Angebot sich angepaßt hat) sind die »Produktionskosten« entscheidend; so auch auf dem »Arbeitsmarkt«, bezogen vor allem auf die Ausbildung: »darum müssen wir bei einer Betrachtung der Abhängigkeit des Arbeitsangebotes von den Hilfsmitteln derer, die die Kosten der Erziehung und Ausbildung zu tragen haben, oft mehr die ganze Arbeitsstufe als irgend eine einzelne Branche derselben als unsre Einheit ansetzen.« (S. 563) Wie lange dauert es und wieviel kostet es, Arbeitskräfte (»Humankapital«) zu »produzieren«? MARSHALL schreibt (S. 555): »das allerwertvollste Kapital ist das im menschlichen Wesen investierte, und der wertvollste Teil desselben das Ergebnis mütterlicher Sorgfalt und Beeinflussung, solange die Mutter ihren zärtlichen und selbstlosen Instinkt bewahrt und nicht verhärtet wurde durch die Anstrengung und Mühe unweiblicher Arbeit.« – Auf ein Grundproblem der Lohnbildung verweist JOHN K. GALBRAITH: Die Tyrannei der Umstände, S. 36–38: Das eherne Lohngesetz. JEAN-BATTISTE SAY (1767–1832), der als Vertreter der Angebotstheorie gilt, hatte das Theorem aufgestellt, »daß die Produktion immer genau so viel Einkommen gewährleiste, wie zum Kauf des Produzierten benötigt werde. Auch gespartes Geld sei ausgegebenes Geld, wenngleich auf andere Art, deshalb könne nie eine Verknappung der Kaufkraft eintreten.« (S. 37) Wie aber, wenn die Einkünfte nicht ausgegeben werden? Dann führt der Nachfrageausfall zu Wirtschaftsdepression, und was dann?

166

1) Lohnfestlegung nach der Volkswirtschaftslehre

Wie hoch oder niedrig Löhne für Arbeitnehmer und Angestellte ausfallen, richtet sich in der herkömmlichen Volkswirtschaftslehre, genauso wie bei der Preisbildung auf dem Güter- und Dienstleistungs-
markt, auch auf dem »Arbeitsmarkt« nach dem »Gesetz« von
Angebot und Nachfrage. »Arbeitsmarkt« ist ein bemerkenswert ehrliches Wort; denn es besagt, daß, um zu leben, Menschen nicht länger in eigener Tätigkeit und Verantwortung ihre Existenzgrundlage
erwirtschaften können, als freie Bauern, Handwerker, Händler, niedergelassene Ärzte oder Buchautoren zum Beispiel, sondern daß sie
ihre Arbeitskraft in dem Berufszweig, in dem man sie ausgebildet
hat, zu Markte tragen müssen, in der Hoffnung, daß sie dort jemand
gebrauchen, das heißt für seine unternehmerischen Interessen nutzen
kann; wer keinen Beruf erlernt hat, muß froh sein, wenn er irgendwo
eine Hilfsarbeit angeboten bekommt. Idealerweise sollte freilich auch
in hochindustrialisierten Gesellschaften mit einem entwickelten Unternehmertum der Einzelne noch eine gewisse Wahl behalten, wieviel
an Arbeit und wieviel an Freizeit er sich auferlegen möchte, doch hier
bereits spielen gewisse Budgetbeschränkungen eine große Rolle: Je
weniger jemand verdient, desto mehr wird er arbeiten *müssen*; andererseits: Je weniger von seiner Arbeit gebraucht wird, desto eher wird
er zur »Kurzarbeit« mit entsprechenden Lohnkürzungen verurteilt
werden, wofern er nicht überhaupt, wie es so (un)schön heißt, »freigesetzt«, das heißt: gekündigt wird; dann hat er – gegen seinen Willen – zwar nur noch »Freizeit«, doch wie soll er diese nutzen, außer
zum Schlangestehen bei der Arbeitsagentur, zum Schwarzarbeiten
oder zum Bettelngehen? In jedem Falle befindet er sich als »Anbieter«
auf dem »Arbeitsmarkt« von vornherein in der Position des Abhängigen, des Unfreien, des Ausnutzbaren.

In der Volkswirtschaftslehre wird diese im Grunde entscheidende
Tatsache hinter dem so leicht mathematisch darstellbaren Wechselspiel von Angebot und Nachfrage verschleiert. Folgendermaßen nämlich: Ganz als könnte jemand wirklich über Art und Umfang seiner
Arbeit frei entscheiden, nimmt man an, daß die *Arbeitsangebotsent-
scheidung* sich nach dem *Reallohn* richtet, mithin nach dem *Nomi-
nallohn*, der an die Preisänderung der Konsumgüter angepaßt ist:
steigen die Reallöhne, können es sich die Arbeiter leisten, weniger zu
arbeiten, also mehr Freizeit zu genießen und/oder mehr zu konsumieren, – man spricht in diesem Falle von dem *Einkommenseffekt*. Ein

höherer Lohn kann aber auch einen Anreiz bieten, noch mehr zu arbeiten, – um bei günstiger Ertragslage zum Beispiel auf ein Auto oder ein Eigenheim oder auf das Studium der ältesten Tochter hin zu sparen, – in diesem Falle spricht man von dem *Substitutionseffekt* (wie er auch schon bei der Preisbildung zu beobachten war, S. 82.). Mal kann der eine, mal der andere Effekt vorherrschen, – eine Lohnerhöhung kann daher das Arbeitsangebot sowohl steigen als auch sinken lassen. Im Falle, daß nicht das Jobcenter diktiert, welch eine Arbeit, egal zu welchem Lohn, zu verrichten ist, mag der Einzelne sich fragen, zu welch einem Minimallohn es sich für ihn lohnt zu arbeiten, – unterhalb dieses *Schwellenlohns* wird er nicht arbeiten wollen, sondern sich eventuell nach einem anderen Arbeitgeber an einem anderen Ort oder in einer anderen Branche umsehen.

Wie dieses Motiv des Schwellenlohns wirkt, zeigt sich geradewegs dramatisch an dem Anstieg der *Arbeitsangebotskurve bei Frauen*: In den USA etwa lag die Erwerbstätigkeit von Frauen 1960 bei weniger als 40 %, – die meisten hörten nach dem ersten Kind auf zu arbeiten und kehrten bei weiteren Kindern nicht mehr in den Beruf zurück; im Jahr 2000 waren hingegen rund 60 % der Frauen erwerbstätig. Die entscheidende Wende lag im Jahr 1973, als nach währungspolitischen Entscheidungen der US-Administration (auf die wir noch eingehen werden) der Zuwachs der Reallöhne geringer zu werden begann als in der Nachkriegszeit; viele Frauen sahen dadurch ihre Zukunftsplanung gefährdet und versuchten, ihren Lebensstandard durch zusätzliche Teil- oder Vollzeitarbeit aufrecht zu halten; das wiederum führte zu einem erhöhten Arbeitsangebot auf dem Arbeitsmarkt, das es den Unternehmen erlaubte, die Lohnentwicklung einzufrieren oder sogar Lohndumping zu betreiben; und da viele Frauen froh sein mußten, überhaupt eine Arbeit zu finden, akzeptierten sie auch einen niedrigeren Schwellenlohn, um sich für einen Eintritt in die Berufstätigkeit zu entscheiden. Doppelt also: indem sie das Arbeitsangebot vergrößerten und indem sie für niedrigere Löhne arbeiteten, traten die solchermaßen »emanzipierten« Frauen zugunsten der Arbeitgeber in Konkurrenz zu den – bis dahin vorwiegend männlichen – Arbeitnehmern. Erst nach und nach wurde das Lohnniveau von Frauen und Männern angeglichen und damit die Diskriminierung weiblicher Arbeit beendet.

Um herauszufinden, wie die Höhe der Löhne in der Volkswirtschaftslehre zustande kommt, muß man lediglich die »Gesetze« der Preisbildung noch einmal durchgehen: Jeder Unternehmer muß über-

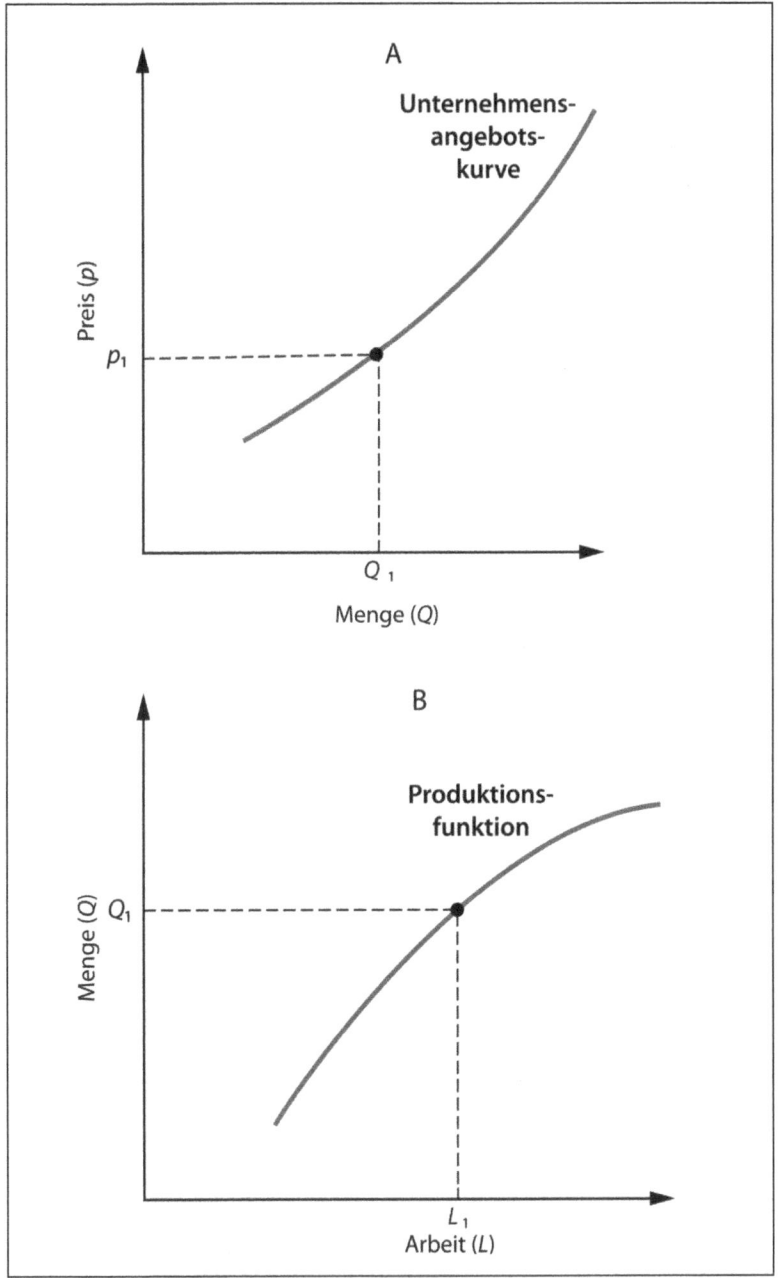

Graphik 17: *Die Unternehmensangebotskurve und die Produktions-funktion*

legen, in welch einer Menge er eine bestimmte Ware in möglichst kostengünstiger Herstellungsweise anbieten will, und dazu muß er die unterschiedlichen Produktionsfaktoren in Rechnung stellen. Einen Hauptfaktor bilden in jedem Falle die Arbeiter. Um die Darstellung zu vereinfachen, tun wir mal so, als bildeten die zu zahlenden Löhne den einzigen Kostenfaktor bei der Herstellung eines bestimmten Produkts: Wie viele Erntehelfer zum Beispiel soll ein Spargelbauer saisonbedingt anstellen? Das richtet sich nach der Größe seiner Felder, das heißt nach der Menge des Spargels, den er zu ernten hofft. Wie viel Spargel er angebaut hat, richtet sich wiederum nach dem zu taxierenden Marktpreis in einem durchschnittlichen Erntejahr, also daß sich zwei Funktionen ergeben: Die Kurve A zeigt, wie der Spargelbauer bei einem Marktpreis P die Menge seiner Ernte (Q), also sein Outputniveau, festlegt, – so ergibt sich die *Unternehmensangebotskurve*, die identisch ist mit der Grenzkostenkurve. Weiß der Unternehmer, wieviel der produzieren will, kann er auch die Menge an Arbeit (L = Labour, Arbeit) errechnen; wie die Kurve B zeigt, muß er, um den Output Q_1 zu produzieren, L_1 Einheiten Arbeit einsetzen; L_1 ist die Arbeitsnachfrage entlang der Produktionsfunktion (Graphik 17).

Der gleiche Sachverhalt läßt sich nach der schon vertrauten Logik auch so ausdrücken: Ein Unternehmer überlegt, ob er noch eine weitere Arbeitskraft einstellen soll; deren Gehalt bedeutet zusätzliche Kosten: – *Grenzkosten*; dafür erwartet er einen zusätzlichen Output: – das *Grenzprodukt* der Arbeit; der Preis, zu dem er das Gut verkauft, multipliziert mit der Anzahl des zusätzlich produzierten Outputs (des Grenzprodukts), ergibt den *Grenznutzen*. Das Grenzprodukt wird in Einheiten des Outputs gemessen, der *Wert des Grenzproduktes der Arbeit* mißt sich in Geldeinheiten. Solange der Wert des Grenzprodukts der Arbeit die Grenzkosten der zusätzlichen Arbeitskraft übersteigt, kann das Unternehmen mit einer zusätzlichen Arbeitseinstellung die Gewinne erhöhen, und solange wird ein profitorientierter Unternehmer denn auch weitere Arbeiter einstellen. Daraus folgt: *Der Wert des Grenzproduktes* der Arbeit (also des Grenznutzens des Unternehmers) *ist gleich* dem Preis der Arbeit, mithin *dem Lohn*, also den *Grenzkosten*. Diese Gleichgewichtsbedingung ergibt die Arbeitsnachfragekurve in der nachstehenden Graphik 18.

Was die Kurve zeigt, ist einfach dies: Arbeitskräfte werden solange eingestellt, bis die Löhne (W) dem Wert des Grenzprodukts (L) gleich sind: bei W_1 ist daher die Beschäftigung L_1, bei einem Lohn von W_2

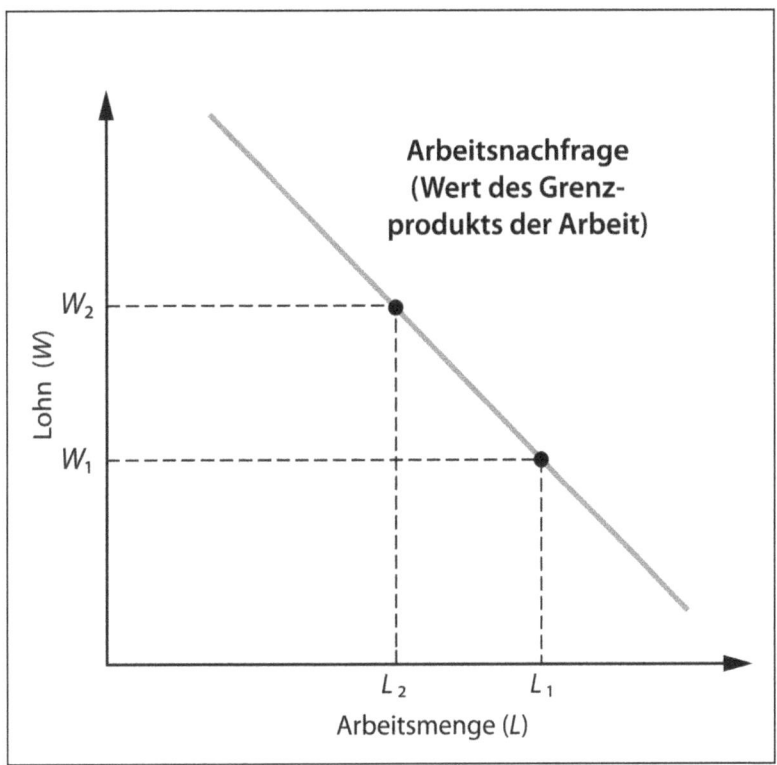

Graphik 18: Die Arbeitsnachfragekurve

ist die Beschäftigung L_2 usw. Die Arbeitsnachfragekurve zeigt die Werte des Grenzproduktes der Arbeit bei unterschiedlichen Beschäftigungsniveaus auf. Mit anderen Worten: Der Wert des Grenzprodukts der Arbeit sinkt mit dem Beschäftigungsniveau. Die *Preissteigerung* eines Gutes steigert natürlich den Wert des Grenzproduktes der Arbeit auf dem jeweiligen Beschäftigungsniveau, – also wird zu dem jeweiligen Lohn die Arbeitsnachfrage steigen. (Vgl. Gr. 19)

Wie man sieht, verschiebt eine Preissteigerung den Wert des Grenzprodukts der Arbeit nach oben; also wird beim jeweiligen Lohn die Arbeitsnachfrage steigen: bei W_1 steigt die Beschäftigung von L_1 auf L_4, zum Lohn W_2 steigt die Beschäftigung von L_2 auf L_3. Die Arbeitsnachfrage hängt ganz von dem Lohn und dem Marktpreis des verkauften Gutes, das heißt von dem Verhältnis der beiden Größen ab.

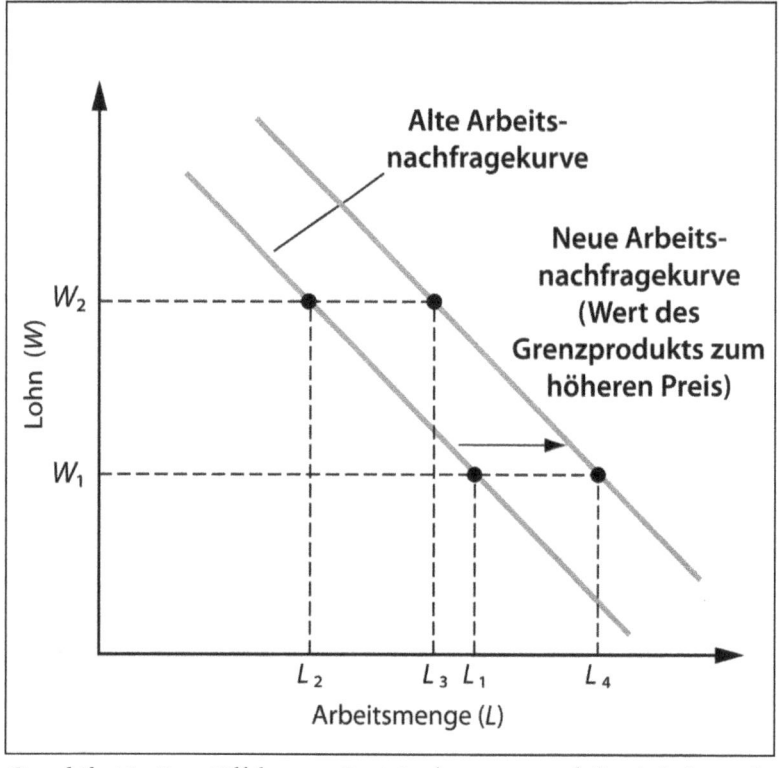

Graphik 19: Der Effekt von Preisänderungen auf die Arbeitsnach-fragekurve

Und wie bestimmt sich nun der Lohn? Die Gleichgewichtsbedingung lautet:

Der Wert des Grenzproduktes ist der Preis (P) mal dem Grenzprodukt der Arbeit. Also ist der Preis des produzierten Gutes auf dem Markt mal dem Grenzprodukt der Arbeit gleich dem Lohn (W). Anders gesagt: Der Lohn, dividiert durch den Marktpreis des produzierten Gutes (W/P), ergibt das *Realprodukt des Lohnes.* Es mißt in Einheiten des produzierten Gutes (nicht in Geldeinheiten), was ein Unternehmer den Arbeitskräften zahlt. Eben deshalb werden so lange Arbeitskräfte in einem Unternehmen eingestellt, bis das Realprodukt des Lohnes gleich dem Grenzprodukt der Arbeit ist, wie es die Graphik 20 zeigt.

Wenn das Realprodukt des Lohnes (W/P) steigt, steigt auch die Arbeitsnachfrage.

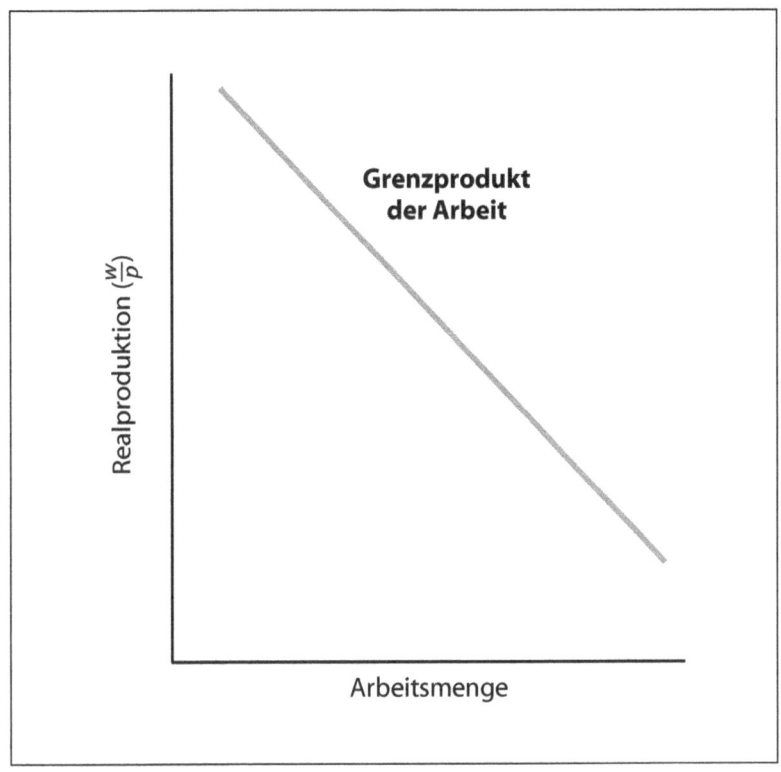

Graphik 20: Arbeitsnachfrage und Realprodukt des Lohnes

Alles Weitere jetzt ist selbstverständlich, wenn wir die Faktoren des Arbeitsangebotes mit den Faktoren der Arbeitsnachfrage kombinieren: Eine Arbeit wird angeboten je nach dem Lohn auf dem Markt, – wirkt der Substitutionseffekt, so steigt die angebotene Arbeit bei höheren Löhnen. Umgekehrt bei den Unternehmen: je höher die Reallöhne, desto niedriger die Arbeitsnachfrage. Der Arbeitsmarkt befindet sich im Gleichgewicht, wenn der Lohn dem Gleichgewicht von Arbeitsangebot und Arbeitsnachfrage entspricht; in diesem Falle ist die Arbeitsnachfrage genau so groß wie das Arbeitsangebot, – jeder Arbeiter findet zum Marktlohn eine Arbeitsstelle, und jeder Unternehmer findet zum gängigen Lohn die passenden Arbeitskräfte. Entsprechen Angebot und Nachfrage nicht dem gängigen Lohn, muß der Lohn sich anpassen: Ist das Arbeitsangebot größer als von den Unternehmen benötigt, wird es Erwerbslose geben, die auch für einen geringeren Lohn arbeiten; und umgekehrt: Ist die Arbeitsnachfrage höher als das Arbeitsangebot, werden – nach dem »Gesetz« des Wettbewerbs – höhere Löhne gezahlt werden.

Das *Arbeitsangebot* kann durch verschiedene Gründe steigen: geburtenstarke Jahrgänge drängen auf den Arbeitsmarkt, Immigranten suchen eine Arbeitsstelle, Frauen gehen zur Verbesserung des Haushaltsgeldes oder zur wirtschaftlichen Unabhängigkeit einer Erwerbstätigkeit nach, – in all den Fällen sinkt der Reallohn: die Unternehmen brauchen beim Arbeitseinsatz weniger zu sparen; die Einstellungsrate steigt, es werden mehr Jobs entstehen. Aufseiten der *Arbeitsnachfrage* kann eine Produktivitätssteigerung durch technischen Fortschritt das Grenzprodukt der Arbeit erheblich erhöhen, so daß die Unternehmen zu gegebenem Lohn mehr Arbeitskräfte einstellen werden; die Arbeitsnachfragekurve verschiebt sich dann nach rechts, die Reallöhne steigen.

Je nach den Produktivitätsunterschieden können die Löhne variieren: Mit höherer Produktivität steigt die Bezahlung der Arbeitskräfte; auf diese Weise haben die Arbeiter einen erhöhten Arbeitsanreiz. Möglich ist es daher, eine Arbeitskraft je nach dem produzierten Stück (bzw. nach dem Umfang der erledigten Aufgabe) zu bezahlen, – also das *Stücklohnsystem*, eine Bezahlung im Akkord, einzuführen. Dieses Lohnsystem bietet zweifellos einen hohen Arbeitsanreiz, doch liefert es den Arbeitnehmer auch unvorhersehbaren Zufällen aus, – eine simple Schlechtwetterperiode zum Beispiel schränkt die Tätigkeit des besten Maurers ein; umgekehrt bringt eine garantierte Bezahlung, im *Schichtlohnsystem*, für den Unternehmer das Risiko von Leistungsausfällen mit sich. Zwischen Anreiz und Risiko, zwischen Stücklohn und Schichtlohn, gibt es selbstredend eine Reihe von Möglichkeiten, die Anreize auch ohne Akkordarbeit zu steigern, etwa durch Provisionen und Prämien für erzielte Erfolge oder durch *Effizienzlöhne*. Mit der Zahlung von Effizienzlöhnen ist die Erwartung verbunden, daß sich die Nettoproduktivität der Arbeitskräfte auch ohne – oft komplizierte – Leistungskontrollen erhöht: Bei guter Bezahlung werden die Angestellten mit allen Kräften eine Kündigung wegen mangelnder Leistung von selber vermeiden wollen. Zusätzlich wirksam als Arbeitsanreiz ist eine gesetzlich geregelte oder freiwillig vom Unternehmer gewährte Form von Nebenleistungen wie lohnbezogene Einzahlungen in die Kranken- und Rentenversicherung. Die Höhe dieser »Lohnnebenkosten« wird in der BRD indessen bezeichnenderweise immer wieder von Unternehmerseite beklagt.

In der gesamten Anlage dieser Lohntheorie wird *eines* ganz deutlich: Gezeigt wird mit Hilfe des Gleichgewichtsmodells, wie hoch ein Arbeitslohn liegt, wenn er sich aus dem Produkt des Preises für ein hergestelltes Gut auf dem Markt mal dem Grenzprodukt der Arbeit ergibt. Stillschweigend vorausgesetzt ist, daß der Arbeitgeber dem Arbeitnehmer wirklich einen Lohn auszahlt, der dem Wert der von ihm erzeugten Waren entspricht; *mehr* kann er ihm nicht zahlen, denn sonst würde er Verlust einfahren, – aber *weniger?* Es mutet wie ein Trick an, wenn in der Volkswirtschaftslehre so getan wird, als ginge es hauptsächlich um die Frage, bei welch einem Lohnniveau ein Unternehmer sich die Anstellung weiterer Arbeiter leisten könne; denn zweifellos ist diese Frage wichtig, sie orientiert sich aber methodisch ganz an dem oberen Rand der Gewinnerwartungen des Unternehmers beim Verkauf seiner Waren auf dem Markt. Sicher, je mehr er verdient, desto mehr *kann* er an Löhnen zahlen; aber warum sollte er? Die klassische Antwort darauf lautet, daß er mit Löhnen, die unterhalb des Gleichgewichtsniveaus liegen, keine oder zu wenige Arbeitskräfte finden würde. Doch dieses »Argument« basiert auf einem zentralen Fehler, bestehend in der Annahme, es gäbe einen Wettbewerb auf dem Arbeitsmarkt, der wie von selbst zu fairen Löhnen führen werde – im Sinne einer maximalen Teilhabe an dem Wert der hergestellten Güter. Einen solchen Wettbewerb der Arbeitgeber um die Einstellung von Arbeitskräften könnte es nur geben, wenn diejenigen, die ihre Arbeitskraft zu Markte tragen, wirklich die Freiheit hätten zu entscheiden, von welch einem »Schwellenlohn« an sie bereit sind, eine Arbeit anzunehmen oder nicht. Doch diese Freiheit haben sie nicht. Spätestens das Jobcenter wird ihnen zeigen, daß sie über eine solche Freiheit nicht verfügen: Jeder muß *jede* Arbeit annehmen, die sich ihm bietet, egal, ob ihm die Arbeit selbst, das Lohnniveau und die Arbeitsbedingungen zusagen oder nicht. Das Diktat der staatlichen Arbeitszuweisung legt nur offen, was ein jeder in »Freiheit« auch sich selbst sagen könnte: Er braucht einen Arbeitgeber, der ihm einen ausreichenden Lohn zum Leben zahlt. – Aber warum sollte ein Arbeitgeber ihm *mehr* zahlen, als er zum Lebensunterhalt benötigt? Warum sollte er ihn partout über den Lohn an dem Grenznutzen des produzierten Outputs beteiligen? Ja, warum sollte er überhaupt Arbeiter einstellen und dadurch seinen Gewinn durch aufwendige Lohnkosten schmälern, wenn er den gesamten mechanischen Teil der Arbeit auch durch Maschinen erledigen kann, die ihn nichts weiter kosten als ihre Anschaffung und

Installation (nebst den notwendigen Wartungs- und Reparaturarbeiten)?

In jedem Falle sind die Interessen von Arbeitnehmern und Arbeitgebern erkennbar grundverschieden. Um wettbewerbsfähig zu sein, muß ein Arbeitgeber die Produktionskosten eines Gutes zu gegebenem Marktpreis möglichst niedrig halten; also ist es sein Interesse, die Lohnkosten zu senken oder so weit als möglich durch Rationalisierungsmaßnahmen einzusparen. Das Interesse der Arbeitnehmer indessen muß es sein, durch ihrer Hände Werk nicht nur das Lebensnotwendigste zu verdienen, sondern einen Lohn zu erhalten, der eine auskömmliche Lebensführung sowie die Bildung gewisser Rücklagen für alle Fälle erlaubt. Beider Interessen sind einander völlig entgegengesetzt: Wo der eine möglichst wenig zahlen möchte, will der andere möglichst viel bekommen. Dennoch gibt es ein gemeinsames Verständnis über die Grenzbedingungen des Lohnes: Der Arbeitgeber wird verstehen, daß er einem Arbeitnehmer zumindest so viel zahlen muß, daß dieser von seiner Arbeit leben kann, – daß es durch Kanzler *Schröders* Agenda 2010 den Unternehmen möglich wurde, Löhne zu zahlen, die mit Steuermitteln aufgestockt werden mußten, um Wohnung, Nahrung und Kleidung erstehen zu können, stellte nicht nur sozial, sondern auch ökonomisch ein Absurdum dar[2], doch

---

2 | Vgl. GERHARD BÄCKER – GERHARD BOSCH – CLAUDIA WEINKOPF: Arbeitsmarktpolitik bis 2020: integrativ – investiv – innovativ, in: Matthias Machnig (Hg.): Welchen Fortschritt wollen wir?, S. 118: »Negativ zu bewerten sind ... die mit den Hartz-Gesetzen durchgesetzten Deregulierungen bei den ... sogenannten Minijobs und bei der Leiharbeit. In beiden Fällen ist die Zahl der Beschäftigten deutlich gestiegen: Bei den Minijobs von gut 5,5 Millionen Ende März 2003 auf 7,4 Millionen Ende 2010... Dahinter stehen ... zu großen Teilen Verdrängungseffekte zu Lasten von regulärer bzw. sozialversicherungspflichtiger Beschäftigung.« – JOHN KENNETH GALBRAITH: Gesellschaft im Überfluß, 37, verweist darauf, daß erst Ende des 19. Jhs. »das Einkommen des Arbeiters ... zu dem Wert des Grenzertrags seiner Arbeit in Beziehung« gebracht wurde. »Das heißt, der Arbeiter bekommt das ausgezahlt, was er dem Erzeugnis seines Arbeitgebers an Wert hinzugefügt hat. Zahlte man ihm weniger als diesen Wert seiner Arbeit, so würde es dem Konkurrenten freistehen, einen höheren Lohn zu bieten... Daraus ergibt sich eine Tendenz, noch erheblich verstärkt durch das aktive Eingreifen der Gewerkschaften, die Löhne der Grenzproduktivität der Arbeit anzugleichen.« – Zum Problem der *Arbeitslosigkeit* empfiehlt er: »Wenn die Arbeitslosigkeit zunimmt, soll man die Unterstützungssätze erhöhen – wenn sie zurückgeht, soll man die Sätze kürzen... Wir können es (sc. dieses System, d. V.) Zyklisch gestufte Sicherungsleistung (Cyclical Graduated Compensation) nennen.« (S. 260) – Genau umgekehrt verfuhr SPD-Kanzler *Gerhard Schröder*: »Um zeitweilig bis zu 26 Milliarden Euro jährlich senkte die *Schröder*-Regierung die Steuerlast für Konzerne, Kapitalgesellschaften und Besserverdiener, während sie gleichzeitig die Unterstüt-

demonstrierte es in aller Klarheit, was Unternehmer sich am liebsten wünschen, wenn sie im »globalen Wettbewerb« ihr Überleben sichern wollen. Der Arbeitnehmer umgekehrt wird durchaus verstehen, daß sein Arbeitgeber keine Löhne zahlen kann, deren Kosten am Ende höher liegen als seine Einnahmen, ja, er wird bei einer schwierigen Lage auf dem Absatzmarkt oder bei finanziellen Engpässen durch notwendige Erweiterungsinvestitionen durchaus Verständnis für betriebsbedingte Lohnkürzungen aufbringen, wenn diese ihm den Arbeitsplatz erhalten. Das Verhältnis von Arbeitnehmer und Arbeitgeber ist demnach kein reines Kampfverhältnis, sondern eine Art Bündnis zur Verfolgung gegensätzlicher Ziele in wechselseitiger Abhängigkeit. Allerdings ist dieses »Bündnis«, der Arbeitsvertrag, von vornherein durch ein Ungleichgewicht der Kräfte gekennzeichnet: Der Arbeitgeber verfügt über sämtliche Produktionsmittel (Maschinen, Werkshallen, Transportmittel usw.), der Arbeitnehmer verfügt über nichts als seine Arbeitskraft, die er auf dem Markte feilbietet. Es ist klar, nach wessen Interessen bei dieser Ausgangslage die Lohnfestlegung sich richten wird.

Das einzige Mittel, um die Macht der Arbeitnehmerschaft gegenüber den Unternehmern zu stärken, besteht darin, sich zu solidarisieren und sich in *Gewerkschaften* zusammenzuschließen, die gegen willkürliche Entlassungen und für angemessene Löhne in Relation zu den Unternehmergewinnen sowie für Unfallschutz, berufsbegleitende Ausbildung und Invalidenrente in die unumgänglichen Tarifverhandlungen gehen. Der einzelne Arbeiter besitzt keinerlei Macht; aber eine Gewerkschaft, die ihre Mitglieder zum Streik aufruft, kann einen ganzen Industriezweig samt seinen Zulieferbetrieben und von ihm abhängigen Unternehmen lahmlegen. »Alle Räder stehen still, wenn dein starker Arm es will«, – dieser Satz der Arbeiterbewegung

zungsleistungen für Arbeitslose zusammenstrich. Seitdem bezieht mehr als die Hälfte der Empfänger von Arbeitslosengeld weniger als vor der ›Reform‹. ... Parallel dazu betrieb die Regierung *Schröder* eine Lohnsenkung auf breiter Front. Sie liberalisierte die Leiharbeit, die wiederholte Befristung von Arbeitsverträgen, die geringfügige Beschäftigung (Minijobs zu Minilöhnen) und betrieb die Auflösung der Bindung an Tarifverträge. Mit dem Umbau wurde lediglich erreicht, dass Arbeit billiger wurde. Mit anziehender Konjunktur wurden nicht mehr neue Stellen geschaffen als während der vorangegangenen Wachstumsphase auch. Zwar fanden 1,5 Millionen neue Arbeitslose neue Jobs, aber überwiegend als schlecht bezahlte Leiharbeiter oder Kurzfristigbeschäftigte. In der Folge stieg auch ... die Zahl der arbeitenden Armen steil an. Bis Dezember 2007 waren mehr als eine Millionen Menschen auf staatliche Hilfszahlungen angewiesen, obwohl sie arbeiten gingen.«
HARALD SCHUMANN – CHRISTIANE GREFE: Der globale Countdown, 164.

schon im 19. Jh. gilt auch heute noch. Allerdings ist er bezeichnenderweise rein negativ: Die einzige Macht der Arbeiterschaft liegt darin, das Unzumutbare zu verweigern; welche Entscheidungen positiv zu treffen sind, bestimmen die Eigentümer an Kapital und Produktionsmitteln: die Unternehmer. Was können und werden sie tun?

Ihr Interesse ist es, die Macht der Gewerkschaften nach Möglichkeit zu zerschlagen, indem sie über entsprechende Lobbyisten, Wahlkampfspenden und Parteienfinanzierungen, kurz: durch die »Pflege der politischen Landschaft«, für unternehmerfreundliche Regierungsentscheidungen sorgen. So verabschiedete zum Beispiel in den USA der Kongreß schon 1947 das Taft-Hartley-Gesetz (ein von Senator *Harry R. A. Taft* und dem Abgeordneten *F. A. Hartley Jr.* eingebrachtes und am 23.6.1947 gegen das Veto *Harry S. Trumans* verabschiedetes Gesetz zur Novellierung des National Labor Relations Act von 1935), das zum einen die Verpflichtung der Gewerkschaften außer Kraft setzte, es müßten alle Arbeiter eines Unternehmens der Gewerkschaft beitreten (da die im Arbeitskampf erreichten Verbesserungen in den Werksverträgen ja allen zugute kommen), und das zum anderen dem Präsidenten die Möglichkeit gab, im Falle ein Streik gefährdete den nationalen Wohlstand, eine Karenzzeit von 80 Tagen zur Streikaussetzung zu bestimmen[3]. – Betrachtet man die Entwicklung der Organisation von Arbeitern in der Gewerkschaft in dem Diagramm von Graphik 21, so sieht man, wie nach einem starken Anstieg zwischen 1935 und 1939 sowie zwischen 1943 und 1947 die Kurve, unterbrochen nur von einer kurzen Aufgipfelung zwischen 1950 bis 1955, seit jener Entscheidung stetig fällt. »Tatsächlich ist nicht nur der Anteil, sondern auch die aktuelle Zahl der gewerkschaftlich organisierten Arbeiter zurückgegangen. Heute gibt es rund 16 Millionen Mitglieder, 2 Millionen weniger als im Jahr 1960.«[4]

Deutlich ist das *Taft-Hartley*-Gesetz bis heute mithin ein Hauptgrund für den Niedergang der Gewerkschaftsbewegung in God's own country. In Großbritannien sorgte *Margret Thatchers* neoliberale Revolution von 1984 für die Niederschlagung nicht nur des Streiks der Bergarbeitergewerkschaft, sondern speziell auch für die Niederlage des Gewerkschaftsführers *Arthur Scargill*; sie brach der

---

3 | JOSEPH E. STIGLITZ – CARL E. WALSH: Mikroökonomie, 410–144.
4 | A.a.O., 411.

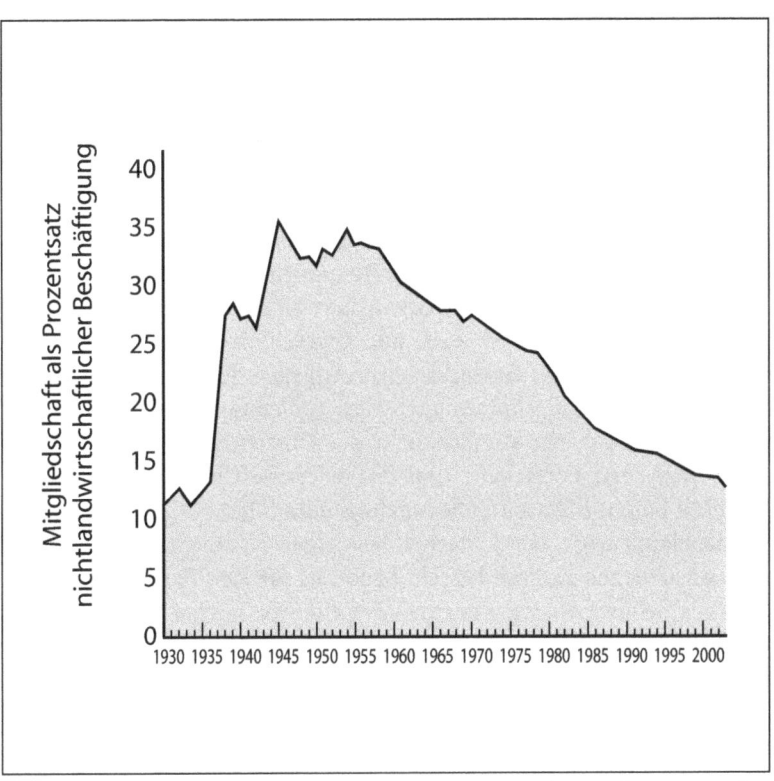

Graphik 21: Gewerkschaftliche Organisation der Arbeiter in den USA

Gewerkschaftsbewegung im United Kingdom insgesamt das Rück-grat[5]. Und ganz in diese Fußspuren trat 2002 die »Reform« von *Gerhard Schröder* in der BRD.

5 | Vgl. MATHIAS MESENHÖLLER: Der Kampf der Kumpel, in: Geo Epoche 69/2014, 121. – JEAN ZIEGLER: Das Imperium der Schande, 259–265, schildert, wie allein Nestlé mit seinen 275 000 Angestellten in 86 Ländern alles tut, die Gewerkschaften auszuhebeln. – In der BRD – und in den anderen westlichen Industrienationen – werden die »Tarifverträge durch Outsourcing und Werkverträge unterhöhlt, was das Kräfteverhältnis massiv zugunsten des Kapitals verändert. Hier müssten dringend gesetzliche Regelungen geschaffen werden, die dafür sorgen, dass die Tarifverträge des Kernbetriebs bei Auslagerungen und Fremdvergabe weiter gelten.« »Dieser Kampf ist deshalb so schwierig, weil er ein Ausdruck der Deregulierung und Prekarisierung der vergangenen Jahre ist.« DANIEL BEHRUZI: Im Gespräch mit BERND RIEXINGER: »Alle Alarmglocken müssten schrillen«, in: junge Welt, Nr. 221, 23. Sept. 2015, S. 2. Bei Amazon z.B. existiert bis heute kein Tarifvertrag, mit der Folge, daß 50 bis 60 % der Belegschaften aus befristet Be-

179

Gewiß: Wenn die Gewerkschaft Lohnerhöhungen durchsetzt, die über dem »Gleichgewichtslohn« liegen, der sich auf dem »freien« Markt einpendelt, wird die Volkswirtschaftslehre in gezeigter Weise ihre mahnende Stimme erheben und vor den langfristigen Verlusten warnen, die gewisse kurzfristige Lohnerhöhungen nach sich ziehen: »die Unternehmen (werden) weniger Arbeiter einstellen. Höhere Löhne werden erkauft mit niedrigeren Beschäftigungsniveaus.«[6] Ein solcher Einstellungsrückgang betrifft natürlich nicht nur die Arbeiter, die in der Gewerkschaft organisiert sind, sondern alle, und er weitet sich in aller Regel auch auf angeschlossene Industriezweige aus. Zudem kann das Gewerkschafts-Anliegen der Arbeitsplatzsicherung und des Unfallschutzes auch zum Widerstand gegen bestimmte Innovationen führen; aus der Sicht der Unternehmer bremst es den technologischen Fortschritt und das wirtschaftliche Wachstum ab. Doch all das sind Auseinandersetzungen am Ort.

Die Hauptwaffe der Unternehmer gegen einen allzu starken gewerkschaftlichen Einfluß besteht heute, in der Zeit des globalisierten Kapitals, in der *Auslagerung der Produktionsstätten* in sogenannte »Billiglohnländer«, deren Arbeiter keinerlei Vertretung zu ihrem Schutz aufbieten können und die ihrer Ausbeutung hilflos ausgeliefert sind. Schon daß derartige Praktiken als »normale« Usancen durchgehen, spricht Bände über die unausrottbare Tendenz des kapitalistischen Wirtschaftssystems zur Auspressung aller, die in seine Fänge geraten. Es handelt sich erkennbar um ein ökonomisches Systemproblem. Gewiß, wer in den Beispielen allzu menschlicher Unmenschlichkeit auf dem Feld der Ökonomie einen Wesenszug im

schäftigten, Leiharbeitern und Saisonkräften bestehen. In der BRD fallen inzwischen nur noch 37 % der Beschäftigten im Osten und kaum mehr als 50 % im Westen unter einen Tarifvertrag. – MILTON FRIEDMAN: Es gibt nichts umsonst, 120–121, bescheinigt den Gewerkschaften, »die der Gesellschaft auf verschiedene Art und Weise immensen Schaden zufügen«, daß sie immerhin »größtenteils unschuldig am Entstehen der Inflation sind,« weil nämlich »die Löhne der gewerkschaftlich organisierten Arbeit bei Beginn einer beschleunigten Inflation hinter den Löhnen der nichtorganisierten Arbeit hinterherhinken.« In neoliberaler Sicht kommt den Gewerkschaften ein retardierendes, marktberuhigendes, folglich aber auch wachstumshemmendes Element zu.
6 | JOSEPH E. STIGLITZ – CARL E. WALSH: Mikroökonomie, 413. – JOHN K. GALBRAITH: Gesellschaft im Überfluß, 195, meint von der Lohn-Preis-Spirale: »Die Öffentlichkeit wird in der Regel die Schuld an der Preiserhöhung der Gewerkschaft in die Schuhe schieben. In der ... Industrie ... hat man sich ... die Taktik zugelegt, anläßlich einer Lohnerhöhung die Preise und damit die Gewinne kräftig in die Höhe zu treiben.«

Charakter der Spezies des *homo sapiens* erblicken will, mag sich angesichts der inzwischen üblichen Unternehmerpraxis in seiner Überzeugung, mehr als ihm lieb, bestätigt fühlen; doch Menschen müssen »so« nicht sein, wie sie unter kapitalistischen Produktionsbedingungen erscheinen, – im 4. Teil, im 2. Band, werden wir noch einer Reihe von Alternativmöglichkeiten zur Überwindung dessen, was da »Gier« und »Egoismus« heißen mag, begegnen. Aber: Wenn ein System darin besteht, als überlebenstüchtig nur denjenigen zuzulassen, der am effektivsten die Methoden brutaler Ausbeutung zu handhaben versteht, kann man von Menschen, die in dem System erfolgreich sich bewähren, nicht gerade Güte und Barmherzigkeit erwarten; persönlich mögen die einzelnen Unternehmer sogar bedauern, was sie jeweils anrichten, jedoch als Konzernchefs dürfen sie sich keine »Schwachheiten« erlauben. Der Kapitalismus läßt sich nicht psychologisch aus der Summation perverser Triebanlagen ableiten, umgekehrt: Sein Zwangsregime pervertiert die besten menschlichen Anlagen in das Gehabe einer kaltschnäuzigen Ausbeutungsmentalität.

Recht hat deshalb JEAN ZIEGLER, wenn er mit Bezug zu KARL MARX schreibt: »Im Zusammenhang mit dem Finanzkapital und dem Industriekapital gebraucht MARX in einem Brief den merkwürdigen Begriff ›fremde Mächte‹. Das soll heißen: Wie durch fremde Besatzungsarmeen, die ein Land unterwerfen, wird der freie Wille, der durch diese Mächte angegriffenen Menschen verfälscht, ja häufiger noch neutralisiert. – Profitmaximierung, beschleunigte Akkumulation des Mehrwerts (sc. s. u. S. 236–238, d. V.), Monopolisierung der wirtschaftlichen Entscheidung widersprechen den tiefen Sehnsüchten und individuellen Interessen der allermeisten. Die Warenrationalität verwüstet die Gewissen, entfremdet den Menschen und bringt die Masse um ein frei diskutiertes, demokratisch gewähltes Schicksal. Die Warenlogik erstickt die irreduzible, unvorhersehbare, auf ewig rätselhafte Freiheit des Individuums. Der Mensch wird auf seine reine Warenfunktion reduziert. Die ›fremden Mächte‹ sind wahrhaftig die Feinde des Volkes und des Landes, das sie besetzten.«[7]

---

7 | JEAN ZIEGLER: Die neuen Herrscher der Welt, 106–107. – JAMES K. GALBRAITH: Der geplünderte Staat, 251, weist zu Recht darauf hin, daß die viel gerühmten Berufsausbildungsprogramme den Arbeitnehmern zwar »zu einem gewissen Grad helfen« können, »dass (aber) die Qualitäten und Qualifikationen ... gar keinen großen Einfluß auf Armut und Arbeitslosigkeit haben. Diese werden vielmehr von der allgemeinen Nachfrage nach Arbeitskräften bestimmt: Sie hängen davon ab, ob Unternehmen jene Arbeitskräfte einstellen wollen, die verfügbar und bereit sind, zu den von den Unternehmen angebotenen Löhnen zu arbeiten,

In welch einem Umfang die 100 größten transnationalen Konzerne es allein zwischen 1980 und 1995 geschafft haben, sich zu bereichern, zeigt die Tatsache, daß sie innerhalb von 15 Jahren ihr Gesamtvermögen um 697%, von 0,5 auf 4,5 Billionen US-Dollar, steigern konnten; in demselben Zeitraum nahm die Anzahl der Beschäftigten um 7,6%, von etwa 12 Millionen auf etwa 11 Millionen, ab[8]. Dabei basieren die Methoden der Konzern-Erfolge wesentlich auf Lohndumping: »Die meisten großen Markenfirmen im Dienstleistungssektor (sc. wie Wal-Mart, Starbucks, die multinationalen Einzelhandelskonzerne und Restaurant-Ketten, d. V.) bezahlen nur den gesetzlichen Mindestlohn (sc. 7,50 Dollar pro Stunde, d. V.), – weniger als die Arbeitskräfte in selbständigen Restaurants oder Cafés«[9] erhalten. Die Voraussetzung für derlei Praktiken besteht erneut im Niederkämpfen der Gewerkschaften, indem organisierte Arbeitnehmer systematisch entlassen werden[10].

Insbesondere zwischen 1995 bis 1996, in dem Jahr der »Sweatshops«, wurden die ausbeuterischen Arbeitsbedingungen großer Firmen bekannt, die im Ausland ihr Geld mit *Kinderarbeit* verdienen: »Im Juni 1996 rief die Zeitschrift *Life* eine … Welle der Empörung hervor, als sie Fotos von pakistanischen Kinderarbeitern abdruckte, die über Fußbällen mit dem unverkennbaren Swoosh (sc. Brausen, dem Label, d. V.) von Nike kauerten. Die Kinder sahen schrecklich jung aus und verdienten gerade mal sechs Cent pro Stunde. Auch Adidas, Reebok, Umbro, Mitre und Brine ließen Bälle in Pakistan herstellen. Ungefähr 10000 Kinder waren dort mit der Produktion von Bällen beschäftigt; viele wurden als vertragsmäßige

besonders auf der untersten Lohnstufe.« – CHRISTIAN KREISS: Profitwahn, 183, zeigt am Beispiel *Spaniens*, wie 2007 beim Immobilienboom die Lohnkosten weit stärker anstiegen als die Produktivität der arbeitenden Bevölkerung. »Dadurch stiegen die spanischen Lohnstückkosten weitaus stärker als in den meisten anderen Ländern der Eurozone.« Die steigenden Preise führten zum Abstieg der Wettbewerbsfähigkeit, – der Export fiel, der Import nahm zu – »auf Kredit aus dem Ausland«; ähnlich in Griechenland, Portugal, Irland und Italien. Die Frage bleibt, ob ein Austritt aus dem Euro und eine Abwertung der nationalen Währung nicht ein besserer Weg für diese Länder wäre als ein Verbleib im Euro um den Preis jahrelanger Arbeitslosigkeit und Stagnation. Entscheidend schädlich aber ist ein Wirtschaftssystem, das die Spannungen zwischen armen und reichen Ländern und Bevölkerungsteilen notwendigerweise vergrößert statt zusammenführt; ein Teil des Problems ist die hohe Verzinsung der Schulden, die im 2. Band der Arbeit zu erörtern ist.

8 | NAOMI KLEIN: No Logo!, 499.
9 | A. a. O., 247.
10 | A. a. O., 251.

Sklaven an ihre Arbeitgeber verkauft und wie Vieh gebrandmarkt. – Parallel zu all dem spielte sich die Geschichte mit den Nike-Turnschuhen ab... Zuerst erschienen die Berichte über die Zerschlagung von Gewerkschaften in Südkorea.... Im März 1996 berichtete die *New York Times*, dass nach einem wilden Streik in einer Fabrik auf Java 22 Arbeiter entlassen wurden und ein Mann, den man als Organisator herausgepickt hatte, in einen Raum der Fabrik gesperrt und sieben Tage von Soldaten verhört wurde. Auch als Nike seine Produktion nach Vietnam verlagerte, hörten die Vorwürfe nicht auf: Durch Videoaufnahmen wurde Lohnbetrug nachgewiesen... Als die Produktion endgültig nach China verlegt wurde, folgten Auseinandersetzungen über die Löhne und die ›Lager‹-Methoden des Managements der neuen Fabriken auf dem Fuße.«[11]

Das Bild, das sich aus Beispielen wie diesen ergibt, ist eindeutig: Wo immer kapitalistische Unternehmer nicht gehindert werden, tun sie alles, um die Löhne so tief wie möglich zu senken und die Lohnabhängigen so intensiv wie möglich auszupressen. »Von China bis Honduras, Mexiko und Guatemala, Südkorea bis zu den Philippinen, Sri Lanka und Santo Domingo sind heute (sc. bereits um 2002, d. V.) fast 30 Millionen Menschen von der modernen Sklaverei betroffen. Die Internationale Arbeiterorganisation beziffert die Zahl der ›Sonder(produktions)zonen‹ auf 850, die sich auf 70 Länder verteilen. – Die Fabriken, in denen diese Sklavinnen und Sklaven die für die transkontinentalen Gesellschaften bestimmten Markenprodukte herstellen, heißen ... auf Englisch *sweatshops*, auf Spanisch *maquiladoras*. Sie befinden sich ausnahmslos in Freizonen, wo der Fabrikbesitzer weder Einfuhrzölle (für die Rohstoffe) noch Ausfuhrzölle (für die nach Nordamerika oder Europa gehenden Fertigprodukte), noch irgendwelche Steuern bezahlt.«[12] Weit entfernt also, daß der »freie« Markt wie von selbst für faire Löhne und Arbeitsbedingungen sorgt, bringt die Marktfreiheit es im Gegenteil mit sich, daß unter dem Druck der kapitalistischen Wettbewerbswirtschaft ein jeder Unternehmer die Herstellungskosten seiner Produkte auf Kosten seiner Angestellten und Arbeiter auch im Lohnsektor so niedrig wie möglich halten wird.

Hinderlich dabei können natürlich sämtliche Gesetze sein, die irgend zum Schutz von Menschen für Menschen erlassen werden. Ein

---

11 | A. a. O., 338–339.
12 | JEAN ZIEGLER: Die neuen Herrscher der Welt, 107.

Wirtschaftssystem, das in methodischer Begründung und prinzipieller Vorgehensweise weder Moral noch Menschlichkeit kennt und als Verantwortung nur die Rücksicht auf Aktionäre und Kapitalinteressen gelten läßt, agiert von vornherein in einem ungesetzlichen, weil gesetzesfreien Raum. Im Verhältnis von Arbeiter zu Arbeitnehmer geben die »Gesetze« des »freien« Marktes nichts als gewisse Spielregeln der Freiheit zur maximalen Ausbeutung menschlicher Arbeitskraft vor.

Ein drastisches Beispiel für diese keinesfalls »übertriebene« These, das »sich wie ein typischer Katalog der Intrigen und Lügen« liest, »die von den Kosmokraten eingesetzt werden, um sich ihrer Verantwortung gegenüber den von ihnen verheerten Bevölkerungen zu entziehen,«[13] bietet die transkontinentale Agrochemiegesellschaft Union Carbide, die in Bhopal, in der Nähe von Delhi, die größte Fabrik zur Herstellung von Schädlingsbekämpfungsmitteln in Südostasien unterhielt. Am 3. Dez. 1984 setzte ein Leck in einer Gasleitung eine Wolke von 27 t des hochgiftigen Gases Methyl-Isocyanat (MIC) frei. »Noch am selben Tag sterben mehr als 8000 Frauen, Männer und Kinder in Bhopal. In den Wochen, in den Monaten und in den Jahren danach wirkt das Gift weiter. Im Laufe der nächsten drei Jahre sterben 20 000 Menschen einen langsamen Tod. Die Zahl der chronisch Schwerkranken beläuft sich heute (sc. 2005, d. V.) auf über 100 000.«[14]

Man stelle sich vor, ein solches Unglück hätte sich auf US-amerikanischem Boden ereignet! Mit Sicherheit hätten die dortigen Opferanwälte in Sammelklagen Milliardenzahlungen für ihre Mandanten durchgesetzt[15], und so hätte es auch sein müssen, da Union Carbide

13 | JEAN ZIEGLER: Das Imperium der Schande, 231.
14 | A. a. O., 231.
15 | Als zum Beispiel im Sept. 2015 bekannt wurde, daß VW die Abgasemission seiner Dieselfahrzeuge durch eine Software manipuliert hat, so daß die wirklichen Werte das 10- bis 30fache der gemessenen Testresultate betrugen, war sofort die Rede von Strafzahlungen in Höhe von schätzungsweise 18 Mrd Dollar und dem Rückruf von etwa 11 Millionen Fahrzeugen – ein Fall, der die strafwürdige kriminelle Energie eines weltweit so angesehenen deutschen Autobauers schonungslos bloßstellt; etwa 60 000 Menschen sterben laut Schätzung jährlich allein in der BRD an Schadstoffbelastungen. – Was Dow Chemical angeht, so verhandelt die Firma im Dezember 2015 mit Du Pont über eine »Elefantenhochzeit«; durch die Fusion beider Firmen entsteht ein »Branchengigant mit einem Börsenwert von mehr als 120 Mrd Dollar, der den bislang weltgrößten Chemiekonzern BASF vom Thron stoßen würde.« Vgl. Chemie-Riesen planen Megafusion in USA, in: Neue Westfälische, 10. Dez. 2015.

eine amerikanische Firma war. Doch mit der Begründung, daß der indische Staat Anteilseigner an der Gesellschaft sei, der Union Carbide gehörte, wurde fünf Jahre später, 1989, nach langem Hin und Her eine außergerichtliche Vereinbarung in Indien zwischen der Gesellschaft und den Opfern getroffen, die zur Zahlung von 470 Mio Dollar Schadensersatz verpflichtete, – eine absolut unzureichende Summe, deren Verteilung außerdem weitgehend in den Kanälen der administrativen Korruption versickerte. Untersuchungen zeigten zudem, daß zahlreiche giftige Abfälle in Bhopal nicht, wie vorgeschrieben, beseitigt, sondern einfach auf einem 35 ha großen Gelände in Tanks verfüllt worden waren; als die Tanks leck wurden, leugnete Union Carbide die Tatsachen, zum Beispiel, daß inzwischen Quecksilber ins Grundwasser gelangt war. 2001 wurde Union Carbide von Dow Chemical aufgekauft, – der Firma, die das Napalm produzierte, mit denen die USA in Vietnam, Irak und Afghanistan ihre verheerenden Bombardements durchführten; Dow Chemical unterhält beste Beziehungen zum Pentagon und zur US-Administration. Trotzdem gelang es, den Fall schließlich vor das Gericht in New York zu bringen, allerdings nur um dort belehrt zu werden, daß man kein Urteil fällen könne, dessen Vollstreckung gegebenenfalls in einem fernen Land erfolgen müßte. Am 7. Juni 2010 wurden in Indien erstmals denn doch acht leitende Angestellte der Betreiberfirma UCIL von einem örtlichen Gericht der fahrlässigen Tötung für schuldig befunden und zu zwei Jahren Haft auf Bewährung(!) verurteilt, – von einer finanziellen Hilfe oder Entschädigung für die mit Geburtsschäden Behafteten, für die Hinterbliebenen, für die Pflegebedürftigen, für die aus dem Arbeitsleben Gerissenen war weit und breit die Rede nicht. 1989 lag der Jahresumsatz von Union Carbide immerhin bei 9,5 Mio Dollar; Dow Chemical, als die Nachfolgefirma, weigert sich gleichwohl bis heute, wenigstens das ehemals genutzte Industriegelände zu sanieren – die Kosten würden sich freilich auf ca. 30 Mio Dollar beziffern.

So schlimm ein solches Vorgehen und Verhalten auch anmutet, – es stellt keine Ausnahme dar, es muß vielmehr für typisch gelten. Wer die Monstrosität des ganzen Gebarens auf einem Maximum des Zynismus betrachten will, der muß sich nur noch die 150 000 Vietnamesen vor Augen stellen, die durch die Entlaubungsaktionen der USA mit dem dioxinhaltigen krebserregenden *Agent orange* als vollinvalide Krüppelkinder zur Welt gekommen sind, »800 000 weitere Vietnamesen leiden an chronischen Krankheiten, verursacht durch die Einnahme von Wasser und Nahrung, die mit Dioxin verseucht sind. – Die amerikanische Luftwaffe hat zwischen 1961 und 1971 (sc. bekanntlich, d. V.) über 79 Millionen Liter Pestizide vom Typ *Agent orange* über den Wasserläufen, Feldern und Wäldern von Vietnam ausgeschüttet.«[16] Immerhin hat das Pentagon für etwa 10000 eigene durch das Gift geschädigte Kriegsveteranen eine Art Ausgleich gezahlt, für die Kriegskrüppel in Vietnam (sowie in unbekannter Zahl in Laos und Kambodscha) aber stand bislang, selbst 40 Jahre danach, nicht einmal das Geld für elektrische Rollstühle, Prothesen oder Gehhilfen zur Verfügung. Die Produktionsfirmen hingegen wie Monsanto und 36 andere Herstellerfirmen des Giftes hatten – wie alle an Rüstungsgütern beteiligten Konzerne – einen »guten Schnitt« gemacht. Die nach wie vor anhängige vietnamesische Klage gegen die USA wurde 2005 von dem Bundesrichter des US-District-Courts in Brooklyn, New York, in letzter Instanz entschieden: »In seinem mit einer 233 Seiten langen Begründung versehenen Verdikt wies Bundesrichter *Jack B. Weinstein* die vietnamesische Klage ab.«[17] Es gibt keinerlei juristische, politische oder moralische Pflicht zur Verantwortung und Schadensregulierung im Falle mächtiger Konzerne und Regierungen.

Für die Bildung der Löhne läßt sich aus all dem zweierlei lernen: *Zum einen*, es kann nicht richtig sein, die Löhne wesentlich aus den Kostenberechnungen von Unternehmen und Herstellerfirmen abzuleiten, wie es in der Volkswirtschaftslehre vornehmlich geschieht; die »Gesetze« des »freien« Marktes könnten in etwa die obere Grenze der Stücklohnzahlung eines Unternehmens bei gegebenem Produktionspreis festlegen, sie anempfehlen in Wirklichkeit aber ein ganz anderes: eine Lohndrückerei dicht über dem Existenzminimum der Arbeiter und Angestellten. Und *zum zweiten*: Der inzwischen weltweite Wettkampf der Konzerne um die billigsten Löhne ist in keiner Weise mit den neoliberalen Wunderdrogen weiterer Deregulierungen (wie weitgehender Zollfreiheit und Aufhebung von Importbeschränkungen bei Waren aus sogenannten Billiglohnländern) zu stoppen; der permanenten Gewalt, die von der geballten Wirtschaftsmacht der transkontinentalen Konzerne ausgeübt wird, ist einzig mit staatlicher Gegengewalt: mit gesetzlichen Auflagen und strengen Strafen, beizukommen; und wie sich das Kapital und seine Interessen internationa-

16 | JEAN ZIEGLER: Das Imperium der Schande, 235.
17 | A. a. O., 236.

lisiert und globalisiert haben, so muß auch der Kampf um faire Löhne und Arbeitsbedingungen international von der Staatengemeinschaft selber (im Ideal von der UNO-Vollversammlung) geführt werden. Die einzelnen Staaten scheinen mit dieser Auflage überfordert, stecken sie doch selber, wie die US-Administration, gänzlich in Geiselhaft der Wirtschaftsinteressen der sie stützenden Global Player.

2) Sklaverei in der Antike und Leibeigenschaft im Feudalismus

Sind die Arbeitnehmer also den Ausbeutungsmethoden der global operierenden Konzerne schutzlos ausgesetzt? Man hat den Eindruck. Zwar: Es gibt Gesetze, moralische Satzungen, Rechtsvorstellungen, – sie alle erlauben nicht die neumoderne Versklavung menschlicher Arbeitskraft. Wenn aber der Arbeitsmarkt nur durch die »Gesetze« der Produktionskostensenkung und der Balance von Angebot und Nachfrage bestimmt wird? Und wenn diese »Gesetze« der Gesellschaft als eine Art zweiter Natur gegenübertreten? Dann pendelt sich das Verhältnis von Arbeitgeber und Arbeitnehmer tendenziell auf einem Niveau ein, das an die Sklavenhaltergesellschaften der Antike erinnert, für deren Religion, Ethik und Gesetzgebung die restlose Ausbeutung menschlicher Arbeitskraft durch eine Oberschicht von Grundbesitzern als ebenso naturgegeben und selbstverständlich erschien wie den heutigen Ideologen des Neoliberalismus die Verwandlung von Mensch und Natur in einen scheinbar unbegrenzten Rohstoff der Kapitalvermehrung.

Tatsächlich gehört es offenbar zur Eigenart menschlicher Vergesellschaftung, hierarchisch gegliederte Gruppen zu bilden, an deren Spitze ein autokratisch die Macht verkörpernder »Alpha« und an deren Ende eine Schicht von gerade noch geduldeten, ausnutzbaren Omegas steht[18]. Es ist deshalb nicht überraschend, bereits im Gesetz des *Hammurapi* im 18. Jh. v. Chr. das Thema der Sklaverei wiederzufinden, darunter Bestimmungen wie diese: »Gesetzt, ein Sklave hat zu seinem Herrn gesagt: Du bist nicht mein Herr, so (sc. besser: und, d. V.) wird man ihn überführen, dass er sein Sklave ist, und (sc. dann wird, d. V.) sein Herr ... sein Ohr abschneiden.«[19]

Eine solche bereits schriftlich fixierte Regelung setzt offenbar eine weit ältere Tradition des Menschenhandels als vorliegend voraus. Schon die in den sumerischen Herrschergräbern von Ur im 3. Jtsd. v. Chr. anzutreffende »Totenfolge«, bei welcher der gesamte Hofstaat den König ins Grab begleitete[20], weist auf eine absolute Bindung der

18 | Vgl. ANNELIESE HEIGL-EVERS: Die Gruppe unter soziodynamischem und antriebspsychologischem Aspekt, in: Hans G. Preuss (Hg.): Analytische Gruppenpsychotherapie, 45–46.
19 | ALAIN TESTART: Sklave noch im Tod, in: epoc 6/2011, 28. – Zum Gesetz des *Hammurapi* vgl. H. W. F. SAGGS: Mesopotamien, 308–316. ELENA CASSIN – JEAN BOTTÉRO – JEAN VERCOUTTER: Die altorientalischen Reiche, I 193–202.
20 | ALAIN TESTART: Sklave noch im Tod, in: epoc 6/2011, 29. Vgl. ELENA CASSIN – JEAN BOTTÉRO – JEAN VERCOUTTER: Die altorientalischen Reiche, I 70–72:

nächsten Untergebenen an den Regenten hin. Und diese Spuren führen noch weiter zurück.

Erste Hinweise auf Sklavenhaltertum finden sich womöglich schon im Neolithikum aus der Zeit von 4600–2400 v. Chr. in den sogenannten Kesselgräbern, – das sind »kreisrunde Gruben, in deren Mitte die Verstorbenen in Hockstellung, also auf der Seite liegend und mit angezogenen Knien, beigesetzt worden waren... In jeder der Gruben lagen ... zudem noch Gebeine weiterer Menschen, deren Leichen man ... (sc. scheinbar, d. V.) achtlos hineingeworfen hatte.«[21] Diese ungleiche Behandlung der Toten deutete jedoch nicht, wie man zunächst annahm, auf Entwürdigung hin. »Inzwischen wissen die Forscher: In dem Verbreitungsgebiet der Kesselgräber, das einen weiten Bogen von Südfrankreich bis nach Polen beschreibt, finden sich derartige Bestattungen überall... Sicher ist, dass die bäuerliche Lebensweise im Neolithikum die sozialen Strukturen radikal verändert hatte. In den kleinen Gruppen der Jäger und Sammler gab es noch keine gestaffelten (sc. institutionell verfestigten, d. V.) Hierarchien, doch in den wachsenden Dorfgemeinschaften begann eine soziale Differenzierung. Kesselgräber kamen aber erst in der Spätphase dieser Epoche auf, also als dieser Prozess schon weit gediehen war... Für den Anthropologen ALAIN TESTART vom Collège de France in Paris ist die ungleiche Behandlung der Toten der Schlüssel zum Verständnis solcher Beisetzungen. Stets wurde ein Körper sorgfältig in Hockstellung im Zentrum niedergelegt, die anderen Toten hingegen irgendwie dazugeworfen. Falls überhaupt Grabbeigaben vorhanden sind, erhielt sie der oder die Verstorbene in der Grubenmitte. Unter den möglichen Erklärungen scheint TESTART diese die plausibelste: dass die Mitbestatteten nicht Gefolgsleute oder Familienangehörige gewesen waren, sondern Sklaven. Als Menschen ohne Rechte hätte der Tod ihres Besitzers auch das eigene Ende bedeutet. Möglicherweise begann also die Entwicklung, die Menschen zu Sachen herabwürdigte, nicht erst in der Antike, sondern nahm schon in einer Zeit ihren Anfang, da aus egalitären Gruppen herumstreifender Jäger und

---

»Die Königsgräber von Ur beweisen, daß die frühdynastische Zeit die Sitte kannte, den Herrscher oder ein Mitglied des Herrscherhauses zusammen mit seinem Anhang zu bestatten. In einer der Grabkammern fanden sich nicht weniger als 80 Gefolgsleute. Die einzige bisher bekannte Parallele stammt aus Kiš; hier läßt die Beisetzung mehrerer Personen wohl ebenfalls auf Dienerbestattungen schließen.«
21 | ALAIN TESTART: Sklave noch im Tod, in: epoc 6/2011, 28.

Sammler die stärker hierarchisch gegliederten Gemeinschaften der Siedlungen wurden.«[22]

Wenn das stimmt, ist die wachsende soziale Ungleichheit identisch mit fortschreitender ökonomischer Ausbeutung bis hin zur vollkommenen Verfügungsgewalt der Mächtigen über die Arbeitskraft der Ohnmächtigen. Was diese Feststellung für unsere heutige Gegenwart besagt, läßt sich leicht denken; doch auch damals schon bedurfte es eigener Begründungen für das eigentlich Unerhörte.

Als Ursprung des abendländischen Freiheitsideals gilt nicht ganz zu Unrecht das antike Griechenland; allerdings darf man gerade darüber nicht vergessen, daß die Stadtkultur Attikas ökonomisch auf der Sklaverei basierte.

Das erste literarische Zeugnis für Sklavenhandel in Griechenland liefert im 8. Jh. v. Chr. HOMER in der »Ilias«, als *Achill*, rachewütig über den Tod seines Freundes *Patroklos*, auf den trojanischen Prinzen *Lykaon* trifft, den er vormals bereits auf der Insel Lemnos an einen Sklavenhändler verkauft hatte[23]. In der »Odyssee« ist der Schweinehirte *Eumaios* in die Hände von phönizischen Händlern geraten[24], die »in der frühen griechischen Zeit die Küsten des Schwarzen Meeres und Kleinasiens« heimsuchten; »vor allem an der östlichen Mittelmeerküste von Makedonien bis hin nach Ägypten« setzten sie ihre »Ware« ab[25], die sie unterwegs wie Vieh hielten, bis daß sich die Geraubten entwürdigt und gebrochen in einem fremden Land mit einer fremden Sprache, fern ihren Angehörigen, vorfanden, als Verkaufsgegenstände feilgeboten jedem Meistbietenden.

Bezeichnend in diesem Zusammenhang sind die griechischen Namen, die den Sklaven und ihren Händlern gegeben wurden: *andrápodon* – das Menschenfüßige war das Wort für Sklaven, *andrapodistēs* für seinen Händler, der auch *andrapodokápēlos* heißen konnte (von kapēleúō = verschachern, ein verächtlicher Ausdruck)[26]. In der römischen Kaiserzeit sprach man von *sōmatémporos*, abgeleitet von griech. *sōma* – Körper, hier: Gefangener, und *émporos* – Händler (eigentlich: der mit dem Schiff Reisende,

22 | A. a. O., 29.
23 | IRIS SAMOTTA: Das Geschäft mit der Ware Mensch, in: epoc 6/2011, 26; HOMER: Ilias, III 333, S. 59; XXI 34–44, S. 432.
24 | A. a. O., 26; HOMER: Odyssee, XV 403–484, S. 480–485.
25 | A. a. O., 26.
26 | A. a. O., 24. Vgl. Benselers Griechisch-Deutsches Schulwörterbuch, S. 63; 453: kapēleúō: Krämerei treiben, schachern, täuschen.

von *emporeuomai* – reisen)[27]; im Amerikanischen ist das entsprechende Wort »bodyseller« noch nicht eingeführt, doch könnte man das griechische Wort so wiedergeben. Zum Sklavenhandel gehörte damals offenbar wesentlich ein organisierter Transport mit entsprechender Logistik.

Als Ursprung des Sklavenhandels, zumindest als einen Hauptumschlagplatz des Sklavenhandels, gibt HERODOT die Insel Chios an, wenn er berichtet, daß dort ein Mann namens *Panionios* den Kriegsgefangenen *Hermotimos* gekauft und als Kastraten an den persischen Großkönig *Xerxes* weiterverkauft habe; später, als er am Hofe des Königs seinem Peiniger wiederbegegnete, habe er ihn gezwungen, seine vier Söhne zu kastrieren, und diese, ihren Vater[28]. Was HERODOT mit dieser individuell scheinenden Geschichte andeutet, symbolisiert wohl eher eine kollektive Bestrafung, die letztlich dem persischen Großkönig galt und von den Griechen in der Seeschlacht von Salamis im Jahre 480 v. Chr. vollzogen ward[29].

27 | A. a. O., 25; Benselers Griechisch-Deutsches Schulwörterbuch, 269.
28 | A. a. O., 25. Vgl. HERODOT: Historien, VIII 105–106, Bd. II 1133–1134.
29 | A. a. O., 25. – THORSTEIN VEBLEN: Theorie der feinen Leute, 26–27, setzte generell für die Herausbildung einer »vornehmen« (d. h. müßigen, nicht produktiv arbeitenden Klasse) einen kriegerischen Lebensstil voraus: »1) Der Lebensstil der Gesellschaft muß räuberisch sein, das heißt, er muß in Krieg, Jagd oder beidem zusammen bestehen, mit anderen Worten müssen die Männer, die in diesem Falle die im Entstehen begriffene müßige Klasse bilden, daran gewöhnt sein, anderen Wesen durch Gewalt oder List Schaden zuzufügen. 2) Das zum Leben Notwendige muß so leicht zu beschaffen sein, daß ein ansehnlicher Teil der Gesellschaft von der täglichen Arbeit befreit werden kann. Die Institution einer vornehmen Klasse ist damit das Ergebnis einer frühen Unterscheidung zwischen verschiedenen Tätigkeiten..., der gemäß die einen Tätigkeiten wertvoll, die anderen unwürdig sind. Wertvoll sind danach jene Beschäftigungen, die man als Heldentaten bezeichnen kann, unwürdig hingegen alle jene notwendigen und täglichen Plackereien, die gewiß nichts Heldenhaftes an sich haben.« Näherhin scheint dieser Unterschied sich daraus zu ergeben, ob man seinen Willen gegenüber toten Gegenständen geltend macht (»Arbeit«) oder gegenüber beseelten Wesen, die man besiegen muß, um ihnen den eigenen Willen vorzuschreiben (»Heldentat«). Jetzt gilt (S. 35): »Beute, Jagd- und Kriegstrophäen sind Beweise überlegener Kraft. Der Angriff wird zur gültigen Form des Handelns, und die Beute bezeugt die erfolgreiche Aggression. Der Kampf stellt in diesem Stadium der Kultur die allgemein anerkannte und für wertvoll gehaltene Form der Selbstbestätigung dar, durch Raub oder Zwang erbeutete Dienste (sc. Sklaverei, d. V.) oder Gebrauchsgegenstände zeugen für seinen glücklichen Ausgang. Deshalb ist es eines Mannes unwürdig, Güter auf andere Weise als durch Raub zu erwerben. Aus demselben Grunde bringt man der produktiven Arbeit nichts als Verachtung entgegen.« Identisch mit diesem Prozeß ist die Aneignung von Privateigentum, zu dem, neben den Sklaven, auch die Frauen zählen. Die Akkumulierung von Eigentum dient dabei nicht ökonomisch sinnvol-

Eine ökonomisch-politische Rechtfertigung der Sklaverei bietet ARISTOTELES, indem er in seiner »Politik« erklärt: »diejenigen, die das Land bebauen wollen, sollen am ehesten... Sklaven sein, alle weder stammverwandt noch mutig (sc. sonst wären sie im Krieg lieber in den Tod, statt in die Sklaverei gegangen, d. V.). Dergestalt nämlich dürften sie zur Arbeitstätigkeit nützlich sein und im Hinblick auf das Anzetteln von Unruhen sicher. In zweiter Instanz sollten es barbarische (sc. nichtgriechische, d. V.) Umwohner sein, ihrer Natur nach ähnlich den eben Genannten.«[30] Hinter diesen Ausführungen steht kulturgeschichtlich offenbar die Eigenart der attischen Stadt, die nicht als Markt für eine urbane Ökonomie entstand, sondern sich als eine Versammlung von Grundbesitzern bildete, die ihr Einkommen aus dem Anbau von Getreide, Öl und Wein bezog, produziert von Sklaven außerhalb des Stadtgebietes.[31] »Voraussetzung und Vorbedingung für diese hauptstädtische Grandeur war das Vorhandensein von Sklavenarbeit auf dem Land: Sie allein konnte die Klasse der Landbesitzer so radikal von ihrem ländlichen Hintergrund loslösen, daß sie sich in eine wesentlich städtische Bürgerschaft verwandeln konnte, die aber dennoch ihre Einkünfte wesentlich vom Land bezog.«[32]

Entscheidend für die Besonderheit der griechisch-römischen Stadt war ihre Küstenlage – der gesamte Handel erfolgte wesentlich auf dem Wasserweg. »Nur das Meer ließ die Städte zu konzentrierten und hochentwickelten Gebilden wachsen, die dem Hinterland weit

len Zielen, vielmehr dient der aufgehäufte Reichtum der Rivalität um Ehre, und Müßiggang und Verschwendung demonstrieren die soziale Überlegenheit; sie findet den Beifall sogar der arbeitenden Klasse (S. 43) und wird vor deren Augen entsprechend demonstriert (S. 51–78). »Der Besitz von Sklaven, die Güter erzeugen, verrät Wohlstand und persönliche Kühnheit; doch die Haltung von Sklaven, die nichts erzeugen, verrät noch größeren Reichtum und eine noch höhere Stellung. Unter diesem Prinzip entsteht eine Klasse von Dienern«, die dem Herrn persönlich aufzuwarten haben: seine Leibdiener (S. 74).
30 | ARISTOTELES: Politik, VII 10,24–25, S. 345. – MOSES I. FINLEY: Die Sklaverei in der Antike, 86, meint dazu: »Als Ware ist der Sklave Besitz... Die Tatsache, daß ein Sklave ein menschliches Wesen ist, hat mit der Frage, ob es zum Besitz zählt oder nicht, nichts zu tun, sondern läßt nur erkennen, daß er eine besondere Form von Besitz ist, nämlich wie ARISTOTELES sagt, ›beseelter Besitz‹.« Vgl. ARISTOTELES: Politik, I 4, 30, S. 81: »Auf diese Weise ist... Besitztum ein Werkzeug im Hinblick auf das Leben, und der Besitz bedeutet nur eine Menge von Werkzeugen, und der Sklave ist eben ein belebtes Besitztum«, oder auch ein belebtes Werkzeug zum tätigen Gebrauch.
31 | PERRY ANDERSON: Von der Antike zum Feudalismus, 18.
32 | A. a. O., 24.

Tafel 1: Sklavenhandel. Grabstein aus Capua (S. 197–198)

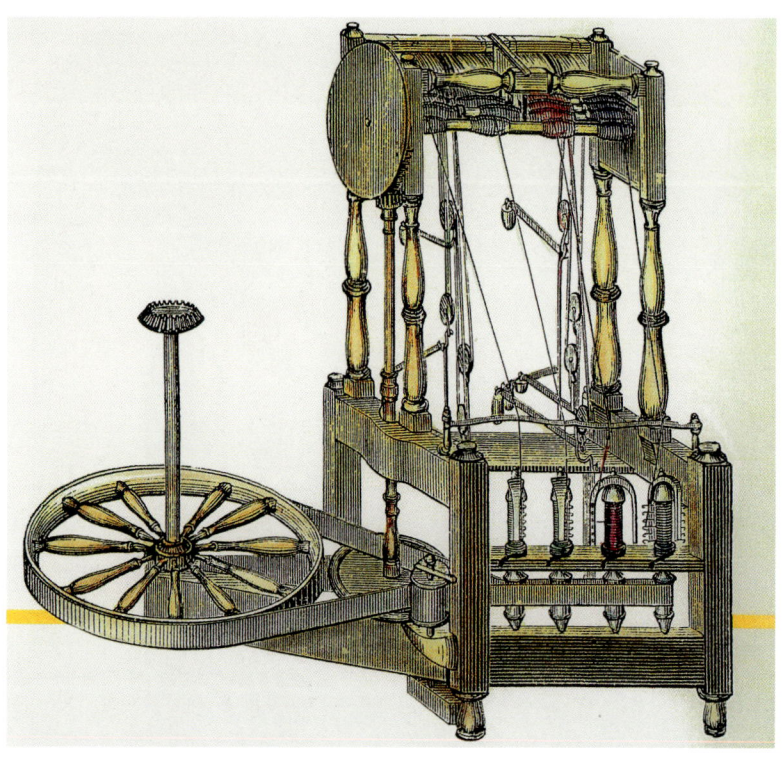

Tafel 2: Richard Arkwrights Spinnmaschine (S. 211)

Tafel 3: Die Water Frame – die erste maschinelle Spinnfabrik (S. 212)

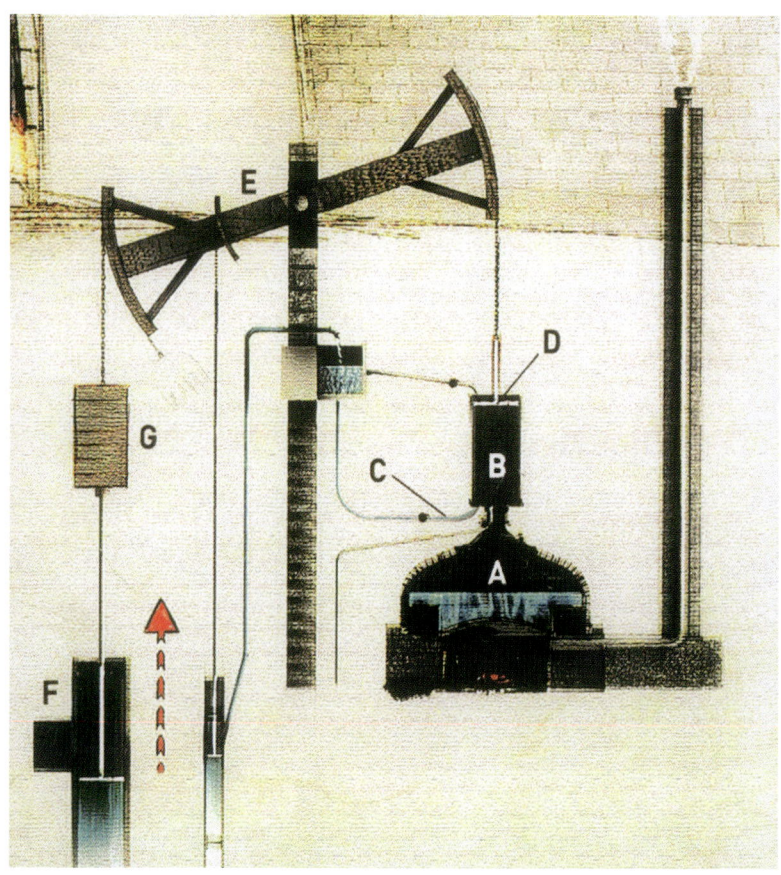

Tafel 4: Die Newcomen-Pumpe (S. 213)

Tafel 5: James Watts Trennung von Kondensator und Zylinder (S. 213–214)

5

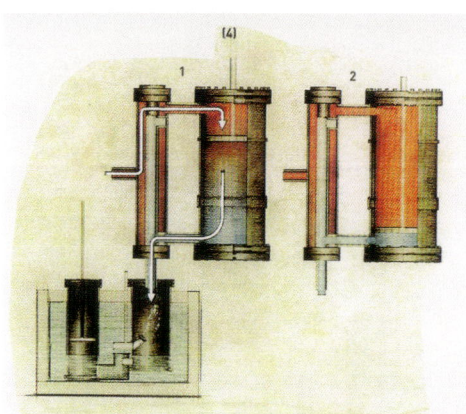

Tafel 6a

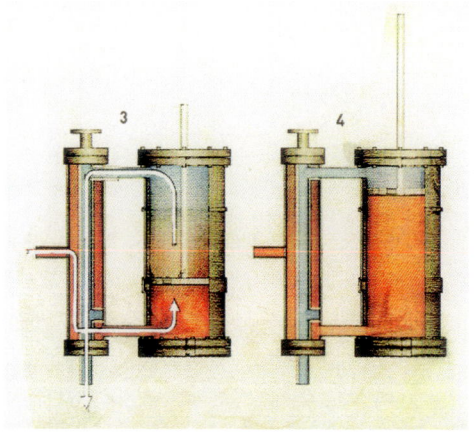

Tafel 6b

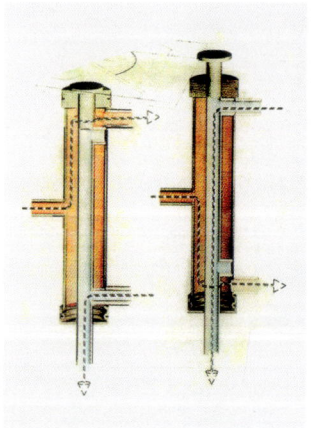

*Tafel 6: Das Prinzip der
doppelt wirkenden
Dampfmaschine (S. 214)*

Tafel 6c

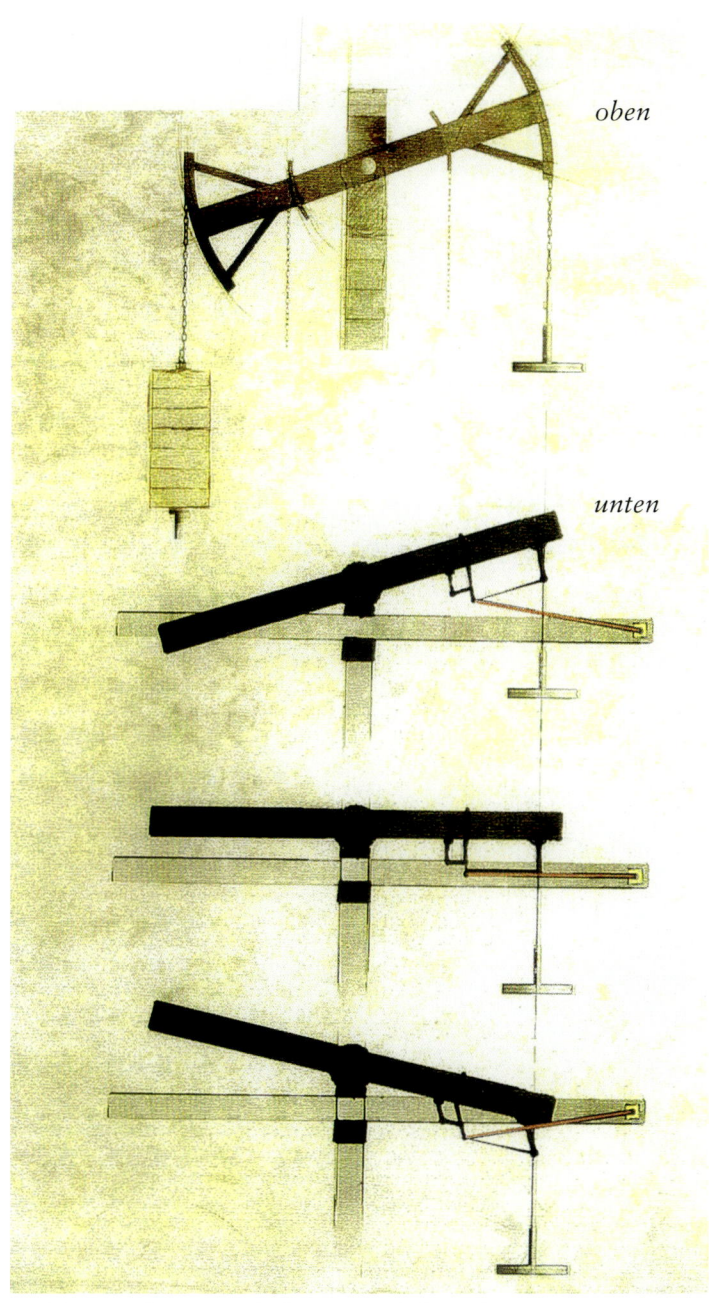

oben

unten

Tafel 7: Oben: Kraftübertragung bei der Newcomen-Maschine;
unten: James Watts »Parallelogramm« (S. 214)

Tafel 8: James Watts »Planetengetriebe« (S. 214)

voraus waren.«[33] Die Kultur dieser Städte unterschied sich grundlegend von der Bewässerungswirtschaft der sumerischen, babylonischen und ägyptischen Staaten, die keine Sklavenökonomien waren. Natürlich gab es neben den Sklaven auch freie Bauern, abhängige Pächter und städtische Handwerker, aber die Hauptlast der Produktion lag auf der Sklaverei, – 60 000 bis 70 000 Sklaven schätzt man rund um Athen bei Ausbruch des Peloponnesischen Krieges[34]. Zu den eigentlichen Bürgern Athens hingegen zählt ARISTOTELES per definitionem nur diejenigen, »die von den notwendigen Arbeiten befreit sind. Die einen aber, die für einen Einzelnen derartige notwendige Dienste leisten, sind Sklaven, die anderen, die das für die Gemeinschaft tun, Handwerker und Lohnarbeiter.«[35]

Zwischen Bürgern und Sklaven befand sich die mittlere Bauernklasse, die seit der Militärreform in der Zeit der Tyrannis im 6. Jh. die Hopliten (von *hóplon* – Schild) stellten, deren Panzer und Waffen von ihnen selbst finanziert werden mußten. Mit Hilfe dieser Schicht freier Bauern gelang Athen nicht allein der überraschende Sieg bei Marathon 490 v. Chr. über die Perser, sondern als Seemacht verfügte es schließlich über ein Imperium von etwa 150 meist ionischen Städten, deren Tribut »um 50 % über den attischen Einkünften (lag) und zweifellos den bürgerlichen und kulturellen Reichtum der athenischen *polis* (sc. Stadt, d. V.)« finanzierte[36].

33 | A.a.O., 20.
34 | A.a.O., 23.
35 | ARISTOTELES: Politik, III 5,10; S. 165. – MOSES I. FINLEY: Die Sklaverei in der Antike, 87, hebt hervor: »Wenn römische Juristen einen Sklaven als jemanden bezeichnen, der sich im ›dominium‹ eines anderen befand, benutzten sie damit den absoluten Eigentumsbegriff. Die menschliche Qualität des Sklaven war für sie kein Widerspruch... Ebenso wenig kümmerte dies die Millionen von Sklavenbesitzern, die Sklaven kauften und verkauften, sie ohne Unterlaß arbeiten ließen, sie schlugen, quälten und manchmal zu Tode schunden, genau wie es im Laufe der Geschichte Millionen von Pferdebesitzern mit ihren Tieren taten.«
36 | PERRY ANDERSON: Von der Antike zum Feudalismus, 47. – Bedient wurden die 60 Triremen, die Dreiruderer, die 483 v. Chr. *Themistokles* bauen ließ und die als Kriegsschiffe im Jahre 480 die Schlacht von Salamis entschieden, von den *Thēten*, mittellosen Bürgern, »die als Ruderer (170 bis 200 pro Trireme) auf den Galeeren« dienten. CAY RADEMACHER: Kampf um die Volksherrschaft, in: Das antike Griechenland, Geo Epoche, 2004, Nr. 13, S. 43. – PERRY ANDERSON: A.a.O., 45, stellt als Grundzug und Eigenart der athenischen Wirtschaft im 5. Jh. v. Chr. den Zugriff auf die Silberminen am Laurion, dem Berg im südlichsten Teil Attikas, heraus: »Das Erz dieser Minen, in denen massenhaft Sklaventrupps – ungefähr 30 000 – arbeiteten, finanzierte den Bau der athenischen Flotte... Athenisches Silber ... ermöglichte eine attische Währung, die – einzigartig im griechischen Münzwesen der damaligen Zeit – als Zahlungsmittel des internationalen

Der Dualismus von Bürgern und Sklaven erwies sich also als äußerst erfolgreich, und doch litt die gesamte Anlage der athenischen Ökonomie an zwei schweren Nachteilen: Zum einen ließ die Unfreiheit der Produktionsverhältnisse die Weiterentwicklung der Produktivkräfte in Gewerbe und Landwirtschaft stagnieren, – die glänzenden Erkenntnisse in Mathematik, Geometrie und Mechanik kamen allenfalls dem Militär, weniger dem Fortschritt der Agrikultur zugute; zum anderen erlaubte die Ausrichtung auf den Seehandel wohl die Gründung von Pflanzstädten (*klēruchiai*) zum Beispiel auf Euböa und in Amphipolis, führte aber nicht, wie später in Rom, zu dem Aufbau eines imperialen Territorialstaates[37].

Ein Stück weit anders als in Athen verhielt es sich mit den *Heloten*

Handels auch außerhalb weithin akzeptiert wurde... Diese wurde noch durch die außerordentlich hohe Anzahl von *Metöken* (sc. Übersiedler, Niedergelassene, Schutzverwandte, d. V.) in der Stadt gesteigert, die zwar vom Grundbesitz ausgeschlossen waren, aber in Handel und Gewerbe dominierten... Die Hoplitenklasse der mittleren Bauern, die die Infanterie der *polis* stellte, zählte 13 000 – ein Drittel der Bürgerschaft. Die athenische Flotte aber war mit Seeleuten bemannt, die aus der ärmeren Klasse der Thēten (sc. Lohnarbeiter, verarmte Freie ohne Grundbesitz, d. V.) kamen. Die Ruderer erhielten Lohn und waren 8 Monate im Jahr in Dienst. Zahlenmäßig waren sie nahezu gleichstark wie die Fußsoldaten (12 000), und ihre Anwesenheit half, die demokratische Breite des athenischen Gemeinwesens zu sichern.«
37 | Vgl. PERRY ANDERSON: Von der Antike zum Feudalismus, 46–47: »Es ist bemerkenswert, daß Athen der einzige griechische Staat war, der eine besondere Klasse von Überseebürgern oder ›Kleruchen‹ schuf, die in den Kolonien Land erhielten, das von rebellischen Bundesgenossen eingezogen worden war, und dabei – anders als die übrigen griechischen Kolonisten – alle ihre Rechte in der Heimatstadt behielten. Die stetige Gründung von überseeischen Kolonien und Kleruchien im Laufe des 5. Jahrhunderts (sc. seit 448, d. V.) machte es der Stadt möglich, mehr als 10 000 Athener durch Landzuteilungen aus dem Stand der Theten in den von Hopliten zu befördern... Auf seinem Höhepunkt im Jahre 440 umfaßte das athenische Imperium etwa 150 meist ionische Städte, die einen jährlichen Geldbetrag an die zentrale Schatzkammer in Athen zahlten, was ihnen die Haltung einer eigenen Flotte ersparte. Der Gesamttribut aus dem Imperium lag nach Berechnungen um 50 % über den attischen Einkünften und finanzierte zweifellos den bürgerlichen und kulturellen Reichtum der athenischen *polis*.« – Die bevorzugten Ziele griechischer Kolonisten vom 8. – 6. Jh. waren Süditalien und Sizilien (»Magna Graecia«) und Gebiete an der Schwarzmeerküste. Die Neusiedler waren meist 100 bis 300 Menschen aus verschiedenen Herkunftsorten. »Meist ... erfolgte die Landnahme mit Gewalt... Zu einem Dialog der Kulturen kam es auch bei der Gründung von Syrakus nicht. Dort zerstörten die Korinther vielmehr gleich nach ihrer Ankunft die sikulische Siedlung auf der Insel Ortygia... Für böses Blut sorgte zudem, dass die ersten Siedler, meist junge Männer, ohne Frauen kamen.« THEODOR KISSEL: »Wie Frösche in einem Teich«, in: Spektrum der Wissenschaft, spezial: Archäologie – Geschichte – Kultur, 2/2014, 52.

Spartas: Als im 8./7. Jh. v. Chr. dorische Stämme die Gebiete von Lakonien und Messenien besetzten, unterwarfen sie die ansässige agrarische Bevölkerung auf der Peloponnes, die fortan mit ihrer Arbeit für den Unterhalt der neuen Herrenschicht zu sorgen hatte. Im Grunde waren die *Heloten* also – im Unterschied zu den *Metöken*, den fremden »Schutzverwandten, die Gewerbe treiben durften – ebenfalls Sklaven, aber »sie gehörten nicht einzelnen, sondern allen Vollbürgern Spartas; überdies standen sie nicht zum Verkauf frei und durften Familien gründen.«[38] Das Wesen der Sklaverei indessen galt uneingeschränkt auch für sie: die gänzliche Rechtlosigkeit und völlige Abhängigkeit von ihren Besitzern. In Sparta gefielen sich die etwa 8–9000 Vollbürger darin, eine Körperschaft zu bilden, »die sich selbst unterhielt, politisch frei und viel umfassender und egalitärer war als jede zeitgenössische Aristokratie oder spätere Oligarchie in Griechenland.«[39] Auf der Basis des Helotentums als einer

38 | KLAUS-DIETER LINSMEIER: »Die Sklaverei setzen wir dem Tode gleich«, in: Sklaven im Altertum, Spektrum der Wissenschaft. epoc 6/2011, 20.
39 | PERRY ANDERSON: Von der Antike zum Feudalismus, 31. PLUTARCH: Lykurgos, 8, in: Lebensbeschreibungen, I 112, gibt die Zielsetzung der Gesetzgebung des legendären *Lukurg* damit wieder: »Reichtum und Armut gänzlich verbannen.« Also »überredete er die Bürger, alle ihre Ländereien herzugeben, sie aufs neue verteilen zu lassen und in völliger Gleichheit und Gemeinschaft der Güter miteinander zu leben.« *Lykurg* schaffte alle Gold- und Silbermünzen ab – womit der Einfluß der Handelsmacht Athen wirkungsvoll gehemmt wurde – und sorgte auch dafür, daß »überflüssige Künste« (Kap. 9, S. 113) keine Abnehmer mehr fanden. Das Erziehungssystem Spartas schildert ARNOLD J. TOYNBEE: Krieg und Kultur, 41–42: »Die Hauptmerkmale des spartanischen Systems sind: Beaufsichtigung, Auslese und Spezialisierung; ein Geist des Wetteifers und die gleichzeitige Anwendung von Belohnung und Bestrafung... Von dem Augenblick an, in dem der Spartiat als Siebenjähriger von seiner Mutter weggeholt wurde, war er ununterbrochen der Disziplin unterworfen, bis ihm die Vollendung des 60. Lebensjahres Befreiung vom Wehrdienst brachte. Das äußere und sichtbare Zeichen dieser Disziplin war die Bestimmung, die 53 Jahre Waffendienst vorschrieb. Denn der Spartiat, der als Kind vom Elternhaus in eine Jugendgruppe überführt worden war, gewann nicht die Freiheit, in einem eigenen Heim zu leben, wenn er in eine ›Messe‹ (sc. Vereinigung von ›Gleichen‹ verschiedener Altersklassen, d. V.) aufgenommen, mit einem Landlos belehnt war und die gesellschaftliche Pflicht zu heiraten erfüllt hatte. Die ›Gleichen‹ waren gezwungen, (sc. aus eugenischen Gründen, d.V.) eine Ehe zu schließen, doch war es ihnen nicht gestattet, ein ›Familienleben‹ zu führen. Der spartiatische Bräutigam mußte sogar seine Hochzeitsnacht in der Kaserne verbringen.« S. 39: »schließlich wurden auch die Mädchen nicht nur wie die Knaben eingezogen und ausgebildet, sondern auch weitgehend in der gleichen Weise behandelt... Auch sie wurden nach dem Wettkampfsystem erzogen; und wie die Knaben nahmen sie nackt vor männlichen Zuschauern an den öffentlichen Wettkämpfen teil.« Vgl. PLUTARCH: Lykurg, 14–15, in: Lebensbeschreibungen, I 118–122;

unentwickelten Form der Sklaverei[40], konnten die Spartiaten ihre Freistellung von aller Arbeit dazu benutzen, sich zu Spezialisten des Landkrieges zu trainieren[41]. Aber auch hier rächte sich die Sklavenwirtschaft durch ihre mangelnde ökonomische und soziale Weiterentwicklung: Sparta stagnierte und retardierte und versank im 3. Jh. v. Chr. in Bedeutungslosigkeit.[42]

a. a. O., Kap. 6, in: I 110, führt die Gesetzgebung des *Lykurg*, die Große Rhetra, auf die Weisung des *Apoll* von Delphi zurück. – A. a. O., Kap. 18; I 125, kommt PLUTARCH auf die Knabenliebe zu sprechen; andererseits betont er (Kap. 25; I 132), daß die Spartaner »ein Privatleben weder kannten noch wünschten, daß sie, gleich den Bienen, immer der gemeinsamen Sache fest anhingen, ... sich gleichsam selbst vergaßen und nur für das Vaterland lebten.« Die Heloten wurden durch nächtliche Überfälle und Auftragsmorde schikaniert (Kap. 28; I 134–136), – die *Krypteia*, die »heimliche Landesdurchstreifung«, diente dem Training der 18jährigen.

40 | PERRY ANDERSON: Von der Antike zum Feudalismus, 40.

41 | Vgl. LARS ABROMEIT: Ein Leben für den Krieg, in: Das antike Griechenland, in: Geo Epoche, Nr. 13, 2004, 48: »Etwa 200 000 Heloten leben als unfreie Arbeiter im spartanischen Reich.« – Diese Heilōtoi waren die »Staatssklaven der Spartaner, die aber allein wohnten und den einzelnen nur zur Nutzung überlassen waren, also von ihnen weder getötet noch verkauft, noch freigesprochen werden konnten.« Benselers Griechisch-Deutsches Schulwörterbuch, 236. – LARS ABROMEIT: A. a. O., 48–49, faßt die Geschichte und Struktur Spartas mit den Worten zusammen: »Irgendwann im ›Dunklen Zeitalter‹, zwischen 1050 und 800 v. Chr., sind die vom Volksstamm der Dorier abstammenden Eroberer, die sich jetzt ›Lakedaimonier‹ nennen, bis in die fruchtbare, lang gestreckte Ebene des Eurotas vorgedrungen, haben vier Dörfer gegründet und diese später zu ›Sparta‹ vereinigt... Dabei wirkt die Stadt selbst ... nach wie vor eher wie eine Dorfgemeinde: Sie zählt etwa 8000 Vollbürger, viermal weniger als der attische Konkurrent (sc. Athen, d. V.)... Wie nirgendwo sonst ist die Welt der Lakedaimonier auf den Krieg zugeschnitten... Es gibt keine Aristokratie und kaum privaten Reichtum. Fremden gegenüber schottet Sparta sich ab und besinnt sich, stärker als viele andere hellenische Städte, auf Traditionen und Orakel, Götter und Heroen. – Es ist die erste streng totalitäre, militaristische Verfassung der Weltgeschichte.«

42 | ARNOLD J. TOYNBEE: Krieg und Kultur, 33–59: Der Soldatenstaat Sparta, S. 36, faßt die Tragödie Spartas in die Worte zusammen: »die Spartaner, die im ersten Kriege (sc. etwa 736–720 v. Chr., d. V.) Messenien erobert haben, um für sich zu leben, werden im zweiten (sc. etwa 650–620, d. V.) und in der ganzen Folgezeit gezwungen, ihr Leben aufzugeben für die Aufgabe, Messenien zu halten. Sie müssen jetzt und für alle Zeit als die gehorsamen und demütigen Sklaven ihrer eigenen Herrschaft über Messenien leben.« S. 35: »Der Zweite Messenische Krieg änderte die Lebensweise der Spartaner vollständig und gab der Geschichte ihres Staates einen ganz anderen Verlauf. Es war einer jener Kriege, in denen das Eisen bis in die Seelen der Überlebenden dringt. Und er war eine so schreckliche Erfahrung, daß er das Leben der Spartaner für immer an Elend und Eisen band.« Ein einziges Mal, als 467 v. Chr. ein Erdbeben die Stadt Sparta bis auf fünf Häuser vernichtete, lehnten die Heloten sich gegen ihre Bedrücker in einem Krieg auf, der den Spartanern so gefährlich wurde, daß sie den Athener *Kimon* zu Hilfe holen

Insgesamt zeigt sich, daß die »Sklavenwirtschaft – in Bergbau, Landwirtschaft und Handwerk…, für die ganze soziale und politische Existenz der Polisbürger eine Notwendigkeit war. Die klassische *polis* basierte auf einer neuen begrifflichen Entdeckung der Freiheit, die durch die systematische Einführung der Sklaverei ermöglicht worden war.«[43] – Wie man sieht, wird kultur- und wirtschaftsgeschichtlich aus dem antiken Griechenland ein Freiheitsbegriff lanciert, der in seiner philosophischen Idealität real auf der ökonomischen Unfreiheit großer Teile der als Sklaven gehaltenen arbeitenden Bevölkerung ruht. Auf der einen Seite stehen die Grundbesitzer als die eigentlichen Bürger der Stadt, auf der anderen Seite die Rechtlosen, Abhängigen, Ausbeutbaren. Man kann es nicht anders sagen: Im Abstand von 2500 Jahren, längst vor den Konzepten des neoliberalen Kapitalismus, entsteht im Ursprungsland der europäischen Kultur ein Wirtschaftsmodell, das unter »Freiheit« wesentlich die Möglichkeit und die Notwendigkeit einer städtischen Oberschicht versteht, ein Heer von Sklaven auf dem Lande zu ihrem Selbsterhalt auszubeuten.

Der »freie Markt«, der auf diese Weise zustande kommt, ist wesentlich ein Sklavenmarkt, auf dem Menschen, um leben zu können, als Ware feilgeboten werden, wie es, unter römischen Verhältnissen, ein Grabstein aus Capua im 1. Jh. v. Chr., am Ende bereits der römischen Republik, zeigt (*Tafel 1*): Nebeneinander stehen da der Freigelassene *M. Publius Satur* und der von diesem freigelassene *M. Publius Stephanus*. »Eine zusätzliche Inschrift benennt die beiden Testamentsvollstrecker, auch diese Freigelassene. Einer der beiden, *M. Publius Cadia*, bezeichnet sich als *praeco* – als Ausrufer bei Auktionen. Den Grabstein ziert unter der Darstellung der Verstorbenen auch die Szene eines Sklavenverkaufs: Auf einer *castata*, dem Verkaufspodest, steht ein Nackter, dessen Vorzüge von einem mit dem Zeichen seiner Freiheit, der Toga, bekleideten Mann angepriesen werden. Ein *praeco* lädt Passanten ein, die Ware zu begutachten. Dazu winkt er mit dem Kleidungsstück, das er wohl dem Sklaven

---

mußten, nicht zuletzt, weil auch die *Perióken* (die »Umwohner«, die unterworfenen, tributpflichtigen Landbauern, etwa 120000 an Zahl) sich den Heloten anzuschließen drohten. PLUTARCH: Kimon, 16, in: Lebensbeschreibungen, III 253–254. – Den Niedergang Spartas verkörpert wie kein anderer der glücklose König *Agis*, der 241 hingerichtet wurde; PLUTARCH: Agis, in: Lebensbeschreibungen, V 132–149.
43 | PERRY ANDERSON: Von der Antike zum Feudalismus, 40.

abgenommen hat, um ihn den prüfenden Blicken preiszugeben.«[44] Darstellungen wie diese waren erstaunlich selten, die bedrückende Wirklichkeit aber, die sie zeigen, war absolut alltäglich.

Wie wurde man ein Sklave? Hauptsächlich durch Krieg, der auch damals schon nicht nur auf die Eroberung und Ausbeutung fremder Territorien ausgerichtet war, sondern zentral der Gewinnung von Kriegsgefangenen galt, die sich auf dem Sklavenmarkt verkaufen und deren Arbeitskraft sich lebenslänglich auspressen ließ. Sklave wurde man auch in Schuldhaft: wirtschaftlicher Ruin war identisch mit dem Verlust aller bürgerlichen Rechte. Das war in Griechenland nicht anders als in *Rom*, wenngleich die Sozialstruktur der römischen Republik stärker durch die traditionelle oligarchische Herrschaft eines aristokratischen Geburtsadels gekennzeichnet war. Dieser strebte »sehr früh danach, Landeigentum in seiner Hand zu konzentrieren, wobei er die ärmeren der freien Bauern in Schuldknechtschaft brachte (wie in Griechenland) und sich den *ager publicus* oder sich das gemeinsame, für Weide oder Ackerbau genutzte Land aneignete.«[45] »Das Ergebnis war die ständige Aufreibung der Klasse der kleinen Bauern, die das Rückgrat der griechischen *polis* gebildet hatte. Das römische Äquivalent der hoplitischen Kategorie – derjenigen, die sich mit den für den Infanteriedienst in den Legionen nötigen Rüstungen und Waffen selbst ausstatten konnten – waren die ›*assidui*‹ oder ›die auf dem Land Ansässigen‹… Unter ihnen standen die *proletarii*, eigentumslose Bürger, deren Dienst für den Staat lediglich in der Aufzucht von Kindern bestand (von *proles*, – sc. Nachkommenschaft, d.V.).«[46] Indem die Aristokratie ihren Bodenbesitz

44 | IRIS SAMOTTA: Das Geschäft mit der Ware Mensch, in: Sklaven im Altertum. Spektrum der Wissenschaft. epoc 6/2011, 26–27.
45 | PERRY ANDERSON: Von der Antike zum Feudalismus, 63.
46 | A.a.O., 64. – Als seit dem 7. Jh. v.Chr. die römischen Adelsgeschlechter an Macht gewannen und schließlich das Königtum abschüttelten, entstand in der frühen Republik (510–287) ein Bürgerstaat, in dem jene »Patrizier« (von *patres* – Väter; die alteingesessenen Adelsgeschlechter) das Gewaltmonopol innehatten. Doch schon 494 v.Chr. verschärften sich die Spannungen mit den »Plebejern« (von *plebs* = Menge, einfaches Volk), bestehend aus freien Bauern, Handwerkern, Händlern und Tagelöhnern, die allesamt »von der politischen Teilhabe am Gemeinwesen ausgeschlossen, aber zur Zahlung von Steuern … verpflichtet« waren. »Mit einem Generalstreik, der Auswanderung (›secessio‹) auf den heiligen Berg (›mons sacer‹), legen sie das Leben in Rom lahm.« Den Patriziern (den adligen Klanführern) nebst ihrer Klientel kam ein so großes Gewicht zu, weil sie das Kriegsheer, insbesondere die Reiterei, stellten. Doch im 5. Jh. wird der Aufwand für die Hoplitenphalanx zu groß; die bäuerlichen Schichten müssen rekrutiert werden, und die Verweigerung des Kriegsdienstes wird dadurch das stärkste Druck-

immer weiter ausdehnte, ging die Zahl der *assidui*, ausgedünnt auch durch die zahlreichen Expansionskriege, ständig zurück, und es vermehrte sich die Klasse der *proletarii*. Das Ergebnis bestand in der Bildung einer ausgedehnten Latifundienwirtschaft, während die Mittellosen den Bodensatz des Stadtproletariats bildeten.

Wenn man sieht, wie heutigentags der Landkauf staatlich geförderter Konzerne in Afrika, Südostasien und Südamerika die Bevölkerung ihrer eigenständigen Wirtschaftsgrundlage beraubt, so daß diese in den Slums der Städte ihre Zuflucht nehmen, gewinnt man im historischen Abstand von 2000 Jahren ein klares Bild von der unerbittlichen Regelmäßigkeit, mit der eine Wirtschaftform in den Händen einer besitzenden Oberschicht ihre Opfer hervorbringt.

Sonderbar erscheint, mit Blick auf die Sozialgeschichte Roms, daß (außer dem gescheiterten Versuch der *Gracchen*[47]) niemals ein geordneter Widerstand gegen die Sklaverei zustande kam. Die einzige Ausnahme bildete der Aufstand des *Spartacus*, der, als ein thrakischer Hirte, von den Römern gefangengenommen und zum Gladiator gemacht worden war; als er mit 70 Gefährten aus der Kaserne in

---

mittel, um die wirtschaftlichen Verhältnisse für die »kleinen Leute« zu bessern. Dabei ging es »insbesondere um eine gerechte Beteiligung an der Vergabe des im Zuge der Erweiterung des römischen Staatsgebietes (›ager publicus‹) zu verteilenden Ackerlandes sowie die Abschaffung der drückenden Schuldenlast. Letztere führte dazu, dass viele Bauern ihre Existenzgrundlage verloren und in Schuldknechtschaft gerieten.« Doch selbst das sogenannte *12 Tafel-Gesetz* von 450 v. Chr. bekräftigte die Schuldknechtschaft, »sodass auch künftig ein Schuldner mit˙ seinem Körper haften musste (›nexum‹) und sich bei Zahlungsunfähigkeit dem Gläubiger als ›mancipium‹, als Besitz zur Verfügung stellen musste.« Erst im 4. Jh. erlangten die Plebejer gewisse Konzessionen. Um 300 v. Chr. billigt die »lex Valeria« *jedem* vom Magistrat verurteilten Bürger das Recht zu, die Volksversammlung anzurufen; und 287, nach einem dritten Auszug, verfügt die »lex Hortensia« die Gültigkeit von »Plebisziten«. THEODOR KISSEL: Sieg der Verweigerer, in: Spektrum der Wissenschaft, spezial: Archäologie – Geschichte – Kultur 2/2014, 14–19. – Die Spannungen zwischen »Vätern« und »Volk« »vor allem wegen der Bürger, die in Schuldhaft geraten waren«, schildert LIVIUS: Römische Geschichte, II 23,1–29,12; S. 64–85. Berühmt ist die versöhnende Gleichnisrede des *Menenius Agrippa* von der Rebellion der Glieder des Körpers gegen den Magen, die am Ende alle Teile entkräftet – wie der Aufruhr der Plebejer gegen die Patrizier (II 32,8–12; S. 94–97). Doch historisch ist diese Darstellung aus der Zeit des *Augustus* mit manchen Zweifeln behaftet; vgl. MAX VON LÜBKE: Rebellion gegen den Magen, in: Der Spiegel. Geschichte: Rom. Aufstieg und Fall der Republik, 50–52. Die Geschichte selber wird sinngemäß von XENOPHON: Memorabilien, II 3, S. 65, *Sokrates* in den Mund gelegt.

47 | Vgl. PLUTARCH: Tiberius und Gaius Gracchus, in: Lebensbeschreibungen, V 184–222.

Capua ausbrach, gelang es ihm, 10 000e seiner Leidensgenossen zu vereinen. Mehrmals besiegte er an der Spitze der Insurgenten, die nichts zu verlieren hatten als ein Leben in Schande und die nichts zu gewinnen hatten als Tod oder Freiheit, die ihnen entgegengeschickten römischen Heere, die den Auftrag hatten, sie niederzuschlagen und zu vernichten; die verhaßten Latifundien steckten sie in Brand. Doch 71 v. Chr., bei dem Versuch, nach Sizilien zu entkommen, stellte der reichste Mann Roms, *Licinius Crassus*, sie bei Silare in Lukanien, brach ihren Widerstand und ließ die Gefangenen entlang der Via Appia kreuzigen[48]. – Die Todeswettkämpfe der Unterdrückten zur Unterhaltung des schaulustigen Publikums einer privilegierten Oberschicht in den Arenen der Städte – auch das kommt dem Betrachter der Tagesnachrichten heute bekannt vor, nur daß es inzwischen nicht mehr bloß Einzelne sind, die gegeneinandergehetzt werden, sondern ganze Völkerstämme und religiöse Gruppierungen; wenn sie sich mit den beidseitig angelieferten Waffen hinreichend abgekämpft haben, ist es in den Augen der Herrschenden an der Zeit, ein höriges Regime, rekrutiert aus einer interessengleichen Oberschicht der jeweils unterworfenen Ethnie oder Staatengemeinschaft, einzusetzen.

Was Rom angeht, so gelang es der dort regierenden Schicht der Patrizier, die Latifundienwirtschaft zu einem integralen Bestandteil der Kolonisation in den eroberten Gebieten zu entwickeln. Ähnlich wie in Sparta ging Rom dazu über, einen politischen Autoritarismus mit einem ökonomischen Egalitarismus zu verbinden[49]. Gleichwohl lag in der extensiven Sklavenwirtschaft und der klaren Trennung von Eigentum und Besitz auch ein erhebliches Problem: »Die Republik hatte für Rom das Imperium gewonnen: seine eigenen Siege machten es anachronistisch. Die Oligarchie einer einzigen Stadt konnte den Mittelmeerraum nicht in einem einheitlichen Gemeinwesen zusammenhalten.«[50] Die ständigen Konskriptionen (die Einberu-

---

48 | Vgl. PLUTARCH: Crassus 8–11, in: Lebensbeschreibungen, IV 42–81, S. 49–54. Der Bericht endet mit dem Tod des *Spartacus* in der Schlacht bei Petelia. – MOSES I. FINLEY: Die Sklaverei in der Antike, 132, erinnert daran, daß in Bürgerkriegen beide streitenden Parteien Sklaven rekrutierten; besonders für den Flottendienst erreichte die Zahl eingezogener Sklaven sechsstellige Ziffern. AUGUSTUS, der seinen Sieg im Jahre 35 über *Sextus Pompeius* als Unterdrückung eines Sklavenaufstands deutet, spricht von 30 000 Sklaven, die er gefangen genommen und ihren Herren zur Bestrafung übergeben habe (Res gestae, 25,1). »Er vergaß die 6000 zu erwähnen, die er hatte kreuzigen lassen, oder die 20 000, die in seiner eigenen Flotte dienten.«

49 | PERRY ANDERSON: Von der Antike zum Feudalismus, 66.

50 | A. a. O., 78.

fungen zum Kriegsdienst) hatten die Schicht der Kleinbauern dezimiert, und die Verweigerung der gracchischen Reformen schlug sich nun im Militär nieder: »Die senatorische Aristokratie machte bei der finanziellen Plünderung des Mittelmeerraums, die den fortschreitenden Annektionen durch Rom folgte, ungeheure Profite und erwarb ungeheure Vermögen an Tribut, Erpressung, Land und Sklaven: aber der Soldatenschaft, deren Kampf diese unerhörten Gewinne eingebracht hatte, auch nur eine geringe Entschädigung bereitzustellen, war sie absolut nicht bereit.«[51] In der Folge banden sich die Legionäre enger an ihren Befehlshaber als an die Republik, – die alte Verfassung wurde mit *Caesars* Machtergreifung durch die Monarchie eines Soldatenkaisers abgelöst. Gleichzeitig ließ die Landflucht sowie ein immenser Sklavenimport die Stadt Rom selbst zu einer Bevölkerung von ca. 750 000 Einwohnern anwachsen, darinnen ein städtisches Proletariat, das ab 53 v. Chr. mit kostenlosen Kornzuteilungen beruhigt werden mußte, – »46 v. Chr. war die Zahl der Empfänger auf 320 000 gestiegen«[52], also auf mehr als ein Drittel der Gesamtbevölkerung. Bezeichnenderweise aber wuchs die Produktivität innerhalb der Reichsgrenzen nicht im gleichen Maße mit. Alle öffentlichen Aufgaben – Straßen, Gebäude, Aquädukte, Entwässerungen – wurden von Sklaven ausgeführt[53].

Unter diesen Voraussetzungen entstand in der Spätantike, im 3. Jh. n. Chr., von Ägypten ausgehend[54] in den meisten Provinzen die Vorherrschaft des *Kolonus* – »des abhängigen bäuerlichen Pächters, der an das Gut seines Grundherrn gebunden war und an ihn für das Land Rente entweder in Naturalien oder in bar bezahlte… Die Kolonen behielten etwa die Hälfte des erwirtschafteten Ertrags.«[55] Rechtlich befanden die Kolonen sich in der ständig wachsenden Macht der Grundbesitzer; sie waren weder Sklaven noch freie Pächter oder Kleinbauern; aber sie erleichterten durch ihr Dasein die Verwaltung der Latifundien, und sie vermehrten die Einkünfte der Grundherren. Vor allem im Westen des Reiches, von wo die imperiale Expansion Roms ihren Ausgang genommen hatte: in Italien, Gallien und Spanien, erlangte dieses System des *colonus* seine größte Bedeutung darin, »daß ein Bauer sein Land an den Grundherren-Patron über-

51 | A. a. O., 79.
52 | A. a. O., 80.
53 | A. a. O., 96.
54 | A. a. O., 118.
55 | A. a. O., 112–113.

gab, der es ihm dann wieder in befristeter Pacht übertrug (die sogenannte *precario*).«[56] In der Spätzeit des römischen Imperiums eignete
sich die grundbesitzende Aristokratie sogar deutlich mehr Gewinn
durch die agrarische Produktion im Pächtersystem an als der Staat
an Steuern einnahm. Damit wuchsen im Westen des Reiches natürlich die sozialen Spannungen, die gerade dieses Gebiet – anders als
den Osten – dem Sturm der Völkerwanderung preisgab. – Die Stellung der Kolonen ähnelte immer mehr denjenigen regulärer Sklaven.
»332 legte Kaiser *Konstantin* fest, dass jene, die auf Flucht sannen,
wie Sklaven in Eisen zu legen seien: ›Auch wenn sie hinsichtlich ihrer
personenrechtlichen Stellung als Freigeborene erscheinen, sollen sie
doch als Sklaven derjenigen Ländereien angesehen werden, auf denen
sie geboren wurden.‹ Denn diese Bauern seien an den Boden gebunden. Sie durften deshalb auch mitsamt dem Land verpachtet oder
verkauft werden. – Mit derartigen Erlassen versuchte der spätantike
Staat regulierend in das Wirtschaftsleben einzugreifen, beispielsweise
um eine innerfamiliäre Berufsbindung durchzusetzen. Wenn der
Sohn die gleiche gesellschaftliche Stellung bekleidete wie sein Vater,
stabilisierte das die ökonomischen und sozialen Verhältnisse und si-
cherte – wie im Fall der Kolonen – die landwirtschaftliche Produktivität und damit auch die Versorgung der Städte und des Heers.«[57]
Ähnlich den spartanischen Heloten befanden auch die Kolonen sich
in einer Abhängigkeit, die sie zu Sklaven des Grundherren machte.

Betrachtet man die weitere geschichtliche Entwicklung, kann man
die Kolonen der Spätantike ohne Zweifel als die Vorläufer der mittelalterlichen *Leibeigenen* in der Zeit des Feudalismus verstehen, die
ebenfalls an einen bestimmten Boden gebunden waren, jederzeit zu
Frondiensten veranlagt werden konnten und in ihren persönlichen

---

56 | A.a.O., 118.
57 | ANDREA BINSFELD: Frei oder unfrei?, in: Sklaven im Altertum. Spektrum der
Wissenschaft. epoc 6/2011, 20–21. – MOSES I. FINLEY: Die Sklaverei in der Antike,
170–171, verweist darauf, daß vom späten 3. Jh. n.Chr. an Zahlungen an den
Staat immer mehr in Naturalien geleistet wurden, anstelle von Geldzahlungen,
weil vor allem das überdimensionierte Militär »durch die Erhebung von Natural-
abgaben ernährt, transportiert und ausgerüstet wurde.« »Eine Folge davon war
der allgemeine Rückgang der Stadtbevölkerung.« S. 173: »Und nun möchte ich
behaupten, daß die grundlegende Änderung in der politisch-militärischen Struktur
... der entscheidende Faktor dafür war, daß Sklaven schrittweise durch andere
Arten von Arbeitskräften ersetzt wurden.« Es scheint, daß gerade diese Entwicklung den Westteil des Römischen Reiches dem Ansturm der Germanen der Völker-
wanderungszeit gegenüber wehrlos gemacht hat, – das Wirtschaftssystem konnte
das Militär nicht mehr tragen.

Rechten äußerst eingeschränkt waren. Der Begriff »Feudalismus« selbst kam in »den letzten Jahrzehnten des 9. Jahrhunderts« auf, »als wikingische und magyarische Horden Westeuropa verwüsteten,« abgeleitet von dem »mittelalterlichen Wort für ›fief‹ (Lehen).«[58] »Die Leibeigenschaft kommt vermutlich sowohl vom Status des antiken *colonus* her wie auch vom allmählichen sozialen Abstieg der gemeinfreien germanischen Bauern infolge der zwangweisen ›Kommendation‹ an Clan-Krieger. Das rechtliche und konstitutionelle System, das sich im Mittelalter entwickelte, war ebenfalls eine Zwitterbildung: Volksgerichte mit populärem Charakter und die Tradition von formell gegenseitigen Verpflichtungen zwischen Herrschern und Beherrschten innerhalb einer Stammesgemeinschaft hinterließen vielfache Zeichen in den Rechtsstrukturen des Feudalismus... Das ständische System, das sich später innerhalb der feudalen Monarchie herausbildete, schuldete letzterem besonders viel... Sogar die Institution der feudalen Monarchie an der Spitze des mittelalterlichen Gemeinwesens war zuerst ein veränderliches Amalgam aus dem halbwählbaren und mit rudimentären säkularen Funktionen betrauten germanischen Heerführer und dem römischen kaiserlichen Herrscher, dem heiligen Autokraten mit unbegrenzter Macht und Verantwortung.«[59]

Ohne die Herkunftsfrage der Entstehung des Feudalismus historisch endgültig zu beantworten, läßt sich demnach sagen: »Der katastrophische Zusammenstoß zweier sich auflösender Produktionsweisen – der primitiven (sc. germanischen, d. V.) und der antiken (sc. römischen, d. V.) – brachte letztendlich die Feudalordnung hervor, die sich im ganzen mittelalterlichen Europa ausbreitete«, als das »spezifische Ergebnis der Verschmelzung von römischem und germanischem Erbe.«[60] Der Beitrag des *Christentums* bei dieser Synthese bestand wesentlich in einer Umkehrung nicht der Produktionsverhältnisse, sondern der Bewertung: Die Sklaverei in der Antike ermöglichte einer kleinen Schicht von Stadtbürgern »die flüchtige Harmonie des Menschen mit dem natürlichen Universum, wodurch Kunst und Philosophie der klassischen Antike vielfach gekennzeichnet sind: die selbstverständliche Freistellung von Arbeit war eine der Vorbedingungen für die heitere Spannungslosigkeit im Verhältnis zur Natur. Die Mühsal der materiellen Umgestaltung, oder auch nur

58 | PERRY ANDERSON: Von der Antike zum Feudalismus, 171.
59 | A. a. O., 156–157.
60 | A. a. O., 153.

ihrer leitenden Beaufsichtigung, blieb in der Hauptsache aus ihrer
Sphäre verbannt ... das Christentum (sc. hingegen, d. V.) zerbrach die
Einheit von Natur und Mensch, von Geist und fleischlicher Welt,
indem es potentiell die Beziehung der beiden in entgegengesetzte
peinvolle Richtungen drehte: in Askese und Aktivismus.«[61] Dadurch
änderte sich an der Einstellung zu den Produktionsbedingungen: zu
Technologie und Sklaverei, allerdings nichts, im Gegenteil: schwere
»landwirtschaftliche Arbeit erhielt nunmehr den Rang eines
Gottesdienstes«[62]; andererseits wurden gerade dadurch gewisse
Blockaden des technischen Fortschritts aufgehoben – nicht zuletzt
gebildete Mönche in den Klöstern waren daran beteiligt –; und es
geschah durch die unverzichtbare Leistung der Kirche in der karolin-
gischen Monarchie, daß die klassische Sklaverei in die eigentlich
feudale Produktionsweise transformiert wurde. »In dieser Produktionsweise, die vom Boden und der Naturalwirtschaft geprägt wurde,
waren weder die Arbeit noch die Produkte der Arbeit Waren. Der
unmittelbare Produzent – der Bauer – stand in einer Beziehung be-
sonderer Art zu den Produktionsmitteln, dem Boden. Die Formel für
dieses Verhältnis wurde von der rechtlichen Definition der Hörigkeit
bereitgestellt – *glebae adscripti*, an die Scholle Gebundene. Hörige
hatten rechtlich beschränkte Mobilität. Die Bauern, die das Land
innehatten und es bestellten, waren nicht seine Besitzer. Eine Klasse
von Feudalherren übte privat die Kontrolle über das agrarische Eigentum aus und schöpfte das Surplus (sc. den Gewinn, d. V.) von den
Bauern durch politisch und rechtlich zwangsmäßige Beziehungen ab.
Dieser außerökonomische Zwang konnte die Form von Dienstleistungen, Naturalrente oder gewohnheitsrechtlichen Abgaben annehmen, die der Bauer dem einzelnen Grundherrn schuldete... Dies
hatte notwendig die rechtliche Verquickung von ökonomischer Ausbeutung und politischer Autorität zur Folge. Der Bauer war der
Rechtsprechung seines Herrn unterworfen. Gleichzeitig aber waren
die Eigentumsrechte des Herrn an seinem Land in der Regel nur be-
dingt: er war mit ihm von einem oder mehreren höhergestellten Adligen belehnt, dem (oder denen) er Ritterdienste schuldete – die Leistung von Heeresdienst in Kriegszeiten. Mit anderen Worten: er
hatte seine Güter als Lehen.«[63]
Bereits im Feudalismus bildet sich also ein Wirtschaftssystem von

61 I A. a. O., 159.
62 I A. a. O., 161.
63 I A. a. O., 175–176.

versklavenden Sklaven aus, innerhalb dessen auch die »Herren« rechtlich wie wirtschaftlich die Abhängigen anderer »Herren« waren, in deren Diensten sie standen. Die gesamte »Gesellschaftsstruktur war dabei ausgeprägt hierarchisch; der Reichtum, der Besitz an Grund und Boden und an den Menschen, die ihn bebauten, waren sehr ungleich verteilt... Eine kleine Zahl Mächtiger – die Kirchenfürsten, die Klöster, die weltlichen Fürsten, die Kriegsherren, die Mitglieder des kriegerischen Adels, dessen Privilegien und Solidarität immer mehr wuchsen, und bald, aber ganz untergeordnet, auch einige in den Städten zu Reichtum gelangte Kaufleute – besaßen fast den gesamten Grund. Dank der Vorrechte, die ihnen das Fortbestehen von Abarten der Institutionen der antiken Leibeigenschaft sowie das Monopol der politischen Macht verliehen, besaßen sie auch das Recht, die Masse der Arbeitenden zu beherrschen und auszubeuten.«[64]

Natürlich veränderte sich das Erscheinungsbild des feudalistischen Wirtschaftssystems im Verlauf der Jahrhunderte immer wieder, seine Grundstruktur aber hielt sich erstaunlich konstant durch. Insbesondere das Grundherrschaftswesen dehnte sich schon in karolingischer Zeit (im 9. Jh.) immer stärker aus. In dem Gebiet ihrer Güter verfügten die »Herren«, die *»potentes«*, über unbeschränkte Vollmachten, und ihre Domänen vergrößerten sich zusehends. Sie waren es, welche die Anzahl der Hilfskräfte sowie die Auswahl der Anbautechniken bestimmten; ihre Verschwendungssucht, verbunden mit überhöhten Leistungs- und Steuererhebungen, lähmte freilich die wirtschaftliche Entfaltung erheblich; andererseits führte das Grundherrschaftswesen schon in der zweiten Hälfte des 9. Jhs. zur Nutzung der profitableren Getreidemühlen und zur Zahlung von Geld anstelle der Fronarbeit, so daß die Bauern nicht nur für den Eigenbedarf, sondern auch für den Verkauf produzierten; zugleich wurde das Geldwesen als Zahlungsmittel auf dem Lande vorangetrieben[65].

In der Drei-Stände-Ordnung des mittelalterlichen Feudalismus (Kirche, Krieger, Bauer – Lehrstand, Wehrstand, Nährstand) lebten die ersten beiden Elitegruppen (die *oratores* – die Beter – und die *bellatores* – die »Ritter«) ähnlich den Stadtbürgern des antiken Athen: freigestellt von der Notwendigkeit zu eigener Hände Arbeit. Die ökonomisch tragende Schicht indessen bildete der dritte Stand, derer, die »hoffnungslos zu der als entwürdigend angesehenen Müh-

---

64 | GEORGES DUBY: Die Landwirtschaft des Mittelalters, in: Carlo M. Cipolla (Hg.): Europäische Wirtschaftsgeschichte, 1. Bd., S. 128.
65 | GEORGES DUBY: Krieger und Bauern, 125.

sal der körperlichen Arbeit verdammt und ihrer vollen Freiheit beraubt« waren.[66] Genauer gesagt »bestand die Feudalgesellschaft aus zwei Klassen, von denen die eine, die der Herren, sowohl die Kategorie der Geistlichen als auch die der Ritter umfaßte.«[67] Die Arbeiter, als Dritter Stand, konnten auf drei Arten ausgebeutet werden: durch die »*Grundherrlichkeit*« (*seigneurie foncière*), indem die Bauersfamilien zu Frondiensten gezwungen wurden, oder durch die Ausübung des *Bannrechts* (die Verhängung von Bußgeldern für bestimmte Vergehen), am meisten aber durch die »*Hausherrschaft*« (*seigneurie domestique*), bei der jemand einem anderen als Leibeigener unterstellt wurde. Diese rechtliche Institution »war ein hartnäckig überlebendes Residuum der Sklaverei... Die äußeren Notwendigkeiten hatten zahllose Schwache, zahllose Arme, die dem Hunger, der Unterdrückung durch die Burgväter oder gar der Furcht vor dem Jenseits entgehen wollten, unter die Schutzherrschaft eines Protektors getrieben. Diese Bande hatten sich keineswegs wieder gelöst, im Gegenteil, sie waren zu dem geworden, was gewöhnlich Leibeigenschaft genannt wird. In fast allen europäischen Dörfern gab es Bauern, die ein Herr als ›seine Mannen‹ (*homines proprii*) bezeichnen konnte... Die Leibeigenen waren tatsächlich Eigentum des Herrn, und zwar von Geburt an. Auch ihre Nachkommen sollten ihm gehören. Er konnte sie verkaufen oder verschenken. Er konnte sie nach Belieben züchtigen. Im Prinzip schuldeten sie ihm alles, Leib und Seele, insbesondere aber ihre Arbeit, aus der er den größten Gewinn zog. Er setzte sie im Haus und auf den Feldern ein, und die Dienste, die er ihnen abverlangte, waren unbegrenzt. Für die Hauswirtschaft bedeuteten sie permanente Arbeitskräfte, die nichts als den Unterhalt kosteten.«[68]

Diese Formel faßt die Lohn»politik« auf einem freien Markt mit konkurrierenden Unternehmern am klarsten zusammen, – der »Mindestlohn«, der da gezahlt wird, sichert nichts als den physischen Erhalt der Arbeitskraft: Pferde brauchen im Sommer Weiden und im

66 | A. a. O., 219.
67 | A. a. O., 220.
68 | A. a. O., 227–228. – GEORGES DUBY: Die drei Ordnungen, 145, präzisiert den Begriff der Armen: »die Bedeutung dieses Wortes (sc. *pauperes* – Arme, im Gegensatz zu den *potentes* – Herren, d. V.) ist weder ökonomisch noch juridisch: Es geht hier nicht um Sklaven, um *servi*, denn solche Leute gehören überhaupt nicht zum ›Volk‹, sie befinden sich außerhalb des königlichen Handlungsbereichs, sie sind Bestandteil einer ganz anderen, einer häuslichen, privaten Ordnung und fallen genau wie die Frauen unter eine andere Macht, eine andere Moral. Die Armen sind alle männlichen Erwachsenen, die ihrer Stellung nach frei sind, sich aber nicht

Winter Stallungen, Menschen sind da anspruchsvoller, aber mehr als Nahrung und (Kasernen-)Unterkunft benötigen auch sie nicht. So einfach errechnen sich die Kosten des variablen Kapitals.

Eben dieses Wirtschaftssystem hat sich Jahrtausendelang bewährt. Nicht weiter auszuführen brauchen wir an dieser Stelle die systematische Versklavung von »Negern« in Westafrika zwischen am 16. bis 17. Jh. durch Portugiesen, Holländer, Engländer, Franzosen..., – ein »Handel«, der auf seinem Höhepunkt Mitte des 18. Jhs. »einen Schnitt von 80 000 Sklaven pro Jahr« erreichte, 55 bis 60 % von Menschen südlich der Sahara[69], die man einfing, vorsortierte, in Ketten an die Küste trieb und dann wie Vieh in die winzigen Frachträume der Schiffe verlud, um sie unter enormen Verlustzahlen, doch mit immer noch guter Gewinnspanne, auf den Märkten der »Neuen Welt« jenseits des Atlantiks »an den Mann« zu bringen. Diese Folgeerscheinung europäischer Kolonialpolitik spricht zu deutlich für sich selbst, als daß sie hier noch kommentiert werden müßte.

Die Frage aber stellt sich nur um so mehr: Warum, wo es offensichtlich so erfolgreich war, sollte es sich jemals ändern? Die Sklaverei verhindert technologischen Fortschritt, – dieser Satz war in der Antike richtig, er war nicht falsch im Mittelalter, und er blieb es auch in der Neuzeit. Aber auch ohne die Erbadel-Herrschaft von Aristokraten, Patriziern, Rittern[70] und Grundherren, von Gewaltherr-

verteidigen können. Die Gruppe der Armen bildet den waffenlosen Teil des ›Volkes‹.« Ihnen gegenüber stehen die Kriegsmannen (die *bellatores*); sie perfektionieren den »Haferanbau zur Versorgung der Kavallerie ... das fruchtbarste Kapital waren in ihren Augen nunmehr nicht mehr die Böden, sondern die Arbeiter. All diese Verschiebungen zerschlugen auch die Scheidewände, die der öffentlichen Gewalt seit dem frühen Mittelalter verboten, sich in den familiären Raum, in die ›Hufen‹, in die Haushalte einzumischen: der Burgherr und seine Reiterschwadron kümmerten sich nicht um solche Hindernisse; sie wollten die Mannen, welche die ›Familie‹ eines anderen bildete, die Sklaven, das Gesinde, die Schutzbefohlenen und Schutzhörigen ebenso ausbeuten wie die übrigen Landbewohner.« (S. 228)
69 | SUSANNE EVERETT: Geschichte der Sklaverei, 42. Allein im Jahre 1786 »brachten die Engländer 53 000 Sklaven über den Atlantik, die Franzosen 23 000, die Holländer 11 000, Kapitäne aus den Neu-England-Staaten 6300 und die Dänen 1250. Die Portugiesen lieferten zu dieser Zeit jährlich etwa 8700 Sklaven aus Angola.«
70 | GEORGES DUBY: Die drei Ordnungen, 222, verweist darauf, daß im 11. Jh. der Begriff *miles* (der Krieger der Kavallerie) mit *caballarius* (Ritter) wiedergegeben wird, und sieht darin (S. 223) das »Ergebnis jener Transformationen der Produktionsweise, die ... eineinhalb oder gar zwei Jahrhunderte zuvor in Gang gekommen waren, die das auf Krieg und Sklavenhaltung gegründete Beziehungssystem nach und nach zerstört hatten. Einst pflegten die fränkischen Könige ihr Volk jeden Frühling zum angriffslustigen Plünderungsfeldzug um sich zu scharen; jeden

schern, Handelsfirmen und Unternehmen hält sich die Versklavung der Lohnabhängigen als bloßer Instrumente der Kapitalvermehrung durch. Im Zeitalter des Industriekapitals im 19. Jh. werden Maschinen zunehmend die menschliche Arbeitskraft ersetzen; und was sind dann noch Menschen wert, deren Wert in nichts anderem bemessen wird als in dem Gewinn, den ihre Arbeit in Gestalt der von ihnen produzierten Waren auf dem Markt dem Unternehmer einbringt? Sie müssen ihren Nutzen nachweisen im Wettlauf gegen die Mechanisierung. Weit realistischer als die Lohntheorie in der Volkswirtschaftslehre beschrieb deshalb KARL MARX in der Hochblüte des »freien« Unternehmertums, in den Tagen des Manchester-Kapitalismus, die ökonomische Folgerichtigkeit und die soziale Widersprüchlichkeit des kapitalistischen Wirtschaftssystems[71].

Herbst wurden die Gefangenen und die Beute aus dem saisongebundenen Abenteuer unter den Bandenoberhäuptern und den Hütern der Heiligtümer aufgeteilt – und über deren Mittlerschaft bekam auch das Volk seinen Gewinn.« Im Laufe des 9. Jhs. aber, nach der enormen Ausdehnung des Karolingerreiches, wird der Herrscher zum »rex pacificus«, zum »Friedenskönig«, und die Ideologie muß sich dem anpassen. S. 225: »Fast unmerklich setzte sich eine Bewegung in Gang, die das ganze militärische System, das heißt, die Lust an der gewaltsamen Aneignung, an den Plünderungen (*praeda*) nach innen kehrte ... Zunächst hatten sie tatsächlich gegen diese (sc. Eindringlinge von außen, d. V.) gekämpft und das Land verteidigt. Doch als die Wellen feindlicher Einfälle im Laufe des 10. Jahrhunderts immer seltener wurden, legten sie ihre Waffen nicht etwa nieder, sondern führten ihre Raubzüge fort. Nur die Beute änderte sich. Was sie sich nun nur noch ab und zu von den Heiden holen konnten, verlangten sie jetzt von der ›Plebs‹, dem ›waffenlosen Volk‹. Nach dem Jahrtausend wurde dieses Volk im französischen Königreich zum einzigen Opfer ihrer Plünderungen – eine Verschiebung, die um so leichter vonstatten ging, als der König nicht mehr in der Lage war, Ungestüm und Raubgier der Reiter einzudämmen.«
71 | JÜRGEN KOCKA: Geschichte des Kapitalismus, 99, hat sicher recht, wenn er betont, daß es zu unterscheiden gelte »zwischen ›freier Lohnarbeit‹ und gebundenen Formen der Arbeit (Sklavenarbeit, Leibeigenschaft, Schuldknechtschaft, ... Zwangsarbeit) ebenso wie ... zwischen unselbständiger Arbeit ... und Selbständigkeit.« Erschreckend freilich ist die Tatsache, daß *auch heute noch* die Versklavung (d. h. die durch Gewalt erzwungene Indienstnahme) von Millionen Menschen die Grundlage des Wohlstandes der Begüterten bildet. *Miki Mistrati*, ein Dokumentarfilmer, wies schon 2005 nach, daß Sklaverei ein fester Bestand der von Angebot und Nachfrage bestimmten Wirtschaft darstelle; eben deshalb dürfe die Führung der Welt nicht dem Markt überlassen werden. 600 Mio Menschen hält er für gefährdet, versklavt zu werden. 17 bis 20 Mio Sklaven gibt es allein in Indien – im Rahmen eines (staatlich geduldeten) Systems aus Korruption und Verbrechen; vor allem in den Ziegeleien werden Sklaven in Schuldhaft beschäftigt, obwohl Indien 1976 die Schuldknechtschaft unter Verbot gestellt hat. Im Unterschied zu den Sklaven der Antike sind die Versklavten heute sehr viel billiger als in der Antike oder auch noch auf den Sklavenmärkten der Südstaaten in den USA im 19. Jh.

3) Ausbeutung im Industriezeitalter

Die ebenso restlose wie rechtlose Ausbeutung menschlicher Arbeitskraft hat es also »schon immer« gegeben, spätestens von dem Zeitpunkt an, als Abhängigkeit und Gewalt eine organisierte Form annahmen und die Gesellschaft sich in die Grund- und Geldbesitzer auf der einen und die Sklaven und Leibeigenen auf der anderen Seite aufspaltete. Nun hätte es eigentlich eine gute Chance gegeben, die menschliche Arbeit zu erleichtern und die Sklaverei abzuschaffen, indem die fortschreitende Einsicht in die Zusammenhänge der Natur zur Erfindung und Nutzung technischer Geräte verwandt worden wäre. Doch wie gezeigt: Das geschah kaum in der griechisch-römischen Antike trotz ihrer überragenden Bauleistungen, Infrastrukturmaßnahmen und entwickelten Kriegstechniken, und es geschah nur mäßig in der Verbesserung der Landwirtschaft und des Trans-

Insbesondere die Bevölkerungszunahme macht die menschliche Arbeitskraft billig. Der Sklaven-Forscher *Kevin Bales* recherchierte, daß etwa 20 000 Kinder aus Mali, Niger und Burkina Faso auf den Kakao-Plantagen Westafrikas beschäftigt werden, – 230 Euro kostet jedes Kind; in der BRD beträgt der Schokoladenkonsum 11 kg pro Kopf und Jahr; für den Import sorgt wesentlich der Nestlé-Konzern mit seinen Niederlassungen in den Kakaoplantagen an der Elfenbeinküste. *Frank Plasecki Poulsen* ging der Sklavenarbeit im östlichen Kongo bei der Gewinnung von Coltan nach, das für die Herstellung von Mobiltelephonen gebraucht wird, – allein in der BRD sind 114 Mio Mobiltelephone in Gebrauch, und insbesondere Nokia ist in die Geschäfte verwickelt. In Ghana ist die Goldproduktion so sehr an Sklavenarbeit gebunden, daß man geradewegs von »Sklavengold« spricht. In der BRD schätzt man 10 500 Sklaven, die in Prostitution, Haushalten, beim Zeitungsverkauf u. a. beschäftigt werden. Im Jahr 2000 sanktionierten die USA Staaten, die Menschen versklaven, doch richteten ihre Maßnahmen sich nur gegen politisch mißliebige Länder. Vgl.: Unsichtbare Hände. Wie Arbeitssklaven unseren Wohlstand schaffen, 3 Sat, 9. Dez. 2015. – Offen für jede Art von Menschenhandel und vielmals eine neue Form der Sklaverei ist die Tragödie des Massenelends der Millionen Flüchtlinge, die vor Krieg, Elend und Aussichtslosigkeit nach Europa zu gelangen versuchen und dabei den »Schleusern« (ehemals »Fluchthelfern«) in die Hände fallen; vgl. ANDREA DI NICOLA – GIAMPAOLO MUSUMECI: Bekenntnisse eines Menschenhändlers, 109–112: Große flexible Netze, – zu den »Area Mangern«, »die die einzelnen Phasen des Schleusergeschäfts koordinieren.« (S. 109) Zu den Hintergründen vgl. DANIELA DAHN: Der Schnee von gestern ist die Flut von heute, in: Anja Reschke (Hg.): Und das ist erst der Anfang, 81–96. Da ist der Balkankrieg mit dem ebenso mutwilligen wie widerrechtlichen 78-Tage-Bombardement von 1999 zum Sturz von Präsident *Milošević* (S. 82–83), dann seit 2001 der »Anti-Terror-Krieg« weltweit und nun allein schon seit 14 Jahren in Afghanistan, 2003 der verlogene und verlorene Krieg im Irak, dann in Libyen... »In den letzten 200 Jahren hat kein muslimisches Land gegen ein westliches Krieg geführt. Umgekehrt mussten die arabischen Länder über 20 Kriege und Invasionen ertragen.« (S. 86)

portwesens im Feudalismus. Die Sklaverei war den Herren derart kostengünstig, daß man sie nicht verbessern mußte. Daß es dann doch geschah, verdankte sich einem Anstoß von außen und einer Notwendigkeit im inneren. Den *Anstoß* gab neben der Schafwolle der Import von Baumwolle; er ließ in England neue Fertigungsmethoden ersinnen, deren Gewinn sich vornehmlich aus einer kostengünstigen Herstellung sowie aus dem Handel bei hoher Nachfrage auf dem Markt herleitete: Für die Fertigung angestellt wurden in Heimarbeit vor allem Frauen (und Kinder), die von ihren Grundherren »freigesetzt« waren und in jener bereits hochdifferenzierten Gesellschaft in den »eigentlichen« Berufszweigen keine Verwendung fanden. Zudem gab es eine *Notwendigkeit*: Die Wasserhaltung in den britischen Bergwerken war mit der Muskelkraft von Tieren und Menschen an Pumpstationen nicht mehr zu bewältigen; hier bedurfte es dringend einer leistungsstarken maschinellen Fördervorrichtung auf der Basis eines natürlichen Energieträgers. Der entscheidende revolutionäre Wandel ereignete sich in der Mitte des 18. Jhs., und er ergriff in wenigen Jahrzehnten alle Teile der Gesellschaft, erst in England, dann auch in Deutschland und in ganz Europa.

»Seit Jahrhunderten haben sich die Verhältnisse (sc. in Deutschland, d. V.) auf dem Land kaum verändert. Reichtum und Macht eines Adligen bemaßen sich stets daran, über wie viel Land und Leute er gebot. Gerade östlich der Elbe (sc. in Brandenburg, d. V.) waren viele Menschen Leibeigene. Sie hausten in denselben elenden Dörfern wie ihre Eltern und Großeltern, durften das Land ihrer Herren nicht verlassen. Es war ein karges Leben, von der Hand in den Mund, eingezwängt in ein System der klaren Hierarchien, gegründet auf Befehl und Gehorsam, aber auch auf Schutz und Treue. Doch nun haben Politiker die Befreiung der Bauern aus der Leibeigenschaft verkündet, das Ende der Zünfte, den freien Handel mit Land. In Europa bahnt sich ein gewaltiger Umwälzungsprozess an; es beginnt ein Zeitalter atemberaubender technischer Innovation wie sozialer Veränderung, in dem Maschinen menschliche Arbeitskraft ersetzen, aus Bauern Fabrikarbeiter werden und Erfindergeist sowie Unternehmertum schon bald wertvoller sind als überkommene Privilegien. Es beginnt die Industrielle Revolution.«[72]

---

72 | ISA HOLST und HENDRIK FISCHER: Das Ende der alten Zeit, in: Die Industrielle Revolution, Geo Epoche Nr. 30, 2008, 22.

Nächst der Landwirtschaft bildet im England des 18. Jhs. das Textilgewerbe den wichtigsten Wirtschaftszweig. Insbesondere der Import von Baumwolle aus der Levante erlaubt es, Tuche und Kleider herzustellen, die leichter und bequemer zu tragen, waschbarer und schöner zu bedrucken sind als Gewebe aus Schafwolle. Als 1733 der Wollweber *John Kay* aus Lancashire einen Webstuhl konstruiert, auf dem das Schußgarn mit einem hölzernen »Schiffchen« quer durch die Kettfäden auf Grund einer Schnurvorrichtung wesentlich rascher als bisher hin und her geführt werden kann, entsteht ein regelrechter Hunger nach Garn. Das aber wird von Frauen auf Treträdern in Handarbeit gesponnen, und dieser Prozeß geht so langsam vor sich, daß etwa vier Spinnerinnen nötig sind, um den Bedarf *eines* Webers zu decken. Aus diesem Lieferengpass führt 1764 scheinbar die Erfindung von *James Hargreaves*, eines Webers in Blackburn, heraus: seine »Spinning Jenny« (wohl aus *engine* zu *ginny* und dann zu *Jenny*, dem Namen seiner Tochter, verballhornt) ersetzt die Handbewegungen beim Langziehen der Fasern, des Verdrehens und des Aufwickelns durch ein Antriebsrad, eine verschiebbare Klaue und verschiedene Rollen, so daß ein einziger Handwerker acht Fäden gleichzeitig, später sogar bis zu hundert fertigen kann.

So geringfügig diese Innovation auch scheint, sie erwies sich als so bedeutungsvoll wie die Entwicklung des Buchdrucks durch *Johannes Gutenberg* um 1451; denn sie revolutionierte das Denken, indem sie eine mechanische menschliche Tätigkeit, durch eine Maschine ersetzend, vervielfältigte. Freilich, die Bedienung der Spinning Jenny war schwierig, und das auf ihr hergestellte Garn war für feine Gewebe nicht zu gebrauchen. Ein anderer Tüftler, *Thomas Highs*, versuchte deshalb mit einer Konstruktion aus aneinander reibenden Walzen die Streckung der Baumwollfasern zu verbessern, doch die Herstellung einer funktionierenden Spinnmaschine gelang ihm nicht. Unter seiner Aufsicht aber arbeitete ein Uhrmacher, der ebenfalls *John Kay* hieß (wie jener Erfinder des »fliegenden Schiffchens«); auf diesen wurde im Jahre 1767 der Perückenmacher *Richard Arkwright* aufmerksam, und das Wunder geschah: Tatsächlich hielt *Arkwright* ein Jahr später schon das Patent für eine Spinn-Maschine in Händen: Über Lederriemen angetrieben strecken (wie bei *Highs*) Walzen die Baumwollfasern, die dann von Flügelspinnen verdreht und aufgewickelt werden (vgl. *Tafel 2*). Doch das ist nur erst der Anfang. *Arkwright* denkt unternehmerisch; schon 1772 nutzt er seine neue Maschine zur Einrichtung einer ersten Fabrik in Derbyshire am Ufer des Baches Bansall; dessen Wasser treiben die Schaufeln eines Wasserrades, das seinerseits die Spinnmaschine, die Water Frame, das »Wassergestell«, antreibt. Ab sofort muß man nicht mehr von Haus zu Haus über Land ziehen und die mühsam erstellten Wollballen zur Weiterverarbeitung einsammeln, ab jetzt kommen wenige ungelernte Arbeiter in *einem* Gebäude zusammen, die nichts weiter tun müssen, als die Maschine mit Rohmaterial zu versorgen und die vollen Spindeln auszutauschen. Lediglich das »Vorgespinst« muß besser präpariert werden: »Die rohen Baumwollfasern sind zu säubern, zu einem Flor zu kämmen und anschließend – über mehrere Zwischenschritte – in einen lockeren Strang zu ziehen.«[73] Dann aber ist es geschafft: »Gleichmäßige, feste Stränge rauschen in hohem Tempo aus den Water Frames.« »Und endlich, um 1775, hat er (sc. *Arkwright*, d.V.) für so gut wie jeden Arbeitsschritt eine passende Maschine parat... So eng sind die Apparaturen, die Handgriffe und Aufgaben der Arbeiter nun aufeinander abgestimmt, dass alles einem großen Uhrwerk gleicht.«[74] Wie in *Tafel 3* dargestellt, werden die rohen Baumwollfasern über Walzen zu einem ersten lockeren Strang ausgerichtet und verdichtet (vorn links), um dann maschinell versponnen zu werden (rechts). Es ist das erste Mal, daß ein Produktionsprozeß rein mechanisch abläuft, und es ist »der Beginn des modernen kapitalistischen Wirtschaftssystems...: Viele Arbeiter an einem Ort bedienen Maschinen, die – von einer nichtmenschlichen Kraft angetrieben – in einem vollständigen und kontinuierlichen Prozeß aus einem Rohstoff ein Massengut für den Markt erzeugen.«[75]

Alles Weitere treibt sich selber voran: Der Bedarf nach billiger und gut tragbarer Baumwollkleidung wächst enorm; die Lizenzen für den Bau der Maschinen, die immer weiter verbessert und vergrößert werden, bringen enorme Gewinne; durch Industriespionage gelangt die Water Frame auf den Kontinent, – nichts ist so erfolgreich wie der Erfolg. Eine Idee, das heißt, eine neue Art, Arbeit zu organisieren, erobert die Welt.

Ein Problem freilich gehört zur Water Frame: ihr Standort ist an Flüsse und Bäche gebunden. Wenn es einen anderen Antrieb gäbe, ließen sich Spinnfabriken überall, auch in den städtischen Wohnzen-

---

73 | Vgl. JENS-RAINER BERG: Schöpfer einer neuen Welt, in: Die Industrielle Revolution, Geo Epoche, Nr. 30, 2008, 25.
74 | A.a.O., 31.
75 | A.a.O., 31–32.

tren, errichten. Dafür aber müßte es eine Maschine geben, die selber Kraft erzeugt und diese in eine geeignete Mechanik leitet.

Vermutlich wären die Spinnfabriken noch lange Zeit bloß mit Wasserkraft betrieben worden, wenn nicht mit wachsender Teufe (Tiefe) der Schächte in den Erz- und Kohlegruben das Problem der Wasserhaltung zunehmend Pumpleistungen erfordert hätte, die nicht mehr mit Pferden am Haspel zu erbringen waren. Hier aber half die Physik weiter: 1654 bereits hatte Magdeburgs Bürgermeister *Otto Guericke* bewiesen, welch eine enorme Kraft die Atmosphäre auf luftleere Räume ausübt, indem er eine zweiteilige Kugel leerpumpte und 16 Pferde in entgegengesetzte Richtung vergeblich daran ziehen ließ. Es mußte also möglich sein, mit Hilfe eines Vakuums eine Atmosphärenmaschine als Pumpe zu bauen – mit mindestens 16 Pferdestärken und mehr. Tatsächlich hatte denn auch 1712 bereits der Eisenhändler *Thomas Newcomen* eine erste funktionstüchtige Maschine dieser Art in Betrieb genommen: Er erhitzte in einem Kessel (A) Wasser und leitete den Dampf in einen Zylinder (B), in dem ein Kolben hochgedrückt wird; dann spritzte er aus einem Rohr (C) kaltes Wasser in den Zylinder, so daß der Dampf kondensiert und ein Unterdruck in dem Zylinder entsteht. Dadurch wird der Kolben (D) nach unten gezogen und bewegt über eine Wippe (E) die Pumpe (F) aufwärts; hernach zieht ein Gewicht (G) den Kolben (D) in seine Ausgangsstelle zurück (vgl. *Tafel 4*)[76]. Die *Newcomen*-Feuermaschine erreichte in der Tat eine Pumpleistung, die auch tiefer gelegene Sohlen in den Bergwerken zu entwässern half. Aber: Sie hatte einen gewaltigen Energieverbrauch, weil der Zylinder abwechselnd erhitzt und abgekühlt werden mußte.

Es dauerte fast ein halbes Jahrhundert, bis im Jahre 1765 der geniale Feinmechaniker, Tüftler und Forscher *James Watt* auf die entscheidende Idee kam, die beiden Vorgänge zu trennen, indem er, statt des einen, zwei Gefäße einsetzte: einen Zylinder, der konstant heiß bleibt (A), und einen getrennten, doch damit verbundenen Kondensator (B) mit folgendem Zweck: Wie in *Tafel 5* gezeigt[77], läßt sich die Verbindung zwischen beiden Behältern öffnen (C); dadurch kondensiert der Dampf in dem Zylinder, Unterdruck entsteht; zugleich strömt oben frischer Dampf in den Zylinder (roter Pfeil) und drückt den Kolben (D) in das Vakuum, das von unten zieht (blauer Pfeil).

76 | MATHIAS MESENHÖLLER: Mister Watts Wundermaschine, in: Die industrielle Revolution, Geo Epoche, Nr. 30, 2008, 44.
77 | A. a. O., 45.

Wird das Rohr zum Kondensator geschlossen, öffnet sich dadurch eine Verbindung zwischen den beiden Teilen des Zylinders. Dampf von oben strömt unter den Kolben, es kommt zu einem Druckausgleich, und ein Gewicht zieht den Kolben wieder nach oben. Doch auch diese Methode war nicht recht befriedigend. Wenig später schon dichtete *Watt* den Zylinder nach oben ab und nutzte den Wasserdampf selbst, um den Kolben in das Vakuum zu treiben; und zwischen 1774 und 1782 konstruiert er, auf Drängen des Unternehmers *Matthew Boulton*, schließlich die doppelt wirkende Dampfmaschine, in welcher der Unterdruck den Kolben im Zylinder nicht nur nach unten, sondern auch nach oben bewegt (vgl. *Tafel 6a, 6b, 6c*): Wie in der ursprünglichen Maschine wird auch hier ein Vakuum gebildet, »gleichzeitig aber drückt Dampf von oben auf den Kolben (1). Ist dieser unten angekommen (2), wird der Regler so verschoben, daß von unten Dampf einströmt und der Zylinder oberhalb mit dem Kondensator verbunden ist (3). Der Dampf schiebt den Kolben nach oben in den Unterdruck (4).« Bei dem Regler ist die äußere (rot gezeichnete) Röhre mit dem Kessel (dem heißen Zylinder) verbunden, die innere (blau gezeichnete) Röhre mit dem Kondensator. »Links strömt der Dampf von oben in den Zylinder, rechts von unten.«[78] Und das ist der Durchbruch: Aus der Atmosphärenmaschine ist eine universell einsetzbare Dampfmaschine geworden, deren Arbeitsleistung 120 Pferde ersetzt, drei Schichten mit 40 Tieren.

Bleibt »nur noch« das Problem der Kraftübertragung. *Watt* löst es so: Bei der *Newcomen*-Maschine (*Tafel 7*) »zieht der Kolben mit einer Kette an einer Wippe, ein Gewicht bringt ihn wieder nach oben. Die doppelt wirkende Dampfmaschine kann die Wippe nur dann in beide Richtungen bewegen, wenn diese starr mit einer Stange am Kolben befestigt ist. Durch eine solch starre Verbindung aber würde der Kolben bei der Abwärtsbewegung im Zylinder verkannten.« *Watt* verband deshalb Kolben und Wippe mit einem verschiebbaren Gestänge, dem Parallelogramm[79]. Zwei Zahnräder (ein »Planetengetriebe«) wandeln dann das Auf und Ab des Kolbens und der Wippe in eine Drehbewegung um, die über einen Riemen schließlich eine Maschine antreibt (vgl. *Tafel 8*)[80].

Und eben darin liegt die technische Revolution, die *James Watts* Dampfmaschine auslöst: Erfunden hat er mit seinem universell ein-

78 | A. a. O., 46.
79 | A. a. O., 46: Tafel 7; S. 48.
80 | A. a. O., 48.

setzbaren Motor ein Gerät, das, standortunabhängig, alle möglichen Maschinen antreiben kann. Schon 1785 entsteht die erste dampfmaschinen-betriebene Spinnfabrik, 1790 nimmt auch *Arkwright* diese Kraftquelle für seine Fabrik in Nottingham in Gebrauch, und von 1820 hält der Maschinen*webstuhl* seinen Einzug[81]. 1804 bereits konstruiert der Bergwerksingenieur und Maschinenbauer *Richard Trevithick* für den Besitzer einer Eisenhütte eine Lokomotive, die Ladungen von 10 t auf Schienen zu befördern und damit die mühsam sich quälenden Transportpferde zu ersetzen vermag; nur: Die gußeisernen Gleise sind zu spröde für das Gewicht von Lok und Ladung; erst *John Blenkinsop* gelingt es 1812, eine Bahn zu erstellen, die zum Transport von schweren Gütern geeignet ist, – und auch von Menschen. »1830 geht die erste Fernbahnlinie für Waren und Fahrgäste in Betrieb, deren Züge ausschließlich von Lokomotiven gezogen werden: auf einer etwa 50 Kilometer langen Strecke zwischen dem Baumwollhafen Liverpool und der Textilstadt Manchester.«[82] 1835 legt unter Bedienung von *William Wilson* die »Adler«, eine Dampfmaschine der Firma Robert Stephenson u. Co. in Newcastle, die Strecke zwischen Nürnberg und Fürth zurück, mit weitreichenden Folgen. »Die Eisenbahn wird Deutschlands Wirtschaft auf neue Grundlagen stellen, zur Gründung unzähliger Fabriken führen und alten Schichten angestammte Privilegien rauben. Sie wird die Nachrichtentechnik, ja selbst die Zeitrechnung (sc. in jedem der damals 35 autonomen Fürstenstaaten und vier freien Städte stellt man die Uhr nach der wahren Ortszeit, d. V.) revolutionieren (sc. vereinheitlichen, d. V.) und die Deutschen aus der Betulichkeit des Biedermeiers in den Geschwindigkeitsrausch der Industrialisierung katapultieren.«[83] Stahlwerke entstehen, um die Gleise für die Züge zu legen, und Züge liefern die (Koks)Kohle, um die Stahlwerke zu betreiben. »Bis 1845 nehmen 28 Eisenbahnunternehmen ihre Strecken in Betrieb – meist sind es Aktiengesellschaften.«[84]

Die Kohleproduktion wird zu einer Schlüsselindustrie und verwandelt die Landschaft zwischen Rhein und Ruhr aus einem Gebiet von Feldern und Wäldern in den »Pott«. 1851 stellt *Alfred Krupp* für

---

81 | JENS-RAINER BERG: Schöpfer einer neuen Welt, in: Die Industrielle Revolution, Geo Epoche, Nr. 30, 2008, 37.
82 | JÜRGEN BISCHOFF: Vorwärts durch Raum und Zeit, in: Die Industrielle Revolution, Geo Epoche, Nr. 30, 2008, 59.
83 | A. a. O., 58.
84 | A. a. O., 67.

die Einbahnräder nahtlose bruchsichere Radreifen her, die nicht mehr an den Enden zusammengeschweißt werden, sondern aus einem Barren Tiegelstahl geformt sind[85]. Wesentlich diese Geschäftsidee macht *Krupp* zu dem beherrschenden Marktführer der deutschen Stahlherstellung. »1855 errichtet er ein Walzwerk für die Bandagen sowie eine Mechanische Werkstatt.«[86] Für die Stahlproduktion selbst setzt er das modernste Verfahren ein, das 1856 von dem Engländer *Henry Bessemer* entwickelt wird: *Bessemer* »schmilzt Roheisen und gießt es in einen großen feuerfesten Behälter: die ›Bessemerbirne‹. Mittels Düsen am Boden des Gefäßes presst er Luft durch das flüssige Metall; auf diese Weise verbrennen unerwünschte Bestandteile wie Kohlenstoff, Mangan und Silizium. – Zugleich hält die Verbrennungshitze den Stahl flüssig, sodass er sich gleich in Formen gießen läßt. Es muss also nicht wie (sc. noch bei, d. V.) *Krupp* Tiegelstahl als kompakter Gussstahlblock bearbeitet werden. – Der Vorteil: Mit *Bessemers* Methode lässt sich in 20 Minuten so viel Stahl produzieren wie bis dahin an einem Tag.«[87]

Alles ist damit erreicht, was die kapitalistische Wirtschaftsform im Zeitalter des Industrialismus auszeichnet, alles kann und wird jetzt so weiter gehen. Da ist die *Zeit*, die sich nicht nur enorm beschleunigt hat, sondern die gar nicht schnell genug gehen kann: Wer nicht zur rechten Zeit mit der effizientesten Produktionsweise auf den Markt kommt, für den ist alles zu spät, über den geht die Zeit hinweg. Da ist der *Raum*, der sich in nie dagewesener Weise verkürzt, die Welt rückt zusammen; selbst die Kontinente werden seit 1840 durch die Liniendampfer des kanadischen Reeders *Samuel Cunard* miteinander verbunden, die in zwei Wochen die Strecke Hamburg – New York überwinden. Doch selbst das ist zu langsam. Telegraphenleitungen säumen ab 1847 die deutschen Eisenbahnstrecken, und als es am 18. Juli 1866 *Cyrus W. Field* gelingt, das erste Transatlantikkabel zwischen dem irischen Valentia und Neufundland zu verlegen[88], ist die Voraussetzung für die künftige Vernetzung der Welt in einem globalen Informationsaustausch in Minutenschnelle geschaffen. Ab 1872 werden Dampfmaschinen zunehmend die Elek

---

85 | RALF BERHORST: Das Prinzip Krupp, in: Die Industrielle Revolution, Geo Epoche, Nr. 30, 2008, 103.
86 | A.a.O., 103.
87 | A.a.O., 103.
88 | CAY RADEMACHER: Schiff der Besessenen, in: Die Industrielle Revolution, Geo Epoche, Nr. 30, 2008, 96–97.

tromagnete der *Siemens*-Dynamomaschine zur Erzeugung von Induktionsstrom in den Kesselhäusern der Kraftwerke antreiben; 1879 erfindet *Thomas Alva Edison* die Glühbirne, und seine »Edison Electric Light Company« verdrahtet bald schon ganz New York, – vorbei die Zeit der Gas- und Strohlampen[89]. Die Segnungen des Industriezeitalters scheinen ins Unendliche zu wachsen.

Doch ebenso auch dessen Fluch.

Der Widerspruch ist eklatant. Endlich hätte kulturgeschichtlich sich die Chance geboten, die mechanische Arbeit, zu deren Verrichtung Millionen von Zug- und Lasttieren, von Sklaven und Leibeigenen ihr Leben lassen mußten, an Maschinen zu delegieren, und tatsächlich wurde durch die Industrialisierung das furchtbare Elend der Sklaverei wirksamer bekämpft als durch die Appelle der Abolitionisten und Menschenrechtler aller Zeiten; allein zwischen 1871 und 1910 steigt in Deutschland die Lebenserwartung von 38 auf 47 Jahre, und sie läge noch weit höher, würden nicht immer noch fast 20 % aller Säuglinge im ersten Lebensjahr sterben[90]. Und doch: Statt der erwarteten Befreiung des Menschen von der Knechtschaft drückender Arbeit im Dienste anderer Menschen bleibt das System der Ausbeutung unverändert erhalten, nur daß fortan die Maschine selber als Instrument der Versklavung fungiert: Ihr stampfender Takt gibt den Rhythmus vor, ihre Betriebsanleitung definiert die einzelnen Handgriffe und deren Abfolge, ihre Mechanik mechanisiert den Alltag der Menschen in den 13 Stunden ihrer Arbeitszeit und dem Rest ihrer »Freizeit«. Folgerichtig denkt schon um 1890 der amerikanische Ingenieur FREDERICK W. TAYLOR (1856–1915) darüber nach, »wie sich Arbeit so vereinfachen lässt, dass auf Meister und Facharbeiter verzichtet werden kann. Denn von den Einwandererschiffen strömen vor allem unqualifizierte Arbeiter in die USA. TAYLOR faßt erstmals bereits bekannte Rationalisierungsmaßnahmen zu einer einheitlichen Lehre zusammen ... TAYLORs Ziel: Die Fabrik muss so organisiert sein, dass Arbeiter mit möglichst wenigen, einfachen und immer gleichen Handgriffen an einem Produkt arbeiten. Und ihre Aufgaben sollen sowohl leicht zu erlernen als auch schnell auszuführen sein.«[91]

89 | CHRISTOPH SCHEUERMANN: Duell der Erfinder, in: Die Industrielle Revolution, Geo Epoche, Nr. 30, 2008, 138–139.
90 | HENDRIK FISCHER: Die industrielle Revolution. Zeitläufe, in: Die Industrielle Revolution, Geo Epoche, Nr. 30, 2008, 167.
91 | GESA GOTTSCHALK: Fließbandpioniere. Taylor und Ford rationalisieren die Arbeit, in: Die Industrielle Revolution, Geo Epoche, Nr. 30, 2008, 160.

Klarer als in seinen »Grundsätzen wissenschaftlicher Betriebsführung« von 1911 läßt sich nicht beschreiben, welch eine Rolle den Menschen an der Seite der Maschinen fortan zukommen wird: sie taugen gerade noch dazu, als Hilfs- und Ersatzmaschinen die technischen Geräte am Laufen zu halten; was zu tun ist, diktiert ihnen die Vorgabe der produktiven Vernunft, die in den Ungetümen aus Stahl und Eisen Gestalt angenommen hat. Im Grunde ist damit die Sklaverei in verschärfter Form zurückgekehrt. Der Leibeigene in der Zeit des Feudalismus stand in der Pflicht, einen Ertrag oder eine Dienstleistung zu erbringen, für die sein Dienstherr und Eigner ihm das Existenzminimum bereitstellte; die Versklavung entsprang hier einem unmittelbaren personalen Verhältnis. In dieses Verhältnis nun ist im Industriezeitalter die Maschine eingedrungen. An die Stelle des Feudalherrn (des Adligen, Grafen und Grundbesitzers) von einst ist der besitzbürgerlich arrivierte Kapitaleigner und Unternehmer getreten, der sein Geld, statt in privaten Konsum, in die Anschaffung von Produktionsmitteln investiert und der jetzt auf die Suche nach »Arbeitern« geht, die ihm das vorgeschossene Kapital möglichst profitabel versilbern. Diese Arbeiter muß er anwerben, – er muß ihnen Arbeitsvoraussetzungen bieten und Löhne zahlen, die vorteilhaft genug erscheinen, um das Leben unter den Bedingungen von Agrarproduktion und heimischer Manufaktur zu verlassen. So erklärt sich die »sozial« erscheinende Fürsorge des Siedlungsbaus der Kohlebarone im Ruhrgebiet oder des Stahlmagnaten *Alfred Krupp* in Essen: 1871 läßt der »Kanonenkönig«, als er 2000 neue Arbeiter einstellt, 424 neue Wohnungen errichten; bis 1874 »entstehen noch einmal 2128 Unterkünfte.«[92] In seinem »Generalregulativ«, gewissermaßen der Verfassung seiner Fabrikstadt, verpflichtet er sich, »auch künftig Wohnungen, Konsum-Anstalten und Schulen zu bauen, die Betriebskrankenkasse sowie die Pensionskasse zu erhalten – eine Selbstverpflichtung, die den Sozialgesetzen des Reichskanzlers *Otto von Bismarck* (sc. in den 80er Jahren des 19. Jhs., d.V.) um ein Jahrzehnt vorgreift. – Die Wohltaten liegen in seinem Interesse: *Krupp* will Personal an sich binden, denn der Umgang mit dem Stahlguss erfordert Umsicht und Erfahrung. – Rund 12000 Menschen arbeiten 1873 in seiner Fabrik. Sie schuften elf Stunden am Tag, riskieren Gesundheit und Leben an glühenden Tiegeln und tonnenschweren

---

92 | RALF BERHORST: Das Prinzip Krupp, in: Die Industrielle Revolution, Geo Epoche, Nr. 30, 2008, 108.

218

Stahlblocks, ertragen strenge Disziplin und Bevormundung.«[93] Und obwohl man einem Unternehmer wie *Krupp* – im Unterschied zu anderen – ein soziales Denken nicht absprechen kann, bezeugt doch sein autokratischer Verwaltungsstil, der keine Gewerkschaft und keinen Streik in seinem Imperium duldet, den Grundcharakter der Ausbeutung in der ganzen Anlage des Verhältnisses von Arbeitgeber und Arbeitnehmer in der Blütezeit der Industrialisierung. Die Sklaverei setzt sich fort und schreitet voran. Und sie erreicht ein bis dahin unvorstellbares Ausmaß.

Etwa von 1870 an – der amerikanische Bürgerkrieg (1861–1865) ist vorüber und die Industrialisierung geht ebenso rapide weiter wie die Bevölkerungsvermehrung – entwickelt sich Chicago mit inzwischen 1,7 Mio Einwohnern zu einem Zentrum des Eisenbahnnetzes, in dem die Bahnlinien aus dem Westen und Süden mit denen des Ostens zusammentreffen. Das hat Folgen: »Immer mehr Farmer nutzen das neue Verkehrsmittel, um Schlachtvieh an die (Ost)Küste zu bringen.« So entsteht in Chicago der größte Viehumschlagplatz Nordamerikas, – der »Union Stockyard«. Doch der Transport der lebenden Tiere ist aufwendig und kostspielig; viele Schweine und Rinder verenden in den Waggons. Günstiger ist es, die Tiere direkt in Chicago zu schlachten und nur die verwertbaren Teile (damals etwa 40 %) zu den Zielbahnhöfen zu verfrachten. Dazu aber benötigt man geeignete Kühlverfahren. Erst 1878 gelingt es dem Viehhändler *Gustavus Swift* »einen geeigneten Kühlwagen entwickeln zu lassen: In die oberen Ecken der Güterwaggons werden mit Eis gefüllte Behälter eingebaut. Während der Fahrt senkt sich die kalte, trockene Luft langsam über die hängenden Fleischstücke, die warme Luft entweicht durch Ventilatoren nach außen.«[94] Ab jetzt kann *Swift* Frischfleisch rund um das Jahr transportieren, und es kostet ihn der Transport von drei toten Tieren nur etwa gerad so viel wie der eines lebenden Tieres. »Bald folgen andere Chicagoer Unternehmer *Swift*. Die Schlachthausbesitzer können Fleisch um 75 Cent pro Zentner günstiger anbieten als ihre Konkurrenten an der Ostküste, die das Vieh nach wie vor lebend holen müssen.«[95] Schließlich sind es fünf Männer, »the Big Five«, die in ihren Schlachthäusern bis zu 12 Mio Tiere pro Jahr »verarbeiten«. »In einem Labyrinth aus 2300 Pferchen

93 | A.a.O., 109.
94 | REYMER KLÜVER: Tod am laufenden Band, in: Die Industrielle Revolution, Geo Epoche, Nr. 30, 2008, 154–155.
95 | A.a.O., 155.

können die Viehhändler 21 000 Rinder, 22 000 Schafe, 75 000 Schweine gleichzeitig unterbringen. Bis zur Jahrhundertwende wächst der Viehsammelplatz auf eine Fläche von 200 Hektar an: Es ist ein eigener Stadtteil mit einem Dampfkraft-, einem Elektrizitätswerk, Konserven- und Seidenfabriken, Knochenmühlen. Allein sein Schienennetz mißt 400 Kilometer. Von den Pferchen werden die Tiere in die mit modernster Technik ausgestatteten Schlachtfabriken getrieben: Die Big Five setzen als erste Unternehmer in großem Stil Fließbänder ein.«[96]

Die Gewinne aus dieser Rationalisierungsmaßnahme sind enorm: Während ein Landschlachter mit einem Kollegen für die Tötung und Zerlegung *eines* Rindes acht Stunden braucht – für 3 Dollar –, nimmt der gleiche Prozeß in der Fließbandproduktion ganze 15 Minuten in Anspruch und kostet nur 42 Cent. Kein Wunder, daß die Big Five ein Kartell bilden – wie überhaupt bis 1904 rund 5300 selbständige Firmen zu 319 Industriekonglomeraten fusionieren, die alles mögliche herstellen, von Streichhölzern bis Fahrrädern, von Zucker bis Gummi und Tabak. Die Chicagoer Firmen halten zudem die Mehrheit an Hunderten anderer Unternehmen in den USA und in Übersee:»an Schlachthöfen, Eisenbahnen, Banken, Fachzeitschriftenverlagen, Maschinenfabriken, Ananasplantagen. Der Gesamtwert ihrer Unternehmen beträgt 1916 etwa fünf Milliarden Dollar… – Vier Fünftel aller in den USA aufgezogenen Rinder, fast zwei Drittel der Schweine und sechs von sieben Schafen beenden 1916 ihr Leben in einem der Schlachthäuser des Beef Trust. Von dort gelangt das Fleisch, verarbeitet und portioniert, zum Millionenheer der Verbraucher in den großen Städten Amerikas.«[97] Wer aber von denen fragt schon, was die Fließbandproduktion von Frischfleisch mit den Tieren und Menschen in den Schlachtfabriken macht?

Es war 1906 UPTON SINCLAIR, der in seinem Buch »Der Dschungel« die skandalösen Zustände in den weitgehend automatisierten Tötungsfabriken schilderte, in denen die Bonzen mit Hungerlöhnen ein Maximum an Produktion und an Profit aus ihren menschlichen Maschinen herauspreßten[98]. Der »Dschungel« – das ist ein boden-

96 | A. a. O., 156.
97 | A. a. O., 157.
98 | UPTON SINCLAIR: Der Dschungel, 3. Kap., S. 40–41:»400 Kilometer Gleise seien auf dem Schlachthofgelände verlegt, erzählte ihnen ihr Führer… Es kämen täglich rund 10 000 Rinder an, ebenso viele Schweine und halb so viele Schafe – das hieße, acht bis zehn Millionen lebende Tiere würden jährlich zu Lebensmitteln verarbeitet … Kleine Rinderherden wurden den Zufuhrstrecken zugetrieben, rund

220

fünf Meter breiten Straßen hoch über den Koppeln. Auf diesen Zufuhrstrecken riß der Strom der Tiere nicht ab; es war richtig beklemmend, mit anzusehen, wie eilig sie es hatten, ihrem Schicksal entgegenzulaufen ohne jeden Verdacht – ein wahrer Todesstrom… *Jokubas* erklärte…, dass die Schweine mit der Muskelkraft ihrer eigenen Beine hinaufkämen und ihre Schwerkraft sie dann wieder nach unten trüge durch alle notwendigen Stufen der Verarbeitung hindurch, bis sie Fleischkonserven waren. – ›Die lassen hier nichts umkommen‹, sagte der Fremdenführer Jokubas… ›Die verwerten vom Schwein einfach alles – bloß das Quieken nicht.‹« S. 42–43: »Vorn war ein gewaltiges Eisenrad mit einem Umfang von etwa sechs Metern, an dessen Rand in Abständen Ringe angebracht waren… Nach ein bis zwei Minuten … begann es langsam zu kreisen, und nun sprangen die Männer zu beiden Seiten des Rades an die Arbeit. Jeder von ihnen hatte eine Kette, die er dem ihm zunächst stehenden Schwein um das eine Bein schlang; das freie Ende der Kette hakte er in einen der Ringe auf dem Rad. So wurde durch die Drehung des Rades dem Schwein mit einem Ruck der Boden entzogen und das Tier nach oben befördert. Im selben Augenblick erfüllte ein entsetzliches Geschrei den Raum… Dem Schrei folgte ein nächster, noch lauter und noch gequälter; denn wenn das Schwein einmal auf die Reise gegangen war, gab es kein Zurück mehr. Am höchsten Punkt des Rades angekommen, wurde es auf eine Laufkatze umgeleitet und glitt so den Raum (sc. zur weiteren Verarbeitung, d. V.) entlang. Und inzwischen wurde ein anderes Schwein hochgeschwenkt, und dann wieder eins und noch eins, bis sie alle in zwei Reihen hingen, jedes an einem Fuß baumelnd, wild zappelnd – und quiekend. Der Lärm war nicht zu ertragen… Die Tiere … grunzten, wimmerten vor Todesangst… Inzwischen taten die Arbeiter unten ungerührt ihre Arbeit… Eins nach dem anderen hakten sie die Schweine an, einem nach dem anderen schlitzten sie mit schnellem Schnitt die Kehle auf. Es war eine lange Kette von Schweinen, deren Lebensblut und deren Todesschreie in gleichem Tempo verebbten, bis schließlich jedes wieder in Bewegung kam und platschend in einem riesigen Kessel kochenden Wassers untertauchte… Es war Schweinefleischfabrikation auf maschinellem Wege, Schweinefleischfabrikation mit angewandter Mathematik … die Schweine … waren so ahnungslos, sie kamen so völlig vertrauensselig an, sie waren so ausgesprochen menschlich in ihrem Protest… Sie hatten nichts getan, wofür sie so etwas verdient hätten … in dieses Hochzerren an ihr so herzloser, unpersönlicher Manier ohne jede Bekundung von Mitgefühl.« Kap. 26, S. 318: »Die ›Vereinigten Schlachthöfe‹ waren … nicht nur eine Ansammlung von Schlachthäusern, sondern auch das Lager eines Heeres von 15 000 bis 20 000 menschlichen Bestien.« 9. Kap., S. 112–113, beschreibt den Zustand des »Schlachtviehs«, das an vielerlei Krankheiten leidet und auf Grund der Fehlernährung mit Brauereiabfällen (Whisky – Malz), voller Geschwüre ist – »sie zu schlachten war ein ekelhaftes Geschäft, denn stieß man das Messer in sie hinein, so platzten die Geschwüre auf und spritzten einem übel riechende Jauche ins Gesicht… Und hatte der Arbeiter die Ärmel und Hände voller Blut, wie sollte er sich dann das Gesicht säubern oder die Augen abwischen, um sehen zu können? Solches Fleisch enthielten wohl auch die ›Ochsenmumien in Büchsen‹, die im Krieg ein paarmal so viel amerikanische Soldaten umgebracht hatten wie sämtliche Kugeln der Spanier zusammen.« (S. 113) DERS: Sündenlohn, 6. Kap.: Ein Abenteuer mit Roosevelt, S. 33–38, schildert die politische Reaktion auf sein Buch – die »New York Times« u. a. schrieben, er habe nur Schmutz aufgewirbelt, um Geld zu verdienen (S. 38). Fazit: 9. Kap.: Der Griff an des Publikums Herz, S. 45–47: »… unsere Milliardendollar-Korporation ist heilig, und wenn er das einer nicht weiß, wird er rasch darüber belehrt.«

loses System aus Selbstbereicherung, Bestechung, Unterdrückung, Korruption und menschenverachtendem Zynismus, das ist der Kapitalismus, wie er erscheint, sobald man ihn seiner Prachtgewänder, Propagandamaskeraden und kulturellen Kostümierungen entkleidet. Vor allem: Der Umgang mit den Tieren ist in sich selbst bereits das grausige Realsymbol des Umgangs mit den Menschen: Noch lebend werden die Schweine an einer Hinterpfote an ein Laufband gehängt, dann wird ihnen in einem zweiten Arbeitsschritt die Kehle durchschnitten; ihre Kadaver fallen in ein Brühbecken, in dem Arbeiter sie mit Stangen drehen, auf daß automatische Apparaturen ihnen die Borsten abschaben; eine Eisenklaue zieht die Tiere dann aus dem Bassin; ihre gereinigten Körper werden ausgeweidet und wieder an ein Laufband gehängt; im nächsten Schritt schlagen Arbeiter ihnen die Köpfe ab und zerteilen die Fleischmassen, bis daß die Schlachthälften weiter ins Kühlhaus transportiert werden. Vom Töten bis zum Kühlraum braucht es 25 Minuten. »Es ist eine stille Parade ruckelnder, zuckender, baumelnder Schweineleiber, vielleicht 100 Meter lang. An Rollen hängend, gleiten sie zwischen einer Doppelreihe von Arbeitern hindurch, die im Meterabstand auf Podesten in der Halle stehen. Jeder führt immer wieder den gleichen Handgriff aus... Durch die Automatisierung der Produktion können die Fleischbarone das Arbeitstempo nach Belieben beschleunigen: Sie lassen die Fließbänder einfach schneller laufen. Zerlegt ein Spalter um 1885 in einer Stunde 16 Schweine, sind es zehn Jahre später bereits 30 Tiere. – Die meisten Lohnkosten aber sparen die Fabrikanten dadurch, dass die erforderlichen Handgriffe innerhalb von Minuten sitzen. So können sie ungelernte Arbeitskräfte einstellen. Fällt ein Mann aus, ist er sofort ersetzbar: Im Sommer wie im Winter betteln täglich Tausende Menschen vor den Fabriktoren um eine Anstellung. Unter ihnen sind viele Einwanderer, vor allem aus Osteuropa. Sie nehmen jeden Job an. Zu jeder Bedingung.« »Gearbeitet wird in Zehn- und Zwölfstundenschichten... Weiß vor Kälte sind die Arme der Männer häufig, die Hände wie abgestorben. Wer mit bloßen Fingern an eine eiskalte Messerklinge faßt, läuft Gefahr, dass Haut daran hängen bleibt; wer sich kurz an einen Pfeiler lehnt, friert womöglich ganz fest: Die Hemden der Männer sind ständig feucht, durchtränkt vom Blut der Schlachttiere... Kantinen gibt es nicht, auch keine Umkleideräume. Solche Einrichtungen tragen schließlich nicht zur Steigerung der Produktivität bei – und um nichts anderes geht es den Fleischfabrikanten. – Die Schlachthöfe in Chicago sind ein Muster an Effizienz. ›Wir verwerten vom Schwein einfach alles – bis auf das Quieken‹, lautet ein geläufiges Bonmot. Fette, aus Schwarten und anderen Schlachtabfällen herausgekocht, werden zu Seife und ›Margarine‹ verarbeitet, Häute zu Leder gegerbt, Köpfe und Klauen zu Klebstoff zerkocht, Knochen zu Dünger vermahlen. Aus Hufen machen die Arbeiter Knöpfe und Haarspangen, aus Hörnern Kämme und Elfenbeinersatz, aus großen Knochen Messergriffe, Zahnbürsten und Mundstücke für Pfeifen. Aus Füßen, Knöcheln, Hautresten und Sehnen werden Gelatine, Knochenkohle, Stiefelwichse, Knochenöl, aus Därmen Violinsaiten… Aus Rinder- und Schweinemägen werden künftig (sc. ab 1885, d. V.) Pepsin und Pankreatin gewonnen.«[99]

Entstanden ist eine mechanisierte Totalverwertung des Rohstoffs »Schlachtvieh« ebenso wie der Arbeitskraft »Mensch«. Das Fließband selbst gibt den Takt vor, und seine Indienstnahme fügt sich nur konsequent in die »Philosophie« der Mechanisierung aller Arbeitsabläufe ein. Menschliche Gefühle – wie dürften sie eine Rolle spielen, wenn die Menschen selber nur noch als maschinelle Dienstleister an Maschinen gefragt sind?

Nach der Veröffentlichung von SINCLAIRS Buch kam es zu einer Reihe von hygienischen und betrieblichen Verbesserungen in den Schlachtfabriken der USA; und doch muß man mit Erschrecken feststellen, wie ähnlich im wesentlichen alles geblieben ist: An der Peripherie der meisten Großstädte heute arbeitet die Fleischindustrie nach der gleichen brutalen Methode[100], und es sind nach wie vor die Unterprivilegierten, die diesen blutigen Job verrichten müssen: Kurzarbeiter, Leiharbeiter, Türken, Polen, nur noch rationeller und effizienter als vor 100 Jahren. Der Kapitalismus bleibt, was er ist.

99 | REYMER KLÜVER: Tod am laufenden Band, in: Die Industrielle Revolution, Geo Epoche, Nr. 30, 2008, 158–162.
100 | GESA GOTTSCHALK: Fließbandpioniere, in: Die Industrielle Revolution, in: Geo Epoche, Nr. 30, 2008, 160. – THILO BODE: Die Freihandelslüge, 170–201: Das Desaster in der Landwirtschaft, schildert die US-amerikanischen »Standards« in der Agroindustrie, die mit TTIP festgeschrieben würden, sowie die bedauernswerten europäischen Zustände. »Bis 2006 durften Antibiotika in der EU sogar als ›leistungsfördernde‹ Futtermittelzusatzstoffe in den Ställen eingesetzt werden.« (S. 188) »Seit April 2014 soll ein deutsches Arzneimittelgesetz den Antibiotika-Einsatz in deutschen Rinder-, Schweine-, Hühner- und Putenmastbetrieben senken.« (S. 189) »Das klingt barmherzig, verdeckt aber, dass der Minister (sc. *Christian Schmidt*, d. V.) nichts darüber sagt, in welchem Umfang landwirtschaftliche Nutztiere innerhalb und durch das Produktionssystem selbst krank gemacht werden.« (S. 190) Das heißt, man medikamentiert lediglich die Symptome einer krankmachenden Form der Tierhaltung aus »Verbraucherschutzgründen« nieder.

Freilich, als 1903 *Henry Ford* in Detroit die »Ford Motor Company« gründete, schien dieses Wirtschaftssystem für kurze Zeit tatsächlich ein menschliches Antlitz zu zeigen. *Ford* war kein Anhänger FREDERICK W. TAYLORS, er suchte lediglich einen Weg, möglichst viele Autos für möglichst günstige Preise auf den Markt zu werfen; also spezialisierte er sich auf *einen* Fahrzeugtyp, das T-Modell, die »Tin Lizzie«, für deren Produktion er zum ersten Mal für jeden Arbeitsschritt Spezialmaschinen einsetzte, die er 1910 dann in der Highland-Park-Fabrik bei Detroit in Abfolge der Bearbeitung der einzelnen Werkstücke aufstellen ließ. Doch Zeit ist Geld! Zwischen »den Stationen geben die Arbeiter die Teile noch per Hand, auf Rolltischen oder Karren weiter – zu langsam für *Ford*. 1913 führt er Laufbänder, Kettenzüge und Rutschen ein, anderthalb Jahre später ist die Fabrik auf Fließbandproduktion umgestellt.« Das heißt: »Fords Arbeiter ... müssen ein Auto aus 15 000 Einzelteilen am Fließband zusammensetzen. Sie stehen zu beiden Seiten des Bandes und führen immer gleiche Handgriffe aus, in dem Tempo, das die Maschine ihnen vorgibt.« Die Monotonie der Arbeit ist derart erdrückend, daß nach wenigen Wochen viele Arbeiter wieder kündigen; um sie zu halten, erhöht *Ford* den Lohn auf fünf Dollar pro Tag – das Doppelte des üblichen Satzes –, und er erkennt richtig: »Autos kaufen keine Autos.« Nur wenn die Löhne hoch genug liegen, daß die Arbeiter sich die Autos auch leisten können, die sie selber herstellen, ist der Erfolg sicher. Und *der* kommt: *Ford* »kann den Preis des Modells T von 1908 bis 1914 fast halbieren, sein Marktanteil steigt zugleich von rund zehn auf fast 50 Prozent. Im Jahr 1908 verkauft *Henry Ford* 6000 Autos – sechs Jahre später sind es 260 700.«[101]

Doch nun gefragt: Eine Arbeit, von deren Lohn man sich am Ende ein Auto kaufen kann, – ist das nicht das Ende der Sklaverei? Die Antwort kann nur lauten: Keinesfalls. Im Gegenteil! Sinnloser und entfremdeter kann eine Arbeit nicht ausfallen, als daß Menschen nichts weiter sind als Schraubendreher und Stoßblechmontierer. Was sie im Tempo der Zeitvorgabe des Fließbandes tun, läßt von ihnen überhaupt nur noch die Drehbewegung ihres einen einzigen Handgriffs übrig; sie sind im Produktionsprozeß nur deshalb notwendig, weil es für sie (noch) keinen maschinellen Ersatz gibt.

Wie die Geschichte *Henry Fords* denn auch weiterging, hat erneut

---

101 | GESA GOTTSCHALK: Fließbandpioniere, in: Die Industrielle Revolution, in: Geo Epoche, Nr. 30, 2008, 160.

UPTON SINCLAIR in seinem Roman »Das Fließband« aus dem Jahre 1937 dargestellt: Ursprünglich von einem sozialen Idealismus und freiheitlichen Individualismus beseelt, zahlte er seinen Arbeitern nicht nur höhere Löhne als branchenüblich, sondern bot ihnen auch gewisse Sicherheiten, allerdings unter recht autoritären Kontrollauflagen, die an die Einstellung und Vorgehensweise von *Alfred Krupp* Jahrzehnte zuvor in Deutschland erinnern; anders als dieser aber, der mit gewaltigen Geschäften in der Rüstungsindustrie seine Kaisertreue unter Beweis zu stellen suchte, trat *Ford* in der Zeit vor 1914 als überzeugter Pazifist auf. Doch je größer sein Betrieb wurde, je härter der Konkurrenzkampf sich gestaltete, desto strenger unterwarf er seine Angestellten einem ausufernden Spionagesystem, ganz nach Art der Feudalherren alten Stils. Er schmierte die örtlichen Sicherheitsorgane, als wären sie die Prätorianer eines römischen Caesaren; und schließlich zählten seine Arbeiter zu den am schlechtesten Bezahlten der ganzen Autoindustrie. In SINCLAIRS Roman ist es eine persönliche Mischung aus Angst, Macht und Geldgier, die den eigentlich wohlmeinenden Unternehmer *Ford* mit wachsendem wirtschaftlichem Erfolg immer unmenschlichere und despotischere Züge annehmen läßt[102]; tatsächlich aber zeigt der amerikanische Erfolgs-

---

102 | Vgl. UPTON SINCLAIR: Das Fließband, Kap. 6, S. 17: »*Henry Ford* ... wollte ... Motorwagen ... für jedermann ... eine Menge Fahrzeuge zu niedrigem Preis ... in Massen.« Kap. 14, S. 32: »Im Herbst 1907 kam wieder ein Bankkrach ... nach dem Krach lieferte er 6181 Wagen, etwa drei pro Arbeiter. Aber drei Jahre später konnte er schon 35000 Wagen mit sechstausend Arbeitern herstellen.« Kap. 27, S. 55: »Ford entschloß sich, ein Schiff zu chartern und die Pazifisten Amerikas aufzufordern, ihn auf seinem Kreuzzug zu begleiten. Das war im November 1915.« Kap. 30, S. 59: »Präsident *Wilson* hatte dem Kongreß gerade eine Botschaft gesandt, darin er eine starke Vermehrung der militärischen und maritimen Streitkräfte des Landes forderte. Das gefiel Wallstreet natürlich, und demgemäß waren die Pazifisten verzweifelt.« Kap. 48, S. 92: »*Henry Ford* war jetzt nahe an seinem Ziel, zwei Millionen Wagen pro Jahr herzustellen. Er brachte die Kohle aus seinen Gruben in West-Virginia mit seinen Eisenbahnen, er holte die Erze aus seinen Gruben in Michigan auf eigenen Schiffen und zeigte der Welt ein Wunderwerk der Industrie. All die Prozesse der Umwandlung des Erzes in Stahl, das Zerschneiden, die Umwandlung in Autoteile durch eine Hundert-Tonnen-Druckstanze und endlich die Zusammensetzung von fünftausend Teilen zu einem Automobil, das mit eigener Kraft vom Fließband fuhr – all diese Prozesse dauerten nur etwa 36 Stunden.« Kap. 50, S. 98–99: »Arbeitsbeschleunigung, Arbeitsstreckung hießen diese fruchtbaren Erfindungen. Jeder Arbeiter wurde bis zum äußersten seiner Leistungsfähigkeit beansprucht... *Henry Ford* leugnete das natürlich. So sanft, so überzeugend schrieb er über den Nutzen der wissenschaftlichen Arbeitsgestaltung: sie habe ja gerade den Zweck, *das* festzustellen, was jeder Arbeiter mühelos tun könnte, um ihm dann *diese* Arbeit zu geben. Lüge, nichts als Lüge war das! Seine

autor (und will es zeigen), daß das Zwangsregime des kapitalistischen Gewinnstrebens auch und gerade die Besten zum Schlimmsten verformt. Sie sind selber die Opfer eines Systems, das persönliche Freiheit und soziale Verantwortung weder kennt noch erlaubt.

Bereits die so erfolgreiche Mechanisierung der Arbeit am Beginn der Industrialisierung dokumentiert, vorangetrieben von dem Prinzip der Gewinnmaximierung, eine brutale Rücksichtslosigkeit. Wenn eine Spinn- oder Webemaschine, sagen wir, 100 Spinnerinnen und 30 Weber zu ersetzen vermag, warum soll man, im Besitz der entsprechenden Maschinen, noch Löhne an 100 oder 30 Arbeiter zahlen? Eine Handvoll genügt, und der Rest soll bleiben, wo er ist. Dieser Rest verliert seine Arbeit? Da kann man nichts machen. Es ist, wohlgemerkt, der Sinn der Mechanisierung, nicht die Arbeiter von den Mühen ihrer Plackerei zu befreien, sondern sie durch kostengünstigere Produktionsgeräte zu ersetzen. Von Anfang an tritt damit die Maschine in die Konkurrenz, wo nicht an die Stelle der Menschen, und so wird es von den Betroffenen auch empfunden: 1810 bereits gehen in Manchester Tausende von Baumwollspinnern in den Streik; neun Jahre später läßt man mit Militär auf dem St. Peter`s Field eine Arbeiterkundgebung sprengen, – elf Menschen werden dabei getötet; 1829 stecken »arbeitslose Weber in Manchester zwei Fabriken in Brand. Und im Krisenjahr 1842 erschüttern mehrere Massenstreiks die Stadt.«[103] In Deutschland kommt es am 4. Juni 1848 in Schlesien (in Kaschbach, Langenbielau und Peterswaldau) zu einem Aufstand der Weber gegen den Unternehmer *Zwanziger*, bei dem sie für einen Hungerlohn ihre Ware abliefern müssen; zwei Tage später, am

Arbeiter hätten vor Wut schreien mögen, wenn sie solche Artikel von ihm lasen. Sie waren müde, wenn sie morgens zur Arbeit gingen, und wenn sie heimgingen, waren sie grau und stolperten vor Erschöpfung... – Aber so war es allüberall, nicht nur bei Ford; die ganze Industrie war grausam. Schneller, immer schneller! Bis die Herzen der Leute vor Bitterkeit kochten. Alle Autowerke standen unaufhörlich in Konkurrenz auf Leben und Tod ... sogar mit sich selbst – mit ihren Leistungen von gestern, mit den neuen ›Normen‹.« Kap. 82, S. 158: »*Henry Ford*, einst das Vorbild aller Arbeitgeber, war jetzt der schlimmste geworden... Er zahlte die niedrigsten Löhne in der Industrie, seine Arbeiter hatten einen Durchschnittslohn von höchstens 1000 Dollar im Jahr. Seine Beschleunigung war die brutalste... Jetzt gab er insgeheim Anweisung, jeden, der die Sache (sc. die Gewerkschaft, d. V.) nur erwähnte, sofort hinauszuwerfen, und um dessen sicher zu sein, hatte er mehr Arten von Spitzeln, als man in den Vereinigten Staaten je gekannt hatte.«

103 | CHRISTIAN STAAS: Im Schatten der Schlote, in: Die Industrielle Revolution, in: Geo Epoche, Nr. 30, 2008, 82.

6. Juni bereits, schlagen preußische Truppen den Aufstand nieder. In GERHART HAUPTMANNs Theaterstück »Die Weber« aus dem Jahre 1892 dringen die Arbeiter in die Villa des Fabrikanten (der bei ihm *Dreißiger* heißt) mit Gewalt ein und vertreiben ihn, den Ortspastor *Kittelhaus* mißhandeln sie, – Thron und Altar, Macht und Bigotterie, Kapital und Knechtschaft innerlich wie äußerlich sind ihre gemeinsamen Feinde. Eine mörderische Wut über die langsame Erstickung ihres Lebens hält sie gefangen, die sich in dem »Dreißigerlied« ausdrückt:

Hier im Ort ist ein Gericht,
noch schlimmer als die Vehmen,
Wo man nicht erst ein Urteil spricht,
das Leben schnell zu nehmen. –

Hier wird der Mensch langsam gequält,
hier ist die Folterkammer,
hier werden Seufzer viel gezählt
als Zeugen von dem Jammer[104].

Bei HAUPTMANN ist der einzige, der bei dem Aufstand umkommt, der alte *Hilse*, der, als ein frommer Mann, die Gewalt verabscheut. Angeregt durch das Drama vom Weberaufstand hat KÄTHE KOLLWITZ 1896 ihren sechsteiligen Zyklus zu diesem Thema in einer Radierung »Aus vielen Wunden blutest Du, oh Volk« zusammengefaßt (Abb. 3)[105]: Da sieht man den Ermordeten nackt, wie »Der tote Christus« auf dem Bild von HANS HOLBEIN (um 1522) im Kunstmuseum in Basel, daliegen, über ihn gebeugt, zu seiner rechten Seitenwunde greifend, die Göttin der Gerechtigkeit mit einem langen Schwert in ihrer Hand, auf das sie sich zwar stützt, doch das sie nicht gebraucht;

---

104 | GERHART HAUPTMANN: Die Weber, 2. Akt, S. 28–29; 3. Akt, S. 43. MAX BAGINSKI: Gerhart Hauptmann unter den schlesischen Webern, in: Die Weber, hg. v. Hans Schwab-Felisch, S. 170, gibt HAUPTMANNS Intention so wieder: »Die Menschen sind nicht gefühllos. Auch der Behagliche, Reiche muß sich im Innersten betroffen fühlen, wenn er solche Bilder entsetzlichen Menschenjammers vor seinen Augen aufsteigen sieht... Meinem Einwand, daß das Besitzrecht den darin Wohnenden Scheuklappen vor die Augen zu legen pflegt, will HAUPTMANN nicht als allgemeine berechtigt gelten lassen. Es ergibt sich: er will das werktätige Mitgefühl in den Gutgestellten (sc. den bürgerlichen Theaterbesuchern, d.V.) erwecken. Mitleid, freilich ein tatkräftiges Mitleid, das den Armen eine wirkliche Erleichterung ihres Loses verschafft.«
105 | KÄTHE KOLLWITZ: 1867–1945, 29.

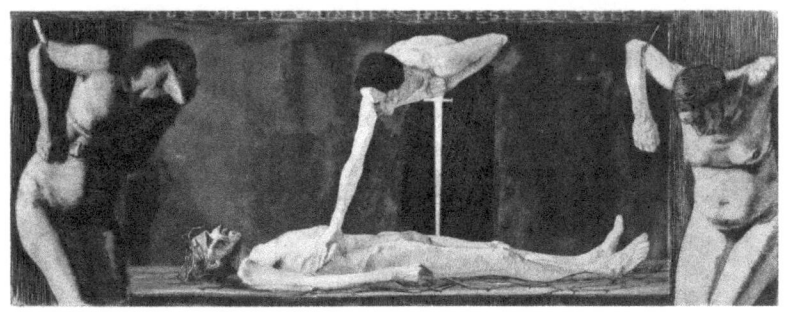

Abb. 3: KÄTHE KOLLWITZ: *Aus vielen Wunden blutest Du, oh Volk*

daneben, links und rechts wie die Schächer in der Kreuzigungsszene, hängen an Pfählen zwei ebenfalls nackte Frauen, gefesselt an Armen und unter der Brust, – es sind sie, die Unschuldigen, die Wehrlosen, für die dieser Unschuldige starb, den sie betrauern in ihrem gemeinsamen Schicksal und Leid, – eine bewußte Umkehrung der Karfreitagsszene. HEINRICH HEINE widmete dem Ereignis ein eigenes blasphemisch-revolutionäres Poem, das FRIEDRICH ENGELS zu rühmen wußte[106], unter dem Titel »Die schlesischen Weber«:

Im düstern Auge keine Träne,
Sie sitzen am Webstuhl und fletschen die Zähne:
Deutschland, wir weben dein Leichentuch,
Wir weben hinein den dreifachen Fluch –
    Wir weben, wir weben!

Ein Fluch dem Gotte, zu dem wir gebeten
In Winterskälte und Hungersnöten;
Wir haben vergebens gehofft und geharrt,
Er hat uns geäfft und gefoppt und genarrt –
    Wir weben, wir weben!

Ein Fluch dem König, dem König der Reichen,
Den unser Elend nicht konnte erweichen,
Der den letzten Groschen von uns erpreßt
Und uns wie Hunde erschießen läßt –
    Wir weben, wir weben!

106 | Vgl. HEINRICH HEINE: Sämtliche Schriften in 12 Bden., Bd. 8: Kommentar zu Bd. 7, S. 970.

Ein Fluch dem falschen Vaterlande,
Wo nur gedeihen Schmach und Schande,
Wo jede Blume früh geknickt,
Wo Fäulnis und Moder den Wurm erquickt –
  Wir weben, wir weben!

Das Schiffchen fliegt, der Webstuhl kracht,
Wir weben emsig Tag und Nacht –
Altdeutschland, wir weben dein Leichentuch,
Wir weben hinein den dreifachen Fluch,
  Wir weben, wir weben[107].

Wirtschaft, Religion und Politik beziehungsweise Geld, Gottesglaube
und Gewalt – sie lasten wie ein Verhängnis auf den Menschen, die
unentwegt, doch mit wachsendem Trotz, ihrer Arbeit nachgehen, in
der Vorahnung, daß bald schon ein revolutionärer Widerstand sich
Bahn brechen und die elende Tyrannei abschütteln wird. Nur, wann
wird das sein? – Gewiß, in der Juli-Revolution von 1830 in Paris
wird der Bourbone *Karl X.* abgesetzt, und im Februar 1848 wird
auch sein Nachfolger, der »Bürgerkönig« *Louis Philippe*, zur Flucht
gezwungen; beide Male greifen die Unruhen auch auf andere europäische Länder wie Deutschland über, doch enden sie bis auf die Unabhängigkeit Belgiens (1830) nur mit verschärfter Unterdrückung; es
ist vor allem das Bürgertum, das nach mehr verlangt, ohne dabei die
Interessen der ausgebeuteten arbeitenden Bevölkerung zu integrieren.
Die Arbeiteraufstände im Juni 1848 in Paris werden vom Militär um
den Preis von 10 000 Toten blutig niederkartätscht. Zu der ersten
Machtergreifung der Arbeiter im Zeitalter der Industrialisierung
kommt es erst im März 1871 in Reaktion auf den verlorenen Krieg
gegen Deutschland, als Arbeiter und Bürger in der »Commune de
Paris« 72 Tage lang sich den Truppen der Zentralregierung, geführt
von dem konservativen Regierungschef *Adolphe Thiers*, widersetzen.
Am 14. März, als General *Vinoy* den Montmartre mit Truppen um-
stellt und die Geschütze in seinen Besitz bringt, sind es die Frauen,
die beim Abtransport der Kanonen sich den Gewehrläufen der Soldaten entgegenwerfen; und, selten genug: »angesichts der wehrlosen
Frauen verweigern die Soldaten den Feuerbefehl, sie verbrüdern sich

---

107 | Vgl. HEINRICH HEINE: Sämtliche Schriften in 12 Bden., Bd. 7, 455–456: Die
schlesischen Weber.

mit den gefangenen Gardisten und dem Volk von Montmartre – und nehmen ihre eigenen Kommandeure fest.«[108] Am 26. März finden – freilich ohne ein Stimmrecht der Frauen – Wahlen zum Kommunalrat statt; die Hoffnung auf eine Arbeiterrepublik ist groß und verdichtet sich in dem Kampflied der »Internationale« des Dichters *Eugène Pottier*: »Wacht auf, Verdammte dieser Erde, die stets man noch zum Hunger zwingt.«[109] Doch dann, Mitte Mai, nimmt *Thiers*'Armee, 130000 Mann stark, die Stadt systematisch unter Beschuß; Männer und Frauen verteidigen Barrikade um Barrikade; am 23./24. Mai brechen gewaltige Brände aus. »Es ist, als wollten die Kommunarden die ganze Stadt in einen Scheiterhaufen verwandeln, um ihr gescheitertes Utopia zu verbrennen.«[110] Alles umsonst. Als am 25. Mai *Charles Delescluse*, der Führer der Kommune, auf einer Barrikade fällt, werden drei Tage später auch die letzten Kommunarden auf dem Friedhof Père-Lachaise den Tod finden. »Rund 870 getötete Offiziere und Soldaten zählt die Regierung, dazu knapp 6500 Verwundete und 183 Vermisste. Auf der anderen Seite sind den Massenhinrichtungen und den Straßenkämpfen zwischen 20000 und 30000 Menschen zum Opfer gefallen... Mehr als 50000 Pariser werden verhaftet, zu Gefängnisstrafen verurteilt oder in Strafkolonien deportiert. – Das einzigartige Experiment der Pariser Kommune ist katastrophal fehlgeschlagen. In den folgenden Monaten und Jahren wird die Arbeiterbewegung in Frankreich gnadenlos unterdrückt... Doch trotz der Verfolgungen ... existieren bereits 1875 allein in Paris wieder 130 Gewerkschaften, und nach einigen Jahren gewinnt die französische Arbeiterbewegung ihre alte Stärke zurück.«[111] Es geht trotz allem weiter.

1884 muß ein Bergarbeiterstreik in Anzin blutig niedergeschlagen werden, und jetzt ist es ÉMILE ZOLA, der in seinem großen Roman »Germinal« das Elend der Kumpel in den nordfranzösischen Zechen mit einem Realismus schildert, der wie ein Schrei des Mitleids nach Menschlichkeit und mehr Gerechtigkeit durch die Literaturgeschichte hallt. Allein der Titel schon: Germinal – das ist der »Keimmonat« der französischen Revolution (21. März–19. April). Was damit gemeint ist, erläutert der junge *Étienne Lantier* in einer flammenden Streik-

---

108 | WALTER SALLER: Paris brennt, in: Die Industrielle Revolution, in: Geo Epoche, Nr. 30, 2008, 121–122.
109 | A.a.O., 127.
110 | A.a.O., 127.
111 | A.a.O., 127.

Rede, in welcher er der geschundenen Bergarbeiterfamilie seiner Geliebten *Catherine* »die von Geld schwitzenden Bäuche der Aufsichtsräte gegenüber(stellt), diese ganze Bande von Aktionären, die sich seit einem Jahrhundert aushalten ließ wie feile Dirnen, die nichts zu tun brauchen und nur ihren Leib pflegen... Ein ganzes Volk von Männern mußte, Vater wie Sohn, in der Grube verrecken, bloß um die Schmiergelder für die Minister zu zahlen und damit ganze Generationen von großen Herren und Bourgeois Feste geben oder sich in ihrer Kaminecke mästen konnten... Man werfe diese Unglücklichen (sc. die Arbeiter, d. V.) den Maschinen zum Fraß hin, und wie Vieh pferche man sie in den Arbeiterdörfern zusammen. Allmählich würden sie von den großen Grubengesellschaften aufgezehrt, welche die Sklaverei in ein System brachten und alle Arbeiter einer Nation zu erfassen drohten. Millionen Arme mußten schuften, damit sich Tausende Faulenzer bereichern. Doch der Grubenarbeiter war nicht mehr unwissend wie früher und kein Tier mehr, das man in den Eingeweiden der Erde zermalmte. Ein Heer dringe aus der Tiefe der Grube empor, eine Ernte von Männern, deren Saat keime und zu einem sonnenhellen Tag die Erde sprengen würde.«[112]

Aber: Wie soll dieser Tag kommen, und kommt er überhaupt? *Étienne* beschäftigt sich mit CHARLES DARWIN, aus dem er »eine revolutionäre Idee über den Kampf ums Dasein heraus(liest). Die Mageren fraßen die Fetten auf, das starke Volk verschlang die bleiche Bourgeoisie.«[113] Eigentlich geändert wäre damit nichts, nur daß die Machtverhältnisse sich umgekehrt hätten. Doch wäre nicht auch das schon viel? An dem bestehenden Unrecht jedenfalls ist kein Zweifel, wenn *Étienne*, aus einem Wassereinbruch untertage wie durch ein Wunder gerettet, erneut miterlebt, wie die Arbeiter, nach Beendigung ihres vergeblichen Streiks, wieder in die Grube einfahren – »ein endloser Strom, ein Zusammenbruch, der erzwungene Marsch eines geschlagenen Heeres, das gesenkten Hauptes dahinzieht, von dem dumpfen Verlangen besessen, den Kampf wieder aufzunehmen und sich zu rächen... Die Einfahrt begann... Die Seiltrommeln drehten sich und wickelten die Drahtseile ab unter dem Dröhnen des Sprachrohrs, dem Geläut der Signalglocken und dem Getöse der auf den Signalblock niedersausenden Hammerschläge. Und wieder fand er das Ungeheuer, das eine Portion Menschenfleisch verschlang. Die

112 | ÉMILE ZOLA: Germinal, 4. Teil, 7. Kap., S. 291.
113 | A. a. O., 7. Teil, 2. Kap., S. 451.

Förderkörbe tauchten auf, versanken wieder, und es war, als schlucke ein gefräßiger Riese mit müheloser Bewegung seines Schlundes unaufhörlich ganze Ladungen Menschen.«[114] Bei allen Zweifeln bleibt *Étienne* der Gedanke, daß *Darwin* recht hatte: »das Leben war nur Kampf; die Starken fraßen die Schwachen ... Wenn schon eine Klasse aufgefressen werden sollte, mußte dann nicht das noch lebenskräftige, noch junge Volk die vom Genuß erschlaffte Bourgeoisie auffressen? ... In dieser Erwartung ... erwuchs ihm neu sein bedingungsloser Glaube an eine nahe bevorstehende Revolution, an die wahre Revolution, die Revolution der Arbeiter... Heute begann die tierische, mörderische, schlechtbezahlte Arbeit von neuem. Es war ihm, als höre er da, siebenhundert Meter tief unter der Erde, unausgesetzt dumpfe, regelmäßige Schläge. Das waren die Kumpels, die er soeben hatte einfahren sehen, die schwarzen Kumpels, die in stummer Wut drauflosschlugen. Ohne Zweifel waren sie besiegt worden, hatten Geld und Tote dabei gelassen. Aber Paris würde ... nicht vergessen... Und wenn die Industriekrise zu Ende ging... – der Kriegszustand blieb trotzdem... Die Bergleute wußten, wie viele sie waren, hatten ihre Kraft erprobt und mit ihrem Schrei nach Gerechtigkeit die Arbeiter von ganz Frankreich aufgerüttelt.«[115] Freilich, mit Gewalt würde man die Dinge nicht beschleunigen; aber man könnte »sich in aller Stille zusammenschließen, sich kennenlernen, sich in Gewerkschaftsverbänden vereinigen, wenn es die Gesetze gestatten. So könnte man den entscheidenden Schlag führen und dann an dem Tag, da man sich stark genug fühlte, da Millionen Arbeiter ein paar Tausend Nichtstuern gegenüberstehen würden, die Macht ergreifen und selber die Herren werden. Ah, welches Erwachen der Wahrheit und Gerechtigkeit! Zur selben Stunde würde er verrecken, der vollgefressene hockende Götze, der sich in der Tiefe seines Tabernakels verbarg, in dieser unbekannten Ferne, dieses scheußliche Idol, das die Elenden mit ihrem Fleische nährten, ohne es je gesehen zu haben.«[116]

Dieser ferne »Götze« findet in ZOLAS Darstellung seine Opfer allerdings nicht nur aufseiten der Arbeiterschaft; auch die Unternehmer sind ihm ausgesetzt. Keinesfalls sind sie die faulen Dickwänste, zu welchen *Étienne* sie karikiert. Die Not des Unternehmers *Deneulin* ist durchaus real, wenn er betont, es »sei ein wilder Wettkampf,

---

114 | A.a.O., 7. Teil, 6. Kap., S. 516.
115 | A.a.O., 7. Teil, 6. Kap., S. 523–524.
116 | A.a.O., 7. Teil, 6. Kap., S. 525.

der ihn zwinge, sparsam zu sein … Er throne nicht in weiter Ferne, in dem unbekannten Tabernakel. Er sei nicht einer von jenen Aktionären, die ihre Geschäftsleute bezahlen, damit sie den Bergmann schinden … Er sei ein richtiger Unternehmer und wage noch mehr als sein Geld: seine Intelligenz, seine Gesundheit, sein Leben … er habe keinen Vorrat und müsse dennoch die Bestellungen ausführen. Andererseits dürfe das Betriebskapital nicht brachliegen. Wie solle er denn sonst seinen Verpflichtungen nachkommen? Wer solle dann die Summen verzinsen, die ihm Freunde anvertraut hatten?«[117] *Deneulin* ist durch einen Streik bereits ruiniert, aber auch durch eine erzwungene Lohnerhöhung, die einen neuerlichen Streik abwenden soll. Er sitzt in der Zwickmühle.

In einer solchen Lage versuchen regelmäßig die *Gewerkschaften* die Interessen der Arbeitnehmer auf eine Weise zu wahren, daß auch die Arbeitgeber damit leben können; ihnen liegt nicht an einem kompletten Umsturz des Systems, sondern an Reformen der Arbeitsverhältnisse und der Lohnzahlungen, die jene gewaltsame Revolution gerade vermeiden lassen, von welcher Étienne träumt. Gleichwohl beschneiden sie die Gewinnmargen der Unternehmer und Aktionäre, und so sind sie seit eh und je ein Dorn im Auge der Kapitaleigner.

Insbesondere im Musterland des Kapitalismus, in God's own Country, den USA, muß man feststellen, daß in ihm »alle sozialistischen und vollends kommunistischen… Bestrebungen scheiterten. Eine aussichtsreiche, von links kommende Bemühung, den vulgären Kapitalismus zu humanisieren, der folgerichtig dem Feudalismus entsprang, hat nie stattgefunden und konnte in einem Land nicht stattfinden, in dem die überwiegende Mehrheit der Bevölkerung ganz nach den Intentionen der Staatsgründer und ihrer Machtnachfolger einig im Glauben an die Gottgefälligkeit des Kapitalismus war, einig in der Vergötterung des Reichtums. – Sozialisten waren Räuber. Sozialismus war Unmoral. Der amerikanische Kapitalismus war – und blieb – unangefochten und unanfechtbar, vor allem auch, weil er sich fromm puritanisch gewandete: Der Mensch hat zu beten und zu arbeiten, und wenn er recht betet und arbeitet, wird Gott lohnen…, denn so schrieb… das Nachrichtenmagazin ›Time‹: ›Nur wenige

---

117 | A. a. O., 5. Teil, 1. Kap., S. 301. – Ganz ähnlich beschreibt ZOLA: Die Arbeit, 1. Teil, 1. Kap., S. 6, die Lage nach einem zweimonatigen Streik für Unternehmer wie Arbeiter; 2. Teil, 5. Kap., S. 384, ist es vor allem ein mangelnder Reservefonds und die drückende Zinslast, die den Unternehmer *Delaveau* an den Rand des Ruins treiben.

unter uns sind ohne Gier, aber in unserem ökonomischen System ist Gier nicht so schlecht. Eine Fülle von Diagrammen … beweisen, wie der Kapitalismus normalerweise die individuelle Gier in produktive Aktivitäten kanalisiert, die gut für die ganze Gesellschaft sind.‹ – Das war das Credo der Nation und blieb es.«[118] »In den mehr als 200 Jahren ihres Bestehens hat die amerikanische Nation einen Machtwechsel, der diesen Namen verdient, nie erlebt; die kapitalistische Macht wurde noch nicht einmal kontrolliert. Ob Demokraten oder Republikaner im Weißen Haus saßen oder über Mehrheiten im Kongreß verfügten, war grundsätzlich belanglos.«[119] »Daß ›hinter jedem großen Vermögen ein Verbrechen steht‹, ist zwar in den Vereinigten Staaten eine verbreitete Gewißheit, aber sie wird einsichtig und lächelnd geäußert, denn ›such is life‹… Es besteht im Selbstverständnis der weitaus meisten Amerikaner überhaupt kein Handlungsbedarf für soziale Korrekturen. Der Obdachlose, der sich unter Zeitungspapier zur Nachtruhe begibt, ist ihnen nicht Appell zu sozialer Aktivität, sondern Augenkränkung: In New York City, und nicht nur hier, ist man dazu übergegangen, Parkbänke und Bänke in Busbahnhöfen oder anderen öffentlichen Anlagen für die Nutzung zum Schlaf unbrauchbar zu machen. Abfalltonnen werden neuerdings (sc. seit 1990, d. V.) so gesichert, daß niemand, der hungert, in ihnen nach eßbarem suchen kann. – Alles ist systemimmanent. Der Kapitalismus kann nicht anders als egoistisch sein, vollends nicht in den Vereinigten Staaten, wo ihn nie Sozialdemokraten oder andere Linke bändigen durften… Kein nennenswertes Organ (sc. der Medien, d. V.), das nicht in den Händen der ›Nomenklatura‹ wäre. Keine Zeitung von einigem Rang, kein Rundfunksender, keine Fernsehstation trägt zu einem Meinungsaustausch bei.«[120]

Weil das so ist und weil seit 1989 der *American way of life* »alternativlos« alle Teile der Welt zu durchdringen versucht, steht tendenziell jene Lohntheorie nach wie vor in Geltung, mit der schon vor 160 Jahren KARL MARX das Wesen des kapitalistischen Wirtschaftssystems gekennzeichnet hat. – Der Ausgangspunkt war für ihn derselbe wie in den kapitalistischen Wirtschaftstheorien, und er ist verhängnisvoll genug: Die Natur hat keinen – ökonomisch meßbaren – Eigenwert. »Der Wasserfall, wie die Erde überhaupt, wie alle Naturkräfte,« schreibt MARX, »hat keinen Wert, weil er keine in ihm

118 | ROLF WINTER: Ami go home, 114–115.
119 | A. a. O., 120–121.
120 | ROLF WINTER: Die amerikanische Zumutung, 51.

vergegenständlichte Arbeit darstellt, und daher auch keinen Preis, der normaliter nichts ist als der in Geld ausgedrückte Wert.«[121] Umgekehrt ausgedrückt: Der »Wert« eines Stücks Natur wird einzig konstituiert durch seine Einbeziehung in die Reproduktion des Kapitals. Denn: »Die Voraussetzung bei der kapitalistischen Produktionsweise ist … diese: die wirklichen Ackerbauern sind Lohnarbeiter, beschäftigt von einem Kapitalisten, dem Pächter, der die Landwirtschaft nur als ein besonderes Exploitationsfeld des Kapitals, als Anlage seines Kapitals in einer besonderen Produktionssphäre betreibt. Dieser Pächter-Kapitalist zahlt dem Grundeigentümer, dem Eigentümer des von ihm exploitierten (sc. ausgebeuteten, d.V.) Bodens, in bestimmten Terminen, z.B. jährlich, eine kontraktlich festgelegte Geldsumme (ganz wie der Borger von Geldkapital bestimmten Zins) für die Erlaubnis, sein Kapital in diesem besonderen Produktionsfeld anzuwenden. Diese Geldsumme heißt Grundrente, einerlei, ob sie von Ackerboden, Bauterrain, Bergwerken, Fischereien, Waldungen usw. gezahlt werde. Sie wird gezahlt für die ganze Zeit, während deren kontraktlich der Grundeigentümer den Boden an den Pächter verliehen, vermietet hat.«[122] Natürlich möchte der Pächter aus der Nutzung des Bodens Gewinn ziehen, das heißt er läßt seine Arbeiter Produkte herstellen, deren Verkaufswert auf dem Markt weit höher liegt als der Pachtzins bzw. als die Grundrente, die er dem Eigentümer zu zahlen hat. Wenn alles gut geht (wenn also keine ökologischen oder ökonomischen Katastrophen dazwischen kommen), sollte der Pächter-Kapitalist je nach dem Exploitationsgrad seiner Pacht und der von ihm angestellten Arbeitskräfte mit dem Fortschritt der Zeit immer reicher werden; einen Teil seines so erworbenen Kapitals kann er zur Verbesserung der Produktionsmittel (in der Landwirtschaft zum Beispiel in ertragsreichere Bewirtschaftung der Böden – durch bessere Düngung – und in die Anschaffung effektiverer Ackergeräte) investieren; in jedem Fall wird mit dem Fortschritt der landwirtschaftlichen Produktionsverfahren zugleich der Geldwert der Ländereien immer mehr zunehmen, und irgendwann wird es im Interesse des Kapitalisten liegen, nicht mehr nur Pächter (»Besitzer«), sondern Eigentümer des von ihm genutzten Teils der Natur zu werden. Doch mit diesem Wunsch steht er nicht allein. Die Natur selbst gehört – nach diesem Verständnis – grundsätzlich

---

121 | KARL MARX: Das Kapital, I 660–661.
122 | A.a.O., I 631–632.

demjenigen, der am meisten für sie zu zahlen vermag; das aber setzt voraus, daß er über Verfahren verfügt, in kalkulierbaren Zeiträumen mindestens ein bißchen mehr Gewinn aus der Nutzung bestimmter Areale der Natur zu ziehen, als deren Übereignung durch Ankauf ihn gekostet hat; ja, der Wert des jeweiligen Areals der Natur bemißt sich überhaupt nur nach den Möglichkeiten, damit Geld zu gewinnen.

Bis dahin lernen wird nur noch einmal kennen, was wir vorhin in der Preisbildung als einen theoretischen Fehler der Volkswirtschaftslehre mit enormen zerstörerischen Folgen für die Natur bereits dargestellt haben. Entscheidend aber ist jetzt, daß nach marxistischer Auffassung auch in der Lohngestaltung, also im Umgang des Besitzers der Produktionsmittel mit seinen Arbeitern, dasselbe kapitalistische Ausbeutungsinteresse vorherrscht wie im Umgang mit Tieren und Pflanzen, Böden und Bodenschätzen, Flüssen und Meeren. Zu Recht widerspricht MARX der Theorie des Merkantilismus[123], nach welcher der Wert einer Ware aus dem Kräftespiel von Angebot und Nachfrage auf dem »freien« Markt bestimmt werde. Der Preis einer Ware erscheint zwar in dieser Form, ihr wirklicher Wert aber bemißt sich nach dem Kapital, das aufgewandt werden muß, um die Kosten für die Herstellung der Ware zu bezahlen. Dieses Kapital C, schreibt MARX, »zerfällt in zwei Teile, eine Geldsumme c, die für Produktionsmittel, und eine andere Geldsumme v, die für die Arbeitskraft verausgabe wird; c stellt den in konstantes (sc. etwa in Maschinen und Werkhallen investiertes, d. V.), v den in variables Kapital (sc. in Löhne, d. V.) verwandelten Wertteil vor. Ursprünglich ist also

$$C = c + v.$$

Am Ende des Produktionsprozesses kommt Ware heraus, deren

---

123 | Der *Merkantilismus* beherrschte das Wirtschaftssystem des Absolutismus während des 16.–18. Jhs.: Durch staatliche Interventionen förderte man die gewerbliche Produktion, schuf ein Terrain mit vereinheitlichten Zöllen und Märkten und suchte dadurch den Export zu steigern und die Abhängigkeit vom Import zu verringern. Insbesondere FRANÇOIS QUESNAY (1694–1774) forderte »einen freien Getreidehandel und ein von Willkür freies Steuersystem.« VERA LINSS: Die wichtigsten Wirtschaftsdenker, 20. Als Quelle des Reichtums betrachtete QUESNAY als »Physiokrat« ausschließlich den Ackerbau, – die Manufakturen wandelten seiner Meinung nach nur Stoffe um, erzeugten aber keine volkswirtschaftlichen Werte. – An dieser Stelle hier besagt »merkantil« lediglich so viel wie marktgerecht.

$$\text{Wert} = c + v + m,$$

wobei m der Mehrwert ist.«

Das ursprüngliche Kapital C hat sich mithin in C' verwandelt[124]; es ist

$$C' = c + v + m.$$

Nun sind aber auch die Produktionsmittel (die Maschinen, die Werksanlagen) einmal als Ware erzeugt worden; auch deren Wert leitet sich mithin aus den Kosten der Arbeit her; wieviel aber kostet die Arbeit? Wie hoch also müssen die Löhne sein? Gerade so hoch, lautet die Antwort, wie notwendig ist, die menschliche Arbeitskraft selbst zu reproduzieren. »Arbeitskräfte«, um sich zu »reproduzie-ren«, benötigen Nahrung, Kleidung und Wohnung, sie müssen Frauen und Kinder unterhalten, wofern diese nicht selbst schon wie-der in den Produktionsprozeß einbezogen sind; aus all dem also er-rechnen sich die Kosten der Arbeitskraft, – wie in den Tagen der Sklaverei, wie in den Tagen der Leibeigenschaft, so jetzt auch in den Tagen des Industriekapitalismus. Der Wert der Ware ist nichts als vergegenständlichte Arbeit.

Doch eben an dieser Stelle setzt das eigentliche Interesse des Kapi-talisten in der Industrieproduktion an: Mit Hilfe der Maschinen kann er, je nach dem Umfang ihrer Effektivität und der Länge der Laufzeit, Waren herstellen, die insgesamt weit mehr wert sind, als er für die Produktionsmittel (c) und die Arbeitskräfte (v) aufwenden muß. Der Arbeiter erhält als Lohn, was nötig ist, seine Arbeitskraft zu reproduzieren; aber er wird genötigt, keinesfalls nur solange zu arbeiten, bis er Waren hergestellt hat, aus deren Verkauf sich die Ko-sten für seine »Reproduktion« sowie für die Inbetriebnahme der technischen Geräte und die Beschaffung der Rohstoffe finanzieren ließen; er muß weit darüber hinaus arbeiten, und diese geronnene Surplusarbeitszeit, diese vergegenständlichte Mehrarbeit, deren Er-trag dem Arbeiter vorenthalten wird, um in die Vermehrung des Ka-pitals einzugehen, ist der *Mehrwert* (m). Dessen Rate ergibt sich ein-fachhin aus dem Verhältnis der Mehrarbeit (m) zu der notwendigen Arbeit (v), also

124 | KARL MARX: Das Kapital, I 226.

$$\text{Rate des Mehrwerts} = \frac{m}{v},$$

$$\text{beziehungsweise} \ \frac{\text{Mehrarbeit}}{\text{notwendige Arbeit}}.$$

Diese Rate des Mehrwerts[125] ist der exakte »Ausdruck für den Exploitationsgrad der Arbeitskraft durch das Kapital oder des Arbeiters durch den Kapitalisten.«[126]

125 | A. a. O., I 232.

126 | A. a. O., I 132. – GÜNTER SCHMÖLDERS: Geschichte der Volkswirtschaftslehre, 38, verweist zu Recht darauf, daß die »*Arbeitswerttheorie*«, die den Ausgangspunkt für MARX bildete, von DAVID RICARDO stammt. S. 59: »Ricardo hatte die Aufgabe, die Gesetze aufzufinden, welche die Verteilung bestimmen, als das Hauptproblem der Volkswirtschaftslehre angesehen. Zu seiner Lösung hatte er eine Wertlehre vorgetragen, die wie die Lehre ADAM SMITHS von der menschlichen Arbeit ausging. Wenn jedoch SMITH angenommen hatte, in der entwickelten Volkswirtschaft seien die Produktionskosten für den Preis jeder Ware bestimmend, so vereinfachte *Ricardo* dieses Ergebnis noch weiter; die Güter werden seiner Ansicht nach im Verhältnis der zu ihrer Erzeugung aufgewendeten Arbeitsmenge getauscht, wobei höhere Arbeit (sc. zum Beispiel mit Hilfe von Maschinen geleistete Arbeit, d. V.) als ein Mehrfaches der einfachen Arbeit aufgefaßt wird ... Da das Kapital als ›vorgetane Arbeit‹ in Arbeit aufgelöst wird, bleibt letztlich die Arbeitsmenge als alleiniger Bestimmungsfaktor für den Wert aller Güter übrig. – Damit hatte RICARDO seine *Arbeitswerttheorie* formuliert, die nur dadurch eingeschränkt wurde, daß er sie lediglich für ›beliebig vermehrbare Güter‹ gelten lassen wollte; bei Seltenheitsgütern wird der Preis durch den Grad der Seltenheit und die Wertschätzung der Güter bestimmt, ein Ansatz, der später zum Ausgangspunkt der Grenznutzentheorie werden sollte. Die Arbeitswertlehre RICARDOS wurde von MARX übernommen; MARX fügte jedoch die Erweiterung hinzu, daß nicht nur der Austausch der Waren im Verhältnis zu der in ihnen enthaltenen Arbeitskraft stattfinde, sondern daß der ‚Wert' der Waren überhaupt seinen Ursprung in der Arbeit habe. Der Wert bemißt sich dabei nach der ›gesellschaftlich notwendigen Arbeitszeit‹,« die sich nach dem Stand der technischen Entwicklung richtet. Die Kapitalakkumulation und die Reinvestition, die den technischen Fortschritt vorantreibt, führt aber dahin, ständig konstantes Kapital (Maschinen) an die Stelle des variablen Kapitals (Arbeiter) zu setzen; da jedoch die *Profitrate* von dem Verhältnis zwischen dem konstanten und dem variablen Kapital abhängt, ergibt sich der *tendenzielle Fall der Profitrate*, der als erstes die Kleinbetriebe betrifft, dann aber auch die Großbetriebe heimsucht und zuerst die periodischen Krisen des Kapitalismus, schließlich sein Ende heraufführt. – Zur *Arbeitswerttheorie* vgl. die Darstellung bei MAX BLAUG: Systematische Theoriegeschichte der Ökonomie, I 186–189, der geltend macht, daß »bei einem positiven Zinssatz ... der Preis eines Gutes nicht nur durch die erforderliche Arbeitsmenge, sondern auch durch die Zeitdauer des Produktionsprozesses beeinflußt« wird. »Der Produktionspreis entspricht langfristig den Lohnkosten plus einer Profitsumme auf das vorgestreckte Kapital.« (S. 188) DERS: A. a. O., II 176–179, wendet gegen MARX ein, daß »Überschüsse ebenso in einer Gesellschaft auftreten, die das Privateigentum an den Produktionsmitteln abgeschafft hat.« MARX nahm an, »die Kapitalisten würden ausschließlich zum Zweck der Reinvestition Ersparnis bilden. Sie würden den gesamten Profit

Damit glaubte MARX, den Schlüssel in der Hand zu halten, um sich Zugang zu dem Heiligtum jenes fernen und geheimnisvollen Götzen verschaffen zu können, der wie ein Dämon alle, Unternehmer wie Arbeiter, in Ketten hält. Es ist das Wesen des Kapitalismus, Waren zu produzieren, bei deren Verkauf mehr Geld einzustreichen ist, als zuvor verausgabt wurde, und dieses Mehr an Geld ergibt sich einzig und allein aus der Ausbeutung (der Exploitation) menschlicher Arbeitskraft. Der Unternehmer kann nicht anders; in der Konkurrenz mit anderen Kapitalisten ist es nicht die Frage, ob, sondern wie effizient er als Produzent seine Arbeiter ausbeutet. »Der Wettbewerb ist ... vor allem ein Preiskampf – ein ständiges gegenseitiges Unterbieten der Unternehmer, um die Waren der anderen aus dem Markt zu drängen. – Der Fabrikant muß daher, bei Strafe des Bankrotts, ständig danach trachten, die Produktivität zu erhöhen, etwa durch den Einsatz besserer Maschinen, vor allem aber durch die immer stärkere Ausbeutung der Arbeiter.«[127]

automatisch reinvestieren, ganz gleich, welche Erträge zu erwarten seien ... dies kann ... keineswegs der Fall sein, nimmt man die Mehrwerttheorie tatsächlich ernst. Unglücklicherweise ist damit die gesamte Marxsche Krisentheorie ... hinfällig ... Entweder ist die Mehrwerttheorie unhaltbar, oder wir müssen MARX' Prognose von der wachsenden Instabilität der kapitalistischen Wirtschaft verwerfen.« (S. 177–178)
127 | RALF BERHORST – JENS RAINER BERG: Geburt einer neuen Klasse, in: Geo Epoche Nr. 69: Der Kapitalismus, 2014, S. 67–68. – Die marxistische Theorie vom Mehrwert hat vielfache Kritik erfahren, am einfachsten und scharfsichtigsten bei JOSEPH A. SCHUMPETER: Kapitalismus, Sozialismus und Demokratie, 53, der einwandte: »Die Arbeitswerttheorie, – selbst wenn wir zugeben könnten, daß sie für jede andere Ware gültig ist –, kann niemals auf die Ware Arbeit angewandt werden; denn das würde heißen, daß Arbeiter wie Maschinen nach rationalen Kostenrechnungen erzeugt werden. Da sie das nicht werden, ist man nicht befugt anzunehmen, daß der Wert der Arbeitskraft proportional sein wird den Arbeitsstunden, die in ihre ›Produktion‹ eingehen.« Besonderen Wert legt er auf die Feststellung, daß »die kapitalistische Wirtschaft nicht stationär« ist und es auch nicht sein kann, da sie »unaufhörlich *von innen* her durch neue Unternehmungen revolutioniert wird, das heißt durch die Einführung neuer Waren oder neuer Produktionsmethoden oder neuer Handelsmöglichkeiten in die industrielle Struktur.« (S. 59) Der »Prozeß der schöpferischen Zerstörung« (S. 134–142) mache es notwendig, den Kapitalismus als »Entwicklungsprozeß« zu begreifen. Dann werde man sehen, daß »die Menschheit ... keine Freiheit der Wahl hat ... Wirtschaftliche und soziale Dinge bewegen sich durch ihre eigene Antriebskraft weiter, und die dabei entstehenden Situationen zwingen Individuen und Gruppen, sich in einer bestimmten Weise zu verhalten, unabhängig davon, was sie vielleicht gerade täten.« (S. 212) Damit klammert SCHUMPETER allerdings die Wechselwirkung (die »Dialektik«) von wirtschaftlicher und sozialer Entwicklung zugunsten einer unilinearen Entwicklung der Produktionsmittel und -güter aus; in seinen Worten: Der »evolutio-

239

Damit erreicht die Sklaverei der Antike und die Leibeigenschaft des Mittelalters allererst in Gestalt des Industriekapitals ihre wahre Vollendung. Der Sklavenhalter im Alten Rom mochte seine Arbeiter für sich schaffen lassen, um sich an ihrer Arbeit zu bereichern, aber es stand ihm frei, mit dem gewonnenen Reichtum so verschwenderisch zu prassen, wie er wollte; und selbst im Feudalismus »war Gewinn kein Selbstzweck«[128]; der Kapitalist des Industriezeitalters ist ein calvinistischer Asket, der allen Gewinn reinvestieren muß, um den zu erzielenden Profit zu maximieren. Kapital, das konsumiert wird, ist kein Kapital. Die »Dickwänste«, die ZOLAS *Étienne* sich vorstellt, gibt es gewiß, jedoch nur in dem Maße, als sie für sich private Freiräume von dem ehernen Gesetz der Gewinnsteigerung gefunden haben, – als sie nicht *nur* »Unternehmer« sind. Wie sagte doch der englische Arbeiterführer *Thomas Joseph Dunning*: »Das Kapital hat einen Horror vor Abwesenheit von Profit. Mit entsprechendem Profit wird Kapital kühn. Für 100 Prozent stampft es alle menschlichen Gesetze unter seinen Fuß; 300 Prozent, und es existiert

näre Charakter des kapitalistischen Prozesses ist nicht einfach der Tatsache zuzuschreiben, daß das Wirtschaftsleben in einem gesellschaftlichen und natürlichen Milieu vor sich geht, das sich verändert und durch seine Veränderung die Daten der wirtschaftlichen Tätigkeit ändert; diese Tatsache ist zwar wichtig und diese Veränderungen (Kriege, Revolutionen usw.) bedingen oft auch eine Veränderung der Industrie; sie sind aber nicht ihre primäre Triebkraft. Auch ist dieser revolutionäre Charakter nicht einer quasi-automatischen Bevölkerungs- und Kapitalzunahme oder den Launen des Geldsystems zuzuschreiben... Der fundamentale Antrieb, der die kapitalistische Maschine in Bewegung setzt und hält, kommt von den neuen Konsumgütern, den neuen Produktions- oder Transportmethoden, den neuen Märkten, den neuen Formen der industriellen Organisation, welche die kapitalistische Unternehmung schafft.« (S. 136–137) Diese mechanizistische Betrachtungsweise zeigt sich ungeeignet, die Dramatik zu erfassen, die in dem kapitalistischen Lohnsystem selbst angelegt ist, – gerade weil es die Menschen in Maschinenarbeiter und Arbeitsmaschinen verwandelt. – Auf die »Launen des Geldsystems« kommen wir im 2. Bd. der Arbeit zu sprechen.
128 | YANIS VAROUFAKIS: Time for Change, 59–60: »Im Feudalismus gab es den Grundbesitzer und die abhängigen Bauern. Die Bauern produzierten selbständig und bekamen den Überschuss, der ihnen blieb, wenn der Grundbesitzer sich ›seinen‹ Anteil genommen hatte. Es gab keine Löhne. Es gab keinen Gewinn. Reichtum sammelte sich in der Residenz des Grundbesitzers an, und etwaige Schulden entstanden erst im Nachhinein, wenn die Produktion zu Ende und die Ernte verteilt war. – In solchen Gesellschaften mit Märkten war Gewinn kein Selbstzweck, und Schulden waren kein existentielles Problem. Die Mächtigen interessierte es mehr, sich durch Plünderungen anderer Feudalherren oder Völker zu bereichern, durch Intrigen, die sie der Gunst des Königs näher brachten, durch Kriege und Duelle. So sicherten sie sich den Reichtum, die Macht und den Ruhm, den sie sich erträumt hatten. Der Gewinn existierte in ihrem Kopf nicht einmal als Begriff.«

kein Verbrechen, das es nicht riskiert, selbst auf Gefahr des Galgens.«[129]

Daran, nicht an der persönlichen Amoralität und Bösartigkeit des einzelnen Unternehmers, liegt es, daß im Industriezeitalter Menschen zu Sklaven von Maschinen werden, daß Schule und Universität wesentlich als Instrumente zur Produktivitätssteigerung und zur Sicherung des nationalen Industriestandorts eingesetzt werden, daß die Natur in einem unvorstellbaren Tempo leergeplündert wird und daß bei einem nie gekannten Ausstoß von Waren und Konsumgütern das innere wie äußere Elend der Menschen eher zu- als abnimmt.

Gibt es aus all dem also kein Entrinnen? MARX hätte den Zwangscharakter des kapitalistischen Wirtschaftssystems niemals so konsequent und eindringlich beschrieben, wenn er nicht gerade in dem »Gesetz« des Mehrwerts zugleich den Selbstwiderspruch und damit den notwendigen Zusammenbruch des Kapitalismus erkannt hätte. Es gehört wesentlich zur kapitalistischen Wirtschaftsform, daß im Konkurrenzkampf nur die Anbieter mit den niedrigsten Preisen für ihre Waren überleben; und niedrige Preise lassen sich nur über niedrige Produktionskosten, unter anderem also nur durch niedrige Löhne erzielen. Daraus aber ergibt sich notwendig eine immer größere Spaltung der Gesellschaft. Weit entfernt davon, den Wohlstand der Nationen zu befördern, den ADAM SMITH (und die neoliberalen Theoretiker bis heute) in Aussicht stellte, kann der Kapitalismus nur dahin führen, daß auf der einen Seite eine extrem hohe Produktionsrate (mit all den Folgen eines ungebremsten Ressourcenverbrauchs) entsteht, während auf der anderen Seite dem mit Niedrigstlöhnen abgespeisten Arbeiter die Kaufkraft fehlt, die notwendige Binnennachfrage anzukurbeln. Zudem zwingt der Konkurrenzdruck die kapitalistischen Unternehmer, immer mehr Kapital in immer effizientere Produktionsmittel zu investieren; doch indem damit der Anteil der menschlichen Arbeit an der Produktion zurückgeht, sinkt über kurz oder lang die Profitrate, die sich ja einzig aus der Ausbeutung der menschlichen Arbeit ergibt. Mit der *fallenden Profitrate* aber

---

129 | RALF BERHORST – JENS RAINER BERG: Geburt einer neuen Klasse, in: Geo Epoche Nr. 69: Der Kapitalismus, 2014, S. 69. – Angetrieben wird der Kapitalismus – neben dem Prinzip der wechselseitigen Vernichtungskonkurrenz – durch den Selbstwiderspruch des Produktionsprozesses, daß die Ausdehnung der Produktion die Rate des Mehrwerts in einer fallenden Profitrate ausdrückt, »weil mit seinem materiellen Umfang … der Wertumfang des konstanten und damit des Gesamtkapitals wächst.« KARL MARX: Das Kapital, III. Bd., 3. Abschn.; Gesetz des tendenziellen Falls der Profitrate, 221–277, S. 221–222.

wächst die Konkurrenz weiter: Immer mehr Firmen gehen in die Insolvenz, die großen Konzerne fusionieren zu immer noch größeren monopolistischen Trusts, – der Selbstwiderspruch des Kapitalismus erweitert sich von Stufe zu Stufe, bis zum Zusammenbruch. Was den Kapitalismus so erfolgreich macht: der immanente Zwang zu wirtschaftlichem Wachstum auf dem Rücken der Arbeiterklasse, wird zugleich das sein, woran er scheitern wird.

In MARX' eigenen Worten: »Die Bourgeoisie hat das Land der Herrschaft der Stadt unterworfen. Sie hat enorme Städte geschaffen... Die Bourgeoisie ... hat die Bevölkerung agglomeriert (sc. zusammengeballt, d. V.), die Produktionsmittel zentralisiert und das Eigentum in wenigen Händen konzentriert... Die Bourgeoisie hat in ihrer kaum hundertjährigen Herrschaft massenhaftere und kolossalere Produktionskräfte geschaffen als alle Generationen zusammen. Unterjochung der Naturkräfte, Maschinerie, Anwendung der Chemie auf Industrie und Ackerbau, Dampfschiffahrt, Eisenbahnen, elektrische Telegraphen, Urbarmachung ganzer Weltteile, Schiffbarmachung der Flüsse, ganze aus dem Boden gestampfte Bevölkerungen – welches frühere Jahrhundert ahnte, daß solche Produktionskräfte im Schoße der gesellschaftlichen Arbeit schlummerten.«[130] »Die moderne Industrie hat die kleine Werkstube des patriarchalischen Meisters in die große Fabrik des industriellen Kapitalismus verwandelt. Arbeitermassen, in den Fabriken zusammengedrängt, werden soldatisch organisiert... Sie sind nicht nur Knechte der Bourgeoisieklasse, des Bourgeoisstaates, sie sind täglich und stündlich geknechtet von der Maschine, von dem Aufseher, und vor allem von dem einzelnen fabrizierenden Bourgeois selbst. Diese Despotie ist um so kleinlicher, gehässiger, erbitternder, je offener sie den Erwerb als ihren Zweck proklamiert.«[131] Doch damit zugleich wächst und organisiert sich der Widerstand. »Der Arbeiter wird zum Pauper (sc. Verelendenden, d. V.), und der Pauperismus entwickelt sich noch schneller als Bevölkerung und Reichtum. Es tritt hiermit offen hervor, daß die Bourgeoisie unfähig ist, noch länger die herrschende Klasse der Gesellschaft zu bleiben und die Lebensbedingungen ihrer Klasse der Gesellschaft aufzuzwingen. Sie ist unfähig zu herrschen, weil sie unfähig ist, ihrem Sklaven die Existenz selbst innerhalb seiner Sklaverei zu sichern, weil sie gezwungen ist, ihn in eine Lage herabsinken zu

130 | KARL MARX: Manifest der kommunistischen Partei, in: Karl Marx. Ausw. u. Einl. v. Franz Borkenau, 102.
131 | A. a. O., 104.

lassen, wo sie ihn ernähren muß, statt von ihm ernährt zu werden... Die wesentliche Bedingung für die Existenz und für die Herrschaft der Bourgeoisieklasse ist die Anhäufung des Reichtums in den Händen von Privaten, die Bildung und Vermehrung des Kapitals; die Bedingung des Kapitals ist die Lohnarbeit. Die Lohnarbeit beruht ausschließlich auf der Konkurrenz der Arbeiter unter sich. Der Fortschritt der Industrie, dessen willenloser und widerstandsloser Träger die Bourgeoisie ist, setzt an die Stelle der Isolierung der Arbeiter durch die Konkurrenz ihre revolutionäre Vereinigung durch die Assoziation. Mit der Entwicklung der großen Industrie wird also unter den Füßen der Bourgeoisie die Grundlage selbst hinweggezogen, worauf sie produziert und die Produkte sich aneignet. Sie produziert vor allem ihren eigenen Totengräber. Ihr Untergang und der Sieg des Proletariats sind gleich unvermeidlich.«[132] »Wenn das Proletariat im Kampfe gegen die Bourgeoisie sich notwendig zur Klasse vereint, durch eine Revolution sich zur herrschenden Klasse macht und als herrschende Klasse gewaltsam die alten Produktionsverhältnisse aufhebt, so hebt es mit diesen Produktionsverhältnissen die Existenzbedingungen des Klassengegensatzes, die Klassen überhaupt und damit seine eigene Herrschaft als Klasse auf.«[133]

132 | A.a.O., 108–109.
133 | A.a.O., 116. – JOHN K. GALBRAITH: Die Tyrannei der Umstände, 79–115: Der Gegenprophet: Karl Marx, S. 98, verweist auf den Konflikt zwischen einem unmittelbaren politischen Programm und der Hoffnung auf eine baldige Revolution. Zehn Reformmaßnahmen schlägt das »Manifest« (S. 115–116) vor: »1) Expropriation des Grundeigentums und Verwendung der Grundrente zu Staatsausgaben. 2) Starke Progressivsteuer. 3) Abschaffung des Erbrechts. 4) Konfiskation des Eigentums aller Emigranten und Rebellen. 5) Zentralisation des Kredits in den Händen des Staates durch eine Nationalbank mit Staatskapital und ausschließlichem Monopol. 6) Zentralisation des Transportwesens in den Händen des Staats. 7) Vermehrung der Nationalfabriken, Produktionsinstrumente, Urbarmachung und Verbesserung der Ländereien nach einem allgemeinen Plan. 8) Gleicher Arbeitszwang für alle, Errichtung industrieller Armeen, besonders für den Ackerbau. 9) Vereinigung des Betriebs von Ackerbau und Industrie, Hinwirken auf die allmähliche Beseitigung des Unterschieds von Stadt und Land. 10) Öffentliche und unentgeltliche Erziehung aller Kinder. Beseitigung der Fabrikarbeit der Kinder in ihrer heutigen Form. Vereinigung der Erziehung mit der materiellen Produktion usw.« – »Etliche dieser Forderungen,« meint GALBRAITH (S. 98), »sind in den hochentwickelten kapitalistischen Ländern in der einen oder anderen Form verwirklicht worden – Abschaffung von privatem Landbesitz, Dezentralisierung der Bevölkerung und Verstaatlichung der Banken allerdings ausgenommen. Diese Reformen haben dem Kapitalismus ein gutes Stück seiner Grausamkeit genommen« und damit die »Revolution« verschoben. Dabei warten gerade die Punkte 1–3; 5–6 und 10 noch immer auf ihre Durchführung. Punkt 8 verdeutlicht, wie die Indu-

Das also ist der Ausweg aus dem Elend, den MARX als logisch unvermeidbar vor sich sah: Die privatwirtschaftlichen Unternehmen werden vergesellschaftet, die Arbeiterklasse selber übernimmt die Herrschaft, und es entsteht eine klassenlose Gesellschaft, in welcher der Zwang zur Profitmaximierung ein für allemal endet und damit zugleich die Lohnsklaverei, die Entfremdung der Arbeit, die Zerstörung von immer mehr Menschen in den Händen von rein zahlenmäßig immer weniger, doch dafür immer reicher werdenden Kapitalisten.

»Aber diese klassenlose Gesellschaft ist niemals eingetreten.« »Aber der Kapitalismus ist aus seinen – zugegeben – erheblichen Krisen stets nur noch stärker hervorgegangen.« »Keine einzige der Vorhersagen von KARL MARX hat sich bewahrheitet.« So lauten die üblichen Einwände und Vorwürfe, die gegen die Vision von der Herrschaft des Proletariats in einer klassenlosen Gesellschaft erhoben werden, und sicher, ganz falsch sind sie zumindest zum gegenwärtigen Zeitpunkt der Geschichte offenbar nicht. Doch selbst wer in MARX nicht gerade einen Propheten sieht, kann ihm die analytische Schärfe in der Beschreibung des kapitalistischen Wirtschaftssystems nicht absprechen: Mehr denn je öffnet sich gerade in unseren Tagen die Kluft zwischen Arm und Reich, und jeder sieht, daß beides zusammenhängt: der Reichtum der Reichen *ist* die Armut der Armen. Freilich, diese Armen sind in den westlichen Industrieländern nicht die Pauperes, die MARX in den Slums der britischen Großstädte kennengelernt hatte und die er als das Totengräberheer des Kapitalismus bereits am Horizont der Geschichte aufmarschieren sah; doch dafür ist das Elend einfach »outgesourced« worden: Es hat sich nach außen verlagert – in die Billiglohnländer Osteuropas und Südostasiens, in die Dritte Welt, in die Masse der Arbeitslosen, deren Beschäftigung im Wettlauf mit den – inzwischen computergesteuerten – Maschinen aus Gründen der Kosteneinsparung wegrationalisiert wurde. Bestätigt hat sich auch die von MARX prognostizierte Verschärfung des – mittlerweile – globalen Konkurrenzkampfes und des Zwangs zur Entstehung immer größerer Firmenkonsortien. Und vor allem: die Theorie vom *Mehrwert*! Selbst wer die Preisbildung einer Ware nicht monokausal aus dem Grad der Ausbeutung menschlicher Arbeit ableitet, wie MARX es tat, sondern (merkantilistisch)

strialisierung der Landwirtschaft auch und gerade in einer kommunistischen Wirtschaftsordnung als ein Krieg gegen die Umwelt, geführt von Arbeiterbrigaden, konzipiert ist.

auch das Spiel von Angebot und Nachfrage auf dem Markt in seine Betrachtungen einbezieht, kommt doch nicht umhin, die Frage aufzugreifen, die das kommunistische Projekt zentral bestimmt: Wie definiert sich ein Lohn, der nicht allein das Existenzminimum des Arbeiters und das Profitmaximum des Unternehmers festschreibt, sondern der eine faire Teilhabe an dem erzielten Gewinn der geleisteten Arbeit ermöglicht?

4) Fair ist ein Lohn, der sozialpolitisch die Externa einbezieht

Was sich im Zeitalter der Industrialisierung, vom Ende des 18. Jhs. beginnend, vollzog, kann man zu Recht als die Umwandlung der bisherigen Gesellschaftsform *mit* einem Markt in eine *Marktgesellschaft* bezeichnen[134]. Bis dahin waren die drei entscheidenden Produktionsfaktoren: die Böden, die menschliche Arbeit und die Produktionsmittel (Maschinen, Geräte), zwar Güter von mitunter beträchtlichem Sachwert, doch nicht Waren in eigentlichem Sinne. Die Sklaven waren Waren als allseits verwendbare Sachen, nicht als Arbeitskräfte in speziellen Berufszweigen; mit ihnen wurde gehandelt, doch sie verkauften nicht sich selbst; ebenso die Pachtbauern im Feudalismus: Sie erwirtschafteten Erträge, deren größten Teil ihnen die Grundherren abnahmen, aber sie boten sich nicht selbst feil mit ihrer Arbeitskraft; ihre Produktionsmittel (Hacken, Spaten, Sensen) stellten sie zumeist selbst her; und die Böden wurden wohl durch Eroberung und Vertreibung angeeignet, doch nicht als Tauschwerte auf dem Markt gehandelt. All das änderte sich, als im Industriezeitalter alle drei Produktionsfaktoren: Boden, Arbeitskraft und Arbeitsgerät, kommerzialisiert, mithin in *Waren* verwandelt wurden. Wie das geschah, haben wir gesehen: Es ereignete sich in England mit der Erfindung der wassergetriebenen Spinnmaschinen. Aber warum?

Voraus ging dem der britische Seehandel, verbunden mit der enormen Ausbreitung von Tauschwaren auf den Märkten der Welt. Immer mehr Gegenstände wurden dadurch von Gebrauchswerten zu Tauschwerten, über deren Höhe der Preis entschied. »So verwandelten sich Erzeugnisse wie Wolle, Gewürze, Seide und Stahlschwerter in Handelswaren von globalem Wert, deren Wert nun für den Hersteller untrennbar mit ihrem Tauschwert verbunden war.«[135] Und diese Umwandlung setzte eine eigene Logik frei.

Bis dahin war es nötig, zum Beispiel Wolle für die Herstellung von Kleidung zu produzieren, so wie es nötig war, Agrarprodukte (Getreide, Obst, Gemüse) als Nahrungsmittel herzustellen; mit all diesen Produkten konnte auch gehandelt werden, doch entscheidend blieb ihr Gebrauchswert. Mit der Ausdehnung des globalen Handels aber wurden die Gebrauchsgüter zu Waren, die hergestellt wurden um ihres Tauschwertes auf dem Markt willen, – man wollte sie nicht

---

134 | YANIS VAROUFAKIS: Time for Change, 41–46: Die Entstehung der Marktgesellschaften.
135 | A. a. O., 43.

nutzen, man wollte mit ihnen Geld gewinnen; in Gang kam der Kreislauf von Herstellung, Handel und neuerlicher Herstellung von Ware, Geld und Ware. Nun war es für die Feudalherren des 18. Jhs. nicht schwer zu sehen, daß sie mit ihren Ländereien besseres anfangen konnten als leicht verderbliche Waren wie Lebensmittel herzustellen, – aus der Wollproduktion allein waren weit höhere Gewinne zu erzielen. Also entließen sie ihre Pachtbauern bis auf den Rest, der zu ihrer Eigenversorgung nötig war, und verwandelten das Agrarland in Weideland für Schafherden, mit deren Wolle sich günstiger auf dem Markt Handel treiben ließ, – kein Wunder deshalb, daß die Industrialisierung gerade mit Spinnmaschinen ihren Anfang nahm, insbesondere nach dem Import von Baumwolle aus der Levante und aus Indien. Die »freigesetzten« landlosen Pachtbauern freilich mußten sehen, wo sie blieben; für sie bedeutete das heraufziehende Industriezeitalter mit seinen neu geschaffenen Arbeitsplätzen in der Tat einen Ausweg aus ihrem Elend, – sie konnten sich glücklich schätzen, eine wenn auch noch so niedrig bezahlte Arbeit in der Industrie zu finden.

Für die Frage nach einem fairen Lohn besagt diese Entstehungsgeschichte des Industriekapitalismus etwas sehr Wichtiges: Daß Menschen damit einverstanden sein müssen und mußten, jedes Entgelt für ihre Arbeit zu akzeptieren, von dem sie gerade leben können, ergibt sich nicht aus einem »Naturgesetz« der Ökonomie, sondern aus einem brutalen Gewaltakt von Feudalherren, die sich aus erpresserischen Konsumenten von Gebrauchsgütern in klar ihren Gewinn kalkulierende kapitalistische Produzenten von Tauschwaren und Handelsgütern verwandelten. Die Rechtlosigkeit der Industriearbeiter gegenüber den neuen Arbeitsherren ergab sich aus ihrer Mittellosigkeit nach der Vertreibung von Haus und Hof. Sie besaßen nichts, – also hatten sie auch keine Ansprüche; also mußten sie froh und zufrieden sein, wenn sich mit ihnen (wieder) etwas Brauchbares anfangen ließ. – Immer wieder bisher schon haben wir betont, daß ein System wie der Kapitalismus nicht mit moralisch-ethischen Betrachtungen über Gerechtigkeit, Mitleid und Menschlichkeit zu bekehren ist; doch diese systemtheoretische Tatsache geht, wie sich zeigt, auf eine historische Ursache zurück: Rechtlos waren die Leibeigenen im Feudalismus seit eh und je; doch daß sie sich selber in die Sklaverei der Maschinenarbeit begeben mußten, um dadurch ihren Lebensunterhalt auf dem niedrigsten Niveau zu verdienen, geschieht erst im Industriekapitalismus. *Der* allerdings basiert auf der Rechtlosigkeit der Arbeiterschaft gegenüber dem Unternehmertum, – daraus ist er entstanden, darin besteht er; mit anderen Worten, der bloße Gedanke auch nur, es könnte so etwas geben wie eine faire Lohnzahlung, kann dem Kapitalismus von selber nicht kommen; er ist ihm systemfremd. Die Folgerung daraus ist von erheblicher Tragweite.

Nach wie vor hängen die Vertreter der neoliberalen Wirtschaftstheorie der Vorstellung an, der »freie« Markt werde von ganz allein Wohlstand für alle, nicht zuletzt auch für die Arbeiter, hervorbringen, wenn es nur gelinge, den Einfluß der Sozialpolitik mit ihren marktbehindernden Ideen aus dem Spiel zu halten. Was wir jetzt sehen, läuft auf das genaue Gegenteil hinaus. Die Kraft, die als erste imstande ist, kapitalistische Unternehmer zu einigermaßen angemessenen Lohnvereinbarungen zu nötigen, stellen die *Gewerkschaften* dar, wenngleich ihre »Macht« allein in der Verneinung der vorhandenen Negiertheit der Arbeiter als freier Subjekte vonseiten der Eigner der Produktionsmittel besteht: Sie können dazu aufrufen, durch Streik einer Arbeit unter unfairen Bedingungen sich zu verweigern. Eine Politik wie die von *Margaret Thatcher, Ronald Reagan, Gerhard Schröder* und anfangs auch von Kanzlerin *Merkel*, die zugunsten des Kapitals den Einfluß der Gewerkschaften mit Gesetzen niederringt, kann im Prinzip nicht freundlich für die Arbeitnehmer sein; sie verurteilt sich vielmehr selbst dazu, als Vollzugsbeamtin der Unternehmerinteressen zu fungieren, und sie muß sich den Vorwurf gefallen lassen, selber durch ein entsprechendes Sponsoring in die Abhängigkeit der Kapitaleigner und ihrer Lobbyisten geraten zu sein. Demokratie ist anders.[136]

Aber angenommen, es gäbe über die Gewerkschaften hinaus eine

---

136 | REINHARD CRUSIUS: Rettet Europa, nicht nur die Banken, 466–467, zeigt, in welchem Umfang die Lobbyarbeit vor allem über Parteienfinanzierung virulent ist: »am 15.10.2013 kam in den TV-Nachrichten die Meldung, dass Familie Quandt, die Großaktionäre von BMW, der CDU 690000 Euro überwiesen; und als sei das nicht schon demokratischer Skandal genug, wird einen Tag später bekannt, dass der ›Verband der Bayrischen Metall- und Elektroindustrie (VBM)‹ der CSU eine Parteispende von 566000 Euro überwies.« »Ein Sonderausschuss des Europäischen Parlaments (›CRIM-Komitee‹) hat inzwischen eine umfassende Bestandsaufnahme von Kriminalität, Geldwäsche und Korruption in der EU erstellt. Das Ergebnis ist erschreckend…: 880000 Sklavenarbeiter, davon 270000 Opfer sexueller Ausbeutung; Schaden durch Cyber-Crime: 290 Mrd. Euro; 20 Millionen registrierte Fälle von Korruption im öffentlichen Sektor, Gesamtschaden: 120 Mrd. Euro im Jahr… In den Bereich der Bestechlichkeit und Korruption (den bösen Bälgern der Lobby-Arbeit) gehört auch ein Unterbinden der ›nahtlosen Ämterrotation‹ zwischen EU, den Länderregierungen und der Großwirtschaft.«

Politik, die wirklich das gesamte Volk verträte – die also dem Begriff einer Demokratie Realität verliehe –, so dürfte sie sich nicht nur neutral gegenüber dem Interessenkonflikt von Arbeitgebern und Arbeitnehmern verhalten, sie müßte sich vielmehr unterstützend auf die Seite der in dieser Auseinandersetzung Schwächeren, der Arbeitnehmer also, stellen. Dazu gehörte nicht, daß der Staat im Sinn der Planwirtschaft die Löhne selbst diktierte; er müßte allerdings der Wirtschaft gewisse Rahmenbedingungen vorgeben, zu denen beispielsweise die umstrittenen »Mindestlöhne« zählen; wie hoch sie ausfallen, ergibt sich freilich nicht aus dem Produktionsverlauf selbst, und so ist der Einwand der Volkswirtschaftler nicht unberechtigt, daß hier etwas von fremd den ökonomischen Gegebenheiten eingefügt werde, das sich nicht am Arbeitsertrag orientiere, sondern an einer groben Abschätzung des unteren Randes der Einkommensverhältnisse in der jeweiligen Gesellschaft: Auf welch einem Niveau bewegt sich der Durchschnitt des Lebensstandards der Bevölkerung? Das ist die Frage. Kennt man den durchschnittlichen Lebensstandard eines Landes, ist eine einfache Definition des Grenzbetrages möglich, von dem an die Armut beginnt, – sagen wir bei weniger als 60 % des Durchschnittseinkommens. Der »Mindestlohn« verfolgt dann den Zweck, ein Absinken weit unter diesen Wert zu verhindern.

Doch neben der zugegebenen Fremdheit gegenüber dem realen Produktionsprozeß weist die politische Festsetzung eines Mindestlohnes zwei weitere Mängel auf: *Zum einen*: Er dürfte nicht auf einen fixen Betrag festgeschrieben werden, sondern es müßten seine absehbaren volkswirtschaftlichen Folgen mit in die Planung aufgenommen werden. Wenn ein Unternehmer gezwungen wird, bei der Herstellung eines Produktes höhere Löhne zu zahlen, wird er sich aller Wahrscheinlichkeit nach durch eine Erhöhung der Verkaufspreise schadlos halten; damit aber wird sich (wie in Graphik 1) der Absatz verringern; also wird er die Laufzeit seiner Maschinen drosseln oder er wird die Neueinstellungen von Arbeitern vermeiden und eventuell sogar einen Teil der Angestellten »betriebsbedingt« kündigen. Zudem bewirkt eine Preiserhöhung einen Anstieg der Inflation: Für höhere Geldbeträge erhält man weniger Waren, und mit der Entwertung des Geldes sinkt natürlich auch der Kaufwert der Löhne. Es macht daher nur begrenzt Sinn, einen nominalen Mindestlohn festzusetzen, denn ausschlaggebend für das Marktgeschehen ist der Reallohn; will man *den* halten, muß der »Mindestlohn« dynamisch an den zu erwartenden Anstieg der Inflationsrate angepaßt werden, –

was in aller Regel nicht geschieht. Und *zum zweiten*: Durch die Internationalisierung und Globalisierung von Herstellung und Handel ist die Verführung für die Unternehmer unter dem Konkurrenzdruck der jeweiligen Branche schier unwiderstehlich, den sozialpolitischen Eingriffen der jeweiligen Landesregierung durch Verlagerung der Produktion in sogenannte Billiglohnländer (in Europa zum Beispiel nach Slowenien, Tschechien oder Rumänien, in Asien etwa nach Bangladesch oder Indien) auszuweichen. Innerhalb des einheimischen Binnenmarktes bedeutet ein solches »Outsourcing« der Arbeitsplätze in ein Land mit vergleichsweise niedrigerem Lohnniveau die Möglichkeit, seine im Ausland hergestellten Waren billiger als die Konkurrenz im Inland absetzen zu können, – ein enormer Standortvorteil, der dem am meisten zugute kommt, der vor allen anderen am schnellsten zugreift. Zudem führt eine steigende Inflationsrate zu Zinserhöhungen, was dazu verleitet, nicht so sehr in Produktion zu investieren, als vielmehr mit Finanzkapital zu spekulieren; den »Normalbürger« wird ein Anstieg der Inflation mit höheren Zinssätzen dahin bringen, weniger für den Konsum auszugeben und mehr zu sparen, so daß auch dadurch die Binnennachfrage zurückgeht und sich Standortniederlassungen im Ausland dem unternehmerischen Denken empfehlen. Jede Veränderung einer Stellgröße hat Auswirkungen im gesamten Wirtschaftskreislauf.

Ein Hauptproblem aller Lohnpolitik besteht in der Gegenwart darin, daß die Wirtschaft – nicht zuletzt durch den Einsatz der digitalen Möglichkeiten des Online-Shoppings – sich längst internationalisiert hat; vor allem zu den Produktions- und Absatzstrategien der Konzerne gehört es geradezu, transkontinental vernetzt aufzutreten. Demgegenüber findet sich die Sozialpolitik der Staaten immer noch in den Grenzen der nationalen Interessen gefangen: Bei allem vorgeblichen Streben nach sozialer Gerechtigkeit bleibt der Druck der Wirtschaft auf die Regierenden groß, – sie haben der Verlagerung der Produktion ins Ausland kaum etwas entgegenzusetzen. – Als Skandal empfunden wurde etwa die Auflösung der Werkstätten des finnischen Handy-Herstellers *Nokia* am Industriestandort Bochum. Nach dem Wegfall des Steinkohlebergbaus wurde es für die Städte im Ruhrgebiet überlebenswichtig, neue Firmen anzusiedeln, und so stellten sie großzügig in den Gewerbegebieten am Stadtrand Freiflächen für den Bau entsprechender Produktionsstätten bereit; ihre Hoffnung war es, an der – meist künstlich niedrig gehaltenen – Gewerbesteuer ein wenig zum Abbau der kommunalen Überschuldung

mitverdienen zu können. Statt dessen dies: *Nokia*, das sich Anfang
der 90er Jahre in Bochum niedergelassen hatte, entdeckte 2008, daß
in Rumänien die gleichen Handys sich billiger, das heißt mit weit
niedrigeren Löhnen, herstellen ließen, und so geschah es: Die einheimischen Arbeiter wurden in dem typisch kapitalistischen »hire and
fire« »freigesetzt«, – wer wollte, konnte sich zur Mitnahme nach
Rumänien melden, wo er nominal weniger verdiente, doch bei den
billigeren Warenpreisen dort sich immerhin noch dies und das leisten
konnte... Die Stadt Bochum aber stand – so gut wie die ehemaligen
Angestellten – mit leeren Händen da.[137]

Ein ähnliches Lehrstück in Sachen unternehmerischer Lohnstrate-
gie im Kapitalismus wurde der Stadt Bochum wenig später durch den
amerikanischen Autohersteller General Motors zuteil. Die Firma
hatte in den 90er Jahren die deutschen *Opel*-Werke mitsamt ihren
ausländischen Niederlassungen »feindlich übernommen«, das heißt
schlicht: aufgekauft, nur um im Jahre 2014 festzustellen, daß es in
der akuten Absatzkrise nicht länger vorteilhaft war, an der Herstellung von *Opel*-Wagen festzuhalten. Am besten also: die Streichung
sämtlicher Arbeitsplätze, dann, nach langen Verhandlungen mit den
Gewerkschaften und Betriebsräten, die Auflösung »nur« einiger Niederlassungen nach dem Zufallsprinzip: Ohne weitere Begründung
wurden die Opelwerke in Bochum geschlossen. Fertig. Keine deutsche Politik besaß den Mut oder die Mittel, den mächtigen Amerika-
nern Paroli zu bieten, – von den bewußt geschwächten Gewerkschaften ganz zu schweigen.[138]

137 | *Nokia* wurde 1865 in Finnland als Papierfabrik gegründet; die Verlegung
der Bochumer Firmenniederlassung nach Rumänien wurde zwischen 2008 bis
2012 abgewickelt. – FRANZ KOTTEDER: Billig kommt uns teuer zu stehen, 230–
239: Hightech und Frühkapitalismus, resümiert: »2300 Bochumer arbeiteten... 20
Jahre lang.... Und am 15. Januar 2008 war Schluss... Die Presse berichtete...,
Nokia habe im letzten Jahr vor der Schließung mit dem Werk Bochum noch 134
Millionen Euro Gewinn gemacht... Der Umzug nach Jucu in Siebenbürgen rechnete sich zweifellos für Nokia. Nicht nur, dass man hier statt mit 2000 Euro
Durchschnittsverdienst wie in Bochum mit 250 Euro pro Nase auskam... Für die
neue Fabrik wurde Nokia ein Gelände von 90 Hektar nahezu kostenlos zur Verfügung gestellt... In der neuen Fabrikanlage, die pro Schicht 40 000 Handys her-
stellte, konnten schon... 2008 schwarze Zahlen geschrieben werden. Im Jahr 2009
betrug der Gewinn... 159 Millionen Euro, im Jahr darauf sogar 181 Millionen
Euro.« (231)
138 | Die Opel-Werke in Bochum wurden am 5. 12. 2014 nach ebenso langem wie
vergeblichem Widerstand der Belegschaft geschlossen. – Ein weiteres Schaustück
bietet derzeit die zu erwartende Übernahme der *Wincor Nixdorf* AG in Paderborn
durch den US-Konkurrenten Diebold. Schon im April 2015 bat das Unternehmen

um Unterstützung von Investmentbanken in Finanzierungsfragen; in den ersten neun Monaten des Geschäftsjahres 2014/15 ist der Umsatz um 2 % geschrumpft, der operative Gewinn sank infolge von Restrukturierungskosten um 57 %. Das scheint das Ende der Selbständigkeit zu sein; MARTIN KRAUSE – HOLGER KOSBAB: Gerüchte bestätigt, in: Neue Westfälische, 19. Okt. 2015. – Diebold, mit Sitz in North Canton (Ohio), ist ein Hersteller von Hard- und Softwaresystemen für Selbstbedienungsautomaten und hat rund 16 000 Beschäftigte; das Unternehmen bietet Wincor-Nixdorf 1,7 Mrd Dollar, den Aktionären 52,50 Euro pro Aktie. Ein Zusammenschluß könnte die Digitalisierung der Bankenbranche vorantreiben. Allerdings: Von den 9200 Arbeitsplätzen sollen rund 1100 Jobs gestrichen werden, davon rund 500 in Deutschland. Vgl. Erst Kahlschlag, dann Übernahme, in: junge Welt, Nr. 242, 19. 10. 15, S. 9. – Wie die wirtschaftliche Schwäche eines Landes Lohnsklaverei fördert, zeigt das Beispiel *Argentinien*: »In den neunziger Jahren war die argentinische Textilindustrie am Ende. Staatsbetriebe wurden privatisiert, die Grenzen für ausländische Produkte geöffnet und die Landeswährung Peso an den US-Dollar gekoppelt. Viel Geld strömte ins Land ... Güter aus Asien überfluteten den Markt, Billigkleidung aus Bangladesch. Die einheimische Industrie konnte damit nicht konkurrieren. Die Arbeitslosenzahl explodierte, Ende 2001 wurde der Staat zahlungsunfähig.« In dieser Situation ging *Néstor Kirchner* dazu über, die Textilindustrie mit Sklavenarbeit zu »retten«: »Knapp 60 Prozent aller Argentinier sind wirtschaftlich vom Staat abhängig. Sie erhalten ... Renten und Hilfsprogramme, die ein bescheidenes Überleben sichern. Ausländer (sc. hingegen, d. V.) arbeiten in Textilwerkstätten, in der Weinlese und der Altenpflege.« Der staatliche Assistenzialismus (Sozialbeistand) fußt auf einer »Reservearmee« von Arbeitslosen und chronisch Unterbeschäftigten. »Etwa 40 000 illegale Textilbetriebe im Lande stellen Billigware her, darunter Kopien von Markenprodukten. Das heißt: 200 000 Menschen hängen direkt von diesen Jobs ab, dazu kommen Stoff- und Garnverkäufer, Fahrer und nicht zuletzt die Käufer dieser Waren.« 90 % der Beschäftigten sind Bolivianer, die für einen Lohn weit unterhalb des Mindestlohns schuften, – etwa für 1,15 Euro, »eine Putzfrau in einem Privathaushalt verlangt das Vierfache.« GABI WEBER: Sklavenjobs in Argentinien, in: junge Welt, Nr. 245, 22. 10. 15, S. 9. – Und immer noch wächst weltweit die Zahl der Arbeitslosen. ALEXANDER HAGELÜKEN: Nur jeder vierte hat einen stabilen Job, in: SZ, Nr. 113, 19. 5. 2015, S. 19, schreibt: »Die globalen Krisen (sc. wie der Finanzcrash von 2007/08, d. V.) hinterlassen in der Wirtschaft auch nach Jahren starke Spuren. So suchen derzeit 30 Millionen mehr Menschen einen Job als vor ... 2008 ... Während der Trend weggeht vom dauerhaften Vollzeitjob zu befristeten Stellen oder weniger Stunden, müssen viele Bewohner der Entwicklungsländer darum kämpfen, überhaupt halbwegs bezahlte Arbeit zu finden.« Das gilt auch für Europa. »Die Zahl der Vollzeitjobs, die traditionell für die Ernährung einer Familie ausgelegt sind, schrumpfte in der EU bis 2013 um mehr als drei Millionen. Dagegen erhöhte sich die Zahl der Teilzeitstellen um zwei Millionen.« Hinzu kommen die in »Werksverträgen« von »Subunternehmen« Angestellten, von deren zu niedriger Bezahlung und ständiger Bedrohung durch Kündigung nach Belieben sich die Firmen selber rechtlich nichts annehmen. – Von daher ist die Hoffnung gering, die JOSEPH STIGLITZ: Die Chancen der Globalisierung, 337, äußert, es werde die Handelsliberalisierung (auch und gerade auf dem Arbeitsmarkt) »die Welt zu *einer* Volkswirtschaft« machen, »und die Löhne gering qualifizierter Arbeitskräfte würden überall auf der Erde gleich sein, ganz egal, wo sie leben.« Oder ist das gar keine »Hoffnung«, sondern die fast

Deren einzige Chance wurde bereits vertan, als 1871 die Pariser Kommune auch an ihrer eigenen Zerstrittenheit scheiterte: Sie reduzierte – im Verein mit den »Sozialdemokraten« – schließlich ihren Anspruch auf die Vertretung lokaler, national gebundener Arbeitnehmerinteressen unter den Bedingungen der bestehenden Produktionsverhältnisse, anstatt im Sinne der Internationale der Arbeiterschaft weltweit das kapitalistische Wirtschaftssystem selbst umzustürzen. Dem internationalisierten Industriekapital haben die Gewerkschaften in ihrer gegenwärtigen Aufstellung und Einstellung absolut nichts entgegenzusetzen.

Und dieser Mißstand zeitigt eine empfindliche internationale Konsequenz: Das Ausweichen der Unternehmer in »Billiglohnländer« verschafft kurzzeitig einem einzelnen Konzern gewiß einen entscheidenden Konkurrenzvorteil, doch dafür überträgt es das Konkurrenzverhältnis selbst auf die einzelnen Länder, die nunmehr ihrerseits gezwungen sind, in einen absurden Wettbewerb um immer noch billigere Arbeitsplätze einzutreten. Dabei handelt es sich ohnehin um Länder, in denen so etwas wie Arbeitnehmerschutz nicht existiert; »Fabrikbetreiber unterbieten sich gegenseitig, um im internationalen Wettbewerb Aufträge anzuziehen, und suchen dafür ihre Kosten stetig zu drücken.«[139] Auf diese Weise durchdringt der Kapitalismus selbst die entlegensten Teile der Welt mit seiner restlosen Kommerzialisierung menschlicher Arbeitskraft und seiner rücksichtslosen Ausbeutung der natürlichen Ressourcen; für die einheimischen Industriestandorte läßt sich allein durch die Drohung mit einer Betriebsverlagerung ins Ausland die von Fall zu Fall anstehende Lohnsenkung durchsetzen. Das Kapital ist halt ein scheues Reh, stets unterwegs zu den saftigsten Wiesen.

Doch dem ist beizukommen. Absolut unverzichtbar sollte natürlich der Grundsatz sein: gleicher Lohn für gleiche Arbeit überall auf Erden. Statt daß mit Hilfe der Lohndumpingstrategie der hiesigen Unternehmen die Dritte Welt Einzug hält in die Erste Welt, sollte mit der Verlegung einheimischer Betriebe in sogenannte Billiglohnländer umgekehrt die Erste Welt Einzug in die Dritte Welt halten. Doch das

sichere Aussicht, daß sich die Löhne in der »Ersten Welt« für einen Großteil der Bevölkerung auf das Niveau der »Dritten Welt« werden herabdrücken lassen, so daß die Schere zwischen Arm und Reich nicht mehr nur zwischen Nord und Süd, sondern quer durch alle Gesellschaften sich öffnen wird?

139 | UTE EBERLE: Das Container-Prinzip, in: Geo Epoche, Nr. 69: Der Kapitalismus, S. 125.

zu erreichen scheint durch die Nationalisierung und Regionalisierung der Gewerkschaften und der Regierungen derzeit utopisch. Erreichbar aktuell ist immerhin *ein System politischer Auflagen:* Zu denken ist an eine höhere Besteuerung von Unternehmergewinnen, die im Ausland durch Billiglöhne erzielt werden. Wieso muß es dabei bleiben, daß Einkünfte aus ehrlicher Arbeit mit 44 % besteuert werden, Unternehmergewinne hingegen mit nur 25 %? – Möglich ist auch die Errichtung von Zöllen auf Waren, die von einheimischen Firmen im Ausland produziert wurden, – der Staat holte sich dadurch die ihm mit Outsourcing entgangenen Steuern zurück. Vor allem: Die Ausbeutung der arbeitenden Bevölkerung in den Ländern der Dritten Welt verlangt eine Entschädigung durch eine Art Entwicklungshilfs-Zahlung der transnational agierenden Konzerne.

Klar ist auf jeden Fall, daß Löhne vonseiten der Arbeitgeber nicht in einem sozial luftleeren Raum festgesetzt werden, sondern die Folgen mit einkalkuliert werden müssen, die das unternehmerische Handeln für die Gesamtbevölkerung bedeutet. Wie Preise nur »fair« sind, wenn sie die ökologischen Schäden an der Natur restituieren, so sind Löhne nur dann fair, wenn sie die sozialökonomischen Externa in ihre Kalkulation miteinbeziehen. Gleicher Lohn für gleiche Arbeit überall auf Erden, – das ist, das muß das Ziel sein.

Bisher jedoch liegen die Dinge so: Eine Firma schrumpft sich gesund, indem sie einen Teil der Belegschaft wegrationalisiert; vom Tage der Kündigung an hat das Unternehmen mit den von ihm »Freigesetzten« nichts mehr zu tun; es profitiert von dem Einsatz neuer Maschinen, welche die alten Arbeitsplätze überflüssig machen, für die »Überflüssigen« kommt es nicht auf. Aber von irgend etwas müssen die Arbeitslosen leben. In einem Staat mit funktionierendem Sozialsystem kommt für sie die Arbeitslosenanstalt, das heißt letztendlich der Steuerzahler auf. Wieder werden die Gewinne privatisiert und die Schäden sozialisiert. So ist es typisch für das kapitalistische Wirtschaftssystem, doch so darf und kann es nicht bleiben: Eine betriebsbedingte Entlassung von Arbeitskräften müßte einhergehen mit entsprechenden Ausgleichzahlungen an die Sozialkassen. Nun sind es meistens die schwächelnden Firmen, die mit (Massen)Entlassungen die Notbremse ziehen und am wenigsten zur Zahlung von Zusatzkosten imstande sind; viel besser geeignet dazu sind die prosperierenden Unternehmen, und die einfachste Art, sie in Fragen des Arbeitnehmerschutzes zur Kasse zu bitten, besteht in der Koppelung von Ersatzleistungen für Arbeitslose an den Lohn derer, die (noch) Arbeit haben. Deutlich wüßten dann alle: Arbeitnehmer, Arbeitgeber und Bürger, um ihre Zusammengehörigkeit. Wie viel stellt die Gesellschaft einem jeden Unternehmer unentgeltlich zur Verfügung: durch die Ausbildung der Arbeitskräfte, durch die Bereitstellung der Infrastruktur, durch genügende Wirtschafts- und Rechtssicherheit? Es ist nur gerecht, dafür eine Rückerstattung zu fordern, die der Gemeinschaft zugute kommt, darunter insbesondere zugunsten der Schar der in Arbeitslosigkeit Entlassenen. Auch die in Arbeit und Brot Stehenden tragen eine Mitverantwortung für ihre weniger glücklichen Kollegen. So wie die Zahlung von Krankenkassenbeiträgen in einem Sozialstaat zur Pflicht gehört, weil jeder, der noch gesund ist, so krank sein könnte wie der von Unglück Betroffene, so sollte im Lohn des Arbeitenden ein prozentualer Anteil zur Hilfe der Arbeitslosen enthalten sein. Ein fairer Lohn ist ein Spiegel der Gesellschaft, nicht nur ein Abkommen zwischen Arbeitgeber und Arbeitnehmer.

Doch das alles erklärt nicht, wonach Lohngerechtigkeit eigentlich sich bemessen sollte. Eine einfache Möglichkeit, diese Frage zu beantworten, besteht nur scheinbar in einer Verrechnung nach den *Lohnstückkosten*, indem man den lohnbedingten Anteil an den Herstellungskosten umrechnet auf die Anzahl der Produktionseinheiten; auf diese Weise glaubt man, über ein objektives Maß zur Bestimmung der Produktivität eines Unternehmens oder eines ganzen Landes zu verfügen. Doch gerade die Lohnstückkosten-Rechnung erweist sich in den Händen des Internationalen Währungsfonds (IWF) und der Weltbank, diesen beiden Rammböcken zur Durchsetzung westlicher (US-amerikanischer) Wirtschaftsinteressen, als ein vorzügliches Instrument, bereits verschuldete Länder zur Gewinnmaximierung der Kapitaleigner (der Investoren und Banken) zu zwingen. »Ihr könnt von uns günstige Übergangskredite erhalten«, erklärt man ihnen, »doch dafür brauchen wir gewisse Sicherheiten. Euere Bonität, wie Ihr selber wißt, wird von den Rating-Agenturen miserabel eingeschätzt. Doch wir wollen nicht so sein, – wir helfen Euch, wenn Ihr gewisse Anteile Eueres Staatsvermögens ausländischen Unternehmern überläßt, denn dann verringert sich schon einmal ein Teil Euerer Schuldenlast um den Betrag des Verkaufspreises, den Ihr freilich 1 : 1 zur Rückzahlung Euerer bereits vorhandenen Verbindlichkeiten verwenden müßt. Es gibt jetzt keinen Spielraum mehr für luxuriöse Extravaganzen. Vor allem aber: Ihr müßt die Produktionskosten senken, um im internationalen Vergleich wieder wettbewerbsfähig zu werden und damit auf den Wachstumspfad zurückzukehren.

Euere Produktionskosten machen Euere Waren zu teuer, – zu hohe Löhne bedingen zu hohe Preise. Also müßt Ihr zugunsten der Wettbewerbsfähigkeit die Lohnstückkosten senken. Anders können wir Euch kein Geld leihen, bildet doch die Aussicht auf ein Anspringen der Wirtschaft die einzige Grundlage unserer Erwartung, die dringend benötigten Kredite, die wir (der IWF, die Weltbank) Euch großzügig leihen, jemals mit Zins und Zinseszins zurückzubekommen.«

Also lautet die Formel allüberall, wo es um die »Rettung« verschuldeter Länder geht. Es handelt sich, kann man auch sagen, um das Dogma der neoliberalen Theologie der kapitalistischen (Ersatz) Religion, – man muß wie blind daran glauben, um alle Erfahrungen in der Wirklichkeit erfolgreich in den Parlamenten der westlichen Industrienationen niederzupredigen. Denn die Wirklichkeit sieht natürlich anders aus: Senkung der Löhne bedeutet als erstes Senkung der Binnennachfrage, also Verringerung der Aufträge, also Arbeitsentlassungen, also weiterer Rückgang des BIP, statt Wirtschaftsbelebung und Wirtschaftsaufschwung. Zudem nimmt das Breitband-Rezept der kapitalistischen Roßkur keinerlei Rücksicht auf die unterschiedliche Lage der verschiedenen Länder auch nur schon in der EU. *Italien* zum Beispiel besitzt eine gründlich andere Produktionspalette als etwa die BRD: Die Löhne in Italien liegen 15 % unter dem belgischen oder französischen und sogar 30 % unter dem deutschen Lohnniveau; die Gründe der lahmenden Wirtschaft sind also sicher nicht in zu hohen Lohnstückkosten zu suchen, eher in mangelnder Bildung, mangelnder Infrastruktur, ausufernder (und ineffizienter) Bürokratie, politischer Korruption und manch anderem[140]. Und wie in Italien, so in Griechenland, wo die Raubritter der Troika (IWF, EU und EZB) selbst die Vertreter der rebellischen Ochi(Nein)-Partei Syriza im August 2015 wieder mal zum Einlenken gezwungen haben, – ihr Kürzungs- und ökonomisches Sparprogramm wird zweifellos den ausländischen Banken (vor allem in Frankreich und Deutschland) sowie den Aufkäufern bestehender staatlicher und privater Betriebe von Nutzen sein, doch nur unter schweren Einbußen an Lebensqualität der arbeitenden Bevölkerung.

Statt die unselige Lohnstückkosten-Debatte fortzusetzen, liegt es auf der Hand, den Ansatz von KARL MARX zu Ende zu bringen. Die Frage sollte nicht, wie in der Volkswirtschaftslehre üblich, noch län-

---

140 | REINHARD CRUSIUS: Rettet Europa, nicht nur die Banken, 86.

ger lauten, wie teuer die Löhne den Unternehmern zu stehen kommen; umgekehrt! Die Frage sollte lauten, wie viel die sich bereichernden Unternehmer an der Arbeit ihrer Angestellten verdienen. Dieser Wechsel der Fragestellung ist entscheidend; er beendet eine ökonomische Theoriebildung, die wesentlich in der Absicht maßgeschneidert wurde, die kapitalistische Ausbeutung beim Einbehalten der Löhne mit einem vornehmen Frack zu kostümieren. Wer sich nicht weiter ein X für ein U vormachen lassen will, der wird ganz einfach folgendermaßen rechnen: Wie lange muß ein Arbeiter arbeiten, um Produkte herzustellen, von deren Verkauf dem Unternehmer eine Geldmenge zufließt, die gerade so groß ist, daß sich davon die Grundbedürfnisse des Arbeiters (und seiner Angehörigen) bezahlen lassen? – Nehmen wir an, in zwei Stunden Arbeit habe er diese Produktmenge erstellt, dann wissen wir, daß ihm bei ungehemmter kapitalistischer Interessenwahrung als Lohn auch nur der Verdienst für diese zwei Stunden ausbezahlt werden wird. Seine tatsächliche Arbeitszeit aber beträgt – sagen wir – acht Stunden oder zwölf Stunden; also wird bei einer kapitalistischen Lohnzahlung der Unternehmer das Vierfache oder das Sechsfache des Werts der geleisteten Arbeit als Gewinn einstreichen. Ein Lohn indessen, der die tatsächlich geleistete Arbeit bezahlen würde, müßte bei einer vierfach oder sechsfach verlängerten Arbeit auch das Vierfache oder Sechsfache der Grundeinheit des Existenzminimum-Lohnes entrichten. »Aber dann hat der Unternehmer ja keinen Gewinn mehr, dann wird sich die *Unternehmer*-Arbeit nicht lohnen!« Das stimmt, und deshalb wäre es tatsächlich nicht fair, den Lohn der Arbeit mit dem Ertragsminimum beim Verkauf der hergestellten Waren gleichzusetzen. Wohl aber ist es richtig und fair, den Lohn der Arbeit nach der Höhe des tatsächlich erzielten Unternehmergewinns auszurichten. Es geht dabei nicht um ein Prämiensystem von Akkordarbeitszeiten und Effizienzlöhnen, es geht einfach um eine Beteiligung der Arbeiter an den branchenüblichen Unternehmergewinnen. Und diese können und werden steigen, weil – zum Beispiel durch technische Innovationen – die Produktivität selbst mit der Zeit zunehmen wird. Die höheren Gewinne aus einer höheren Produktivität dürften bei einem fairen Lohn nicht nur den Unternehmern, sie müßten auch den Arbeitern zugute kommen.

Und nicht nur den aktuell beschäftigten, sondern auch den »freigesetzten« Arbeitern! Bisher zahlt die Gemeinschaft der Steuerzahler die Gelder für den Minimalunterhalt der Arbeitslosen, und sie belohnt damit geradezu all die »tüchtigen« Unternehmer, die durch

»Rationalisierung« (also durch »Verschlankung« ihrer Betriebe in Gestalt von Entlassungen) oder durch Verlagerung ihrer Produktionsstätten in »Billiglohnländer« ihre Gewinne durch ein wachsendes Heer von Arbeitslosen zu steigern wissen; bei einem System fairer Löhne müßte aus den wachsenden Gewinnen ein entsprechender Anteil auch dem Unterhalt der entlassenen beziehungsweise nicht angestellten Arbeiter zufließen. Die Arbeitslosenunterstützung müßte aus dem Profit der Unternehmer finanziert werden, zum Beispiel durch eine höhere Gewinn-Besteuerung oder durch eine direkte lohnbezogene Abgabe an die Arbeitsagenturen in Form von Lohnnebenkosten.

Indem auf diese Weise die Lohnzahlungen mit Sozialleistungen von seiten der Arbeitgeber verbunden werden, treten sogleich drei höchst wünschenswerte Effekte ein: *Zum einen* wäre es auf dem Arbeitsmarkt nicht länger mehr möglich, die Arbeitnehmer gegeneinander auszuspielen; es ginge nicht länger mehr an, mit Kündigungsdrohungen Lohndumping durchzusetzen und umgekehrt ein geringes Angebot an Arbeitsplätzen dafür zu nutzen, daß schließlich jede noch so widerwärtige Tätigkeit bei noch so niedrigen Löhnen angenommen werden müßte. Sobald die Sozialleistungen mit den Unternehmergewinnen verknüpft werden, macht es keinen Sinn mehr, ohne Rücksicht auf die Folgen für die Gesellschaft oder sogar zu Lasten und auf Kosten der Gesellschaft Gewinne eintreiben zu wollen. An die Stelle der Sklaverei auf dem Arbeitsmarkt träte ein gewisses Maß an Selbstbestimmung und Identität. Die Arbeit verlöre ein Stück weit ihren entfremdenden Charakter. Man könnte begrenzt wählen, welch einer Tätigkeit man nachgehen möchte. – *Zum zweiten* entfiele die Härte des Wettbewerbsprinzips zwischen den Unternehmern selbst. Sie müßten nicht länger um einen immer größeren Anteil an der Ausbeutung der Natur und an der Knechtung der Menschen gegeneinander kämpfen; von nun an wären sie die Dienstleister einer Gesellschaft, der sie so gut wie alle Voraussetzungen ihrer Wirksamkeit verdanken: Nicht mehr das Ziel der Gewinnmaximierung bestimmte das unternehmerische Handeln, sondern die soziale Nützlichkeit. Hergestellt würden nicht weiter alle möglichen an sich überflüssigen und sinnlosen Produkte, favorisiert würden jetzt die Erzeugnisse, deren Gebrauchswert und Nützlichkeit unstreitig ist. – Und *zum dritten*: Es käme die gesellschaftlich bedingte Produktivitätssteigerung der ganzen Gesellschaft zugute und nicht länger nur einzelnen Unternehmern, das heißt von diesen eigentlich nur einem kleinen Kreis der Durchsetzungsstärksten. Der Kapitalismus wäre am Ende. Dieses Raketenauto ohne Bremse hätte sich in ein verkehrstaugliches Fahrzeug verwandelt. Allein durch die Lohnfrage hätte dieses Wirtschaftssystem damit seine zerstörerischen Züge eingebüßt, der Zwang zu ständigem Wachstum hübe sich auf, sein parasitärer Status ginge in eine sozialverträgliche und wirklich das Allgemeinwohl fördernde Form der Wirtschaft über.

Was sich hinter diesen sachlich-neutralen Feststellungen verbirgt, hat der vorhin schon zitierte UPTON SINCLAIR am Ende seines Romans »Der Dschungel« in einem leidenschaftlichen Plädoyer zusammengefaßt: »Ich spreche für die Millionen, die ohne Stimme sind!«, läßt er dort sagen. »Für die Unterdrückten, die niemand tröstet! Für die vom Leben Enterbten, für die es keine Ruhe, keine Erlösung gibt, für die die Welt ein Kerker ist, eine Folterkammer, eine Gruft! Ich spreche für das Kind, das heute Abend in einer Baumwollspinnerei des Südens arbeitet, taumelnd vor Erschöpfung, stumpf vor Qual, und das keine Hoffnung kennt als das Grab! Für die Mutter, die bei Kerzenlicht in ihrer Dachkammer näht, müde, traurig, gemartert vom grausamen Hunger ihrer Kleinen! Für den Mann, der auf seinem Lumpenlager mit dem Tode ringt und seine Lieben dem Verderben preisgeben muss! Für das junge Mädchen, das zu dieser Stunde irgendwo erschöpft und halb verhungert durch die Straßen dieser entsetzlichen Stadt irrt und seine Wahl trifft zwischen dem Bordell und dem See! Ich spreche für alle..., die in die Gewalt des Molochs Habgier geraten sind!«[141] »In Chicago sind heute Abend Zehntausende von Männern obdachlos und in Not; sie sind arbeitswillig und betteln um Arbeit, doch sie müssen hungern und sehen voll Angst der eisigen Winterkälte entgegen!... Eine Million Menschen leben hier, Männer, Frauen und Kinder, über denen der Fluch der Lohnsklaverei liegt, die tagtäglich bis zum Umfallen schuften und doch nur gerade genug verdienen, um am Leben zu bleiben, die bis ans Ende ihrer Tage verdammt sind zu Eintönigkeit und Stumpfsinn, zu Hunger und Elend, zu Hitze und Kälte, zu Schmutz und Krankheit, zu Unwissenheit, Trunksucht und Verkommenheit. Und nun wendet einmal das Blatt ... und betrachtet das Bild von der anderen Seite. Da gibt es 1000, vielleicht auch 10 000 – Menschen, die Herren sind über diese Sklaven, denen die Arbeit dieser Sklaven gehört. Sie rühren keinen Finger für das, was sie erhalten, sie brauchen es nicht einmal zu for-

141 | UPTON SINCLAIR: Der Dschungel, 28. Kap., S. 350.

dern – es fließt ihnen von ganz allein zu, und ihre einzige Sorge ist, wie sie es durchbringen können.«[142]

So kommt es, daß schließlich die Hauptgestalt des Romans, der litauische Einwanderer *Jurgis Rudkus*, erkennen muß, welch eine »Tendenz zu Rücksichtslosigkeit und Roheit« in dem gesamten kapitalistischen Produktionsprozeß, insbesondere in den Chicagoer Schlachthäusern, gegen Tiere wie Menschen wütet; und er lernt aus dem sozialistischen Schrifttum: »Der Trust (sc. der Fleischfabrikanten, d. V.) sei die Verkörperung blinder gefühlloser Habgier, ein mit 1000 Rachen schlingendes, mit 1000 Hufen stampfendes Ungeheuer. Er war der Große Schlächter – der fleischgewordene Geist des Kapitalismus. Auf dem Meer des Handels segelte er als Piratenschiff, hatte die schwarze Flagge gehisst und der Zivilisation den Krieg erklärt. Bestechung und Korruption waren seine alltäglichen Methoden. In Chicago war die Stadtverwaltung nichts weiter als eine seiner Zweigstellen: Er stahl ganz offen Milliarden Liter städtischen Wassers, diktierte den Gerichten die Urteile gegen Streikende… In der Handelswelt war er ein Moloch, der jedes Jahr Tausende von Unternehmen auslöschte und Menschen zum Wahnsinn und zum Selbstmord trieb… Mit den Millionen Dollar, die ihm wöchentlich zuströmten, suchte er andere Unternehmen unter seine Kontrolle zu bringen: Eisenbahn- und Straßenbahnlinien, Gas- und Elektrizitätswerke – der Lederhandel und der Kornhandel des Landes waren bereits in seinen Händen.«[143]

Und das Ergebnis? »Alles, was im Land Gewinn brachte – Grund und Boden, Eisenbahnen, Bergwerke, Fabriken, Warenhäuser –, befand sich in den Händen einiger weniger Privatpersonen, der Kapitalisten, für die das Volk um Lohn arbeiten musste. Alles, was die Bevölkerung erzeugte, vermehrte nur das Vermögen der Kapitalisten, die immer mehr Reichtümer anhäuften, Reichtümer ohne Ende – angesichts der Tatsache, dass sie selbst und die Menschen ihrer Umgebung sowieso schon in unvorstellbarem Luxus lebten!… Sie (sc. die Arbeiter, d. V.) waren Lohnsklaven und Knechte, angewiesen auf die Gnade von Ausbeutern, deren einziger Gedanke es war, so viel Arbeit wie möglich aus ihnen herauszupressen.«[144]

---

142 | A. a. O., 353–354.
143 | A. a. O., 29. Kap., S. 366–367.
144 | A. a. O., 30. Kap., S. 376. Vgl. zu den Schlachtfabriken von Chicago JOHN K. GALBRAITH: Die Tyrannei der Umstände, S. 285–289: Am Anfang stand eine Metzgerei. – Wie wenig die Zeiten sich speziell in den Schlachtfabriken geändert

Weil das so ist und damit es nicht so bleibt, gilt es, gegen die scheinbare Allmacht des Kapitalismus die Forderung zu erheben, an welcher er sich wandeln oder scheitern wird: die Forderung nach fairen Löhnen, die Forderung nach Teilhabe an den Unternehmergewinnen sowie nach Beteiligung an der Produktivitätssteigerung und vor allem: die Forderung nach einem sozialen Ausgleich all der entlassenen, gekündigten, frühzeitig in den Ruhestand Geschickten, in Teilzeit und in Leiharbeit Beschäftigten. Nicht die ausgebeuteten Arbeiter als Steuerzahler, sondern die sie ausbeutenden steuerbegünstigten Unternehmer sollten für sie geradestehen.

Und nicht zuletzt auch für diejenigen, die unter dem Zwang der Hartz-IV-Gesetze »freiwillig« in die Selbstausbeutung fliehen, indem sie als Solo-Selbständige eine Ich-AG betreiben, ohne Mitarbeiter, allein auf sich gestellt, in der Hoffnung, auf diese Weise doch noch zu etwas zu kommen. In Wahrheit ist ihr Einkommen unterdurchschnittlich, während gerade bei ihnen die Sozialabgaben hoch sind. Während die Bundesregierung sie behandelt wie Gutverdienende, ist die Art ihres Lohnerwerbs nicht anders als prekär zu nennen und erlaubt so gut wie keine Altersvorsorge[145]. Auch diesen, nicht nur

haben, zeigt FRANZ KOTTEDER: Billig kommt uns teuer zu stehen, 92–95: Rechtlose Schlachtarbeiter aus dem Osten: »unter der Regierung *Schröder* und mit Verabschiedung der sogenannten EU-Dienstleistungsrichtlinie brachen … alle Dämme: Schlachten und Fleischzerlegen gelten als Dienstleistung, und Dienstleistungen dürfen seit 2006 im Rahmen der Europäischen Union grenzüberschreitend angeboten werden. – Die großen Fleischunternehmen nutzen das, um viele ihrer Arbeiten an Subunternehmer zu vergeben, anfangs meist aus Polen, aber auch aus Rumänien und Bulgarien.

145 | Vgl. Staatlich gestützte Selbstausbeutung, in: junge Welt, Nr. 244, 21. Okt. 2014, S. 5: »Im Jahresdurchschnitt 2014 gab es 2,34 Millionen Selbständige … Der Anteil der Selbständigen, die zusätzlich Hartz IV beziehen, hat sich in den vergangenen Jahren fast verdoppelt. 2007 bekamen 66 910 von ihnen ergänzend Arbeitslosengeld II, 2014 waren es 117 904.« Dabei »lag das monatliche Nettoeinkommen von Solo-Selbständigen im Jahr 2014 im Durchschnitt bei 1498 Euro.« Daß die Regierung diese Form der Selbstausbeutung unterstützt, dient wesentlich dem Zweck, die Arbeitslosenstatistik schönzureden. – JENS BERGER: Wem gehört Deutschland, 129–130: Prekäre Selbständigkeit ist politisch gewollt, meint zur Ursache des Prekariats der Solo-Selbständigen: »Seit Anfang der 1990er hat die Bundesregierung bereits versucht, die offizielle Arbeitslosenquote dadurch zu senken, dass man möglichst viele Menschen in eine nicht immer lukrative Form der Selbständigkeit abschiebt. – Die rot-grüne *Schröder*-Regierung perfektionierte diese Methode. Während Hartz IV in aller Munde ist, ist Hartz II wohl nur Arbeitsmarktexperten ein Begriff. Mit dem Hartz-II-Paket wurden die staatlichen Existenzgründerzuschüsse massiv erhöht … Schon ein Jahr vor der Einführung im Jahre 2003 wurde der Begriff ›Ich-AG‹ als Synonym für Hartz II verwendet.« Zwi-

den »Mini-Jobbern« und »Aufstockern« in den Firmen (wer eigentlich erfindet diese abscheulichen Bezeichnungen des Bürokratendeutschs?), müßten faire Löhne gezahlt werden.

schen 2003 bis 2006 entstanden 400000 Existenzgründungen, die mit 4 Mrd Euro direkt gefördert wurden. »Gleichzeitig stieg jedoch im gleichen Zeitraum auch die Zahl der Selbständigen, die von ihrer beruflichen Tätigkeit kaum leben können… 2009 lief Hartz II aus.« Die Gründungszuschüsse wurden 2011 von einer Pflicht- in eine Ermessensleistung umgewandelt.

C) Fairer Handel

Faire Preise, in denen die ökologischen Kosten, die »Externa« der Produktion, eingerechnet (statt herausgerechnet) werden; faire Löhne, in denen die sozialen Kosten von Rationalisierungs- und Einsparungsmaßnahmen mitverrechnet werden und die Arbeiter selbst an den Unternehmergewinnen teilhaben (statt nur das Nötigste zum Überleben zu erhalten), – beides gewinnt seine konkrete Gestalt im *Handel*. Erst wenn die Ware ihren Käufer findet, »realisiert« sich das vorgeschossene Kapital des Unternehmers auf dem Markt, schließt sich der Kreislauf von Geld, Ware und Geld, erweist sich, ob und in welchem Umfang die Gewinnkalkulation des Produzenten zutraf.

Am kostengünstigsten wäre es gewiß für jeden Hersteller, seine Produkte selber an den Mann zu bringen, also den Handel in der eigenen Hand zu halten, doch das dürfte nur dann kein Problem darstellen, wenn sich der Produktionsstandort in der Nähe des Wohnorts der Abnehmer befindet[1]: Bauern zum Beispiel können in einer »grünen« Landwirtschaft noch heute einen Teil ihrer Erzeugnisse regional auf dem Wochenmarkt der nächsten Stadt (oder gleich im eigenen Dorf) absetzen; sie haben keine langen Transportwege, und vor allem: sie sind nicht auf ein System von Zwischenhändlern angewiesen, das die Herstellungskosten der Erzeuger möglichst niedrig hält, um am Ende beim Verkauf der Produkte (Milch, Fleisch, Getreide und Gemüse) selber hohe Gewinne einzufahren.

Gleichwohl ist die Tendenz bereits vorhersehbar, daß der Händler den Produzenten in gleicher Weise wird in »Dienst« zu nehmen suchen wie der Produzent den Arbeitnehmer: – es ist im kapitalistischen Wirtschaftskreislauf nicht anders denkbar, als daß die Kette der Ausbeutung auf der Stufe des Handels sich um ein Glied erweitern und sich nun zu einem Ring zusammenschließen wird: Händler werden bereits gebraucht, um die Rohstoffe zur Produktion herbeizubringen, Händler sind gleichermaßen vonnöten, um die produzierten Waren zu vertreiben, und je länger und gefährlicher die Handelswege

---

1 | Als erster stellte JOHANN HEINRICH VON THÜNEN (1783–1850) in seinem Werk: »Der isolierte Staat in Beziehung auf Landwirtschaft und Nationalökonomie« im Jahre 1826 die Bedeutung der Transportkosten handelbarer Produkte heraus, indem er die Transportkosten als »direkt proportional von der Entfernung zur Stadt und dem Gewicht der Ware abhängig« bestimmte. VERA LINSS: Die wichtigsten Wirtschaftsdenker, 82.

sich gestalten, werden allein schon die Mühen und die Risiken des Transports auf ihre Weise in Form von Vergütungsforderungen zu Buche schlagen. Und wieder werden wir dem gleichen Problem begegnen wie auf der Ebene der Produktion: Die im Transportwesen Beschäftigten (von den Sklaven auf den Ruderbänken phönizischer Frachtschiffe bis hin zu den »Dienstleistern« und »Beamten« der Deutschen Bahn AG) werden mit Löhnen abgespeist werden, die gerade hoch genug sind, um davon leben zu können, und die allemal niedrig genug sind, daß die *Handels*unternehmer einen maximalen Profit einstreichen. Allein darum geht es im Kapitalismus, und es ist dieses Prinzip selbst, das alle Wirtschaftsteilnehmer auf allen Ebenen zu Ausbeutern und Ausgebeuteten versklavt. Darin liegt seine Effizienz, doch eben weil derart erfolgreich, auch sein Ruin. Immer mehr Waren, immer mehr Menschen, immer mehr Absatz; immer mehr Fabriken, immer mehr Warenhäuser, immer mehr Städte, immer mehr Straßen, – so kann es nicht weitergehen: Die Natur ist endlich und ihre Zerstörung mit technischen Mitteln nicht zu kompensieren; die Menschen sind mehr als Sklaven und Sklavenhalter; immer größerer Reichtum in den Händen von immer weniger Leuten zu Lasten von immer mehr Abhängigen, – das ist eine Entwicklung, die den sozialen Zusammenhalt zunehmend zersprengt und mit politischen und militärischen Zwangsmaßnahmen sich nur eine Zeitlang unter Kontrolle halten läßt. Ein Handel, bei dem die Reichen den Reibach machen auf Kosten der Armen, fördert nicht, wie verheißen, ein Leben aller in Wohlstand und Frieden, er treibt eine wachsende Mehrzahl von Menschen ins Elend mit all den selbstzerstörerischen sozialen Folgen. Um diese Spirale des Schreckens zu stoppen, müssen die Standards, die ökologisch für die Bildung der Preise und sozial für die Bildung der Löhne in Geltung stehen, in eine Form des fairen Handels integriert werden. Zum Verständnis der Rolle des Handels speziell im kapitalistischen Wirtschaftssystem ist dabei erneut der Wechsel von Gesellschaften *mit* Märkten hin zu *Marktgesellschaften* zu betrachten, jener Wandel, der an die Stelle von Gebrauchsgütern Tauschwaren setzt.

1) Eine kleine Geschichte von Handel und Wandel

Historisch betrachtet, steht der Handel wohl am Anfang aller »Wirtschaft«. Um an Güter zu gelangen, deren Tausch für beide Partner von Vorteil ist, bedarf es keiner künstlichen Herstellung der Waren; man teilt, was die Natur zur Nahrung bietet, und verteilt, was sich als brauchbar darstellt, je nach Bedarf. Zu einem eigentlichen Handel indessen kommt es unvermeidbar mit der Seßhaftwerdung am Beginn des Neolithikums vor etwa 10 000 Jahren, als mit dem Ende der letzten Eiszeit die Lebensweise der Jäger und Sammler an ihre Grenzen gerät. Das Großwild der Kaltzeit stirbt aus, und um den Fleischbedarf zu decken, wird es nötig, Ziegen und Schafe, Schweine und Rinder zu züchten[2]. Aus dem Abstreifen von wildwachsendem Emmer ergibt sich wie von selbst die Auswahl einer ersten anbaufähigen Getreideart. Um sich an festen Wohnstellen im Umkreis von Stallungen und Feldern einzurichten, braucht es die Nähe von Wasser, am besten aus Flüssen, notfalls aus Brunnen, vor allem aber genügend Lehm, aus dem sich luftgetrocknete Ziegel als Baustoffe herstellen lassen. Die handwerklichen Arbeiten werden zunehmend differenzierter und spezialisierter, und damit wächst der Bedarf nach Stoffen, die am Ort nicht verfügbar sind, – sie müssen herbeigeschafft und gegen einheimische Waren ausgetauscht werden. Der Handel wird zur Existenzbedingung aufstrebender städtischer Kulturen.

Ein solcher Rohstoff zum Beispiel ist *Obsidian*, ein vulkanisches Glas, aus dem sich Messer, Sicheln, Pfeilspitzen und schwerterähnliche Schlagwaffen fertigen lassen. Überall, wo es vorkommt, ob im Mittleren Osten, in Neuguinea oder in Mittelamerika[3], ist dieser

---

2 | Vgl. RONNIE LILJEGREN: Die Domestizierung von Tieren, in: Göran Burenhult u. a. (Hg.): Die Menschen der Steinzeit, 68–69, der die Züchtung von Schaf, Ziege und Schwein auf 7000 v. Chr. datiert.

3 | In *Mesopotamien* wurde bereits im 3. Jtsd. in Ğarmō Obsidian verwandt. »Das nächste Naturvorkommen dieses Gesteins liegt mehrere 100 Kilometer weit entfernt in Anatolien. Ğarmō muß also in irgendwelchen Handelsbeziehungen zur Außenwelt gestanden haben.« H. W. F. SAGGS: Mesopotamien, 20. – In *Neuguinea* existierte ein frühes Tauschhandelsnetz, das während der letzten 10 000 Jahren im Gebiet des Sepik ausgebaut wurde. An der Mündung des Sepik-Stroms liegt die kleine Insel Koil, gegenüber von Wewak, die in den letzten 1000 Jahren von Fernreisenden von der Insel Manus besucht wurde. »Diese Händler führten das … Obsidian … in den örtlichen Tauschhandel ein … dieser Rohstoff (galt) bei den Menschen, die an der Küste von Vanimo mehr als 700 Kilometer von seinem Ursprung entfernt wohnten, als wertvolle Ware. Alle Obsidianstücke, die zwischen

Rohstoff als Gebrauchsgut und deshalb als Handelsware hochbegehrt. Oder *Bauholz*! – Ägypten ist ein äußerst fruchtbares Schwemmland; Ackerbau, Häuser aus Adobe, Paläste und Pyramiden aus Granit, gebrochen aus den Gebirgen im Osten des heutigen Kairo oder bei Luxor und Assuan, Warentransport unter Segel nilaufwärts und mit der Strömung nilabwärts – all diese Segnungen hält diese gewaltige Flußoase bereit; aber: es gibt keine Wälder. Um an das nötige Bauholz zu kommen, bedarf es des Fernhandels über das Mittelmeer bis hinauf zum Libanon; selbst der *Osiris*-Mythos könnte eine Erinnerung daran enthalten[4].

Ein Gleiches zeigt sich im antiken Sumer: Für das *Gilgamesch*-Epos bedeutete es (noch) einen unverzeihlichen Frevel, die Zedern des Libanon als Bauholz für den Tempel des Himmelsgottes *Schamasch* zu nutzen, – der Waldgott *Chumbaba* mußte dafür getötet werden; das forderte den Tod *Enkidus*, des Freundes des *Gilgamesch*, des mythischen Stadtgründers von Uruk[5]. Was sich hinter diesen Geschichten verbirgt, sind offenbar Reminiszenzen an die Gründerzeit der Besiedlung der trockenen Ebenen im Süden Mesopotamiens, die als 'Ubaid-Kultur bezeichnet wird und zwischen 5000 bis 3750 v. Chr. die erste Stufe seßhaften Ackerbaus in der Kulturgeschichte der Menschheit repräsentiert. »In dieser Zeit kam es zu mehreren technologischen Neuerungen: Man konnte Kupfer gießen, verwen-

der Mündung des Sepik River und der Grenze zu Irian Jaya gefunden wurden, stammen ausschließlich von Manus.« PAUL GORECKI: Die Menschen vom Sepik River auf Papua-Neuguinea: Kultur inmitten von Katastrophen, in: Göran Burenhult u. a. (Hg.): Die Menschen der Steinzeit, 155. – In *Mittelamerika* wurde Obsidian in Teotihuacan als das einzig bekannte Naturprodukt zur Herstellung von Werkzeugen und Waffen verwandt; vgl. WALTER KRICKEBERG: Altmexikanische Kulturen, 404; auch die Azteken gehörten trotz der Verwendung von Kupfer und Gold noch zur Steinzeit zu; vgl. a. a. O., 144.

4 | Vom Anfang des 3. Jtsd. v. Chr. wird die Prägung vonseiten Ägyptens in Phönizien sichtbar und verringert zunehmend den bis dahin vorherrschenden Einfluß Mesopotamiens. Dem Mythos nach kam *Isis* auf der Suche nach der Truhe mit dem Leib ihres getöteten Bruders und Gatten *Osiris* nach Byblos, denn die Fluten des Meeres hatten ihn dorthin getrieben; ein Baum aber umschloß den Sarg, und als die Gemahlin des Königs *Malkandros*, mit Namen *Astarte*, die als Dienerin verkleidete *Isis*, fasziniert von ihrer Schönheit, bei sich aufnimmt als Amme für ihr Kind, kommt es zu dem vergeblichen Versuch, das Kind im Feuer unsterblich zu machen, – ganz wie in der griechischen Mythe der *Demeter*. Vgl. PLUTARCH: Über Isis und Osiris, Kap. 15–16, in: Drei religionsphilosophische Schriften, 159; 161. Zur *Demeter*-Mythe vgl. E. DREWERMANN: Liebe, Leid und Tod, 580–631.

5 | Das Gilgamesch-Epos, 5. Tafel, 1–100; neu übers. u. komm. v. Stefan M. Maul, S. 84–89.

dete zum Häuserbau gebrannte Ziegel und transportierte Güter mit einfachen Segelbooten über den Fluß. Die hochwertig dekorierte Keramik der Halaf- und Samarra-Kulturen hatten die Voraussetzungen für eine technisch verbesserte, aber auf Massenkonsum ausgelegte Produktion geschaffen... Einige Gefäße wurden auf der Tournette, einer Vorstufe der schnell rotierenden Töpferscheibe, hergestellt... – Obwohl die Landwirtschaft im südlichen Mesopotamien extrem produktiv gewesen sein muß, dürfte sich der Wohlstand zu jener Zeit zunehmend auf den Handel gegründet haben. Und es hat den Anschein, daß sich die Leitung des organisierten Handels und der Tributforderungen immer stärker in den Tempeln konzentrierte. Niemals zuvor war eine einzelne Kultur in der Lage gewesen, ihren Einfluß über ein so großes Gebiet auszuweiten. Dieser Einfluß reichte so weit, daß die blühende 'Ubaid-Kultur auf den Ebenen Mesopotamiens die Grundlage für die spätere kulturelle Explosion schuf, eine Entwicklung, die zu den späteren historischen – und ersten schriftlich überlieferten – Zivilisationen führte.«[6]

Wie sich zeigt, trägt der Handel mit Austauschgütern (Rohstoffen und handwerklichen Produkten) wesentlich zu dem Kultursprung bei, der nicht zu Unrecht als die »neolithische Revolution« bezeichnet wird; und er umfaßt eine Reihe wichtiger Veränderungen: Es sind jetzt nicht mehr nur Einzelne, die gelegentlich und von Hand zu Hand ihre Waren gegeneinander tauschen, sondern es sind Gruppen von Interessenten und Auftraggebern, die in organisierter Form gezielt die Gegenstände und Produkte erwerben, die aktuell benötigt werden. Natürlich bringt die Organisation des Handels eine erhebliche Konzentration von Macht und Reichtum mit sich, die mit einer geradezu sakralen Aura umgeben wird, – eine buchstäblich »hierarchische« Gliederung der Gesellschaft (von griech. hierós – heilig und archē – Herrschaft) entsteht, – eine Machtverteilung, die als gottgegeben und unangreifbar gilt. Um die Tauschgeschäfte verwalten und kontrollieren zu können, wird die Ausbildung einer Schrift notwendig (vgl. Abb. 4)[7], – eine der wichtigsten Kulturleistungen der

6 | LENNART PALMQVIST: Der große Übergang, in: Göran Burenhult u.a. (Hg.): Die Menschen der Steinzeit, 35.

7 | Vgl. KÁROLY FÖLDES-PAPP: Vom Felsbild zum Alphabet, S. 51, Abb. 62.63: die »Buchungstafel« aus Uruk IV, eine der ältesten Schriftdenkmäler (um 3200 v.Chr.): »Die Vorderseite enthält Personennamen mit Zahlangaben von Waren (Vieh). Die Summierung der Waren auf der Rückseite ist – bis auf die Zahlenwerte – noch rein bilderschriftlich und kann daher ohne sumerische Sprachkenntnis gelesen werden: ›54 Stiere und Kühe‹.«

Abb. 4: Buchungstafel aus Uruk IV (um 3200 v. Chr.)

Menschheitsgeschichte. Die Handelswege müssen zu Straßen ausgebaut und gesichert werden. Diplomatische wie militärische Kontakte, Bündnisse und Gegnerschaften zwischen den einzelnen Stadtstaaten bilden sich heraus, ein Zusammenspiel von Fachleuten und Facharbeitern im Inneren prägt die Gesellschaft.

All diese Wandlungen entstehen und vollziehen sich entlang den Handelsrouten, die Städte, Länder, ganze Kulturräume miteinander verbinden. Ausgetauscht werden nicht nur Waren, sondern auch Ideen, Anregungen, Traditionen, religiöse Überzeugungen; und allerorten fördert der Handel die nämliche Verknüpfung von gottähnlicher Macht, von ungeheurem Reichtum und von wachsender Gewalt. Diese Erscheinung begleitet die Geschichte des Handels quer durch die Jahrtausende, und sie setzt sich durch unter allen Umständen, nur daß ihr Ausmaß mit der Zeit immer mehr zunimmt und dann auch neue Formen der Aneignung und der Herrschaft hervortreibt.

Eine neue Phase der geschichtlichen Entwicklung, die ganz und gar auf einem ausgedehnten Fernhandel basiert, wird mit dem Übergang zur *Metallzeit* eingeleitet. Bereits im Neolithikum wurden Metalle als Erze abgebaut und eingeschmolzen, und schon um 4000 v. Chr. war man imstande, Werkzeuge aus geschmolzenen Metallen auf dem Amboß zu schmieden; nach 3000 v. Chr. war »das Gießen von Kupferwerkzeugen ... allgemein verbreitet. Nach und nach mengte man dem Kupfer verschiedene Substanzen bei (in erster Linie Zinn und Blei), um es damit leichter gießbar zu machen ... Echte Bronze – also Kupfer mit einem zehnprozentigen Anteil von Zinn – war etwa um 2000 vor Christus überall verbreitet und bildete seitdem die häufigste Legierung des Kupfers. Ähnlich verlief die Nutzung des Goldes, obwohl hier die Legierungen wesentlich seltener waren ... Die Suche nach metallischen Erzen muß für die bronzezeitlichen Handwerker eine bedeutende Beschäftigung gewesen sein. Hatten sie einmal eine Quelle aufgetan, wurde sie effizient und bis zur Erschöpfung genutzt.«[8]

8 | ANTHONY HARDING: Häuptlingstümer der Bronzezeit und das Ende der Steinzeit in Europa, in: Göran Burenhult u. a. (Hg.): Die Menschen der Steinzeit, 104. – In Vorderasien war bereits im 7. Jtsd. v. Chr. Kupfer in Verwendung, – man nennt diese Zeit daher auch das Chalkolithikum, die Kupfersteinzeit. Erste Kupferfunde in Çatal Hüyük sind Perlen zu Schmuckzwecken. Die Erzverhüttung wurde wohl entdeckt, als Erzstücke in Töpferöfen gerieten, wie es sie etwa seit 7000 v. Chr. gab. Im 5. Jtsd. verwendete man in der Tell-Halaf-Kultur erstmals arsenhaltiges Kupfer zur Herstellung von Werkzeugen, Waffen und Schmuck. Vgl.

Die im Grunde regional geschlossene Welt der Ackerbauern der *Bronze-Zeit* wurde durch den Handel mithin ins Unvorstellbare räumlich geöffnet: »So gewann man etwa Gold aus wohlbekannten Ablagerungen wie den Wicklow Mountains in Irland oder den Muntii Metalici in den Karpaten (Transsylvanien) und transportierte sie nach Britannien und nach Westeuropa. Bernstein stammte überwiegend aus dem Baltikum und aus dem Westen Jütlands. Zinn kam vielleicht aus Cornwall, der Bretagne, aus Spanien oder gar aus der fernen Türkei und aus Afghanistan.«[9]

Der Übergang von der Steinzeit zur Bronzezeit im 3. Jtsd. v. Chr. wurde von zwei Kulturen getragen, die nach ihren Gerätschaften benannt sind: Die *Glockenbecher-Kultur* verbreitete sich von der Iberischen Halbinsel bis nach Britannien, Skandinavien und in die Ukraine, wohl auf der Suche nach Kupfer- und Zinnerzen, die *Streitaxt-Kultur* kam aus dem Osten Europas (aus Rußland) und wird mit der indoarischen Sprachgruppe in Verbindung gebracht; beide Kulturen lösten die bis dahin übliche Sitte, die Verstorbenen in Megalithgräbern (Hünengräbern) beizusetzen, durch Einzelgräber ab, – ein Hinweis auf eine dramatische Änderung des sozial-religiösen Weltbildes: Die Hünengräber waren Gemeinschaftsgräber, in denen die Dorfbevölkerung sich kultisch im Diesseits wie im Jenseits miteinander verbunden fühlte; anders jetzt die Einzelgrabkultur: In Gruben oder einzelnen Särgen wurde unter einem flachen Erdhügel der Körper des Verstorbenen, als ob er schliefe, in Hockstellung beigesetzt, wobei man Glockenbecher und Kupferdolch als Grabbeigaben hinzulegte beziehungsweise eine Streitaxt zusammen mit einem bandkeramischen Becher. So unterschiedlich beide Kulturen auch waren, einheitlich wirkte sich offenbar die Nutzung der Bronze selbst aus, indem die *Eigentumsvorstellungen* sich änderten: »Ehe das Metall in ihr (sc. der Menschen der Bronzezeit, d. V.) Leben trat, sahen sie keinen Nutzen darin, ein Stück Land zu besitzen. Das Land war vermutlich Eigentum des Dorfes oder Stammes; die Häuser und auch die Gräber wurden gemeinschaftlich genutzt. Als man aber dann ein Stück Metall in Händen halten konnte, das ebenso viel wert war wie ein großer Acker, war der Moment für den persönlichen Besitz gekommen. Und da in einer primitiven Gesellschaft wirtschaftliche,

---

ERNST PROBST: Deutschland in der Steinzeit, 298. Schon damals wurden Erze über weite Strecken transportiert.

9 | ANTHONY HARDING: Häuptlingstümer, in: Die Menschen der Steinzeit, 114; 116; vgl. ERNST PROBST: Deutschland in der Steinzeit, 328.

soziale und religiöse Seiten eng verbunden sind, dürfte der ökonomische Wandel genau die Auswirkungen gehabt haben, die wir bei den Streitaxt- und Glockenbecher-Völkern beobachten können: Sie waren die ersten Individualisten in der Zivilisation des gemäßigten Europa.«[10]

Schaut man sich die hohe Qualität der Steinwerkzeuge der Einzelgrabkulturen an – etwa die *Feuersteindolche* oder die »Streitäxte«, die so schön geformt sind, als wären sie aus Erz gegossen, – so wird der hohe Bedarf nach besonderen Feuersteinvorkommen deutlich. Er war »in der Jungsteinzeit so groß, daß man in Frankreich, Belgien, Holland, England, Deutschland und Polen bereits *Feuersteinbergbau* im Tagebau betrieben hat. Zur Zeit der Glockenbecher-Kultur ab 2500 v. Chr. war Feuerstein aus Grand Pressigny im französischen Departement Indre-et-Loire sehr gefragt. Die sogenannten Grand-Pressigny-Klingen und -Dolchklingen wurden bis in die Bretagne, in die Schweiz, nach Belgien und in die Niederlande importiert.«[11]

Der Transport größerer Handelsgüter erfolgte bereits in der Bronzezeit zunehmend mit Hilfe von *Rinder- und Pferdewagen*, zu deren Bewegung natürlich ein geeignetes Wegenetz angelegt werden mußte, beziehungsweise mit Booten und Schiffen, die von Ruderern bewegt wurden. »Seit etwa 1800 v. Chr. fertigte man in Europa die im Vergleich zu den vorher üblichen Scheibenrädern viel leichteren Speichenräder an.«[12] »Besonders begehrte Tauschobjekte waren Bronzebarren, für die wohl Überschüsse aus der Landwirtschaft (Saatgut, Haustiere), formschöne Keramik oder seltene Schmuckstücke geboten wurden… Salz wurde … auch in der Frühbronzezeit an der mittleren Saale gewonnen… Von regen Tauschgeschäften künden die zahlreichen Bernsteinfunde im Verbreitungsgebiet der Aunjetitzer Kultur. Denn dieses fossile Harz stammt aus dem Nordsee- und Ostseeraum und mußte importiert werden. In der Spätzeit der Aunjetitzer Kultur gelangte solcher Bernstein bis in das Gebiet der Mykenischen Kultur.«[13] Vor allem für den Zinntransport waren die Pässe

---

10 | MATS P. MALMER: Die Streitaxt-Menschen: Europas erste Individualisten, in: Göran Burenhult u. a. (Hg.): Die Menschen der Steinzeit, 106. Vgl. auch WOLF KUBACH: Der Weg ins Totenreich – Bestattungs- und Beigabensitten, in: Albrecht Jockenhövel – Wolf Kubach (Hg.): Bronzezeit in Deutschland, 52.
11 | ERNST PROBST: Deutschland in der Steinzeit, 237.
12 | ERNST PROBST: Deutschland in der Bronzezeit, 33; vgl. S. 51.
13 | A. a. O., 51. – Die Aunjetitz-Kultur ist die wichtigste frühbronzezeitliche Kulturgruppe Mitteldeutschlands.

nach Italien von strategischer Bedeutung[14]. Mit dem Güteraustausch wuchs zugleich die Bevölkerung, das Straßennetz verdichtete sich; zur Zeit der *Urnenfelder-Bronze* (als die Brandbestattung an die Stelle der Ganzkörper-Bestattung trat[15]) ändert sich freilich die Hauptachse des Güteraustauschs: führte sie früher von Böhmen über das Donautal und den Oberrhein zum Rhonetal, so gewinnt jetzt die Verbindung vom Rhein-Main-Dreieck über das Donautal in Richtung Balkan an Bedeutung[16].

Die Auswirkungen des Handels auf die Gliederung der bronzezeitlichen Gesellschaft führten offenbar zu einer – gegenüber dem Neolithikum – weit stärkeren vertikalen Schichtung, wie bereits »die sichtbaren Abstufungen im Beigabenreichtum der Gräber oder im Bestattungsaufwand« verdeutlichen, die »auf den ehemaligen gesellschaftlichen Rang des Toten schließen« lassen. »Insgesamt hatten

---

14 | A. a. O., 146.

15 | Eine ergreifende Schilderung einer solchen bronzezeitlichen Leichenverbrennung bietet HOMER: Ilias, XXIII 126–230, S. 475–478, anläßlich der Beisetzung des *Patroklos*.

16 | ERNST PROBST: Deutschland in der Bronzezeit, 277. Vgl. ALBRECHT JOCKENHÖVEL: Arbeiten an Ofen und Tiegel – Frühe Metallurgen und Künstler, in: Albrecht Jockenhövel – Wolf Kubach (Hg.): Bronzezeit in Deutschland, 37: »Die Kupferversorgung mit Kupfer und Zinn mußte sichergestellt werden. Sie erfolgte in einem dichten Verteilungsnetz, in das auch rohstofflose Gebiete, wie z. B. die Norddeutsche Tiefebene, einbezogen waren… Mit den Metallen werden auch die speziellen Kenntnisse über die Verhüttung und Weiterverarbeitung vermittelt worden sein… In ihrem Gefolge kam es zu weiteren Entwicklungsprozessen, die auch andere Bereiche der bronzezeitlichen Kultur wie Wirtschaft, Religion und Kult erfaßten. Darüber hinaus wird es auch Wanderhandwerker gegeben haben. Nur aus diesem engen Kontakt der Künstler, Handwerker, ›Händler‹ und anderer Personen untereinander ist die über weite Strecken feststellbare Einheitlichkeit vieler bronzezeitlicher Kulturzüge zu erklären. Offenbar gab es im Tauschwesen bereits gewisse Normen; Detailuntersuchungen beweisen die Existenz von gewichtsähnlichen Systemen. Hinter dieser Organisation und der Vermittlung der wertvollen Rohstoffe standen wohl auch örtliche und überörtliche Autoritäten, die diese Vorgänge schützten.« DERS: Ortsfest und mobil – Haus- und Handwerk, Handel und Verkehr, in: A. a. O., 44: »Der bronzezeitliche Verkehr spielte sich links und rechts von Flüssen auf den trockenen Terrassen und/oder auf bergigen Höhenwegen ab. Sumpfiges und mooriges Gelände wurde mit hölzernen Kunstwegen, den Bohlenwegen, überbrückt. Die Lasten wurden von Mensch und Tier (jetzt auch dem Pferd) getragen, auf Wagen oder Schiffen (belegt sind Einbäume, weitere Schiffsformen lassen sich aus Darstellungen auf skandinavischen Felsbildern und bronzenen Rasiermessern erschließen…) verfrachtet. An wichtigen Punkten wie an Furten – dort wurden auch viele Bronzen geopfert – oder am Beginn nicht schiffbarer Flußabschnitte wurde umgeladen. Vielleicht entstanden an diesen Stellen Stapelplätze als Vorformen späterer Handels- und Marktorte.«

wohl die Männer das Sagen... Der bronzezeitliche Mann verstand sich zuallererst als Krieger. In allen Abschnitten der Bronzezeit fallen die Waffen als Grabbeigaben sofort ins Auge, in der Frühbronzezeit besonders die Dolche und in der Mittel- und Jungbronzezeit die Schwerter. Um diese gruppieren sich weitere Angriffs- und Verteidigungswaffen wie Pfeil und Bogen, Lanzen und Speere, Äxte und Beile sowie Schutzwaffen. Ein vielfältiges Waffenhandwerk entfaltete sich, um den Ansprüchen dieser Kriegerschicht zu genügen, die über weite Strecken Mitteleuropas fast gleichartig gerüstet war. Gemeinsamkeiten in Grabpflege und Ausstattung über weite Gebiete Europas hinweg lassen daran denken, daß die Schwertträger verwandtschaftsüberschreitend agierten und männerbündnerische Kriegergesellschaften und Jungmannschaften bildeten.«[17]

Beides also bringt der Handel mit sich, seit es ihn gibt: eine stärkere Schichtung der Gesellschaft nach Arm und Reich sowie eine enorme Militarisierung der Gesellschaft. Schon in der Aunjetitzer Kultur entstehen Prunkgräber wie das von Leubingen in Thüringen. »Man vermutet, daß der wirtschaftliche Hintergrund dieses Reichtums auf der Ausbeutung oder Kontrolle der Kupfer- und Salzlagerstätten beruhte.«[18] »Der Reichtum dieser Oberschicht beruhte sicherlich auf unterschiedlichen Voraussetzungen. Überschüsse in der Landwirtschaft – sei es an Getreide oder Vieh –, eine Kontrolle über die Gewinnung und Verteilung von begehrten Rohstoffen sowie über wichtige Geländepunkte, aber auch die Herrschaft über viele Menschen kommen als Erklärungsmöglichkeiten in Frage. Daß diese Oberschicht in der Lage war, über viele Leute Autorität auszuüben, zeigen die aufwendigen Befestigungen, zu deren Errichtung Hunderte von Arbeitern benötigt wurden.«[19]

Insgesamt muß man feststellen, daß es »die Waffenträger bzw. Krieger (sind), die das Bild der bronzezeitlichen Gesellschaft prägen... ›Krieg und Frieden‹ bestimmten den Ablauf bronzezeitlichen Geschehens... Diese Kriegerschicht war von der Frühbronzezeit an die führende Schicht... Wenn auch viele (sc. der in den Gräbern gefundenen, d. V.) Waffen aufgrund ihres Aussehens oder ihrer Kon-

17 | ALBRECHT JOCKENHÖVEL: Bauern und Krieger, Künstler und Händler – Bronzezeitliche Gesellschaft, in: Albrecht Jockenhövel – Wolf Kubach (Hg.): Bronzezeit in Deutschland, 45. Vgl. ISA KUBACH-RICHTER: Nadel, Schwert und Lanze – Tracht und Bewaffnung des Mannes, in: A.a.O., 54–56.
18 | ALBRECHT JOCKENHÖVEL: Bauern und Krieger, Künstler und Händler – Bronzezeitliche Gesellschaft, in: A.a.O., 46.
19 | A.a.O., 47.

struktion kaum für den Kampf tauglich waren, so kamen ihnen über einen reinen Protz- und Prestigecharakter sicher auch Rechts- und Symbolfunktionen zu, weitere Hinweise dafür, daß das ›Militärische‹ andere Bereiche der Gesellschaft erfaßte. Es ist wohl kein Zufall, daß mit der Einführung der echten Kupfer-Zinn-Technologie gegen Anfang der Frühbronzezeit in weiten Bereichen Süd- und Mitteldeutschlands ein ausgefeiltes Befestigungswesen (sich herausbildet)… In der Bronzezeit wurden die Wurzeln gelegt für größere kriegerische Auseinandersetzungen in Europa, indem geeignete Schutz- und Trutzwaffen entwickelt und das Befestigungswesen effektiv ausgebaut wurde… – Als Beute und Tribut wurden sicher viele kostbare Gegenstände weggeschafft; aber auch friedliche Vorgänge stehen hinter der Verteilung wertvoller Objekte. So wie in der Welt HOMERS spielte in den archaischen Gesellschaften Mitteleuropas auch das Geschenkwesen, der Gabentausch, eine große Rolle. Persönliche Allianzen von Kriegern, Bündnisse von größeren Gruppen werden durch solche Geschenke, aber auch den Austausch von Frauen… bekräftigt … Überhaupt – Austausch und ›Handel‹, gegründet auf der Beschaffung und Verteilung wertvoller Materialien und Rohstoffe – sei es Gold, Silber, Kupfer, Zinn, Bernstein, Salz, Elfenbein – sowie begehrter Endprodukte – Gold- und Bronzeblecharbeiten, Glas, Textilien – förderten eine gewisse ›Internationalität‹ in der Bronzezeit.«[20]

Das in unserem Zusammenhang am meisten Bemerkenswerte ist die offenbare Verbundenheit von *Handel und Krieg*. An sich, sollte man denken, schließen sich beide einander aus: Der Tausch von Gütern setzt freundschaftliche Beziehungen zwischen den Handelspartnern sowie eine gewisse Sicherheit auf den Transportwegen voraus, – Krieg ist das Gegenteil: er verhindert den Handel und ersetzt ihn durch Raub- und Beutezüge. Gleichwohl steckt hinter beiden der Wille zur Selbstbereicherung. Die protzig dargebotene Zurschaustellung neu erworbenen Reichtums reizt andere zu gewaltsamer Aneignung. Mit der Anhäufung von Gütern beginnt notwendig die Angst vor Plünderung, – deshalb die Anlage von burgähnlichen Schutzwällen und die Anfertigung von Schutzwaffen. Doch was der eine kann, kann der andere auch. Mit der größten Selbstverständlichkeit erzählt HOMER – vorgeblich für die bronzezeitlichen Ereignisse des Trojanischen Krieges, in Wirklichkeit unverändert gültig für die Eisenzeit seiner eigenen Tage im 8. Jh. v. Chr. –, wie seine

20 | ALBRECHT JOCKENHÖVEL: Rückblick und Ausblick, in: A. a. O., 101–103.

»Helden« fremde Städte und Völker überfallen, die Männer, die sie am Leben lassen, mitsamt den Frauen in die Sklaverei führen und als Beutegut mitnehmen, was irgend geeignet scheint, die Aura ihres Ruhms zu vergrößern[21]. Wer auf dieser Stufe der wirtschaftsgeschichtlichen Entwicklung psychologische Faktoren wie Ehrgeiz, Gier und Geltungsstreben am Werk sehen wollte, in Verbindung mit Angst, Aggression und Gewalt, träfe durchaus den Kern des Geschehens: Noch gibt es nicht den Systemzwang der kapitalistischen Wirtschaftsform einer »Marktgesellschaft«, noch sind die Handlungsmotive zwar auf die Gesellschaft bezogen, doch nicht von ihr diktiert; was der Einzelne tut, hat seinen Grund in ihm selbst.

Gleichwohl wird schon in dieser Zeit etwas sichtbar, das in späteren Gesellschaften als ein Wesenszug kapitalistischen Wirtschaftens in Erscheinung treten wird und sich als fatale Einheit von Handel und Krieg zu erkennen gibt: Je mehr die ausgetauschten Waren von ihrem Gebrauchswert verlieren und sich als bloße Mittel der Kapitalvermehrung auf ihren Tauschwert auf dem Markt reduzieren, wächst umgekehrt der Konkurrenzdruck unter den Händlern und läßt sie zu immer brutaleren Methoden der Selbstdurchsetzung greifen. – Bis heute besteht eine Hauptursache ständiger Kriege in dem Zwang der kapitalistischen Wirtschaft, sich Zugang zu immer neuen Rohstoffquellen zu verschaffen, die Handelsrouten militärisch abzusichern und in aller Herren Länder Marionettenregimes einzusetzen, die den eigenen Interessen willfährig gegenüberstehen. Also kreuzt die Bundesmarine vor der Küste Somalias, werden in kriegsverwüsteten Staaten wie in Irak, Afghanistan, Serbien oder Libyen Herrscher installiert, die den westlichen Vorstellungen von »Freiheit« (zum Abwickeln lukrativer Geschäfte) entsprechen, und nötigt man die Unterworfenen, es als ihren Vorteil zu betrachten, wenn sie sich dem Willen der Machthaber beugen. – Doch von diesem Zustand eines entwickelten Wirtschaftsimperialismus sind wir in jenen Tagen der Bronzezeit vor rund 3500 Jahren (noch) weit entfernt.

Wie grundsätzlich anders man in der Bronzezeit denkt und handelt, zeigt OVID in einer berühmten Szene aus dem Trojanischen Krieg: Nach dem Tod des *Achill* geht zwischen *Ajax* und *Odysseus* der Streit darum, wer von ihnen die von dem Gott *Hephaistos* geschmiedeten Waffen bekommt; beide treten in einen Redewettbe-

---

21 | Bei HOMER: Ilias, I 170–171, S. 8, z.B. erklärt *Achill* im Streit um sein »Ehrengeschenk«, die geraubte *Briseïs*, er sei nicht gewillt, im Kampf *Agamemnon* »Vermögen und Reichtum zu häufen.«

werb ein, in dem sie die Argumente für ihre Würdigkeit vortragen, und (natürlich!) erweist sich *Odysseus* als der bessere Redner, so daß die Entscheidung der Feldherrn zu seinen Gunsten ausfällt; daraufhin stürzt *Ajax* sich in das Schwert, – eine Blume entwächst seinem Blute[22]. Es ist YANIS VAROUFAKIS, der bemerkt, daß offenbar »niemandem einfiel, eine Versteigerung abzuhalten, bei der derjenige, der das meiste Geld bietet, stolzgeschwellt mit den Waffen des *Achilles* davonziehen kann. So hätte man es zumindest heute gemacht. – Ja, warum haben sie nicht daran gedacht, die Waffen zu versteigern? Weil weder *Ajax* noch *Odysseus* noch irgendein anderer griechischer Kämpfer wegen des Tauschwertes an diesen Waffen interessiert war (um sie eventuell später günstig zu verkaufen) und auch nicht wegen des reinen Gebrauchswertes (um sie im Kampf einzusetzen)! Der unschätzbare Wert dieser Waffen war für den, der sie bekam, rein symbolisch, das heißt, es war ein Lebenswert.«[23]

Doch so richtig diese Feststellung ist, so klar bleibt natürlich, daß der Symbolwert einer Waffe sich anlehnt an deren Gebrauchswert, und was man mit ihr machen konnte und entschlossen war zu tun, besaß als Triebfeder den anscheinend unausrottbaren Drang zu Anerkennung und Ruhmsucht im Kreis einer *Kriegerkultur,* in welcher das mannhafte Töten von Männern und das Rauben von Frauen und Kindern mit all ihrer Habe als sozial nützliche Großtat geachtet ward. In gewisser Weise gilt es da als vernünftig, das Leben aufs Spiel zu setzen, mit der Aussicht, im Handstreich ein reicher Mann zu werden. Das Leben ist für weniger wert zu erachten als Geldbesitz; denn, so erklärt den Athenern zu Beginn des Peloponnesischen Krieges kein Geringerer als der große *Perikles:* »ein Krieg lebt vom Überfluß, nicht aus gewaltsamen Umlagen; auch setzen Menschen, die alles selbst arbeiten, im Krieg lieber ihre Leiber ein als Geld: mit dem Leben haben sie ein Zutrauen, aus Gefahren doch noch davonzukommen, aber bei ihrem Hab und Gut keine Sicherheit, ob es nicht zu früh verbraucht sei, zumal ihnen wider Erwarten, was doch wahrscheinlich ist, der Krieg länger dauert.«[24]

Mit diesen Worten erläutert der athenische Staatsmann, warum zu allen Zeiten »der kleine Mann« eher bereit ist, einer Einberufung zum Krieg zu folgen, als eine staatliche Kriegsanleihe zu zeichnen.

---

22 | OVID: Metamorphosen, XIII 1–398, S. 405–420; SOPHOKLES hat in seiner Tragödie »Aias« diesem Stoff ein eigenes Drama gewidmet.
23 | YANIS VAROUFAKIS: Time for Change, 39.
24 | THUKYDIDES: Geschichte des Peloponnesischen Krieges, I 141, S. 60.

Abb. 5: Phönizisches Schiff unter geblähtem Segel (2. Jh. n. Chr.)

Man muß als politischer Entscheidungsträger einen Krieg sich wirtschaftlich leisten können, ehe man aus ihm eines Tages wirtschaftlichen Gewinn zu ziehen gedenkt, – ähnlich wie man als Unternehmer eine gefüllte »Kriegskasse« benötigt, um mit den entsprechenden Investitionen einen Konkurrenten vom Markt zu drängen. Doch eben: Um die nötigen Ausgaben für die Kriegsvorbereitungen tätigen zu können, bedarf es entweder der Autarkie einer Großmacht oder, wenn diese nicht gegeben ist, eines dichten Handelsnetzes, das – wie in den Tagen des *Perikles* der attische Seebund – die unentbehrlichen Rohstoffe und die notwendigen Gelder beschaffen hilft. In jedem Falle sind von alters her Handel und Krieg ein Geschäft Hand in Hand.

Die Handelsmacht in den Tagen der Griechen und Römer stellten die *Phönizier* dar. Noch aus dem 2. Jh. n. Chr. (rund 200 Jahre nach dem Untergang Karthagos), aus der graecorömischen Epoche, findet sich in Sidon ein Sarkophag, auf dessen Schmalseite ein schwerbeladenes phönizisches Schiff unter geblähtem Segel Kurs hält durch eine aufgewühlte See (Abb. 5)[25]. Eine sprachmächtige Beschreibung solcher Handelsschiffahrt – vermutlich entstanden nach dem Untergang von Tyros durch den Ansturm *Alexanders* »des Großen« im Jahre 330 v. Chr. – findet sich im Buche des Propheten Ezechiel (Kap. 27–28), wo es in einer sonderbaren Mischung aus Hochachtung und Häme heißt: »O Tyrus, die da liegt vorn am Meer, du sprichst: ich bin die Allerschönste... Sie haben ... die Zedern vom Libanon fällen lassen und deine Mastbäume daraus gemacht; deine Ruder haben sie aus Eichen von Basan gemacht und deine Wände mit Elfenbein getäfelt, gefaßt in Buchsbaumholz von den Gestaden der Hethiter. Dein Segel war beste bunte Leinwand aus Ägypten... Tarsis (sc. Tartessos, in Spanien, an den Säulen des *Herakles*, d. V.) hat für dich Handel getrieben mit einer Fülle von Gütern aller Art und Silber, Eisen, Zinn und Blei auf deinen Markt gebracht. Jawan, Tubal und Meschech haben mit dir gehandelt und Sklaven und Geräte als Ware gebracht. Die Leute von Togarma (Armenien?) haben dir Rosse ... und Maulesel auf deine Märkte gebracht. Die Leute von Rhodos sind deine Händler gewesen, und viele Inseln haben Handel mit dir getrieben; sie haben mit Elfenbein und Ebenholz bezahlt... Die Edomiter ... haben Malachit, Purpur, bunte Stoffe, feine Leinwand, Korallen und Rubine auf deine Märkte gebracht... Arabien und alle Fürsten von Kedar haben mit dir Handel getrieben mit Schafen, Widdern und Böcken... Assur und ganz Medien haben mit dir gehandelt. Sie waren deine Händler mit Prachtgewändern, mit Mänteln von Purpur, mit geflochtenen und gedrehten Tauen im Handel mit dir. Tarsisschiffe (sc. hochseetaugliche Frachtschiffe, d. V.) waren die Käufer deiner Ware... Alle, die dich kannten unter den Völkern, haben sich über dich entsetzt, daß du so plötzlich untergegangen bist.«

Die Bibel bekämpfte die Phönizier des *Baals*-Kultes wegen, die Griechen, die von ihnen das Lesen und Schreiben lernten und sie umgekehrt über Jahrhunderte hin kulturell beeinflußten, sahen in HOMERischen Zeiten in ihnen abschätzig bloße Piraten und Sklavenhändler. – So erzählt *Odysseus* dem Sauhirten *Eumaios* bei seiner Rückkehr auf Ithaka eine phantastische Geschichte, wie »ein phönikischer Mann, ein Betrüger und Gauner, / Der bereits viel Böses verübt hatte unter den Menschen«[26], ihn nach Phönikien mitgenommen und dann, ein Jahr später, »auf meerbefahrendem Schiffe« nach

25 | André Parrot – Maurice H. Chéhab – Sabatino Moscati: Die Phönizier, 16.
26 | HOMER: Odyssee, XIV 288–289, S. 441.

Libyen verbracht habe, »Unter dem Vorwand…, ich solle die Fracht mit ihm führen; / Dort gedachte er mich für hohen Gewinn zu verkaufen.«[27] Seinerseits dann berichtet *Eumaios* dem bei seiner Heimkehr unerkannt noch gebliebenen *Odysseus*, wie er auf Syria (in der Nähe der Insel Ortygia) als Sohn des Königs *Ktesios* zur Welt gekommen sei, aber an der Seite einer schönen Sklavin aus Sidon von phönikischen Händlern, die »im bauchigen Schiff viel Güter im Handel« zusammenbrachten, darunter auch ein goldenes Geschmeide mit durchreihten Bernsteinstückchen, schließlich an *Laertes*, den Vater des *Odysseus*, verkauft worden sei[28].

Doch in all dieser Mischung aus Handel und Gewalt, Arglist und Opportunismus wird nach wie vor deutlich, daß man Waren (einschließlich Menschen) auf dem Markt feilbietet, um aus ihrem Verkauf eine Gewinnspanne gegenüber dem Ankaufspreis (beziehungsweise dem Aufwand beim Erbeuten der Verkaufsobjekte) einzutreiben. Der Gewinn resultiert hier ganz und gar aus dem Handel selbst; der Kreislauf, der so entsteht, bildet sich nicht, wie bei der Warenproduktion, zwischen G(eld) (Produktionskapital) – W (hergestellter Ware) – G (verkaufter Ware), sondern zwischen W (angekaufter Ware) – G (verkaufter Ware) – W (neuer eingekaufter Ware).

Die Haupthandelswaren der Phönizier waren – neben dem roten Farbstoff der Purpurschnecke Phönix, der ihnen den Namen gab – Elfenbeinarbeiten (Kämme, Statuen, Intarsien), Glasprodukte, sowie auf höchstem Niveau hergestellte Objekte in Gold, Silber und Eisen (Schmuck, Waffen). Doch eben daraus entwickelte sich ein regelrechter Handelskrieg, der einen ersten Höhepunkt in den Auseinandersetzungen zwischen Rom und Karthago fand. Handel und Krieg setzten sich um 800 n. Chr. in den Raubzügen der *Wikinger* fort. Einen eigentlich kapitalistischen Charakter gewann der Handel als ein Machtfaktor, der die gesamte Gesellschaft durchdrang, aber erst in den Tagen der *Hanse* in Nord- und Ostsee, begleitet von der Ent-

---

27 | A.a.O., XIV 295–298, S. 441.
28 | A.a.O., XV 403–484, S. 480–485. – Von daher fällt es schwer, die Usancen solcher »Händler« von denen der sie bedrängenden *Piraten* zu unterscheiden, außer daß die einen staatlich, die anderen privat organisiert waren. 67 v. Chr. griff *Pompeius* mit einem Heer von 100 000 Infanteristen, 5000 Kavalleristen und einer Flotte von 500 Schiffen die Piraten in ihren Stützpunkten in Sizilien, Nordafrika und Korsika an, um den Getreidehandel für Rom offen zu halten, und vernichtete ihren Rest in der Landzunge des heutigen Alanya. Vgl. REYMER KLÜVER: Das Imperium schlägt zurück, in: Geo-Epoche, Nr. 62, 2013, S. 20–32.

stehung der ersten Banken in Oberitalien und dem Seehandel im Mittelmeerraum. – Doch der Reihe nach.

Regulär *kriegerische* Handels-Auseinandersetzungen provozierte im 8. Jh. v. Chr. ein Strom von *griechischen Aussiedlern*[29], die sich auf Sizilien niederließen, am Kreuzungspunkt der Handelsrouten zwischen West und Ost sowie zwischen Afrika und Europa. Eine Weile lang lebten Griechen und Phönizier hier friedlich zusammen, indem die ersteren die agrarischen Nutzflächen erschlossen, während letztere Handelsstützpunkte an den Küsten anlegten. Doch vom 6. Jh. an, als immer mehr griechische Kolonisten ins Land strömten, brachen heftige Kämpfe aus, indem die Herrscher von Syrakus sich die Vertreibung der Punier zum Ziel setzten, – vergeblich, wie sich herausstellte. Als dann schließlich Rom im 3. Jh. v. Chr. seine Macht bis zur Südspitze Italiens ausgedehnt hatte, entbrannte ein heftiger, mehr als 100 Jahre dauernder Kampf um die Vorherrschaft im westlichen Mittelmeer, beginnend mit dem 1. Punischen Krieg zwischen 264–241 v. Chr. und endend 146 v. Chr. mit der Einnahme Karthagos im 3. Punischen Krieg[30]. Unangefochten wurde Rom damit zur beherrschenden Seemacht im gesamten Mittelmeerraum, und mit der planvollen Expansion des Imperiums, bis hin schließlich nach Britannien im Norden, Ägypten und der Kyrenaika im Süden und Kleinasien mit der Provinz Syrien im Osten, gewann allein schon zur Versorgung der Truppen und zur Mehrung des Wohlstands der Güteraustausch zwischen den Produkten so verschiedenartiger landschaftlicher und kultureller Regionen eine überragende Bedeutung. »Im römischen Reich mit seinen Schifffahrtsverbindungen und Überlandstraßen blühte bald der Fernhandel auf. Einheitliche Maße und Gewichte sowie das überregionale Währungssystem erleichterten diese Fernbeziehungen ungemein. Es war schon für einen römischen Soldaten oder Offizier der augusteischen Zeit nichts Besonderes, mit-

29 | Vgl. THEODOR KISSEL: »Wie Frösche um einen Teich«, in: Spektrum der Wissenschaft, spezial: Archäologie, Geschichte, Kultur 2/14: Das frühe Rom, 46–53. – Die im 8. Jh. v. Chr. einsetzende »Große Griechische Kolonisation« war wohl die Folge wachsenden Wohlstands, begleitet von Überbevölkerung. So warnt um 700 v. Chr. HESIOD: Erga, 376–378, in: Sämtliche Gedichte, 323, vor steigenden Bevölkerungszahlen. – Die Navigation nach Sternen, Küstenbeschreibungen und ersten Seekarten stand bereits um 1000 v. Chr. den Phöniziern zur Verfügung. Ziel der Auswanderung griechischer Kolonisten war bevorzugt das südliche Italien und Sizilien.

30 | THEODOR KISSEL: Karthago – Das antike Reich des Bösen?, in: Spektrum der Wissenschaft, spezial: Archäologie, Geschichte, Kultur 2/14: Das frühe Rom, 66–67.

Abb. 6: Neumagener Weinschiff (Trier)

ten in Germanien, etwa in Haltern oder Oberaden, seinen italischen Wein aus syrischen Gläsern zu trinken und dazu eingelegte Datteln und Oliven aus dem östlichen Mittelmeergebiet zu knabbern. Dafür sorgten – gegen gute Bezahlung natürlich – die Kaufleute. Diese waren, wie die Inschriften zeigen, in Kollegien organisiert und konnten alles liefern, was Profit brachte, oft in erstaunlicher Spezialisierung... Wichtige Zeugnisse für den Handel mit exotischen Waren sind oft die Waren selber oder ihre Verpackungen: So kennt man die hölzernen und tönernen Transportbehälter der importierten Lebensmittel, die Fässer und Amphoren für Wein, Olivenöl, eingelegte Früchte und Fischsoßen (Garum und Liquamen) aus Italien, der Iberischen Halbinsel und dem griechischen Osten... Die Kaufleute, von denen viele östlicher Herkunft waren, konnten Gewürze aus Indien, Weihrauch aus Arabien, Stoffe bis hin zur chinesischen Seide und auch Sklaven jeglichen Alters und jeglicher Fähigkeit zum Kauf anbieten.«[31]

Eine gewisse Vorstellung von den Schwierigkeiten des Transports großer Wareneinheiten auf dem Wasserweg verschafft das Neumagener Weinschiff aus dem Museum in Trier (vgl. Abb. 6)[32]: Deutlich ist, daß die 22 Ruder beiderseits eine doppelt so zahlreiche Mannschaft erfordern würden, – die sechs auf der Backbordseite sitzenden

31 | THOMAS FISCHER: Die Römer in Deutschland, 101–102.
32 | A. a. O., 101.

Rudergänger (vermutlich Sklaven) müßten um den Faktor vier vermehrt werden. Daß dem Schiff, das die Mosel zu Tal fährt, große Dimensionen zugedacht sind, zeigen nicht nur die hochgezogenen Wolfsköpfe an Bug und Heck, sondern auch die vier mächtigen Holzfässer, in denen Wein zwischen Trier und Köln transportiert werden soll. Vorn im Bug sitzt der Kapitän, der den Takt der Ruderschläge vorgibt, im Heck führt der Steuermann das Schiff durch die Windungen der »lieblichen Mosel«, wie AUSONIUS sie besungen hat[33]. – Das Weinschiff blieb erhalten, weil die Bevölkerung des rechtsseitig an der Mosel gelegenen Neumagen (»Neumarkt«) in den Tagen der Völkerwanderung zur Verstärkung der Stadtmauer die marmornen Monumente des römischen Friedhofs verfüllen mußte; konserviert blieb dadurch eine archäologische Fundgrube ersten Ranges.

Mit dieser Zeit der Völkerwanderung endet nicht nur der römische Fernhandel, zugrunde geht 451 das Römische Imperium als ganzes. In der Nord- und Ostsee, später auch auf Düna, Dnjepr und Wolga, im Schwarzen Meer und im Kaspischen Meer sowie, vom Atlantik her, im Mittelmeer, tauchen die gefürchteten Drachenboote der *Wikinger* auf, die mit dem Überfall auf die Abtei Lindisfarne an der Ostküste Englands im Jahre 793 Schrecken über ganz Europa verbreiten. Die Wikinger sind nicht nur tüchtige Seeleute, sie repräsentieren zwischen 800–1100 n. Chr. einen Typ der Wirtschaft, in der Raub und Handel als eine unlösliche Einheit, im Grunde als ein und dasselbe, begriffen werden: man plündert, um die Beute (Silber und Sklaven vor allem) für noch mehr Silber »umsetzen« zu können[34].

33 | AUSONIUS: Mosella, Vers 23–36, S. 9:
Sei gegrüßt, Strom, gelobt von den Äckern, gelobt von den Bauern,
bewachsen, tiefgrüner Strom, an den grasigen Ufern!
Schiffe tragend wie ein Meer, mit Gefälle zu talab fließenden Wogen
wie ein Fluß, und an kristallklarer Tiefe Seen nachahmend
kannst du sowohl Bächen in hüpfendem Lauf gleichkommen
als auch mit lauterem Trunk eiskalte Quellen übertreffen:
Alles hast du allein, was eine Quelle, was ein Bach und ein Strom
und ein See und das Meer haben, das durch einen Schutzdeich
zurückflutet, der in zwei Richtungen Durchlaß gewährt.
Du brauchst, indem du mit sanften Wassern vorübergleitest, weder
irgendwelches Getöse des Windes
noch das Ringen mit einem verborgenen Felsen zu bestehen.
Nicht wirst du an einer brandenden Untiefe den Lauf reißend zu
beschleunigen
gezwungen, nicht hast du Landflächen, die mitten aus dem
Wasserspiegel herausragen.
34 | Vgl. MAGNUS MAGNUSSON: Der Hammer des Nordens, 21–33: Die Drachen-

Es dauert lange, bis der Osten Kontinentaleuropas sowie die skandinavischen Länder sich in staatliche Organisationen fügen, so daß diese Art von »Freihandel« historisch obsolet wird.

Der Handel selber freilich blüht weiter und wird zur tragenden Säule der wirtschaftlich stets klammen Regierenden, tatsächlich aber geraten diese eben dadurch immer stärker unter den Einfluß ihrer Geldgeber und -beschaffer. Das sind vom 14. Jh. an die ersten Banken in Nord- und Mittelitalien, an ihrer Spitze die Familie von *Filippo Peruzzi* in Florenz: Es ist zum ersten Mal, daß das Handeln um der Profitmaximierung willen zum Hauptzweck aller Transaktionen wird, es ist die Geburtsstunde des Finanzkapitalismus (dessen Logik uns im 2. Bd. noch näher beschäftigen wird). Zu Ende gegangen ist bereits in Ostasien das Vordringen der Song-Kaiser Chinas, deren Flotten um das Jahr 1000 bis nach Indien und Arabien segelten; diese weisen Herrscher begreifen, daß eine ständige Expansion nicht zu Glück und Zufriedenheit der Bevölkerung beiträgt; zudem stürzt der Mongolensturm 1279 die Song-Dynastie in den Untergang. Dafür »machen arabische Händler Geschäfte auf drei Erdteilen, ziehen mit Karawanen durch Afrika, fahren mit Schiffen nach Indien, China und Südeuropa. Um das Bezahlen von Waren über weite Entfernungen zu erleichtern, nutzen sie Schecks: unterschriebene Papierstücke, die sie bei einem Bankier bei einem fernen Ort gegen Geld eintauschen. Sie verleihen Geld gegen Zinsen, investieren einen Teil ihrer Gewinne in neue Geschäfte.«[35] Und dieses System macht Schule jetzt auch im »Abendland«. Die Zeiten sind günstig.

Durch eine verbesserte Anbautechnik und eine spürbare Klimaerwärmung vergrößern sich im Westen Europas die Ernteerträge, die Bevölkerung wächst, und damit beginnt auch der Fernhandel wieder. Venedig nutzt im Ost-West-Handel seine alten Verbindungen zu Byzanz. Genua und Pisa eröffnen den Handel mit Nordafrika, und auch auf dem Festland dringen italienische Kaufleute bis nach Nordfrankreich, Flandern und zu den deutschen Hansestädten vor[36]. Die Geschäfte werden dabei immer komplizierter und raffinierter. Die

schiffe. Die große Zeit der Wikingerzüge.

35 | OLIVER FISCHER: Die Pioniere der neuen Ordnung, in: Geo Epoche Nr. 69: Der Kapitalismus, 26. – JÜRGEN KOCKA: Geschichte des Kapitalismus, 44, verweist darauf, daß der Kaufmannskapitalismus sich vom 10.–14. Jh. in China, im 7.–11. Jh. in Arabien und im 12.–15. Jh. in Europa in Phasen beschleunigten Ausbaus befand.

36 | OLIVER FISCHER: Die Pioniere der neuen Ordnung, in: Geo Epoche Nr. 69: Der Kapitalismus, 27.

commenda entsteht – »eine geschäftliche Partnerschaft, zu der mindestens zwei Kaufleute gehören, einer der auf Handelsfahrt geht, und einer der zu Hause bleibt. Derjenige, der vor Ort wartet, überläßt dem Reisenden eine Summe Geldes, um Geschäfte zu machen. Der Leihgeber trägt alle Risiken bis zum Totalverlust des Kapitals, dafür erhält er nach Rückkehr seines Kompagnons in der Regel 75 Prozent des Gewinns.«[37]

Die Voraussetzung dafür ist eine großzügige Kreditvergabe. Die Geldwechsler, die *cambiatori*, wittern ihre Chance: Sie verleihen Geld für beträchtliche Zinsaufschläge und führen selber die Konten ihrer Schuldner; umgekehrt nehmen sie selber Geld auf von Krediteuren, die an Zinsgewinnen interessiert sind, und sie tun das natürlich, um selbst zu verdienen. Auf diese Weise befruchten sich Geldhandel und Warenhandel wechselseitig. Die bislang kleinen *Commenden* wachsen jetzt zu *Compagnien*, zu Gesellschaften für Geschäfte heran, in die gewaltige Summen auch vonseiten des Königs investiert werden. In Avignon unterhält im 14. Jh. der Papst einen prunkvollen Hof, – er braucht Geld von den *Peruzzi* in Florenz, die wiederum in England Geld für den Heiligen Stuhl einziehen. Der bargeldlose Geldverkehr vereinfacht – nach arabischem Vorbild – den Handel: eine schriftliche Zahlungsanweisung von Florenz nach Avignon an das dortige Bankhaus genügt. »Für Überweisungen an Kaufleute anderer Firmen stellen sie Wechsel aus… An einem solchen Wechsel sind immer vier Personen beteiligt: zwei am Ort der Ausstellung, zwei am Ort der Einlösung. Wenn die *Peruzzi* Geld an einen Tuchhändler in Gent überweisen wollen, wo sie selber keine Niederlassung haben, wenden sie sich an einen Florentiner Kaufmann, der dort vertreten ist und somit über Barmittel am Ort verfügt. Bei ihm zahlen sie den Überweisungsbetrag in Florin (sc. dem Florentiner Münzgeld, d. V.) ein, erhalten dafür den Wechselbrief. Darauf ist der Name des Absenders und des Empfängers vermerkt und die Aufforderung, ihm ›innerhalb der üblichen Frist‹ die entsprechende Summe in Genter Währung auszuzahlen. Dieses Dokument schicken die Peruzzi zu dem Tuchhändler in Gent. Der geht damit zur Filiale des Kaufmanns, wo er sich gegen Vorlage des Wechselbriefes den Betrag abholen kann. – Ein Wechsel ist also eine Erklärung, in der sich jemand verpflichtet, an einem anderen Ort und in einer anderen Währung eine bestimmte Summe Geld an eine bestimmte Person auszu-

37 | A. a. O., 28.

zahlen. Der Aussteller erhält dafür eine Gebühr von demjenigen, der die Summe eingezahlt hat.«[38]

Im 14. Jh. wird die Ära der *Peruzzi* sich dem Ende entgegenneigen, doch die technischen Voraussetzungen zur Entwicklung des Finanzkapitals werden an die späteren Bankhäuser in Antwerpen, London und Amsterdam weitergegeben werden: die doppelte Buchführung nach Soll und Haben, die im 13. Jh. von italienischen Kaufleuten entwickelt wurde, der bargeldlose Zahlungsverkehr, die Zahlungsanweisung, der Wechsel.

Mittlerweile ist seit dem 12. Jh. in Nordeuropa das Handelsimperium der Wikinger von Kaufleuten aus Köln und Bremen, die Waren mit englischen Kaufleuten tauschen, abgelöst worden. Die Stadt Lübeck, eine Neugründung durch den Grafen von Holstein *Adolf II.*, zieht auf Grund ihrer Lage an der Travemündung und durch ihre Nähe zu Hamburg immer mehr Menschen an, um 1400 ist sie mit 20 000 Einwohnern nach Köln die zweitgrößte Stadt in deutschen Landen. »Von Lübeck aus tragen deutsche Kaufleute im 13. Jahrhundert zur Gründung von Rostock, Wismar, Stralsund und Greifswald bei.... Andere fahren nach Schleswig..., nach Schweden, Norwegen, Nowgorod und ins Innere Rußlands... Einige dieser deutschen Kaufleute, die regelmäßig... Gotland besuchen, ... schließen sich schon bald zu einer Genossenschaft zusammen... In England treffen die Pioniere aufeinander: all die Kölner, Lübecker und Bremer (und inzwischen auch Hamburger) Unternehmer, die in London kaufen und verkaufen... Der englische König *Heinrich III.*, der ihnen in den Jahren 1266/67 neue Privilegien zugesteht, nennt sie ›hansa‹«[39], von althochdeutsch *hansa* – (Krieger)Schar. An die Stelle der Konkurrenz zwischen den Handelsunternehmern tritt damit die Kooperation, – ein höchst bemerkenswertes Erfolgsprinzip, das bewirkt, dass die Einzelnen »sich besser gegen Steuerforderungen lokaler Fürsten be-

---

38 | A.a.O., 34. – JÜRGEN KOCKA: Geschichte des Kapitalismus, 37, resümiert zum Thema *Handelskapitalismus*: »Bankgeschäfte – Geldwechsel, die Aufnahme und Vergabe von Krediten, Wechsel- und Girogeschäfte, die den Zahlungsverkehr vereinfachten und eigene Gewinnchancen boten, auch der Handel mit Wechselbriefen seit dem 14. Jahrhundert – enthielten spekulative Momente von Anfang an und wurden in dem Maße, in dem sie aufkamen, von den Kaufleuten miterledigt. ... Banken entstanden in Genua seit dem 12., in Venedig seit dem 13., in der Toskana seit Anfang des 14. Jahrhunderts.«
39 | CAY RADEMACHER: Von Koggen und Kontoren, in: Geo Epoche Nr. 25: Kaiser, Ritter, Hanse, 110.

haupten können. Und, vor allem, dass es für sie leichter ist, über große Entfernungen Geschäfte abzuschließen.«[40]

Entsprechend groß gestaltet sich die Machtkonzentration. Der unregelmäßig einberufene Handelstag in Lübeck »entscheidet über Kriege (etwa gegen den König von Dänemark, der immer wieder versucht, die Herrschaft über die Ostsee zu erringen), über Sanktionen oder Friedensschlüsse, über wirtschaftliche Vorschriften (wie Gewichte, Maße oder Stapelrechte), und er löst Konflikte zwischen den Handelsstädten.«[41] Es scheint unmöglich, Wirtschaft und Politik, Geld und Macht voneinander zu trennen; das eine setzt voraus und bewirkt (wenn's gut geht) das andere.

Dabei kann man die Zeit der Hanse durchaus als ein Modell für »freien« Handel ansehen. Es regiert das Geld und nicht das Staatsinteresse; die Landesgrenzen sind aufgehoben; jeder, der es kann und will, hat seine Chance zum Mitmachen. Für den Transport der Waren wird die schwere Kogge entwickelt, ein Segelschiffstyp, der wirkt wie ein schwimmendes Faß. Verfrachtet werden in diesen großbäuchigen Transportern Wolle und Färbestoffe aus Brügge, Pelze und Kerzenwachs aus den russischen Wäldern, Getreide aus Danzig, Fische aus Norwegen, Seidendecken aus China und Bagdad, orientalische Gewürze und Südfrüchte aus Venedig, und vor allem: Steinsalz aus dem nahegelegenen Lüneburg, – es ist das »weiße Gold« der Zeit, unentbehrlich zum Konservieren von Fisch und Fleisch. Es gilt der Wappenspruch der Hanse: *navigare necesse est, vivere non necesse est* – Seefahrt muß sein, Leben muß nicht sein.

Diese glorreiche Zeit, wie fast alles im Wirtschaftsleben, geht zugrunde an ihrem Erfolg. 1492 entdeckt, auf der Suche nach einem

---

40 I A.a.O., 112. – FRIEDRICH LIST: Das nationale System der politischen Ökonomie, 59, beschreibt, wie *Eduard III.* (1327–1377), angeregt durch die Hanse, die einheimische Wollindustrie und Tuchherstellung durch flandrische Tuchmacher zu entwickeln suchte und schließlich sogar das Tragen ausländischer Tücher verbot. Damit endete die Zeit, da England den Hansen war, »was später Polen den Holländern oder Deutschland den Engländern geworden ist«: ein Rohstofflieferant und Abnehmer von Fertigwaren (S. 58).

41 I CAY RADEMACHER: Von Koggen und Kontoren, in: Geo Epoche Nr. 25: Kaiser, Ritter, Hanse, 112. – JÜRGEN KOCKA: Geschichte des Kapitalismus, 33, sieht in der Hanse »ein mächtiges, wenn auch locker gefügtes Bündnis von zeitweise mehr als fünfzig Städten, ... die vom 13. bis zum 16. Jahrhundert Schifffahrt, Handel und Politik im Nord- und Ostseeraum bestimmten.« – Im 14. Jh. waren es die Familienfehden in Skandinavien (nach dem Tod König *Waldemars IV.* von Dänemark 1375), die in Ost- und Nordsee die *Piraterie* beförderten; vgl. JOHANNES SCHNEIDER: Störtebeker, in: Geo Epoche, Nr. 62, 2013, 34–46.

westlichen Seeweg zu den asiatischen Gewürzen und Geweben (weil die Türken im Osten den Landweg versperren), *Columbus* die Neue Welt. Vor allem die Küstenländer am Atlantik: Spanien und Portugal, später auch England und die Niederlande (und erstaunlich spät: Frankreich) profitieren von der Nutzung der globalisierten Handelswege und der Ausbeutung der neu zu »erschließenden« Länder. Aus dem »freien« Handel nach kapitalistischen Prinzipien erwächst notwendig der Kolonialismus.

Ein Beispiel, wie da vorgegangen wird, liefert – neben der militärischen Vernichtung des Aztekenreiches in Mittelamerika und des Inkareiches in Peru durch goldgierige Abenteurer wie *Hernando Cortez* und *Francesco Pizarro*[42] – die Besetzung von Lonthor, der Hauptstadt des Banda-Archipels in Südostasien, durch den Niederländer *Jan Pieterzoon Coen*, den ranghöchsten Kaufmann der VOC – der »Vereenigden Oostindischen Compagnie«: Gefangennahme, Versklavung, Folter, Enthauptung und Vierteilung sind die Methoden einer gnadenlosen Unterwerfung, – von den 15 000 Einwohnern überleben nur einige Hundert. »Die Soldaten, die diese Bluttaten verüben, kämpfen nicht für einen machthungrigen Potentaten oder einen rücksichtslos expansiven Staat – sondern sind die Abgesandten einer Firma.«[43] Es geht um den Muskatnußbaum, um Gewürze, um Sklaven, um den Aufbau von Plantagen: »was im 17. Jahrhundert geschieht, geht über die Erschließung neuer Handelsrouten hinaus. Rund um den Globus setzt eine oft gewaltsame Neugestaltung nach kapitalistischen Prinzipien ein.«[44] Die beteiligten Staaten (England, Spanien, Portugal, die Niederlande) treten in einen offenen Wettstreit

42 | Zur Einnahme der Azteken-Hauptstadt Tenochtitlan vgl. HERNAN CORTÉS: Die Eroberung Mexikos, Bericht vom 15. Mai 1522, 13. u. 14. Kap., S. 207–224. Zu *Pizarros* und *Almagros* erstem Landbesuch in Ecuador und Peru 1524–1527 vgl. LIESELOTTE u. THEODOR ENGL (Hg.): Die Eroberung Perus in Augenzeugenberichten, 38–57. Zur Gefangennahme des Inca *Atahualpa* vgl. a.a.O., 91–102; *Atahualpas* Goldlieferung und Tod, a.a.O., 103–124. – Kaum entdeckt, ziehen die spanischen Goldtransporte natürlich die Begehrlichkeit erst der Franzosen, dann der Engländer auf sich. 1523 bereits überfällt der französische Kaperfahrer *Jean Fleury* die Karavellen aus Mexiko kurz vor der iberischen Halbinsel; vgl. MARITA LIEDERMANN: Schatztruhe Amerika, in: Geo Epoche, Nr. 62: Piraten, 2013, 48–59. Insbesondere die englische Königin *Elisabeth I.* (1558–1603) fordert die Weltmacht Spanien heraus und bedient sich dabei der Piraten in der Karibik, unter anderem des ehemaligen Sklaventransporteurs *Francis Drake*; vgl. JÖRG-UWE ALBIG: Die Königin und ihr Pirat, in: Geo Epoche, Nr. 62, 2013, 77–91.
43 | MARTIN PAETSCH: Mit Gewehr und Goldwaage, in: Geo Epoche Nr. 69: Der Kapitalismus, 43.
44 | A.a.O., 43.

um den Besitz neuer überseeischer Gebiete. »Neben Machthunger und Geltungsdrang treibt die Eroberer auch Profitgier: Viele Entdeckungsfahrten sind Raubzüge nach Rohstoffen oder Luxuswaren. – Der Konkurrenzkampf der Kolonialmächte ist ... ein Wettstreit der Kaufleute... Zu Beginn des 17. Jahrhunderts entstehen in England und in den Niederlanden mächtige, international aktive Monopolgesellschaften wie die VOC. Sie verändern die politische Landschaft in vielen Gebieten Asiens und Amerikas, aber auch die Art zu wirtschaften.«[45] Aktiengesellschaften entstehen, und speziell die VOC verfügt bei mehr als 1800 Investoren über rund 6,4 Mio Gulden, – mehr als zehnmal so viel als das Gründungsvermögen der englischen East India Company[46]. Nach Art einer modernen Aktiengesellschaft »können die Anleger ihre Anteile ... jederzeit weiterverkaufen, oft mit großem Gewinn.«[47] Solche handelbaren Wertpapiere bilden das Wesen einer Bank, die VOC gibt zwar keine Aktienscheine heraus, doch sie führt Buch über die Anteile jedes Aktionärs. »Um sie zu überschreiben, suchen die Investoren den jeweiligen Sitz der Kompanie auf, etwa das 1606 eröffnete Ostindische Haus in Amsterdam, und lassen dort gegen eine Gebühr die Einträge ändern... Innerhalb weniger Jahre wächst zudem ein Handel mit Papieren heran, den Ökonomen später ›Derivate‹ nennen werden... Diese Vereinbarungen erlauben es Investoren, mit den Aktien zu spekulieren, ohne sie selbst zu besitzen. – Dabei verpflichtet sich der Käufer beispielsweise, einen Anteil an der VOC zu einem bestimmten Zeitpunkt zu einem zuvor vereinbarten Preis zu erstehen – und profitiert, wenn der tatsächliche Firmenwert in der Zukunft höher ausfällt. Diese Art von Geschäft, die es vorher etwa schon im Handel mit Getreide und Heringen gab, ist im Grunde eine riskante Wette auf die Entwicklung des Aktienkurses.«[48]

45 | A.a.O., 43–44.
46 | A.a.O., 48.
47 | A.a.O., 49.
48 | A.a.O., 49. – Zur ökonomischen Entwicklung der *Niederlande* vgl. bes. FRIEDRICH LIST: Das nationale System der politischen Ökonomie, 67–88, der die Begünstigung Hollands in der Viehzucht und im Handel sowie Flanderns und Brabants im Ackerbau und in den Gewerben hervorhebt; zudem war die Einschränkung des räuberischen Adels und die Sicherheit des Handels auf den Straßen ein Grund des wirtschaftlichen Aufblühens. Die Konkurrenz mit der Hanse legte den Grundstein zur Seeherrschaft. »*Colbert* (sc. der Wirtschaftsminister unter Ludwig XIV., d.V.) hatte berechnet, daß die gesamten Frachtfuhren zur See ungefähr 20 000 Segel beschäftigten, wovon auf die Holländer allein 16 000 kämen... Infolge der bourbonischen Sukzession in Spanien, dehnte *Frankreich* seinen Verkehr

Trotz einer – aus Sicht der Betreiber – großartigen Zeit, wird die VOC am 31. Dez. 1799 ihre Tore schließen, so wie die britische Ostindienkompanie mit ihrem Monopol im Handel mit Indien und China letztlich scheitern wird. Doch was von diesen Unternehmungen bleibt, ist nicht allein die Fähigkeit des Handels- und Finanzkapitals, mit Geld immer mehr Geld zu scheffeln; bleiben wird vor allem die Bereitschaft, die ganze Welt in ein Warenhaus zu verwandeln, in dem alles käuflich und verkäuflich ist, egal, was es kostet und welch einen Preis es verlangt; entscheidend ist allein die Rendite, und die einzutreiben mit allen zu Gebote stehenden Mitteln, notfalls auch mit Hilfe militärischer Interventionen oder regulärer Kriege, gehört bald schon zum Selbstverständnis der Kolonialmächte der Neuzeit. Und ist es geblieben.

Wie unter solchen Umständen ein fairer Handel möglich sein soll? Eigentlich nur, indem sich die Machtverhältnisse ändern und internationale Regeln und Regulierungen den endlosen Hunger der Besitzenden nach Reichtum und Geld in erträgliche Schranken verweisen. Doch die Aussicht darauf ist gerade in unseren Tagen nicht gut – »... was ist es mit dem momentanen Kreuzzug zur weltweiten Befreiung der Märkte?« fragt NAOMI KLEIN und fährt fort: »Die Staatsstreiche, die Kriege und das Morden zur Durchsetzung prokorporatistischer Regime wurden nie als kapitalistische Verbrechen behandelt, sondern als Exzesse übereifriger Diktatoren abgetan oder als Frontkämpfe im Kalten Krieg beziehungsweise jetzt im Krieg gegen den Terror. Wenn die entschiedensten Gegner des korporatistischen Wirtschaftsmodells systematisch ausgelöscht werden, sei es in den siebziger Jahren in Argentinien oder heute (sc. 2007, d.V.) im Irak, wird diese Unterdrückung als Teil des schmutzigen Kampfes gegen Kom-

zum Nachteil der Holländer über die Halbinsel aus. Nicht minder in der Levante. Dabei tat die Begünstigung der inneren Manufakturen, der eigenen Schiffahrt und Fischereien in Frankreich der Industrie und dem Handel der Holländer unermeßlichen Abbruch. – An *England* hatte Holland den größten Teil seines Verkehrs mit den nordischen Reichen, den Konterbandhandel mit Frankreich und seinen Kolonien, den größten Teil seines ost- und westindischen Handels und seiner Fischereien verloren. Der empfindlichste Streich ward ihm aber (1703) durch den *Methuen*-Vertrag beigebracht. Dadurch erst erhielt sein Handel mit Portugal und dessen Kolonien und mit Ostindien den Hauptstoß.« Zum *Handelskrieg* zwischen England und Holland vgl. a.a.O., 76–79. – Der *Methuen*-Vertrag ist benannt nach dem englischen Minister *Methuen*, dem es gelang, die portugiesische Regierung zu einem Zollabkommen zu überreden, bei dem der Weinexport Portugals nach England um ein Drittel niedriger verzollt wurde als der Wein anderer Nationen und umgekehrt der englische Tuchexport nach Portugal (S. 91).

289

munismus oder Terrorismus erklärt – aber niemals als Kampf *für* die Verbreitung des puristischen Kapitalismus.«[49] Mit Blick auf die neoliberale Theorie vom »freien« Markt, wonach wirtschaftliche Freiheit darin besteht, »dass sich das wirtschaftliche Leben – und dieses allein – jenseits der staatlichen Kontrolle abspielt«, muß man JAMES K. GALBRAITH rechtgeben, wenn er es für »absurd und eine Perversion der Sprache« hält, »Einkaufen als Freiheit zu bezeichnen.«[50] »Freihandel«, meint er, »ist zu einem Etikett geworden; die Handelsverträge, auf die es geklebt wird, sind jedoch alles andere als frei.«[51] Warum?

49 | NAOMI KLEIN: Die Schockstrategie, 35. – Demgegenüber erblickten die Philosophen der Aufklärung im Handel ein Mittel, dem Krieg entgegenzutreten. Vgl. JÜRGEN KOCKE: Geschichte des Kapitalismus, 72–73. JAMES K. GALBRAITH: Gesellschaft im Überfluß, 42–43, stellt indessen zu Recht die »unbarmherzige Logik« des »Wettbewerbsideals« heraus, meint allerdings: »Seltsamerweise ist das Ideal einer Gesellschaft des freien Wettbewerbs, so wie die Lehrbücher es skizziert haben, wahrscheinlich mit noch mehr Unsicherheit und noch größeren Gefahren behaftet, als der freie Wettbewerb je mit sich gebracht hat... Es wurden in der Praxis die Strafen für den Verlierer weniger streng vollzogen als in der Theorie.«
50 | JAMES K. GALBRAITH: Der geplünderte Staat, 39.
51 | A.a.O., 23. Zu Recht verweist er (S. 11) darauf, daß selbst unter *Ronald Reagan* in den 80er Jahren und unter *G. W. Bush* in den 2000er Jahren der Freihandel alles andere als »frei« war; allerdings: die Steuern wurden gesenkt, doch nicht keynesianisch, zur Belebung der Wirtschaft, sondern zum Vorteil der Reichen.

2) Handel in der Volkswirtschaftslehre

Bei aller Kritik, die sich einstellen muß, wenn man sieht, wie Jahrtausende lang Menschen Handel getrieben haben, um gegeneinander ihre Interessen durchzusetzen, zeigt sich im Umriß so vieler Schatten doch auch ein breiter Strom von Licht: Wenn eine Einrichtung wie der Handel die gesamte bisherige Kulturgeschichte begleitet hat, wird man bei allen barbarischen Zügen, die ihr ohne Zweifel anhaften, nicht übersehen können, daß sie zum Fortschritt der Kultur gehört, ja, in gewisser Weise ihn sogar hervorgebracht hat. Böte es nicht einen Vorteil, miteinander Waren auszutauschen, hätten die Menschen ihre Handelsbeziehungen nicht immer mehr erweitert und gesteigert; und natürlich sind es diese Handelsvorteile, auf welche in den volkswirtschaftlichen Theorien vom »freien« Markt der größte Wert gelegt wird. Die Frage ist nur, wie wir, jenseits der Handelskriege von den Tagen der Bronzezeit bis zu der Epoche des Kolonialismus, endlich zu einer Form des Handels kommen, die dem Stand unserer heutigen Entwicklung entspricht: Ein Handel, der sich selbst globalisiert, muß ausgerichtet werden auf das Wohl sämtlicher Marktteilnehmer, er darf nicht weiter den Belangen von nur ein paar Ländern dienen, die von dem Wahn nicht lassen möchten, die Erdkugel als Spielball ihrer chauvinistischen Hegemonialansprüche zu betrachten. Inmitten der globalisierten Welt, in der wir Heutige leben, mutet es grotesk an, sehen zu müssen, wie immer noch einzelne transnationale Konzerne in ihren Einflußzonen die Bevölkerung ganzer Länder und Kontinente zu erpressen vermögen, um aus dem Wettstreit untereinander am Ende ihr Firmenlogo als Sieger hervorgehen zu lassen. Es sind die Staaten selber, es ist die Staatengemeinschaft, die sich Regeln und Gesetze eines fairen Handels geben muß, auf Grund derer ordnungspolitisch Frieden möglich und Krieg unmöglich ist. Wie also geht es zu, wie sollte es zugehen beim *zwischenstaatlichen Handel*?

Handel ist nichts weiter als der Austausch von Gütern; zwischenstaatlicher Handel ist ein Austausch von Gütern über die Landesgrenzen hinweg. – Die BRD zum Beispiel produziert Autos in Wolfsburg oder in Stuttgart und *exportiert* einen erheblichen Teil davon nach China, in die USA und in andere Länder; dafür *importiert* die BRD Textilien aus China, Computer aus den USA, Rohstoffe aus allen möglichen Ländern. So entstehen bilaterale und multinationale Beziehungen, die freilich über den bloßen Handel miteinander weit hinausgehen: VW zum Beispiel gründet unter dem Namen VW do Brasil ein Tochterunternehmen, das ihm den südamerikanischen Markt öffnen soll; Facharbeiter aus Indien werden von der Industrie in der Computertechnologie angeworben, der Arbeitsmarkt selber internationalisiert sich. Und genauso der Kapitalmarkt. Jeden Morgen geht das Geschacher an der Börse los: Auf welch einem Kurs steht der Nikkei-Index, der Dax, der Dow Jones? – Wir werden zum Thema Geld noch sehen, was der Handel mit Devisen und Aktien rund um den Globus für Folgen hat. Mit dem Handel von Waren und Geldwerten (Zahlungsmitteln) öffnen sich die Volkswirtschaften für einander; doch was haben sie davon?

Der Sinn des Handels besteht darin, daß man ein Gut, das man selber besitzt oder hergestellt hat, *eintauscht* gegen ein Gut, das man nicht besitzt beziehungsweise das man nicht oder nur mit Mühe produzieren kann. Und eben: Aus dem Unterschied an Aufwand, der nötig ist, ein Produkt in dem einen oder in dem anderen Land herzustellen, ergibt sich das, was DAVID RICARDO (1772–1823) den »komparativen Kostenvorteil« genannt hat, – für die Theorie des Handels ein ganz zentraler Begriff[52].

In den Tagen RICARDOS, zwischen 1703 bis 1842, bestand zwischen England und Portugal ein Handelsabkommen, das den zollfreien Austausch von britischem Tuch und portugiesischem Wein regelte. Beide Länder konnten an sich beide Produkte herstellen, nur war der Arbeitsaufwand unterschiedlich: Um in England die vereinbarte Tuchmenge für den Handel mit Portugal zu produzieren, war – einfachheitshalber gesagt – die Arbeitskraft von 100 Arbeitern nötig; um die Menge Wein herzustellen, die man von Portugal zu beziehen hoffte, brauchte es in England 120 Arbeiter. Umgekehrt in Portugal: Dort waren nur 80 Arbeiter nötig, um die erforderliche Weinmenge

---

52 | Vgl. DAVID RICARDO: Grundsätze der politischen Ökonomie und der Besteuerung, 123–130. Der Ausgangspunkt der Überlegungen ist die Überzeugung, »daß die Profitrate niemals anders als durch eine Senkung der Löhne erhöht werden kann und daß eine dauernde Senkung der Löhne nur durch ein Sinken (sc. der Preise, d. V.) der lebenswichtigen Güter, für welche die Löhne verausgabt werden, eintritt. Wenn daher durch die Ausdehnung des auswärtigen Handels oder durch Verbesserungen der Maschinerie die Nahrungsmittel und die anderen lebensnotwendigen Güter des Arbeiters zu einem niedrigeren Preis auf den Markt gebracht werden können, wird der Profit steigen.« (S. 121) – JAMES K. GALBRAITH: Gesellschaft im Überfluß, 28, nennt es »die vielleicht einflußreichste, sicherlich aber trostloseste These in der Geschichte der Wirtschaftstheorien…, daß das Einkommen der breiten Volksmassen … nicht für längere Zeit über das zur Erhaltung erforderliche Minimum steigen könne.« Hier knüpfte MARX an.

zu erzeugen, während 90 Arbeiter gebraucht wurden, die entsprechende Menge Tuchs herzustellen. – Das Ergebnis einer solchen Bilanz ist eindeutig: *absolut* gesehen, produzieren die Portugiesen sowohl Tuche als auch Weine kostengünstiger als die Briten – für beide Produkte benötigen sie weniger Arbeitskräfte. Dennoch ergibt sich *relativ* ein komparativer Vorteil, wenn das eine Land (England) sich auf die Produktion von Tuchen spezialisiert und das andere Land (Portugal) sich auf die Weinerzeugung konzentriert. Denn: die Briten beziehen Weine aus Portugal im Tausch für Tuch, das sie mit 100 Arbeitern produzieren, während sie für den Wein 120 Arbeiter benötigen; sie sparen also 20 Arbeiter ein, die sie zur Produktion von Tuchen für den Export an andere Länder oder in anderen Branchen einsetzen können; in Portugal bezieht man Tücher, zu deren Produktion 90 Arbeiter nötig wären, im Tausch für Wein, den man mit 80 Arbeitern herstellen kann; 10 Arbeiter also stehen bereit, noch mehr Wein für den Export in andere Länder zu produzieren oder anderweitig sich nützlich zu machen[53]. Daraus folgt: Obwohl die Portugiesen beide Produkte: Tücher und Weine, kostengünstiger zu produzieren vermögen als die Briten, ist es für sie günstiger, sich auf den Export von Wein und den Import von Tuchen zu verlegen; und für die Briten gilt umgekehrt dasselbe.

Dieses RICARDOsche Theorem vom komparativen Kostenvorteil darf als Schlüssel zum Verständnis der internationalen Handelsbeziehungen verstanden werden, jedenfalls erweist es seine Gültigkeit bis in die Gegenwart. Die USA zum Beispiel verfügen zur Zeit über die leistungsfähigste Computerindustrie weltweit, und auch in der Produktion von Weizen stehen sie ganz oben; dennoch importieren sie Computer aus Japan im Tausch gegen den Export von Getreide; der Grund ist: der komparative Vorteil. – Nehmen wir an, der Einsatz in der Computerindustrie erfordere in den USA 100 Stunden, in Japan aber 120 Stunden; für eine Tonne Weizen hingegen müßten in den Staaten nur 5 Arbeitsstunden aufgewandt werden, in Japan aber 8, dann bedeuten diese Zahlen, daß man in Japan 120 : 8 = 15, also 15 mal mehr Stunden für die Computerherstellung benötigt als für die Weizenproduktion; in den USA hingegen benötigt man 100 : 5 = 20, also 20 mal mehr Stunden für die Herstellung eines Computers als für die Produktion von einer Tonne Weizen. Obwohl also Japan *absolut* in der Computerproduktion im Nachteil ist, besitzt es gleich-

53 | Vgl. PAUL-HEINZ KOESTERS: Ökonomen verändern die Welt, 50–51.

wohl einen komparativen Vorteil[54], wenn es Computer für den Export in die USA herstellt.

Selbstredend ergibt sich ein solcher komparativer Vorteil aus einer Reihe geographischer und kultureller Voraussetzungen. Die industrielle Tuchherstellung in England begann damit, daß die schwere einheimische Schafwolle durch die leichter zu tragende Baumwolle ersetzt wurde – die britische Textilproduktion entstand; das warme Portugal bot sich mit seinen sonnigen Hängen schon in der Antike für die Weinproduktion geradezu an, – selbst wenn in Südengland, in der Nähe des Golfstroms, noch Weinanbau möglich ist, werden die Rebsorten dort niemals die Öchsle-Grade iberischer Züchtungen erreichen. Entsprechend haben ganze Kulturen sich nach den landschaftlichen Bedingungen geformt. Die *industrielle* Produktion hängt sehr stark vom Stand der technischen Bildung und von den Bodenschätzen ab: Ein rohstoffarmes Land wie Japan ist auf den Import (oder den militärisch erzwungenen Zugriff!) besonders von Metallen und Erdöl vollkommen angewiesen; daraus erklärt sich nicht nur das äußerst problematische Festhalten an der Nutzung der Kernkraft, sondern auch die Spezialisierung des Inselstaates auf die Fertigungsindustrie (Autos, Kameras, Computer made in Japan). Die USA mit ihren riesigen Anbauflächen im Mittleren Westen verfügen nicht nur über gute agrarische Bedingungen, sie besitzen zusätzlich das Knowhow von Spitzentechnologien in so gut wie allen industriellen Herstellungsverfahren. Solche Voraussetzungen legen die *Produktionsmöglichkeiten* eines jeweiligen Landes fest, aus denen sich wie von selbst dann der komparative Vorteil beim Handel ergibt.

Nehmen wir zur Verdeutlichung an, daß Textilien und Flugzeuge sowohl in China als auch in den USA hergestellt werden; dann ist die Frage, über welche Produktionsmöglichkeiten beide Länder verfügen. Die Graphik 22 stellt einen solchen (hypothetischen) Vergleich bei unterschiedlichen Produktionshöhen dar. E (equality = Gleichgewicht) repräsentiert den aktuellen Stand der Produktion in jedem Lande: 10 000 Textilien und 200 Flugzeuge. Nun besitzt aber China einen komparativen Vorteil in der Herstellung von Textilien: Wenn

54 | JOSEPH E. STIGLITZ – CARL E. WALSH: Mikroökonomie, 491. Vgl. bes. PAUL A. SAMUELSON – WILLIAM D. NORDHAUS: Volkswirtschaftslehre, Kap. 18: Internationaler Handel, 515–551; PAUL KRUGMAN – ROBIN WELLS: Volkswirtschaftslehre, Teil 8, Kap. 17: Internationaler Handel, S. 529–560, bes. S. 530–539: Komparativer Vorteil, S 547–551: Die Wirkungen von Handelsprotektionismus; ARNOLD HEERTJE – HEINZ-DIETER WENZEL: Grundlagen der Volkswirtschaftslehre, Kap. 16: Internationaler Handel 456 –470.

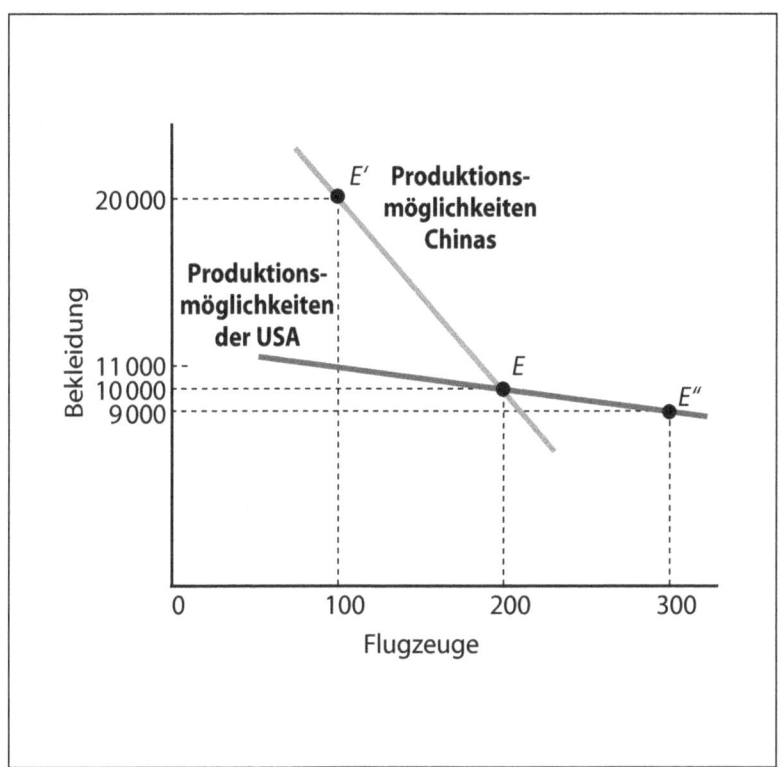

Graphik 22: Ausschöpfung des komparativen Vorteils

es 100 Flugzeuge weniger baut, kann es dafür 10 000 Kleidungs-
stücke mehr produzieren (E'); würden hingegen die USA ihre Flugzeugherstellung um 100 Maschinen zurückfahren, so würden sie ihre
Textilproduktion nur um 1000 Stück erhöhen; wenn die USA hingegen ihren Flugzeugbau um 100 Stück steigern, müßten sie ihre Textilproduktion nur um 1000 Stück zurückfahren (E")[55].
   Daraus ergibt sich: Wenn die USA die Flugzeugproduktion von E
nach E" ausdehnen, während China sie auf E' reduziert, bleibt die
Zahl der Flugzeuge, die beide Länder herstellen, gleich, – bisher
waren es 200 + 200, jetzt sind es 100 + 300. Die Zahl der gemeinsam produzierten Bekleidungsstücke aber steigt erheblich an – bisher
waren es 10 000 + 10 000, jetzt sind es 9000 + 10 000 + 10 000, also
9000 Stück mehr. In einer solchen Lage ist es für China mithin gün-

55 | JOSEPH E. STIEGLITZ – CARL E. WALSH: Mikroökonomie, 492–493.

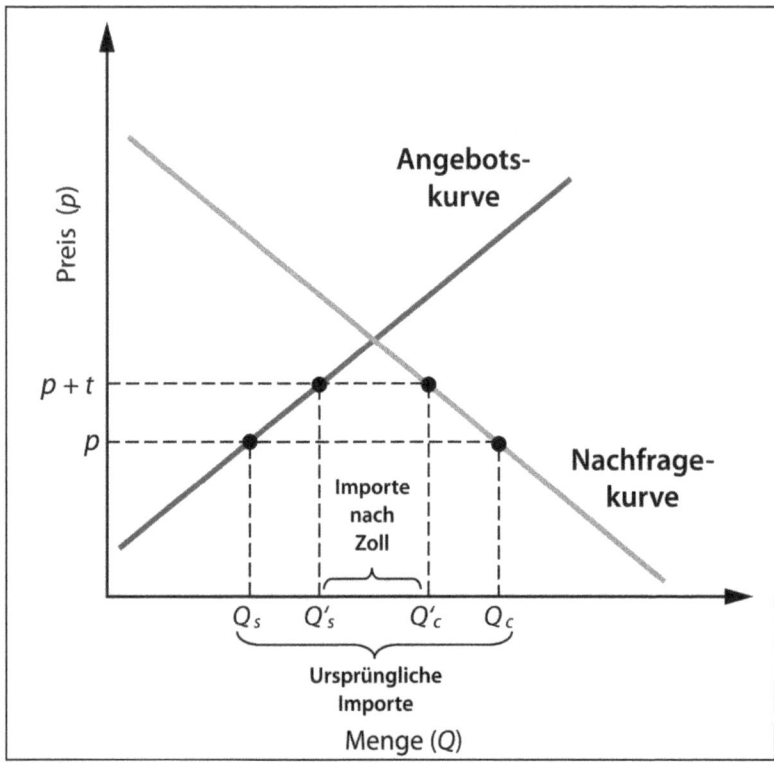

Graphik 23: *Auswirkung von Zöllen*[56]

stiger, sich für die Ausdehnung der Textilindustrie zu entscheiden, wohingegen die USA eine Ausdehnung der Flugzeugherstellung favorisieren werden. Aus dem komparativen Vorteil ergibt sich auf diese Weise eine Tendenz zur Spezialisierung der Angebotspalette im internationalen Handel, zum gemeinsamen Vorteil der Handelspartner. – So in der Theorie. Sie anempfiehlt (nach SMITH und RICARDO) einen freien Austausch der Güter auf dem Weltmarkt, ohne politische Handelsbeschränkungen. Und tatsächlich läßt sich zeigen, wie wirtschaftspolitische *Restriktionen* zu gesellschaftlichen Einbußen führen. Handelsbeschränkungen sollen in aller Regel die eigenen Hersteller vor der Konkurrenz des Auslandes schützen, – sie sind eine Form des *Protektionismus* (von lat. *protegere* – schützen) und können verschiedene Formen annehmen.

56 | A.a.O., 502.

Die wichtigste – und einfachste – außenhandelspolitische Restrik-
tions-Maßnahme ist die Erhebung von *Zöllen*, mithin der Einzug
von Steuern auf Importe. Wie sie wirken, wird deutlich in Graphik
23: Ein Land, das ein bestimmtes Produkt herstellt, findet im internationalen Angebot einen Preis p vor; zu diesem Preis wird es eine
bestimmte Warenmenge Q_s produzieren und eine bestimmte Menge
Q_c konsumieren, – die Mengen, die dem Preisniveau auf der Ange-
bots- und der Nachfrage-Kurve entsprechen. Nun nehmen wir an,
daß der Preis durch die Einführung einer Importsteuer t (engl. *tax*)
auf p + t erhöht wird; die Folge ist, daß zu diesem Preis die inländische Produktion auf Q'_s steigen, der Konsum aber auf Q'_c zurückgehen wird. Mit anderen Worten: Durch die Einführung des Zolls sind
die einheimischen Produzenten besser gestellt – zu Lasten allerdings
der Konsumenten.

Was man in dieser Darstellung nicht sogleich sieht, obwohl es sich
klar darin abzeichnet, ist der gesellschaftliche Gesamtverlust, enthalten in den beiden Dreiecken EGC und HFI der Graphik 24: Der Unterschied zwischen dem Preis, den jemand für eine Ware zu zahlen
bereit ist, und dem, was er beim Kauf wirklich zahlen muß (den
Marktpreis), ist die *Konsumentenrente*. Für die ersten konsumierten
Einheiten werden die Kunden mehr bezahlen, dann immer weniger,
bei der letzten konsumierten Einheit ist der Grenznutzen identisch
mit dem bezahlten Preis, – es gibt daher keine Konsumentenrente
mehr; infolgedessen ist die Nachfragekurve schräg abwärts geneigt.
Anfänglich (ohne Zölle) ist die Konsumentenrente in der Fläche zwischen der Nachfragekurve und der Preislinie beschrieben, in dem
Dreieck ABC; nach der Preissteigerung durch Einführung des Zolls
wird die Konsumentenrente durch die Fläche ADE beschrieben; daraus ergibt sich ein Nettoverlust, dargestellt in dem Trapez BCED.
Dieser Verlust ergibt sich aus den gestiegenen Zahlungen an die Produzenten, abgebildet in der Fläche BDHF, die den gestiegenen Preis
(BD) multipliziert mit der produzierten Menge (BF) darstellt. Demgegenüber umschreibt das Rechteck HFGE das Einkommen der Zoll
erhebenden Regierung (die Menge der Importe FG mal dem Zoll
FH). Das umgekehrte Trapez BIHD umfaßt zweierlei: zum einen die
gestiegenen Kosten für die Ausweitung der Produktion, – also die
Zahlungen an die einheimischen Produzenten, zum anderen die gestiegenen Gewinne, die sich aus der Differenz zwischen dem erhöhten (zollbedingten) Preis und den Grenzkosten der Produktion ergeben. Der gesellschaftliche Verlust wird durch die zwei Dreiecke

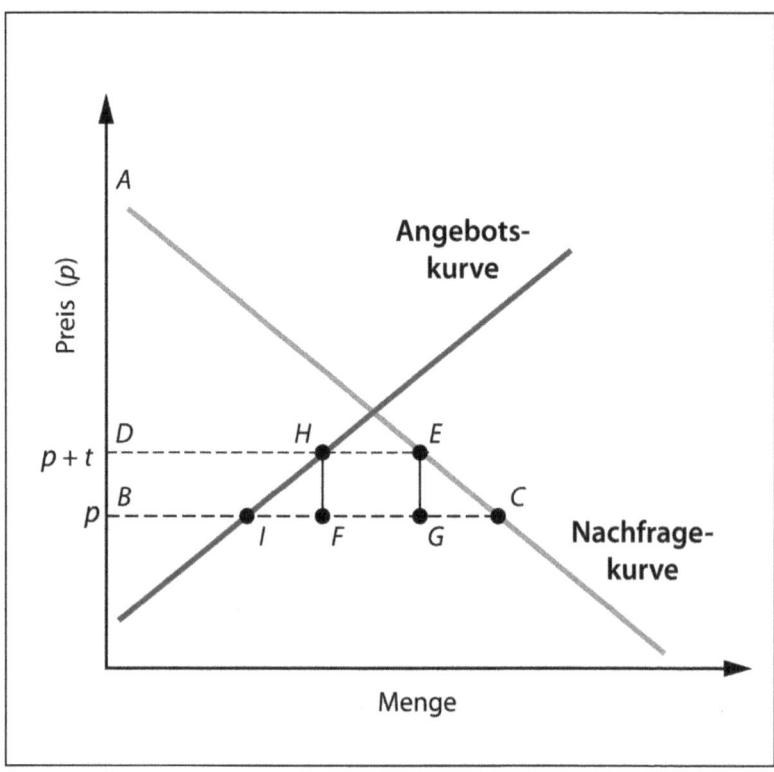

Graphik 24: Die Bestimmung der gesellschaftlichen Nettoverluste durch Zölle[57]

dargestellt: EGC umschließt den Verlust für den Konsumenten auf Grund der Preissteigerung, HFI demonstriert die Verschwendung der Ressourcen, die sich aus den Kosten der ausgedehnten einheimischen Produktion ergibt, – sie liegen – auf Grund des Zolls – höher, als wenn man die Produkte im Ausland einkaufen würde.

Ein Verfahren, Handelsbarrieren auch ohne Zölle zu errichten, besteht in der Festsetzung beschränkter *Importquoten* (zum Beispiel von Öl, Textilien, Industrieprodukten, Nahrungsmitteln etc.); der Zweck ist klar: Durch die Beschränkung der importierten Mengen steigt der Inlandpreis über den nationalen Preis (bzw. über den Welt-

57 | A.a.O., 502–503.

marktpreis) und schützt die inländischen Produzenten, genau wie die Zölle. Freilich: Die Quoten ermöglichen es denen, die eine Importerlaubnis besitzen, die Waren zum Standardpreis im Ausland zu kaufen und für den höheren Inlandspreis zu verkaufen. Das Resultat sind sogenannte *Quotenrenten*[58].

Noch andere Beschränkungen sind denkbar: Die Furcht vor einer Quotenregelung kann einen ausländischen Hersteller veranlassen, »freiwillig« selber seinen Export in ein bestimmtes Land zu drosseln. So schraubte Japan in den 80er Jahren seine Autoherstellung herunter, um die amerikanische Autoindustrie nicht zu staatlichen Schutzmaßnahmen zu nötigen, aber auch, um für sich selber die Preise zu erhöhen und daran besser verdienen zu können; inländische und ausländische Interessen können so zusammenwirken. – Als Handelshemmnisse, ja, als Handelsverbote wirken natürlich auch gewisse Sicherheits-, Gesundheits- oder Umweltstandards, die, berechtigt oder unberechtigt, untersagen, daß bestimmte Produkte (kleinkalibrige Waffen, genveränderter Mais, Autos mit hohen Abgaswerten u. ä.) über die Grenze kommen; was an Brisanz in dieser Thematik steckt, werden wir sogleich bei der Diskussion um die TTIP-Verhandlungen sehen. Doch an dieser Stelle schon läßt sich feststellen, daß der Handel zwischen verschiedenen Staaten und Wirtschaftsräumen von politischen *Tricks* aller Art flankiert ist, – wie könnte es auch anders sein, wo es im Kapitalismus einzig um viel Geld geht! So lassen sich Zölle gewiß mit dem Ziel erheben, Zweige der inländischen Wirtschaft zu protegieren, doch deklarieren läßt sich eine solche Maßnahme zum Beispiel mit dem moralisch edlen Zweck, das arbeitsrechtlich unfaire Lohndumping in den Erzeugerländern (in China z. B.) bekämpfen zu wollen. Und sicher: man kann auch eigene Wirtschaftszweige hoch subventionieren, wie in der BRD die Überproduktion von Bauern, in den USA von Getreidefarmern oder in Argentinien von Rinderzüchtern und Fleischproduzenten, um angesichts der weltweiten Konkurrenz im internationalen Markt »besser aufgestellt« zu sein[59].

In gewissem Sinne ist die Erhebung von Zöllen nichts anderes als

---

58 | A. a. O., 503.
59 | A. a. O., 504. – FRIEDRICH LIST: Das nationale System der politischen Ökonomie, 170, verteidigte indes die Schutzzölle gegen den Vorwurf, »das Schutzsystem fordere rechtswidrige und antiökonomische Eingriffe der Staatsgewalt in die Kapitalverwendung und Industrie der Privaten«; es handle sich ja nicht darum, die Summe der Tauschwerte zu vermehren, sondern die Summe der produktiven Kräfte. Vgl. a. a. O., 279–286: Die Douane und die herrschende Schule.

eine Verteuerung des Einkaufspreises ausländischer Waren. Doch diesen Effekt kann man nicht nur mit außenwirtschaftlichen, sondern auch mit geldpolitischen Maßnahmen erzielen: Es genügt die eigene *Währung abzuwerten*, dann werden alle ausländischen Produkte teurer und folglich weniger einheimische Käufer finden, – der Import geht zurück; dafür werden die einheimischen Waren im Ausland billiger anzubieten sein, – der Export steigt. Umgekehrt verhält es sich bei einer *Aufwertung* der eigenen Währung: Sie verbilligt die Importgüter aus dem Ausland und verteuert die Exportgüter aus der eigenen Herstellung. – In jedem Falle betrifft eine solche Maßnahme unterschiedslos alle eigenen Waren im Austausch mit den Waren aller anderen Länder. Um das zu verstehen, müssen wir ein wenig vorgreifen und hier bereits von Geld reden, das heißt von der Verbindung des Handels mit den Kapitalflüssen.

Der internationale Handel verändert durch Export und Import den Gütermarkt; damit verbunden aber ist ein Kapitalzufluß und ein Kapitalabfluß. Das Verhältnis von Export zu Import bestimmt die *Handelsbilanz* (Importe minus Exporte): Wenn mehr importiert als exportiert wird, entsteht ein Handelsdefizit; ist Export = Import, ist die Handelsbilanz ausgeglichen; wird mehr exportiert als importiert, ergibt sich ein Handelsüberschuß. Genauso bei den Zuflüssen und Abflüssen des Kapitals. – In einer *geschlossenen* Volkswirtschaft entsteht ein Gleichgewicht, wenn die gesamtwirtschaftliche Ersparnis (die Summe aller individuellen Ersparnisse in einer Gesellschaft) S_N (S = engl. save, sparen, N = Netto) mit den getätigten Investitionen identisch ist; in einer *offenen* Volkswirtschaft können Investitionen (I) auch durch Kreditaufnahme im Ausland (NCF, N = Netto, C = engl. capital – Geld, F = flow – Fluß) finanziert werden. Es ist

$$S_N + NCF = I.$$

Die Kredite aus dem Ausland lassen sich als Nettokapitalzuflüsse (NCF) verstehen, – sie entsprechen den Kapitalzuflüssen minus den Abflüssen. Sind die Nettokapitalzuflüsse positiv, so leiht sich die einheimische Volkswirtschaft im Ausland mehr Geld, als sie ans Ausland verleiht[60]. Ist der Kapitalmarkt im Gleichgewicht, so ist die Investition (I) gleich dem privaten Sparen (S_p) plus dem staatlichen

---

60 | JOSEPH E. STIGLITZ – CARL E. WALSH: Makroökonomie, 107.

Sparen (S_g, g = engl. government, Regierung) plus den Nettokapital-zuflüssen (NCF). Es ist:

$$S_p + S_g + NCF = I.$$

Die private Sparquote errechnet sich aus dem Einkommen Y (engl. yield = Ertrag) minus Konsum (C) und Steuern T (engl. tax):

$$S_p = Y - C - T.$$

Das staatliche Sparvolumen ergibt sich einfach aus der Differenz von Steuereinnahmen T minus den staatlichen Einkäufen (G). Das *Kapitalmarktgleichgewicht* bestimmt sich daher durch die Gleichung

$$(Y - C - T) + (T - G) + NFC = I, \text{ oder:}$$

$$Y - C - G + NCF = I.$$

Alle Nachfragen einer Gesellschaft im internationalen Handel entstammen vier Quellen: dem Konsum C, der Investition I, den Staatseinkäufen G und den Nettoexporten NX (Exporte minus Importe). Im Gleichgewicht müssen diese vier Nachfragequellen identisch sein mit der gesamten produzierten Outputmenge Y (bzw. mit den dadurch erzielten Erträgen); es ist

$$Y = C + I + G + NX.$$

In die vorige Gleichung eingesetzt, ergibt sich

$$C + I + G + NX - C - G + NCF = I, \text{ oder:}$$

$$NX + NCF = 0.$$

Die Summe der Nettoexporte (NX) und der Nettokapitalzuflüsse (NCF) ist gleich null. Diese Formel gibt die *Basisidentität des Handels* wider. Anders ausgedrückt: sind die Nettokapitalzuflüsse positiv, sind die Nettoexporte negativ:

$$NCF = -NX.$$

In diesem Fall besteht ein *Außenhandelsdefizit*. Umgekehrt gilt: Sind die Nettokapitalzuflüsse negativ, sind die Nettoexporte positiv:

$$NX = - NCF.$$

In diesem Fall besteht ein *Außenhandelsüberschuß*.

Bei einem Außenhandelsdefizit ergibt die Differenz von Import (Im) und Export (EX) einen negativen Nettoexport; es ist

$$Im - EX = - NX,$$

und eben dieser Wert ist identisch mit der Kreditaufnahme im Ausland beziehungsweise mit den Nettokapitalzuflüssen NCF. Insofern bilden das Außenhandelsdefizit und der Nettokapitalzufluß die zwei Seiten ein und derselben Medaille: Um mehr importieren als exportieren zu können, ist es nötig, Kredite aufzunehmen oder es müssen ausländische Investitionen im Inland getätigt werden.

Der notwendige Nettokapitalzufluß kann darin bestehen, Staatsanleihen, Aktien oder die Anleihen einheimischer Firmen des verschuldeten Landes aufzukaufen. Wie dramatisch dieser Prozeß zu verlaufen vermag, erfuhren die USA unter *George W. Bush* im Jahre 2003: Fast 60 % der Neuverschuldung vonseiten der amerikanischen Regierung wurden von ausländischen Investoren aufgekauft. Umgekehrt verhält es sich bei einem Außenhandelsüberschuß: Dann ist es an den ausländischen Volkswirtschaften, ihren negativen Nettoexport (das Mehr an Importen gegenüber den Exporten) mit Anleihen bei den einheimischen Unternehmen und Haushalten zu begleichen; in diesem Fall kommt es zu einem entsprechenden Kapitalabfluß[61].

61 | A. a. O., 111–113. – C. A. PIGOU: Praktische Fragen der Volkswirtschaft, S. 37–55: Die Handels- und Zahlungsbilanz, S. 38, führte die landläufige Meinung, der Überschuß der Einfuhr gegenüber der Ausfuhr (also ein Außenhandelsdefizit) sei »niemals eine willkommene Sache,« darauf zurück, daß »diese Dinge hauptsächlich Kaufleute interessierten, und, da Kaufleute gewohnt sind, große Verkäufe als Hauptursachen für ihren Erfolg anzusehen,« habe ihre Ansicht »sich dann auf die Allgemeinheit übertragen.« Doch es werde damit die »passive Handelsbilanz ... mit der passiven Bilanz auf der Einkommensseite verwechselt.« (S. 46) Ausdrücklich warnte er vor der Erhebung von Einfuhrzöllen beziehungsweise vor der Einführung von Ausfuhrprämien. Eine passive Zahlungsbilanz stelle noch keine monetäre Katastrophe dar, – etwa wenn »ein junges Land kräftig vom Ausland borgt, ... daß die Einwohner Eisenbahnen bauen« (S. 44), – also Investitionen für die Zukunft tätigen. Die Erhebung eines Einfuhrzolls bei gleichzeitiger Gewährung einer Ausfuhrprämie müsse zwei entgegengesetzte Wirkungen produ-

Die Frage stellt sich natürlich, wie die unterschiedliche Kredit-aufnahme (bei einem Außenhandelsdefizit) oder die unterschiedliche Kreditvergabe (bei einem Außenhandelsüberschuß) die Nettoexporte beeinflußen, und die einfache Antwort lautet: Das geschieht durch die Schwankungen der *Wechselkurse.* – Jemand will zum Beispiel im Bahnhof von Zürich Euro in Schweizer Franken tauschen, dann sagt ihm der Wechselkurs, für wie viele Euro er wie viele Franken erhält. Der Wechselkurs bezeichnet den relativen Preis zweier Währungen. Doch so viel wissen wir bereits von der Preisbildung in der Volks-wirtschaftslehre: Sie richtet sich nach dem »Gesetz« von Angebot und Nachfrage, wie es in der Graphik 25 (im Verhältnis von Dollar und Yen) dargestellt ist.

In dieser Graphik stellt die Angebotskurve des Dollar die Menge an Dollars dar, die von US-amerikanischen Konsumenten für japa-nische Importprodukte und für Investitionen in Japan angeboten wird. Wenn der Wechselkurs des Dollar steigt, erhält man in der

zieren: Der Einfuhrzoll verbessert die Handelspreise, verringert aber den Umfang des Handels, eine Exportprämie wirkt genau umgekehrt. Der Einfuhrzoll drosselt den Import, läßt aber den Export unberührt, so »daß Gold ins Land gezogen wird« (S. 51); die Ausfuhrprämie, indem sie den Export vergrößert, erzeugt die nämliche Wirkung, – beide Maßnahmen lassen gemeinsam die Inlandspreise stei-gen. Auf diese Weise kann das nationale Preisniveau über dem Weltpreisniveau gehalten werden (ohne den Goldstandard aufzugeben). Aber: Bei einem erhöhten Preisniveau kommt es auch zu höheren Lohnforderungen, so daß die Währung nicht (wie um 1935 gewünscht) an die Goldparität gehalten werden kann. Vor allem: »Kein Land kann seine Zahlungsbilanz ... (sc. auf diese Weise, d. V.) anders verbessern als auf Kosten der Zahlungsbilanz anderer Länder. Wenn jeder für sich versucht, die Einfuhr im Verhältnis zur Ausfuhr zu steigern, muß alles mißlingen. Das erstrebte Ziel wird nicht erreicht, aber als Nebenwirkung der Anstrengung schrumpft der Umfang des Welthandels, sowohl der Einfuhr wie der Ausfuhr, enorm zusammen, und der Umfang der Arbeitslosigkeit steigt entsprechend.« (S. 53–54) – Es geht heute nicht mehr um die Wahrung der Goldparität der Wäh-rung; aber die Warnung PIGOUS vor einer einseitigen Steigerung des nationalen Exports auf Kosten anderer Länder hätte zum Beispiel dem »Exportweltmeister« BRD längst zur Lehre dienen müssen, – die Überschuldung der südlichen Länder der Euro-Zone mit ihrer hohen Arbeitslosigkeit sind mitverursacht durch deutsche Exportgewinne. Auf S. 91–108: Die Volkswirtschaftslehre der Beschränkungs-maßnahmen, kommt PIGOU (S. 105) zu dem Ergebnis, Einfuhrbeschränkung sei »kein geeignetes Mittel, um die einheimischen Produzenten bestimmter Waren gegen ausländische Produzenten derselben Waren zu schützen; man kann mit ihr nur die einheimischen Hersteller von Inlandsgütern gegen einheimische Hersteller von Exportgütern schützen. Einfuhrbeschränkungen bewirken, daß wir bestimmte Güter durch direkte eigene Produktion erhalten, anstatt durch indirekte Produk-tion, d. h. anstatt etwas anderes herzustellen und dies mit dem Ausland zu tau-schen.«

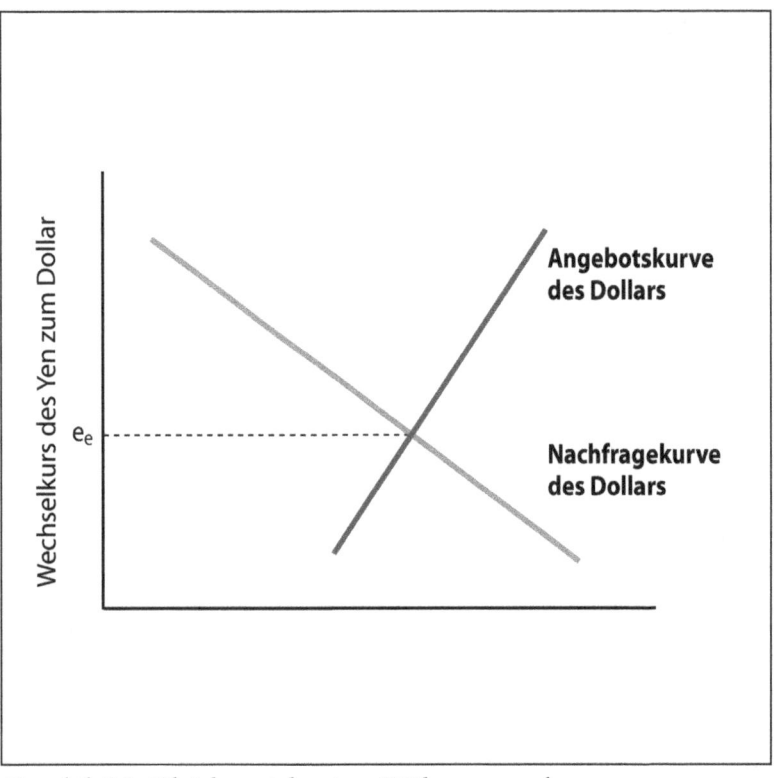

Graphik 25: Gleichgewicht eines Währungsmarktes
(hier: Dollar – Yen)

Wechselstube mehr an japanischem Yen, die japanischen Produkte werden dadurch billiger, und die Amerikaner bieten noch größere Mengen an Dollars an. Demgegenüber stellt die Nachfragekurve nach Dollars die Geldmenge dar, die von den Japanern für den Kauf amerikanischer Waren oder zur Tätigung von Investitionen in den Staaten nachgefragt wird. Bei höheren Wechselkursen des Dollar sind mehr Yen nötig, um einen Dollar zu kaufen, die amerikanischen Waren werden für Japaner teurer, folglich werden sie weniger gekauft, – die Nachfrage nach Dollars geht zurück. So entsteht der gleichgewichtige Wechselkurs e_0 im Schnittpunkt der Angebots- und Nachfragekurve des Dollar.

Angenommen, die (hochverschuldeten) USA wollen (noch) mehr Geld von den Japanern (oder derzeit näherliegend: von den Chinesen) leihen; dann werden die höheren Zinssätze in den USA die Kredit-

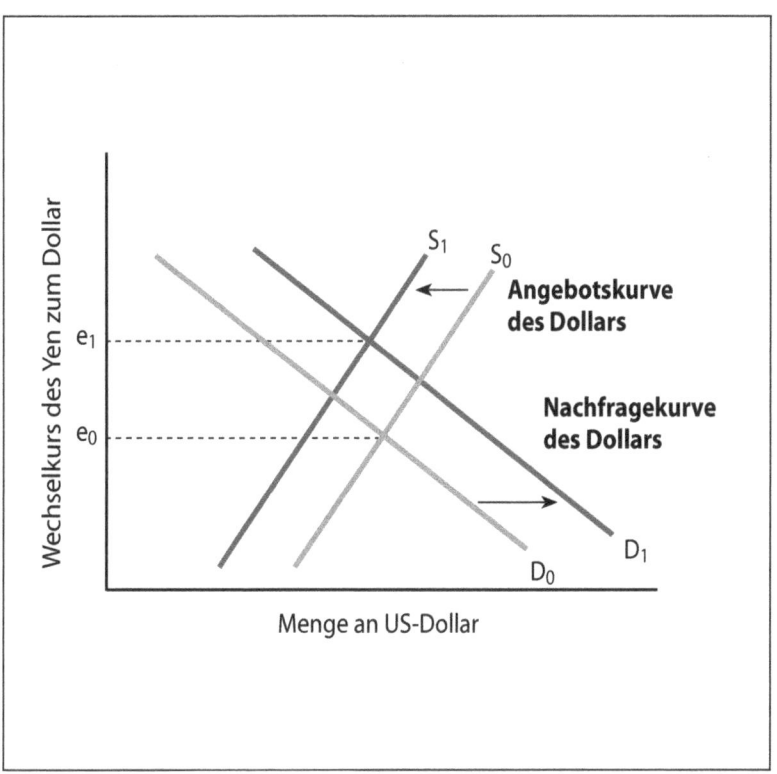

Graphik 26: Wechselkurseffekte steigender Auslandsverschuldung

geber anlocken, die Nachfrage nach Dollars beim gegebenen Wechselkurs steigt, so daß sich die Nachfragekurve, wie Graphik 26 zeigt, nach rechts verschiebt. Umgekehrt machen die höheren US-Zinsen es den US-Amerikanern nicht attraktiv, in Japan zu investieren, sie bevorzugen Investitionen im eigenen Land; also werden zu dem gegebenen Wechselkurs weniger Dollar angeboten werden, – die Angebotskurve des Dollar verschiebt sich nach links. Damit aber steigt der Gleichgewichtskurs des Dollar von e_0 nach e_1: Die Wechselkursänderung führt zu einer Aufwertung des Dollar und zu einer Abwertung des Yen.

Das Ergebnis einer solchen Verschiebung ist klar: Wenn der Gleichgewichtswechselkurs des Dollar steigt, erhält man für einen Dollar mehr Yen, also werden japanische Produkte für amerikanische Käufer billiger, und der Import von japanischen Waren in die USA wird zunehmen, zugleich werden Japaner immer weniger von den teuren amerikanischen Waren kaufen; mit anderen Worten: das Außenhandelsdefizit der USA wird sich vergrößern[62]. Zugleich ist deutlich, wie dieser Trend sich umkehren läßt: Wird der Zinssatz (von der FED, der Federal Reserve, der US-Notenbank) gesenkt, so wird die Nachfrage nach Dollars nach links verschoben, – weniger Japaner werden in den USA investieren wollen, dafür werden mehr Amerikaner im eigenen Land investieren; die Angebotskurve des Dollar wird sich nach rechts verschieben; der Gleichgewichtswechselkurs des Dollar fällt, mit dem Resultat, daß jetzt amerikanische Waren für Japaner billiger werden und sich besser absetzen lassen, – der Export wird zunehmen, die Handelsbilanz wird zumindest ausgeglichener, wenn nicht positiv werden. – Entscheidend ist dabei, daß die Auf- und Abwertung der einheimischen Währung den Anstieg beziehungsweise die Verbilligung der Preise im eigenen Lande übersteigt; es geht um eine *reale* Abwertung des Wechselkurses, und die ergibt sich erst, wenn etwa die Preise (wie in den USA zwischen 2001 und 2003) nur um 4 % steigen, der Dollar aber um 25 % abgewertet wird, – dann natürlich ergibt sich ein Anreiz zum Investieren in den Vereinigten Staaten und zum Ankauf amerikanischer Produkte[63].

Was mit diesen simplen Verschiebungen nach links oder rechts dargestellt wird, ist im Falle der USA als der größten Volkswirtschaft der Welt von enormen ökonomischen und politischen Konsequenzen. Die Stellung eines Landes im internationalen Handel entscheidet nach allem, was sich an der Geschichte des Handels bereits gezeigt hat, auch über die machtpolitische Rolle inmitten der Völkerwelt. Insofern läßt sich an der dramatischen Verschuldung der USA seit 1999, wie Graphik 27 sie wiedergibt, zugleich der deutliche Machtverlust der vermeintlich einzig verbliebenen Weltmacht von einst ablesen.

Denn wie man sieht, haben die kumulierten Handelsbilanzdefizite in den 80er Jahren eine hohe Staatsverschuldung der USA mit sich gebracht: Immer wieder mußten die Vereinigten Staaten sich Geld im Ausland leihen, und die wachsenden Kapitalzuflüsse machten aus der ehemaligen Gebernation der 70er Jahre den weltgrößten Schuldner

---

62 | JOSEPH E. STIGLITZ – CARL E. WALSH: Makroökonomie, 116–119.
63 | A. a. O., 119–120.

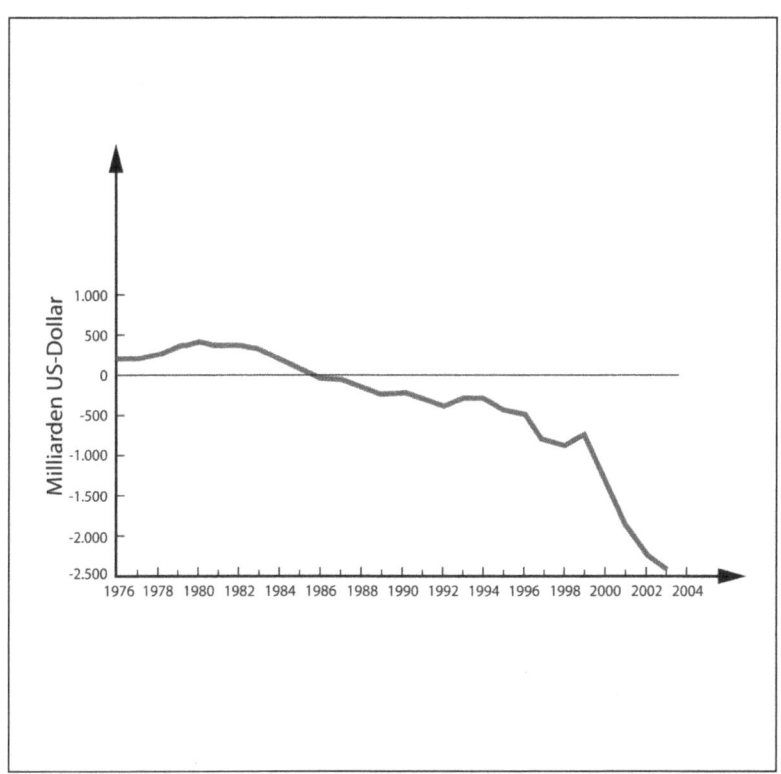

Graphik 27: Die USA als Schuldnernation[64]

zu Beginn des neuen Jahrtausends. (Wohlgemerkt stellt die Graphik 27 die *Nettoauslandsverschuldung* der USA dar, also den Wert des Gesamtvermögens der Vereinigten Staaten im Ausland plus der Schulden Dritter bei den USA minus dem Wert des Anlagevermögens in den Händen von Ausländern innerhalb der USA minus den Schulden der USA gegenüber dem Ausland.) Diese Entwicklung steht in einem eklatanten Mißverhältnis zu dem Sendungsbewußtsein der USA, mit der ökonomischen, militärischen und politischen Ausdehnung ihrer Interessen der Welt Freiheit und Wohlstand zu bringen. Nicht zu Unrecht bezeichnet der Ex-Wirtschaftsminister des ebenfalls hochverschuldeten Griechenland, YANIS VAROUFAKIS, die USA als den »Globalen Minotaurus«, und er fragt sich, wie es zugeht:

64 | A.a.O., 121.

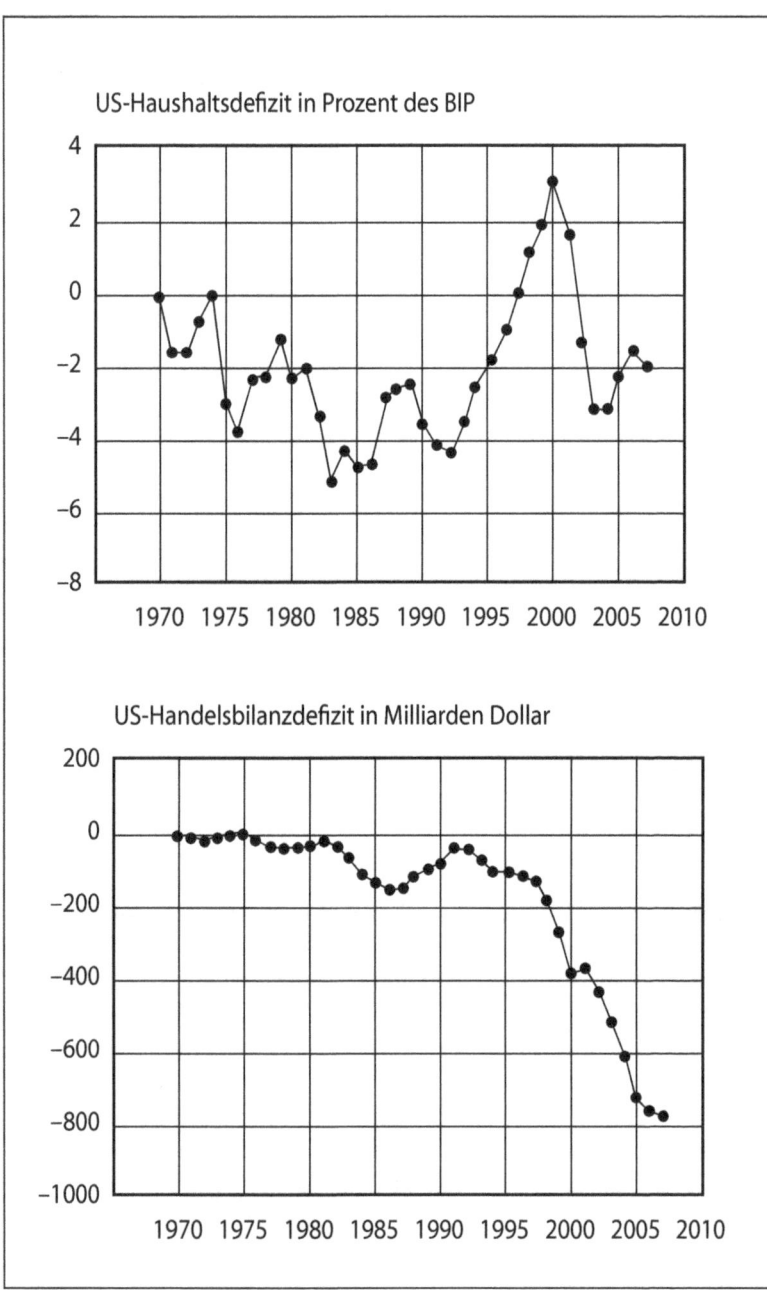

Graphik 28: Handelsbilanz- und Haushaltsdefizit der USA[65]

»Den Athenern wurden die grausamen Tributzahlungen an den kretischen Minotaurus durch die militärische Macht von König *Minos* aufgezwungen. Im Gegensatz dazu floss das Kapital, das den Globalen Minotaurus nährte, freiwillig in die Vereinigten Staaten. Warum? Wie schafften es die politisch Verantwortlichen in den Vereinigten Staaten, Kapitalbesitzer überall auf der Welt zu motivieren, dass sie für das doppelte Defizit der Supermacht bezahlen?«[65] Das »doppelte Defizit«, das die USA nach 1971 einfuhren, meint das Außenhandelsbilanzdefizit sowie das US-Haushaltsdefizit (in Prozent des BIP), wie es in Graphik 28 dargestellt ist.

Wie es dazu kam, ist einer eigenen Darstellung wert, da es die Funktion des Handels inmitten der kapitalistischen Welt auf vielerlei Weise zu beleuchten vermag.

65 | YANIS VAROUFAKIS: Der Globale Minotaurus, 125.
66 | A.a.O., 137.

3) Der Anfang und das Ende von Bretton Woods

Der »Globale Minotaurus« – das ist recht eigentlich das amerikanische Wirtschaftssystem nach 1971, nach dem Scheitern des »Globalen Plans« von Bretton Woods aus dem Jahre 1944, das ist die Umkehrung des Überschuß-Recyclings der USA an ihre beiden Protegés: Westdeutschland in Europa und Japan in Ostasien. Was hat es damit auf sich?

Daß der Kapitalismus ohne Krisen auskommt, ist nicht möglich. *Eine* Ursache für krisenträchtige Schwankungen haben wir schon in dem »Wechselspiel« von Lohn und Beschäftigung auf dem Arbeitsmarkt kennengelernt: bei höherer Beschäftigung steigt die Nachfrage nach Arbeitern, und folglich steigen auch die Löhne; aber: bei zu hohen Löhnen geht die Beschäftigung zurück, es gibt mehr »freigesetzte« Arbeiter, und die Löhne fallen. HYMAN MINSKI (1919–1996) übertrug diese »Logik« auch auf die Finanzwirtschaft[67]: In Zeiten von Wirtschaftswachstum und Stabilität vertrauen die Banken auf die Rückzahlbarkeit ihrer Kredite; also sinken die Zinsen, die Investoren steigern ihre Risiken in der Erwartung höherer Rendite, es entsteht eine »Blase«. Wenn indessen die Blase platzt, steigen die Zinssätze, die Preise für Vermögenswerte stürzen ab, die Banken werden vorsichtig bei Kreditvergaben, – es kommt zu einer Depression oder Stagnation[68].

Derartige Zyklen, die mit Krisen enden, um wieder von vorn zu beginnen, gehören zum Kapitalismus. Ein Beispiel: Der Crash von 1907 führte sechs Jahre später zur Errichtung des Zentralbanksystems (des Federal Reserve Systems, Fed), von dem man sich ein Ende der Katastrophenwirtschaft erhofft hatte. Zu Unrecht! Dabei sah alles zunächst ganz gut aus: »Anfang der 1920er Jahre zeichnete sich eine neue Boomphase ab. Zum ersten Mal hörten die amerikanischen Arbeiter, man habe das Problem der Armut gelöst: Wenn sie nur be-

---

67 | Vgl. LISA NIENHAUS: Die Weltverbesserer, 122–125. – Eine andere Zyklen-Theorie vertrat N. D. KONDRATJEW (1892–1938), indem er die »langen Wellen der Konjunktur« im Kapitalismus auf die Veränderung der Produktionsstrukturen und der gesellschaftlichen Rahmenbedingungen zurückführte: »Am Anfang steht ein technologisch-ökonomischer Paradigmenwechsel mit einer Reihe von Basisinnovationen, die zu Trägern des neuen ökonomischen Aufschwungs werden ... Nach KONDRATJEW ist gerade eine solche wellenartige Funktionsweise des Wirtschaftskreislaufes eine Voraussetzung des Wirtschaftswachstums.« Von daher sei der Kapitalismus nicht so bald am Ende. VERA LINSS: Die wichtigsten Wirtschaftsdenker, 142.
68 | YANIS VAROUFAKIS: Der globale Minotaurus, 53.

reit seien, sich auf die Spielregeln des korporativen Finanzkapitalismus einzulassen, werde alles gut. Man brauche nichts weiter als harte Arbeit sowie Vertrauen in die Wall Street (sc. wie man es ähnlich auch in den 90er Jahren in der BRD predigte, d. V.).... – Eine Zeit lang erschien der Traum glaubwürdig. Ein Arbeiter, der 1921 wöchentlich 15 Dollar von seinem Arbeitslohn in Aktien großer Unternehmen investierte, konnte damit rechnen, 1941 (auf der Grundlage der Kursentwicklung zwischen 1921 und 1929) ein hübsches Aktiendepot im Wert von 80000 Dollar zu besitzen.« Aber tatsächlich geschah 1929 dies: 40 Milliarden Dollar an der Börse lösten sich in kurzer Zeit in Nichts auf. »1933 waren alle Gewinne, die die Unternehmen in den Boomjahren des Kapitalismus gemacht hatten, weg.« Tausende von Banken gingen bis 1933 in die Pleite, das Volkseinkommen sank immer tiefer[69]. Was sich abzeichnete, war keine Welle in einem Zyklus, es war eine Wirtschaftskrise, die die ganze Welt erfaßte. Doch die Reaktion von Präsident *Herbert Hoover* ähnelte in etwa der »Philosophie« der »schwäbischen Hausfrau« von Kanzlerin *Merkel* angesichts der Schuldenkrise um 2010: »Man darf nur Geld ausgeben, das man hat.« Im Glauben an die Selbstheilungskraft des Marktes fuhr *Hoover* eine »Austeritätspolitik« (des Sparens), und genau das erwies sich als verheerend falsch.

Wie sich die »Marktgerechtigkeit« in jenen Zeiten der Not auswirkte, hat JOHN STEINBECK (1902–1968) in seinem Roman »Früchte des Zorns« im Jahre 1939 beschrieben, – der Titel schon hat biblisches Format und gemahnt an den Zorn Gottes gegen »sein« Volk am Ende der Tage (Jer 7,20; Apk 14,19). Beschrieben wird allerdings kein himmlisches Strafgericht, sondern die grausame Folge menschlicher Fehler. Man hatte um 1890 die Prärie, überweidet bereits von den unzähligen Herden der Rinderbarone, unter den Pflug genommen, um sie urbar zu machen; aus dem Büffelland der Indianer sollten Getreideäcker, bewirtschaftet mit Mähdreschern und Traktoren, werden. Doch die geschändete Natur schlug zurück. 1930 bricht eine fünfjährige Dürre über die Ebenen von Kansas, Nebraska, Oklahoma, Iowa und Texas herein; in dunklen Wolken wird die Erdkrume als pulvriger Staub bis in die Städte hinein verwirbelt, – 12 Mio t Staub regnen 1934 allein auf Chicago herab, – vier Pfund pro Einwohner statistisch. – Das ist der historische Hintergrund, vor dem STEINBECK die Geschichte der *Joads* aus Oklahoma schildert.

---

69 | A.a.O., 56–58.

Weil die Ernten auf dem Halm vertrocknen, müssen die Farmer ihre Häuser und Böden verkaufen, um ihre Schulden abzutragen; aber wohin nun? Die Krise von 1929 hält die gesamte Wirtschaft im Zwinggriff. Die verordnete Sparpolitik lähmt den Arbeitsmarkt, es ist nicht möglich, eine erträgliche Arbeit zu finden. Doch was ist es mit dem Vertrauen in die Selbstheilungskräfte der »freien« Marktwirtschaft? Bitterer läßt sich dieser wahnhafte Glaube der liberalen Ökotheologie nicht konterkarieren, als es in den Erfahrungen geschieht, die STEINBECKS Roman schildert: Die Menschen leiden unter Nahrungsmangel? Wie war das doch: Die Verknappung eines Gutes treibt die Preise in die Höhe! Also müssen Nahrungsmittel vernichtet werden, auf daß die Händler den Profit zu maximieren vermögen.

In Kalifornien reifen die Früchte wie im Paradies, gezüchtet von Agronomen, gefördert von Chemikern, und es wäre die Hoffnung der Hungerflüchtlinge aus dem Mittleren Westen, dort Nahrung und Arbeit zu finden; aber die Kirschen, Pflaumen, Birnen sind so billig, daß man die Löhne nicht bezahlen kann, um sie zu pflücken. »Die kleinen Farmer sehen, wie die Schulden auf sie zuschleichen, gleich einer Flut. Sie haben die Bäume gespritzt und die Ernte nicht verkauft, sie haben beschnitten und aufgepfropft und haben die Ernte nicht pflücken können..., und die Früchte verrotten am Boden... – Dieser kleine Obstgarten wird im nächsten Jahr einer großen Gesellschaft gehören, denn die Schulden haben den Besitzer erstickt. – Dieser Weingarten wird der Bank gehören. Nur die großen Besitzer bleiben am Leben, denn sie haben zugleich auch Konservenfabriken. Und vier geschälte und halbierte Birnen, gekocht und konserviert, kosten noch immer (sc. nur, d. V.) fünfzehn Cents. Und Konservenbirnen verderben nicht, sie halten jahrelang. – ... Menschen, die der Welt neue Früchte geschaffen haben, finden kein System, daß die Früchte gegessen werden können... – Die Arbeit der Wurzeln der Weinstöcke, der Bäume muß zerstört werden, damit die Preise hoch bleiben. Und das ist das Traurigste, Bitterste von allem. Wagenladungen von Orangen, die weggeworfen werden. Die Leute kamen meilenweit, um sich die Früchte zu holen, aber das darf natürlich nicht sein. Wie würden sie dann Orangen für zwanzig Cents das Dutzend kaufen, wenn sie bloß herauszufahren und sie aufzulesen brauchen? Und Männer mit Schläuchen spritzen Petroleum auf die Orangen und sind wütend über das Verbrechen, wütend über die Leute, die gekommen sind, um sich die Orangen zu holen. Eine Million Hungernde, die Obst brauchen – und über die goldenen Berge wird Petroleum gespritzt. Und der Geruch der Fäulnis erfüllt das Land. Sie verbrennen Korn zur Heizung, denn es gibt ein gutes Feuer. Sie werfen Kartoffeln in die Flüsse und stellen an den Ufern Wachen auf, damit die hungrigen Leute sie nicht herausfischen können. Sie schlachten die Schweine und graben sie ein und lassen sie verfaulen und den Saft in die Erde sickern. – Es gibt Verbrechen hier, das nicht zu schildern ist. Es gibt hier Leid, das Tränen selbst nicht sprechen lassen können. Es gibt hier Mißerfolg, der all unsere Bemühungen zunichte macht. Die fruchtbare Erde, die geraden Baumreihen, die starken Stämme und die reife Frucht. Und Kinder müssen sterben, weil die Orange ihren Profit nicht verlieren darf. Und die Leichenbeschauer müssen in den Totenscheinen schreiben: ›Starb an Unterernährung‹, weil Nahrungsmittel verfaulen müssen. – Die Leute kommen mit Netzen, um die Kartoffeln aus dem Fluß zu fischen, aber die Wächter verbieten es ihnen. Sie kommen in ratternden Wagen, um die Orangen zu holen, aber die Orangen sind mit Petroleum bespritzt. Und sie stehen still und sehen zu, wie die Kartoffeln vorbeischwimmen, hören die Schweine schreien, die in einem Graben geschlachtet und mit Ätzkalk bedeckt werden, sehen die Orangenberge zu einem Fäulnisbrei zusammensinken, und in den Augen der Hungernden steht ein wachsender Zorn. In den Herzen der Menschen wachsen die Früchte des Zorns und werden schwer, schwerer und reif zur Ernte.«[70]

STEINBECK war kein Wirtschaftswissenschaftler, doch um so eindringlicher beschreibt er die Empörung über das »Verbrechen« eines Wirtschaftssystems, das aus Gründen des Lohndumpings und der Preistreiberei Menschen dazu zwingt, lieber ganze Ernten zu vernichten, als die Überschüsse Hungernden zur Verfügung zu stellen. Doch genau das geschieht immer wieder auf den Feldern der Industrienationen mit Blick auf die Not der Dritten Welt. Damals jedoch, in den Jahren der Weltwirtschaftskrise von 1929, verschärfte sich die Lage noch dadurch, daß sämtliche kapitalistischen Länder durch die *Goldwährung* miteinander verbunden waren. Zu tun war es den Währungshütern um die Vermeidung der *Inflationsgefahr*.

An sich können Staaten nach Belieben die Gelddruckmaschinen anwerfen, um immer höhere Schulden mit immer mehr Geld zu bezahlen; aber die Erhöhung der Geldmenge führt dahin, daß man für immer mehr Geld immer weniger bekommt; um eine drohende Infla-

---

70 | JOHN STEINBECK: Früchte des Zorns, Kap. XXV, S. 451–453.

tion zu bannen, hatte man den *Goldstandard* eingeführt: Vereinbart war ein fester Kurs, zu dem alle Währungen gegen Gold eingetauscht werden konnten; darüber hinaus mußte jeder Staat die Geldmenge an eine entsprechende Goldmenge binden; – die Geldmenge selbst läßt sich bekanntlich durch die Förderung in den Bergwerken (oder beim Goldwaschen in den Creeks) nur geringfügig vermehren, so daß der Goldstandard in der Tat eine inflationsfreie Geldpolitik zu versprechen schien; außerdem standen, vor dem Hintergrund des Goldstandards, die verschiedenen Währungen in festen Wechselkursen zueinander. Das System funktionierte so gut, daß es nur während des Ersten Weltkriegs ausgesetzt wurde.

Doch die Preisstabilität, die auf diese Weise garantiert wurde, ging notwendigerweise einher mit einem geringen Wirtschaftswachstum und einem geringen Beschäftigungsniveau, – nach dem »magischen Dreieck« der Volkswirtschaftslehre sind überhaupt von den drei Zielen: Preisstabilität, Wachstum und Vollbeschäftigung, nur zwei unter Ausschluß mindestens des dritten erreichbar. In der Krise von 1929 brachen die Banken ein, weil wegen des Goldstandards kein neues Geld gedruckt werden durfte, die Unternehmen bekamen keine Kredite mehr, sie mußten die Arbeiter entlassen, die Steuereinnahmen gingen dramatisch zurück. »1931 scherten Großbritannien und die skandinavischen Länder aus dem Goldstandard aus und verminderten so die Auswirkungen der Weltwirtschaftskrise auf ihre Bevölkerungen. Präsident *Hoover* (sc. aber, d. V.) weigerte sich standhaft, ihnen zu folgen,«[71] aus Angst vor der Inflation; statt dessen hob er schon 1930 die Importzölle an. Erst 1932 löste *Franklin Delano Roosevelt* den Dollar aus dem Goldstandard heraus und leitete den *New Deal* ein, indem er mit hohen staatlichen Investitionen zugunsten von sozialen Maßnahmen und Beschäftigungsprogrammen die Binnenwirtschaft anzukurbeln suchte; doch die Weltwirtschaftskrise dauerte an. Erst der Ausbruch des Zweiten Weltkriegs »befreite die Staatsfinanzen von allen politischen Einschränkungen. Die Regierung gab Geld aus, als gäbe es kein Morgen, die Staatsverschuldung verdoppelte sich, aber der Zyklus des sich selbst verstärkenden Pessimismus war durchbrochen. ... Alte Fabriken wurden wieder in Betrieb genommen, auf der Grünen Wiese entstanden neue, die Innovation erreichte ihren Höhepunkt, die Produktionszahlen schossen durch die Decke, die Geschäfte boomten. Nur leider hatten

71 | YANIS VAROUFAKIS: Der Globale Minotauros, 61.

Millionen sterben müssen, bevor die Politik dem Staat erlaubte, angemessen und umfassend zu handeln.«[72] Was aber konnten jetzt, in Erwartung des Kriegsendes, solche angemessenen Maßnahmen sein?

Noch ehe sich der Zweite Weltkrieg wirklich seinem Ende zuneigte, im Juli 1944, versammelten sich in dem kleinen Bretton Woods im Bundesstaat New Hampshire 730 Abgesandte, um in einer dreiwöchigen Marathonkonferenz die wirtschaftliche und damit machtpolitische Weltordnung festzulegen: der *Globale Plan* entstand. Deutlich war aus den Erfahrungen des New Deal, daß der Kapitalismus unter rein nationalen Begrenzungen sich nicht entfalten konnte; die USA waren extrem verschuldet, es galt, eine neue Wirtschaftskrise zu vermeiden. Die Lösung der Aufgabe sah man darin, alle Währungen zu einem festen Kurs an den US-Dollar zu binden. Die amerikanische Währung als Referenzwährung für alle Handelszonen der Welt, den kommunistischen Machtblock ausgenommen, – deutlicher ließ sich freilich auch der neue Hegemonialanspruch der westlichen Führungsmacht USA nicht demonstrieren. In einem Swing von maximal 1 % sollten alle Regierungen mit dem Ankauf oder Verkauf von Dollars die Parität ihrer Währungen einhalten; über einen neuen Wechselkurs sollte nur dann verhandelt werden, wenn ein Land die Handels- und Kapitalverkehrsbilanz mit seinen Dollarreserven nachweislich nicht halten konnte. Die USA verpflichteten sich ihrerseits, den Dollar zu einem festen Wechselkurs (35 Dollar pro Feinunze) an das Gold zu binden; jeder, der wollte, konnte jederzeit seine Dollars in Gold umtauschen. Auch jene Institutionen, die schon mehrfach erwähnt wurden und bis heute bestehen, verdanken ihre Existenz der neuen »Weltordnung« von Bretton Woods: der Internationale Währungsfonds (IWF) und die International Bank for Reconstruction and Development (IBRD), kurz Weltbank genannt; ersterer sollte finanzpolitisch überschuldeten Ländern mit Krediten unter strengen Auflagen »zu Hilfe« kommen, letztere sollte als eine internationale Investmentbank produktive Geldanlagen für Entwicklungsprojekte mit eigenen Darlehen fördern. Doch *ein* entscheidender Mechanismus, den JOHN MAYNARD KEYNES vorschlug, wurde in das System von Bretton Woods nicht aufgenommen: ein Globaler Mechanismus zum Überschußrecycling (GMÜR), im Rahmen einer International Clearing Union (ICU) mit einer gemeinsamen Währung (BAN-

72 | A.a.O., 74.

COR genannt); der Grund, warum diese brillante Idee nicht aufgegriffen wurde, spricht Bände und erklärt das Scheitern von Bretton Woods, – der Kapitalismus sprengte seine Fesseln.

Was KEYNES vor sich sah, war die gleiche Schwierigkeit, die heute die Konstruktion der Euro-Zone heimsucht: Länder, die in einer Währungsunion vereint sind, werden, entsprechend der Verschiedenartigkeit der Regionen, unterschiedliche Wirtschaftsleistungen aufweisen; sie können auf diese Unterschiede nun aber nicht mehr durch eine Auf- oder Abwertung der jeweiligen Währung reagieren, also müßte ein Mechanismus dafür sorgen, daß die Überschüsse der prosperierenden Regionen umgelenkt werden in die Defizitregionen. Eine Währungsunion kann nur stabil bleiben als eine *Transferunion*, – daß in unseren Tagen in der BRD ausgerechnet *Schäuble* und *Merkel* als Finanzminister und Kanzlerin diese ökonomische Notwendigkeit eines Überschußrecyclings aus innenpolitischen Gründen nicht einsehen wollen, kann die derzeitigen Spannungen in der Euro-Zone nur immer weiter verschärfen. – In den USA weiß man das *binnenwirtschaftlich* eigentlich seit eh und je besser. Die 50 Bundesstaaten wären längst an ihren wirtschaftlichen Ungleichheiten auseinandergebrochen, wenn es nicht gleich zwei solcher Recycling-Verfahren gäbe: *Zum einen* werden die Sozialausgaben für Arbeitslosengeld und Krankengeld in den Defizitstaaten von der Zentralregierung in Washington mit Hilfe der Steuereinnahmen aus den Überschußstaaten bezahlt; *eine andere Form* von Transfer ist nicht monetärer, sondern investiver Art und stark an den militärisch-industriellen Komplex gebunden: Bekommt eine Firma (wie Boeing) einen Großauftrag (etwa vom Pentagon), so muß ein Teil der Produktion in wirtschaftlich schwache Regionen verlagert werden. Das System ist alles andere als perfekt, – bis heute sind die USA weit entfernt von einer Krankenversicherung oder Altersversorgung, die sich mit europäischen Standards messen ließe, und die Bindung ganzer Teile der Wirtschaft an die Rüstungsindustrie, die im Zweiten Weltkrieg begann, den Kalten Krieg beherrschte und bis heute andauert, führt zu einem aberwitzigen Militärhaushalt, begleitet von einer immensen Überschuldung; gleichwohl ist der Gedanke richtig, – auch die BRD basiert auf dem Prinzip des Länderfinanzausgleichs, das in der konkreten Durchführung immer wieder diskutiert, doch niemals als solches infrage gestellt wurde: Wenn es nicht möglich ist, Handelsbilanzdefizite durch Abwertung der Währung und einen dadurch gesteigerten Export aufzufangen, ist der Verbleib eines Defizitlandes in einer Währungsunion nur durch Transferleistungen der »reichen« an die »armen« Regionen aufrecht zu erhalten.

Der Vorschlag von KEYNES in Bretton Woods sah genau das für die kapitalistischen Länder vor: eine Einheitswährung (*Bancor*), eingebunden in eine International Clearing Union (ICU), in welcher Ungleichgewichte in der Handelsbilanz zwischen den Ländern ausgeglichen würden; jedem Mitgliedsland sollte eine *Überziehungsfazilität* eingeräumt werden, – es sollte das Recht haben, von der internationalen Zentralbank Geld in einer Höhe von 50 % seines durchschnittlichen Handelsvolumens zu leihen; damit sollte der Zyklus aus Schulden und Deflation – mithin ein Crash wie der von 1929 – strukturell verhindert werden. Umgekehrt sollten bei einem Handelsbilanzüberschuß, der einen bestimmten Prozentsatz des Handelsvolumens eines Landes übersteigt, Strafzahlungen erfolgen, aus denen die Darlehen an die Defizitländer zu finanzieren waren, – ein automatischer Globaler Mechanismus des Überschuß-Recyclings. Aber wäre das noch Kapitalismus – oder nicht doch bereits der Anfang des Sozialismus? KEYNES scheiterte an seinem amerikanischen Gegenspieler *Harry Dexter White*, der zum ersten Direktor des IWF wurde. »Die Vereinigten Staaten, seit dem Krieg das Machtzentrum der (sc. westlichen, d. V.) Welt, hatten kein Interesse, ihre Möglichkeit, große, systematische Handelsbilanzüberschüsse gegenüber dem Rest der Welt anzuhäufen, einschränken zu lassen … sie wollten … einen Globalen Plan, nach dem der Dollar praktisch zur Weltwährung wurde und die Vereinigten Staaten Waren und Kapital nach Europa und Japan exportieren konnten als Gegenleistung für die Möglichkeit, Direktinvestitionen zu tätigen und politische Patronage auszuüben – eine Hegemonie, die auf der Direktfinanzierung kapitalistischer Zentren im Ausland und im Gegenzug amerikanischen Handelsbilanzüberschüssen ihnen gegenüber beruhte.«[73]

Speziell im Westteil Deutschlands hat der sogenannte *Marshall-Plan* (nach *George Marshall*, dem Außenminister unter *Harry Truman*) in der Nachkriegszeit als Starthilfe des »Wirtschaftswunders« den schier unausrottbaren Mythos von der Generosität, ja, selbstlosen Humanität des *American way of life* begründet; darüber wird freilich gern übersehen, daß der Plan, den *Truman* am 5. Juni 1947 verkündete (nachdem er am 12. März 400 Mio Dollar für den drei Jahre währenden Bürgerkrieg in Griechenland freigestellt hatte),

---

73 | A. a. O., 87. Zu der gesamten Darstellung vgl. a. a. O., S. 76–87.

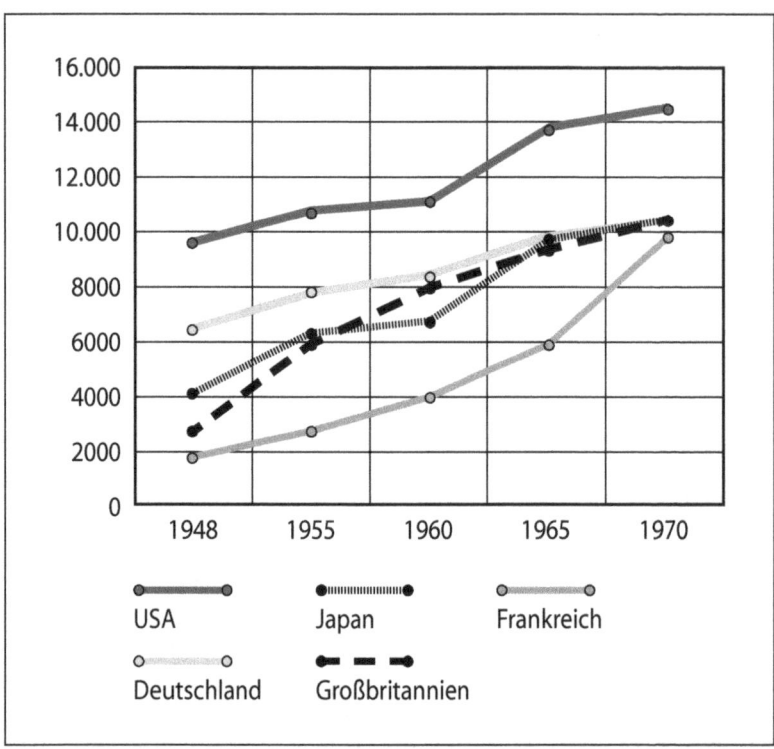

16.000
14.000
12.000
10.000
8000
6000
4000
2000
0

1948   1955   1960   1965   1970

USA   Japan   Frankreich

Deutschland   Großbritannien

Graphik 29: Reales BIP pro Kopf in der Ära des Globalen Plans (in US-Dollar)

lediglich einen Teil jenes *Globalen Plans* darstellte, der dem Zweck diente, die geostrategische Position der USA durch »Eindämmung« der Sowjetunion in Europa ebenso wie im Pazifik wirtschaftlich wie militärisch zu festigen. Dabei zählten die besiegten Feinde: Deutschland und Japan, zu den Stützpfeilern der ganzen präpotenten Konstruktion. »Im ersten Jahr des Marshallplans beliefen sich die Hilfen auf rund 5,3 Milliarden Dollar, etwas mehr als 2 Prozent des BIP der Vereinigten Staaten. Am 31. Dezember 1951, als der Marshallplan endete, waren 12,5 Milliarden Dollar geflossen. Das Ergebnis waren ein steiler Anstieg der europäischen Industrieproduktion (um rund 35 Prozent) und, noch wichtiger, politische Stabilisierung und eine nachhaltige Nachfrage nach Industrieprodukten sowohl in Europa wie in Amerika.«[74] Am 18. April 1948 wurde die Organisation für

74 | A. a. O., 93.

wirtschaftliche Zusammenarbeit (OEEC) zwischen den USA und ihren europäischen Verbündeten gegründet (die 1961 zur Organisation für wirtschaftliche Zusammenarbeit und Entwicklung, OECD, wurde). An die Freistellung von 2 % ihres BIP für die Aufbauhilfe knüpften die USA von Anfang an die Forderung, Handelsschranken abzubauen, – eine Bedingung, die sich in der Schaffung immer größerer Freihandelszonen (etwa der NAFTA – der Nordamerikanischen Freihandelszone zwischen Kanada, den USA und Mexiko – sowie der CETA und neuerdings in dem geplanten TTIP-Abkommen) manifestiert. Parallel dazu ging es um den Aufbau der Nato, die am 4. Apr. 1949 gegründet wurde und der auch die BRD-West beitrat. Wie von alters her gingen die wirtschaftliche und die militärische Expansion Hand in Hand; selbst der Koreakrieg 1950–1953 tat dem Globalen Plan keinen Abbruch; im Gegenteil: er brachte nach dem Sieg *Mao Tse-tungs* in China über seinen Rivalen *Tschiang Kai-schek* im Jahre 1949 Japan und Taiwan im Pazifik gegenüber dem »Kommunismus« in Stellung. Tatsächlich entwickelte sich das reale BIP pro Kopf in der Ära des Globalen Plans in den USA, der BRD, Japan, Großbritannien und Frankreich prächtig, wie die Graphik 29 zeigt.

Man sieht: In dieser Zeit (zwischen 1950–1972) verloren die USA fast 20 % ihres Anteils am Welteinkommen, Großbritannien verlor sogar mehr als 35 %, während Frankreich um 5 % zulegte, die BRD sogar um 18 % und Japan um phantastische 157 %[75]. Alles lief scheinbar wie am Schnürchen.

Die goldene Zeit des Globalen Plans endete allerdings jäh im Jahre 1971, und der Grund dafür lag vor allem in dem Vietnam-Krieg, der nicht nur 2,3 Mio Menschen in dem ostasiatischen Land von der Größe Bayerns das Leben kostete, 3,5 Mio zu Schwerverwundeten machte und 14,5 Mio Menschen aus ihrer Heimat vertrieb, sondern dessen Kriegskosten für die US-Regierung sich auf 113 Mrd Dollar beliefen sowie auf 220 Mrd für die US-Wirtschaft. »Die realen Gewinne von US-Unternehmen gingen um 17 Prozent zurück, und durch den Anstieg des Preisniveaus infolge des Krieges sanken im Zeitraum von 1965 bis 1970 die Realeinkünfte der amerikanischen Arbeiter um rund 2 Prozent.«[76] »Anfang 1971 überstiegen die Verbindlichkeiten 70 Milliarden Dollar, und die US-Regierung verfügte zur Deckung nur über Goldreserven von 12 Milliarden Dollar.«[77]

75 | A. a. O., 111.
76 | A. a. O., 115.
77 | A. a. O., 116.

Das US-Imperium finanzierte sich erkennbar mit Schulden, und es belastete damit den gesamten von ihm abhängigen Teil der Welt, – es exportierte auf gefährliche Weise seine Inflation. Um der Dollarschwäche Paroli zu bieten, mußten die europäischen Länder die Geldmengen ihrer eigenen Währungen erhöhen, wie es dem System von Bretton Woods entsprach. Nur: Die Schöpfer dieses Systems hatten längst damit gebrochen.

Bereits am 29. Nov. 1967 wertete die britische Regierung das Pfund um 14 % ab (statt der erlaubten 1 %!), die USA mußten daraufhin 20 % ihrer Goldreserven einsetzen, um den Eintauschkurs von 35 Dollar pro Feinunze zu halten. Als im August 1971 *Georges Pompidou* ein Kriegsschiff nach New Jersey schickte, um Dollars gegen Gold aus Fort Knox einzutauschen, und zudem *Edward Heath* wenig später 3 Mrd Dollar aus den Währungsreserven der Bank von England gegen Dollar zu tauschen verlangte, erklärte US-Präsident *Richard Nixon* das Ende von Bretton Woods. Die Konvertibilität von Dollars in Gold ließ sich nicht mehr halten.

Dieser Schritt aber bedeutete keinesfalls schon das Ende der USA, – die Verlierer des Scheiterns von Bretton Woods sollten Europa und Japan oder wer immer, keinesfalls die Vereinigten Staaten von Amerika sein. Wohl, überall in Europa und Japan sank zwischen 1970–1980 die Wachstumsrate des BIP, stiegen die Konsumentenpreise sowie die Arbeitslosigkeit an, doch in allen drei Bereichen geschah dies in den USA weniger stark als in Europa und Japan. Zwischen 1960 bis 1990 schrumpfte das einst enorme Wachstum in Europa und vor allem in Japan weit unter die prozentuale Wachstumsrate der USA. (Vgl. Gr. 30)[78]

Der Grund: Der Dollar blieb, was er sein sollte: die alternativlose Reservewährung; alle Währungen blieben von ihm abhängig. Denn: Eine Abwertung des Dollars müßte zu einem Wertverlust aller Anlagen in Dollar führen, alle Exporte nicht-amerikanischer Länder würden damit teurer werden, so daß diese selbst abwerten müßten; dadurch aber würden die Energiekosten, die ja in Dollar bezahlt werden, sich arg verteuern. Die Folge: Der Dollar hatte seine Golddeckung verloren, und die amerikanische Wirtschaft finanzierte sich mit Schulden, doch bezahlen mußten diesen Zustand die »befreundeten« Länder mit ihren dollarabhängigen Währungen.

---

78 | A.a.O., 138.

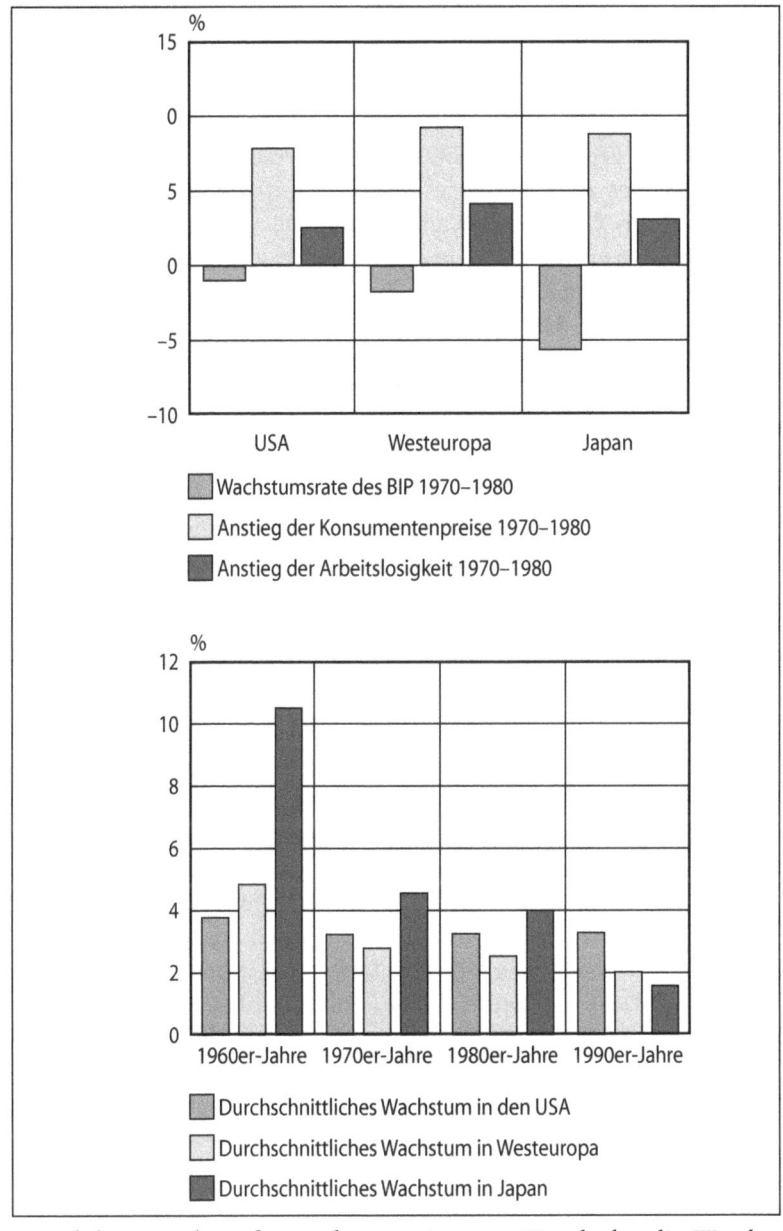

Graphik 30: Folgen des Endes von Bretton Woods für die Wettbe-
werbsposition der USA[79]

79 | A.a.O., 110.

Dafür brach eine neue Zeit an. Der Goldpreis stieg von 35 Dollar auf 90 Dollar in 1973 und auf 455 Dollar in 1979, während der Dollar im August 1971 gegenüber der D-Mark 20 % seines Wertes verlor und gegenüber dem Yen und dem Franc 20 %. Die Ölpreise stiegen von 3 Dollar pro Barrel in 1971 auf 8–9 Dollar während des Yom-Kippur-Krieges zwischen Israel und Ägypten 1973; 1976 stand der Preis zwischen 12–15 Dollar, und in den 80er Jahren mußte man 30 Dollar für einen Barrel Öl bezahlen. Auch alle anderen Rohstoffpreise stiegen dramatisch an und damit auch die Produktionskosten. Das Ergebnis war, daß zu dem Anstieg der Inflation deshalb noch ein Anstieg der Arbeitslosenquote kam (wie in Graphik 30), – es kam zu einer *Stagflation* (einer stagnierenden Wirtschaft bei steigenden Preisen). Doch alles das war nicht so schlimm für die USA: die erhöhten Ölpreise wurden ja in (Petro)Dollars bezahlt, und die Vereinigten Staaten konnten ihre Inlandsschulden ebenso wie ihre Auslandsschulden finanzieren, ohne ihre Staatsausgaben (etwa für Rüstung) zu verringern oder die Steuern zu erhöhen. (Man sagt, daß der eigentliche Grund für den Krieg gegen den Irak 1991 nicht die Besetzung Kuwaits war, sondern der Plan *Saddam Husseins*, die Bezahlung des Öls von dem System des Petrodollars zu lösen; unplausibel ist das nicht!).

Erreicht werden mußte aus amerikanischer Sicht eine Umkehrung der Kapitalströme zurück an die Wall Street, um die wachsenden US-Defizite aufzufangen, und das ging am besten durch eine Produktivitätssteigerung amerikanischer Firmen gegenüber deutschen und japanischen Unternehmen: Die Arbeitskosten mußten gesenkt werden, um auswärtiges Kapital für Investitionen in den USA anzulocken und die Wettbewerbsfähigkeit amerikanischer Produzenten zu steigern; den amerikanischen Ölfirmen kamen die hohen Ölpreise gerade recht. Und dann: Um die Inflation zu bekämpfen, ließ Notenbankpräsident *Paul Volcker* 1979 unter *Jimmy Carter* die Durchschnittszinssätze erst auf 11 %, dann, im Juni 1981, auf legendäre 21,5 % anheben; die Inflationsrate fiel von 13,5 % in 1981 innerhalb von zwei Jahren auf 3,2 %; und schließlich senkte *Ronald Reagan*, ganz in der Überzeugungstreue der Neoliberalen, zum Konsumanreiz die Steuersätze gerade bei den Reichen[80].

Auf diese Weise wurde es den USA möglich, ihr Defizit ungestraft immer weiter auszudehnen, – die Kapitalströme der Welt liefen in

---

80 | A. a. O., 123.

den US-Banken zusammen und finanzierten die ungehemmte Macht-politik nach 1989, nach dem Zusammenbruch der Sowjetunion. Vor allem die Schuldenkrise der Dritten Welt, mitverursacht durch den *Volcker*-Schock, half über die Maßnahmen und Machenschaften des IWF, sich die Bodenschätze und Versorgungseinrichtungen zahl-reicher Länder anzueignen: Kredite nur gegen Privatisierung und Öffnung der Märkte! »Es ist keine Übertreibung, wenn wir sagen, dass die Schuldenkrise der Dritten Welt die zweite historische Kata-strophe der Kolonialländer war (nach der brutalen Erfahrung, als Kolonien unterworfen und durch Sklavenhandel ausgebeutet zu werden).«[81] Aus dem vermeintlichen Wohltäter USA ist ein Vampir geworden, – der Globale Minotaurus. Sein Labyrinth: die ganze Welt.

81 | A. a. O., 133. – Zu dem *Volcker*-Schock vgl. NAOMI KLEIN: Die Schockthera-pie, 223–236: »Mit *Volker-Schock* umschreiben Ökonomen die Folgen der Ent-scheidung von *Paul Volcker*..., die Zinssätze in den Vereinigten Staaten drastisch anzuheben; bis auf einen Spitzenwert von 21 Prozent im Jahr 1981 ließ er sie stei-gen, und sie blieben bis Mitte der achtziger Jahre auf hohem Niveau. In den USA führten die steigenden Zinsen zu einer Pleitewelle, und 1983 hatte sich die Anzahl der Menschen, die ihre Hypotheken nicht mehr bezahlen konnten, verdreifacht... In Argentinien ... wuchsen die von der Junta hinterlassenen 45 Milliarden Dollar Schulden rasch auf 65 Milliarden im Jahre 1989... Brasiliens Schulden explodier-ten ... binnen sechs Jahren von 50 Milliarden auf 100 Milliarden Dollar... Im selben Zeitraum stiegen ... die Schulden Nigerias von neun auf 29 Milliarden Dollar.« (S. 223) Zustimmen muß man unter diesen Umständen MICHAEL MAIER: Die Plünderung der Welt, 233, wenn er schreibt: »Der freie Handel zwischen den Völkern ist gut und sinnvoll. Der Freihandel allerdings, wie er heute praktiziert wird, ist kein Handel, sondern Teil der Plünderung der Welt.«

4) Handelsdiktate und Freihandelszonen (NAFTA, CETA, TTIP)

Um eine Innenansicht von den *Terms of trade*, den Handelsbedingungen, unter dem Diktat des Dollar-Imperiums zu gewinnen, muß man sich die Vorgehensweise insbesondere der beiden Zwillingsschwestern aus dem Schoße der US-Hegemonie anschauen: des IWF und der Weltbank, sowie, zusätzlich, der Welthandelsorganisation (WTO); denn die Bilanz aus Geschichte und Gegenwart, die JEAN ZIEGLER erstellt, trifft leider vollkommen zu: »Seit mehr als fünfhundert Jahren beherrscht der Westen den Planeten. Dabei stellen die Weißen ... lediglich 12,8 % der Weltbevölkerung. Auch in der Vergangenheit sind sie nie über 24 Prozent hinausgekommen. – Eine Minderheitsherrschaft zwar, aber eine brutale – und eine vorzüglich organisierte dazu. – Viele Herrschaftssysteme haben sich im Laufe der neueren Geschichte abgelöst. Zunächst das der so genannten ›Eroberungen‹. Ab 1492, als sie Amerika ›entdeckten‹, haben die Bewohner des Westens seine Gebiete in Besitz genommen. Die bis dahin ›unbekannten‹ Völker vernichteten sie oder legten sie in Eisen. – Dann kam die Zeit des Dreieckshandels (sc. zwischen Europa, Afrika und Amerika, d. V.), der massenhaften Verschleppung von Schwarzafrikanern auf den durch die Massaker an den Indianern entvölkerten amerikanischen Kontinent. – Es folgte ein drittes westliches Ausbeutungs- und Unterdrückungssystem. Während des gesamten 19. Jahrhunderts wurde – vor allem in Afrika, aber auch in Asien – das koloniale System errichtet. Die militärische Besetzung garantierte den direkten Zugriff auf die Bodenschätze und die landwirtschaftlichen Ressourcen. Die Vernichtung der autochthonen Kulturen durch die christlichen Missionare und Apostel des westlichen Universalismus brach den Widerstand der Unterdrückten. Dadurch wurde die Einführung der Zwangsarbeit erheblich erleichtert. – Aus Sicht der südlichen Völker ist die gegenwärtige globalisierte Ordnung des westlichen Finanzkapitals mit seinen Söldnern der Welthandelsorganisation, des Internationalen Währungsfonds, der Weltbank, den transkontinentalen Privatunternehmen und der neoliberalen Ideologie das letzte, und bei Weitem mörderischste der Unterdrückungssysteme, die im Laufe der vergangenen fünf Jahrhunderte vom Westen errichtet wurden.«[82] »Die gegenwärtige kannibalische Welt-

---

82 | JEAN ZIEGLER: Der Haß auf den Westen, 84.

ordnung des globalisierten Finanzkapitals ... fügt sich ... nahtlos ein in die Erbfolge der Produktionsweisen, die auf Sklavenhaltung und Kolonialisierung basierten.«[83]

Zu der historischen Verknüpfung von Handel und Krieg haben wir soeben schon in groben Zügen das Nötige gesagt; doch wie es selbst nach den Erschütterungen des Ersten und des Zweiten Weltkrieges in der zweiten Hälfte des 20. Jhs. ungerührt und unverändert in gleichem Stile weiterging, muß gleichwohl noch kurz skizziert werden, zeigt es doch, daß der Kolonialismus nach der zumeist gewaltsamen Vertreibung der Europäer von ihren überseeischen »Besitzungen« sich lediglich in ein eleganteres Netzwerk von Institutionen, Verträgen und juristischen Absicherungen geflüchtet hat, um unter neuen Vokabeln wie »Freiheit«, »Demokratie« und sogar »Menschenrechte« sein altes (Un)Wesen weitertreiben zu können: die restlose Ausbeutung von Mensch und Natur zugunsten einer Handvoll Kapitaleigner und Unternehmer in der Alten wie der Neuen Welt. Die Sklaverei von einst zur Rettung der Seelen von »Negern«, »Rothäuten« und Indios trägt heute den programmatischen Titel: Öffnung der Märkte, Senkung der Auslandsverschuldung durch Senkung der Staatsausgaben und Löhne und alsdann: Wettbewerbsfähigkeit beim internationalen Kapital- und Güterverkehr.[84] Wie das sein kann? Wie das gemacht wird?

83 | A. a. O., 83.
84 | Vgl. dazu ausführlich NOAM CHOMSKY: Wirtschaft und Gewalt, S. 30–51: »Die brutale Ungerechtigkeit der Europäer«. Allein die Beute, die der Pirat Sir *Francis Drake* (um 1540–1596) den Spaniern bei ihren Goldtransporten in der Karibik abjagte, setzte Königin *Elisabeth* in den Stand, sämtliche Auslandsschulden zu begleichen. »Die Abenteurer, die den Handelsimperien des siebzehnten und achtzehnten Jahrhunderts den Boden bereiteten, verfolgten eine lange europäische Tradition der Verbindung von Handel und Krieg.« (31) Mitte des 17. Jhs. (1651, 1662) setzte England die Navigationsakte durch, um seine Kolonien für ausländische Händler (vor allem für Portugiesen und Holländer) zu sperren. Es ging um die Ausdehnung des Handels mit Amerika, Afrika und Asien, sowie um die Kontrolle des Sklavenhandels (32–33). Nicht unerwähnt bleiben darf die Ausbeutung *Indiens*, wo die Briten sich seit 1793 dauerhaft niedergelassen hatten. Sie schufen »eine starke Gruppe von reichen Grundbesitzern... Als die einheimische Produktion verfiel, wurde Bengalen auf exportorientierte Landwirtschaft – zunächst Indigo, dann Jute – umgestellt. Bangladesch produzierte um 1900 mehr als die Hälfte des weltweit geernteten Getreides, doch wurde unter britischer Herrschaft dort nicht eine einzige Mühle zur Verarbeitung gebaut.« (S. 40–41) Heute ist Bangladesh eines der ärmsten Länder der Welt. *In summa*: »Der europäische Eroberungsdrang beruhte auf zwei durchgängigen Grundzügen: auf einer zentralisierten Staatsmacht, die dem privaten Vorteil und der privaten Verfügungsgewalt verpflichtet war, sowie auf dem rationalen und organisierten Einsatz brutaler Gewalt. Weitere

Eigentlich hatte man in Bretton Woods – neben der Konstruktion des IWF und der Weltbank – auch eine Internationale Handelsorganisation (ITO) ins Leben rufen wollen, um den Welthandel auf die Basis eines fairen Austausches von Arbeit, Geld und Waren zu stellen; doch daraus wurde nichts, – »die USA lehnten 1950 den Vorschlag ... wegen der Bedenken einiger konservativer Politiker und Großunternehmen ab, (sc. mit der Begründung, d. V.), diese (sc. die ITO, d. V.) würde nationale Hoheitsbefugnisse beschneiden und zu einer Überregulierung führen.«[85] Doch eben dadurch wurde klar, welch ein Zweck dem IWF und der Weltbank in amerikanischer Sicht recht eigentlich zugedacht war. Es ist kein Zufall, daß der IWF seinen Sitz in der 19. Straße in Washington hat, die Weltbank in der 18. Straße und das US-Finanzministerium in der 15. Straße[86]. Die »Philosophie« dieser Einrichtungen trat klar in jenem »Washington Consensus« von 1989 zu Tage, in dem in ganz und gar neoliberaler Manier ein Katalog von Erfordernissen zur Beseitigung aller internationalen Handelshemmnisse vorgestellt wurde; gefordert waren: »Staatsabbau, Deregulierung und eine zügige Liberalisierung und Privatisierung.«[87] Dabei existiert zwischen IWF und Weltbank von alters her eine Art Arbeitsteilung, indem der IWF sich um Inflation und Wirtschaftsstabilität, die Weltbank aber um Löhne, Arbeitslosigkeit und Armutsbekämpfung kümmern soll(te)[88]. Wie das zu ge-

Merkmale sind die innere Kolonisierung, bei der die Armen die Reichen subventionieren, und die Verachtung von Demokratie und ... Freiheit. Ebenso beharrlich ist die Selbstgerechtigkeit, mit der Plünderungen, Massaker und Unterdrückung auftreten.« (4)
85 | JOSEPH STIGLITZ: Die Chancen der Globalisierung, 105.
86 | A.a.O., 37.
87 | A.a.O., 37.
88 | A.a.O., 34. Näherhin bedeuteten die Leitlinien des Washington Consensus von 1989: »Staatsabbau, Privatisierung (Ausverkauf von Staatsbetrieben an Privatfirmen), Handels- und Kapitalmarktliberalisierung (Abbau von Handelsschranken und Hemmnissen für den freien Kapitalverkehr) und Deregulierung (Beseitigung von Vorschriften, die lenkend in das Wirtschaftsgeschehen eingreifen). Dem Staat obliegt in diesem Modell die Gewährleistung der Makrostabilität, wobei allerdings die Preisstabilität im Vordergrund steht und nicht die Produktions-, Beschäftigungs- oder Wachstumsstabilität.« (49) – NAOMI KLEIN: Die Schockstrategie, 229, bemerkt dazu: »Die Kolonisierung der Weltbank und des IWF durch die Chicagoer Schule vollzog sich größtenteils unbeachtet.« Verabschiedet wurde das gesamte Programm von MILTON FRIEDMAN: Privatisierung, Deregulierung / Freihandel und drastische Einschnitte bei den Staatsausgaben. MICHAEL MAIER: Die Plünderung der Welt, 99, erklärt IWF und Weltbank »zu rein bürokratischen Kredit-Erzeugungsmaschinen«, die auf dem fundamentalen Fehler der Annahme

schehen hatte, richtete sich selbstredend nach den Interessen der US-Wirtschaft und -Politik.

Allerdings war das Bedürfnis nach einer modernen Welthandels-kammer nicht von der Hand zu weisen, und man suchte ihm mit dem 1947 von 23 Staaten beschlossenen Prinzip der *Nichtdiskriminierung* und der *Meistbegünstigung* im GATT-System (General Agreement on Tariffs and Trade – Allgemeines Zoll- und Handelsabkommen) zu entsprechen: Kein Mitgliedsland sollte gegenüber einem anderen benachteiligt (»diskriminiert«) werden, alle sollten »meistbegünstigt« sein; zudem wurde das Prinzip der *Inländerbehandlung* eingeführt: »Ausländische Produzenten sollten genauso behandelt werden und den gleichen Vorschriften unterliegen wie inländische Erzeuger.«[89] Diese Regelung hätte an sich all das bedeuten können, was wir hier anregen: kein Lohndumping beim »Outsourcing« von Firmen, gleiche Löhne für gleiche Arbeit, gleiche Arbeitsrechtsstandards, gleiche Auflagen zum Schutz der Umwelt..., doch alles das bedeutete es nicht. Das GATT war nichts als ein Zollabkommen, mit dem Ziel, den Welthandel so weit als möglich zu liberalisieren, vor allem den Handel mit Industriegütern – zum »komparativen Vorteil der Industriestaaten. In Bereichen, die für Entwicklungsländer wichtig sind, wie Landwirtschaft und Textilien, wurden Handelsschranken nur in geringem Umfang abgebaut. Textilien waren starken länder- und produktionsabhängigen Beschränkungen (Quoten) unterworfen; die Landwirtschaft blieb ebenfalls hoch geschützt und subventioniert.«[90]

Das änderte sich im wesentlichen auch nicht, als die Uruguay-Runde, die 1986 in Punta del Este eröffnet wurde, schließlich am 15. April 1994 in Marrakesch das GATT mit seinen inzwischen 128 Mitgliedsstaaten durch die Welthandelsorganisation WTO (World Trade Organization) ersetzte, der mittlerweile 149 Mitglieder angehören. Entscheidend neu war für die WTO die Einführung eines Sanktionsmechanismus, der Länder, die durch Verstöße gegen die Vertragsbestimmungen Schaden erlitten haben, dazu ermächtigt, Handelsbeschränkungen als Vergeltungsmaßnahmen zu verhängen; die WTO ist dadurch eine zwischenstaatliche Organisation geworden, deren Entscheidungen einstimmig getroffen werden müssen.

basieren, »dass die Erde über ›unbegrenzte Ressourcen‹ verfüge« und daß im übrigen der westliche Mensch die Welt beherrschen müsse.
89 | JOSEPH STIGLITZ: Die Chancen der Globalisierung, 105–106.
90 | A.a.O., 106.

Aber: Der Sanktionsmechanismus ist asymmetrisch. Welch eine Handelsrestriktion von Venezuela könnte schon die USA bedrohen? – Am 30. Nov. 1999 versammelten sich die WTO-Mitglieder in Seattle – überschattet von Massenprotesten mit gewichtigen Kritikpunkten: Das Handelsabkommen bedeutete gerade für das Afrika südlich der Sahara (mit einem Pro-Kopf-Einkommen von knapp 500 Dollar jährlich) einen Jahresverlust von 1,2 Mrd Dollar; 70 % der Außenhandelsgewinne (etwa 350 Mrd Dollar pro Jahr) entfielen auf die Industrieländer; obwohl 85 % der Weltbevölkerung und fast die Hälfte des Weltsozialprodukts auf die Entwicklungsländer entfallen, betrug ihr Anteil an den Außenhandelsgewinnen nur 30 %; vor allem: Die Industrieländer verhängten etwa viermal so hohe Zölle gegen Entwicklungsländer wie gegen Industrieländer; die Folge: weltweit wächst die Ungleichheit durch die WTO statt abzunehmen[91].

Um den Protesten auszuweichen, fand das nächste WTO-Treffen im Nov. 2001 in Doha in Katar statt – und endete in einem Fiasko, weil die Industriestaaten sich weigerten, ihre Agrarsubventionen einzuschränken. Doch die Karawane zog weiter: 2003 nach Cancún, 2005 nach Hongkong, – aber erneut ohne einen entscheidenden Durchbruch in der Frage der Subventionen vonseiten der Entwicklungsländer.[92]

Der Grund: Die Probleme sind und waren strukturell und schon deshalb kaum lösbar. Schon vor etwa 15 Jahren überstieg das Volumen des weltweiten Warenverkehrs die phantastische Geldsumme von 6000 Mrd Dollar. »Die WTO listet weltweit über 60 000 transnationale Gesellschaften (aus den Bereichen Handel, Finanz, Dienstleistung usw.) auf. Diese unterhalten mehr als 1,5 Millionen Zweigniederlassungen in allen Teilen der Welt (mit Ausnahme von Afghanistan und einigen anderen benachteiligten Ländern des Planeten). In Wirklichkeit zählen jedoch nur die rund 300 bis 500 nordamerikanischen, europäischen Unternehmen, die zusammen den Handel beherrschen.«[93] »So ist es nicht verwunderlich, daß die von der WTO verfolgten Strategien exakt das Weltbild der Gebieter des globalisierten Kapitals widerspiegeln.«[94] »Erklärtes Ziel der WTO-Verhandlungen ist die Beschneidung der Macht des Staats und über-

91 | A.a.O., 109.
92 | A.a.O., 107–113: Von Seattle nach Cancun.
93 | JEAN ZIEGLER: Die neuen Herrscher der Welt, 141.
94 | A.a.O., 142.

haupt des öffentlichen Sektors. Deregulierung und Privatisierung sind die Hebel dazu.«[95] »In Wirklichkeit sind es (sc. deshalb, d. V.) die 200 mächtigsten transkontinentalen Gesellschaften…, die den Ton angeben – jene, die zusammen über 25 Prozent des Weltsozialprodukts kontrollieren. Aus diesem Grunde dominiert in den Verhandlungen der WTO immer die Rationalität der transkontinentalen Privatgesellschaften, niemals das Interesse der Völker.«[96]

Näherhin umfassen die WTO-Verträge ein Konvolut von 26 000 Seiten; doch ein paar Beispiele genügen, um seine geistigen Grundlagen und seine Auswirkungen zu begreifen. Da sind vornean die für die Dritte Welt so wichtigen *Agrarabkommen*. Zugesagt war eine rasche Liberalisierung der Agrarmärkte, aber: die »meisten Agrarprodukte des Südens sind nach wie vor von den reichen Märkten des Nordens ausgeschlossen. Und die Staaten des Nordens überschwemmen nach wie vor den Süden mit ihrer agrarischen Überproduktion – mithilfe astronomischer Exportsubventionen… Dazu nur eine Zahl: 2002 haben die OECD-Staaten ihren Landwirten 335 Milliarden Dollar in Form von Zuschüssen zur Produktion und zur Preisstabilisierung zukommen lassen. – Wie soll ein kongolesischer, ein bolivianischer oder ein birmanischer Bauer unter diesen Umständen jemals auf einen grünen Zweig kommen? Und so haben die Länder der Dritten Welt nicht den Hauch einer Chance, ihren landwirtschaftlichen Produkten – die doch häufig ihre einzigen Exportartikel sind – Zugang zu den Märkten des Nordens zu verschaffen.«[97]

95 | A. a. O., 145.
96 | A. a. O., 147.
97 | A. a. O., 148. – Am 15. Dez. 2015 begann in Nairobi die 10. Welthandelskonferenz mit Ministern aus den 162 Mitgliedsstaaten der WTO, um über die Fortsetzung des sogenannten Doha-Prozesses zu debattieren; 2001 war in der Hauptstadt von Katar die »Entwicklungsrunde« beschlossen worden. Die USA, die EU und Japan erhoben die Aufhebung von Handelsschranken zur Bedingung der Globalisierung, doch setzten sie damit nur die Interessen der Investoren (des Kapitals) durch entsprechende Marktrechtsordnungen durch; während die USA und EU nach wie vor die größten Subventionen für ihre Landwirtschaft zahlen, verbieten sie den Entwicklungsländern, ihre heimische Wirtschaft mit Importzöllen zu schützen. »Washington zahlte 2012 der Branche rund 139 Milliarden US-Dollar, die EU im Jahre 2013 rund 82 Milliarden Euro (rund 112 Miliarden US-Dollar nach dem damaligen Wechselkurs).« KLAUS FISCHER: Rammbock Freihandel, in: junge Welt, Nr. 291, 16. Dez. 2015, S. 9. TTIP und TPP (Trans-Pacific Partnership) sollen offenbar die Vereinbarungen der Doha-Runde von 2001 zugunsten der Entwicklungsländer gegenbesetzen zugunsten westlicher Konzerne. Schon 2013 war in Bali ein Abkommen zur Liberalisierung des Welthandels von der G 7-Staatengruppe beschlossen, dem auch Indien beitrat; doch: »108 WTO-

Schlimmer noch bestellt ist es mit der Wahrung der *Patentrechte* (der Trade Related Aspects of Intellectual Property Rights, TRIPs, der handelsbezogenen Aspekte von Schutzrechten für geistiges Eigentum). So zum Beispiel schätzt die Weltgesundheitsorganisation (WHO – World Health Organization) die Aids-Erkrankungen weltweit auf 40 Mio Fälle, davon 34 Mio in Ländern der Dritten Welt; die Kranken könnten und müßten mit Kombitherapien behandelt werden, doch die Medikamente gehören den Pharmakonzernen, und deren Patentansprüche machen die Heilmittel für die am meisten betroffene arme Bevölkerung unbezahlbar[98]. Vor allem: Was läßt sich machen, wenn man mit Hilfe der *Gentechnik* Tiere und Pflanzen so manipuliert, daß man darauf Patente anmelden kann? Die Afrikaner verlangten 1999 bereits, daß »die transnationalen Privatgesellschaften nicht mehr das Recht haben sollten, Mikroorganismen zwecks monopolistischer Verwertung zu patentieren«, da diese Praktiken die

Staaten müssen das Abkommen ratifizieren..., nicht einmal 70 haben sich bisher zu diesem Schritt entschlossen.« In der WTO-Konferenz von Nairobi sieht die Agrarexpertin von Oxfam Deutschland, *Marita Wiggerthale*, »einen Schlag ins Gesicht für Millionen Menschen weltweit, die unter Armut und Hunger leiden.« Die Schlußerklärung verweist lediglich auf die Unterschiedlichkeit der Standpunkte. WTO-Generaldirektor *Roberto Azevêdo* hingegen spricht von einem Erfolg, da die Subventionen bei Agrarexporten verschwinden sollen – bei den Industrieländern sofort, bei den 50 ärmsten Ländern bis Ende 2030. Vgl. Ergebnisloser WTO-Gipfel, in: junge Welt, Nr. 296, 22. 12. 15, S. 2.

98 | JEAN ZIEGLER: Die neuen Herrscher der Welt, 149. JOSEPH STIGLITZ: Die Chancen der Globalisierung, 141, referiert zustimmend die Argumente der Globalisierungskritiker in der Auseinandersetzung um geistiges Eigentum: »Das TRIPs-Abkommen symbolisiere den Triumph amerikanischer und europäischer Unternehmensinteressen über die fundamentalen Interessen von Milliarden Menschen in der Dritten Welt. Wieder einmal habe man Gewinne über andere Grundwerte – wie Umwelt oder das Leben selbst – gestellt. Das Abkommen ist außerdem zu einem Inbegriff der Doppelmoral geworden... Zur gleichen Zeit, als die Regierung *Clinton* einen erbitterten Kampf darum führte, die Gesundheitsversorgung der Amerikaner zu verbessern, erschwerte sie jedoch durch ihre Unterstützung für TRIPs armen Menschen weltweit den Zugang zu preiswerten Medikamenten.« Das betrifft zum Beispiel die weltweite Behandlung von Aids. In diesem Punkte gibt es beachtliche Erfolge: »Rund 15,8 Millionen HIV-Infizierte können sich inzwischen einer lebensverlängernden Therapie unterziehen, teilte das Hilfsprogramm UN-AIDs mit. Zum Vergleich: Im Jahr 2005 haben 2,2 Millionen und im Jahr 2010 7,5 Millionen Aids-Kranke die lebensverlängernden Medikamente erhalten.« Bis 2030 könnte die Immunschwäche besiegt sein, doch nur wenn keine patentrechtlichen Hemmnisse die Behandlungen behindern oder wirtschaftlich für die Betroffenen – das sind weltweit schätzungsweise 37 Mio Menschen, davon 26 Mio in Afrika – unerschwinglich sind. »Seit 2000 starben mehr als 25 Millionen Menschen an den Folgen von Aids.« (epd 25. Nov. 2015)

Lebensgrundlage der Bauern und Viehzüchter[1] bedrohten[99]. Desgleichen wollten die Afrikaner »verhindern, dass zum Beispiel der Monsanto-Trust den Agrarmarkt mit Saatgut für Ähren, Zitrusfrüchte und Wurzeln beliefert, das zwar bei der ersten Ernte einen größeren Ertrag einbringt, für eine zweite Aussaat aber nicht zu gebrauchen ist.«[100] Doch natürlich – ein solcher Vorstoß verstößt gegen die Freiheit des Handels, – er konnte nicht geduldet werden.

Am schlimmsten indessen wirkt das »Streitschlichtungsverfahren« der WTO: Wohl, es gibt ein »Panel«, eine Art von Schiedsgericht; wird dessen Bericht von einer Partei abgelehnt, tritt ein »Berufungsorgan« in Tätigkeit, dessen sieben Mitglieder vom Rat der WTO gewählt werden. Doch das Ergebnis ist immer dasselbe: – der Durchmarsch der internationalen Privatgesellschaften.

In gleichem Sinne wirksam ist (selbstredend) auch die *Weltbank*, die »Internationale Bank für Wiederaufbau und Entwicklung«, die Schwester des IWF, die in Bretton Woods zur Welt kam. Etwa 10 000 Beamte sind bei der World Bank Group tätig, und ihre Juristen und Berater tun ihr Bestes, das Ansehen ihres Arbeitgebers in strahlendem Glanze erscheinen zu lassen. Verdient hätte er es, ist doch die Weltbank zuständig für Investitionskredite, insbesondere für den Aufbau von Infrastrukturen, – 100e von Entwicklungshilfeprojekten werden jährlich von der Weltbank finanziert, und in besonderen Fällen deckt sie – nächst den bilateralen Gebern – auch mal das Haushaltsdefizit eines überschuldeten Landes ab (wie zum Beispiel *Niger*). Aber: »Zwischen der Weltbank und der Wall Street besteht natürlich ein strategisches Bündnis... In ihrer täglichen Praxis arbeitet die Weltbank nach strengen Bankkriterien. Ihre Statuten schließen ausdrücklich alle politischen oder sonstigen Vorbedingungen aus. Gleichwohl bestimmt die Praxis ein Gesamtkonzept, das nicht banktechnischen, sondern ideologischen Ursprungs ist: der Konsens von Washington (sc. aus dem Jahre 1989, d. V.).«[101]

Was das bedeutet, zeigte sich bereits, als Ex-Verteidigungsminister *Robert Mc Namara* zwischen 1968–1981 die Weltbank leitete. Voller Reue über seinen »Irrtum« im Vietnam-Krieg[102], wollte er nunmehr

99 | JEAN ZIEGLER: Die neuen Herrscher der Welt, 145.
100 | A. a. O., 145–146. – FRANZ KOTTEDER: Billig kommt uns teuer zu stehen, 118, erwähnt als internationale Marktherrscher für patentiertes Saatgut neben Monsanto auch Pioneer, Bayer Crop Science, Syngenta und KWS Saat AG.
101 | A. a. O., 161–162. – JEAN ZIEGLER: Die neuen Herrscher der Welt, 145–146.
102 | Vgl. ROBERT S. MC NAMARA – BRIAN VAN DE MARK: Vietnam, 417: »Die Vereinigten Staaten wenden (sc. in 1999, d. V.) annähernd ebensoviel für nationale

die Welt, statt sie mit Krieg zu überziehen, mit Entwicklung und Fortschritt beglücken, und er merkte nicht (oder wollte nicht merken), daß er mit seinem Vorgehen nur der anderen Seite des gleichen amerikanischen Herrschaftsanspruchs folgte. Die Jahresausgaben an Darlehn stiegen unter seiner Präsidentschaft von 1 auf 13 Mrd Dollar, das Personal wurde vervierfacht, der Verwaltungshaushalt stieg um das Dreieinhalbfache. Kein Zweifel, *Mc Namara* war ein besonders eifriger, womöglich idealistischer Weltbankchef. Um so betrüblicher die Bilanz: In seiner neuen Stelle war er »für den Tod von mehr Menschen verantwortlich als in seiner Zeit als Verteidigungsminister der USA (sc. als für die 2,3 Mio Tote des Vietnam-Kriegs, d. V.)... Im Vertrauen auf seine Zahlen hat *Mc Namara* die Länder der Dritten Welt dazu gedrängt, die mit den Krediten der Weltbank verbundenen Bedingungen zu akzeptieren und ihre traditionelle Wirtschaft umzustellen, um die ökonomische Spezialisierung und den Welthandel zu maximieren. Die Länder, die sich weigerten, wurden ihrem Schicksal überlassen... *Mc Namara* zerstörte jetzt keine Dörfer mehr, um sie zu retten, sondern ganze Volkswirtschaften. Heute gibt es in der ganzen Dritten Welt riesige Staudämme, die verschlammt sind, Straßen, die verkommen und ins Nirgendwo führen, leer stehende Bürogebäude, verwüstete Urwälder und Felder und riesige Schulden, die niemals zurückgezahlt werden können. Das sind die vergifteten Früchte jener Politik, die die Weltbank seit den Tagen *Mc Namaras* bis heute verfolgt. So schwer die Zerstörung ist, die dieser Mann in Vietnam angerichtet hat, in seiner Amtszeit bei der Weltbank hat er sie noch überboten.«[103]

Und sein Nachfolger *James Wolfensohn* trat in seine Fußspuren. Im Jahre 2001 stand der Bau einer Erdölpipeline vom Tschad nach Kamerun an, zu dessen Start mindestens 3,7 Mrd Dollar erfordert waren; die multinationalen Erdölgesellschaften, um den beiden (höchst korrupt regierten) Ländern die Zustimmung abzukaufen, mußten die Weltbank mit ins Boot holen, die ihrerseits 200 Mio Dollar für die Bohrungen im Doba-Becken im Tschad bereitstellte und noch einmal 300 Mio Dollar für die 1000 km lange Pipeline durch den Urwald zur Atlantikküste Kameruns. Nur: In dem zur Abhol-

Sicherheit auf wie die übrige Welt insgesamt. – Ein solches Verteidigungsbudget – oder auch der Etat für innenpolitische Schutzmaßnahmen – ist mit meiner Vision der Welt nach dem Kalten Krieg unvereinbar.«
103 | JEAN ZIEGLER: Die neuen Herrscher der Welt, 162–162, zit. n. JERRY MANDER.

zung vorgesehenen Urwald wohnen seit Jahrtausenden etwa 4500 Bagyeli-Pygmäen; doch eben: Was kümmerte das die Weltbank? Auf 10 Mrd Dollar erhoffte man sich die Gewinne aus der Erdölförderung, die zu 75 % an die Erdölgesellschaften zurückfließen sollten[104]. – Heutigentags, im Jahre 2015, weist der Tschad, in der Rangliste des Human Development Index auf Platz 184 von 187 Staaten, trotz positiver Wirtschaftsprognosen dank der 2003 tatsächlich aufgenommenen Erdölforderung eine Bevölkerung auf, von der 60 % unter absoluter Armut leiden und mit weniger als 1,25 Dollar pro Tag auskommen müssen; zu den sozialen Problemen gesellen sich noch die ökologischen: Desertifikation, Bodenerosion und rapide voranschreitender Wassermangel. Die Fläche des Tschadsees, die 1960 noch rund 25 000 km² betrug, hat sich in 2014 auf 1350 km² verringert – die vollständige Austrocknung droht. Doch nicht eine Wasserleitung, – eine Pipeline mußte gebaut werden[105]. Zudem wird das Land heute von den Angriffen der nigerianischen *Boko Haram* heimgesucht, die ihre Überfälle auf Dörfer in Kamerun bevorzugt vom Tschadsee aus führt. Ein Hauptmotiv des Terrors liegt ganz offenbar in den sozialen Verwerfungen, die von den Interventionen der »Söldner« des westlichen Finanz- und Industriekapitals ausgelöst werden.

Zu denen zählt – last not least – auch und besonders der *Internationale Währungsfonds*. In ihm stimmen die 183 Mitgliedsstaaten, wie schon erwähnt, nach ihrer Finanzkraft ab – »one dollar, one vote«. Wie also werden sie abstimmen? – An sich ist die Aufgabe des IWF makro-ökonomisch von höchster Bedeutung: Er ist dafür da, die Stabilität der Währungen und der Wechselkurse zu sichern. Also wird immer wieder ein Schuldenerlaß unvermeidlich; wie aber soll so etwas im neoliberalen Kapitalismus möglich sein? Überhaupt nicht, – es sei denn, gerade dabei ließen sich Gewinne machen.

Etwa so: Der IWF erläßt einem armen Land (wie derzeit Griechen-

---

104 | A.a.O., 175.
105 | Der Neue Fischer Weltalmanach 2016, S. 456. – Fast wirkt es unter solchen Umständen tröstlich, zu sehen, daß die Weltbank zunehmend an Gewicht verliert: Ihr gehen – wie dem IWF – die Kunden aus. »Gerade noch sieben Prozent der gesamten staatlichen Entwicklungshilfe laufen über das Institut in Washington. China zahlt nun selbst bereits 5,5 Milliarden Dollar Entwicklungshilfe im Jahr und vergibt mehr Kredite an afrikanische Länder als die Weltbank.« HARALD SCHUMANN – CHRISTIANE GREFE: Der globale Countdown, 380. Besonders gefährlich ist die Aushöhlung der UNO, deren Budget 2008 gerade mal 2,1 Mrd Dollar betrug, »weniger als das US-Militär 2008 an zwei Tagen kostet.« (S. 375)

land) einen Teilbetrag seiner Schuld, doch nur unter den üblichen strengen Auflagen (Deregulierung, Privatisierung, Steuererhöhung und Lohndumping) und wesentlich zu dem Zweck, die Restschuld um so sicherer mit Zins und Zinseszins einfahren zu können. Der oft dringend benötigte »Schuldenschnitt« (hair cut – Kahlrasur genannt) unterbleibt. Und das Ergebnis: »In den Siebzigerjahren belief sich die kumulierte Auslandsverschuldung der lateinamerikanischen Staaten auf etwa 60 Milliarden Dollar. 1980 waren es 204 Milliarden Dollar. Zehn Jahre später hatte sich die Summe auf 443 Milliarden Dollar mehr als verdoppelt. Heute (sc. schon um 2001, d. V.) bewegt sich die Auslandsverschuldung Lateinamerikas in der Gegend von 750 Milliarden Dollar. Diese Verschuldung ist der Anlass für den Transfer von durchschnittlich 25 Milliarden Dollar pro Jahr an die Gläubiger – und das seit dreißig Jahren (sc. von 2000 rückgerechnet, d. V.). Anders gesagt: Der Kontinent mußte drei Jahrzehnte lang 30 bis 35 Prozent der Einkünfte aus dem Export seiner Güter und Dienstleistungen zur Schuldentilgung verwenden. Im Jahre 2001 schuldete jeder Bewohner Lateinamerikas (Greise und Säuglinge inbegriffen) den Gläubigern des Nordens durchschnittlich 2550 US-Dollar.«[106]

106 | JEAN ZIEGLER: Die neuen Herrscher der Welt, 179. – HARALD SCHUMANN – CHRISTIANE GREFE: Der globale Countdown, 371–372, verweisen auf die IWF-gemachte *asiatische* Finanzkrise Ende der 90er Jahre: Durch Druck der USA »und des von ihr gelenkten IWF hatten vier der damals sogenannten Tigerstaaten: Thailand, Malaysia, Südkorea und Indonesien, in den Jahren zuvor den Kapitalverkehr ihrer Länder mit dem Ausland liberalisiert. Die Region boomte mit zweistelligen Wachstumsraten, und die amerikanische Finanzindustrie wollte daran teilhaben.« Zig Milliarden Dollar strömten in die Schwellenstaaten und lösten einen gigantischen Immobilienboom aus. Als sich dann zeigte, daß viele der Projekte unrentabel waren, zogen die Geldgeber rasch ihr Kapital wieder ab und kündigten ihre Kredite. Im Herbst 1997 waren die Devisenreserven der »Tigerstaaten« erschöpft, die Währungen stürzten ab, – Bangkok, Seoul und Jakarta baten den IWF um Überbrückungskredite. Doch die USA und die Europäer setzten Zinserhöhungen durch, weitere Kredite wurden nötig, und *Michel Camdessus*, der Direktor des IWF, diktierte Bedingungen zur Kreditvergabe, die westlichen Investoren alle Türen öffneten. In über 50 Bedingungen mußte Indonesiens Präsident SUHARTO den Tropenhandel für Ausländer öffnen, Lebensmittelsubventionen kürzen, den Aufbau einer nationalen Autoindustrie abbrechen und die Beschränkungen für ausländischen Besitz an Unternehmen und Immobilien aufheben. Sieben Monate nach Beginn der »Rettungsaktion« mußten die IWF-Experten vor dem Volkszorn fliehen, aber sie hatten ihr Ziel erreicht: »Südostasien erfuhr ›die umfangreichste Besitzübertragung von inländischen an ausländische Eigentümer, die je in Friedenszeiten in den letzten 50 Jahren stattgefunden hat‹.« Der IWF als Rammbock US-amerikanischer und europäischer Kapitalinteressen hatte seinen Dienst getan.

Ein Beispiel, das stellvertretend für die neoliberale Katastrophen-strategie des IWF steht, bietet der Fall *Argentinien*. In den 70er Jahren war das Land hoch verschuldet – der Realzins (also der Nominal-zins minus der Inflationsrate) seiner Währung war nicht nur niedrig, sondern sogar negativ. In dieser Situation war das Land dazu überre-det worden, hohe Kredite aufzunehmen. Dann aber kam der *Volcker*-Schock, als der Vorsitzende der US-Notenbank (FED) 1981 die Zinsen auf 21 % steigen und jahrelang auf hohem Niveau stehen ließ. Als 1983, nach dem Falkland-Krieg *Margaret Thatchers*, die Militärjunta zusammenbrach und *Raul Alfonsin* Präsident wurde, trudelte Argentinien, wie ganz Lateinamerika, in eine Hyperinfla-tion. Die Generäle hatten die Auslandsschulden von 7,9 auf 45 Milli-arden Dollar explodieren lassen. »In Uruguay hatte die Junta bei der Machtergreifung eine halbe Milliarde Dollar Schulden übernommen, die sie auf fünf Milliarden Dollar ausbaute, ... für ein Land mit ge-rade einmal drei Millionen Einwohnern. In Brasilien, dem schlimm-sten Fall, hatten die Generäle bei ihrer Machtergreifung 1964 geord-nete Finanzen versprochen, es aber geschafft, den Schuldenberg bis 1985 von drei Milliarden auf 103 Milliarden Dollar anwachsen zu lassen.«[107]

Ein Hauptgrund für den exzessiven Schuldenanstieg bestand in der Tatsache, daß ein Großteil der Auslandskredite direkt an das Militär geflossen war, um Waffen, Wasserwerfer und Folterlager zu bezahlen. In *Chile* etwa wurden die Streitkräfte zwischen 1973 und 1980 von 47000 auf 85000 Mann ausgebaut. In *Argentinien* flossen 10 Milliarden Dollar gleich in die Rüstung; 19 Milliarden (46 % der Gesamtsumme) wurden ins Ausland verbracht. Die US-Regierung aber wußte davon und bestärkte die Junta sogar in ihren Machen-schaften: Am 7. Oktober 1976 traf *Henry Kissinger* seinen argenti-nischen Amtskollegen *César Augusto Guzzetti*, um ihn der Zustim-mung der USA zu versichern. Jetzt allerdings, nach dem *Volcker*-Schock, explodierten die 45 Milliarden Schulden auf 65 Milliarden in 1989. Präsident *Alfonsin* sah sich genötigt, 1985 zur Inflationsbekämpfung eine neue Währung, den Austral, einzuführen. Doch vergebens. Allein im Juni 1989 betrug die Inflationsrate 205 Prozent[108].

Natürlich hätten in dieser Situation die lateinamerikanischen Län-

107 | NAOMI KLEIN: Die Schock-Strategie, 220.
108 | A. a. O., 225.

der ein Schuldnerkartell bilden und eine gemeinsame Währung einführen können, doch das hätte sie unweigerlich in eine tödliche Kon-
frontation mit den Washingtoner Institutionen gebracht. *Alfonsin*
trat zurück. Sein Nachfolger *Carlos Menem* ernannte *Domingo Cavallo* zum Wirtschaftsminister, »den Mann…, der in der Junta-Ära
offiziell dafür verantwortlich war, die Schulden der Unternehmen zu
erlassen … ein ›Signal‹…, dass die neue Regierung das von der Junta
gestartete korporatistische Experiment (sc. die Aufhebung der Grenzen zwischen Politik und Geschäft durch Umverteilung von öffent-
lichem Besitz in Privathände, d. V.) aufgreifen und fortsetzen würde.
Die Börse in Buenos Aires reagierte darauf mit dem Äquivalent stehenden Beifalls: Um 30 Prozent schoss der Handel an dem Tag in die
Höhe, an dem *Cavallos* Name verkündet wurde.«[109] Als Präsident
der argentinischen Zentralbank wurde *Roque Fernandez* bestimmt,
der schon für den IWF und die Weltbank gearbeitet hatte, Chefbera-
ter der Zentralbank wurde *Pablo Guidotti*, der direkt vom IWF
kam.

Der *Cavallo*-Plan, inauguriert vom Geist MILTON FRIEDMANS und
der Chicagoer Schule, sah denn auch all das vor, was zum Erste-
Hilfe-Koffer des IWF in jeder Notlage gehört: drastische Verringerung der Staatsausgaben, Privatisierung öffentlicher Unternehmen
und dann: eine neue Währung, den argentinischen Peso, der an den
Dollar geknüpft wurde. Tatsächlich ging die Inflation in einem Jahr
auf 17,5 % zurück. Doch die ausländischen Investoren spekulierten
auf größeres: die Aneignung großer Teile der argentinischen Wirtschaft in öffentlicher Hand, von der Fluggesellschaft bis hin zu den
Ölreserven Patagoniens. »Anfang der neunziger Jahre verkaufte der
argentinische Staat die Reichtümer des Landes so rasch und vollständig, dass das Projekt bei weitem das übertraf, was ein Jahrzehnt
zuvor (sc. unter General *Pinochet*, d. V.) in Chile geschehen war. Bis
1994 waren 90 Prozent aller Staatsunternehmen an private Gesellschaften verkauft, unter anderem Citibank, Bank Boston, Suez und
Vivendi in Frankreich, Repsol und Telefónica in Spanien. Vor den
Verkäufen hatten *Menem* und *Cavallo* noch großzügig den neuen
Eigentümern einen großen Dienst erwiesen: Nach *Cavallos* eigenen
Schätzungen hatten sie rund 700 000 Mitarbeiter gefeuert… Allein
die Ölgesellschaft verlor in der Ära *Menem* 27 000 Beschäftigte…

109 | A. a. O., 232.

Menem ... sprach ... von einem ›größeren chirurgischen Eingriff ohne Betäubung‹.«[110]

Doch trotz oder gerade wegen dieser Opfer entwickelte sich das *Cavallo*-Projekt zu einem Desaster. Die Kopplung des Peso an den Dollar verteuerte die inländische Produktion von Waren derart, daß eine Konkurrenz der einheimischen Firmen mit den Billigimporten aus dem Ausland unmöglich war; weitere Arbeitsplätze gingen verloren, fast die Hälfte der Bevölkerung sank unter die Armutsgrenze. »Auf kurze Sicht jedoch hatte der Plan großartig funktioniert: *Cavallo* und *Menem* hatten die Privatisierung eingeschmuggelt, während das Land aufgrund der Hyperinflation unter Schock stand... Und so konnte der Kreuzzug, den FRIEDMAN begonnen hatte, den gefürchteten Übergang zur Demokratie überleben – nicht indem seine Befürworter die Wähler von der Richtigkeit ihrer Weltsicht überzeugten, sondern indem sie sich geschickt von Krise zu Krise vorarbeiteten und kundig Verzweiflung in wirtschaftlicher Not ausnutzten, um eine Politik durchzudrücken, mit der den fragilen neuen Demokratien die Hände gebunden wurden... Der Katastrophen-Kapitalismus nahm Gestalt an.«[111]

Denn so ging es weiter: »Anfang Dezember 2001 ... (hatte) die Auslandsverschuldung (sc. Argentiniens, d. V.) ... 146 Milliarden Dollar erreicht. Um die finanzielle Ausblutung des Landes durch Kapitalflucht zu den Offshore-Plätzen und Auslandsbanken (vor allem in Nordamerika und der Schweiz) zu stoppen, ordnete Präsident *de la Rúa* die Sperre sämtlicher privaten Bankkonten an. Dieses Einfrieren nannte man *corralito*. Es kam zu einer Panik. Die Wirtschaft brach zusammen. Die Arbeitslosigkeit kletterte auf 18 Prozent... Der IWF verweigerte jeden neuen Kredit. Der Volkszorn fegte *de la Rúa* und drei seiner Nachfolger hinweg. – Im Februar 2002 erklärte der Oberste Gerichtshof Argentiniens den *corralito* für verfassungswidrig... Im Jahre 2002 leb(t)en zwei von fünf Einwohnern Argentiniens in extremer Armut.«[112]

Aber dann: »Ohne Bevormundung durch den IWF tat sich in Argentinien etwas, was niemand erwartet hätte. Die Wirtschaft begann sich zu erholen. Ohne die übliche vom IWF geforderte Sparpolitik, ohne den Kapitalentzug zur Befriedigung ausländischer Gläubiger

---

110 | A. a. O., 234.
111 | A. a. O., 235–236. – Zur Darstellung der Argentinien-Krise vgl. auch JOSEPH STIGLITZ: Die Chancen der Globalisierung, 276–282.
112 | JEAN ZIEGLER: Die neuen Herrscher der Welt, 180.

und unterstützt durch die starke Abwertung seiner Währung, verzeichnete Argentinien drei Jahre hintereinander ein Wachstum vom 8 Prozent und ... sogar wieder Haushaltsüberschüsse – ein IWF-Programm hätte das nie erreicht. Wenn Argentinien weiterhin Geld nach Washington überwiesen und sich den Diktaten des IWF gebeugt hätte, dann wäre es dem Land höchstwahrscheinlich viel schlechter ergangen.«[113]

113 | JOSEPH STIGLITZ: Die Chancen der Globalisierung, 280. – *Stiglitz*, als *Wolfensohns* wichtigster Kollege und erster Vizepräsident der Weltbank, trat am 1. Jan. 2000 zurück. Er schreibt wie zur Begründung vom »Versagen des IWF bei der Bewältigung von Krisen« und fährt fort: »Die Arroganz, mit der der IWF die Entwicklungsländer nötigte, ihre Märkte für spekulative Kapitalströme zu öffnen, ... hat ... nicht geholfen. ... während der IWF eine Agenda propagierte, die die Finanzmärkte destabilisierte, unternahm er nichts gegen eine der Hauptursachen weltwirtschaftlicher Instabilität, das gegenwärtige System der Weltwährungsreserven ... bei der WTO stehen die Dinge nicht besser.« A. a. O., 344. – 2003 übernahm *Néstor Kirchner* als Präsident das wirtschaftlich und politisch zerrüttete Land und verfügte einen teilweisen Schuldenschnitt sowie die Freigabe der unter seinen Vorgängern eingefrorenen Sparguthaben. »Mit Unterstützung Venezuelas wurden die Verbindlichkeiten Argentiniens beim Internationalen Währungsfonds vorfristig beglichen, um sich von den neoliberalen Programmen des IWF zu befreien.« 2007 trat *Kirchners* Frau *Christina Fernández* die Präsidentschaft an; Kirchners Tod 2010 verhinderte seine Rückkehr ins Amt. November 2015 wurde *Mauricio Macri* zum Präsidenten gewählt, der Sohn eines reichen Unternehmers, der (wieder) für Sozialabbau und Annäherung an die USA steht. ANDRÉ SCHEER: Ende des Kirchnerismus, in: junge Welt, Nr. 272, 24. Nov. 2015, S. 7. – Wie sehr der IWF »als Hilfstruppe westlicher Tagespolitik« auftritt, zeigte sich im Dezember 2015, als er mit einer »Lex Kiew« die *Ukraine* vor der Insolvenz zu retten suchte: Das Land schuldet 3 Mrd Dollar durch einen Kredit, den Russland Ende 2013 noch der Regierung von *Wiktor Janukowitsch* gewährt hat. Kiew kann und will diese Summe nicht zurückzahlen; bisher gewährte der IWF neue Kredite erst nach Abzahlung der Altschulden, – die Ausnahme jetzt zwingt Moskau zu einem jahrelangen Rechtsstreit, der allerdings auch demonstrieren dürfte, in wessen Diensten der IWF agiert. REINHARD LAUTERBACH: IWF offen parteiisch, in: junge Welt, Nr. 286, 10. Dez. 2015, S. 9. – Vorausgegangen ist dieser Praxis die Kreditvergabe des IWF an Russland im Jahre 1998, die erfolgte, um den Rubel zu stützen und den (unfähigen, aber willfährigen) *Boris Jelzin* an der Macht zu halten; dabei hatten gerade die wirtschaftspolitischen Maßnahmen, die der IWF propagierte, bis 1998 zu einem Rückgang des russischen BIP um 40 % und zu einem Anstieg der Armut um über 1000 % geführt. »Bevor Russland seine Zahlungsunfähigkeit erklärte, riet ihm der IWF, einen größeren Teil seiner Schulden von Rubel- in Dollaranleihen umzuschichten... Der IWF sah nur die niedrigen Zinsen von Dollar-Anleihen, aber er hätte wissen müssen, dass sich darin lediglich die Erwartungen der Märkte auf eine Rubel-Abwertung widerspiegelten.« Die beratende Harvard-Universität, die der russischen Regierung bei der Privatisierung von Staatsunternehmen zur Seite stand, wurde selbst später der Korruption angeklagt wegen der Nutzung von Insiderinformationen für Wertpapiergeschäfte. JOSEPH STIGLITZ: Die Chancen der Globalisierung, 302–303. – Lehrreich ist dabei ein

Wenn dies das Urteil darstellt, das sich die »Institutionen« verdienen, von denen Kanzlerin *Merkel* in der Griechenland-Krise unbeirrt mit solcher Ehrfurcht spricht, so sollte man geradezu aufs höchste alarmiert sein, wenn – wieder einmal – der Versuch der USA ansteht, ein *Handelsabkommen* großen Stils abzuschließen, wie es derzeit in den TTIP-Verhandlungen vorbereitet wird; denn sicher sein kann man vorweg: es wird dabei um die Ausdehnung und Durchsetzung amerikanischer Kapital- und Konzerninteressen gehen, und zwar unter allen Umständen und um jeden Preis.

Beispielgebend für das, was sich da zusammenbraut, ist das NAFTA-Abkommen, das Nordamerikanische Freihandelsabkommen (North American Free Trade Agreement) zwischen den USA, Kanada und Mexiko. Als es 1994 unter *Bill Clinton* in Kraft trat, entstand eine Freihandelszone mit 376 Mio Menschen und einer Wirtschaftskraft von insgesamt 9 Billionen Dollar. Entsprechend groß waren die Erwartungen. Vor allem *Mexiko* werde profitieren, wenn das mächtigste Land der Welt ihm seine Grenzen öffne, – erklärte man. Tatsächlich leben etwa 10 Mio Mexikaner (10 % der eigenen Bevölkerung) in den USA, viele von ihnen illegal, und obwohl ohne die »Latinos« ganze Bereiche des Dienstleistungsgewerbes (mit Billigstlöhnen und Schwarzarbeit) zusammenbrechen würden, sollte das

Vergleich der Schuldenlage: »Die russische Staatsverschuldung pro Kopf beträgt 1654 Dollar. Die Staatsverschuldung der USA pro Kopf liegt bei 56952 Dollar. Der Umfang der russischen Staatsschulden beträgt 235 Milliarden Dollar, weniger als eine Viertelbillion. Der Umfang der US-Staatsschulden ist 18 Billionen, 76,6 Mal mehr als die russischen Staatsschulden. – Um die Zahlen in die richtige Perspektive zu rücken: Laut der Schuldenuhr beträgt das BIP der USA 17,3 Billionen Dollar und das BIP Rußlands 2,1 Billionen Dollar. Das US-BIP ist also acht Mal größer als das russische, aber die Staatsverschuldung ist 76,6 Mal höher als die Rußlands.« PAUL CRAIG ROBERTS: Amerikas Krieg gegen die Welt, 115. – Hinzufügen muss man noch einen Vergleich der Militärausgaben: Sie betrugen im Jahre 2012 für die USA 682 Mrd Dollar, für Russland nur 90,7 Mrd Dollar (davor lag China mit 166 Mrd, es folgte Großbritannien mit 60,8 Mrd; die BRD lag bei 45,7 Mrd, kurz hinter Indien mit 46,1 Mrd Dollar). – Vgl. dazu auch KLAUS SIMON: Zwickmühle Kapitalismus, 131. MICHAEL MAIER: Die Plünderung der Welt, 105, stellt zu Recht fest, daß eine wirklich freie Wirtschaft »nichts mehr haßt als Krieg und Unsicherheit... Der Staat dagegen kann, wenn die Bevölkerung aufmuckt, Aufstände niederschlagen... Wenn sich Staaten zu internationalen Organisationen zusammenschließen, können sie global agieren – und Regime in Staaten austauschen. In der Ukraine konnte man Anfang 2014 beobachten, wie massiv die USA, die EU und Russland sich in die inneren Angelegenheiten eines unabhängigen Staates eingemischt haben. ... Die ›Rettung‹ der Ukraine wird demselben Drehbuch folgen wie ihre Zerstörung.« IWF und Weltbank betreiben nicht »Entwicklungshilfe«, sondern »übernational organisierten staatlichen Zwang.«

Abkommen vor allem den weiteren Zustrom mexikanischer Einwanderer fernhalten. Es war und ist paradox: Eine 3200 km lange Grenzbefestigung, gesichert in einer Weise, daß die Berliner Mauer, die ab 1961 den »Kapitalismus« vom »Kommunismus« trennte, sich im Rückblick vergleichsweise weit weniger tödlich ausnimmt, versperrt heute den Menschen, die aus Mexiko in die USA wollen, unter Lebensgefahr den Weg; gleichzeitig aber öffnete man die Grenzen für den Verkehr von Waren und Kapital, in der Hoffnung, durch Mehrung des Wohlstandes im Nachbarland die Zahl der »Wirtschaftsflüchtlinge« senken zu können. Tatsächlich entstanden in den ersten Jahren in Grenznähe zu den USA Fertigungsfabriken, in denen amerikanische Unternehmer wie General Motors Bauelemente herstellen ließen, und die Zahl der Beschäftigten wuchs in den ersten sechs Jahren; dann aber sank die Zahl wieder, – allein zwischen 2001 und 2002 gingen 200000 Arbeitsplätze verloren. Die amerikanische Wirtschaft wuchs schneller als die mexikanische, und vor allem gegenüber der chinesischen Konkurrenz zeigte Mexiko als Handelspartner sich nicht gewachsen. Die vertraglich festgelegten Zollsenkungen änderten an dieser Tatsache kaum etwas. Im Gegenteil. *Vor* NAFTA betrugen die Zölle 7% der mexikanischen Steuereinnahmen, nach 1994 sanken diese auf 4%. Die öffentlichen Ausgaben Mexikos belaufen sich derzeit auf nur 19% des BIP und werden zur Hälfte aus Öleinnahmen finanziert; für Investitionen in Bildung und Infrastruktur bleibt da nicht viel übrig[114]. Gegenüber den mächtigen USA, in denen das Pro-Kopf-Einkommen sechsmal so hoch liegt wie in Mexiko, bestätigte sich durch NAFTA mithin lediglich das Sprichwort: »Mexiko – so fern von Gott, so nahe den USA.«[115] Das Abkommen scheiterte an der Asymmetrie der gesamten Konstruktion.

114 | JOSEPH STIGLITZ: Die Chancen der Globalisierung, 92–95.
115 | A.a.O., 89. – JEAN ZIEGLER: Die neuen Herrscher der Welt, 62, zählt auf, daß allein 2001 an der Grenze zwischen den USA und Mexiko 491 Menschen ums Leben kamen, – ertrunken im Rio Bravo, verdurstet in der Wüste von Arizona, erschossen von texanischen Polizisten. – JAMES K. GALBRAITH: Der geplünderte Staat, 138, zieht Bilanz: »Das Resultat (sc. von NAFTA für Mexiko, d.V.) war ein Investitionsboom im nördlichen Mexiko in der zweiten Hälfte der 90er Jahre, der zum Aufstieg der rechtskonservativen Partido Acción Nacional (PAN) führte; die Partei war gegründet worden, um die Interessen der nördlichen Wirtschaftseliten zu vertreten. In der mexikanischen Politik öffnete sich eine Kluft zwischen dem Norden und dem Zentrum, die in den Wahlen von 2006 klar zum Vorschein kam. Der freie Kapitalverkehr, unbegrenzte Investitionen multinationaler Konzerne und die Zerrüttung des freien Handels mit Landwirtschaftsgütern trugen alle dazu bei, dass sich Mexiko gewissermaßen in drei verschiedene Länder aufteilte: eine nörd-

Ein Gleiches zeigt das Beispiel *Brasiliens*, das wirtschaftlich bedeutendste Land Lateinamerikas und – wen wundert's – zugleich das bevorzugte Objekt der Begierde des amerikanischen Kapitals. »Von 1995 bis 2002 wurde es … von *Fernando Henrique Cardoso* regiert, einem Anhänger des neoliberalen Dogmas, der die Gebote des Konsens von Washington auf Punkt und Komma erfüllte. – Brasilien ist eine der gewaltigsten Agrarmächte des Planeten. Der Umfang seiner fruchtbaren Böden ist beeindruckend. Doch 90 Millionen Hektar Land gelten heute als ›Kolonisationsböden‹. Niemand bearbeitet sie … die Reserven an fruchtbaren, aber ungenutzten Böden innerhalb der existierenden Fazendas sind ebenfalls beachtlich: 16,1 Millionen Hektar. – Heute produziert Brasilien über 100 Millionen Tonnen Getreide jährlich. Würde das Land alle seine urbaren Böden nutzen, so könnte es diesen Ertrag verdreifachen, zumal 43 Prozent der Bevölkerung auf dem Lande leben. Nach den Kriterien der OECD können nur 411 der 5507 brasilianischen Kommunen (7,5 Prozent) als Städte gelten. – Das von *Cardoso* gewählte Modell der Agrarentwicklung … (war) das der USA: gigantische Latifundien in begrenzter Zahl, die dank extremer Rationalisierung der Produktion und intensiver Kapitalinvestitionen hauptsächlich für den Export produzieren. Die Agrarproduktion für den Inlandsmarkt wird vernachlässigt, weil sie als unrentabel gilt. Lieber kauft die Regierung billige Lebensmittel auf dem Weltmarkt. 2001 beliefen sich diese Importe auf neun Milliarden Dollar. – Die Söldlinge des IWF argumentieren mit unerbittlicher Logik: Ein verschuldetes Land hat in erster Linie die ausländischen Gläubigerbanken zu bedienen. Wie kann es ihnen die Zinsen überweisen und die Hauptschuld tilgen? Indem es Devisen auf dem Weltmarkt erwirbt. Und wie kommt es an Devisen? Indem es exportiert.«[116]

Und so sollte es weitergehen. 2004 versuchten die USA, die NAFTA-Zone auf ganz Lateinamerika auszuweiten, – die FTAA, die Free Trade Area of the Americas, sollte entstehen. Zum Glück, muß

liche Grenzregion, die völlig in die Wirtschaft der USA eingegliedert und von der Entwicklung ihres nördlichen Nachbarn abhängig ist; ein verfallenes industrielles Zentrum, in dem soziale Fragen im Vordergrund stehen; und ein verwaister Süden, in dem unentwegt der Aufstand gärt. Hier zeigt sich in aller Klarheit, wohin der Freihandel letztendlich führt: zur Wahl zwischen der Auflösung eines Gemeinwesens und dem Bürgerkrieg.« Insbesondere der Import des billigen US-Mais »verdrängte die ehemals geschützten mexikanischen Grundnahrungsmittel vom Markt.« (S. 140)

116 | JEAN ZIEGLER: Die neuen Herrscher der Welt, 264–265.

man sagen, wurde das vom MST (dem Movimento dos Trabalhadores Rurais Sem Terra, der Bewegung landloser Landarbeiter) verhindert, – es hätte Brasilien endgültig in den Griff der USA gebracht, zugunsten der 2 % Grundeigentümer, denen 43 % der urbaren Böden gehören[117]. Stattdessen ist Brasilien heute bestrebt, sich mit Rußland, Indien, China und Südafrika zu einem dollarunabhängigen Währungsverbund zusammenzuschließen. Am 15. Juli 2014 trafen sich die Vertreter dieser BRICS-Staaten in Fortaleza, um dort den Grundstein für eine gemeinsame Entwicklungsbank (die New Development Bank, NDB) zu legen, die ihren Sitz in Shanghai haben soll und in die jeder der Staaten 10 Mrd Dollar als Grundkapital einzahlt, vor allem für Investitionen in Infrastrukturprojekte. »Zudem einigten sich die BRICS-Staaten auf ein Contingent Reserve Arrangement (CRA) mit einem Volumen von 100 Mrd US-Dollar... China steuerte 41 Mrd US-Dollar, Brasilien, Russland und Indien jeweils 18 Mrd und Südafrika 5 Mrd US-Dollar zum Währungsfonds bei. Mit der Entwicklungsbank und dem Fonds möchten sich die fünf BRICS-Staaten unabhängiger von Weltbank und IWF machen.«[118] Es geht also auch anders. Zudem: Weil Rußland ein Importverbot von Lebensmitteln aus westlichen Ländern verhängte (in Antwort auf die Sanktionen der USA, der EU und Kanadas im Juli und September 2014 wegen der Ukraine-Krise), exportierte Brasilien ab Mitte 2014 monatlich doppelt so viel Rind- und Schweinefleisch nach Rußland wie im Vorjahr.

Doch um genau solchen Entwicklungen entgegenzuwirken, strecken die USA ihre Hände nach den Märkten Ostasiens und Europas aus. Seit 2010 verhandeln sie über eine Transpazifische Partnerschaft (TPP) und seit 2013 über eine Transatlantische Handels- und Investitionspartnerschaft (TTIP – Transatlantic Trade and Investment Partnership); parallel dazu wurden seit 2009 Verhandlungen zwischen der EU und Kanada über ein Wirtschafts- und Freihandelsabkommen (CETA, Comprehensive Economic and Trade Agreement) geführt, die am 26.9.2014 mit einem Besuch der Präsidenten der EU-Kommission *José Manuel Durâo Barroso*, und des Europäischen Rates, *Herman Van Rompuy*, offiziell beendet wurden; doch für ein Inkrafttreten bedarf das Abkommen der Billigung durch das Europäische Parlament, den Rat der EU und gegebenenfalls auch durch die

117 | A.a.O., 264–265.
118 | Der Neue Fischer Weltalmanach 2016, 72.

EU-Staaten, und der Widerstand in der Bevölkerung ist groß, obwohl Kanzlerin *Merkel* noch am 10.2.15 in Kanada für CETA warb[119]. – Am 2. Okt. 2015 wurde die Transpazifische Partnerschaft (TPP) zwischen den USA, Kanada, Mexiko, Peru, Chile, Australien, Neuseeland, Japan, Malaysia, Vietnam, Brunei und Singapur unterzeichnet und könnte nur noch am Widerstand des US-Kongresses scheitern; die *Obama*-Administration betrachtet das Freihandelsabkommen »als das Kernstück ... ihrer neuen, exportorientierten Wachstums- und Wettbewerbsstrategie und ... ist gewissermaßen mit TTIP verschwistert.«[120] Doch worum geht es dabei? – Wie immer: um Macht und Geld.

»TTIP allein soll eine Freihandelszone mit 60 Prozent des globalen Bruttoinlandsprodukts schaffen und wird damit tagein tagaus das Leben von mehr als 800 Millionen Menschen bis ins scheinbar ›Private‹ hinein bestimmen. Trotzdem sind die Verhandlungen geheim.«[121] »Der größte Mythos ist aber jener, der besagt, dass es sich bei TTIP, CETA oder TPP überhaupt um ›Freihandelsabkommen‹ handele... Im Grunde müsste (sc. stattdessen, d. V.) von multilateralen Investitionsschutzverträgen (MIT) gesprochen werden... Fakt ist, dass die durchschnittlichen Zölle zwischen Deutschland und den USA sich bereits jetzt auf bloß drei Prozent (der Preise für Einfuhren in die USA) bzw. für fünf Prozent (aus den USA) belaufen. – Im Kern geht es ... um ... die Schaffung sicherer Investitionsbedingungen für die transnationalen Konzerne... Denn MIT wie TTIP und CETA ermöglichen Klagen von Investoren gegen Staaten (Investor-state dispute settlement, ISDS)... Der Tabakkonzern Philip Morris etwa verklagte die Staaten Australien und Uruguay wegen neuer Gesetze, die zu Hinweisen auf die Gesundheitsschädlichkeit des Rauchens auf Zigarettenpackungen verpflichteten.«[122] Es handelt sich dabei um eine neue Form von Imperialismus, in welcher »das American Empire (dessen Teil Deutschland ist) zur Durchsetzung bester Verwertungsbedingungen für das transnationale Kapital« bei-

---

119 | A.a.O., 246.
120 | A.a.O., 499. – Das Freihandelsabkommen zwischen EU und Kanada, CETA, sah ursprünglich keine privaten Schiedsgerichte zugunsten des Investorenschutzes vor, wie erst im Okt. 2015 aufgetauchte Dokumente belegen; erst im Juli 2011 wurde eine entsprechende Klausel nachgeschoben. Vgl. RALF WURZBACHER: Spätgeburt Investorenschutz, in: junge Welt, Nr. 229, 2./3./4. Okt. 2015, S. 5.
121 | INGAR SOLTY: Diktatur des Kapitals, in: junge Welt, Nr. 235, 10./11. Okt. 2015, 12.
122 | A.a.O., 12–13.

trägt. »Es profitiert ... demnach nicht ein Staat (USA) auf Kosten von anderen Staaten, sondern es profitiert eine sich herausbildende transnationale kapitalistische Klasse auf Kosten der gesamten Menschheit ... er (sc. der in seiner Souveränität eingeschränkte Staat, d. V.) garantiert mit der robustesten strukturellen Gewalt, die sich in Marktzwängen verbirgt, das private Kapitaleigentum. Das NATO-Bündnis der mächtigsten Staaten setzt dieses in Nord-Süd-Richtung notfalls auch mit seinen Polizei- und Militärapparaten durch.«[123]

Daß diese These zutrifft, zeigt sich an den »Denk«fabriken (Thinktanks), die seit 1960 einen zunehmenden Einfluß in der BRD ausüben und auch hinter den Verhandlungen um TTIP stehen: die Atlantik Brücke, der American Council of Germany, die Deutsche Gesellschaft für Auswärtige Politik, die Stiftung Wissenschaft und Politik, die Bilderberg-Konferenz sowie die Bertelsmann-Stiftung[124]. Die amerikanischen wie die europäischen »Denk«fabriken (oder besser: Lobby-Organisationen) sehen sich von dem relativen Aufstieg Chinas sowie von dem relativen Abstieg der USA herausgefordert und drängen auf eine neue *containment*-Politik gegenüber Rußland in Europa und gegenüber China in Ostasien, und sie schüren die Angst vor den Folgen etwa des BRICS-Abkommens: ein selbständiger Wirtschaftsraum unabhängig vom Dollar – das wäre das Ende des Hegemonialanspruchs der USA über den Rest der Welt. Einer solchen Entwicklung möchte man Paroli bieten mit juristischen Ansprüchen auf den Schutz geistigen Eigentums, einem garantierten Zugang zu den benötigten Rohstoffen sowie mit einem System von Handelserleichterungen zur Stärkung des eigenen Exports. Von einer »Wirtschafts-NATO« sprach denn auch der ehemalige Nato-Generalsekretär *Anders Fogh Rasmussen*.[125] Die Nato und TTIP – das bildete strategisch-militärisch wie wirtschaftlich-kapitalistisch eine geschlossene Phalanx, um die Welt dem Westen zu unterwerfen, freilich um den Preis neuer kriegerischer Auseinandersetzungen und einer weiteren Verelendung großer Teile der Welt-Bevölkerung.

Unerachtet erheblicher Bürgerproteste hat das EU-Parlament in Strasbourg mittlerweile am 8. Juli 2015 das TTIP-Abkommen durchgewunken, – 2,3 Mio Bürger-Unterschriften gegen das Vertragswerk

123 | A. a. O., 13.
124 | DIETER BORIS: Informelle Zirkel, in: junge Welt, Nr. 39, 16. Febr. 2015, S. 15.
125 | SEVIM DAGDELEN: Thinktanks und TTIP, in: junge Welt, 10./11. Okt. 2015, S. 3.

fanden bei den »Parlamentariern« unter *Martin Schulz* kein Gehör. Damit haben die neoliberalen Interessen an dem für sie wichtigen »Investorenschutz« bereits eine erste Hürde genommen. Von »Konzerneuropa« müßte man deshalb eher sprechen als von einem »Europa der Völker«, wie es etwa die Griechen der Syriza-Partei sich als Rettung in ihrer Staatsschuldenkrise erhofft hätten.[126]

Daß es bei »Freihandels«abkommen wie TTIP u. a. nicht einfach um Handelserleichterungen geht, zeigt sich an einem durchaus nicht unwichtigen Detail: Eine enorme Erleichterung für Produzenten wie Benutzer angelsächsischer Geräte ergäbe sich durch eine simple Umstellung der alten germanischen Längen- und Gewichtsmaße wie Fuß, Inch, Yard und Meile, Unze und Gallone, auf das allerorten sonst gebräuchliche Dezimalsystem, – selbst in Rußland lernt man die Länge eines Wersts nur noch aus Romanen kennen, und was einmal ein »Stadion« war, weiß wohl nur noch ein aufmerksamer Bibelleser. Der Bau von Steckdosen, Schrauben, Rädern etc. könnte zum Vorteil transatlantischen Handels auf der Stelle vereinheitlicht und damit vereinfacht werden, wäre der angelsächsische Stolz auf eine offenbar besondere Begabung im Umgang mit unhandlichen Maßeinheiten nicht über alle Vernunft erhaben. Als Weihnachten 1975 Präsident *Gerald Ford* die Welt tatsächlich mit der Unterschrift unter den Metric Conversion Act zu beglücken gedachte – mit einem Gesetz zur Umstellung der Maßeinheiten –, hatte ihm die US-Wirtschaft Einsparungsmöglichkeiten in Milliarden Dollar vorgerechnet. Doch 1982, unter *Ronald Reagan*, war der »Maßkrieg« zugunsten der Traditionalisten entschieden; die »nichttarifären« Handelsbarrieren unterschiedlicher Maßeinheiten blieben bestehen[127]. – Desgleichen scheint der absurde Kampf zwischen *Thomas Alva Edison* und *George Westinghouse* um die Vorteile und Nachteile von Gleichstrom und Wechselstrom unbedingt weitergeführt werden zu müssen: Wer in den Staaten den Akku seines Rasierapparates aufladen will, braucht dazu erst einmal einen Adapter.

Stattdessen geht es bei TTIP nicht um die Einführung einheitlicher (Meß)Standards, sondern um den Abbau von Standards, die den US-Herstellern hinderlich sind. In einer »Antwort aus dem Kanzleramt vom September 2014, verfasst von der Abteilung für Internationale Wirtschaftspolitik«, wird wie stets betont, »was Regierungsvertreter

---

126 | KLAUS FISCHER: Tolle Volksvertreter, in: junge Welt, Nr. 156, 9. Juli 2015, S. 8.
127 | THILO BODE: Die Freihandelslüge, 133–134.

wie ein Mantra hersagen: ›Das TTIP-Verhandlungsmandat stellt klar, dass TTIP das Recht der EU und der Mitgliedstaaten unberührt lassen soll, legitime Gemeinwohlziele wie den Umwelt- oder Gesundheitsschutz in nicht diskriminierender Weise zu verfolgen.‹ – Doch dann folgt ein entscheidender Satz: »›Allerdings trifft es zu, dass der Regelungsspielraum der EU und der EU-Mitgliedsstaaten durch konkrete Vereinbarungen über eine engere transatlantische Regulierungszusammenarbeit, etwa im Rahmen einer gegenseitigen Anerkennung von Standards, in Teilen eingeschränkt werden kann‹.«[128] Und um eben solche Einschränkungen zugunsten der Durchsetzung US-amerikanischer »Standards« geht es bei TTIP.

Denn: »TTIP ist, wenn es in Kraft tritt, ein völkerrechtlicher Vertrag zwischen der Europäischen Union und den USA. Ein solcher völkerrechtlicher Vertrag hat in der EU Vorrang sowohl vor europäischen als auch vor nationalstaatlichen Gesetzen und rechtsverbindlichen Vorschriften. Im Klartext heißt das für die Zukunft unter TTIP: Europäisches und nationales Recht dürfen nicht gegen die völkerrechtlichen TTIP-Bestimmungen verstoßen... Die nationalen Parlamente und das EU-Parlament müssen deshalb in Zukunft bereits vor neuen Gesetzesinitiativen die Vereinbarkeit mit TTIP prüfen.«[129] So soll durch TTIP ein neuer Regulierungsrat (ein Regulatory Cooperation Council) geschaffen werden, bei dem die Spitzen der wichtigsten Regulierungsbehörden der EU und der USA unterschiedliche Regulierungsansätze stärker angleichen wollen. Das klingt juristisch harmlos. In Wahrheit aber wird damit ein »Supergremium« geschaffen, das Industrievertretern exklusiven Zugang zu Gesetzesvorhaben einräumt, – die Transatlantik-Lobbyisten können jubeln. Klammheimlich nämlich sind damit die USA ein Sondermitglied der EU. In diesem »Supergremium« vertreten sein wird auch das US Office for Information and Regulatory Affairs (OIRA), und zwar als entscheidende Instanz auf amerikanischer Seite. »OIRA ist ein exklusives Team von Mitarbeitern, das dem Weißen Haus untersteht, aber selbst der amerikanischen Öffentlichkeit so gut wie unbekannt ist... Bezeichnend ist, dass der aktuelle OIRA-Direktor zuvor Spitzenbeamter bei der Bundeshandelskommission (Federal Trade Commission, FTC) war. Sein 42-köpfiges Team besteht zu großen Teilen aus Wirtschaftswissenschaftlern und Juristen. Über ihre Ti-

128 | A. a. O., 77–78.
129 | A. a. O., 78–79.

sche gehen die Regulierungsvorhaben der großen Bundesbehörden wie der Umweltschutzbehörde…, der Lebensmittelüberwachungs- und Arzneimittelzulassungsbehörde … oder der Arbeitssicherheitsbehörde… Von Regulierungen bei der Ölgewinnung, im Kohlebergbau und in der petrochemischen Industrie, von Vorschriften für die Salmonellenbelastung in Eiern und zur Kennzeichnung benzinsparender Autoreifen bis zu Arbeitsschutzregeln gibt es praktisch keine Vorschriften, die nicht von OIRA zuvor geprüft und bestätigt werden. Die Aufgabe des Amts besteht dabei vor allem darin, die Kosten von Regulierungen zu senken.«[130] Und das gilt in allen relevanten Bereichen des Handels, mit weitgreifenden absehbaren Konsequenzen.

Die europäischen Verbraucher möchten in großer Zahl, daß genveränderte Nahrungsmittel gekennzeichnet werden, sie möchten wissen, wie die Tiere gehalten werden, die ihnen Milch, Eier und Fleisch liefern, sie möchten über die Wirkungen und Nebenwirkungen pharmazeutischer Produkte informiert werden, sie bestehen auf klaren sozialen Richtlinien am Arbeitsplatz, – aber nach welchen Standards? – Nehmen wir zwei Beispiele.

Im Jahre 2011 legte die Arbeitssicherheitsbehörde (Occupational Safety and Health Administration, OSHA) einen Plan vor, den zulässigen Grenzwert für Siliciumdioxid – oder Quarzstaub – beim Fracking, im Bergbau oder in Zementfabriken zu senken, – 700 Menschenleben, hatte man ausgerechnet, könnten so gerettet und 1600 lebensgefährliche Neuerkrankungen verhindert werden. Dann aber nahm die OIRA sich der Sache an; neunmal traf sie sich mit Branchenvertretern und Lobbyisten, einmal mit Gewerkschaftlern und Gesundheitsvertretern; im August 2014 schließlich schickte sie eine überarbeitete Version der Vorlage an die Arbeitssicherheitsbehörde zurück; in all der Zeit blieben die hohen SiO_2-Werte bestehen. – Oder: als bekannt wurde, daß Formaldehyddämpfe aus Preßholzmaterialien in Wohnwagen krankheitserregend wirken, erließ der US-Kongreß ein Gesetz mit schärferen Grenzwerten für $CH_3\text{-}OH$ (Methylalkohol bzw. Methanol); aber: der Stoff wird auf einem Milliarden-Markt von mächtigen Firmen wie Exxon Mobil und Dow Chemical hergestellt und verarbeitet. Als 2012 die Umweltbehörde (Environmental Protection Agency, EPA) der OIRA neue Vorschriften vorlegte mit einem vermuteten Nutzwert zwischen 91 bis 278 Mio

130 | A. a. O., 89–90.

Dollar durch Einsparungen bei Asthmakranken, trafen sich fünfmal Industrievertreter mit OIRA-Mitarbeitern. »Danach war Asthma als quantifizierbare Größe gestrichen, wodurch der Nutzen einer Regulierung von Formaldehyd um mehr als achtzig Prozent sank.«[131]

Kann ein EU-Parlament jemals den Schlagbaum heben, auf daß solche Praktiken Einzug auch in Europa halten? Klar ist: Das eigentliche Ziel von TTIP ist es, den Einfluß nationaler Regierungen in Fragen der Regulierung und Besteuerung von Konzernen einzuschränken; es ist ein Abkommen zur Durchsetzung eines globalen Anlegerschutzes entgegen den Regeln demokratischer Kontrolle. Was politisch niemals zu erreichen wäre, bekommen die Konzerne mithin durch die Hintertür[132]. »Die« Konzerne – das ist in der Chemischen Industrie Monsanto, BASF, Bayer oder Syngenta, das ist in der Pharmaindustrie Pfizer und ebenfalls Bayer und BASF, das ist in der Nahrungsmittelindustrie Nestlé, in der Energie-Industrie Vattenfall, RWE oder Lone Pine, in der Rüstungsindustrie Lockheed Martin, EADS oder Krauss-Maffai Wegmann (KMW), das sind die Rechtsanwaltkanzleien; und das alles hat erkennbar Auswirkungen im Preiskampf um möglichst billige Nahrungsmittel, im Absenken der Arbeitsrechtsstandards, in der Durchsetzung US-amerikanischer Patentrechte, in der Ausbreitung neuer Technologien wie Fracking, im Abbau von staatlicher Alterssicherung und Sozialleistung, in einer erheblichen Benachteiligung der Dritten Welt gegenüber dem neu entstandenen Koloß, in … ja, worin eigentlich nicht?

Allein die Prozeßwelle, mit der die Konzerne um ihre »Rechte« streiten werden, läßt sich an gegebenen Vorfällen abschätzen, – eine nicht endende Klagewelle steht zu erwarten. »So waren etwa 2013 von insgesamt 58 ISDS (sc. Klagen von Investoren gegen Staaten, d. V.) 47 Prozent und 2014 von 42 40 % gegen diese (sc. kapitalistischen, d. V.) Kernstaaten gerichtet. Dabei kommt es vor, dass transnationalisierte Konzerne durch ausländische Tochterfirmen ihre ›eigenen‹ (Stamm-)Länder verklagen, wie der kanadische Öl- und Erdgaskonzern Lone Pine, der 2012 über eine US-Tochter Ottawa zum Schadensersatz von 250 Millionen CAN-Dollar aufforderte, weil in der Provinz Quebec aufgrund der hohen Umweltrisiken ein Fracking-Moratorium ausgesprochen worden war.«[133]

131 | A. a. O., 94–95.
132 | Vgl. A. a. O., 222.
133 | INGAR SOLTY: Diktatur des Kapitals, in: junge Welt, Nr. 235, 10./11. Okt. 2015, S. 13.

348

Nun ist es natürlich nicht so, als ob nur die USA ein Interesse am Abschluß von TTIP hätten; vielmehr decken sich deren Zielsetzungen ganz und gar mit denen der europäischen transnationalen Konzerne. »Einig dürfte sich (sc. zum Beispiel, d. V.) die Agro- und Lebensmittelbranche diesseits und jenseits des Atlantiks … in ihrer Genugtuung über die Vereitelung transparenterer Herkunftsbezeichnungen (sc. ihrer Produkte, d. V.) sein. 2010 gab es im Rahmen der Beratung zur EU-Lebensmittelinformationsverordnung eine entsprechende Initiative des Europäischen Parlaments: Die Abgeordneten hatten im Sinne der Verbraucher weitergehende Herkunftsangaben für mehr Produkte beschlossen, doch der Lobbydruck auf EU-Kommission und Ministerrat sorgte dafür, dass der Beschluss des EU-Parlaments verwässert wurde.«[134] Der Verbraucher soll so wenig wie möglich über Lebensmittel wissen, über ihre Inhaltsstoffe, ihre Herstellung und Nährwerte, ihre Herkunft, – »dieser Gedanke eint die großen Agrokonzerne, Verarbeitungsbetriebe und Handelsketten.«[135] Schwarzwälder-Schinken etwa muß nicht aus dem Schwarzwald stammen, die Schlachtteile können auch in niedersächsischen oder dänischen Großmästereien produziert worden sein, wenn sie nur im Schwarzwald geräuchert werden. Derlei längst schon übliche Mißstände werden durch TTIP ihre Ausweitung und Absicherung erfah-

---

134 | A. a. O., 164. Man muß »realistisch« sein: Wenn dieses Buch vorliegt, wird TTIP wohl »durch« sein; – die Regierenden wollen es so. FLORIAN PFITZNER: Freihandelsabkommen bringen Gabriel und Co. in Verlegenheit, in: Neue Westfälische, 10. Dez. 2015, S. 3, zitiert *Gottfried Härle* von der »Arbeitsgemeinschaft der Kleinen und Mittleren Unternehmen (KMU) gegen TTIP« mit der Meinung, es »seien ausschließlich hohe Funktionäre in Politik und Verbänden, die für das Abkommen argumentierten. Im Beirat des Wirtschaftsministeriums sei ›eine differenzierte Meinung des Mittelstandes nicht gefragt‹.« Es ist vor allem die EU-Kommission – und in der BRD die CDU – die TTIP unter dem angeblichen Vorteil für Handel und Beschäftigung auf jeden Fall durchwinken will. Die eigentliche politische Absicht: die Schaffung eines westlichen Wirtschaftsimperiums unter US-amerikanischer Führung, flankiert von der Nato – wird kaum diskutiert, die bewußte Absenkung der Standards in Tier- und Umweltschutz auf US-Niveau wird als Handelsfortschritt hingenommen. Von wem hängen Politiker in den USA und in der EU ab, die solche Entscheidungen treffen? JANA FRIELINGHAUS: Konzerninteressen über alles, in: junge Welt, Nr. 231, 6. Okt. 2015, S. 5, zitiert die Verbraucherinformation Foodwatch mit der Ansicht, daß Staaten nicht einmal unter Berufung auf WTO-Regularien bei den Handelspartnerschaften von CETA und TTIP unerwünschte Importe untersagen könnten; andere Abkommen »dienten vor allem dem freien Zugang europäischer Konzerne zu Rohstoffen und zu afrikanischen Märkten«, die als Economic Partnership Agreements (EPAs) soeben verhandelt werden.
135 | THILO BODE: Die Freihandelslüge, 165.

ren. »TTIP … wird die falsche Ausrichtung der Land- und Ernährungswirtschaft nur weiter fortschreiben und sie dem Diktat des ›wachse oder weiche‹ aussetzen. *Marc Vanheukelen*, Direktor der EU-Handelskommission, umschrieb das bei einer Veranstaltung des Agrarmultis Syngenta so: ›Das Wesen von Marktöffnungen ist es, dass sich jeder, um wettbewerbsfähig zu bleiben, anpassen muss‹.«[136]

Unter dem »Wettbewerbs«druck hat sich zum Beispiel die »Schlachtfleischproduktion« in Gestalt der Massentierhaltung längst in eine unendliche Quälerei für die Zuchttiere (Kühe, Ochsen, Schweine, Hühner, Puten) verwandelt; die Stallungen selbst sind zu Großraumkliniken entartet. Zu erkennen ist das an dem unerhört hohen Einsatz von Pharmaka. »Bis 2006 durften Antibiotika in der EU sogar als ›leistungsfördernde‹ Futtermittelzusatzstoffe … eingesetzt werden, das war billig und beschleunigte das Wachstum der Tiere.«[137] »Seit April 2014 soll nun das novellierte deutsche Arzneimittelgesetz den Antibiotika-Einsatz in deutschen Rinder-, Schweine-, Hühner- und Putenmastbetrieben senken. Die neuen Regelungen verpflichten die Tierhalter, der Behörde alle sechs Monate zu melden, welche Antibiotika (jedoch keine anderen Tierarzneimittel!) sie in welchen Mengen an wie viele Tiere verabreicht haben; liegt die Therapiehäufigkeit in einem Betrieb über dem bundesweiten Durchschnitt, muss der Mäster zusammen mit dem Tierarzt Maßnahmen ergreifen, um die Dosis zu senken.«[138] Aber wie? Die Enge der Boxen, die Bewegungsarmut, die Folgeschäden für den Bewegungsapparat und die Infektionskrankheiten von Gliedmaßen, Lunge, Leber, Euter – sie alle resultieren aus der Massentierhaltung selbst, doch sie zu beseitigen scheint schier unmöglich; die Marktinteressen verlangen es anders. Käme TTIP, würden mit Sicherheit selbst die vorsichtigsten Versuche, die Lage der »Nutztiere« zu verbessern, zunichte gemacht.

So streiten die EU und die USA schon seit Jahren über Hormongaben wie Ractopamin oder Somatotropin, die die Milchleistung von Kühen und das Schlachtgewicht der Mastrinder erhöhen sollen. Ractopamin ist inzwischen nicht nur in der EU, sondern weltweit in rund 160 Ländern verboten, – es droht, Pubertätsverfrühung und Unfruchtbarkeit bei männlichen Konsumenten zu erzeugen, und es gilt als krebsgefährlich. Doch die USA sind mit solchen Standards

136 | A.a.O., 177.
137 | A.a.O., 188.
138 | A.a.O., 189–190.

gar nicht einverstanden; seit den 90er Jahren klagen sie gegen das Hormonverbot bei der WTO. »Erst 2009 erzielten die Streitparteien einen Kompromiss: Die Europäer blieben bei ihrem Hormonfleischverbot, erhöhten dafür jedoch die Quote für die zollfreie Einfuhr von nicht hormonbehandeltem Rindfleisch aus den USA.« »Sind … bisher schon alle Versuche gescheitert, die Intensivlandwirtschaft verursachergerecht und verbraucherfreundlich zu organisieren und der steuerlich subventionierten Naturzerstörung ein Ende zu bereiten, mit TTIP wird dieses Ziel in noch weitere Ferne rücken.«[139]

Außerdem wird seit 2012 schon zwischen den USA und 50 Staaten einschließlich der EU das Folgeabkommen Trade in Services Agreement (TiSA) vorbereitet, das Dienstleistungen, wie Gesundheitswesen, Altersversorgung, Technische Überwachung, Wirtschaftsprüfung etc. »privatisieren« und »liberalisieren« soll; auch hier verlaufen die Verhandlungen – warum wohl? – im geheimen; erst 5 Jahre nach Vertragsabschluß sollen die Verhandlungspapiere veröffentlicht werden dürfen. Als im Mai 2016 Greenpeace die Verhandlungspapiere zu TTIP »widerrechtlich« veröffentlichte, war man erstaunt und erschrocken zu sehen, wie die USA ihre Interessen vor allem im Agrarsektor auf dem europäischen Markt mit allen Mitteln (Importschranken für Autos z.B.) durchzusetzen suchen; bei TiSA geht es um die Unterstellung so gut wie aller Bürger unter die Finanzinteressen »dienstleistender« Konzerne, die mit ihren Klagen als eigene Rechtssubjekte auftreten und die nationale Gesetzgebung aushebeln können. Es ist keine Nebensache, daß in den USA eine »Philosophie« des »Nachsorgeprinzips« herrscht, wonach die Schadensfreiheit eines Produktes nicht durch »Vorsorge« nachzuweisen ist, sondern sich schon herausstellen wird. Und rechtlich? 2013 wollte Ägypten den Mindestlohn von umgerechnet 41 auf 72 Euro monatlich erhöhen; dagegen klagte die Müllentsorgungsfirma Veolia, und ein US-Schiedsgericht verurteilte den Staat, die Differenz dem Unternehmen auf Dauer zu erstatten oder das Gesetz zurückzunehmen. Oder: *Michail Chodorkowski* läßt seine Ansprüche von der Schweiz aus über den Israeli *Leonid Newslin* an den zerschlagenen Yukoskonzern einklagen – bei der Finanzholding GML auf Gibraltar, die Rußland auf 50 Mrd Dollar verurteilt[140]. So soll es weitergehen.

139 | A.a.O., 194; 195.
140 | WOLFGANG BERGER: Konzerne an die Macht, in: Humane Wirtschaft, 3/2016, 12–18.

5) Fair ist ein Handel, der global gerecht ist

Wer schon die Ratifizierung eines höchst bedenklichen Vertrags wie TTIP zugunsten des Investorenschutzes der Konzerne nicht verhindern kann, was hätte der zu sagen über fairen Handel? – *Eine Menge*, sobald man realisiert, was die transnationalen Unternehmen selber wollen: einen Handel, in dem der Austausch von Waren, Dienstleistungen und Kapital global die Völker miteinander vernetzt. Denn einfordern läßt sich, daß, wer solches betreibt, auch Verantwortung für das Zusammenleben aller Menschen des Planeten übernehmen muß.

Die dynamische Ausweitung des Handels – darüber kann kein Zweifel sein – gehört zum Kapitalismus. Der Wert aller ausgetauschten Güter ist allein zwischen 2000 und 2007 fast doppelt so schnell gewachsen wie die globale Wirtschaft. »Viele Firmen handeln zudem nicht nur grenzüberschreitend, sie eröffnen auch direkt Zweigstellen in anderen Staaten, errichten dort etwa Fabriken, um von günstigen Lohnkosten zu profitieren. – Bis 2008 haben weltweit 80 000 Unternehmen Teile ihres Geschäfts ins Ausland verlegt. Sie betrieben dafür 800 000 Tochtergesellschaften. Teils sind dadurch mächtige Weltkonzerne entstanden: Die US-Warenhauskette Wal-Mart erzielte 2013 einen globalen Umsatz von 476 Milliarden US-Dollar. Das ist mehr als das Bruttoinlandsprodukt von Österreich.«[141] Ist es möglich, diesen Machenschaften das Handwerk zu legen?

Es muß möglich sein und werden! Es ist durchaus nicht nur ein Glaubenssatz, »dass sich das Welthandelsregime so gestalten lässt, dass es dem Wohlergehen der ärmsten Länder zugute kommt und zugleich den allgemeinen Interessen der Industrieländer gerecht wird – auch wenn natürlich einige wirtschaftliche Sonderinteressen dann nicht mehr vertreten sind.«[142] Es ist vielmehr eine Agenda für die allernächste Zukunft, mit einer Liste von Evidenzen, die sich aus dem Gesagten wie von selbst ergeben, – in ständigem Widerspruch freilich zu den üblichen Tricks, die das Notwendige formell bejahen, um es desto wirksamer zu hintergehen.

Folgen wir ein Stück weit, um das darzustellen, als erstes dem

---

141 | UTE EBERLE: Das Container-Prinzip, in: Geo Epoche Nr. 69: Der Kapitalismus, 123.
142 | JOSEPH STIGLITZ: Die Chancen der Globalisierung, 113.

7-Punkte-Katalog, den JOSEPH STIGLITZ für eine faire Welthandels-
ordnung vorschlägt[143].

a) Entwicklungsländer sollten anders behandelt werden.
Den Industrieländern steht es heute frei, Importe aus Entwicklungsländern mit niedrigeren Zöllen zu belegen, und sie tun das auch, nur
daß diese noch immer viermal so hoch sind wie die Zölle auf Importe
aus anderen Industrieländern. Zudem werden derzeit Begünstigungen
nur freiwillig gewährt und können bei Nicht-Wohlverhalten der »Be-
günstigten« rasch zurückgenommen werden, – eine solche »Begünstigung« ist nichts als Erpressung! Stattdessen könnte ein einfaches
Reglement darin bestehen, daß die Industrieländer ihre Märkte den
ärmeren Ländern öffnen, ohne von diesen ein Gleiches zu verlangen.
Es kann keinen fairen Handel geben, solange er in einer Symmetrie
des Güteraustauschs auf der Basis asymmetrischer Produktionsbedingungen erfolgen soll. So zum Beispiel können manche Entwicklungsländer im Unterschied zu den Industrieländern nicht einfach
ihre Exporte steigern oder ihre staatlichen Subventionen für bestimmte Produkte streichen oder ihre Lohnkosten noch weiter absenken, um mit der weitgehend mechanisierten Produktion der Länder
der Ersten Welt auf dem »freien« Markt mitzuhalten. Es darf daher
nicht länger dabei bleiben, daß (unter dem neoliberalen Diktat von
IWF, Weltbank und WTO) die »Öffnung« der Märkte selbst bereits
als »Entwicklungshilfe« interpretiert wird; vielmehr müßte ein ge-
zieltes Hilfsprogramm allererst die Voraussetzungen für einen fairen
Markteintritt schaffen. – Beispielgebend dafür könnte die Entscheidung der EU aus dem Jahre 2001 sein, ihre Märkte für die ärmsten
Länder der Dritten Welt durch Abschaffung der Zölle und Handelshemmnisse zu öffnen, ohne politische und wirtschaftliche Gegenlei-
stungen dafür einzufordern. – Wie man es endgültig nicht mehr machen sollte, zeigten demgegenüber die USA, als sie im Dezember
2005 auf der Konferenz in Hongkong versprachen, sich für 97 % der
Waren aus den am wenigsten entwickelten Ländern zu öffnen, dann
aber speziell Textilien aus Bangladesch den Marktzugang verweiger-
ten, – so etwas ist ein »Paradebeispiel für … Heuchelei und … Zynismus.« Denn: »Düsentriebwerke und alle möglichen anderen

143 | JOSEPH STIGLITZ: Die Chancen der Globalisierung, 113–137: Was zu tun ist.

Produkte, die Bangladesch nicht herstellen kann, durfte das Land selbstverständlich gern importieren.«[144]

Vor allem kann es nicht dabei bleiben, den USA und der EU *Agrarsubventionen* zu gestatten, den Entwicklungsländern aber zu verbieten. »Wenn die USA Baumwolle subventionieren, beeinflußt dies die Weltmarktpreise, und Landwirte aus der Dritten Welt leiden darunter.«[145] Ein fairer Handel muß auf solche sozialen und ökonomischen Externa (»Kollateralschäden«) Rücksicht nehmen. Daraus folgt:

b) Abbau der direkten und indirekten Subventionen von Agrarprodukten in den Industrieländern
Bekanntlich lebt die Bevölkerung in Entwicklungsländern hauptsächlich von der Landwirtschaft; gerade deshalb ist die Frage der Subventionierung von Agrarprodukten in den Industriestaaten für sie (über-)lebenswichtig. Doch eben in dem Punkte sieht es (immer noch!) höchst betrüblich aus: »über zwei Drittel des landwirtschaftlichen Einkommens in Norwegen und der Schweiz (stammen) aus Subventionen; in Japan ist es die Hälfte und in der EU ein Drittel. Die Agrarsubventionen der USA, der EU und Japans zusammengenommen (einschließlich versteckter Subventionen etwa bei Wasserpreisen) betragen mindestens 75 Prozent des kombinierten Sozialprodukts, das in Afrika südlich der Sahara erwirtschaftet wird ... Jede europäische Kuh wird im Schnitt mit 2 Dollar pro Tag subventioniert; über die Hälfte der Menschen in den Entwicklungsländern muß mit weniger als 2 Dollar pro Tag auskommen. So zynisch es klingt: Es ist besser, eine Kuh in Europa zu sein, als ein armer Mensch in einem Entwicklungsland.«[146]

Oder: Obwohl die Baumwollfarmer in den USA über technisch unvergleichlich viel bessere Produktionsbedingungen verfügen als ein Baumwollbauer etwa in Burkina Faso mit einem Jahreseinkommen von 250 Dollar, erhalten die ca. 25 000 wohlhabenden Baumwollproduzenten in den USA 3–4 Mrd Dollar an Subventionen jährlich; kein Wunder, daß sie ihre Produktion immer weiter ausdehnen, während die Einkommen der ca. 10 Mio Kleinbauern in Burkina Faso und anderen afrikanischen Ländern immer noch weiter absinken.

Ein fairer Handel setzt folglich den Abbau der Subventionen in

144 I A.a.O., 115.
145 I A.a.O., 116.
146 I A.a.O., 117.

den Industrieländern (nicht in den Entwicklungsländern) voraus. Doch auch hier scheitern Reformen oft an der Beharrungskraft der Reichen. Denn allen Beteuerungen zum Trotz, gehen die Subventionen gerade in den USA vornehmlich an die Großbetriebe. »87 Prozent des Geldes fließt an die 20 Prozent der Farmer, die in der Einkommensverteilung oben stehen und im Schnitt jeder fast 200 000 Dollar erhalten. Die rund 2,44 Millionen Kleinfarmer am unteren Ende – die eigentlichen landwirtschaftlichen Familienbetriebe – erhalten 13 Prozent des Gesamtbetrags, weniger als 7000 Dollar pro Person.«[147] Wenn es einen Übergang braucht, um diesen Protektionismus der Oberschicht aufzugeben, ließe sich daran denken, die Subventionen für Landwirte schon mal ab 100 000 Dollar Einkommen einzustellen. Eine Erhöhung der Baumwollpreise zum Beispiel durch Kürzung der Subventionen in den USA würde den Endpreis der Textilien kaum verteuern, er käme aber den Baumwollbauern in Afrika sehr zugute.

c) Aufhebung der Zollabstufung

Zur Zeit geht es beim Handel zwischen Entwicklungs- und Industrieländern so zu: Nehmen wir an, ein Entwicklungsland stellt ein landwirtschaftliches Produkt (Orangen z. B.) her, das nicht in einem Industrieland erzeugt wird, so liegen auf dem Import dieses Produktes nur niedrige Zölle, – es muß ja kein einheimischer Bauer geschützt werden. Wenn aber das Entwicklungsland diese Produkte zu Konserven oder zu Marmelade verarbeiten möchte, werden auf diese Güter 25 % Zoll erhoben, und diese Steuer bestraft die Eigenverarbeitung (den »Veredelungsprozeß«) geradewegs zu 50 % (wenn der Wert des Importgutes zur Hälfte auf die Verarbeitung und zur Hälfte auf die Herstellung entfällt); um auf dem Markt konkurrenzfähig zu bleiben, müßten daher die Herstellungskosten noch weiter gesenkt werden, und das nur, damit die Industrieländer mit Hilfe ihrer »Zollabstufung« sowohl billige Südfrüchte importieren, als auch konkurrierende Veredlungsbetriebe vom einheimischen Markt fernhalten können. Ein fairer Handel kann nicht zustande kommen, wenn die Industrieländer weiter die Entwicklungsländer (über IWF und Weltbank) zu Zollabbau zwingen, um den Export ihrer eigenen Produkte zu steigern, indem sie den Protektionismus ihrer »Zollabstufung« beibehalten.

147 | A. a. O., 118–119.

d) Ein Ende der asymmetrischen Liberalisierung der Kapital- und Arbeitsmärkte

Die Industrieländer sind reich an Kapital auf der Suche nach hohen Renditen, die Entwicklungsländer haben ein Überangebot an unqualifizierten Arbeitskräften auf der Suche nach Beschäftigung. Nun wurden in den letzten 20 Jahren die Kapitalmärkte liberalisiert, – man öffnete alle Grenzen für einen global ungehinderten Kapitalverkehr; gleichzeitig wurden die Grenzen für die Freizügigkeit von Menschen (in der EU mit dem Schengen-Abkommen von 1990) immer dichter geschlossen. Den Industrieländern sind hochqualifizierte Fachkräfte (Ärzte, Physiker, Elektronikspezialisten) aus Indien, Persien oder Pakistan natürlich hochwillkommen, doch damit wird – um sich so auszudrücken – das gewinnträchtigste Humankapital aus den Entwicklungsländern kostenlos, ohne Gegenleistung, abgeschöpft. Fair zu nennen wäre in diesem Falle zumindest eine Entschädigungszahlung an das Herkunftsland in einer Höhe, die den (bereits getätigten!) Bildungsausgaben dieses Landes entspräche.

Zudem zwingt die Liberalisierung der *Kapitalmärkte* die Entwicklungsländer zu einer Senkung ihrer Unternehmenssteuern, um das Kapital im Inland zu halten, – sie verarmen noch mehr. Gleichzeitig sind Arbeiter weniger »mobil« als das digital zu transferierende Kapital; um Arbeiter im Lande zu halten, muß man sich folglich weniger mühen, also, daß die Steuerlast ihnen, den Arbeitnehmern, aufgebürdet wird. Diese inhumane Logik beherrscht inzwischen die Tarifverhandlungen auch in den Industrieländern: das Kapital der Unternehmer wandert ab ins Ausland und sucht sich dort seine Billigstlohnarbeiter, wenn nicht die einheimischen Arbeitnehmer den »Rationalisierungs«- und Lohndumping-Plänen ihrer Firma zustimmen. Fairer Handel bedeutet in diesem Falle gerad so viel wie faire Löhne.

e) Abbau nichttarifärer Handelshemmnisse

Zollabbau bedeutet nicht schon das Ende des Protektionismus. – Ein beliebtes Mittel, um die starke Zunahme des Imports bestimmter Produkte (Textilien aus Bangladesch oder Stahl aus China) zugunsten der einheimischen Industrie, wie ein Schleusenwerk eine Springflut, zu regulieren, ist die Einführung *befristeter Schutzzölle*. Allerdings wird dieses Instrument zur Anpassung der einheimischen Produktion unverhältnismäßig oft von Industriestaaten wie den USA eingesetzt; es bedürfte eines internationalen Gerichtshofes, um Han-

delsnachteile der Entwicklungsländer gegenüber den Industrieländern zu vermeiden.

Ein weiteres nichttarifäres Handelshemmnis stellen die *Antidum-
pingzölle* dar, die ebenfalls gern von den USA erhoben werden, um
einheimische Produzenten zu schützen. Solche Zölle können besonders unfair wirken, weil die relativ niedrigen Produktionskosten oft
den entscheidenden Handelsvorteil der Entwicklungsländer auf dem
Weltmarkt darstellen. Ist ein Unternehmen erst einmal in den USA
erfolgreich (Winzer in Chile, Tomatenbauern in Mexiko, Lachspro-
duzenten in Norwegen), so muß es den Vorwurf fürchten, es ver-
treibe seine Produkte unter dem wirklichen Erzeugerpreis, und hat
mit Antidumpingzöllen zu rechnen.

Vollends unfair wirkt der Vorwurf des Dumpings gegenüber einer
Nicht-Marktwirtschaft wie China, bei der die Kosten nicht nach den
realen Kosten berechnet werden, sondern nach den hypothetischen
Kosten eines »Ersatzlandes«. Tatsächlich aber wird kein Unternehmer seine Waren zu Schleuderpreisen verkaufen, es sei denn, er
möchte sich dadurch im Preiskampf mit anderen Konkurrenten eine
Monopolstellung auf dem Markt erobern; das aber ist eine Angelegenheit zwischen den Unternehmern und keine Gelegenheit für staatliche Maßnahmen (außerhalb der Anti-Kartellgesetze). Ob Preisdum-
ping betrieben wird oder nicht, sollte ebenfalls nicht aus der
interessenbedingten Perspektive eines einzelnen Staates entschieden
werden, der ineins Ankläger und Richter zu sein beansprucht, sondern von einem internationalen Schiedsgerichtshof.

Kompliziert liegen die Dinge bei »*technischen*« Handelshemmnissen. – Eine Regierung muß ihre Bürger vor der Einfuhr krankheits-
erregender Waren, zum Beispiel von schadstoffbelasteten Agrarprodukten, schützen oder von Diesel-Autos, deren Abgaswerte
manipuliert worden sind. Im Falle von VW ist die Lage eindeutig;
aber was ist bei Agrarprodukten tatsächlich als risikobehaftet einzu-
stufen und was ist nur ein künstlich vorgeschobenes Argument für
Handelsrestriktionen? – So werfen die USA der EU vor, ihre genver-
änderten Agrarprodukte (Mais, Kartoffeln) oder ihre Fleischpro-
dukte aus der Massentierhaltung (»Chlorhühner«) mit medizinischen
Scheinbegründungen vom Markt fernzuhalten, – TTIP soll genau
das ändern! Umgekehrt verhängen die USA Restriktionen gegen den
Import mexikanischer Avocados, wegen vermuteter Taufliegen, oder
gegen Rindfleisch aus Brasilien, angeblich zur Abwehr der Maul-
und Klauenseuche. »Die chinesische Regierung schätzt, dass etwa

90 % ihrer Agrarerzeugnisse von technischen Handelshemmnissen betroffen sind, die China jährlich 9 Milliarden Dollar an entgangenen Exporterlösen kosten.«[148] Und das alles nur zur Schikane?

Zugeben wird man müssen, daß eine wissenschaftliche Gefahrenabschätzung beim Konsum bestimmter Produkte in aller Regel Spielräume des Ermessens offen läßt, die einseitige Marktinteressen sich zunutze machen können. Fairer Handel darf sich jedoch in keinem Falle danach richten, was dem Hersteller guttut, sondern einzig nach dem, was dem Verbraucher schadet; und wenn ein eindeutiges Resultat wissenschaftlich nicht vorliegt, sollte der Konsument selber imstande sein, die Risiken für sich zu kalkulieren; ein anständiges Verbraucherschutzgesetz kann deshalb nicht darauf verzichten, den Herstellern eine *Transparenzpflicht* aufzuerlegen: Sie müssen (in gut lesbarer Schrift) über die Inhaltsstoffe und die Produktionsweise ihrer Waren aufklären: Welche Geschmacksverstärker, Farbstoffe, Konservierungsmittel u. ä. wurden in welchen Mengen verwendet, wie hoch ist der Zucker- und Eiweißgehalt ihrer Ware, inwieweit sind die Produkte genetisch verändert worden, in welcher Weise wurden Kühe, Rinder, Schweine und Hühner gehalten, deren Milch, Fleisch und Eier in den Regalen der Supermärkte gehandelt werden? Und auch in diesen Punkten brauchte es eines internationalen Gerichtshofs, der unabhängig von den Kapital- und Marktinteressen die Belange der Verbraucher vertritt.

Zudem bringt der »Freihandel« es mit sich, daß in der Produktion und Fabrikation Komponenten aus verschiedenen Erzeugerländern eingesetzt werden. Deshalb gibt es die *Ursprungsregel*. Danach sollte eine Ware, auf der »Deutschland« steht, auch aus Deutschland kommen; doch tut sie das, wenn die Einzelteile eines Autos oder Computers an ganz verschiedenen Standorten hergestellt und montiert werden und lediglich das Logo noch mit einem deutschen Namen wirbt? Nicht selten wird die Ursprungsregel recht willkürlich als Handelshemmnis oder auch umgekehrt zur Exportförderung eigener Produkte eingesetzt. In den USA z. B. erhalten Länder, die Hemden aus amerikanischer Baumwolle herstellen, Präferenzen beim Import gegenüber anderen Ländern; die Ursprungsregel wird hier zugunsten der eigenen Marktdurchsetzung gehandhabt. Zudem stellt sich die Frage, bis zu welchen Einzelangaben sich die Dokumentation der Herkunft der verwandten Materialien in der Herstellung be-

148 | A. a. O., 129.

stimmter Produkte sinnvollerweise vorschreiben läßt – oder wie teuer das wird. Zu fairem Handel gehört in jedem Fall die Verhütung von Betrug; aber: muß eine Schwarzwälder Kuckucksuhr auch im Schwarzwald hergestellt sein, oder darf sie auch in Taiwan montiert worden sein? Es wäre dann eben eine Schwarzwälder Uhr made in Taiwan. Dagegen wäre nichts zu sagen; nur: der Kunde sollte es wissen.

f) Einschränkung bilateraler Handelsabkommen

Wer wirklich einen globalisierten Handel will, kann fairerweise nur die Gleichbehandlung aller Staaten befürworten. Dem aber widerspricht die Tendenz zum Abschluß bilateraler Handelsabkommen. So haben die USA, nachdem sie einige ihrer Vorstellungen in der erwähnten Doha-Runde von 2001 in Katar nicht durchsetzen konnten, dieselben in bilateralen Abkommen unterzubringen versucht, wie z.B. ihre Festlegung von Patentrechten und dem Schutz geistigen Eigentums; bestimmte Präferenzvereinbarungen tun ein übriges, um in gleichem Sinne vor allem Entwicklungsländer vor den Wagen zu spannen. Die Frage stellt sich allemal, ob durch solche bilateralen Abkommen *weniger* Handel entsteht, als er in multinationalen Beziehungen zustande käme oder nicht; ist das der Fall, sollte erneut ein internationales Gremium ein derartiges Abkommen untersagen.

g) Reform der Verhandlungskultur

Die stete Forderung nach internationalen Schiedsinstanzen zeigt das gegenwärtige Dilemma: Es gibt sie (noch) nicht so wie nötig. Debattiert werden müßte – statt über Kapitaltransfer und Patentrechte – im Interesse der Entwicklungsländer über Migration, unqualifizierte Dienstleistungen, Korruptionsbekämpfung, Waffenhandel, die Einrichtung von Steueroasen u.ä., doch haben die Entwicklungsländer nicht die Macht, diese ihre Themen auf die Tagesordnung zu bringen. Zudem erfolgen die meisten Handelsgespräche im geheimen (wie bei TTIP) und dazu noch unter hohem Zeitdruck, mit Beschlüssen, die morgens um 5 Uhr zustande kommen und nicht selten an Erpressung erinnern – nach Art der Vernehmung eines Angeklagten im Wechsel des »guten« und des »bösen« Polizisten. Auch wirken die etwaigen Sanktionsmechanismen, wie schon angedeutet, asymmetrisch und damit allzumeist zum Nachteil der Schwächeren. Es bleibt bei dem Satz von JEAN JACQUES ROUSSEAU: »Zwischen dem Starken und dem Schwachen ist es die Freiheit, die unterdrückt, und ist es das Gesetz, das befreit.«[149]

Zentral ist bei all dem die Einsicht, daß die neoliberale Ideologie gerade nicht zu einem fairen, chancengleichen Austausch von Gütern und Dienstleistungen zum Wohle aller Handelspartner führt, sondern die Gräben zwischen Arm und Reich vertieft, und das nicht zuletzt bereits in der Binnenwirtschaft der Industrienationen selbst. Soziale Unruhen, Armutsmigration, eine wachsende Delegitimierung der herrschenden Klasse auch in den westlichen Demokratien sind die drohenden Folgen einer Entwicklung, die, weil ihre Ausmaße global sind, im wohlverstandenen Eigeninteresse aller (wenn schon nicht aus moralischen Gründen) unter allen Umständen vermieden werden sollte. Eine der wichtigsten Maßnahmen besteht, wie gezeigt, in der Etablierung fairer Handelsbedingungen, die wie eine Synthese aus fairen Preisen und fairen Löhnen sich darstellen.

Statt nun in vielen Einzelfragen nach unterschiedlichen Schiedsinstanzen Ausschau zu halten, wäre es rein praktisch oft gewiß von großem Vorteil, wenn sich so etwas wie *ein Global Fair Trade-Zertifikat* einführen ließe, wie GEORGIOS ZERVAS es vorschlägt[150]. Darin Eingang finden sollte die *Wertorientierung der Unternehmen*. Bereits die Aktionäre eines Unternehmens dürfen vom Management mehr verlangen als maximale Kapitalrendite: Nach welchen Sozialstandards geht die von ihnen unterstützte Firma mit ihren Mitarbeitern um? Im Interesse dieser Frage haben eine Reihe von Unternehmen mittlerweile eigene Abteilungen für Corporate Social Responsibility (CSR) eingerichtet. Eine derartige Idee wäre nicht schlecht, wenn sie ernsthaft verwirklicht würde und die Politik nicht in altem Schlendrian fortführe. Es sollte zum Beispiel nicht für eine anerkennenswerte CSR-Leistung gelten, wenn ein Weltkonzern mit über 75 Mrd € Umsatz einen Scheck von 300 000 € dem Deutschen Roten Kreuz (DRK) überreicht, also weniger als 0,0005 % seines

---

149 | Zit. n. JEAN ZIEGLER: Der Haß auf den Westen, 91. Vgl. JEAN JACQUES ROUSSEAU: Diskurs über die Ungleichheit, 2. Teil, S. 211: »Da die Mächtigsten oder die Elendesten sich aus ihrer Stärke oder aus ihren Bedürfnissen eine Art Recht auf das Gut anderer machen, das – ihnen zufolge – dem Eigentumsrecht gleichwertig war, zog die Zerstörung der Gleichheit so die fürchterlichste Unordnung nach sich: Die Usurpationen der Reichen, die Räubereien der Armen, die zügellosen Leidenschaften aller erstickten das natürliche Mitleid.«
150 | GEORGIOS ZERVAS: Global Fair Trade, 143–162.

Umsatzes für soziale Zwecke investiert[151]. Auch die *ökologischen* Standards sollten transparent überprüfbar sein.

Etliche Einzelhandelskonzerne in Europa haben darüber hinaus einen gemeinsamen Verhaltenskodex definiert, um bei allem Wettbewerbsdumping zwischen den Konzernen eine Neutralität bezüglich gewisser gemeinsamer ökosozialer Verpflichtungen herzustellen; diese in der Business Social Compliance Initiative (BSCI) zusammengefaßten Unternehmen verpflichten sich zu Wettbewerbsneutralität durch Einhaltung einer Reihe von umweltpolitischen Normen[152]. Zu erwarten steht außerdem *sozial*, daß bei »allen Produkten, bei denen ... landwirtschaftliche Elemente ganz oder teilweise enthalten sind, ... dieses Unternehmen den dabei involvierten Bauern in jedem Land der Welt angemessene Preise bezahlen muß.«»Durch die heutigen weltweiten Verflechtungen sind die Auswirkungen solcher Regelung immens... – Wenn ein Bauer in Indien für ein Kilo Baumwolle nicht mehr als ein paar Euro-Cent erhalten würde, sondern beispielsweise das Doppelte dessen, was er heute erhält, so wäre seine wirtschaftliche Situation über Nacht drastisch verbessert, er könnte der Armutsfalle entkommen. Für den Konsumenten im reichen Industrieland wäre diese Preissteigerung fast nicht wahrnehmbar... – Mit Mindestlöhnen wäre vielen Millionen Industriearbeitern und mit Mindestpreisen für Agrarprodukte wäre vielen Millionen von Bauern weltweit dauerhaft geholfen.«[153] Lediglich dem Unternehmer entginge ein Teil seiner Gewinnkalkulation, und seinen Aktionären würde die Dividende um den entsprechenden Betrag gekürzt. Doch damit ließe sich besser leben als mit Massenelend und Elendsmigration in weiten Teilen der Welt mit ihren unwägbaren und unbezahlbaren Folgekosten.

Bei der Zertifikation der *Umweltauflagen* stünde das Verbot des Einsatzes von Pestiziden, der Betrieb von Kläranlagen oder die Preisgabe der Brandrodung in den tropischen Regenwäldern zur Debatte. Zu fordern ist eine Einheitlichkeit der Regularien. »Der Bauer in Bolivien, der – wie indirekt auch immer – in die EU exportiert, muss sich an die mit der Zertifizierung verbundenen Umweltauflagen halten ebenso wie jener in Indien oder China, und zwar gleichgültig, wie umweltbewusst die jeweilige Regierung in diesen Ländern agiert.

151 | GEORGIOS ZERVAS: Global Fair Trade, 136.
152 | Diese Umweltstandards sind (allerdings wenig konkret) in dem Umweltmanagementsystem ISO 1401 aus dem Jahr 2004 festgelegt; vgl. a. a. O., 171–178.
153 | A. a. O., 155.

Eine schnellere, kostengünstigere und effektivere grenzüberschreitende Umweltpolitik ist kaum vorstellbar.«[154]

Entscheidend in allem ist dabei, daß die notwendigen Veränderungen nicht mehr wie bisher von einem politischen »Gipfeltreffen« zum nächsten hinausgezögert, mit Ausnahmeregelungen unterlaufen oder geradewegs in ihr Gegenteil verkehrt werden, sondern von der Wirtschaft selber stammen, indem diese begreift, daß sie als eine global agierende kostengünstig nur fortfahren kann bei Übernahme ökosozialer Verantwortung für alle Bewohner des Planeten. An dieser Stelle hat KARL MARX vollkommen recht: Die zu Ende gedachte Idee des Kapitalismus ist dessen dialektische Aufhebung, nur daß diese nicht durch eine klassenkämpferische Revolution bzw. durch einen Crash des ökonomischen Gesamtsystems erfolgen muß, sondern, bei genügender Einsicht und Voraussicht, auch die Gestalt einer integrativen Transformation annehmen kann. Freilich, das Problem bleibt: Wie sollen Unternehmer, Aktionäre und Bankiers es lernen, auf die Maximalrendite zugunsten ihres eigenen Kontos zu verzichten? Die vorläufige Antwort lautet jetzt bereits: am besten dadurch, daß sie sehen, warum das Weiter-so nicht länger mehr sich rechnet. Die Ebene, auf der das manifest wird, ist allerdings nicht mehr unmittelbar die Ebene des produktiven Kapitals, sondern der Plafond des Finanzkapitals. Was ist Geld, wenn es »sich selbst vermehrt«? – Dem ist im zweiten *monetären* Band der Arbeit nachzugehen.

154 | A.a.O., 155.

Literaturverzeichnis

(zitiert stets nach der letztgenannten Ausgabe)

A) Wirtschaft und Politik, Philosophie und Zeitgeschichte

1) Bücher und Zeitschriftenartikel

Christine Ax – Friedrich Hinterberger: Wachstumswahn. Was uns in die Krise führt – und wie wir wieder herauskommen, München 2013

Gerhard Bäcker – Gerhard Bosch – Claudia Weinkopf: Arbeitsmarktpolitik bis 2020: integrativ – investiv – innovativ, in: Matthias Machnig (Hg.): Welchen Fortschritt wollen wir? Neue Wege zu Wachstum und sozialem Wohlstand, Frankfurt/M 2010, 114–131

Jens Berger: Wem gehört Deutschland? Die wahren Machthaber und das Märchen vom Volksvermögen, Frankfurt/M 2014

Wolfgang Berger: Konzerne an die Macht. CETA, TTIP und TiSA – Rolle rückwärts von der Demokratie zum Feudalismus, in: Humane Wirtschaft, 3/2016: Ausstieg aus der Scheinwelt, 12–18

Herwig Birg: Die Eigendynamik des Weltbevölkerungswachstums, in: Spektrum der Wissenschaft. Dossier: Dritte Welt, Heidelberg 1996, 34–42

Mark Blaug: Economic Theory in Retrospect, Illinois 1962, 2(rev.) 1968; dt.: Systematische Theorie-Geschichte der Ökonomie, übers. v. Johannes Hengstenberg, 3 Bde.; 1. Bd.: Vom Merkantilismus zu Ricardo, München 1971; 2. Bd.: Say – Mill – Marx, München 1972; 3. Bd.: Marshalls Ökonomie – Die Marginalrevolution: Grenznutzen und Grenzproduktivitätstheorie – Grenzproduktivitätstheorie der Verteilung, München 1975

Thilo Bode (unter Mitarbeit von Stefan Scheytt): Die Freihandelslüge. Warum TTIP nur den Konzernen nutzt – und uns allen schadet, München 2015

Christiane Böhringer – Dinah Deckstein – Dietmar Hawranek – Henryk Hielscher – Armin Mahler – Claas Piper – Michael Sauga: Das globale Job-Roulette, in: Spiegel spezial: Die Neue Welt, 7/2005, S. 8–18

Wilfried Bommert mit Sabine Jacobs: Bodenrausch. Die globale Jagd nach den Äckern der Welt, Köln 2012

Christoph Butterwegge: Armut in einem reichen Land. Wie das Problem verharmlost und verdrängt wird, Frankfurt/M 2(aktualisiert) 2011

Noam Chomsky: Because We Say So, 2015; dt.: Weltherrschaft im 21. Jahrhundert, übers. v. Gregor Kneussel, Wien 2015

Joel E. Cohen: Leben mit neun Milliarden Menschen, in: Spektrum der Wissenschaft. Dossier: Menschheit am Scheideweg, 6/2006, 10–17

Reinhard Crusius: Rettet Europa, nicht nur die Banken. Mit einem Begleitwort von Prof. Dr. Wilhelm Nölling, Marburg 2014

Daniela Dahn: Der Schnee von gestern ist die Flut von heute. Die historische Verantwortung des Westens für die Flüchtlinge, in: Anja Reschke (Hg.): Und das ist erst der Anfang. Deutschland und die Flüchtlinge, Reinbek 2015, 81–96

Asit Datta: Armutszeugnis. Warum heute mehr Menschen hungern als vor 20 Jahren, München 2013

Ute Eberle: Das Container-Prinzip, in: Geo Epoche Nr. 63: Der Kapitalismus, 2014, S. 122–125

Friedrich Engels: Die Lage der arbeitenden Klasse in England. Nach eigner Anschauung und authentischen Quellen, Leipzig 1845, in: Marx und Engels Werke, Bd. 2, hg. v. Institut für Marxismus-Leninismus beim ZK der SED, Berlin 1957, 225–506

Norman G. Finkelstein: Beyond Chutzpah. On the Misuse of Anti-Semitism and the Abuse of History, Los Angeles 2005; dt.: Antisemitismus als politische Waffe. Israel, Amerika und der Mißbrauch der Geschichte, aus dem Amerik. v. Maren Hackmann, mit einen Vorwort von Felicia Langer und einer Vorbemerkung des Autors zur deutschen Ausgabe, München 2006; München (Piper Serie 4959) 2007

Josef-Otto Freudenreich: Die Zukunft ist unterirdisch. Bei Europas größtem Bahn-Projekt Stuttgart 21 gerät der Glaube an die Demokratie unter die Räder, in: Josef-Otto Freudenreich (Hg.): Die Taschenspieler. Verraten und verkauft in Deutschland, Tübingen 2010, 15–45

Milton Friedman: There's no such thing as a free lunch, 1975; dt.: Es gibt nichts umsonst. Warum in einer Volkswirtschaft jede Mark verdient sein muß, übers. u. eingel. v. Isabel Mühlfenzl, München 1979

Milton Friedman: Capitalism and Freedom, Chicago 1962; dt.: Kapitalismus und Freiheit, übers. v. Paul C. Martin, Geleitwort von Horst Siebert, München – Zürich (Piper Serie 3962) 2004

James K. Galbraith: The Predator State. How Conservatives Abandoned the Free Market and Why Liberals Should Too, New York 2008; dt.: Der geplünderte Staat oder was gegen den freien Markt spricht, übers. v. Peter Stäuber, Zürich 2010

John Kenneth Galbraith: The Affluent Society, 1958; dt.: Gesellschaft im Überfluß, übers. v. Rudolf Mühlfenzel, München – Zürich (Knaur 23) 1959

John Kenneth Galbraith: The Age of Uncertainty, 1977; dt.: Die Tyrannei der Umstände. Ursachen und Folgen unseres Zeitalters der Unsicherheit, übers. v. Herbert Drube und Werner Schwarz, Bern – München 1978

Henry George: Progress and Poverty. An Inquiry into the Cause of Industrial Depression and of Increase of Want with Increase of Wealth; dt.: Fortschritt und Armut. Eine Untersuchung der Ursachen industrieller Krisen und des gleichzeitigen Wachstums von Not und Wohlstand, übers. v. C. D. F. Gütschow, Vorw. v. Adolf Damaschke, Jena [6](unverändert) 1920

Al Gore: Earth in the Balance. Ecology and the Human Spirit, Boston – New York – London 1992; dt.: Wege zum Gleichgewicht. Ein Marshallplan für die Erde, mit einem Vorw. v. Hans Immler, aus dem Amerik. v. Frank Hörmann u. Walter Brumm, Frankfurt/M 1992

Hermann Heinrich Gossen: Entwicklung der Gesetze des menschlichen Verkehrs und der daraus fließenden Regeln für menschliches Handeln, Frankfurt/M 1854; Berlin [3]1927

David Harvey: Siebzehn Widersprüche und das Ende des Kapitalismus, übers. v. Hainer Kober, Berlin 2015

Friedrich August von Hayek: Law, Legislation and Liberty; dt.: Recht, Gesetzgebung und Freiheit. Eine neue Darstellung der liberalen Prinzipien der Gerechtigkeit und der politischen Ökonomie, übers. v. Martin Suhr; Bd. 1: Regeln und Ordnung, München 1980; Bd. 2: Die Illusion der sozialen Gerechtigkeit, Landsberg 1981; Bd. 3: Die Verfassung einer Gesellschaft freier Menschen, Landsberg 1981

Meinrad Heck: Asse im Ärmel. Wie die Öffentlichkeit von Politik und Atomlobby im Skandal um das niedersächsische Salzbergwerk planmäßig in die Irre geführt wurde, in: Josef-Otto Freudenreich (Hg.): Die Taschenspieler. Verraten und verkauft in Deutschland, Tübingen 2010, 123–140

Arnold Heertje – Heinz-Dieter Wenzel: Grundlagen der Volkswirtschaftslehre, (1970) Heidelberg [7](überarb. u. erw.) 2008

Georg Wilhelm Friedrich Hegel: Phänomenologie des Geistes, Bamberg – Würzburg 1807; hg. v. Johannes Hoffmeister 1937, Hamburg (Philosophische Bibliothek 114) [6]1952

Michael Hermann u.a.: Hafenstraße. Chronik und Analyse eines Konfliktes, Hamburg 1987

John Maynard Keynes: The General Theory of Employment, Interest and Money, Cambridge 1935; dt.: Allgemeine Theorie der Beschäftigung, des Zinses und des Geldes, übers. v. Fritz Waeger, Berlin 1936, [6]1983

Naomi Klein: No Logo. Taking Aim at the Brand Bullies, Alfred A. Knopf Canada 2000; dt.: No Logo! Der Kampf der Global Players um Marktmacht. Ein Spiel mit vielen Verlierern und wenigen Gewinnern, übers. v. Helmut Dierlamm und Heike Schlatterer, München 2001; [2](Goldmann 15312) 2005

Naomi Klein: The Shock Doctrine. The Rise of Disaster Capitalism, New York – Toronto 2007; dt.: Die Schock-Strategie. Der Aufstieg des Katastrophen-Kapitalismus, übers. v. Hartmut Schickert, Michael Bischoff u. Karl Heinz Siber, Mainz 2007

Paul-Heinz Kosters: Ökonomen verändern die Welt. Wirtschaftstheorien, die unser Leben bestimmen, Hamburg 1982

Franz Kotteder: Billig kommt uns teuer zu stehen. Das skrupellose Geschäft mit der globalisierten Wirtschaft, München 2013

Christian Kreiß: Profitwahn. Warum sich eine menschengerechte Wirtschaft lohnt, Marburg 2013

Paul Krugman – Robin Wells: Economics, New York – Basingstoke 2005; dt.: Volkswirtschaftslehre, übers. v. Klaus Dieter John, Marco Hermann, Adolf Wagner, Stuttgart 2010

Marc Laimé: Rückschläge für das französische Modell. Bei der Privatisierung der Wasserversorgung ist Frankreich ein Pionier, aus dem Franz. v. Sonja Schmidt, in: Edition Le monde diplomatique. Ausverkauft. Wie das Gemeinwohl zur Privatsache wird, 6/2009, 40–44

Vera Linß: Die wichtigsten Wirtschaftsdenker, Wiesbaden 2007, [2]2011

Friedrich List: Outlines of American political economy, Philadelphia 1827; Das Natürliche System der politischen Ökonomie, geschr. 1837, veröffentl. 1927; beides als: Das nationale System der politischen Ökonomie, Volksausgabe auf Grund der Ausgabe letzter Hand und Randnotizen in Lists Handexemplar, im Auftrag der List-Gesellschaft hg. u. eingel. v. Artur Sommer, Basel 1959

Wigbert Löer – Oliver Schröm: Geld Macht Politik. Das Beziehungskonto von Carsten Maschmeyer, Gerhard Schröder und Christian Wulff, München 2014

Michael Lüders: Wer den Wind sät. Was westliche Politik im Orient anrichtet, München 2015

Alfred Marshall: Principles of Economics, Cambridge 1890, ⁴1898; dt.: Handbuch der Volkswirtschaftslehre, 1. Bd., nach der 4. Aufl. übers. v. Hugo Ephraim und Arthur Salz, mit einem Geleitwort von Lujo Brentano, Stuttgart – Berlin 1905

Karl Marx: Manifest der Kommunistischen Partei. Teil I und II, 1848, in: Karl Marx, Ausw. u. Einl. v. Franz Borkenau, Frankfurt/M (Fischer Tb. 112) 1956, 98–116

Karl Marx – Friedrich Engels: Die deutsche Ideologie. Kritik der neuesten deutschen Philosophie in ihren Repräsentanten Feuerbach, B. Bauer und Stirner, und des deutschen Sozialismus in seinen verschiedenen Propheten (geschr. zw. 1845–1846), Moskau 1932, in: Karl Marx – Friedrich Engels: Werke, Bd. 3, hg. v. Institut für Marxismus – Leninismus beim ZK der SED, Berlin 1973

Karl Marx: Das Kapital. Kritik der politischen Ökonomie, 1. Bd., Buch 1: Der Produktionsprozeß des Kapitals (Hamburg 1867), nach der 4. von Friedrich Engels durchges. u. hg. Aufl. Hamburg 1890, in: Marx und Engels Werke, Bd. 23, hg. v. Institut für Marxismus – Leninismus beim ZK der SED, Berlin 1965; 2. Bd., Buch 2: Der Zirkulationsprozeß des Kapitals (Hamburg 1885), nach der 2. von Friedrich Engels hg. Aufl. (Hamburg 1893), in: Marx und Engels Werke, Bd. 24, Berlin 1963; 3. Bd., Buch 3: Der Gesamtprozeß der kapitalistischen Produktion, nach der 1. von Friedrich Engels hg. Aufl. (Hamburg 1894), in: Marx und Engels Werke, Bd. 25, Berlin 1964

Karl Marx: Grundrisse der Kritik der politischen Ökonomie (Rohentwurf) 1857–1858. Anhang 1850–1859, (Marx-Engels-Institut Moskau, 2 Bde., 1939, 1941) Berlin 1953, ²1974

Michael Maier: Die Plünderung der Welt. Wie die Finanz-Eliten unsere Enteignung planen, München 2014

Carl Menger: Grundsätze der Volkswirtschaftslehre, Düsseldorf 1867; Wien – Leipzig ³1923

Angela Merkel: Globalisierung gestalten! in: Global Marshall Plan Initiative (Hg.): Impulse für eine Welt in Balance, Hamburg 2005, 47–52

Mathias Mesenhöller: Der Kampf der Kumpel, in: Geo Epoche Nr. 69: Der Kapitalismus, 2014, S. 106–121

Andrea Di Nicola – Giampaolo Musumeci: Confessioni de un trafficante di uomini, Mailand 2014; dt.: Bekenntnisse eines Menschenhändlers. Das Milliardengeschäft mit den Flüchtlingen, aus dem Italienischen von Christina Ammann, München 2015

Lisa Nienhaus: Die Weltverbesserer. 66 große Denker, die unser Leben verändern, München 2015

Arthur Cecil Pigou: Economics of Welfare, ¹1920; Reprint von ⁴1938, mit einer Einführung von Nahid Aslanbeigui und Guy Oakes, London 2013

Arthur Cecil Pigou: Praktische Fragen der Volkswirtschaft. Sechs Vorlesungen über aktuelle Fragen, aus dem Engl. v. Karl Klügmann, Jena 1937

Pierre-Joseph Proudhon: Qu'est-ce que la propiété? Premier Mémoire-Re-
cherches sur le principe du Droit et du Gouvernement, 1840; dt.: Was ist
Eigentum? Erste Denkschrift, mit einer Einführung von M. Kramer, Berlin
1896, Nachdruck: Graz 1971
Pierre-Joseph Proudhon: Théorie de la Propriété, 1866; dt.: Theorie des Eigen-
tums, übers. v. Lutz Roemheld, eingel. v. Gerhardt Senft, Kiel 2010
Robert Reich: The Transformation of Business, Democracy and Everyday
Life, New York – Toronto 2007; dt.: Superkapitalismus. Wie die Wirt-
schaft unsere Demokratie untergräbt, übers. v. Jürgen Neubauer,
Frankfurt/M – New York 2008
Franziska Reif – Tobias Prüwer: A wie asozial. So demontiert Hartz IV den
Sozialstaat. Mit einem Vorwort von Günter Wallraff, Marburg 2014
Anne Rialhe: Der Preis der Mobilität, in: Le monde diplomatique. Atlas der
Globalisierung, spezial: Klima, Paris – Berlin 2007, 20–21
David Ricardo: Principles of Political Economy and Taxation, London ³1821;
dt.: Über die Grundsätze der politischen Ökonomie und der Besteuerung,
übers. v. Gerhard Bondi, Berlin 1978; München (Capital Buch) 2006
Paul Craig Roberts: Amerikas Krieg gegen die Welt ... und gegen seine eigenen
Ideale, aus dem Amerik. v. Tillmann Müchler, Rottenburg 2015
Jean Jacques Rousseau: Diskurs über die Ungleichheit. Discours sur l'inégalité.
Kritische Ausgabe des integralen Textes. Mit sämtlichen Fragmenten und
ergänzenden Materialien nach den Originalausgaben und den Handschrif-
ten neu ediert, übers. und komm. v. Heinrich Meier, Paderborn 1984;
⁵(durchgesehen) 2001; ⁶(verb. Nachdruck der 5. Aufl.) 2008
Paul A. Samuelson – William D. Nordhaus: Economics, 19. edition, New York
2010; dt.: Volkswirtschaftslehre. Das internationale Standardwerk der
Makro- und Mikroökonomie, übers. v. Regina Berger und Brigitte Hilgner,
München ⁴(aktualisiert) 2010
Günter Schmölders: Geschichte der Volkswirtschaftslehre, Wiesbaden 1961
Gerd Schumann: Kolonialismus, Neokolonialismus, Rekolonisierung, Köln
2010
Harald Schumann – Christiane Grefe: Der globale Countdown. Gerechtigkeit
oder Selbstzerstörung – Die Zukunft der Globalisierung, Köln 2008
Joseph A. Schumpeter: Das Wesen des Geldes. Aus dem Nachlaß hg. und mit
Einf. vers. v. Fritz Karl Mann, Göttingen 1970
Joseph A. Schumpeter: Kapitalismus, Sozialismus und Demokratie, ¹1947,
⁷(erw.) 1993, Tübingen ⁸(unverändert) 2005, Einführung v. Eberhard K.
Seifert
Hans See: Wirtschaft zwischen Demokratie und Verbrechen. Grundzüge einer
Kritik der kriminellen Ökonomie, Frankfurt/M 2014
Stefan Selke: Schamland. Die Armut mitten unter uns, Berlin 2013; Berlin
(Ullstein 37550) 2015
Hagen Siemers: Das hätten wir uns sparen können. Ein Schwarzbuch missglück-
ter Reformen. Von Harz IV zum Ausverkauf des Staates, Marburg 2014
Klaus Simon: Zwickmühle Kapitalismus. Auswüchse und Auswege, Marburg
2014
Agnès Sinaï: Höchste Zeit für das Verursacherprinzip, in: Le monde diploma-
tique. Atlas der Globalisierung, spezial: Klima, Paris – Berlin 2007, 12–13

Adam Smith: An Inquiry into the Nature and the Causes of the Wealth of Nations, 3 Bde., London 1791; dt.: Der Wohlstand der Nationen. Eine Untersuchung seiner Natur und seiner Ursachen, aus dem Engl. übers. u. mit einer umfassenden Würdigung des Gesamtwerkes hg. v. Horst Claus Recktenwald, (München 1974) München (dtv 13149) (rev. 1978) [11]2005

Joseph Stiglitz: Making Globalization Work, New York 2006; dt.: Die Chancen der Globalisierung, übers. v. Thorsten Schmidt, München 2006

Joseph Stiglitz: Freefall. America, Free Markets, and the Sinking of the World Economy, New York 2010; dt.: Im freien Fall. Vom Versagen der Märkte zur Neuordnung der Weltwirtschaft, übers. v. Thorsten Schmidt, München 2010

Joseph E. Stiglitz – Carl E. Walsh: Mikroökonomie, Bd. I zur Volkswirtschaftslehre, aus dem Engl. v. Gerd Ladstätter, München [4](überarb. u. aktualisiert) 2010; Makroökonomie, Bd. II zur Volkswirtschaftslehre, aus dem Engl. v. Gerd Ladstätter, München [4](überarb. u. aktualisiert) 2013

Joseph Stiglitz: The Price of Inequality. How Today's Divided Society Endangers Our Future, New York 2012; dt.: Der Preis der Ungleichheit. Wie die Spaltung der Gesellschaft unsere Zukunft bedroht, übers. v. Thorsten Schmidt, München 2014

Frederick W. Taylor: The Principles of Scientific Management, 1911; dt.: Die Grundsätze wissenschaftlicher Betriebsführung, Vorw. u. Übers. v. Rudolf Roesler, Paderborn 2011

Johann Heinrich von Thünen: Der isolierte Staat in Beziehung auf die Landwirtschaft und Nationalökonomie (1826), Berlin 1990

Jürgen Todenhöfer: Inside IS – 10 Tage im »Islamischen Staat«, München 2015

Yanis Varoufakis: Milōntas stēn kórē mou gia tēn oikonomía, Athen; dt.: Time for change. Wie ich meiner Tochter die Wirtschaft erkläre, aus dem Griech. v. Birgit Hildebrand, München 2015

Yanis Varoufakis: The Global Minotaur. America, the True Origins of the Financial Crisis and the Future of the World Economy, London 2011; dt.: Der Globale Minotaurus. Amerika und die Zukunft der Weltwirtschaft, übers. v. Ursel Schäfer, München 2012, [2]2015

Thorstein Veblen: The Theory of the Leisure Class, 1899; dt.: Theorie der feinen Leute. Eine Ökonomische Untersuchung der Institutionen, übers. v. Suzanne Heintz u. Peter von Haselberg, (Köln – Berlin 1958) Frankfurt/M (Fischer Tb.) 2007; [2]2011

Viel mehr Menschen, viel mehr Ungleichheit, in: Le monde diplomatique. Atlas der Globalisierung, spezial: Das 20. Jahrhundert, Berlin 2013, 74–75

León Walras: Mathematische Theorie der Preisbestimmung der wirtschaftlichen Güter. Vier Denkschriften, übers. v. Ludwig von Winterfeld, Stuttgart 1881; Reprint: Glashütten im Taunus 1972

Der Wasserkrieg in Cochabamba, in: Edition Le monde diplomatique. Ausverkauft. Wie das Gemeinwohl zur Privatsache wird, 6/2009, 28

Thomas Wieczorek: Abgewirtschaftet. Warum unser Land verkommt und wer daran verdient, München (Knaur 78520) 2013

Rolf Winter: Amigo home. Plädoyer für den Abschied von einem gewalttätigen Land, (Hamburg 1989) München (GGTb. 11685) 1990

Rolf Winter: Die amerikanische Zumutung. Plädoyers gegen das Land des real existierenden Kapitalismus, München (Heyne 19/133) 1991

Georgios Zervas: Global Fair Trade – Transparenz im Welthandel. Der Weg zum gerechten Wohlstand, Düsseldorf 2008
Jean Ziegler: Les nouveaux Maîtres du Monde et ceux qui leur résistent, Paris 2002; dt.: Die neuen Herrscher der Welt und ihre globalen Widersacher, übers. v. Holger Fliessbach, München 2003
Jean Ziegler: L'empire de la honte, Paris 2005; dt.: Das Imperium der Schande. Der Kampf gegen Armut und Unterdrückung, übers. v. Dieter Hornig, München 2005
Jean Ziegler: La Haine de l' Occident, Paris 2008; dt.: Der Hass auf den Westen. Wie sich die armen Völker gegen den wirtschaftlichen Weltkrieg wehren, übers. v. Hainer Kober, München 2008
Jean Ziegler: Destruction massive. Geopolitique de la faim, Paris 2011; dt.: Wir lassen sie verhungern. Die Massenvernichtung in der Dritten Welt, aus dem Franz. v. Hainer Kober, München (btb 74717) 2013
Jean Ziegler: Retournez les fusils! Choisir son camp, Paris 2014; dt.: Ändere die Welt! Warum wir die kannibalische Weltordnung stürzen müssen, aus dem Franz. v. Ursel Schäfer, München 2015

2) Zeitungsartikel und Rundfunk- bzw. Fernsehsendungen
Nicola Abé – Jens Glüsing – Felix Lill – Michaela Schießl – Samiha Schafy – Helene Zuber: Bis zum letzten Tropfen. Das Wasser wird knapp, weltweit nehmen Dürren zu – mitschuldig daran sind Verbraucher, die spanische Erdbeeren kaufen, aber auch Regierungen und Konzerne, die sich an der wichtigsten Ressource der Zukunft bereichern. Sie ist wertvoller als Erdöl, in: Der Spiegel 33/8. 8. 2015, S. 8–16
Alle Vögel sind schon weg. Der Bestand von Kiebitzen, Wachteln und Rebhühnern nimmt ab, dpa, 20. 11. 08
Atomkonzerne müssen Rückstellungen aufstocken, in: Neue Westfälische, 12./13. Sept. 2015, AFP (Agence France Press)
Autos bleiben Klimakiller. Tempolimit und schärfere CO_2-Grenze gefordert / Emissionen wachsen weiter, in: Neue Westfälische, Nr. 179/32, 5. Aug. 2015, S. 1
Beat Balzli – Klaus Brinkbäumer – Jochen Brenner – Ulrich Fichtner – Hanke Goos – Ralf Hoppe – Frank Hornig – Ansberg Kneip: Der Bankraub, in: Der Spiegel 47/17. 11. 08, S. 44–80
Matthias Bartsch – Manfred Fischer – Michael Fröhlingsdorf – Özlem Gezer – Günther Latsch – Maximilian Popp: Ausbeutung ist Alltag. Arbeitsmarkt: Fast zwei Millionen Menschen arbeiten in Deutschland für weniger als fünf Euro pro Stunde. Daran wird auch der Mindestlohn nur wenig ändern. Denn Hungerlöhner stützen die deutsche Wirtschaft, in: Der Spiegel, 48/2014, S. 74–80
M. Bauchmüller – D. Kuhr: Drei Tage gegen Hunger. In Rom diskutieren 170 Staaten über die Ernährung der Ärmsten, in: Süddeutsche Zeitung, Nr. 267, 20. Nov. 2014, S. 8
Michael Bauchmüller: Raus aus der Klimafalle, in: Süddeutsche Zeitung, Nr. 279, 3. Dez. 2015, S. 17
Daniel Behruzi: Ein Gespräch mit Bernd Riexinger: »Alle Alarmglocken müssten schrillen«. Die Regierung beschneidet das Streikrecht. Unterneh-

mer drängen Tarifverträge zurück. Ist die Kampfkraft der Gewerkschaften in Gefahr?, in: junge Welt, Nr. 221, 23. Sept. 2015, S. 2

Thomas Berger: Mogeln beim Palmöl. Eine Frage der Glaubwürdigkeit: Deutsches Bündnis Fonap (Forum Nachhaltiges Palmöl) stellt sich gegen Aufweichung bei der RSPO-Zertifizierung (des Runden Tisches für Nachhaltiges Palmöl) von entsprechenden Plantagen, in: junge Welt, Nr. 266, 17. Nov. 2015, S. 9

Thomas Berger: Fahrverbote in Delhi. Luftverschmutzung: Regionalregierung der Hauptstadtregion zwingt Halter zu alternierender Stillegung von Privatfahrzeugen, in: junge Welt, Nr. 3, 5. Jan. 2016, S. 9

Markus Bernhard. Ein Gespräch mit Uwe Hiksch: »Weltweiter Wiedereinstieg in die Atomenergie«. Der Fukushima-Schock war gestern: Zur Zeit sind 67 Reaktorblöcke im Bau, in: junge Welt, Nr. 203, 2. Sept. 2015, S. 8

Oliver Böhm: Nein, das schadet den Kindern, in: Publik Forum, 4/2015, 8

Guido Bohsen: Schuld und Unschuld. Die Sachverständigen greifen in ihrem Gutachten die Politik der Regierung Merkel an. Sie geißeln die Beschlüsse zum Mindestlohn und das Rentenpaket…, in: Süddeutsche Zeitung, Nr. 261, 13. Nov. 2015, S. 20

Susan Bonath: 2,6 Millionen arme Kinder, in: junge Welt, Nr. 110, 13./14. Mai 2015, S. 4

Susan Bonath: Hartz 4.0. – Die neue Arbeitswelt der SPD: Wirkungsloser Mindestlohn, prekäres Miniprogramm. Ministerin Nahles sucht Anregung für mehr Jobs in den USA, in: junge Welt, Nr. 197, 26. Aug. 2015, S. 5

Susan Bonath: Alles Auslegungssache? Kritik an Hartz-IV-Sanktionen: Ministerin und Behörden schweigen. Bundesverfassungsgericht kann eigene Urteile nicht erklären, in: junge Welt, Nr. 212, 12./13. Sept. 2015, S. 5

Susan Bonath: »Bürgerfreundlich« repressiv. Strenge Sanktionen und neue Schikanen: Bundesregierung legt Entwurf für Hartz-IV-Novelle vor, in: junge Welt, Nr. 251, 29. Okt. 2015, S. 4

Susan Bonath: Sonderrecht für Arme. Geplante Hartz-IV-Reform: Experten warnen vor erheblichen Verschärfungen und neuen Schikanen. Neue Leistungskürzungen für Aufstocker, in: junge Welt, Nr. 272, 24. Nov. 2015, S. 5

Susan Bonath: Kapital macht Politik. Konzerne, Banken, Verbände mischen mit: Nach Urteil gibt CDU/CSU Lobbyistenliste frei. Diese ist länger als die aller anderen Fraktionen zusammen, in: junge Welt, Nr. 278, 1. Dez. 2015, S. 5

Dieter Boris: Informelle Zirkel. Wer verhandelt da mit wem? Studie über die Netzwerke hinter TTIP erschienen, in: junge Freiheit, Nr. 39, 16. Febr. 2015, S. 15

Stefan Braun: Wenn Worte nichts mehr wert sind, in: Süddeutsche Zeitung, Nr. 92, 22. Apr. 2015, S. 4

Stefan Braun: Panzer ja, Krieg nein. Das Außenamt hofft auf die Zusage, dass Katar die »Leopard 2« nicht in Jemen einsetzt, in: Süddeutsche Zeitung, Nr. 245, 24./25. Okt. 2015, S. 8

Warren Buffett. Inselerwerbsganove des Tages, in: junge Welt, Nr. 165, 20. Juli 2015, S. 8

Bulldozer im Paradies, in: Der Spiegel, 48/1995, S. 186–192

Constance von Bullion: Kitas im Westen haben deutlich mehr Personal. Zwar machen alle Länder Fortschritte bei der Kinderbetreuung, dennoch fehlen Erzieher – besonders im Osten, in: Süddeutsche Zeitung, Nr. 194, 25. Aug. 2015, S. 5

Peter Burghardt: Der wehrlose Gigant. Brasiliens Regenwald ist die Lunge der Welt – alle wissen das, und dennoch geht der Kahlschlag in einem immer rücksichtsloseren Tempo weiter, in: Süddeutsche Zeitung, Nr. 111, 14.5.2008, S. 3

Benedict Ugarte Chacón: Geschenke für Veolia? Berliner Landesregierung will teilprivatisierte Wasserbetriebe zurückkaufen. Bürgerinitiative äußert Kritik an Plänen des Finanzsenators, in: junge Welt, Nr. 148, 29./30. Juni 2013, S. 5

Chemie-Riesen planen Megafusion in USA. Konkurrenz für BASF: Du Pont und Dow Chemical könnten die neue Nummer eins werden, in: Neue Westfälische, 10. Dez. 2015

Peter Clausing: Hunger nach Land. Teil 1: Wie Konzerne und Spekulanten von der Verknappung von Lebensmitteln profitieren, in: junge Welt, Nr. 73, 28.3.2011, S. 10–11; Teil 2: Deutliches Gefahrenpotential. Der Verlust landwirtschaftlicher Nutzflächen und wie er abgewendet werden kann, in: junge Welt, Nr. 74, 29.3.2011, S. 10–11

Peter Clausing: Landhunger. Der chronische Nahrungsmangel im subsaharischen Afrika hängt mit der Ungleichheit im Besitz von Grund und Boden zusammen. Eine Abwanderung in die Städte lindert die Not in der Regel nicht, in: junge Welt, Nr. 34, 10. Febr. 2015, S. 12–13

Sevim Dagdelen: Offensive der Transatlantiker. Die geopolitische Dimension von TTIP:»Freihandel« und globaler Machtanspruch des Westens unter US-Führung, in: junge Welt, Nr. 235, 10./11. Okt. 2015, S. 3

Sevim Dagdelen: Thinktanks und TTIP, in: junge Welt, Nr. 235, 10./11. Okt. 2105, S. 3

Deutsche Wohnen wehrt sich gegen Übernahme, in: Neue Westfälische, 30. Nov. 2015

Dramatischer Anstieg der Obdachlosigkeit erwartet, epd, Berlin, in: Neue Westfälische, 6. Okt. 15

Gitta Düperthal: Ein Gespräch mit Martin Behrsing:»Die große Koalition macht grundsätzlich, was sie will.«, in: junge Welt, Nr. 73, 27. März 2015, S. 8

Gitta Düperthal: Ein Gespräch mit Thomas Schmidt:»Das geplante Programm ist ein billiger Trick.« Vor Räumung des Hofs am Kollektiven Zentrum in Hamburg fühlten sich die Aktivisten von der Polizei eingeschüchtert, in: junge Welt, Nr. 205, 4. Sept. 2015, S. 2

Gitta Düperthal: Ein Gespräch mit Martin Künkler:»Die Kosten auf üble Weise kleingerechnet«. Eher ein schlechter Witz: Bundesregierung will Hartz-IV-Bezüge um fünf auf 404 Euro pro Monat anheben, in: junge Welt, Nr. 212, 12./13. Sept. 2015, S. 2

Ergebnisloser WTO-Gipfel. Industrieländer nur zur Abschaffung von Subventionen für Agrarexporte, in: junge Welt, Nr. 296, 22. Dez. 2015, S. 2

Erst Kahlschlag nun Übernahme. US-Konzern will Geldautomatenhersteller Wincor Nixdorf kaufen. Stellenabbau läuft seit Frühjahr, in: junge Welt, Nr. 242, 19.10.15, S. 9

Experten raten zu Reform bei Kita-Finanzierung, in: Neue Westfälische, 25. Aug. 2015, S. 2

Rüdiger Falksohn – Amira El Ahl – Jens Glüsing – Alexander Jung – Padma Rao – Thilo Thielke – Volkhard Windfuhr – Bernhard Zand: Die Wut der Armen. 850 Millionen Menschen hungern weltweit. Ihre Verzweiflung löst Revolten in Nordafrika, Asien und Lateinamerika aus. Die Weltbank warnt, dass auch Regionalmächte wie Ägypten kollabieren könnten, wenn die Lebensmittel unbezahlbar werden, in: Der Spiegel, 16/2008, S. 114–116

Edgar Fels: Mindestlohn verunsichert Firmen, in: Westfalen Blatt, Nr. 10, 13. Jan. 2015

Klaus Fischer: Tolle Volksvertreter. EU-Parlament winkt TTIP durch, in: junge Welt, Nr. 156, 9. Juli 2015, S. 8

Klaus Fischer: Rammbock Freihandel. WTO-Konferenz: Globalisierung für die Multis oder die Interessen der Weltbevölkerung stärker berücksichtigen, in: junge Welt Nr. 291, 16. Dez. 2015, S. 9

Jana Frielinghaus: Asoziale Republik Deutschland, in: junge Welt, Nr. 43, 20. Febr. 2015, S. 5

Jana Frielinghaus: Ungerecht verteilte Ressource. Bodenatlas: Versiegelung, Raubbau, Vernutzung, Landraub in großem Stil. Existenzgrundlage unserer Ernährung wird immer knapper, in: junge Welt, Nr. 7, 9. Jan. 2015, S. 5

Jana Frielinghaus: Milchbauern sauer. 3000 Landwirte aus ganz Deutschland protestieren in München gegen Niedrigpreise für ihre Produkte. Verband wirft Regierung Tatenlosigkeit vor, in: junge Welt, Nr. 203, 2. Sept. 2015, S. 1

Jana Frielinghaus: 70 000 Liter Milch pro Tag. Auf volles Risiko: Im Osten Brandenburgs hat ein Familienunternehmen eine gigantische Stallanlage bauen lassen. 2500 Kühe sollen hier »einziehen«, in: junge Welt, Nr. 207, 7. Sept. 2015, S. 5

Jana Frielinghaus: »Schmutzkonkurrenz« weg? Acht Monate Mindestlohn: DGB und Arbeitsministerium sehen »Erfolgsgeschichte«. Gewerkschafter schildern Vermeidungsstrategien der Wirtschaft, in: junge Welt, Nr. 215, 16. Sept. 2015, S. 5

Jana Frielinghaus: Konzerninteressen über alles. Foodwatch: TTIP und CETA hebeln Demokratie aus. ATTAC und andere klären über Folgen von »Freihandelsabkommen« für afrikanische Staaten auf, in: junge Welt, Nr. 231, 6. Okt. 2015, S. 5

Jana Frielinghaus: Politik ignoriert Armut. »Schattenbericht« zu Hartz IV: Sozialleistungen unzureichend, in: junge Welt, Nr. 241, 17./18. Okt. 2015, S. 4

Jana Frielinghaus: Mehr bezahlbare Wohnungen. Bund, Länder und Kommunen wollen schnelles Bauen fördern. Ministerium: Pro Jahr 350 000 neue Unterkünfte benötigt, in: junge Welt, Nr. 277, 30. Nov. 2015, S. 5

Andrea Frühauf: Tönnies wird weltweit die Nummer vier. Übernahme: Mit dem Kauf des dänischen Fleischverarbeiters Tican will der westfälische Schlachtriese sein Exportgeschäft ausbauen, in: Neue Westfälische, 23. Dez. 2015

Georg Fülberth: Noch kein Nachruf. Ihre Kollegen sagen ihren Unsinn lauter. Vor zehn Jahren wurde Angela Merkel vom Bundestag zur Kanzlerin gewählt. Noch ist nicht absehbar, dass sie dieses Amt bald abgeben wird, in: junge Welt, Nr. 270, 21./22. Nov. 2015, S. 12–13

Britta Gorsler: Von tiergerechter Haltung himmelweit entfernt, in: Westfalenblatt, 10. 1. 14

Hanna Grabbe – Claus Hecking: »Ich bin doch nicht der Messias«. Der Gründer von Esprit, Douglas Tompkins, will die Welt vor der Klimakatastrophe retten. Ein Gespräch über die radikalen Ansichten und Mittel des populären Aktivisten, in: Die Zeit, Nr. 44, 29. Okt. 2015, S. 30

Alexander Hagelüken: Nur jeder Vierte hat einen stabilen Job. Die Krisenjahre lassen die Zahl der Arbeitslosen weltweit auf 200 Millionen steigen, in: Süddeutsche Zeitung, Nr. 113, 19. Mai 2015, S. 19

Hans von der Hagen – Benjamin Romberg: Immer den Staat im Nacken, in: süddeutsche.de / Wirtschaft / 2.220 / zehn-jahre-hartz-IV, 8. Jan. 2015, S. 1–4

Georges Hallermayer: Profite aus Afrika. Wirtschaftsentwicklung zieht Investoren an. US-Pensionsfonds auf der Jagd nach Rendite. China jagt derzeit eher korrupte Profiteure, in: junge Welt, Nr. 260, 10. Nov. 2015, S. 9

David Harvey: Schöpferische Zerstörung. Die geographische Ungleichheit als beweglicher Widerspruch des Kapitals, in: junge Welt, Nr. 55, 6. März 2015, S. 12–13

Volker Hermsdorf: Arm trotz Arbeit. Studie: Im US-Staat Florida können 45 Prozent der Haushalte eine Grundversorgung nicht selbst absichern, in: junge Welt, Nr. 266, 17. Nov. 2014, S. 6

Oliver Horst: Tönnies wehrt sich gegen Vorwürfe. »Zeit«-Bericht wirft Fleischkonzern in Rheda-Wiedenbrück moralisch verwerfliches System vor, in: Westfalenblatt, Nr. 260, 7./8. Nov. 2015

Sönke Hundt: Das Kapitaltabu, in: junge Welt, Nr. 132, 11. Juni 2015, S. 12–13

Jede dritte Pflanzenart weltweit gefährdet, in: Neue Westfälische, 16. 10. 96

Sascha Karberg: Drei Billionen Bäume. Seit Beginn menschlicher Zivilisation sind weltweit 46 Prozent der Wälder gerodete worden, in: Tagesspiegel, 3. Sept. 2015, S. 26

Uta Knapp: Milliardendeal im Wohnungsmarkt. Immobilien: Vonovia, das größte deutsche Wohnungsunternehmen, will die Fusion der kleineren Konzerne LEG und Deutsche Wohnen verhindern. Vonovia bietet nun selbst bis zu 14 Milliarden Euro für Deutsche Wohnen, in: Neue Westfälische, 15. Okt. 2015

Horand Knaup – Juliane von Mittelstaedt: Die große Jagd nach Land, in: Der Spiegel, 31/2009, S. 86–90

Otto Köhler: Hoffnungswert DDR. Vor 25 Jahren beschloss der Ministerrat der DDR die Gründung der Treuhandanstalt zur Wahrung des Volksvermögens. Daraus wurde nichts – dank der Wiedervereinigung. Das Inventar erhielten andere, in: junge Welt, Nr. 51, 2. März 2015, S. 12–13

Martin Kotynek: Tod der Säugetiere. Rote Liste: Mindestens ein Fünftel aller Arten ist bedroht, in: Süddeutsche Zeitung, Nr. 233, 7. 10. 08, S. 18

Martin Krause – Holger Kosbab: Gerüchte bestätigt. Wincor Nixdorf: Der US-Konzern Diebold will den ostwestfälischen Konkurrenten übernehmen. Jetzt beginnt der Kampf des Standorts Paderborn, in: Neue Westfälische 19. Okt. 15

Reinhard Lauterbach: IWF offen parteiisch. Nächste Ukraine-Rettung: Internationaler Währungsfonds ändert Kreditvergaberichtlinien zugunsten von Kiew. Rußlands Rechtsposition wird ignoriert, in: junge Welt, Nr. 286, 10. Dez. 2015, S. 9

Silvia Liebrich: Die Qual der Puten. Studie deckt exzessiven Einsatz von Antibiotika in der Tierhaltung auf, in: Süddeutsche Zeitung, Nr. 272, 26. Nov. 2014, S. 19

Silvia Liebrich: In der Sackgasse, in: Süddeutsche Zeitung, Nr. 123, 1.6.2015

Silvia Liebrich – Arne Meyer – Kersten Mügge: Transparenz unerwünscht, in: Süddeutsche Zeitung, Nr. 194, 25. Aug. 2015, S. 16

Andreas Linhart: Vormarsch der Wüste, in: News 21/2006, S. 86–91

Tobias Matern: Schwester Stella kämpft. Der Goldrausch auf den Philippinen drängt Einheimische in die Armut. Eine Nonne riskiert ihr Leben, um das zu ändern, in: Süddeutsche Zeitung, Nr. 1, 2./3. Jan. 2016, S. 7

Michael Merz: Knüppeln statt helfen. Leerstehende Spekulationsimmobilie in Berlin besetzt, um soziales Zentrum für Flüchtlinge zu schaffen. Polizei räumt und geht brutal gegen Aktivisten vor, in: junge Welt, Nr. 211, 11. Sept. 2015, S. 1

Bernd Müller: Geschmierte Geschäfte. Thyssen-Krupp zahlte horrende »Provisionen«, um U-Boote verkaufen zu können, in: junge Welt, Nr. 184, 11. Aug. 2015, S. 9

Bernd Müller: Wasser wird knapper. Klimawandel, zunehmende Urbanisierung und Ressourcenverschwendung gefährden Versorgung für Millionen Menschen mit lebensnotwendigem Naß, in: junge Welt, Nr. 201, 31. Aug. 2015, S. 9

Bernd Müller: Ozeane voller Kunststoff. Millionen Tonnen Plastikmüll gelangen jährlich in die Weltmeere. Das hat verheerende Auswirkungen auf Mensch und Umwelt, in: junge Welt, Nr. 207, 7. Sept. 2015, S. 9

Sofian Philip Naceur: Die Müllsammler von Kairo. In der ägyptischen Hauptstadt organisieren die sogenannten Zabaleen die Entsorgung und das Recycling von Abfall. Nach jahrzehntelangem Kampf ermöglicht die Regierung ihnen erst jetzt schrittweise Arbeitsverhältnisse, in: junge Welt, Nr. 271, 22./23. Nov. 2014, Reportage, S. 4–5

Carmela Negrete: Geschichtsstunde mit Evo. Boliviens Präsident zu Besuch in Berlin und Hamburg. Morales geißelt Neoliberalismus und Einmischung der USA, in: junge Welt, Nr. 257, 6. Nov. 2015, S. 1

Jonny Norden: Impressionen aus der Froschperspektiv. Zehn Jahre Hartz-IV, in: junge Welt, Nr. 2, 3./4. Jan. 2015, S. 4–5

Reimar Paul: Vermeintlich keine Alternative. Die Atommüllpolitik der Bundesregierung wirkt undurchdacht. Unter anderem die zukünftige Größe von Schacht Konrad scheint dabei ungewiss, in: junge Welt, Nr. 195, 24. Aug. 2015, S. 5

Ulrich Paul: Mietpreisbremse wirkt nur begrenzt. Eine aktuelle Untersuchung zeigt, wie sich die Wohnkosten in Berlin verändern. In Kreuzberg scheint das obere Limit erreicht zu sein, in: Berliner Zeitung, Nr. 287, 9. Dez. 2015, S. 14

Florian Pfitzner: Freihandelsabkommen bringen Gabriel und Co. in Verlegenheit. TTIP und CETA: Bei den Sozialdemokraten stoßen Grundwerte auf Regierungszusagen. Die Verbraucherzentrale warnt vor möglichen Absenkungen von Standards in der Lebensmittelsicherheit, in: Neue Westfälische, 10. Dez. 2015, S. 3

Wolfgang Pomrehn: Die Zeit wird knapp. Die Ergebnisse des Klimagipfels von Paris sind bescheiden. Der Ausstoß von Treibhausgasen müsste rasch reduziert werden, wenn die Erderwärmung begrenzt werden soll. Die Staaten sollen Selbstverpflichtungen abgeben, Sanktionsmöglichkeiten bestehen nicht, in: junge Welt, Nr. 292, 17. Dez. 2015, S. 12–13

Michael Remke: »Fotos, die Menschen zu Müll machen«. Eine App zeigt Obdachlose in New York. Sie wollten damit nur helfen, sagen die Macher. Kritik gibt es trotzdem, in: Die Welt kompakt, 3. Dez. 2015, S. 32

Rainer Rupp: Die Welt im Würgegriff. Credit Suisse: Einem Prozent gehört die Hälfte aller positiven Vermögenswerte. Zugleich ist man mit zehn Dollar im Plus reicher als ein Viertel aller US-Amerikaner, in: junge Welt, Nr. 247, 24./25. Okt. 2015, S. 9

André Scheer: Ende des Kirchnerismus. Mauricio Macri gewinnt die Präsidentschaft in Argentinien. Sozialabbau und Annäherung an die USA erwartet, in: junge Welt, Nr. 272, 24. Nov. 2015, S. 7

Ida Schillen: Finanzarchitektur, in: junge Welt, Nr. 170, 25. Juli 2013, S. 10–11

Matthias Schulz: Morden in XXL. Paläozoologie. Warum starben in den vergangenen 50 000 Jahren so viele große Tiere aus – vom Säbelzahntiger und Elefantenvogel bis zum tonnenschweren australischen Beutelwesen? Neue Studien präsentieren Beweise: Der Mensch ist schuld, in: Der Spiegel 39/2015, S. 112–114

Gerd Schumann: Renaissance der Völkerausbeutung. Vorabdruck: Zur Aktualität des Begriffs »Kolonialismus«, in: junge Welt, Nr. 2, 4. Jan. 2016, S. 12–13

Ingar Solty: Diktatur des Kapitals. Das Transatlantische Freihandelsabkommen TTIP ist entgegen den Behauptungen von seinen Segnungen vor allem eins: ein Angriff auf die letzten demokratischen Gestaltungsmöglichkeiten gegen die uneingeschränkte Macht großer Unternehmen, in: junge Welt, Nr. 235, 10./11. Okt. 2015, S. 12–13

Thomas Spang: Fracking-Boom mit bösen Folgen. Die USA steigen dank der neuen Technologie zum weltgrößten Energie-Produzenten auf – immer mehr Umweltschäden, in: Westfalen-Blatt, Nr. 3, 5. Jan. 2015.

Staatlich gestützte Selbstausbeutung. Immer mehr Menschen versuchen, als Solo-Selbständige über die Runden zu kommen, in: junge Welt, Nr. 244, 21. Okt. 2015, S. 5

Stechuhr im Kindergarten. Einmalig in NRW: In Schmallenberg wird Betreuungszeit per Chip erfasst, in: Westfalen-Blatt, Nr. 26, 31. Jan./1. Febr. 2015

Hagen Strauß: Pelztierhaltung geht es an den Kragen. Landwirtschaftsminister Schmidt will den Tierschutz stärken, in: Westfalen-Blatt, Nr. 281, 2. Sept. 2015

Norbert Suchanek: Wasserkraft hat Vorrang. Brasiliens Regierung setzt weiter auf den Bau von Staudämmen in Amazonien. Die Interessen der Anwohner und die Ökologie stehen hintan, in: junge Welt, Nr. 192, 20. Aug. 2015, S. 9

Norbert Suchanek: Tod am Rio Doce. Brasilien: Nach Dammbruch an Eisenerzmine sind große Landstriche am Flusslauf verseucht. Die Betreiber wiegeln ab, in: junge Welt, Nr. 268, 19. Nov. 2015, S. 9

André Tauber: Weg mit dem Müll. Brüssel will zwar, dass mehr Abfall wiederverwertet wird, hat die Recycling-Ziele aber heruntergeschraubt, in: Die Welt komplett, 3. Dez. 2015, S. 19

Thilo Thielke: Der verscherbelte Kontinent. Amerikaner und Chinesen liefern sich eine Schlacht um Afrikas Bodenschätze. Das Hauptinteresse gilt seinen riesigen Erdölreserven. Doch Chinas ungehemmt wachsende Industrie verlangt auch nach Kupfer, Mangan und Tropenholz. Die Gewinner der Globalisierung sind die Diktatoren des Kontinents, in: Der Spiegel, 7/2005, S. 98–101

Unsichtbare Hände. Wie Arbeitssklaven unseren Wohlstand schaffen, 3Sat, 9. Dez. 2015

Waffen für die Welt. Der Bund wollte Rüstungsexporte deutlich beschränken – nun sind sie auf Rekordkurs, in: Der Spiegel 33/2015

Gaby Weber: Sklavenjobs in Argentinien. Illegale Textilproduzenten: Die soziale Dauerkrise im Land am Rio de la Plata hat einen Sektor extrem prekärer Beschäftigung geschaffen, in: junge Welt, Nr. 245, 22.10.2015, S. 9

Die Welt isst immer mehr Fleisch, dpa, in: Westfalen-Blatt, 10.1.14

Wem gehört der Osten? Arte, 22. Sept. 2015

Wer im Treibhaus sitzt, in: Süddeutsche Zeitung, 5. Aug. 2015, S. 5

Wieder mehr Rüstungsexporte. In der Kritik: Oppositionsparteien nehmen Bundeswirtschaftsminister ins Visier, in: Neue Westfälische, 21. Okt. 2015

Matthias Wolfschmidt: »Die Hälfte aller Fänge dürfte gar nicht verkauft werden.« Schwert-, Hai- und Thunfisch sind mit Quecksilber belastet. EU will Grenzwert anheben. Gespräch, in: junge Welt, Nr. 220, 22. Sept. 2015, S. 8

Ralf Wurzbacher: Spätgeburt Investorenschutz. Das Freihandelsabkommen zwischen der EU und Kanada, CETA, sah ursprünglich keine privaten Schiedsgerichte vor, in: junge Welt, Nr. 229, 2./3./4. Okt. 2015, S. 5

Simon Zeise: Jeder sechste ist arm, in: junge Welt, Nr. 99, 29. Apr. 2015, S. 5

Simon Zeise: Der Markt kann es nicht richten. Studie stellt eklatante Versorgungslücke fest und fordert jährlich 400000 neue Wohnungen, in: junge Welt, Nr. 215, 16. Sept. 2015, S. 5

Simon Zeise: Wirtschaftsexzesse. Mindestlohn aussetzen, Mietpreisbremse aushebeln, TTIP umsetzen: Sachverständigenrat stellte Jahresgutachten vor, in: junge Welt, Nr. 262, 12. Nov. 2015, S. 9

Sabine Zimmermann: Rekord um jeden Preis? Beschäftigungszahlen, in: junge Welt, Nr. 191, 19. Aug. 2015, S. 8

B) Kultur- und Wirtschaftsgeschichte
Griechisch-römische Antike
Psychologie
Theologie
Lars Abromeit: Ein Leben für den Krieg, in: Das antike Griechenland, Geo Epoche Nr. 13, 2004, 46–53
Jörg-Uwe Albig: Die Königin und ihr Pirat, in: Geo Epoche Nr. 62: Piraten, 2013, 76–91
Jörg-Uwe Albig: Rockefeller, in: Geo Epoche Nr. 69: Der Kapitalismus, 2014, 74–89
Perry Anderson: Passages from Antiquity to Feudalism, London 1974; dt.: Von der Antike zum Feudalismus. Spuren der Übergangsgesellschaften, übers. v. Angelika Schweikhart, Frankfurt/M (edition suhrkamp 922) 1978
Aristoteles: Politik. Schriften zur Staatstheorie, übers. u. hg. v. Franz F. Schwarz, Stuttgart (reclam UB 8522) 1989; 2010
Augustus: Res gestae – Tatsachenbericht (Monumentum Ancyranum), lateinisch – griechisch – deutsch, übers., komm. u. hg. v. Marion Giebel, Stuttgart (reclam UB 9773) 1975, 2007
Benselers Griechisch – Deutsches Schulwörterbuch, 12. erw. u. vielfach verb. Aufl., bearb. v. Adolf Kaegi, Leipzig – Berlin 1904
Jens-Rainer Berg: Schöpfer einer neuen Welt, in: Die industrielle Revolution. Wie Dampf, Stahl und Strom die Welt veränderten, in: Geo Epoche Nr. 30, 2008, 24–37
Ralf Berhorst: Das Prinzip Krupp, in: Die industrielle Revolution. Wie Dampf, Stahl und Strom die Welt veränderten, in: Geo Epoche Nr. 30, 2008, 98–111
Ralf Berhorst – Jens-Rainer Berg: Geburt einer neuen Klasse, in: Geo Epoche Nr. 69: Der Kapitalismus. Wie ein Wirtschaftssystem die Welt eroberte, 2014, 56–73
Andrea Binsfeld: Frei oder Unfrei?, in: Spektrum der Wissenschaft. epoc 6/2011: Sklaven im Altertum, 18–21
Jürgen Bischoff: Vorwärts durch Raum und Zeit, in: Die industrielle Revolution. Wie Dampf, Stahl und Strom die Welt veränderten, in: Geo Epoche Nr. 30, 2008, 56–71
Martin Buber: Politische Schriften. Reden, Aufsätze, Briefe, Rezensionen, Polemiken und Interviews zur Entstehung des israelischen Staates und dem Zusammenleben von Juden und Arabern. Mit einer Einleitung von Robert Weltsch und einem Nachwort von Rupert Neudeck, hg. v. Abraham Melzer, Gütersloher Verlagshaus 2010
Elena Cassin – Jean Bottéro – Jean Vercoutter: Die altorientalischen Reiche I: Vom Paläolithikum bis zur Mitte des 2. Jahrtausends, Frankfurt/M (Fischer Weltgeschichte Bd. 2) 1965
Noam Chomsky: Year 501. The Conquest Continues, Boston, Ma. 1993; dt.: Wirtschaft und Gewalt. Vom Kolonialismus zur neuen Weltordnung, aus dem Amerik. v. Michael Haupt, Lüneburg ²2001
Chronik Ruhrgebiet, München 1987, ²(aktualisiert) 1997
Hernán Cortés: Die Eroberung Mexikos 1520–1524. Eigenhändiger Bericht an Kaiser Karl V., neu hg. u. bearb. v. Hermann Homann, Tübingen – Basel 1975

Georges Duby: Die Landwirtschaft des Mittelalters 700–1500, in: Carlo M. Cipolla (Hg.): The Fontana Economic History of Europe, 5 Bde., London 1973; dt.: Europäische Wirtschaftsgeschichte, hg. v. K. Borchardt, 1. Bd.: Mittelalter, Stuttgart – New York (UTB 1267) 1983, 111–139, übers. v. A. Aigner Dünnwald-Thrupp

Georges Duby: Guerriers et paysans. VII–XIIe siècle, Premier essor de l'économie européenne, London 1975; dt.: Krieger und Bauern. Die Entwicklung der mittelalterlichen Wirtschaft und Gesellschaft bis um 1200, übers. v. Grete Osterwald, Frankfurt/M 1974; Frankfurt/M (stw 454) 1984

Georges Duby: Les trois ordres ou l'imaginaire du féodalisme, Paris 1978; dt.: Die drei Ordnungen. Das Weltbild des Feudalismus, übers. v. Grete Osterwald, Frankfurt/M 1981, Frankfurt/M (stw 596) 1986

Lieselotte u. Theodor Engl (Hg.): Die Eroberung Perus in Augenzeugenberichten, München (dtv 1100) 1975, ^{2}1977

Susanne Everett: History of Slavery, London 1978; dt.: Die Geschichte der Sklaverei, übers. v. Jürgen und Rainer Heinzerling, Augsburg 1998

Moses I. Finley: Ancient Slavery and Modern Ideology, London 1980; dt.: Die Sklaverei in der Antike. Geschichte und Probleme, aus dem Engl. v. Christoph Schwingenstein, Andreas Wittenburg u. Kai Brodersen, (München 1981) Frankfurt/M (Fischer Tb. 4352) 1985

Hendrik Fischer: Die industrielle Revolution. Zeitläufte, in: Die industrielle Revolution. Wie Dampf, Stahl und Strom die Welt veränderten, in: Geo Epoche Nr. 30, 2008, 164–169

Oliver Fischer: Die Pioniere einer neuen Ordnung, in: Geo Epoche Nr. 69: Der Kapitalismus, Hamburg 2014, 22–39

Thomas Fischer: Die Römer in Deutschland, Stuttgart 1999

Károly Földes-Papp: Vom Felsbild zum Alphabet. Die Geschichte der Schrift von ihren frühesten Vorformen bis zur modernen lateinischen Schreibschrift, Stuttgart 1966, Sonderausgabe 1984

Papst Franziskus: Die Freude des Evangeliums. Das Apostolische Schreiben »Evangelii gaudium« über die Verkündigung des Evangeliums in der Welt von heute, mit einer Einführung von Bernd Hagenkord, Freiburg – Basel – Wien 2013

Papst Franziskus: Laudato si'. Enzyklika: Gelobt seist du, mein Herr, (Cittá del Vaticano) Leipzig 2015

Jörg Friedrich: Der Brand. Deutschland im Bombenkrieg 1940–1945, München 2002

Almut von Gladiß: Wasserleitungen, in: Konrat Ziegler – Walther Sontheimer – Hans Gärtner (Hg.): Der Kleine Pauly. Lexikon der Antike, 5 Bde., (München 1975) München (dtv 5963) 1979, Bd. 5, Sp. 1349–1350

Paul Goreck: Die Menschen vom Sepik-River auf Papua-Neuguinea: Kultur inmitten von Katastrophen, in: Göran Burenhult u. a. (Hg.): People of the Stone Age. The Illustrated History of Humankind; dt.: Die Menschen der Steinzeit. Jäger, Sammler und frühe Bauern, übers. v. Derek Vinyard, Augsburg 2000, 154–155

Gesa Gottschalk: Fließbandpioniere. Taylor und Ford rationalisieren die Arbeit, in: Die industrielle Revolution. Wie Dampf, Stahl und Strom die Welt veränderten, in: Geo Epoche Nr. 30, 2008, 160

Anthony Harding: Häuptlingstümer der Bronzezeit und das Ende der Steinzeit in Europa, in: Göran Burenhult u. a. (Hg.): People of the Stone Age. The Illustrated History of Humankind; dt.: Die Menschen der Steinzeit. Jäger, Sammler und frühe Bauern, übers. v. Derek Vinyard, Augsburg 2000, 103–122

Marvin Harris: Cannibals and Kings, New York 1977; dt.: Kannibalen und Könige. Die Wachstumsgrenzen der Hochkulturen, aus dem Amerik. v. Volker Bradke, Gisela und Thomas Maler, Friedrich Giese, (Stuttgart 1990) München (dtv) 1995

Anneliese Heigl-Evers: Die Gruppe unter soziodynamischem und antriebspsychologischem Aspekt, in: Hans G. Preuss: Analytische Gruppenpsychotherapie. Grundlagen und Praxis, München – Berlin – Wien 1966, 44–72

Herodot: Historien, griech.-dt., hg. v. Josef Feix, 2 Bde., Düsseldorf 2001, ⁷2006

Insa Holst – Hendrik Fischer: Das Ende der alten Zeit, in: Die industrielle Revolution. Wie Dampf, Stahl und Strom die Welt veränderten, in: Geo Epoche Nr. 30, 2008, 22–23

Richard Honse: 500 Jahre Entdeckung und Unterdrückung, in: Brasilien. Polyglott. APA Guide, übers. v. Martina Moersberger, Berlin – München 2004, 66–71

Albrecht Jockenhövel: Arbeiten an Ofen und Tiegel – Frühe Metallurgen und Künstler, in: Albrecht Jockenhövel – Wolf Kubach (Hg.): Bronzezeit in Deutschland, Stuttgart 1994, 36–40

Albrecht Jockenhövel: Ortsfest und mobil – Haus- und Handwerk, Handel und Verkehr, in: Albrecht Jockenhövel – Wolf Kubach (Hg.): Bronzezeit in Deutschland, Stuttgart 1994, 41–44

Albrecht Jockenhövel: Bauern und Krieger, Künstler und Händler – Bronzezeitliche Gesellschaft, in: Albrecht Jockenhövel – Wolf Kubach (Hg.): Bronzezeit in Deutschland, Stuttgart 1994, 45–47

Albrecht Jockenhövel: Rückblick und Ausblick, in: Albrecht Jockenhövel – Wolf Kubach (Hg.): Bronzezeit in Deutschland, Stuttgart 1994, 100–104

Theodor Kissel: Sieg der Verweigerer. Ständekämpfe, in: Spektrum der Wissenschaft, spezial: Archäologie, Geschichte, Kultur 2/2014: Das frühe Rom. Aufstieg zur Weltmacht, 14–19

Theodor Kissel: »Wie Frösche in einem Teich«. Griechische Kolonisation, in: Spektrum der Wissenschaft. spezial: Archäologie, Geschichte, Kultur 2/14: Das frühe Rom. Aufstieg zur Weltmacht, 46–53

Theodor Kissel: Karthago. Das antike Reich des Bösen?, in: Spektrum der Wissenschaft, spezial: Archäologie, Geschichte, Kultur 2/14: Das frühe Rom. Aufstieg zur Weltmacht, 62–69

Reymer Klüver: Tod am laufenden Band, in: Die industrielle Revolution. Wie Dampf, Stahl und Strom die Welt veränderten, in: Geo Epoche Nr. 30, 2008, 152–162

Reymer Klüver: Das Imperium schlägt zurück. Im 1. Jahrhundert vor Christus fordern Seeräuber den mächtigsten Staat der Antike heraus: Rom, in: Geo Epoche Nr. 62: Piraten, 2013, 20–32

Jürgen Kocka: Geschichte des Kapitalismus, München 2013

Walter Krickeberg: Altmexikanische Kulturen, mit einem Anhang von Gerdt Kutscher: Zur Kunst Altmexikos, Berlin 1975

Wolf Kubach: Der Weg ins Totenreich – Bestattungs- und Beigabensitten, in: Albrecht Jockenhövel – Wolf Kubach (Hg.): Bronzezeit in Deutschland, Stuttgart 1994, 48–53

Isa Kubach-Richter: Nadel, Schwert und Lanze – Tracht und Bewaffnung des Mannes, in: Albrecht Jockenhövel – Wolf Kubach (Hg.): Bronzezeit in Deutschland, Stuttgart 1994, 54–58

Joachim Latacz: Der große Nachbar im Westen: die Griechen, in: Troia – Traum und Wirklichkeit, Archäologisches Landesmuseum Baden-Württemberg, Stuttgart 2001, S. 54–57

Marita Liebermann: Schatztruhe Amerika, in: Geo Epoche Nr. 62: Piraten, 2013, 48–59

Ronnie Liljegren: Die Domestizierung von Tieren, in: Göran Burenhult u.a. (Hg.): People of the Stone Age. The Illustrated History of Humankind; dt.: Die Menschen der Steinzeit. Jäger, Sammler und frühe Bauern, übers. v. Derek Vinyard, Augsburg 2000, 68–69

Klaus-Dieter Linsmeier: »Die Sklaverei setzen wir dem Tode gleich«, in: Sklaven im Altertum. Spektrum der Wissenschaft. epoc 6/2011, 16–21

Martin Litzinger: Region im Wandel. Geschichte des Raumes Bergkamen 1890–1991, hgg. von der Stadt Bergkamen, Bönen 1991

Titus Livius: Ab urbe condita, Liber II – Römische Geschichte, 2. Buch, Lateinisch/Deutsch, übers. u. hg. von Marion Giebel, Stuttgart (RUB 2032) 1987, durchges. u. erg. 1999, 2008

Marc von Lüpke: Rebellion gegen den Magen, in: Der Spiegel. Geschichte 5/2015: Rom. Aufstieg und Fall der Republik, 50–52

Robert S. McNamara – Brian Van De Mark: In Retrospect. The Tragedy and Lessons of Vietnam, New York 1995; dt.: Vietnam. Das Trauma einer Weltmacht, übers. v. Gabriele Gockel, Petra Hrabak, Bernhard Jendricke u. Sonja Schuhmacher, Hamburg 1996

Magnus Magnusson: Hammer of the North, London 1976; dt.: Der Hammer des Nordens. Mythen, Sagas und Heldenlieder der Wickinger, übers. v. Ursula Stadler. Bilder von Werner Forman, Freiburg 1977

Mats P. Malmer: Die Streitaxt-Menschen: Europas erste Individualisten, in: Göran Burenhult u.a. (Hg.): People of the Stone Age. The Illustrated History of Humankind; dt.: Die Menschen der Steinzeit. Jäger, Sammler und frühe Bauern, übers. v. Derek Vinyard, Augsburg 2000, 106–107

Mathias Mesenhöller: Mister Watts Wundermaschine, in: Die industrielle Revolution. Wie Dampf, Stahl und Strom die Welt veränderten, in: Geo Epoche Nr. 30, 2008, 40–52

Stefania Mazzoni: Syrien, in: Leone Fasani (Hg.): Die illustrierte Weltgeschichte der Archäologie, (Mailand 1978) München ²1983, 399–420

Martin Paetsch: Mit Gewehr und Goldwaage, in: Geo Epoche Nr. 69: Der Kapitalismus, 2014, 40–55

Lennart Palmquist: Der große Übergang, in: Göran Burenhult u.a. (Hg.): People of the Stone Age. The Illustrated History of Humankind; dt.: Die Menschen der Steinzeit. Jäger, Sammler und frühe Bauern, übers. v. Derek Vinyard, Augsburg 2000, 17–38

André Parrot – Maurice H. Chéhab – Sabatino Moscati: Die Phönizier. Die Entwicklung der phönizischen Kunst von den Anfängen bis zum Ende des 3. Punischen Krieges, München 1977

Plutarch: Lykurgos, in: Lebensbeschreibungen in 6 Bden., übers. v. Johann Friedrich Kaltwasser (1799–1806), in der Bearbeitung von Hanns Floerke (1913), Textrevision und Bibliographischer Anhang von Ludwig Kröner, 1. Bd., München (GGTb. 1430–1431) 1964, 104–140

Plutarch: Kimon, in: Lebensbeschreibungen in 6 Bden., übers. v. Johann Friedrich Kaltwasser (1799–1806), in der Bearbeitung von Hanns Floerke (1913), Textrevision und Bibliographischer Anhang von Ludwig Kröner, 3. Bd., München (GGTb. 1434–1435) 1964, 235–258

Plutarch: Marcus Crassus, in: Lebensbeschreibungen in 6 Bden., übers. v. Johann Friedrich Kaltwasser (1799–1806), in der Bearbeitung von Hanns Floerke (1913), Textrevision von Ludwig Kröner, Bibliographischer Anhang von Frank Auerbach, 4. Bd., München (GGTb. 1436–1437) 1965, 43–81

Plutarch: Agis, in: Lebensbeschreibungen in 6 Bden., übers. v. Johann Friedrich Kaltwasser (1799–1806), in der Bearbeitung von Hanns Floerke (1913), Textrevision u. Bibliographischer Anhang von Ludwig Kröner, 5. Bd., München (GGTb. 1438–1439) 1965, 132–149

Plutarch: Über Isis und Osiris, in: Drei Religionsphilosophische Schriften: Über den Aberglauben. Über die späte Strafe der Gottheit. Über Isis und Osiris, griech.-dt., übers. u. hg. v. Herwig Görgemanns, unter Mitarbeit von Reinhard Feldmeier u. Jan Assmann, Düsseldorf 2003, ²2009, 135–273

Ernst Probst: Deutschland in der Steinzeit. Jäger, Fischer und Bauern zwischen Nordseeküste und Alpenraum, München 1991

Ernst Probst: Deutschland in der Bronzezeit. Bauern, Bronzegießer und Burgherren zwischen Nordsee und Alpen, München 1996

Cay Rademacher: Kampf um die Volksherrschaft, in: Das antike Griechenland, Geo Epoche Nr. 13, 2004, 28–43

Cay Rademacher: Von Koggen und Kontoren, in: Geo Epoche Nr. 25: Kaiser-Ritter-Hanse, 2007, 108–126

Cay Rademacher: Schiff der Besessenen, in: Die industrielle Revolution. Wie Dampf, Stahl und Strom die Welt veränderten, in: Geo Epoche Nr. 30, 2008, 88–97

Henry William Frederick Saggs: The Greatness that was Babylon, London 1962; dt.: Mesopotamien. Assyrer – Babylonier – Sumerer, übers. v. Wolfram Wagmuth, Zürich 1966

Walter Saller: Paris brennt, in: Die industrielle Revolution. Wie Dampf, Stahl und Strom die Welt veränderten, in: Geo Epoche Nr. 30, 2008, 114–127

Iris Samotta: Das Geschäft mit der Ware Mensch, in: Spektrum der Wissenschaft. epoc 6/2011: Sklaven im Altertum, 22–27

Christoph Scheuermann: Duell der Erfinder, in: Die industrielle Revolution. Wie Dampf, Stahl und Strom die Welt veränderten, in: Geo Epoche Nr. 30, 2008, 138–139

Andreas Schlieper: Bergbaukrise im Revier, in: Chronik Ruhrgebiet, München 1987, ²(aktualisiert) 1997, 545–546

Andreas Schlieper: Die industrielle Gründungsphase. Firmengründer und Unternehmer im Ruhrgebiet, in: Chronik Ruhrgebiet, München 1987, ²(aktualisiert) 1997, 107–108

Johannes Schneider: Wasser für Rom, in: Geo Epoche Nr. 50: Rom. Die Geschichte der Republik, 2011, S. 40–52

Johannes Schneider: Störtebeker. Der Mann, der Mythos, in: Geo Epoche Nr. 62: Piraten, 2013, 34–46

Christian Staas: Im Schatten der Schlote, in: Die industrielle Revolution. Wie Dampf, Stahl und Strom die Welt veränderten, in: Geo Epoche Nr. 30, 2008, 72–85

Klaus Tenfelde: Vom Stand zur Klasse. Die Bergarbeiter 1848 bis 1889, in: Chronik Ruhrgebiet, München 1987, ²(aktualisiert) 1997, 199–200

Alain Testart: Sklave noch im Tod, in: Spektrum der Wissenschaft. epoc 6/2011: Sklaven im Altertum, 28–29 (gekürzte und aktualisierte Fassung von A. Testart et al.: Les esclaves des tombes néolithiques, in: Pour la Science 10/2010, 77–80

Thukydides: Geschichte des Peloponnesischen Krieges, übers. und mit einem Essay »Zum Verständnis des Werkes«, Anmerkungen und Register hg. v. Georg Peter Landmann, Reinbek (Rowohlts Klassiker der Literatur und der Wissenschaft, 100–102. Griechische Literatur Bd. 3) 1962

Arnold J. Toynbee: War and Civilisation. From: A Study of History, selected by Albert V. Fowler, Oxford 1950; dt.: Krieg und Kultur. Der Militarismus im Leben der Völker, übers. v. Heinrich Mattutat, Frankfurt/M – Hamburg (Fischer Tb. 235) 1958

Xenophon: Memorabilien. Erinnerungen an Sokrates, übertragen und erläutert von Paul M. Laskowsky, München (GGTb 597) 1960

Michael Zimmermann: Das Ruhrgebiet im Nationalsozialismus 1933–1945, in: Chronik Ruhrgebiet, München 1987, ²(aktualisiert) 1997, 397–398

C) ÖKOLOGIE UND TIERSCHUTZ. NATURWISSENSCHAFT

Jochen Bölsche: Ein Schritt vor, einer zurück, in: Spiegel spezial: Öko-Bilanz '95, S. 90–91

Mark Collins (Hg.): The Last Rain Forests, 1990; dt.: Die letzten Regenwälder, aus dem Engl. v. Christoph Arndt, Vorw. v. David Attenborough, Gütersloh 1990

Herman E. Daly: Wirtschaft in einer begrenzten Welt, in: Spektrum der Wissenschaft. Dossier: Menschheit am Scheideweg, 6/2006, 67–73

Eugen Drewermann: Der tödliche Fortschritt. Von der Zerstörung der Erde und des Menschen im Erbe des Christentums, Regensburg (1981), ⁶erw. u. aktualisiert 1990

Alain Thein Durning: Ein Klops Fleisch für 200 Dollar, in: Spiegel spezial: Öko-Bilanz '95, S. 45–46

Dian Fossey: Gorillas in the Mist, 1983; dt.: Gorillas im Nebel, übers. v. Elisabeth M. Walther, Anhang Signe Preuschoft, München 1989

Donatien Garnier: Auf der Flucht vor dem Klima, in: Le monde diplomatique. Atlas der Globalisierung, spezial: Klima, Paris – Berlin 2007, 42–43

Serge Janicot: Der Einfluss des Klimawandels auf den Monsun, in: Le monde diplomatique. Atlas der Globalisierung, spezial: Klima, Paris – Berlin 2007, 38–39

Beate Lakotta: Kein Platz für Tiere, in: Spiegel spezial: Öko-Bilanz '95, S. 113

Jane van Lawick-Goodall: In the Shadow of Man, London 1971; dt.: Wilde Schimpansen. 10 Jahre Verhaltensforschung am Gombe-Strom, aus dem Engl. v. Mark W. Rien, Reinbek (rororo 6920) 1975

Stephan Lutter – Ralf Röcherl – Holger Wesemüller: Silbernes Jubiläum mit Flecken, in: Spiegel spezial: Öko-Bilanz '95, S. 126–127

J. W. Maurits la Rivière: Bedrohung des Wasserhaushalts, in: Spektrum der Wissenschaft, 11/1989, 80–87

Rémi Parmentier: Hochseefischerei zerstört die Lebensräume der Tiefsee, in: Le monde diplomatique. Atlas der Globalisierung, spezial: Klima, Paris – Berlin 2007, 52–53

Sabine Rabourdin: Der Klimawandel treibt den Klimawandel voran, in: Le monde diplomatique. Atlas der Globalisierung, spezial: Klima, Paris – Berlin 2007, 30–31

Rudolf R. Schreiber (Hg.): Rettet die Wildtiere, München 1977

Horst Stern – Gerhard Thielcke – Frederic Vester – Rudolf Schreiber: Rettet die Vögel ... wir brauchen sie, München – Berlin 1978

Horst Stern: Wozu die Unke? Horst Sterns bedrückendes Resümee, in: Spiegel spezial: Öko-Bilanz '95, 26–28

Rüdiger Vaas: Sackgassen, Irrtümer und der Durchbruch, in: bild der wissenschaft 9/2015, 44–52

Frederic Vester: Das Überlebensprogramm, (München 1972) Frankfurt/M (Fischer Tb. 6274) 1975

Edward O. Wilson: Bedrohung des Artenreichtums, in: Spektrum der Wissenschaft, 11/1989, 88–95

Alain Zecchini: Das sechste Massensterben der Erdgeschichte, in: Le monde diplomatique. Atlas der Globalisierung, spezial: Klima, Paris – Berlin 2007, 46–47

D) Belletristik und Malerei

Ausonius: Mosella. Lat.-dt., hg., übers. u. komm. v. Paul Dräger, Düsseldorf – Zürich 2004

Bertolt Brecht: Der gute Mensch von Sezuan. Parabelstück (1938/40), Berlin 1955; Frankfurt/M (sv) 1959

Bertolt Brecht: Die Gedichte in einem Band, hg. vom Suhrkamp Verlag in Zusammenarbeit mit Elisabeth Hauptmann, Frankfurt/M 1981, [8]1995

Klaus J. Dorsch – Helmut Schumacher: A. Paul Weber Bilder-Buch, hg. v. der A. Paul Weber-Gesellschaft, Ratzeburg 1996

Eugen Drewermann: Liebe, Leid und Tod. Daseinsdeutung in antiken Mythen, Ostfildern 2013

Das Gilgamesch-Epos, neu übersetzt und kommentiert von Stefan M. Maul, München 2005

Gerhart Hauptmann: Die Weber. Schauspiel, 1892. Vollständiger Text des Schauspiels. Dokumentation, hg. v. Hans Schwab-Felisch, Frankfurt/M – Berlin – Wien (Ullstein Tb. 3901) 1959; 1977

Heinrich Heine: Sämtliche Schriften in 12 Bänden, hg. v. Klaus Briegleb, Bd. 7: 1837–1844, München – Wien (Reihe Hanser Werkausgabe) 1976
Heinrich Heine: Sämtliche Schriften in 12 Bänden, hg. v. Klaus Briegleb, Bd. 8: Kommentar zu Bd. 7, München – Wien (Reihe Hanser Werkausgabe) 1976
Hesiod: Erga, in: Sämtliche Gedichte: Theogonie, Erga, Frauenkataloge, übers. u. erl. v. Walter Marg, Zürich – Stuttgart 1970, 305–392
Hugo von Hofmannsthal: Gedichte und lyrische Dramen. Gesammelte Werke in Einzelausgaben, hg. v. Herbert Steiner, Stockholm 1946; Frankfurt/M (Fischer Verlag) 1970
Homer: Ilias, neue Übers., Nachw. u. Reg. von Roland Hampe, mit 33 Abbildungen nach antiken Darstellungen, Stuttgart 1979
Homer: Odyssee. Griech.-dt., Übersetzung, Nachwort und Register von Roland Hampe, Stuttgart (RUB 18640) 1979, 2010
Käthe Kollwitz, 1867–1945. Radierungen, Lithographien und Holzschnitte. Die Sammlung im Staatlichen Museum Schwerin, hg. v. Kornelia von Berswordt-Wallrabe, Schwerin 1997
Ovid: Metamorphosen, übers. u. hg. v. Hermann Breitenbach, eingel. L. P. Wilkinson, Stuttgart (RUB 356/57/57a-f) 1958, ²1964, 1975
Joseph Roth: Die Flucht ohne Ende. Ein Bericht (Paris 1927), München (dtv 1408) 1978
Upton Sinclair: The Jungle, New York 1906; dt.: Der Sumpf, übers. v. H. zur Mühlen, Berlin 1923. Der Dschungel, übers. v. Ingeborg Gronke, Nachw. v. Karl-Heinz Schönfelder, Berlin 1974, 2008; Zürich ²2013
Upton Sinclair: The Brass Check, Pasadena 1919; dt.: Der Sündenlohn, übers. v. I. Singer, Leipzig 1921
Upton Sinclair: The Flivver King. A Story of Ford America, Pasadena 1937; dt.: Das Fließband. Ein Roman aus Ford-Amerika, übers. v. Heinz Jens, Hamburg 1948
Sophokles: Aias, in: Dramen, griech.-deutsch, hg. u. übers. v. Wilhelm Willige, überarb. v. Karl Bayer, mit Anm. u. Einf. v. Bernhard Zimmermann, Düsseldorf 2003, ⁵2007, 8–95
John Steinbek: The Grapes of Wrath, 1939; 1964; dt.: Die Früchte des Zorns, aus dem Amerik. v. Klaus Lambrecht, Nachw. u. Anm. u. Zeittafel v. Willi Winkler, (Wien 1993) Düsseldorf – Zürich 1996
Andrea Wandschneider (Hg.): Die Brueghel-Familie, Städtische Galerie in der Reithalle, Paderborn-Schloß Neuhaus, 21.2.–21.6.2015
Émile Zola: Arbeit, übers. v. Leopold Rosenzweig, Berlin o.J.
Émile Zola: Germinal, Paris (Les Rougon-Macquart, Bd. 13) 1885; dt.: Germinal, übers. v. Johannes Schlaf, bearb. v. Hans Balzer, Nachw. v. Rita Schober, mit Zeittafel und bibliographischen Hinweisen, München (GGTb. 7605) 1982
Émile Zola: L'argent, Paris 1891; dt.: Das Geld (Die Rougon Macquart. Geschichte einer Familie unter dem zweiten Kaiserreich, Bd. 18), übers. v. Tassilo von Scheffer, München 1923–1925

Register der Autoren

387

Register der Personen in Geschichte und Mythos

Register der Orts- und Ländernamen

Register der Sachen und Sachverhalte

395

Text- und Bildnachweis

14 Bertolt Brecht: Das Manifest (Auszug), in: Ders., Werke. Große kommentierte Berliner und Frankfurter Ausgabe, Band 15: Gedichte 5 © Bertolt-Brecht-Erben / Suhrkamp Verlag 1993 · **19** Pieter Bruegel der Ältere: Kampf ums Geld, Kupferstich, 1570, in: Wandschneider (Hg.), Kat. Nr. 42, S. 129 · **62** A. Paul Weber: Konsumfurz, 8.7.1972 © VG Bild-Kunst, Bonn 2016 · **67ff, 76ff, 83, 89f, 135, 169, 171ff, 179, 295f, 298, 304f, 307f, 318, 321** Graphiken, hier auf das Wesentliche reduziert, in: Joseph E. Stiglitz – Carl E. Walsh, Bd. I © 2010, Walter de Gruyter GmbH, Berlin – Bd. II, 63-202, Kap. 3–6 © 2013, Walter de Gruyter GmbH, Berlin · **228** Käthe Kollwitz: Aus vielen Wunden blutest Du, oh Volk, zwischen 1893 und 1897, Radierung, 34,5 x 50,4 cm © Staatliches Museum Schwerin · **268** Buchungstafel aus Uruk IV, in: Károly Földes-Papp, Abb. 62.63, S. 51 · **277** Phönizisches Schiff unter geblähtem Segel, in: André Parrot – Maurice H. Chéhab – Sabatino Moscati, S. 16 · **281** Neumagener Weinschiff (Trier), Museum Trier, in: Thomas Fischer, S. 101 · **Tafel 1** in: Iris Samotta, 27 · **Tafel 2** Jens-Rainer Berg, 25 · **Tafeln 3–8** Matthias Mesenhöller, 31–48

Von »Heuschrecken« und der Würde des Menschen

Eugen Drewermann
Von der Macht des Geldes
oder Märchen zur Ökonomie

170 Seiten, 14 x 22 cm
Hardcover mit Schutzumschlag
ISBN 978-3-491-21002-8

Rumpelstilzchen, Der gestiefelte Kater und *Die Bremer Stadtmusikanten* – drei »Märchen von der Macht des Geldes« – geben in der Deutung Eugen Drewermanns Aufschluss über unser krankes Geld- und Wirtschaftssystem. Pointiert bezieht Drewermann Stellung gegen die Gier nach immer mehr Gewinn, trickreiche Machenschaften von Karrieremenschen und die Aussonderung der vermeintlich Unproduktiven.

PATMOS
www.patmos.de

Kapital & Christentum – **Band 2**